Kristin Merle
Religion in der Öffentlichkeit

Praktische Theologie im Wissenschaftsdiskurs

Practical Theology in the Discourse of the Humanities

Herausgegeben von
Bernhard Dressler, Maureen Junker-Kenny,
Thomas Klie, Martina Kumlehn und Ralph Kunz

Band 22

Kristin Merle

Religion in der Öffentlichkeit

Digitalisierung als Herausforderung für kirchliche Kommunikationskulturen

DE GRUYTER

ISBN 978-3-11-073663-2
e-ISBN (PDF) 978-3-11-058127-0
e-ISBN (EPUB) 978-3-11-058034-1
ISSN 1865-1658

Library of Congress Control Number: 2018957849

Bibliografische Information der Deutschen Nationalbibliothek
Die Deutsche Nationalbibliothek verzeichnet diese Publikation in der Deutschen National-
bibliografie; detaillierte bibliografische Daten sind im Internet über http://dnb.dnb.de abrufbar.

© 2020 Walter de Gruyter GmbH, Berlin/Boston
Dieser Band ist text- und seitenidentisch mit der 2019 erschienenen gebundenen Ausgabe.
Druck und Bindung: CPI books GmbH, Leck

www.degruyter.com

In der Welt zusammenleben heißt wesentlich, daß eine Welt von Dingen zwischen denen liegt, deren gemeinsamer Wohnort sie ist, und zwar in dem gleichen Sinne, in dem etwa ein Tisch zwischen denen steht, die um ihn herum sitzen; wie jedes Zwischen verbindet und trennt die Welt diejenigen, denen sie jeweils gemeinsam ist. Der öffentliche Raum wie die uns gemeinsame Welt versammelt Menschen und verhindert gleichzeitig, daß sie gleichsam über- und ineinanderfallen.

Hannah Arendt

Vorwort

Die vorliegende Studie wurde im Wintersemester 2016/17 von der Evangelisch-Theologischen Fakultät der Eberhard Karls Universität Tübingen als Habilitationsschrift angenommen. Mit ihr habe ich mich im Januar 2017 im Fach Praktische Theologie habilitiert.

Sie wurde erst möglich durch Arbeitsbedingungen, die Raum für Kreativität schufen. Mein erster Dank gilt einmal mehr Prof. Dr. Birgit Weyel, die nicht nur das Erstgutachten erstellte, sondern als konstruktiv-kritische, stets wohlwollende Gesprächspartnerin immer ein offenes Ohr hatte. Birgit Weyel verdanke ich mehr, als dürre Worte aussagen können. Bis heute ist sie mir, in freundschaftlicher Verbundenheit, wertvolle Mentorin. Der Evangelischen Landeskirche in Württemberg danke ich für die Landeskirchliche Assistentur, die es mir möglich gemacht hat, als Pfarrerin in Forschung und Lehre tätig zu sein. Schließlich danke ich von Herzen Dr. Christiane Hümmer, die mir Freiheit gibt zu tun, was zu tun ist. Ihr ist dieses Buch gewidmet.

Die Untersuchung ist vor dem Hintergrund vieler fachlicher Gespräche mit Kollegen und Kolleginnen in Wissenschaft und kirchlicher Praxis entstanden. Exemplarisch danke ich Prof. Dr. Stefan Huber für Hinweise zum empirischen Teil der Studie und Fabian Maysenhölder, Ralf Peter Reimann und Hilmar Gattwinkel für ihr praxisorientiertes Mitdenken. Fabian Maysenhölder danke ich nicht zuletzt dafür, dass ich mit dem von ihm erstellten ‚Blognetz' arbeiten konnte. Dr. Manuel Stetter danke ich für sein stetes Interesse am Werden der vorliegenden Studie und die jahrelange gelebte Kollegialität. Die Medienvermitteltheit menschlicher Sinndeutungsvollzüge ernst zu nehmen und ihrer gegenwartskulturellen Signatur nachzugehen, dazu hat mich Prof. Dr. Wilhelm Gräb nachhaltig motiviert. Dafür danke ich ihm ausgesprochen.

Prof. Dr. Gerald Kretzschmar danke ich für die Übernahme des Zweitgutachtens. Den Herausgebern und Herausgeberinnen der Reihe *Praktische Theologie im Wissenschaftsdiskurs* danke ich für die Aufnahme der Studie in die Reihe, dem Verlag *Walter de Gruyter* danke ich für die stets freundliche und zuvorkommende Begleitung während des Publikationsprozesses. Für großzügige Druckkostenzuschüsse danke ich der Evangelischen Kirche in Deutschland und der Union Evangelischer Kirchen in der EKD sowie der Deutschen Forschungsgemeinschaft.

Stuttgart, Pfingsten 2018   Kristin Merle

Inhalt

1 **Einleitung: Digitalität als kybernetische Herausforderung — 1**
   1.1   Mediale Transformationsprozesse der Gegenwart — 3
   1.2   Zum Forschungsstand — 15
   1.3   Die vorliegende Studie — 24

2 **Öffentlichkeit: strukturelle und funktionale Perspektiven auf ein komplexes Phänomen — 30**
   2.1   Unterschiedliche Fassungen des Öffentlichkeitsbegriffs — 31
   2.2   Öffentlichkeit als Prinzip der Bestimmung und Bewertung öffentlicher Kommunikation — 35
        2.2.1   Strukturwandel der Öffentlichkeit — 39
             2.2.1.1 Die Herausbildung der bürgerlichen Öffentlichkeit — 40
             2.2.1.2 Das Ideal der öffentlichen Sphäre und ihr Niedergang: die Vermachtung der Öffentlichkeit — 44
        2.2.2   Öffentlichkeit als kommunikativ erzeugter sozialer Raum — 54
   2.3   Öffentlichkeit als intermediäres Kommunikationssystem — 59
        2.3.1   Öffentlichkeit als gesellschaftliches Beobachtungssystem — 60
        2.3.2   Öffentlichkeit als prozessuales Geschehen — 62
             2.3.2.1 Ebenen von Öffentlichkeit — 65
             2.3.2.2 Öffentlichkeitsarenen und Aufmerksamkeit — 70
        2.3.3   Themen im öffentlichen Raum und die Gestaltungskraft der Medien: Agenda-Setting und Anschlusskommunikation — 75
   2.4   Neuer Strukturwandel der Öffentlichkeit und Entstehung digitaler Öffentlichkeiten — 82
        2.4.1   ‚Das' Internet als neuer öffentlicher Interaktionsraum — 83
             2.4.1.1 Der virtuelle Raum als intersubjektiv gestalteter Raum — 86
             2.4.1.2 ‚Netzwerk' als Metapher und heuristische Figur — 89
        2.4.2   Die Technologien der Social Media und das Social Web — 96

            2.4.2.1 Zur Entwicklung ‚des' Internets und online-basierter Anwendungen —— 96
            2.4.2.2 Social Media und Social Web —— 100
            2.4.2.3 Vorstrukturierung sozialer Praxis —— 108
    2.4.3 Partizipation und Diskurs: Internet und Öffentlichkeit reloaded —— 110
            2.4.3.1 Integrierte Netzwerköffentlichkeit —— 114
            2.4.3.2 Persönliche Öffentlichkeiten und das Problem der Privatsphäre —— 122
            2.4.3.3 Gegenöffentlichkeiten und hybride Räume —— 129

3 Digitalisierung und religiöse Kommunikation —— 136
3.1 Digitale Kommunikation —— 136
    3.1.1 Kommunikation unter den Bedingungen des gegenwärtig sich ereignenden Mediatisierungsprozesses —— 137
    3.1.2 Kommunikative Praxen online —— 142
    3.1.3 Digitaliät als Kultur —— 150

3.2 Transformationen von Religion und Religiosität in der Gegenwart —— 163
    3.2.1 Individualisierung —— 166
        3.2.1.1 Institutionenabhängige Individuallagen: neue Außensteuerung und Standardisierung —— 168
        3.2.1.2 Sakralisierung des Subjekts —— 171
    3.2.2 Pluralisierung und Synkretisierung —— 176
    3.2.3 Popularisierung und Spiritualisierung —— 179
        3.2.3.1 Die Grundbewegung des Transzendierens —— 181
        3.2.3.2 Die Etablierung der populären Religion —— 184
    3.2.4 Eventisierung und neue soziale Formationen —— 189
        3.2.4.1 Eventisierung und Verszenung —— 189
        3.2.4.2 Posttraditionale Gemeinschaften und Kommunikationsgemeinschaften —— 193
    3.2.5 Mediatisierung von Religion und Religiosität —— 200

3.3 Resonanz als Modus der Weltbeziehung —— 204
    3.3.1 Beschleunigung, dynamische Stabilisierung und die Digitalisierung von Kommunikation —— 205
    3.3.2 Resonanz, Resonanzsphären und Resonanzachsen —— 209
    3.3.3 Religiöse Kommunikation und Resonanzaffinität von Online-Konversationen —— 213

4 Empirische Öffentlichkeiten: Untersuchungen zu Dimensionen des Religiösen in onlinebasierten Kommunikationsgemeinschaften —— 220
4.1 Methodischer Zugang und Gegenstand —— 222
    4.1.1 Qualitative Inhaltsanalyse —— 226
        4.1.1.1 Kategorie und Einheit —— 229
        4.1.1.2 Das konkrete Verfahren der qualitativen Inhaltsanalyse —— 231
    4.1.2 Die Untersuchung von Online-Inhalten —— 234
        4.1.2.1 Die Online-Inhaltsanalyse —— 235
        4.1.2.2 Online-Konversationen und Diskurse (online) —— 242
        4.1.2.3 Zur Integration gesprächsanalytischer Elemente —— 249
4.2 Operationalisierungen —— 255
    4.2.1 Konzeptionen, Annahmen, Vorwissen: Perspektivierungen religiöser Kommunikation und Diskursivität auf Encounter-Ebene —— 256
Exkurs: Die Debatte um Sterbehilfe – Problemlagen und Argumentationsmuster —— 263
    4.2.2 Phase 1: Materialgewinnung und inhaltlich strukturierende Inhaltsanalyse —— 280
        4.2.2.1 Ein erstes Kategoriensystem: thematische Orientierung —— 281
        4.2.2.2 Einstieg in das Material: drei Falldarstellungen —— 282
        4.2.2.3 Zwischenfazit: Sample und erste Befunde einer kategorienbasierten Auswertung —— 296
    4.2.3 Phase 2: Diskursive Praktiken, Typik und Topik —— 309
        4.2.3.1 Typenbildende Inhaltsanalyse und kommunikative Topik —— 309
        4.2.3.2 Ein neues Kategoriensystem: Topoi, Kommunikationsmodi, Akteurpräsentationen —— 316
    4.2.4 Phase 3: Untersuchung von Blog-Kommunikation —— 330
        4.2.4.1 Auswahl von Blogs —— 330
        4.2.4.2 Material und Akteurpräsentationen: Erste Überlegungen zur Auswertung —— 333
4.3 Diskussion der Ergebnisse —— 351
    4.3.1 Kommunikationsgemeinschaften und passagere Kommunikation —— 352

4.3.2 Religiöse Kommunikation in den (einfachen) Öffentlichkeiten ‚des' Netzes —— 353
  4.3.2.1 Explizit (christlich-)religiöse Kommunikation —— 353
  4.3.2.2 Themen letztinstanzlicher Bedeutung —— 357
  4.3.2.3 Resonanzsensible Kommunikation —— 362
4.3.3 Konfliktlinien im Feld öffentlicher religiöser Kommunikation —— 365
  4.3.3.1 Säkularismus —— 365
  4.3.3.2 Nähe christlicher Akteure zum Rechtspopulismus/ Rechtsextremismus —— 369
  4.3.3.3 Echokammern und inhaltsorientierte Fragmentierung —— 374

5 Kirche und Öffentlichkeit: die medialen Transformationsprozesse und die Kommunikationskulturen der Kirche —— 379

5.1 *Public Relations* der Kirchen —— 385
  5.1.1 *Public Relations* als Kommunikationsfunktion der Kirchen und die Besonderheit von Non-Profit-PR —— 385
  5.1.2 *Public Relations*-Arbeit und Online-Kommunikation —— 391
  5.1.3 Konkretionen —— 394
5.2 Die Pluralität der Volkskirche und ihre Öffentlichkeitsrelevanz —— 406
  5.2.1 Kirche in alltagsweltlichen Kontexten: zur sozialen Praxis von Akteuren in der Netzwerköffentlichkeit —— 406
  5.2.2 Reflexiv gestalteter Pluralismus und Öffentlichkeit der Volkskirche —— 413
  5.2.3 Herausforderungen Öffentlicher Theologie —— 423

6 Epilog —— 437

Anhang —— 440
1 Kategoriensystem (Phase 1) —— 440
2 Topoi, Argumentationsmuster, Beispiele (Phase 2) —— 442

Literaturverzeichnis —— 460

Sachregister —— 506

Personenregister —— 513

1 Einleitung: Digitalität als kybernetische Herausforderung

Religion ist kommunikativ verfasst. Ein Nachdenken über Religion und Religiosität ist insofern auf die Reflexion der Bedingungen von Kommunikation verwiesen. Wer nach Religion und Religiosität in ‚der' Öffentlichkeit fragt, fragt nach den Voraussetzungen öffentlicher Kommunikation und nach der Genese von Öffentlichkeiten, innerhalb derer Religion und Religiosität thematisch werden und Gestalt gewinnen. Dabei unterliegt das, was gemeinhin und aus Gründen der Komplexitätsreduktion schlicht als ‚Öffentlichkeit' bezeichnet wird, mit der Digitalisierung von Kommunikation einem Strukturwandel. Doch nicht nur die strukturellen Dimensionen von Öffentlichkeit ändern sich, auch die subjektbezogenen Dimensionen sind Veränderungen unterworfen. Denn mit dem Strukturwandel von Öffentlichkeit[1] geht, so kann angenommen werden, ein „subjektbezogener Bedeutungswandel von Partizipation"[2] einher. Das Transformationspotenzial der Digitalisierung reicht indes über die Dynamisierung von Öffentlichkeit hinaus. Es durchdringt Gesellschaft und Kultur und manifestiert sich jenseits der Unterscheidung von Digitalem und Analogem, Immateriellem und Materiellem, Online und Offline. Um diese gesamtkulturelle Prägekraft der Digitalisierung zu unterstreichen, die nicht an konkrete technisch-mediale Kontexte gebunden ist, wird in dieser Arbeit auch von ‚Digitalität'[3] gesprochen.

An dem kulturellen Wandel, der sich unter anderem in einer Transformation ‚der' Öffentlichkeit manifestiert, partizipieren ebenfalls die Verständigungspro-

---

1 Zum Bezugsrahmen der Rede vom ‚Strukturwandel der Öffentlichkeit' im neueren öffentlichkeitstheoretischen Diskurs vgl. freilich u. a.: Habermas, Jürgen, *Strukturwandel der Öffentlichkeit: Untersuchungen zu einer Kategorie der bürgerlichen Gesellschaft* (Frankfurt a.M. 1990; 1. Aufl. 1962).
2 Wimmer, Jeffrey, „Ebenen der Partizipation in Auflösung? Das Drei-Ebenen-Modell und Ansätze partizipatorischer Öffentlichkeit im digitalen Zeitalter", in *Öffentlichkeiten und gesellschaftliche Aushandlungsprozesse: Theoretische Perspektiven und empirische Befunde*, hg.v. Elisabeth Klaus und Ricarda Drüeke (Bielefeld 2017), 197–216: 204.
3 Die Verwendung des Begriffs ‚Digitalität' lehnt sich an die kulturwissenschaftliche Konturierung an, die Felix Stalder in *Kultur der Digitalität* vorgenommen hat, vgl. Stalder, Felix, *Kultur der Digitalität* (Berlin 2016). Während über die Charakteristika der „Kultur der Digitalität" sicherlich im Einzelnen debattiert werden kann (vgl. ausführlicher Kapitel 3.1.3), scheint es evident, dass die Effekte der Digitalisierung als nicht auf den Bereich der Technologien bzw. den Raum, den die Technologien für Kommunikation eröffnen, beschränkt verstanden werden wollen. Technik besitzt – im Zusammenhang der Digitalisierung mag das noch einmal besonders deutlich werden – kulturstiftende Leistung. Vgl. zu diesem Aspekt auch: Gerhardt, Volker, *Licht und Schatten der Öffentlichkeit: Voraussetzungen und Folgen digitaler Innovation* (Wien 2014), insbes. 54.

zesse von Menschen über ihre Situierung im Leben und in der Welt. Auch religiöse Kommunikation bekommt neue Foren und Formen. Insofern stehen die Kirchen vor kybernetischen Herausforderungen, die zugleich Potenzial bergen: Versteht man zum ersten die Konturierung von Kirche[4] als eng verwoben in vielfältige gesellschaftliche Kommunikations- und Vermittlungsprozesse[5] und zum zweiten die Konstitution von Kirche als grundgelegt durch religiöse Kommunikation – Kirche *ist* wesenhaft eine *Kommunikationsgemeinschaft* –, liegt die Einsicht nahe, dass ein Wandel gesellschaftlicher Kommunikationskulturen Veränderungen für kirchliche Kommunikationskulturen mit ihren kybernetischen Relevanzen mit sich bringt.[6] Und das bedeutet wiederum, eingedenk der Digitalisierung als grundlegendes alltagsweltliches Phänomen: Kirche ist – mehr denn je – auf die Reflexion der medialen Bedingungen von Kommunikation angewiesen, um ihrem Öffentlichkeitsauftrag nachzukommen. Damit verbindet sich ein Nachdenken über ein Verständnis von Kirche, das offen ist für informelle, von der Kirche als konkreter Organisationsgestalt auch unabhängige Glaubensäußerungen in christlicher Perspektive.[7] Zahlreiche neue, medial vermittelte Interaktionsformen ermöglichen etwa eine Affizierung des religiösen Bewusstseins und stellen religiöse Kommunikation als soziale Praxis dar, ohne dass der Faktor (konfessionell gebundener) ‚Kirchenmitgliedschaft' eine nennenswerte Bedeutung für die Konstitution von entsprechenden Kommunikationssituationen hätte.

Reiner Preul und Reinhard Schmidt-Rost heben eben jene kybernetische Relevanz der sich verändernden Kommunikationssituation hervor, wenn sie – bereits im Jahr 2000 und vorwiegend auf die ‚klassischen' Massenmedien bezo-

---

4 Der Kirchenbegriff als Grundbegriff der Praktischen Theologie ist in seiner Bedeutung vielschichtig und führt durch seine multiplen Valenzen in der Verwendung zahlreiche Assoziations- und Reflexionsebenen parallel. In der Regel ist in der Verwendung des Kirchenbegriffs die empirische Kirche als sozial verfasste Größe gemeint. In diesem Sinne fungiert der Begriff ‚der' Kirche als Abstraktum. Der Plural verweist (mindestens) auf die Pluriformität der Verfasstheit ‚der' Evangelischen Kirche, die durch die landeskirchlichen Strukturen bedingt ist. Wo es in der Darstellung notwendig erscheint, werden Ebenen der Rede von Kirche differenziert. Der Kontext erhellt, wo sich der Plural der Rede auf die beiden verfassten Großkirchen in Deutschland bezieht.
5 Vgl. hierzu etwa: Wabel, Thomas, *Die nahe ferne Kirche: Studien zu einer protestantischen Ekklesiologie in kulturhermeneutischer Perspektive* (Tübingen 2010).
6 Zur kybernetischen Relevanz kommunikativer Vollzüge vgl. exemplarisch: Preul, Reiner, *Kirchentheorie: Wesen, Gestalt und Funktionen der Evangelischen Kirche* (Berlin u. a. 1997), 153 ff.
7 Schon bei Schleiermacher heißt es: „Die Religion der Gesellschaft zusammengenommen ist die ganze Religion, die unendliche, die kein Einzelner ganz umfassen kann und zu der sich also auch keiner bilden und erheben läßt." (Schleiermacher, Friedrich Daniel Ernst, *Über die Religion* [2.–] 4. Auflage. *Monologen* [2. –] 4. Auflage, Kritische Gesamtausgabe I/12, hg. v. Günter Meckenstock [Berlin u. a. 1995], 188.) Für Schleiermacher entsteht Kirche erst aus dem religiösen Mitteilungsbedürfnis der Einzelnen.

gen – schreiben: „Es liegt auf der Hand, daß die Entstehung der modernen Mediengesellschaft auch die Kirche als Kommunikationsgemeinschaft tiefgreifend beeinflusst. Die Bedingungen der öffentlichen Wirksamkeit der Kirche werden neu bestimmt. [...] Der Gestaltwandel der Kirche als Kommunikationsgemeinschaft regt die kybernetische Reflexion auf die Kirche als soziales System im Kontext des Ensembles gesellschaftlicher Institutionen an."[8] Dieser Befund dürfte in Zeiten der Digitalisierung von Kommunikation mit ihrem Transformationspotenzial, das sich nicht zuletzt in einer Neustrukturierung von Öffentlichkeit zeigt, mehr denn je gelten. Insgesamt findet sich die (Praktische) Theologie also herausgefordert, die kulturellen Wandlungsprozesse religionshermeneutisch in den Blick zu nehmen und nach den kirchentheoretischen Implikationen wie den Konsequenzen der Wandlungsprozesse für kirchliche Kommunikationskulturen zu fragen.

1.1 Mediale Transformationsprozesse der Gegenwart

Die sich seit einigen Dekaden etablierende Digitalisierung von Kommunikation kann mit Friedrich Krotz als Kulminationspunkt im Metaprozess ‚Mediatisierung'[9] aufgefasst werden. Damit will gesagt sein, dass die Umbrüche, die wir gegenwärtig erleben, erhebliche sind, dass sie aber zugleich beschreibbar und damit kontextualisierbar in dem größeren Zusammenhang des Mediennutzungsverhaltens von Menschen überhaupt sind. Medien können ganz allgemein verstanden werden als *„technische Institutionen, über die bzw. mit denen Menschen kommunizieren."*[10] Medien sind in ihrer jeweiligen Ausformung dann Teil und Institution

---

[8] Preul, Reiner und Schmidt-Rost, Reinhard, „Vorwort", in *Kirche und Medien*, hg.v. dens. (Gütersloh 2000), 7–8: 7.
[9] Zu den zwölf Grundannahmen der Theorie der Mediatisierung vgl. Krotz, Friedrich, *Mediatisierung: Fallstudien zum Wandel von Kommunikation* (Wiesbaden 2007), 11 f. Zur theoretischen Nähe des Konzepts der Mediatisierung als Metaprozess von Krotz zu Bruno Latours Vorstellung des ‚Panoramas' vgl. Hepp, Andreas, *Medienkultur: Die Kultur mediatisierter Welten* (Wiesbaden 2011), 50 f. Vgl. Latour, Bruno, *Eine neue Soziologie für eine neue Gesellschaft: Eine Einführung in die Akteur-Netzwerk-Theorie* (Berlin 2010), 325 ff. Mediatisierungsprozesse verlaufen in globaler Perspektive nicht uniform, sie entwickeln sich in Relation zu Geschichte und Kultur, Politik und Ökonomie, vgl. Krotz, Friedrich, „Pfade der Mediatisierung: Bedingungsgeflechte für die Transformation von Medien, Alltag, Kultur und Gesellschaft", in *Mediatisierung als Metaprozess: Transformationen, Formen der Entwicklung und die Generierung von Neuem*, hg.v. dems., Cathrin Despotović und Merle-Marie Kruse (Wiesbaden 2017), 347–364.
[10] Krotz, *Mediatisierung*, 37. Im Original hervorgehoben. – Eine ausführlichere Bestimmung Krotz' wird in Kapitel 3.1.1 angeführt. Unter diesen Medienbegriff fallen also nicht Medien, die auf

einer Kultur, wenn sie in den Alltag der Menschen und ihre Gesellschaft integriert sind und soziale und kulturelle Praktiken auf ihnen aufruhen. Medien können, wie es Andreas Hepp im Anschluss an Raymond Williams formuliert, auch „gleichzeitig als Technologie *und* kulturelle Form"[11] begriffen werden. Menschen haben schon immer Medien gebraucht. Geht man davon aus, dass Medien sich nicht gegenseitig ablösen oder einander ersetzen[12], wird der Prozess der Mediatisierung als Ausdifferenzierungsprozess beschreibbar, im Zuge dessen sich neue Kommunikationsformen anreichern, dies mit zunehmender medialer Komplexität, so dass mediale Kommunikation fortschreitend auf immer mehr Lebensbereiche ausgreift.[13]

Das Aufkommen der „neuen Basistechnologie"[14] verändert die Art und Weise, wie Menschen ihren Alltag gestalten, wie sie miteinander ins Gespräch kommen und – vielfach öffentlich – aushandeln, wie sie sich selbst und die Welt verstehen. Medien wirken vor allem dadurch, dass sie von Menschen gebraucht werden, nicht primär schlicht über die Inhalte, die ‚transportiert' werden, auch nicht, weil ein Medium an sich spezifische Merkmale besäße.[15] Medien und ihre Wirkungen sind nur im Zusammenhang mit menschlichem Handeln erfassbar, und in diesem Zusammenspiel liegt das Handlungspotenzial begründet, das man bestimmten Medien gegebenenfalls als spezifisches zuschreiben kann, das sich sekundär

---

symbolischer Generalisierung beruhen (wie etwa Liebe oder Geld), wie sie z. B. die Systemtheorie verhandelt. Vgl. dazu: Hepp, *Medienkultur*, 9.
11 Hepp, *Medienkultur*, 56, unter Rekurs auf: Williams, Raymond, *Television: Technology and Cultural Form* (London u. a. 1990).
12 Vgl. Krotz, *Mediatisierung*, 43, unter Rekurs auf: Riepl, Wolfgang, *Das Nachrichtenwesen des Altertums* (Leipzig 1913), und: Lerg, Winfried B., „Verdrängen oder ergänzen Medien einander? Innovation und Wandel in Kommunikationssystemen", *Publizistik* 26 (1981): 193–201.
13 Vgl. Krotz, *Mediatisierung*, 37 f. – Hepp und Couldry sprechen auch von „deep mediatization", vgl. Couldry, Nick und Hepp, Andreas, *The Mediated Construction of Reality* (Cambridge/UK 2017). Da es um Ausdifferenzierung und Verschränkung und nicht um Substitution oder Ablösung von Medien geht, ist es terminologisch irreführend, vom ‚Internetzeitalter' zu sprechen, das nun jetzt etwa das Buch- oder Fernsehzeitalter ablöste. Vgl. Hepp, *Medienkultur*, 7.
14 Krotz, *Mediatisierung*, 31.
15 Hepp grenzt sich hier von Marshall McLuhan ab: „In diesem Sinne ist das Medium *nicht* die ‚Message'. Ebenso übt das Medium *keine* ‚Message' aus, wie die Mediumstheorie zumindest in Teilen suggeriert." (Hepp, *Medienkultur*, 60. Im Original hervorgehoben.) – Medienwandel sind insofern nur im Zusammenhang mit sozialen Praktiken beschreibbar: „Dementsprechend handelt es sich bei jedem Medienwandel um eine evolutionäre, gleichwohl in Sprüngen stattfindende Entwicklung, die sich als Erfindung von Medien, deren Anpassung und Aneignung durch Mensch und Gesellschaft, deren Auswirkungen auf Mensch, Kultur und Gesellschaft, und deren ständige Weiterentwicklung auf der Ebene von Kommunikationspotenzialen, Inhalten und Verwendungsweisen beschreiben lässt." (Krotz, *Mediatisierung*, 48.)

dann auch als Prägekraft eines Mediums entfaltet.¹⁶ In diesem Kontext kann von ‚Bedeutungsressourcen' gesprochen werden, die sich über technische Kommunikationsmedien vermitteln; der Begriff der ‚Ressource' mag noch einmal weiterführend sein, weil er darauf hinweist, dass die Genese von Bedeutung erst in Prozessen der Aneignung erfolgt.¹⁷ Kurzum: Das Aufkommen einer Technologie ist das eine Moment, die kulturelle Anverwandlung durch die Praktiken sozialer Akteure das andere Moment; beide zusammen erst bewirken die – kulturell relevante – Innovation.

Im Hintergrund der vorliegenden Studie steht *nicht* die Auffassung, dass, je zeitspezifisch, ein Leitmedium in besonderer Weise Auswirkungen auf Gesellschaft, Mensch und Kultur hat.¹⁸ Viel eher legt sich das Verständnis nahe, dass sich Medienkulturen durch „*hochgradig komplexe Arrangements von verschiedenen Formen des medienbasierten, kommunikativen Handelns*"¹⁹ auszeichnen. Kultureller und sozialer Wandel will insofern einerseits nicht linear, sondern mehrdimensional verstanden werden, und andererseits ist seine Ursache nicht primär lokalisierbar in einer bestimmten isolierbaren technologischen Innovation. Die Komplexität und Mehrdimensionalität der Mediatisierung zeigt sich noch einmal in der begrifflichen Definition von ‚Medienkulturen' und ‚Kultur' überhaupt, die Andreas Hepp, Marco Höhn und Jeffrey Wimmer vornehmen:

> So können wir *Medienkulturen als Kulturen definieren, deren primäre Bedeutungsressourcen durch technische Kommunikationsmedien in einem konfliktären Prozess vermittelt bzw. zur Verfügung gestellt werden. Kultur ist dabei eine Verdichtung von Klassifikationssystemen und diskursiven Formationen, auf die die Bedeutungsproduktion in alltäglichen Praktiken Bezug nimmt.* Diese Definition berücksichtigt, dass keine Kultur jemals in der Form mediatisiert ist, dass jegliche ihrer Ressourcen exklusiv medial kommuniziert wird. Allerdings lässt sich argumentieren, dass in Medienkulturen ‚das Mediale' als Zentrum der Gesellschaft konstruiert wird, ein Prozess, in den neben den Medien verschiedene andere Institutionen einbezogen sind.²⁰

---

[16] Vgl Hepp, *Medienkultur*, 58.
[17] Vgl. Hepp, *Medienkultur*, 69 f.
[18] Dies ist die Annahme von Vertretern der Mediumstheorie, vgl. dazu etwa: Innis, Harold A., *Kreuzwege der Kommunikation: Ausgewählte Texte*, hg.v. Karheinz Barck (Wien u.a. 1997); McLuhan, Marshall, *Gutenberg Galaxy: The Making of Typographic Man* (Toronto 1962); Ong, Walter J., *Orality and Literacy: The Technologizing of the Word* (London u.a. 1982); Postman, Neil, *Amusing Ourselves to Death: Public Discourse in the Age of Show Business* (New York/NY 1985); Meyrowitz, Joshua, *No Sense of Place: The Impact of Electronic Media on Social Behavior* (New York/NY 1985).
[19] Hepp, *Medienkultur*, 21. Im Original hervorgehoben.
[20] Hepp, Andreas, Höhn, Marco und Wimmer, Jeffrey, „Medienkultur im Wandel", in *Medienkultur im Wandel*, hg.v. dens. (Konstanz 2010), 9–37: 21.

Da der Mensch als *animal symbolicum* (Ernst Cassirer) in einer notwendig kommunikativ vermittelten symbolisch konstruierten Wirklichkeit existiert, hat die Veränderung von Kommunikation Konsequenzen für den Alltag der Subjekte, ihre Identität, Gesellschaft und Kultur.[21] Geht man davon aus, dass Medien eine Grundlage für Kommunikation darstellen, ist anzunehmen, dass der gegenwärtige Medienwandel – als Teilprozess des Metaprozesses der Mediatisierung – beobachtbare Auswirkungen auf Kommunikation überhaupt hat, individuell wie institutionell, gesellschaftlich wie gruppenbezogen.[22]

* * *

Die bisherigen Anmerkungen zur Digitalisierung von Kommunikation wie zur Theorie der Mediatisierung zeigen die allgemeine kulturelle Relevanz der gegenwärtig stattfindenden Prozesse an. Handelt es sich im alltäglichen Erleben und Prozessieren um „komplexe Arrangements von verschiedenen Formen des medienbasierten, kommunikativen Handelns"[23], so weckt insbesondere die internetmediale Kommunikation als neue Kommunikationsmöglichkeit – man müsste richtigerweise von einem Bündel neuer Formen sprechen – hinsichtlich ihrer Ausprägungen und Potenziale das Forschungsinteresse, auch in theologischer Absicht. Wirft man einen Blick allein auf *aktuelle Nutzungszahlen* ‚des' Internets (die in der Regel im Moment der Nennung bereits im wahrsten Sinne des Wortes überholt sind), wird die abstrakte Relevanz dieser Form der Mediennutzung für das Selbstverständnis der Menschen und ihre Sozialität, ihre Kultur, zu einer konkreten. Jährlich werden im Rahmen der *ARD/ZDF-Onlinestudie* die aktuellen Zahlen für Deutschland erhoben. Auch wenn es in seiner Komplexität nicht leicht zu beschreiben ist – am ehesten noch als globale technologische Infrastruktur, die Kommunikation aller Art ermöglicht, dabei unterschiedliche Medien integriert und sich nicht zuletzt über das ‚Internet der Dinge' in die alltägliche Lebenswelt einschreibt – ist ‚das' Internet mittlerweile allgegenwärtig: Im Jahr 2017 sind 90 % der Bevölkerung in Deutschland Onlinenutzer und -nutzerinnen; täglich sind 72,2 % der ab 14-Jährigen online (damit ist, wie in den Jahren davor, ein Zuwachs im Vergleich zur letzten Erhebung im Vorjahr zu verzeichnen).[24] Schaut man noch einmal nach der demografischen Verteilung, zeigt sich

---

21 Vgl. Krotz, *Mediatisierung*, 43.
22 Vgl. Krotz, *Mediatisierung*, 47.
23 Entsprechende Fallstudien finden sich etwa in: Krotz, *Mediatisierung*, 119 ff.; Hepp, Andreas, Berg, Matthias und Roitsch, Cindy, *Mediatisierte Welten der Vergemeinschaftung: Kommunikative Vernetzung und das Gemeinschaftsleben junger Menschen* (Wiesbaden 2014).
24 Der Zuwachs mit Blick auf die tägliche Internetnutzung liegt bei 11,4 % im Vergleich zu 2016. Dieser erhebliche Anstieg erklärt sich auch aus einer Modifikation der Abfrage, die an veränderte

sogar, dass im Altersspektrum 14–59 Jahre über 90 % ‚das' Internet nutzen, bei den über 60-Jährigen sind es dann ‚nur' noch 74,2 %. Erwartungsgemäß sind die Tagesreichweiten der Internetnutzung bei den jüngeren Befragten relativ höher. Die tägliche Nutzungsdauer liegt bei durchschnittlich 149 Minuten, in der Altersgruppe der 14- bis 29-Jährigen sogar bei 274 Minuten, also viereinhalb Stunden. Man muss selbst bei diesen Ergebnissen noch den Faktor berücksichtigen, dass es bei der Beantwortung der Fragen nach dem eigenen Nutzungsverhalten „zunehmend schwerer wird, einzelne Internettätigkeiten tatsächlich auch dem Netz zuzuschreiben"[25], wie etwa Chatten oder Whatsappen. Wie wird das flüchtige, gleichzeitig aber permanente Nachschauen auf dem in der Regel mit ‚dem' Internet verbundenen Smartphone erfasst, das das Eingehen oder Ausbleiben neuer Nachrichten kontrollieren soll? Dieses Beispiel verdeutlicht, dass sich soziale Praktiken online und offline mehr und mehr verschränken – mit Konsequenzen für die alltägliche Selbst- und Weltdeutung der Akteure.[26] Dabei zeigt sich ein erwartbarer Zusammenhang zwischen der Nutzung mobiler Geräte (wobei die Verfügbarkeit öffentlicher WLANs eine Rolle spielt) und der Intensität der Internetnutzung. Entsprechend stimmten bereits im Jahr 2015 45 % „voll und ganz" dem Item zu „Das Internet ist für mich zu einem täglichen Begleiter für alle möglichen Fragen und Antworten geworden"[27].

Interessant ist nun noch ein Blick auf die Nutzungsdimensionen ‚des' Internets (mediale Internetnutzung, Individualkommunikation, sonstige Nutzung):

Nutzungsbedingungen und ein verändertes Nutzungsverhalten angepasst wurde. Zum einen entfällt der primäre Vergleich zwischen der Nutzung von Radio, Fernsehen, Tageszeitung und Internet, da ‚das' Internet die Nutzung verschiedener Medien integriert (es wird in der aktuellen Abfrage entsprechend die Nutzung von Text, Bewegtbild [Video] und Audio erhoben. Erst sekundär wird nach der Nutzungsform, ‚klassisch' oder onlinebasiert, gefragt. Hinzu kommen Antwortmöglichkeiten zu Nutzungsfeldern des generischen Internets. Ein Onlinenutzer ist hier eine Person, die eine Tätigkeit online ausführt). Zum Zweiten werden die Nutzungsdimensionen in drei Cluster ausdifferenziert – und das ist für die vorliegende Studie interessant: a) mediale Internetnutzung; b) Individualkommunikation; c) sonstige Internetnutzung [Surfen, Shoppen, Spielen etc.]). (Vgl. Koch, Wolfgang und Frees, Beate, „ARD/ZDF-Onlinestudie 2017: Neun von zehn Deutschen online. Ergebnisse aus der Studienreihe ‚Medien und ihr Publikum [MiP]'", *Media Perspektiven* (2017), 9, 434–446: 434 f.; 438.)
25 Koch und Frees, „Neun von zehn Deutschen online", 436.
26 Zur Verschränkung vgl. u. a.: Merle, Kristin, „Religion im Internet: von neuen Erfahrungsräumen und Hybrid-Identitäten", in *Social Media, christliche Religiosität und Kirche: Studien zur Praktischen Theologie mit religionspädagogischem Schwerpunkt*, hg. v. Ilona Nord und Swantje Luthe (Jena 2014), 115–142.
27 Koch, Wolfgang und Frees, Beate, Internetnutzung: Frequenz und Vielfalt nehmen in allen Altersgruppen zu. Ergebnisse der ARD/ZDF-Onlinestudie 2015, *Media Perspektiven* (2016), 9, 366–377: 370. – Bei den 14- bis 29-Jährigen liegt die Zahl sogar bei 59 %.

Mit durchschnittlich einer Stunde pro Tag liegt die Nutzung ‚des' Internets für (dialogische) Individualkommunikation (Chat, E-Mail, *WhatsApp* etc.) über den durchschnittlich 45 Minuten medialer Nutzung (Mediatheken, *youtube* etc.).[28] Wenn im Vergleich die sonstige Nutzung, die „generische Internetnutzung, wie Onlineshopping, etwas im Internet erledigen, online spielen, einfach nur surfen bzw. schnell etwas suchen oder sich kurz im Internet informieren"[29] umfasst, mit 71 Minuten höher ausfällt, muss wieder nach der Trennschärfe einerseits der erfragten Tätigkeiten wie andererseits der Nutzerwahrnehmungen gefragt werden. Das betrifft auch Überschneidungen mit Blick auf die mediale Nutzung. Hierzu zählt auch das Lesen von Berichten und Artikeln. Wie wird etwa das Rezipieren und Kommentieren von Beiträgen und Artikeln online zugeordnet, innerhalb dessen sich (passagere) soziale Kommunikationszusammenhänge bilden können, wie die vorliegende Studie zeigen wird? In jedem Fall stellt die Individualkommunikation einen zu berücksichtigenden und für die Nutzung des Internets einen wichtigen Faktor dar.[30] Insgesamt wird man den Befund der *ARD/ZDF-Online-Studie* aus dem Jahr 2016 sinngemäß aufgreifen können: Mit 90% der Bevölkerung, die ‚das' Internet nutzen, bahnt sich seine ‚Sättigung' an, die Nutzungsintensität nimmt zu.[31] Und das bedeutet: Digitale Kommunikation nimmt einen

---

28 Vgl. Koch und Frees, „Neun von zehn Deutschen online", 439.
29 Koch und Frees, „Neun von zehn Deutschen online", 441.
30 Bemerkenswert ist zudem, dass die „Bewegtbildnutzung" stagniert (Videoportale, *facebook* etc.). Gleichzeitig werden Streamingdienste wie *Amazon Prime* oder *Netflix* öfter genutzt. Auch Radio-Livestreams werden zunehmend gehört. (Vgl. Koch und Frees, „Neun von zehn Deutschen online", 442.)
31 Vgl. Koch und Frees, Internetnutzung. – In diesem Zusammenhang sei auf zwei Nutzungserhebungen unter Christen und Christinnen eingegangen. Zum einen kommt die aktuelle *V. EKD-Erhebung über Kirchenmitgliedschaft* (KMU) zu auf den ersten Blick irritierenden Ergebnissen – zumal in Anbetracht der oben genannten allgemeinen Nutzungszahlen: Allein in der Gruppe der 14- bis 17-Jährigen ist eine Nutzung internetbasierter Medien zu Kommunikationszwecken zu eruieren, ansonsten, so die Ergebnisse der KMU, spielen Medien für den Austausch über religiöse Themen eher keine Rolle (vgl. Weyel, Birgit und Kretzschmar, Gerald, „Medien", in *Engagement und Indifferenz: Kirchenmitgliedschaft als soziale Praxis. V. Erhebung über Kirchenmitgliedschaft*, hg.v. der Evangelischen Kirche in Deutschland [Hannover 2014], 50–51: 50). Die Irritationen lichten sich, wenn genauer auf die Umstände der Erhebung geschaut wird: Nicht nur verwenden die Kirchenmitgliedschaftsuntersuchungen seit Jahrzehnten gleiche Fragekomplexe (insofern wird mit der Abfrage ‚des' Internets als Informationsquelle für ‚religiöse Themen' auch nichts Charakteristisches für diese Art der Mediennutzung erhoben), auch das durchschnittliche Alter der befragten Kirchenmitglieder dürfte sich der Altersgruppe annähern, die ‚das' Internet (noch) nicht so stark nutzt. Und auch die Grenze quantitativer Forschung mit Blick auf religiöse Kommunikation – was identifizieren Nutzer und Nutzerinnen selbst als religiös und was nicht? – wird deutlich. Vgl. zur Einordnung der Ergebnisse auch: Weyel, Birgit, „Fehlschlüsse vermeiden!" In *Kommunikation des Evangeliums in der digitalen Gesellschaft: Lesebuch zur Tagung der EKD-*

immer größeren Stellenwert im Leben von Menschen ein. Das Internet ist zu einem *Vademecum* geworden, und zwar in habitueller wie inhaltlich-orientierender Hinsicht.

* * *

Die Gestimmtheit gegenüber den medialen wie kulturellen Entwicklungen ist Veränderungen unterworfen. Als ‚das' Internet in den 1990er-Jahren gesellschaftlich relevant wurde, war man in vielen Fällen nahezu euphorisch und pries ‚das' Internet als eine Art Freiheitstechnologie an. John Perry Barlows *A Declaration of the Independence of Cyberspace* aus dem Jahr 1996 mag hier als Beispiel dienen.[32] Mittlerweile ist man, klüger durch die Erfahrung mit den Potenzialen der Technologie im Guten wie im Schlechten, vorsichtiger, kritischer geworden. Unbestreitbar ist die Notwendigkeit offenbar geworden, sich auch mit den gesellschaftlichen Gefahren und Schattenseiten der Digitalisierung auseinanderzusetzen (für die breite Öffentlichkeit ist dies spätestens mit PRISM und den NSA-Skandalen deutlich geworden). Dieser differenziertere Blick ist allerdings ein Ausweis dafür, dass ‚das' Internet in den letzten 25 Jahren zu einem Massenmedium geworden ist, das sich in die gesellschaftlichen Alltagspraktiken der Bürger und Bürgerinnen inkulturiert hat. Konnte niemand Mitte der 1990er-Jahre wissen, wie sich ‚das' Netz über die Nutzung entwickeln würde, stehen wir heute vor dem Phänomen, dass in den meisten Ländern dieser Welt ein Leben ohne digitale Kommunikationsströme (einschließlich der inhärenten Ordnungssysteme) kaum mehr vorstellbar ist. Vertrat Barlow noch eine libertäre Utopie der „civilization of Mind"[33] mit Blick auf eine digitale Welt, werden insbesondere in den Jahren des neuen Jahrtausends Rufe nach digitalen Grundrechten (zum Beispiel von Jeff

---

Synode 2014 in Dresden, hg.v. Kirchenamt der Evangelischen Kirche in Deutschland (2. korr. Aufl., Frankfurt a.M. 2015), 20 f. – Zu anderen Ergebnissen kommt die Genossenschaft kirchlicher Publizistik KONPRESS mit ihrer Umfrage aus dem Jahr 2014 (befragt wurden über 1.000 Christen und Christinnen, die angaben, ‚das' Internet zu nutzen): Unter den Befragten waren überproportional viele Personen unter 40 Jahren; jede/r Dritte würde sich mehr über kirchliche Themen informieren, wenn diese z. B. von den Kirchen zur Verfügung gestellt würden; ebenso sagte jede/r Dritte aus, dass „er/sie richtig vertrauliche Dinge im Netz manchmal besser besprechen könne als im eigenen Bekannten- und Freundeskreis." („*Gott im Netz". Eine Präsentation der KONPRESS-Medien eG*, [Frankfurt a.M. 2014], 4.) Nur ein Drittel ist der Meinung, dass Glaube und Religion so persönlich seien, dass sie nicht ins Netz gehörten. Immerhin 39 % der Befragten haben sich bereits „an Diskussionen zu Glaubensthemen im Internet" (26) beteiligt.
32 Vgl. Barlow, John Perry, *A Declaration of the Independence of Cyberspace*, 1996. https://www.eff.org/cyberspace-independence (01.03.2018).
33 Barlow, *Declaration*.

Jarvis)[34] und nach einer zivilgesellschaftlichen Verständigung darüber laut, wie die Freiheitsversprechen des Internets bewahrt, ja mehr noch, gegenüber politisch-wirtschaftlichen Kontrollmechanismen so operationalisiert werden können, dass sie Wirklichkeit werden.[35] Angesichts der starken Imprägnierung der Nutzungsmöglichkeiten wie der Verwertung des Nutzungsverhaltens in Form von Datenmengen durch ökonomische Interessen dynamisieren sich Entwicklungen, die nicht wenige Beobachter und Beobachterinnen – zu Recht – von fortschreitenden Freiheits- und Autonomieverlusten und post-demokratischen Verhältnissen sprechen lassen.[36] So richtig und notwendig viele solcher kritischer Einwürfe sind – nicht wenige kommen von Personen, die die Verbreitung des Internets mit Begeisterung vorangetrieben und begleitet haben, wie dem ‚Internet-Pionier' Jaron Lanier[37] – hilfreich für zivilgesellschaftliche Verständigungsprozesse sind sie nur, wenn sie konstruktiv bleiben. Der Gruseleffekt von Dystopien mag für die Bestsellerlisten taugen[38], das in den letzten Jahren mit Blick auf die neuen Technologien erneut gepflegte Zeichnen von Schreckensszenarien[39] ist jedoch ein eigener Gegenspieler zum Willen analytischer Durchdringung, die sich an aufgeklärter Sachlichkeit orientiert.[40] Gerade weil Gesellschaften sich mit der Digi-

---

[34] Jarvis, Jeff, „My cyberspace bill of rights", *The Guardian*, 29.03.2010. https://www.theguardian.com/commentisfree/2010/mar/29/internet-censorship-cyberspace-bill-of-rights (01.03.2018).

[35] Vgl. dazu exemplarisch: Stalder, *Digitalität*, v.a. 245 ff. (vgl. dazu auch die kurze Skizze in Kapitel 3.3 dieser Arbeit); Hofstetter, Yvonne, *Sie wissen alles: Wie intelligente Maschinen in unser Leben eindringen und warum wir für unsere Freiheit kämpfen müssen* (München ⁴2014), 281 ff.

[36] Vgl. hierzu auch: Stalder, *Digitalität*, 203 ff. – Vgl. auch zur Reflexion von Praktiken des Widerstands gegen eine ‚durchgängige' Mediatisierung: Pfadenhauer, Michaela und Grenz, Tilo, Hg., De-Mediatisierung: Diskontinuitäten, Non-Linearitäten und Ambivalenzen im Mediatisierungsprozess (Wiesbaden 2017).

[37] Vgl. Lanier, Jaron, *Who Owns the Future?* (New York 2013); ders., *Wenn Träume erwachsen werden: Ein Blick auf das digitale Zeitalter* (Hamburg 2015); ders., „Der ‚Hightech-Frieden' braucht eine neue Art des Humanismus: Dankesrede zur Verleihung des Friedenspreises des Deutschen Buchhandels", in: ders., *Wenn Träume erwachsen werden*, 13–36.

[38] Ein gutes Beispiel ist der Erfolg von Dave Eggers Roman *The Circle* (2013), der in den deutschen Feuilletons vielfältig besprochen wurde und auf dem Markt starken Absatz fand.

[39] Vgl. Gerhardt, *Licht und Schatten*, 30 ff. – Kulturpessimistische Einordnungen neuer Medien stellen auch eine routinierte Reaktion der Kirchen dar, für den Film vgl.: Grethlein, Christian, Art. „Medien II", in: *Religion in Geschichte und Gegenwart*, Bd. 5 (Tübingen ⁴2002), 957–958: 958. Mit Blick auf die Digitalisierung vgl.: Thiede, Werner, „Die ‚Digitalisierung aller Dinge' als totalitäre Gefahr. Wird die digitale Revolution zur weltanschaulichen Herausforderung?", *Materialdienst der Evangelischen Zentralstelle für Weltanschauungsfragen* 77 (2014), 125–135.

[40] Zur Kritik der Unsachlichkeit vgl. auch Gerhardt, *Licht und Schatten*, 32 f. Gerhardt bezieht sich in seiner Kritik u.a. auf Byung-Chul Han, der mit diversen essayistischen Veröffentlichungen die Form problematisiert, wie die Digitalisierung auf die Gesellschaft ausgreift, vgl. Han, Byung-Chul,

talisierung fundamental wandeln, muss die Verständigung über die digitale Kultur beziehungsweise die Digitalität der Kultur auch und wesentlich als ernsthafte und sachgemäße politische Debatte geführt werden[41], deren Relevanz nicht an den Grenzen der Nationalstaaten endet. Man hat es hier mit transnationalen Fragen zu tun, deren Komplexität freilich mit ihrer Reichweite steigt. Im Bewusstsein dieser Vielschichtigkeit und kulturellen Tiefendimension sind auch theologische Beiträge zu entwerfen, die einen Beitrag zur gesellschaftlichen Gestaltung der Digitalisierung leisten möchten.

Über die Entwicklung der Kultur des Digitalen, des Netzes und der neuen Technologien entscheiden nicht nur wirtschaftliche Organisationen, Lobbyisten oder Akteure institutionalisierter Politik. Jeder Internetnutzer und jede Internetnutzerin trägt selbst Verantwortung für die Gestaltung des Netzes – mit seinem oder ihrem Engagement in Online-Debatten, durch Stärkung von Vereinen[42], die sich für demokratische Strukturen einsetzen, gar im Rahmen der Gründung eigener Online-Unternehmen[43], die gemeinwohlorientiert arbeiten. Mit einer rein konsumistischen, komfortorientierten Nutzung der Technologien werden sich Handlungsspielräume für Bürger und Bürgerinnen einschränken.[44] Bietet das Netz struktureller Ungerechtigkeit wie intersubjektiver Misanthropie ‚Freiheit', so stellt es diese ‚Freiheit' genau so zivilgesellschaftlichem Engagement zur Verfügung. Auch für die Kirchen bietet sich hier freilich ein weites Feld für entspre-

---

Transparenzgesellschaft (Berlin 2012); ders., *Im Schwarm: Ansichten des Digitalen* (Berlin 2013); ders., *Psychopolitik: Neoliberalismus und die neuen Machttechniken* (Frankfurt a.M. 2015).
41 Vgl. dazu u. a.: Schulz, Martin, „Vorwort", in *Technologischer Totalitarismus: Eine Debatte*, hg.v. Frank Schirrmacher (Berlin 2015), 9–13, und: Ders., „Warum wir jetzt kämpfen müssen", in *Technologischer Totalitarismus*, 15–22. Schulz vergleicht die digitale mit der industriellen Revolution und leitet daraus politische Handlungsverpflichtungen ab: Technischer Fortschritt muss aktiv und zum Wohle der Gesellschaft gestaltet werden.
42 Vgl. Lobo, Sascha, *Rede zur Lage der Nation*, re:publica 2014. https://www.youtube.com/watch?v=3hbEWOTI5MI (01.03.2018).
43 Vgl. ders., *The Age of Trotzdem*, re:publica 2016. https://www.youtube.com/watch?v=bkvhU DAQQ3U (01.03.2018).
44 Aber auch die Warte einer ‚unbeteiligten' Kritik verbietet sich, so heißt es wiederum bei Gerhardt: „Niemand wird in Abrede stellen, dass sich derzeit eine weltumspannende Umwälzung vollzieht, zu der die Menschheit durch die universell gewordene mediale Kommunikation genötigt wird. Wir alle sind ihre daran tätig mitwirkenden Zeugen. Und wer glaubt, sich in dieser Mitverantwortung auf die Rolle eines bloßen Anklägers zurückziehen zu können, kann schon deshalb nicht ernst genommen werden, weil er einen wesentlichen Teil der Realität, nämlich sich selbst, nicht in den Blick zu nehmen sucht." (Gerhardt, *Licht und Schatten*, 33.)

chendes zivilgesellschaftliches Engagement. Zuerst wäre das Thema der Digitalität allerdings in seiner Reichweite angemessen zu erfassen.[45]

* * *

Die ‚alte' kommunikationswissenschaftliche Frage, wie Medien auf welche Weise ‚Öffentlichkeit' herstellen, und welche Rolle ihnen damit im Zusammenhang von Politik und Demokratie zukommt, lässt sich gegenwärtig nicht mehr einfach beantworten. Denn die medialen Transformationen beschränken sich nicht nur auf die ‚öffentlichen Medien' wie Zeitungen und Zeitschriften und Fernsehen, sondern sie durchziehen sämtliche Bereiche des menschlichen Lebens.[46] Die alltäglichen Lebenswelten mediatisieren sich. Tatsächlich partizipiert jeder Mensch gegenwärtig an unterschiedlichen mediatisierten Welten mit verschiedenen kommunikativen Arenen, die transmediale Gestalt haben, die sich aber auch über direkte Kommunikation bilden. Der Medienwandel betrifft also den privaten Bereich, Überschneidungsbereiche des Privaten und Öffentlichen, ‚die' Öffentlichkeit – und transformiert Gesellschaft, wenn man so möchte, von innen heraus.[47] Dies wird in besonderem Maße möglich, als im Zuge der Digitalisierung Technologien Anwendung finden, die eine neue Art der Vernetzung von Menschen und Systemen untereinander ermöglichen, die nicht mehr auf den lokalen Bereich begrenzt sind, translokale Konnektivitäten herstellen können und eine potenziell unendliche Reichweite haben. Die kommunikativen Netzwerke, die sich hier ausbilden, können auch mit dem Begriff der „kommunikativen Figurationen"[48]

---

[45] Kirchlicherseits wendet sich die Aufmerksamkeit dem Thema Digitalisierung mit Verzögerung zu. Drei Jahre nach der Synode der *Evangelischen Kirche in Deutschland* (EKD) zum Thema „Kommunikation des Evangeliums in der digitalen Gesellschaft" beschloss die Synode der EKD 2017 die Erarbeitung einer „digitalen ‚Road Map'" mit der Aussicht auf organisationale Einlassungen und Anpassungen.

[46] Diese mediale Durchdringung bezeichnet Hepp in der alltagsweltlichen Konkretion auch mit dem Begriff der ‚mediatisierten Welten', v. a. auch unter Rekurs auf die Fassung des Lebenswelt-Begriffs bei Alfred Schütz und Thomas Luckmann und die daran anschließenden Überlegungen zu den „kleinen Lebens-Welten" bei Ronald Hitzler. (Vgl. Hepp, *Medienkultur*; vgl. Hitzler, Ronald, „Von der Lebenswelt zu den Erlebniswelten: Ein phänomenologischer Weg in soziologische Gegenwartsfragen", in *Phänomenologie und Soziologie: Theoretische Positionen, aktuelle Problemfelder und empirische Umsetzungen*, hg.v. Jürgen Raab, Michaela Pfadenhauer, Peter Stegmaier, Jochen Dreher und Bernt Schnettler [Wiesbaden 2008], 131–140.)

[47] Dazu schreibt Hepp: „Es geht nicht mehr darum, Medien als unabhängige Institutionen zu beschreiben, die auf andere Institutionen eine Wirkung ausüben. Vielmehr müssen wir reflektieren, dass wir in Welten leben, die umfassend mit Medienkommunikation durchdrungen sind". (Hepp, *Medienkultur*, 122.)

[48] Hepp, *Medienkultur*, 89; Hepp favorisiert den Begriff der ‚kommunikativen Figurationen' – im Anschluss an die Arbeiten von Norbert Elias (vgl. Elias, Norbert, *Was ist Soziologie?* [Weinheim

bezeichnet werden. Das wiederum bedeutet, dass der gegenwärtig stattfindende Medienwandel durch die Aktivität der Nutzer und Nutzerinnen der neuen Technologien neue Sozialitäten, ja, neue Öffentlichkeiten aus sich heraus setzt, die nur zum Teil im Zusammenhang mit den ‚klassischen' öffentlichkeitsgenerierenden Medien stehen. Auch Prozesse der ‚öffentlichen Meinungsbildung' verlaufen komplexer. Anders formuliert: Der Medienwandel betrifft nicht nur die öffentliche Kommunikation beziehungsweise den ‚Anschluss' von Bürgern und Bürgerinnen über die klassischen Massenmedien an öffentliche Kommunikation. Der Medienwandel transformiert selbst noch einmal die Sphäre des Öffentlichen und bezieht – maßgeblich zurzeit über das Social Web – Kommunikationsformen in den Bereich öffentlicher Kommunikation ein, die vor der Ära Internet in den meisten Fällen ungehört, ungesehen und ungelesen geblieben sind. Noch einmal anders formuliert: Der Medienwandel betrifft nicht nur den Bereich ‚der' Öffentlichkeit, aber (auch) in ‚der' Öffentlichkeit wird beobachtbar, was der Medienwandel für Menschen und ihre Sozialität an sich, für die Kommunikation, bedeutet.

Die gegenwärtigen Entwicklungen im Zusammenhang des Mediatisierungsprozesses lassen sich auf makrotheoretischer Ebene beschreiben, da sie Auswirkungen auf Gesellschaft und Kultur haben. Sie finden sich auf der Mesoebene wieder, wenn es um die Veränderungen von Kommunikation und ihre strukturellen und inhaltlichen Konsequenzen für die Gestalt etwa von Organisationen und Institutionen geht. Und sie lassen sich für die mikrotheoretische Ebene nachzeichnen, nicht zuletzt, da es das (medial vermittelte) kommunikative und soziale Handeln der Menschen ist, in denen die Veränderungen gründen.[49] Die gegenwärtig stattfindenden Prozesse haben fraglos auch Auswirkungen auf die religiöse Kommunikation; sie stellen Fragen an die Rolle und Funktion, die Kirchen als Organisation und Institution in den (vielfach öffentlich stattfindenden) Aushandlungsprozessen der kommunikativ vermittelten symbolisch konstruierten Wirklichkeiten der Subjekte unter dem Vorzeichen des gegenwärtigen Medienwandels haben. Motor für die kommunikativen Veränderungen und die Reichweite des Medienwandels ist dabei das soziale und kommunikative Handeln der Menschen: „Über die Aneignung der Medien und ihrer Inhalte durch die Menschen auf der Mikroebene bewirkt Mediatisierung im Übrigen natürlich auch Veränderungen auf der Meso- und Makroebene, also etwa im Bereich der sozialen Institutionen oder in Kultur und Gesellschaft insgesamt, weil das soziale Handeln der Menschen die Grundlage der Gesellschaft als manifesten Geschehens ist."[50]

---

[7]1993]) –, da er in empirischer Sicht geeignet sei, „soziale Entitäten als prozesshafte Verflechtungszusammenhänge" (Hepp, *Medienkultur*, 90) sichtbar und analysierbar zu machen.
49 Krotz, *Mediatisierung*, 38.
50 Krotz, *Mediatisierung*, 45.

Das bedeutet, dass sich *aus der Beobachtung kommunikativen Handelns am Ort der Subjekte Postulate für die* (unter Umständen medial vermittelte) *Kommunikation von Institutionen und Organisationen auffinden und formulieren lassen*, insofern auch: Postulate für die Kommunikationskulturen der Kirche.

Die Sphäre ‚der' *Öffentlichkeit* ist dabei in dreierlei Hinsicht von besonderer Bedeutung. Zum einen wird digitalisierte Kommunikation im Allgemeinen wie religiöse digitalisierte Kommunikation im Besonderen – etwa in Foren, Chats, Blogkommentaren oder in den Sozialen Netzwerken – in vielen Fällen öffentlich sichtbar und beobachtbar (‚öffentlich' soll hier zunächst nur heißen: allgemein sichtbar)[51]. Zweitens ist das kommunikative Handeln der Kirchen als Organisationen resp. Institutionen wesentlich öffentliches Handeln. Kirche hat konstitutiven Öffentlichkeitsbezug, und als intermediärer Institution im gesellschaftlichen Gefüge hat es ihr um Publizität nach außen, aber auch nach innen zu gehen, sofern man mit dieser terminologischen Unterscheidung operieren möchte.[52] Und drittens lässt sich über eine Konturierung von Merkmalen öffentlichkeitsgenerierender beziehungsweise öffentlichkeitsrelevanter Kommunikation noch einmal neu die Frage nach den kommunikativen Desideraten mit Blick auf eine Kirche formulieren, die – auch in kybernetischem Interesse – Öffentlichkeitswirksamkeit für sich in Anspruch nehmen möchte jenseits der schlichten Publizität einzelner Statements. *Öffentlichkeit wird so zum Bezugspunkt wie gleichermaßen zum Prüfstein kommunikativen Handelns der Kirche.* Insofern kommt der Bestimmung, was unter ‚Öffentlichkeit' verstanden werden möchte, und wie ‚Öffentlichkeit' unter der Signatur des gegenwärtigen Medienwandels in Erscheinung tritt, eine wichtige Rolle zu: Mit der Frage nach der Öffentlichkeit ist ein wesentlicher theologischer Gegenstandsbereich benannt.[53] Es liegt auf der Hand, dass mit all den bisher genannten Reflexionsdimensionen in grundlegender Weise die Verhältnisbestimmung von Religion und Öffentlichkeit mit angefragt ist – für das empirische Interesse konturiert: dass nach Erscheinungsweisen von Religion/des Religiösen in ‚der' Öffentlichkeit und ihren Implikationen für eine möglicherweise veränderte Verhältnisbestimmung zwischen Religion und Öffentlichkeit zu fragen sein wird.

---

51 Vgl. zum Öffentlichkeitsbegriff allgemein Kapitel 2.
52 Vgl. dazu auch: Merle, Kristin, „Öffentlichkeit und Kirche: Der mediale Wandel als Herausforderung für kirchliche Kommunikationskulturen", *Deutsches Pfarrerblatt* 114 (2014), 206–209.
53 Vgl. dazu auch: Schibilsky, Michael, „Kirche in der Mediengesellschaft", in *Kirche und Medien*, hg.v. Reiner Preul und Reinhard Schmidt-Rost (Gütersloh 2000), 51–71: 53f.

1.2 Zum Forschungsstand

„Praktische Theologie beginnt gerade erst die durch die elektronischen Massenmedien entstehenden Probleme wahrzunehmen. Insofern sie eine theol[ogische] Disziplin ist, reicht das bis jetzt vorherrschende Beschreiben der Phänomene nicht aus. Es geht auch um inhaltliche Orientierungen, die aber nicht abstrakt, sondern nur in medientheoretischem Diskurs, also in interdisziplinärer Kooperation geleistet werden können."[54] Was Christian Grethlein Anfang des Jahrtausends allgemein über elektronische Massenmedien schrieb, könnte erstaunlicherweise heute immer noch formuliert werden, insbesondere mit Blick auf ‚das' Internet – ohne dass jemandem Zweifel an der Richtigkeit der Aussage kämen. Woran es liegt, dass die praktisch-theologische Forschung nicht beherzter das (welt-)gesellschaftlich so virulente Thema der Digitalisierung einschließlich der untrennbar davon zu behandelnden kulturellen Transformationen aufgreift, darüber kann spekuliert werden.[55] Verschärft wird die Anfrage nicht zuletzt durch Befunde solcher Art, wie sie eine für die Nordkirche 2012/2013 durchgeführte Untersuchung ergeben hat; dort heißt es: „Die Liste der am häufigsten genutzten Online-Medien enthält keine signifikanten Angebote der evangelischen Kirche. [...] Die Kirche hat den kommunikativen Anschluss verloren, die Sprache der Netzgemeinde ist ihr nicht bekannt."[56] – In der Tat finden sich kaum praktisch-theologische Darstellungen, die sich dem Thema der Mediatisierung im gesellschaftlichen Gesamtzusammenhang und in grundlagentheoretischer Weise widmen. Eine Ausnahme – neben Grethleins Skizzen zur Frage der „Kommunikation

---

[54] Grethlein, „Art. Medien II", 958.
[55] Michael Schibilsky allerdings stellt ein Bündel von Aspekten vor, die in der Auseinandersetzung mit ‚den' Medien (immer noch auf die ‚klassischen' Massenmedien bezogen) gerne als distanzbegründend angeführt werden (Schibilsky vermutet allerdings auch, das Nicht-Aufgreifen des Reflexionsdesiderats liege zudem in der Tendenz der Praktischen Theologie zur Selbstthematisierung begründet): Aktualität und Globalisierung, Ereignisfixiertheit und Action-Orientierung, Innovationsgeschwindigkeit und Irrtumswahrscheinlichkeit, Ökonomie und Macht, Boulevardisierung und Unterhaltung, Manipulation, Bilderverbot. Vgl. Schibilsky, Michael, „Mediengesellschaft", 51–71.
[56] Zit. n. Nord, Ilona, „Gemeinde in Netzwerken", in *Handbuch für Kirchen- und Gemeindeentwicklung*, hg.v. Ralph Kunz und Thomas Schlag (Neukirchen-Vluyn 2014), 409–415: 410; vgl. zu den weiteren Ergebnissen auch: Fürst, Kornelius, „Social Media – Glaube in der digitalen Welt", *Tà katoptrizómena* 2015. http://www.theomag.de/94/kf1.htm (01.03.2018). Ähnlich hält die KONPRESS-Umfrage unter online-aktiven Christen und Christinnen fest: „[K]irchliche Informations- und Diskussionsplattformen im Netz [sind] kaum bekannt!" (Vgl. „Gott im Netz", 4.)

des Evangeliums in der Mediengesellschaft"[57] – bilden freilich die Arbeiten Wilhelm Gräbs. In *Sinn fürs Unendliche. Religion in der Mediengesellschaft*[58] (2002) geht Gräb den religionskulturellen Transformationen unter den Bedingungen der von den (‚klassischen') Massenmedien geprägten Gesellschaft nach und fragt nach Antwortmöglichkeiten einer kulturhermeneutisch arbeitenden Praktischen Theologie auf die Vielfalt medienvermittelter symbolisch verfasster gelebter Religion. Gräbs im Bereich der Prinzipienfragen zu verortende Reflexionen thematisieren Anfang des Jahrtausends naheliegenderweise kaum das Phänomen ‚des' Internets bzw. der Digitalisierung von Gesellschaft.[59]

Mit Recht weist Grethlein auf zwei konkrete Desiderate für die praktisch-theologische Forschung hin: In der Auseinandersetzung mit der „Medienthematik"[60] sei eine „geringe bzw. völlig fehlende historische Tiefenschärfe"[61] zu ver-

---

[57] Christian Grethlein selbst setzt in regelmäßigen Abständen das Thema „Kommunikation des Evangeliums in der Mediengesellschaft", so auch der Titel seines 2003 erschienenen Essays als Aufschlag einer systematischen Betrachtung der Problemzusammenhänge, auf die praktisch-theologische Agenda. Vgl. Grethlein, Christian, *Kommunikation des Evangeliums in der Mediengesellschaft* (Leipzig 2003).

[58] Vgl. *Gräb, Wilhelm, Sinn fürs Unendliche: Religion in der Mediengesellschaft* (Gütersloh 2002).

[59] Mit Blick auf die ‚klassischen' Massenmedien sind freilich einige Studien entstanden, zum Beispiel fragt Gerald Kretzschmar – u. a. über die Analyse biografisch-narrativer Interviews – nach den Konsequenzen der Einübung in mediatisierte Kommunikation für die Ausgestaltung des Verhältnisses zwischen Einzelnen und Kirche, vgl. Kretzschmar, Gerald, *Kirchenbindung: Praktische Theologie der mediatisierten Kommunikation* (Göttingen 2007). Jörg Herrmann geht, ebenfalls über die Auswertung biografisch-narrativer Interviews, der Bedeutung medialer Angebote für die Sinndeutungsarbeit der Subjekte nach, vgl. Herrmann, Jörg, *Medienerfahrung und Religion: Eine empirisch-qualitative Studie zur Medienreligion* (Göttingen 2007); vgl. ders., *Sinnmaschine Kino: Sinndeutung und Religion im populären Film* (Gütersloh 2001). Zum Film vgl. auch: Kirsner, Inge, *Erlösung im Film: Praktisch-theologische Analysen und Interpretationen* (Stuttgart u. a. 1996); vgl. Skarics, Marianne, *Popularkino als Ersatzkirche? Das Erfolgsprinzip aktueller Blockbuster* (Münster u. a. 2003); vgl. Gräb, Wilhelm, Herrmann, Jörg, Merle, Kristin, Metelmann, Jörg und Nottmeier, Christian, *„Irgendwie fühl ich mich wie Frodo ...!": Eine empirische Studie zum Phänomen der Medienreligion* (Münster u. a. 2006). Eine Kriteriologie für den Umgang mit „Medienreligion" möchte der katholische Theologe Thomas H. Böhm, v. a. in Auseinandersetzung mit dem Medium des Fernsehers, entwerfen, vgl. Böhm, Thomas H., *Religion durch Medien – Kirche in den Medien und die „Medienreligion": Eine problemorientierte Analyse und Leitlinien einer theologischen Hermeneutik* (Stuttgart u. a. 2005). Schließlich erscheint 2002 die eher medientheoretisch gehaltene Studie von Hans-Ulrich Gehring zur Seelsorge, vgl. Gehring, Hans-Ulrich, *Seelsorge in der Mediengesellschaft: Theologische Aspekte medialer Praxis* (Neukirchen-Vluyn 2002).

[60] Vor allem vor dem Hintergrund der bisherigen Ausführungen zur Digitalität bzw. Mediatisierung erscheint der Begriff der „Medienthematik" mittlerweile eher problematisch, da er den Eindruck erweckt, man habe es hier mit einem alltagsweltlich abgrenzbaren Gegenstandsbereich zu tun.

[61] Grethlein, Christian, „Mediengesellschaft: Eine Herausforderung für die Praktische Theologie", *Evangelische Theologie* 63 (2003), 421–434: 423.

zeichnen ebenso wie eine „geringe empirische Erdung"[62]. Man wird bei dem gegenwärtigen Nachholbedarf schwerlich beides zugleich leisten können, eine substanzielle historische Kontextualisierung wie empirische Fundierung. Das liegt nicht zuletzt daran, dass „empirische Erdung", recht verstanden, doch mehr meinen will als das Aufrufen allgemeiner Statistiken zur Mediennutzung. Erforderlich ist die möglichst präzise Untersuchung empirischer Phänomene in religionshermeneutischer Absicht, damit Praktische Theologie erstens über die Ausweitung ihres Methodenrepertoires überhaupt mit Blick auf Phänomene der Digitalisierung praktisch forschungsfähig wird, damit sie zweitens ein vertieftes Verständnis von der religionskulturellen Gegenwartslage erhält und drittens konkret auskunftsfähig wird hinsichtlich der Reflexionserfordernisse für ihre einzelnen Handlungsfelder wie für ihre Prinzipienfragen. Insofern ist die praktisch-theologische Forschung, wie bei allen anderen Gegenstandsbereichen auch, auf ein Zusammenwirken unterschiedlicher Arbeiten und Forschungsperspektiven, historisch[63] wie systematisch, angewiesen, um gemeinsam konstruktive Sichtweisen auf den gesellschaftlichen Wandel zu entwickeln.

* * *

Indes sind im deutschsprachigen Raum in den letzten Jahren praktisch-theologische Arbeiten[64] in der Auseinandersetzung mit dem gegenwärtig stattfindenden

---

62 Grethlein, „Mediengesellschaft", 424.
63 Vgl. hierzu: Horsfield, Peter, *From Jesus to the Internet: A History of Christianity and Media* (New York/NY 2015); Lundby, Knut, Hg., *Religion Across Media: From Early Antiquity to Late Modernity*, New York/NY u. a. 2013.
64 Es ist nicht möglich und nicht intendiert, die Diskurs- und Forschungslage in anderen, nicht theologischen Disziplinen nachzuzeichnen. Gerade in den Medien- und Kommunikationswissenschaften, dann aber auch im Bereich der Religionswissenschaft liegen, freilich auch international, mittlerweile ausgesprochen viele Arbeiten vor, die sich der Themen ‚Kommunikation und Internet'/‚Sozialität und Internet', dann aber auch des Themas ‚Religion und Internet' annehmen. Wo es nahe liegt, seien einige wenige Querverweise genannt. An dieser Stelle sei auf den SFB 619 *Ritualdynamik* der Universität Heidelberg (2002–2013) verwiesen, in dessen Zusammenhang vor allem von religionswissenschaftlicher Seite Ritualpraktiken online untersucht worden sind; im Umfeld des Teilprojekts C2 *Zwischen Online-Religion und Religion-Online. Konstellationen für Ritualtransfer im Internet* sind verschiedene Qualifikationsarbeiten entstanden, vgl. Radde-Antweiler, Kerstin, *Ritual-Design im rezenten Hexendiskurs: Transferprozesse und Konstruktionsformen von Ritualen auf Persönlichen Homepages* (Saarbrücken 2011); Krüger, Oliver, *Die mediale Religion: Probleme und Perspektiven religionswissenschaftlicher und wissenssoziologischer Medienforschung* (Bielefeld 2012); Miczek, Nadja, *Biographie, Ritual und Medien: Zu den diskursiven Konstruktionen gegenwärtiger Religiosität* (Bielefeld 2013). Für die religionswissenschaftliche Forschung sei zudem auf den für die vorliegende Studie interessanten Befund der Arbeit von Anna Neumaier, *religion@home*, verwiesen: Neumaier untersucht religiöse Kommu-

Medienwandel erschienen, wenngleich wenige.[65] Identifiziert man vor allem drei Diskurse, die sich in ihrem ‚Zugriff' auf das Thema wie auch in ihrer Motivation unterscheiden – Verständigungen über die religiöse Signatur gegenwärtiger kultureller Formationen, Erhebungen der Kontexte und Bedingungen christlicher Publizistik/*Public Relations* und Medienkritik[66] – dürften es doch vor allem die beiden ersten sein, die eine Urteilskraft mit Blick auf die Digitalisierung ermöglichen. Denn erst eine konzise Wahrnehmung der Situation ermöglicht eine ernst zu nehmende Kritik (nicht nur religiöse Kommunikation ist auf prozessuale Interaktion angewiesen, sondern auch die relevante Funktion der Kulturkritik lässt sich in der Regel nur prozessual-kontextuell in sinnvoller Weise entfalten).

Für Arbeiten zur *christlichen Publizistik* stehen vor allem die Publikationen von Johanna Haberer.[67] Haberer liegt insbesondere daran, den neuerlichen Medienwandel unter den Signata des medialen Umbruchs der Reformationszeit einer Relektüre zu unterziehen.[68] Hinsichtlich der Verständigungen über die religiösen Implikationen gegenwärtiger kultureller Formationen und ihre Bedeutung für die praktisch-theologischen Handlungsfelder ist es die *Liturgik*, die für praktisch-theologische Arbeiten zur medialen Gegenwartssituation attraktiv erscheint. Der

---

nikation in christlichen Foren und kommt zu dem Ergebnis, dass das Engagement in Online-Foren vielfach in einer – unterschiedlich konturierten – Mangelerfahrung im Zusammenhang religiöser Kontexte offline (z. B. Kirchengemeinden) resultiert. Vgl. Neumaier, Anna, *religion@home? Religionsbezogene Online-Plattformen und ihre Nutzung: Eine Untersuchung zu neuen Formen gegenwärtiger Religiosität* (Würzburg 2016).

65 Angesichts der zu recht angemahnten Forschungsdesiderate auch im Jahr 2015 vermisst man im Beitrag Grethleins *Kommunikation des Evangeliums in der digitalisierten Gesellschaft*, bis auf wenige Ausnahmen, Hinweise auf bis dato allerdings erschienene Forschungsarbeiten (in der Regel Qualifikationsarbeiten). Vgl. Grethlein, „Kommunikation des Evangeliums in der digitalisierten Gesellschaft". – Im Folgenden werden v. a. Arbeiten vom Umfang einer Monografie genannt, da insbesondere hier das Potenzial für einen methodischen Fortschritt liegen mag. Zu religionspädagogischen Arbeiten vgl. Anm. 83.

66 Ähnlich: Grethlein, „Mediengesellschaft", 421.

67 Vgl. u. a. Haberer, Johanna, *Digitale Theologie: Gott und die Medienrevolution der Gegenwart* (München 2015); dies., *Gottes Korrespondenten: Geistliche Rede in der Mediengesellschaft* (Stuttgart 2004) (vorwiegend im Gespräch mit den ‚klassischen' Massenmedien); dies. / Kraft, Friedrich, Hg., *Kompendium Christliche Publizistik* (Erlangen 2014).

68 Vgl. hierzu v. a. Haberer, *Digitale Theologie*; fraglos ist Haberer zuzustimmen, wenn sie schreibt: „Man kann am Zeitalter der Reformation modellhaft studieren, wie sich ein kultureller Wandel durch den Wandel an medialen Kommunikationsmöglichkeiten vollzieht." (35) Die Referenz auf die Zeit der Reformation gehört mittlerweile zum ‚guten Ton' in der historischen Kontextualisierung gegenwärtiger medialer Transformationen (vgl. dazu u. a. auch: Grethlein, *Kommunikation des Evangeliums in der Mediengesellschaft*, 28 ff.). Man mag aber vermuten, dass das Programm, die gegenwärtigen Phänomene unter die historischen zu subsumieren, das Neue nicht angemessen in den Blick kommen lässt.

katholische Theologe Stefan Böntert macht hier 2005 gewissermaßen einen Aufschlag und fragt – in Form einer Theoriearbeit – nach Konvergenzen zwischen ‚dem' Internet als interaktivem Medium und christlich-ekklesialen Leitvorstellungen und in Folge nach Kriterien für Formen gottesdienstlichen Handelns online.[69] 2009 veröffentlicht Anna-Katharina Lienau eine empirische Studie zu Gebeten im Internet; Lienau untersucht im Kontext von Gebetsangeboten im Netz (www.gebetsanliegen.de; www.kirche-in-not.de) verschriftlichte Gebete und führt Interviews mit Menschen, die ‚das' Internet zum Beten nutzen.[70] 2016 erscheint schließlich der Sammelband *Tod und Trauer im Netz*, der in einem Teil seiner Beiträge nach den Konsequenzen des medialen Wandels für Trauer- und Bestattungskultur fragt.[71]

Ramona Vauseweh analysiert in ihrer 2007 erschienenen Studie Angebote und Potenziale der Onlineseelsorge und -beratung mittels Inhaltsanalyse und führt mit Verantwortlichen Onlinebefragungen durch.[72] Für die *Seelsorge* erscheint 2013 weiterhin das *Handbuch Internetseelsorge*.[73]

Am Übergang zwischen *Kommunikations- und Kirchentheorie* beziehungsweise *Medienethik* sind dann zwei weitere monografische Publikationen angesiedelt: Bernd-Michael Haese ist einer der Ersten, die das Thema ‚Internet' für die Praktische Theologie überhaupt aufgreifen: 2006 erscheint seine Schrift zur *Kirche im virtuellen Zeitalter des Internet*, so der Untertitel.[74] Es liegt nahe, dass Haese den ‚neuen Gegenstand' erst einmal versucht zu erschließen; so finden sich unter anderem Erläuterungen über die Geschichte der Technologie, grundlegende Klärungen zum Begriff der computervermittelten Kommunikation und nach wie vor instruktive Reflexionen zur Verhältnisbestimmung von Virtualität und Realität. Es ist das Schicksal von Arbeiten, die sich mit der Digitalisierung beschäftigen, dass ihre phänomenalen Skizzen bald durch neue Entwicklungen überholt sind. Entsprechend kommt 2006 nur ansatzweise das Social Web mit seinen ganz eigenen Möglichkeiten zur Kommunikation und Vergemeinschaftung in den Blick.

---

69 Vgl. Böntert, Stefan, *Gottesdienste im Internet: Perspektiven eines Dialogs zwischen Internet und Liturgie* (Stuttgart 2005).
70 Vgl. Lienau, Anna-Katharina, *Gebete im Internet: Eine praktisch-theologische Untersuchung* (Erlangen 2009).
71 Vgl. exemplarisch: Luthe, Swantje, „Trauerarbeit online: Facebook als Generator für Erinnerungen", in *Tod und Trauer im Netz: Mediale Kommunikationen in der Bestattungskultur*, hg. v. Thomas Klie und Ilona Nord (Stuttgart 2016), 63–74.
72 Vauseweh, Ramona, *Onlineseelsorge: Zur Präsentation von Seelsorge- und Beratungsangeboten im World Wide Web* (Erlangen 2007).
73 Knatz, Birgit, *Handbuch Internetseelsorge: Grundlagen, Formen, Praxis* (Gütersloh 2013).
74 Vgl. Haese, Bernd-Michael, *Hinter den Spiegeln – Kirche im virtuellen Zeitalter des Internet* (Stuttgart u. a. 2006).

Haese fragt dann vor dem Hintergrund des damaligen Standes nach den kommunikativen Potenzialen, die für die Kirche im Netz liegen.[75] Grundsätzlich in einer ähnlichen Spur folgt fünf Jahre später die Studie von Thomas Zeilinger *netz.macht.kirche*.[76] Auch Zeilinger geht der Frage nach, welchen kommunikativen Bedingungen gegenüber sich Kirche im Netz sieht – und grundiert seine Überlegungen durch Einsichten mittels wissenschaftlicher Begleitung (empirisch-methodisch vor allem durch teilnehmende Begleitung) des Projektes *Vernetzte Kirche* der *Evangelisch-Lutherischen Kirche in Bayern* in den Anfangsjahren (2002–2005).[77] Zeilinger rekurriert in seiner Arbeit stark auf die bildungsethische Aufgabe von Kirche im Netz, nimmt, aufgrund seines besonderen Fokus', auch 2011 Phänomene des Social Web nur am Rande in den Blick und plädiert schließlich für eine „das Netz erkundende Kirche"[78].

2008 wiederum erscheint die eher grundlagentheoretisch orientierte Studie von Ilona Nord *Realitäten des Glaubens*, mit angegliederten Reflexionen zur Homiletik und Liturgik (insofern könnte die Studie auch den liturgisch-ritualtheoretisch interessierten Arbeiten von Böntert und Lienau beigeordnet werden).[79] Nord setzt sich insbesondere mit der wechselseitigen Erschließung virtueller Medienwirklichkeiten und religiöser Zeichenwelten (beziehungsweise religiöser Virtualität) auseinander[80] und nimmt konkrete Phänomene des Virtuellen in hermeneutischem Interesse schlaglichtartig in den Blick. Erwähnt seien an dieser Stelle noch zwei weitere Publikationen: 2012 widmet sich ein Sonderheft der Zeitschrift Praktische Theologie dem Thema *Neue Medienwirklichkeiten*[81], und 2014 erscheint ein Sammelband, wiederum herausgegeben von Ilona Nord und Swantje Luthe, *Social Media, christliche Religiosität und Kirche*, mit religions-

---

75 In eher praktischer Absicht und an der Schnittstelle zu Informatik und Medienwissenschaft verfasst vgl. auch: Kopjar, Karsten, *Kommunikation des Evangeliums für die Web 2.0-Generation: Virtuelle Realität als Reale Virtualität* (Münster u. a. 2013).
76 Vgl. Zeilinger, Thomas, *netz.macht.kirche: Möglichkeiten institutioneller Kommunikation des Glaubens im Internet* (Erlangen 2011).
77 Etabliert werden sollten ein Intranet sowie die Einrichtung von Internetauftritten von parochialen und überparochialen Diensten der ELKB und ihre Bündelung unter einem ‚Dach', vgl. Zeilinger, *netz.macht.kirche*, 33.
78 Zeilinger, *netz.macht.kirche*, 347.
79 Vgl. Nord, Ilona, *Realitäten des Glaubens: Zur virtuellen Dimension christlicher Religiosität* (Berlin u. a. 2008).
80 Letztendlich geht es darum, Einsichten „zur Selbstaufklärung der medialen Dimension christlicher Religion und christlichen Glaubens" (Nord, *Realitäten des Glaubens*, 7) zu ermöglichen; intendiert ist in Folge eine argumentative Reduktion der diskursiven Abwehr des Virtuellen als ‚Unechtes'/‚Defizitäres' im Gegensatz zur ‚Realität' des Physischen.
81 Vgl. „Neue Medienwirklichkeiten", *Praktische Theologie* 47 (2012), Heft 2, hg.v. Kristian Fechtner und Bernd-Michael Haese.

pädagogischem Schwerpunkt[82]. In der Tat ist es die Religionspädagogik, die – aufgrund der angenommenen lebensweltlichen Nähe Jugendlicher zu jeweils neuen Medien – immer schon stärker als andere praktisch-theologische Disziplinen die „Medienthematik" in ihre Reflexionen einbezogen hat.[83]

* * *

Drei Anmerkungen sollen diese kleine Skizze zum deutschsprachigen praktisch-theologischen Forschungsstand abschließen. Zum einen sind die Themen ‚Digitalisierung' und ‚Internet' freilich auch in der theologischen Nachbardisziplin, der Systematischen Theologie, ‚entdeckt' worden, und zwar vorzugweise für die Bereiche der *Anthropologie* und der *Medienethik*. Auch hier beschränken sich die Publikationen auf wenige Titel, exemplarisch seien an dieser Stelle die neueren Arbeiten von Christina Ernst, *Mein Gesicht zeig ich nicht auf Facebook*[84], und Anne-Kathrin Lück, *Der gläserne Mensch im Internet*[85], genannt, dann aber auch

---

[82] Vgl. Nord, Ilona und Luthe, Swantje, Hg., *Social Media, christliche Religiosität und Kirche: Studien zur Praktischen Theologie mit religionspädagogischem Schwerpunkt* (Jena 2014).
[83] Vgl. dazu v. a. die Arbeiten von Manfred Pirner, u. a.: Pirner, Manfred L., *Religiöse Mediensozialisation: Empirische Studien zu Zusammenhängen zwischen Mediennutzung und Religiosität bei SchülerInnen und deren Wahrnehmung durch LehrerInnen* (München 2004); Pirner, Manfred L. und Rath, Matthias, Hg., *Homo medialis: Perspektiven und Probleme einer Anthropologie der Medien* (München 2003); Reflexionsgegenstand in der Religionspädagogik sind dann auch Computerspiele, vgl. u. a.: Dinter, Astrid, *Adoleszenz und Computer: Von Bildungsprozessen und religiöser Valenz* (Göttingen 2007); vgl. zur Medienpädagogik auch: Fuhs, Burkhard, Lampert, Claudia und Rosenstock, Roland, Hg., *Mit der Welt vernetzt: Kinder und Jugendliche in virtuellen Erfahrungsräumen* (München 2010); Rosenstock, Roland, „Computerspiele und Soziale Netzwerke: Perspektiven einer Mediennutzerethik aus medienpädagogischer Sicht", *Zeitschrift für Evangelische Ethik* 58 (2014), 273–282. Vgl. insgesamt auch: *Gott googeln? Multimedia und Religion*, Jahrbuch der Religionspädagogik, Bd. 28, hg. v. Rudolf Englert u. a., Neukirchen-Vluyn 2012; Nord, Ilona und Zipernovszky, Hanna, Hg., *Religionspädagogik in einer mediatisierten Welt* (Stuttgart 2017).
[84] Vgl. Ernst, Christina, *Mein Gesicht zeig ich nicht auf Facebook: Social Media als Herausforderung theologischer Anthropologie* (Göttingen 2015). Ernst stellt – u. a. über Auswertung von vier Interviews mit *facebook*-Nutzern –„Strategien des Privatsphärenmanagements" (12) im Spannungsverhältnis von Sichtbarkeit und Entzogenheit dar. Gemeinsam mit Christina Constanza ist 2012 der Tagungsband *Personen im Web 2.0* entstanden, vgl. Constanza, Christina und Ernst, Christina, Hg., *Personen im Web 2.0: Kommunikationswissenschaftliche, ethische und anthropologische Zugänge zu einer Theologie der Social Media* (Göttingen 2012). Auch in katholischer Perspektive ist die Anthropologie wichtiger Bezugspunkt der Reflexionen, vgl. Ornella, Alexander D., *Das vernetzte Subjekt: Eine theologische Annäherung an das Verständnis von Subjektivität unter den Bedingungen der Informations- und Kommunikationstechnologien* (Münster u. a. 2010).
[85] Vgl. Lück, Anne-Kathrin, *Der gläserne Mensch im Internet: Ethische Reflexionen zur Sichtbarkeit, Leiblichkeit und Personalität in der Online-Kommunikation* (Stuttgart 2013). Lück rekurriert

als ‚Pionierleistungen' in der thematischen Fokussierung die Publikationen von Wolfgang Nethöfel, zum Beispiel *Christliche Orientierung in einer vernetzten Welt*[86] aus dem Jahr 2001.[87] In den Bereich der Medienethik fallen dann auch zwei kirchliche ‚Impulspapiere': zum einen die Veröffentlichung *Virtualität und Inszenierung. Unterwegs in der digitalen Mediengesellschaft* der Deutschen Bischofskonferenz (2011) und die Publikation *Das Netz als sozialer Raum. Kommunikation und Gemeinschaft im digitalen Zeitalter* der Evangelisch-Lutherischen Kirche in Bayern (2015).[88] Auch für die medienethischen Arbeiten bleibt die Herausforderung bestehen, dass im Sinne der Plausibilität medienethischer Reflexionen die konzise empirische Analyse der Phänomene einer Formulierung normativer Aussagen vorausgehen muss.

Zum Zweiten ist die Unmöglichkeit bereits angemerkt worden, die Diskurs- und Forschungslage in anderen, nicht-theologischen Disziplinen nachzuzeichnen. Im Bereich der Medien- und Kommunikationswissenschaft, ebenfalls im Bereich der Religionswissenschaft liegen, freilich auch international, mittlerweile ausgesprochen viele Arbeiten vor, die sich mit der Frage der Digitalisierung von Kommunikation und den Auswirkungen der medialen Transformationen für Re-

---

in Form weniger, methodisch nicht weiter ausgewiesener Beobachtungen auf empirische Phänomene (Online-Bewertungsportale) und kontextualisiert diese medienethisch.
86 Vgl. Nethöfel, Wolfgang, *Christliche Orientierung in einer vernetzten Welt* (Neukirchen-Vluyn 2001); vgl. auch: Ders., *Ethik zwischen Medien und Mächten: Theologische Orientierung im Übergang zur Dienstleistungs- und Informationsgesellschaft* (Neukirchen-Vluyn 1999).
87 Der Bereich der Medienethik wird aus theologischer Perspektive vergleichsweise stark bearbeitet, vgl. dazu auch das Themenheft „Digitalisierung" der *Zeitschrift für Evangelische Ethik* 2017; dann die Arbeiten des katholischen Theologen Alexander Filipović u. a.: Filipović, Alexander, *Öffentliche Kommunikation in der Wissensgesellschaft: Sozialethische Analysen* (Bielefeld 2007); vgl. auch: Dabrowski, Martin, Wolf, Judith und Abmeier, Karlies, Hg., *Ethische Herausforderungen im Web 2.0* (Paderborn 2014), und als Diskursforum: *Communicatio Socialis: Zeitschrift für Medienethik und Kommunikation in Kirche und Gesellschaft*, herausgegeben von Klaus-Dieter Altmeppen und Alexander Filipović. – Die besondere Aufmerksamkeit für medienethische Fragen schlägt sich auch institutionell – in interdisziplinärer Zusammenarbeit – nieder, vgl. dazu das am Lehrstuhl für Medienethik der Hochschule für Philosophie in München koordinierte *Netzwerk Medienethik* oder aber den Arbeitsschwerpunkt ‚Medienethik' des *Internationalen Zentrums für Ethik in den Wissenschaften* (IZEW) der Universität Tübingen.
88 Vgl. Sekretariat der Deutschen Bischofskonferenz, Hg., *Virtualität und Inszenierung: Unterwegs in der digitalen Mediengesellschaft. Ein medienethisches Impulspapier* (Bonn 2011); vgl. Landeskirchenrat der Evangelisch-Lutherischen Kirche in Bayern, Hg., *Das Netz als sozialer Raum: Kommunikation und Gemeinschaft im digitalen Zeitalter. Ein Impuls* (München 2015). Vgl. zu den ethischen Herausforderungen auch: Kirchenamt der Evangelischen Kirche in Deutschland und Sekretariat der Deutschen Bischofskonferenz, Hg., *Chancen und Risiken der Mediengesellschaft*, Gemeinsame Erklärung der Deutschen Bischofskonferenz und des Rates der Evangelischen Kirche in Deutschland (Hannover/Bonn 1997), 60 ff.

ligion und Religiosität beschäftigen. Für die (Praktische) Theologie existieren mit Blick auf die Erforschung von Digitalisierung und Digitalität insofern verschiedene Desiderate: ein Ausloten eigener Forschungsinteressen und die Konzeption theologisch relevanter Studien, ein methodisches Lernen von anderen Disziplinen und die Vernetzung mit Forschenden anderer Disziplinen im deutschsprachigen Raum[89] und schließlich die Vernetzung mit internationalen Akteuren und Akteurinnen über den deutschsprachigen Raum hinaus.[90] Diese Notwendigkeit liegt nicht zuletzt darin begründet, dass die Digitalisierung an sich, auch wie sie alltäglich in unserem Land erlebt wird, ein transnationales, globales Phänomen ist.

Schließlich erscheint es in theologischer Perspektive wichtig, Digitalisierung und Digitalität nicht zu überschätzen, sie aber auch nicht zu unterschätzen. Den gegenwärtigen Prozess der Mediatisierung unterschätzte man sicherlich, wäre man der Meinung, er habe keinen herausgehobenen Einfluss auf die alltägliche Lebenswelt der Menschen und ihre Sinnkonstitutionsleistungen; man unterschätzte ihn also, würde er nicht grundständig in die praktisch-theologische Reflexion einbezogen. Diesem Reflexionsdesiderat ist jedoch mit Nüchternheit nachzukommen, und in diesem Sinne gälte es, den medialen Wandel nicht religiös zu hypostasieren (es gälte also auch, einer solchen Hypostasierung diskursiv entgegen zu treten): Technologie an sich besitzt keine religiösen Qualitäten, es sei denn, Menschen belegen sie mit solchen. Naheliegender ist die schlichte und

---

89 Mittlerweile haben sich in Deutschland Institutionen thematisch ausgezeichnet, wie etwa das *Zentrum für Medien-, Kommunikations- und Informationsforschung* (ZeMKI) der Universität Bremen, das *Hans-Bredow-Institut für Medienforschung* an der Universität Hamburg, das *Alexander von Humboldt Institut für Internet und Gesellschaft* der Humboldt-Universität zu Berlin, und das *Leibniz-Institut für Wissensmedien* (IWM) in Tübingen; 2017 wurde das *Weizenbaum-Institut* in Berlin gegründet, wobei an der Institutsstruktur fünf Universitäten (Freie Universität Berlin, Humboldt Universität zu Berlin, Technische Universität Berlin, Universität der Künste Berlin, Universität Potsdam) und zwei außeruniversitäre Forschungseinrichtungen (Fraunhofer FOKUS, Wissenschaftszentrum Berlin für Sozialforschung) partizipieren.

90 Hier bieten sich vor allem Anschlüsse an Diskurse und Impulse an, wie sie aus dem skandinavischen und nordamerikanischem Raum kommen, an einschlägigen Arbeiten der letzten Jahre seien nur exemplarisch genannt: Hjarvard, Stig und Lövheim, Mia, Hg., *Mediatization and Religion: Nordic Perspectives* (Göteborg 2012); Cheong, Pauline H., Fischer-Nielsen, Peter, Gelfgren, Stefan und Ess, Charles, Hg., *Digital Religion, Social Media and Culture: Perspectives, Practices and Futures* (New York/NY u. a. 2012); Campbell, Heidi A., Hg., *Digital Religion: Understanding Religious Practice in New Media Worlds* (London u. a. 2013); Hjarvard, Stig, *The Mediatization of Culture and Society* (London u. a. 2013); Lundby, Knut, Hg., *Religion Across Media: From Early Antiquity to Late Modernity* (New York/NY u. a. 2013); ders., *Mediatization of Communication* (Berlin u. a. 2014); Campbell, Heidi A. und Garner, Stephen, *Networked Theology: Negotiating Faith in Digital Culture* (Grand Rapids/MI 2016); Hoover, Stewart, Hg., *The Media and Religious Authority* (Philadelphia/PA 2016).

gleichzeitig komplexe Frage, wie und wozu Menschen Medien nutzen, welche Rolle der Mediengebrauch für ihre Selbst- und Weltdeutung, für ihre Religiosität spielt, und was daraus für die verfasste(n) Religion(en) folgt.

1.3 Die vorliegende Studie

Praktische Theologie kann zur multiperspektivischen Erforschung des gegenwärtig stattfindenden Medien- und Kommunikationswandel in seinen historischen Konstellationen und dimensionalen Ausprägungen beitragen. Sind mittlerweile im Zusammenhang empirischer Religionsforschung allgemein Methoden empirischer Sozialforschung in das Methodenrepertoire Praktischer Theologie integriert[91], steht die Praktische Theologie mit Blick auf Religionsforschung online beziehungsweise die Erforschung mediatisierter (Alltags-)Kulturen recht am Anfang.[92] Die vorliegende Studie erbringt insofern einen Beitrag zur Integration von Methoden der Online-Forschung – in Gestalt *einer* Möglichkeit empirischer Erforschung online – in das Methodenensemble theologisch-empirischer Religionsforschung.

Das grundlegende Interesse der Studie besteht darin, einen theologischen Beitrag zu den gegenwärtigen gesellschaftlichen Debatten über Mediatisierung und einen neuerlichen ‚Strukturwandel der Öffentlichkeit' zu leisten. Dies erfolgt freilich in genuin praktisch-theologischer Absicht und insofern mit entsprechender Konturierung: Ist eine möglichst differenzierte Skizzierung gesellschaftlicher (und das impliziert: religiöser) Prozesse für ein Verständnis von Reflexions- und Handlungskontexten unablässig, durchzieht das Interesse an einem Auffinden und Einzeichnen von Konsequenzen dieser Prozesse für ‚die' Kirche als Kommunikationsgemeinschaft in ihrem sozialen ‚Innen-' wie ‚Außenverhältnis' die Studie. Die Einsicht, dass Kirche auf die Reflexion der medialen Bedingungen von Kommunikation angewiesen ist, um ihrem Öffentlichkeitsauftrag nachzukommen, stellt den Konvergenzpunkt der verschiedenen Stränge der vorliegenden Studie dar. Die Fragen der Mediatisierung und der Transformation des Religiösen im Zusammenhang der medialen Veränderungen rücken damit notwendig und kategorial in die theologische Perspektive ein.

---

91 Zur Diskussion vgl. Weyel, Birgit, Gräb, Wilhelm und Heimbrock, Hans-Günter, Hg., *Praktische Theologie und empirische Religionsforschung* (Leipzig 2013).
92 Nicht von ungefähr sind bisher, sofern empirisch gearbeitet worden ist, oftmals in ‚klassischer' Manier Interviews zur Mediennutzung geführt worden. Auch die Untersuchung kirchlicher Angebote im Netz wie bei Lienau und Vauseweh (vgl. Anm. 70; 72) entschärft in gewisser Weise das für Online-Forschung typische Sampling-Problem.

Auf welche Öffentlichkeit ist Kirche in ihrem Handeln bezogen? – Der Auseinandersetzung mit dieser Frage widmet sich *Kapitel 2*. Sie ist getragen von dem Befund, dass der Begriff der Öffentlichkeit – als Bezugspunkt kirchlichen beziehungsweise pastoralen Handelns – in (praktisch-)theologischen Arbeiten immer wieder aufgerufen, jedoch selten tiefergehend geklärt wird. Insofern wird den Ausführungen zu dieser Frage Platz eingeräumt, was jedoch seinen zweiten Grund darin findet, dass in diesem Kapitel auch der *Strukturwandel* von Öffentlichkeit beschrieben sein will, wie er sich im Zusammenhang der medialen Veränderungen darstellt. Jürgen Habermas' Arbeiten zum *Strukturwandel der Öffentlichkeit* (zuerst: 1962) bilden eine wichtige Referenz: Wenngleich Habermas für die normativen und zum Teil empirisch schwer haltbaren Implikationen seines in historischer Perspektive vorgestellten Modells kritisiert worden ist[93], so zeigen seine Studien auf nach wie vor eindrückliche Weise den Zusammenhang der Genese von (bürgerlicher) Öffentlichkeit und Mediengebrauch auf. Diese, wenngleich idealtypisch verfassten Skizzen machen wiederum anschaulich, welchen Öffentlichkeitswandel die gegenwärtigen medialen Veränderungen mit sich bringen. Übergreifend anschlussfähig ist die Bestimmung von Öffentlichkeit, die Habermas in *Faktizität und Geltung* (1992) vornimmt: Öffentlichkeit bildet eine intermediäre Struktur mit Netzwerkcharakter und verzweigt sich „in eine Vielzahl von überlappenden internationalen, nationalen, regionalen, kommunalen, subkulturellen Arenen"[94]. Sie stellt sich, wie unter anderem die Arbeiten Jürgen Gerhards und Friedhelm Neidhardts zeigen, dann auch wesentlich als prozessual dar. Insbesondere an den Formationen im Netz wird sichtbar, dass die sich bildenden Kommunikationsnetzwerke keine stabilen Einheiten sind, sondern dass sie permanent umgebaut und in Kommunikationsprozessen (re-)aktualisiert werden. Kommunikative Netzwerke bestehen nicht ohne kommunikative Praxis. Ein wesentliches Grundproblem für kirchliche Kommunikation, die damit rechnen muss, dass die alltäglichen Lebenswelten mehr und mehr von internetmedialer Kommunikation durchdrungen sind, besteht in einer Verbindung unterschiedlicher Kommunikationsräume: Werden kulturelle Ausdrucksformen zunehmend in ‚ein' neues Kommunikationssystem integriert, wird die symbolische Macht derer geschwächt, die sich ‚außerhalb' des Systems befinden „und sich auf dem Weg über historisch codierte gesellschaftliche Gewohnheiten einschalten."[95] ‚Die' Netzwerköffentlichkeit bietet hingegen vielfältige Möglichkeiten, auch das ‚Laienpublikum' mit den das Gemeinwohl betreffenden gesellschaftsöffentlichen

---

[93] Zur Kritik vgl. Kapitel 2.2.1.
[94] Habermas, Jürgen, *Faktizität und Geltung: Beiträge zur Diskurstheorie des Rechts und des demokratischen Rechtsstaats* (Frankfurt a.M. ⁵2014), 452.
[95] Castells, Manuel, *Das Informationszeitalter I: Die Netzwerkgesellschaft* (Opladen 2001), 428.

Diskursen zu vermitteln, wie Christoph Neubergers Überlegungen zur ‚dynamischen und integrierten Netzwerköffentlichkeit' als Antwort auf die These zunehmender Fragmentierung von Öffentlichkeit zeigen. In einem umfassenden Sinne kann Öffentlichkeit dann auch als „jene[r] fortlaufende Prozess" verstanden werden, „in dem sich die Mitglieder einer Gesellschaft darüber verständigen, wie sie leben möchten."[96] Öffentlichkeit ist in dieser Perspektive gesellschaftlicher Selbstverständigungsprozess. Ein Nachdenken über Öffentlichkeit kommt insofern auch nicht ohne ein Nachdenken über Privatheit aus. Insgesamt macht Kapitel 2 deutlich, dass angesichts der Komplexität von Öffentlichkeit, wie sie sich in ihrer Genese und ihrer Beschreibung darstellt, die Notwendigkeit eines Umdenkens besteht, sofern Öffentlichkeit schlicht als Bezugspunkt – gar als ‚Handlungsfeld' – der Kirchen aufgerufen wird.

Kapitel 3 verfolgt vor allem das Anliegen, den Horizont von Begriff und Phänomenen religiöser Kommunikation im Zusammenhang der Digitalisierung aufzuspannen. Dazu wird zunächst der Frage allgemein nach Kommunikation unter den Bedingungen der Digitalisierung nachgegangen. Kommunikation erweist sich in Form einer permanenten sozialen Praxis als gesellschaftsstabilisierend angesichts von Prozessen fortschreitender Differenzierung und Dekontextualisierung. In der „Kultur der Digitalität" sind Akteure mehr denn je auf die Notwendigkeit verwiesen, autoritative kulturelle Bedeutung auszuhandeln. Kapitel 3 fragt weiterhin nach Transformationen der Religion und des Religiösen, wie sie vor allem in der religionssoziologischen Literatur der letzten Jahre diskutiert werden: Mit den Begriffen von Individualisierung, Pluralisierung und Synkretisierung, Popularisierung und Spiritualisierung, Eventisierung und Mediatisierung dürften die wesentlichen benannt sein. Mit Blick auf neue soziale Formationen, die nicht zuletzt in ‚religiösen Kontexten' virulent werden, werden unter anderem solche Gestalten thematisch, die sich mittels internetmedialer Kommunikation performativ bilden, und die mitunter einer großen Flüchtigkeit unterliegen: Für solche Formationen wird in der vorliegenden Studie, in Anlehnung an Arbeiten Hubert Knoblauchs, der Begriff der ‚*Kommunikationsgemeinschaft*' verwendet. Die Phänomenologie spielt insbesondere für die untersuchten sozialen Formationen, die in Kapitel 4 beschrieben werden, eine Rolle. Als charakteristisch für internetmediale, in alltägliche Vollzüge unterschiedlicher Art eingewobene Kommunikationen kann das *Passagere* gelten: Insofern prägt die Arbeit den Begriff der *passageren Kommunikation*, um damit einen wesentlichen

---

96 Klaus, Elisabeth, „Öffentlichkeit als gesellschaftlicher Selbstverständigungsprozess und das Drei-Ebenen-Modell von Öffentlichkeit: Rückblick und Ausblick", in *Öffentlichkeiten und gesellschaftliche Aushandlungsprozesse: Theoretische Perspektiven und empirische Befunde*, hg.v. ders. und Ricarda Drüeke (Bielefeld 2017), 17–37: 22.

Gegenstand auch religiöser Kommunikation in mediatisierten Öffentlichkeiten anzuzeigen, die auf den sozialen Alltagspraxen der Akteure aufruhen und aus ihnen entstehen. Kapitel 3 leistet schließlich grundlegende Vorklärungen für das Verständnis religiöser Kommunikation und für die Operationalisierung religiöser Kommunikation für die empirischen Untersuchungen, die in Kapitel 4 vorgestellt werden: Zum einen wird über die Einführung des Begriffs der ‚transzendierungsoffenen Kommunikation' eine wesentliche Dimension religiöser Kommunikation beschrieben. Zum anderen wird religiöse Kommunikation, mit Blick auf eben jene Dimension, auch als *resonanzsensible Kommunikation* qualifiziert. Dies geschieht unter Rückgriff auf die Reflexionen Hartmut Rosas zur Resonanztheorie[97]. Als eine solche resonanzsensible Kommunikation hat sie auch normativen Charakter für die Evaluation kirchlicher Kommunikation. Resonanzfähige Öffentlichkeiten, wie sie Habermas als notwendig für das zivilgesellschaftliche Leben erachtet, entstehen durch resonante Kommunikation, so kann angenommen werden.

Kapitel 4 wendet sich der Erforschung empirischer Öffentlichkeiten im Netz zu: Wie lassen sich in Online-Kommunikationen Dimensionen der Religion und des Religiösen beschreiben, an welchen ‚Orten' im Netz lassen sich eben jene Dimensionen unter welchen Bedingungen vorfinden, und welche Gestalten nehmen diese Kommunikationen an? Dabei interessieren insbesondere Kommunikationen zwischen Akteuren und Akteurinnen, die nicht organisational ‚gesteuert' sind (es werden also keine Interaktionen im Kontext expliziter kirchlicher Angebote untersucht). Das hat seinen Sinn darin, dass *Dimensionen des Religiösen im gesellschaftlichen Raum in ihrer Eigendynamik in den Blick kommen sollen.* Damit verbindet sich das Interesse, im Anschluss an diese Erhebungen Konsequenzen für die Kommunikationskulturen der Kirchen formulieren zu können, ohne dass die Erhebungen selbst schon in den Rahmen bestehender organisationaler Kommunikationslogiken eingepasst wären. Wenngleich es um eine allgemeine Fragestellung geht, kann hier doch nur *exemplarisch* gearbeitet werden: Hinsichtlich der Öffentlichkeitsstruktur werden Interaktionen untersucht, die (zunächst) – folgt man dem Drei-Ebenen-Modell von Öffentlichkeit – der ‚einfachen' beziehungsweise der ‚Encounter'-Ebene zugerechnet werden können: Medieninitiierte Alltagsöffentlichkeiten[98] in Form von Nutzerkommentaren zu Zeitungsbeiträgen und Blog-Kommunikationen kommen in den Blick. Auch thematisch ist eine Fokussierung vorgenommen worden: Analysiert werden Kommunikationen im Zusammenhang der Debatte um die gesetzliche Neurege-

---

[97] Rosa, Hartmut, *Resonanz: Eine Soziologie der Weltbeziehung* (Berlin 2016).
[98] Zum Begriff vgl. Drüeke, Ricarda, „Politische Kommunikationsräume im Internet", in *Öffentlichkeiten und gesellschaftliche Aushandlungsprozesse: Theoretische Perspektiven und empirische Befunde*, hg.v. ders. und Elisabeth Klaus (Bielefeld 2017), 39–60: 56 f.

lung der Sterbehilfe in Deutschland in den Jahren 2014 und 2015. Wenn im Folgenden allgemein über ‚Dimensionen des Religiösen' oder Ähnliches gesprochen wird, dann im Bewusstsein dieser Einschränkung. Anhand von empirischen Analysen am konkreten Material soll erhoben werden, wie sich Weltansichten als symbolisches Sinndeutungshandeln online konturieren, und welchen Part darin die Dimensionen der Religion und des Religiösen einnehmen. Dazu nimmt Kapitel 4 auch eine Operationalisierung des Begriffs der religiösen Kommunikation vor. Vorgestellt wird im weiteren Verlauf der Darstellung eine Typologie und Topologie religiöser Kommunikation in ‚der' (Netz-)Öffentlichkeit, die Anschlussfähigkeit für weitere Forschungen versprechen. Schließlich werden die Ergebnisse der Auswertung noch einmal mit Blick auf die Dimensionierungen des Religiösen und Konfliktlinien im Feld öffentlicher religiöser Kommunikation diskutiert.

Kapitel 5 bezieht die bisherigen Ausführungen der vorliegenden Studie auf die Frage der Konsequenzen der medialen Transformationsprozesse für kirchliche Kommunikationskulturen. Es werden Impulse für ein disponierendes Handeln der Kirchen als kommunikativ verfasste Sozialgestalt konturiert, die zum einen eine grundlegende Form kommunikativer Beziehungsgestaltung zwischen Organisation und Netzwerköffentlichkeit betreffen: *Public Relations* – in einem weiten Sinne als Gestaltung kommunikativer Beziehungen allgemein verstanden – kommen als kybernetische Dimension in den Blick, die in die Reflexion kirchlichen kommunikativen Handelns überhaupt mit eingeht. Weiterhin wird, unter Rekurs auf das von Eberhard Hauschildt und Uta Pohl-Patalong entworfene Denkmodell von Kirche als Hybrid versucht, die verschiedenen Perspektiven auf Kirche – im Modell des Hybrids die der Institution, der Gruppe/Bewegung und der Organisation – transparent zueinander zu halten: Plädiert wird für eine *Einbeziehung der Perspektivierung des Netzwerks* in das Bild von Kirche als Hybrid: Erst diese Perspektivierung kann auch die passageren religionsproduktiven Interaktionen ‚sehen' und in ihrer Bedeutung für die alltägliche Sinnarbeit der Subjekte wertschätzen, die strukturell *vor* institutionalisierten Formen liegen. Sie ist zudem in der Lage, auch die Interdependenzen der anderen Sozialformen in den Blick zu bekommen.

Zudem werden die Überlegungen in der Logik des im Zusammenhang der vorliegenden Arbeit inbesondere ertragreich erscheinenden *Konzeptbegriffs der Volkskirche* zusammengeführt: Damit wird eine positionelle Gewichtung vorgenommen, die vor dem Hintergrund einer zu erhaltenden wie weiter zu fördernden Pluralität der Volkskirche und ihrer Integrativkraft auch mit Blick auf die sich in Netzwerköffentlichkeiten zeigenden praxeomorphen Religiosität plausibel erscheint. Schließlich wird auf Herausforderungen des kommunikativen Umgangs mit der Pluralität lebensweltlich verankerter religiös-weltanschaulicher Einstellungen für eine Öffentliche Theologie rekurriert, die gesellschaftliche Relevanz für sich in Anspruch nehmen möchte.

2 Öffentlichkeit: strukturelle und funktionale Perspektiven auf ein komplexes Phänomen

Was ist gemeint, wenn von ‚Öffentlichkeit' gesprochen wird? Das semantische Feld ist weit, und der Begriff wird unterschiedlich intentional verwendet. Gleichzeitig ist der Begriff nahezu ubiquitär und spielt als Referenz für viele gegenwärtige Debatten eine entscheidende Rolle. Er wird vielfach als (vermeintlicher) Gegenbegriff zum Terminus der ‚Privatheit' ins Feld geführt, er wird als gesellschaftliche Größe verhandelt und spielt eine wichtige Rolle im Zusammenhang politischer Theorien i. e. Demokratietheorien, wenn es etwa um die Verhältnisbeschreibung des Staates zu seinen Bürgern und Bürgerinnen geht. Aber auch in theologischen Diskursen spielt der Begriff eine zentrale Rolle: Kirche hat „öffentliche Kirche" (Thomas Schlag) zu sein, und Kirche weiß sich in ihrem Handeln – nicht zuletzt durch ihren Auftrag zur Öffentlichkeit – auf gesellschaftliche Öffentlichkeiten bezogen, einschließlich ‚der' Öffentlichkeit, die sie selbst im Ensemble anderer gesellschaftlicher Öffentlichkeiten ‚heraus setzt' (etwa im Zusammenhang gottesdienstlicher Feiern). Mit dem medialen Wandel der letzten 25 Jahre im Zuge der Etablierung ‚des' Internet und der Digitalisierung von Kommunikation ändert sich die Genese von Öffentlichkeit. Man kann von einem neuerlichen Strukturwandel der Öffentlichkeit[1] sprechen. Was dies nicht zuletzt für die Kirchen und ihre Kommunikationskulturen, für religiöse Kommunikation überhaupt bedeutet, wird in den folgenden Kapiteln der Studie zu untersuchen und zu reflektieren sein. Dieses Kapitel dient wesentlich der Klärung des Öffentlichkeitsbegriffs und der Konturierung gesellschaftlicher Strukturen von Öffentlichkeit als Grundlage für eine prinzipielle Näherbestimmung dessen, was in der diskursiven Bezugnahme auf ‚Öffentlichkeit' gemeint sein kann und will. Im Weiteren sollen die hier vorgestellten Skizzen freilich als Reflexionshorizont für die religionstheoretischen, kommunikationstheoretischen und kirchentheoretischen Überlegungen der nachfolgenden Kapitel dienen.

---

[1] In Anlehnung an: Habermas, Jürgen, *Strukturwandel der Öffentlichkeit: Untersuchungen zu einer Kategorie der bürgerlichen Gesellschaft* (Frankfurt a.M. 1990; 1. Aufl. 1962).

2.1 Unterschiedliche Fassungen des Öffentlichkeitsbegriffs

Es gibt keine einheitliche Bestimmung dessen, was mit dem Begriff ‚Öffentlichkeit' gemeint ist.[2] Bisweilen gilt Öffentlichkeit als „Basiskategorie" für Theoriekonzeptionen, dann aber auch als „Mythos" oder „Phantom".[3] Aus kommunikationswissenschaftlicher Perspektive notiert Jeffrey Wimmer: „In der Kommunikationswissenschaft existiert bis heute keine nur annähernd allgemein akzeptierte Definition des Begriffs. Dennoch nimmt nicht nur die Verwendung des Öffentlichkeitsbegriffs, sondern auch dessen (normative) Relevanz in der *modernen Mediengesellschaft* sowohl aus theoretischer als auch aus empirischer Perspektive unvermindert zu."[4]

Gründe für die semantische Unschärfe liegen in den unterschiedlichen theoretischen Implikationen und Intentionen der konzeptuellen Einbettungen des Öffentlichkeitsbegriffs sowie in der Tatsache, dass es sich bei ‚Öffentlichkeit' (ebenso wie bei ‚Gegenöffentlichkeit') um ein Konstrukt handelt, das von der Anlage her prinzipiell multidimensional und komplex ist.[5] Dass auch die historische Rekonstruktion des Begriffsfeldes alles andere als eine reine Fleißarbeit ist, legt Peter Uwe Hohendahl in seiner *Einleitung* in die *Geschichte eines kritischen Begriffs* dar:

---

[2] Vgl. Wimmer, Jeffrey, *(Gegen-)Öffentlichkeit in der Mediengesellschaft: Analyse eines medialen Spannungsverhältnisses* (Wiesbaden 2007), 12f., zur alltagssprachlichen Verwendung: 21. Vgl. auch: Habermas, Jürgen, *Strukturwandel der Öffentlichkeit: Untersuchungen zu einer Kategorie der bürgerlichen Gesellschaft* (Frankfurt a.M. 1990), 54f.
[3] Wimmer, Jeffrey, *(Gegen-)Öffentlichkeit*, 11, mit Verweis u. a. auf: Imhof, Kurt, „Der Austritt der Kommunikationswissenschaft aus der selbstverschuldeten Unmündigkeit", in *Mediengesellschaft: Strukturen, Merkmale, Prozesse*, hg.v. dems., Roger Blum, Heinz Bonfadelli und Otfried Jarren (Wiesbaden 2004), 19–30: 22f.; Pöttker, Horst, „Stichwort ‚Öffentlichkeit/öffentliche Meinung'", in *Handbuch Journalismus und Medien* (Konstanz 2005), 329–333: 329; Maresch, Rudolf, „Die Militarisierung der Öffentlichkeit", in *Elektronische Demokratie? Perspektiven politischer Partizipation*, hg.v. Klaus Kamps (Opladen u.a. 1999), 127–150: 146.
[4] Wimmer, *(Gegen-)Öffentlichkeit*, 12. Hervorhebung im Original. – Gerade Wimmer geht es jedoch um eine semantische Schärfung des Begriffs – genauer geht es ihm um die semantische Schärfung zweier Begriffe: ‚Öffentlichkeit' und ‚Gegenöffentlichkeit'. Insofern sind die folgenden Ausführungen eng an Wimmers Reflexionen orientiert. Als eine erste Definition von ‚Gegenöffentlichkeit' kann die Bestimmung von Friedrich Krotz gelten: „Gegenöffentlichkeit meint eine gegen eine hegemoniale Öffentlichkeit gerichtete Teilöffentlichkeit, die um einen spezifischen gesellschaftlichen Diskurs oder Standpunkt herum strukturiert ist." (Krotz, Friedrich, „Stichwort ‚Gegenöffentlichkeit'", in *Politische Kommunikation in der demokratischen Gesellschaft: Ein Handbuch mit Lexikonteil*, hg.v. Otfried Jarren, Ulrich Sarcinelli und Ulrich Saxer [Opladen u.a. 1998], 653.)
[5] Vgl. Wimmer, *(Gegen-)Öffentlichkeit*, 15.

Die Analyse und Darstellung des Begriffsfeldes ‚Publikum'/‚Öffentlichkeit' steht vor einer ungewöhnlich komplexen Aufgabe insofern, als die intensive gegenwärtige Diskussion über die Semantik dieser Begriffe auf ihre geschichtliche Darstellung zurückwirkt. Die internationale Diskussion, die sich seit den ausgehenden achtziger Jahren bis in die Dritte Welt ausgeweitet hat, hat sich derart verzweigt und ausdifferenziert, daß eine traditionelle, auf eine Nationalkultur beschränkte Wort- und Begriffsgeschichte dem Gegenstand nicht mehr gerecht werden kann. Nicht nur im Bereich der Wortgeschichte, sondern auch auf dem Feld der Begriffsgeschichte haben wir es mit einem bisher nicht abgeschlossenen Prozeß der Übersetzung und modifizierenden Anpassung zu tun, in den jeweils neue semantische Bereiche einbezogen werden, deren konzeptionelle Artikulation dann auf ältere semantische Felder zurückwirkt.[6]

In die Konturierung des Öffentlichkeitsbegriffs in einer jeweiligen Situation zu einer bestimmten Zeit und mit jeweilgen Interessenlagen gehen politische, soziale und medientheoretische Überlegungen ein. Mit Blick auf die historische Entwicklung lassen sich vier Dimensionen des Begriffs in kommunikationswissenschaftlicher Hinsicht herauspräparieren, Öffentlichkeit erscheint hier – in der Perspektive der Sachdimension – als a) Staatlichkeit oder Amtlichkeit, b) als Allgemeinheit, dann – in der Perspektive der Sozialdimension – als c) Publizität und d) Publikum.[7] Gegenwärtig lassen sich verschiedene kommunikationswissenschaftliche Öffentlichkeitskonzepte beschreiben, die den Begriff der Öffentlichkeit unterschiedlich fassen, nämlich als Publizität, Systemkonstrukt, Diskursmodell, intermediäre Kommunikationsstruktur, Kommunikationsstruktur oder aber auch subjektbezogenen Kontext.[8] Da Öffentlichkeit (ihre empirischen Gestalten, ihre Ideale wie der Begriff von ihr) immer aufs Engste geknüpft ist an die mediale Situation und die technischen Voraussetzungen, gehören zur Reflexion des Verständnisses von Öffentlichkeit immer auch medientheoretische Überlegungen – nicht zuletzt, da gegenwärtig Öffentlichkeiten vielfältig erst als *Medienöffentlichkeiten* Gestalt gewinnen.[9]

In jedem Fall ist der Begriff der Öffentlichkeit nicht auf den politischen Bereich im engeren Sinne zu begrenzen. Allerdings kann Öffentlichkeit, anders herum, „als der die Politik zu allererst ermöglichende Raum intersubjektiver Verständigung"[10] interpretiert werden, als „Selbstverständigungsprozess der Ge-

---

[6] Hohendahl, Peter Uwe, „Einleitung", in *Öffentlichkeit: Geschichte eines kritischen Begriffs*, hg. v. dems. (Stuttgart u. a. 2000), 1.
[7] Vgl. Wimmer, Jeffrey, *(Gegen-)Öffentlichkeit*, 32f.
[8] Vgl. zu den einzelnen Konzepten: Wimmer, *(Gegen-)Öffentlichkeit*, 38–41.
[9] Zum Zusammenhang von Öffentlichkeit und Medien beziehungsweise Medienwandel vgl. Kapitel 2.3.3 und 2.4.
[10] Gerhardt, Volker, *Licht und Schatten der Öffentlichkeit: Voraussetzungen und Folgen der digitalen Innovation* (Wien 2014), 41.

sellschaft"[11]. Themen, die öffentlich verhandelt werden wollen, stammen aus allen Bereichen der funktional ausdifferenzieren Gesellschaft.[12] Und das heißt: Öffentlichkeit ist durch Multidimensionalität bestimmt, die wiederum zwei allgemeine Merkmale besitzt[13]: Einerseits existieren Teilöffentlichkeiten im Sinne verschiedener parallel bestehender Öffentlichkeiten, unter Umständen mit „widersprüchlichen Produktions- und Rezeptionslogiken"[14]. Dabei verstärken die Massenmedien die Herausbildung pluraler und paralleler Teilöffentlichkeiten. Andererseits besitzt Öffentlichkeit die strukturelle Dimension verschiedener Ebenen von Öffentlichkeit (‚Medien'-, ‚Versammlungs'- und ‚Encounter'-Öffentlichkeit beziehungsweise ‚einfache', mittlere' und ‚komplexe Ebene von Öffentlichkeit'), mit der sich eine je subjektive Dimension der Öffentlichkeitsakteure verbindet: „Öffentlichkeit nimmt [...] eine doppelte Bedeutung sowohl von sozialer Totalität (Strukturdimension) als auch von einem spezifischen Publikum ein, das sich über eine bestimmte Identität konstituiert (Subjektdimension)."[15]

Der Begriff der Öffentlichkeit unterliegt zudem zwei möglichen Verwendungsweisen, die in einem Spannungsverhältnis zueinander stehen: einer deskriptiven und einer normativen Verwendung. ‚Öffentlichkeit' kann zum einen bezogen sein auf die Beschreibung und Analyse empirischer Situationen. Der Begriff der Öffentlichkeit kann zum anderen aber auch im Sinne einer Idee verwendet werden, die „für das kommunikative Verhalten von Personen ausschlaggebend ist."[16] Das heißt: Der Begriff der Öffentlichkeit will in der Beschreibung zunächst nicht auf empirisch Vorfindliches bezogen sein, sondern er stellt eine präfigurative Idee dar. Ohne die produktive Spannung zwischen beiden Verwendungsweisen des Öffentlichkeitsbegriffs auflösen zu wollen, mag das vermittelnde Element darin liegen zu sagen: Öffentlichkeit ist nicht per se, Öffentlichkeit vollzieht sich. In diesem Sinn schreibt Thomas Schlag:

---

[11] Klaus, Elisabeth, „Öffentlichkeit als gesellschaftlicher Selbstverständigungsprozess", in *Kommunikation und Revolution*, hg.v. Kurt Imhof und Peter Schulz (Zürich 1998), 131–149.
[12] Vgl. Rühl, Manfred, „Kommunikation und Öffentlichkeit: Schlüsselbegriffe zur kommunikationswissenschaftlichen Rekonstruktion der Publizistik", in *Theorien öffentlicher Kommunikation: Problemfelder, Positionen, Perspektiven*, hg.v. dems. und Günter Bentele (München 1993), 77–102: 96f.
[13] Vgl. Wimmer, *(Gegen-)Öffentlichkeit*, 61f.
[14] Zimmermann, Harro, „Kommunikationsmedien und Öffentlichkeit: Strukturen und Wandel", in *Medien- und Kommunikationssoziologie: Eine Einführung in zentrale Begriffe und Theorien: Grundlagentexte der Soziologie*, hg.v. Klaus Neumann-Braun und Stefan Müller-Doohm (Weinheim u.a. 2000), 41–54: 46.
[15] Wimmer, *(Gegen-)Öffentlichkeit*, 62.
[16] Hohendahl, „Einleitung", 3.

> *Öffentlichkeit* [...] meint folglich weniger eine eindeutige oder gar feststehende topographische Größe und lässt sich schon gar nicht auf den Bereich staatlich-institutionellen Handelns reduzieren, sondern bezieht sich in diesem säkularen Gebrauch auf den konkret immer wieder neu zu deutenden zivilgesellschaftlichen Gestaltungsraum des Öffentlichen, der seine Bedeutung und Profilierung erst durch diese Deutungs- und Handlungsaktivitäten selbst gewinnt. *Öffentlichkeit* fungiert hier also als Signatur unterschiedlicher politischer Diskursorte und zugleich als Möglichkeitsraum alternativer gesellschaftlicher und politischer Gegenöffentlichkeiten.[17]

Was ist nun der „konkret immer wieder neu zu deutende zivilgesellschaftliche Raum des Öffentlichen"? Wenngleich auch dies unterschiedlich gefasst werden kann, hat Öffentlichkeit in demokratischen Gesellschaften eine zentrale Stellung, die unmittelbar an ihre gesellschaftspolitische Funktion gekoppelt ist: „Die Öffentlichkeit ist Mittel des Erkennens und der Auswahl von demokratisch zu lösenden Problemen, sie ist Legitimationsbedingung des Rechtsstaates und der darin allgemeinverbindlichen Entscheidungsprozesse und sie ist Konstitutionsbedingung des Volkes als Souverän. Öffentlichkeit hat somit eine *Deliberationsfunktion*, eine *Legitimationsfunktion* und eine *Integrationsfunktion*."[18] Insofern sind demokratische Gesellschaften einer normativen Idee von Öffentlichkeit verpflichtet, nach der die Existenz einer kritischen Öffentlichkeit als Regulativ im Sinne gesamtgesellschaftlicher Interessen zu gewährleisten ist. Empirisch gibt es Öffentlichkeit nur im Plural. Die sprachliche Verwendung der ‚Einzahl' von ‚Öffentlichkeit' vermag hingegen noch einmal auf das „mit normativen Erwartungen verbundene Ideal"[19] hinzuweisen.

Wimmer zeichnet zur Differenzierung weiterer Beschreibungsebenen vier Öffentlichkeitskonzepte entlang der grundsätzlichen Differenzierung von normativ-funktionaler (a) und empirisch-klassifikatorischer bzw. theoretisch-analytischer Perspektive (b–d) nach[20], die sich zum Teil jedoch überschneiden: a) Öffentlichkeit

---

17 Schlag, Thomas, *Öffentliche Kirche: Grunddimensionen einer praktisch-theologischen Kirchentheorie* (Zürich 2012), 15. Hervorhebungen im Original.
18 Imhof, Kurt, *Die Krise der Öffentlichkeit: Kommunikation und Medien als Faktoren des sozialen Wandels* (Frankfurt a.M. 2011), 100. Im Original hervorgehoben.
19 Klaus, Elisabeth, „Öffentlichkeit als gesellschaftlicher Selbstverständigungsprozess und das Drei-Ebenen-Modell von Öffentlichkeit: Rückblick und Ausblick", in *Öffentlichkeiten und gesellschaftliche Aushandlungsprozesse: Theoretische Perspektiven und empirische Befunde*, hg.v. ders. und Ricarda Drüeke (Bielefeld 2017), 17–37: 33.
20 Zu der begrifflichen Unterscheidung vgl. Wimmer, *(Gegen-)Öffentlichkeit*, 17 f., 21. Zur Unterscheidung zwischen normativ-funktionalen und empirisch-analytischen Öffentlichkeitskonzepten vgl. u. a. Marschall, Stefan, „Alte und neue Öffentlichkeiten: Strukturmerkmale politischer Öffentlichkeit im Internet", in *Elektronische Demokratie? Perspektiven politischer Partizipation*, hg.v. Klaus Kamps (Opladen u. a. 1999), 109–126.

als Prinzip der Bestimmung und Bewertung öffentlicher Kommunikation (normativ-funktionale Perspektive)[21], b) Öffentlichkeit diskurstheoretisch gefasst[22], c) als systemtheoretisches Konstrukt verstanden[23] und d) als intermediäre Sphäre der Kommunikation gesehen[24]. – Ausführlicher sei im Folgenden, entsprechend der beiden bereits erwähnten Verwendungsweisen des Öffentlichkeitsbegriffs, auf die normative und diskurstheoretische Perspektive eingegangen, wie sie prominent von Jürgen Habermas vorgestellt wird, sowie auf die Perspektive, die primär an einer empirischen Grundierung des Öffentlichkeitskonzepts interessiert ist, und die Öffentlichkeit als intermediäres Kommunikationssystem betrachtet. Der intermediäre Ansatz – hier vor allem in Aufnahme von öffentlichkeitstheoretischen Überlegungen Jürgen Gerhards und Friedhelm Neidhardts, denen an der Erfassung empirischer Öffentlichkeit liegt – führt die systemische Perspektive und die Akteursperspektive zusammen und produktiv weiter.

2.2 Öffentlichkeit als Prinzip der Bestimmung und Bewertung öffentlicher Kommunikation

Es liegt in der theoretischen Verzahnung des Öffentlichkeitsbegriffs mit dem Begriff der Demokratie, dass Demokratietheorien – wenn nicht explizit, dann implizit – Konzepte von Öffentlichkeit einschließlich Vorstellungen über Strukturen, Funktionen und (potenzielles) Akteursverhalten mit sich führen. Der Begriff der Öffentlichkeit ist in der Regel eng an eine normative Perspektive gebunden, Öffentlichkeit ist ein „normatives Postulat" und „anzustrebender Zustand"[25]. Dies wird noch einmal plausibel vor dem Hintergrund der Vorstellung, dass „in der Idealvorstellung vom Prozeß der Meinungs- und Willensbildung [...] Öffentlichkeit den politischen Entscheidungen Rationalität und demokratische Legitimation [verleiht]."[26] Unterscheidet man vier normative Modelle der Demokratie – das libertäre Modell, das liberale Modell, das Modell des demokratischen

---

21 Vgl. Kapitel 2.2.
22 Auch dazu vgl. Kapitel 2.2.
23 Vgl. Kapitel 2.3.1.
24 Vgl. Kapitel 2.3, insbesondere 2.3.2.
25 Jarren, Otfried und Donges, Patrick, *Politische Kommunikation in der Mediengesellschaft. Band 1: Verständnis, Rahmen und Strukturen* (Wiesbaden 2002), 112.
26 Schulz, Winfried, *Politische Kommunikation: Theoretische Ansätze und Ergebnisse empirischer Forschung zur Rolle der Massenmedien in der Politik* (Opladen 1997), 87, zit. n. Wimmer, *(Gegen-) Öffentlichkeit*, 64.

Sozialismus und das republikanische Modell[27] –, sind hinsichtlich der Konturierung und des Verständnisses von Öffentlichkeit vor allem Unterschiede mit Blick auf die Unterscheidung von Gesellschaft und Staat und die Rolle der Staatstätigkeit auszumachen.[28] Unverzichtbar indes ist für die ‚Modellierung' und Reflexion demokratischer Systeme der Gedanke der Mitgestaltung des Gemeinwesens durch mündige Bürger und Bürgerinnen, deren freier Willens- und Meinungsbildungsprozess eng verzahnt ist mit demokratischen Fundamenten wie pluralistischer Wettbewerb, repräsentative Willensbildung und wiederkehrende freie, gleiche und geheime Wahlen. Hier sind Fragen der Presse-, Meinungs-, und Versammlungsfreiheit berührt.

Elitentheorien, Pluralismustheorien und Partizipationstheorien – als Beispiele politischer Theorien – haben unterschiedliche Vorstellungen von der Funktion von Öffentlichkeit, zentralen Eigenschaften von Öffentlichkeit und demokratischen Zielen. Elitentheorien[29] etwa bringen politische Eliten notwendig in eine Zentralstellung für politische Machtausübung; diese Theorien weisen Öffentlichkeit der Tendenz nach ‚nur' die Primäreigenschaft der Publizität zu und ‚kolonisieren' Öffentlichkeit als Sphäre der Gewährleistung der Durchsetzung elitenbestimmter Interessen. Wimmer hält dazu fest: „Damit verbunden ist aus theoretischer Sicht aber auch eine dominante Zugangsmöglichkeit der politischen Eliten zur massenmedialen Öffentlichkeit und deren gezielte Instrumentalisierung medialer Aufmerksamkeit im Sinne eines privilegierten öffentlichen ‚Themenmanagements'".[30]

Die Relationsbestimmungen zwischen Öffentlichkeit, Demokratie und Medien in Pluralismustheorien und Partizipationstheorien sehen anders aus. Pluralismustheorien[31] postulieren den politischen Prozess als Ergebnis eines offenen

---

27 Vgl. Fuchs, Dieter, „Wohin geht der Wandel der demokratischen Institutionen in Deutschland? Die Entwicklung der Demokratievorstellung der Deutschen seit ihrer Vereinigung", *Leviathan, Sonderheft 16: „Institutionenwandel"* (Opladen 1997), 253–284: 261ff.
28 Vgl. Wimmer, *(Gegen-)Öffentlichkeit,* 65.
29 Vgl. dazu etwa: Downs, Anthony, *An Economic Theory of Democracy* (New York/NY 1957); Lippmann, Walter, *The Phantom Public* (New York/NY 1925); Pareto, Vilfredo F., *Trattato di Sociologia Generale* (Florenz 1916); Schumpeter, Joseph A., *Capitalism, Socialism and Democracy* (New York/NY 1950).
30 Wimmer, *(Gegen-)Öffentlichkeit,* 67, mit Verweis auf: Beierwaltes, Andreas, *Demokratie und Medien: Der Begriff der Öffentlichkeit und seine Bedeutung für die Demokratien in Europa* (Baden-Baden 2000), 82ff; Kepplinger, Hans Mathias, *Ereignismanagement: Wirklichkeit und Massenmedien* (Zürich u. a. 1992).
31 Vgl. dazu etwa: Fraenkel, Ernst, *Reformismus und Pluralismus: Materialien zu einer ungeschriebenen politischen Autobiographie* (Hamburg 1973); Laski, Harold J., *Studies in the Problem of Sovereignty* (New Haven/CT 1917).

Wettbewerbs, in den Interessen von unterschiedlichen (in etwa gleichberechtigten) Akteursgruppen eingetragen werden, die jeweils über politische Ressourcen verfügen. Als Eigenschaft mit Blick auf das Verständnis von Öffentlichkeit kommt zur Publizität die der Responsivität hinzu, die die politischen Funktionsträger an die öffentliche Meinung rückbindet. Öffentlichkeit hat hier also wesentlich die Funktion, der Meinungs- und Interessenbildung sowie ihrer Artikulation zu dienen; Resonanz finden hier auch politisch nicht etablierte Akteure (zum Beispiel *non-governmental organizations* oder Neue Soziale Bewegungen).[32] Partizipationstheorien[33] schließlich heben auf mehr Partizipation des Volkes am politischen (und kulturellen) System ab und unterscheiden sich noch einmal von den Pluralismustheorien durch eine spezifische Auffassung von Partizipation (aktiv, selbstinitiiert, in einem Wechselspiel von Teilhabe und Teilgabe mit Anteilnahme am Werden des Gemeinwohls). In ‚der' Öffentlichkeit werden rationale Abwägungen getroffen, Diskursivität ist die wesentliche Eigenschaft von Öffentlichkeit nach diesem Verständnis. Öffentlichkeit stellt die grundlegende Bedingung schlechthin für Demokratien dar: „Deshalb eignet sich ‚politische Öffentlichkeit' als Inbegriff derjenigen Kommunikationsbedingungen, unter denen eine diskursive Meinungs- und Willensbildung eines Publikums von Staatsbürgern zustande kommen kann, zum Grundbegriff einer normativ angelegten Demokratietheorie"[34], so Jürgen Habermas. Diese Form der Öffentlichkeit, wie sie deliberative Modelle postulieren, intendiert also verstärkt Partizipation und Inklusion, demokratische Entscheidungsfindungen und damit gesellschaftliche Legitimation von politischen Entscheidungen. Deliberative Modelle werden für ihre vermeint-

---

32 Wimmer, *(Gegen-)Öffentlichkeit*, 67 f.
33 Vgl. dazu etwa: Ackerman, Bruce und Fishkin, James S., *Deliberation Day* (New Haven/CT 2004); Barber, Benjamin R., *Strong Democracy: Participatory Politics for a New Age* (Oakland/CA 1984); Etzioni, Amitai, *The New Golden Rule: Community and Morality in a Democratic Society* (New York/NY 1997); Habermas, Jürgen, „Volkssouveränität als Verfahren: Ein normativer Begriff von Öffentlichkeit", *Merkur* 6 (1989), 465–477; ders., „Drei normative Modelle der Demokratie: Zum Begriff deliberativer Politik", in *Die Chancen der Freiheit: Grundprobleme der Demokratie*, hg. v. Herfried Münkler (München u. a. 1992), 11–24; Hirst, Paul, *Associative Democracy* (Cambridge/MA 1994).
34 Habermas, *Strukturwandel der Öffentlichkeit*, 38. – Habermas zitiert in diesem Zusammenhang die Definition Joshua Cohens zum Begriff ‚*deliberative democracy*': „The notion of a deliberative democracy is routed in the intuitive ideal of a democratic association in which the justification of the terms and conditions of association proceeds through public argument and reasoning among equal citizens. Citizens in such an order share a commitment to the resolution of problems of collective choice through public reasoning, and regard their basic institutions as legitimate insofar as they establish a framework for free public deliberation." (Cohen, Joshua, „Deliberation and Democratic Legitimacy", in *The Good Polity: Normative Analysis of the State*, hg. v. Alan Hamlin und Philip Pettit, [Oxford/UK u. a. 1989], 12–34: 21.)

lich utopischen Gehalte kritisiert.[35] Gleichwohl kommt dem normativen Entwurf eine heuristische Funktion insofern zu, als sich empirische Verhältnisse einschließlich ihrer Defizite am Modell mit Blick auf die konstituierenden Parameter und Machtverhältnisse beschreiben und nicht zuletzt messen lassen.

Im Folgenden soll nun als prominentes Beispiel eines deliberativen Ansatzes aus dem deutschsprachigen Raum die Öffentlichkeitstheorie Jürgen Habermas' näher in den Blick kommen, unter besonderer Berücksichtigung der im Zusammenhang dieser Arbeit interessierenden Figur des ‚Strukturwandels der Öffentlichkeit'. Habermas konturiert in seinem gleichnamigen Werk ein Modell gesellschaftlicher Transformationsprozesse in der modernen Gesellschaft sowie der Interdependenzen zwischen bürgerschaftlichem Engagement und politischer, ökonomischer, nicht zuletzt medialer Macht, wobei sich diese Interdependenzen über die Transformationsprozesse der Öffentlichkeit interpretieren lassen.[36] Auf diesen von Habermas in seinem Vorwort von 1990 zur 18. Auflage des *Strukturwandels der Öffentlichkeit* selbst als in Teilen revisionsbedürftig bezeichneten Überlegungen aus den 1960er-Jahren ruhen Habermas' weitere kommunikations- und diskurstheoretischen Studien der folgenden Jahrzehnte auf. Immer noch handelt es sich bei Habermas' *Strukturwandel der Öffentlichkeit* – einschließlich seiner Revisionen – um den „*locus classicus* of all discussions"[37] der Öffentlichkeitstheorie.[38] Habermas' Rede vom „Strukturwandel der Öffentlichkeit" wird gegenwärtig gerne herangezogen, um von einem „neue[n] Strukturwandel der Öffentlichkeit" zu sprechen, der wiederum auf einer veränderten medialen Gegenwartslage basiere[39], die unter Umständen erst die Voraussetzung für die Par-

---

35 Vgl. Wimmer, *(Gegen-)Öffentlichkeit*, 70.
36 Dieses Modell ist freilich auch kritisiert worden, nicht zuletzt für seinen Idealcharakter. Auf die Kritik wird im Laufe der Skizze verwiesen werden, vgl. dazu zunächst auch: García Leguizamón, Fernando Mauricio, *Vom klassischen zum virtuellen öffentlichen Raum: Das Konzept der Öffentlichkeit und ihr Wandel im Zeitalter des Internet* (Berlin 2010), 60 ff.
37 Fraser, Nancy, „Transnationalizing the Public Sphere: On the Legitimacy and Efficacy of Public Opinion in a Post-Westphalian World, in *Transnationalizing the Public Sphere*, hg.v. Kate Nash (Cambridge/UK u. a. 2014), 8–42: 11. Im Original hervorgehoben.
38 Auf Kritik wird im Folgenden eingegangen werden; erwähnt sei hier bereits die Kritik Volker Gerhardts, die sich jedoch vor allem auf die frühe Fassung des *Strukturwandels der Öffentlichkeit* aus dem Jahr 1962 und die These des Verfalls der bürgerlichen Öffentlichkeit bezieht, vgl. dazu: Gerhardt, Volker, *Öffentlichkeit: Die politische Form des Bewusstseins* (München 2012), 223 ff.
39 Vgl. etwa Imhof, *Krise der Öffentlichkeit*, 108 ff.; vgl. Bieber, Christoph, „Digitaler Strukturwandel der Öffentlichkeit? Zur Re-Konfiguration politischer Akteure durch Neue Medien", in *Politische Akteure in der Mediendemokratie*, hg.v. Heribert Schatz, Patrick Rössler und Jörg-Uwe Nieland (Wiesbaden 2002), 113–127; vgl. Wimmer, *(Gegen-)Öffentlichkeit*, 137 f.; vgl. Neuberger, Christoph und Wendelin, Manuel, *Strukturwandel 2.0.* http://www.goethe.de/wis/bib/prj/hmb/the/157/de9527384.htm (01.03.2018).

tizipation der Bürger und Bürgerinnen im Sinne des deliberativen Modells von Öffentlichkeit, wie Habermas es beschreibt, schaffe.⁴⁰

2.2.1 Strukturwandel der Öffentlichkeit

Strukturwandel der Öffentlichkeit setzt mit dem wenig überraschenden Befund ein, dass mit Blick auf den Begriff der Öffentlichkeit eine „Mannigfaltigkeit konkurrierender Bedeutungen"⁴¹ im kommunikativen Vollzug existiert. ‚Öffentlichkeit' soll dann jedoch im Weiteren als historische Kategorie gefasst und in ihren historischen Strukturen nachgezeichnet werden, um darüber einen heuristischen Blick für gegenwärtige Gesellschaftsanalysen zu erlangen: „Wenn es gelingt, den Komplex, den wir heute, konfus genug, unter dem Titel ‚Öffentlichkeit' subsumieren, in seinen Strukturen historisch zu verstehen, dürfen wir deshalb hoffen, über eine soziologische Klärung des Begriffs hinaus, unsere eigene Gesellschaft von einer ihrer zentralen Kategorien her systematisch in den Griff zu bekommen."⁴² Dieses methodische Vorgehen ist kritisiert worden, da die daraus resultierenden normativen Implikationen konkreten Analysen gegenwärtiger Öffentlichkeitskonstitution den Blick verstellten⁴³, beziehungsweise weil der skizzierten Darstellung der historischen Verhältnisse unter einigen Gesichtspunkten die „faktische Entsprechung"⁴⁴ fehle. Behält man diesen ‚empirischen Vorbehalt' im

---

40 In diesem Sinne vgl. etwa: Münker, Stefan, *Emergenz digitaler Öffentlichkeiten: Die Sozialen Medien im Web 2.0* (Frankfurt a.M. 2009). – Zur nachhaltigen Bedeutung Habermas' Öffentlichkeitstheorie auch für die Theorie der Mediatisierung von Öffentlichkeit vgl. Lövheim, Mia und Axner, Marta, „Mediatised Religion and Public Spheres: Current Approaches and New Questions", in *Religon, Media, and Social Change*, hg.v. Kennet Granholm, Marcus Moberg und Sofia Sjö (New York/NY 2015), 38–53: 41.
41 Habermas, *Strukturwandel*, 54f.
42 Habermas, *Strukturwandel*, 58.
43 Vgl. Gerhards, Jürgen und Neidhardt, Friedhelm, *Strukturen und Funktionen moderner Öffentlichkeit: Fragen und Ansätze* (Berlin 1990), 5.
44 García Leguizamón, Fernando Mauricio, *Vom klassischen zum virtuellen öffentlichen Raum*, 60. – Das betrifft sowohl gesellschaftliche Exklusionsprozesse, die eben nicht alle an der bürgerlichen Öffentlichkeit teilhaben ließen; das betrifft aber auch die Nicht-Erwähnung anderer Öffentlichkeiten, die sich alternativ zur bürgerlichen Öffentlichkeit herausbildeten, bzw. die ‚Tabuisierung' bestimmter Themen für den öffentlichen Diskurs als dem ‚Privatbereich' zugehörig (Hausarbeit, Kinderversorgung etc.). Vgl. Fraser, Nancy, „Rethinking the Public Sphere: A Contribution to the Critique of Actually Existing Democracy", in *Habermas and the Public Sphere*, hg.v. Craig Calhoun (Cambridge/MA 1992), 109–142: 113ff.; vgl. Benhabib, Seyla, „Modelle des öffentlichen Raums: Hannah Arendt, die liberale Tradition und Jürgen Habermas", *Soziale Welt* 42 (1991), 147–165: 161ff.; vgl. Kaschuba, Wolfgang, „Ritual und Fest: Das Volk auf der Straße", in

Blick, können jedoch die Reflexionen zur Genese der bürgerlichen Öffentlichkeit und zum Strukturwandel – unter Umständen gerade durch ihre Schablonenhaftigkeit – auf die prinzipiell konstitutive Rolle der Medien im Zusammenhang der Genese von Öffentlichkeit hinweisen: Der öffentliche Diskurs als Katalysator öffentlicher Meinung ist immer schon auf Medien der Selbstverständigung angewiesen.[45] In diesem frühen Werk Habermas' ist zudem das Verständnis von Öffentlichkeit grundgelegt, das sich durch die späteren Arbeiten hindurch hält, unabhängig von einzelnen Modifikationen, und das als normativer Hintergrund eines präferierten Öffentlichkeitsverständnisses auch für die vorliegende Studie dienen kann: Öffentlichkeit ist kommunikativ verfasst, sie hat genuin emanzipatorischen Charakter gegenüber staatlichen und administrativen Überfremdungen, und sie dient der Gesellschaft – den Bürgern und Bürgerinnen – zur Selbstverständigung über Fragen des gesellschaftlichen Zusammenlebens i. e. des Gemeinwohls und des politischen Wollens.

2.2.1.1 Die Herausbildung der bürgerlichen Öffentlichkeit

Betrachtungen zur repräsentativen Öffentlichkeit der mittelalterlichen feudalen Gesellschaft bilden für Habermas den Ausgangspunkt der historischen Skizzen.[46] Denn zum einen, so Habermas, ist in der Feudalgesellschaft des Mittelalters ein eigener, von einer privaten Sphäre zu unterscheidender Bereich von Öffentlichkeit nicht im modernen Sinne beschreibbar: Öffentlichkeit zeigt sich nicht als sozialer Bereich, sondern als Statusmerkmal – Herrschaft und Vermögen werden öffentlich inszeniert, Status wird öffentlich repräsentiert.[47] Zum anderen ist gerade an

---

Dynamik der Tradition: Studien zur historischen Kulturforschung, hg.v. Richard van Dülmen (Frankfurt a.M. 1992), 240 – 267.
45 Dass die von Habermas beschriebenen Zeitspannen nicht als erste diesen Zusammenhang zwischen Mediennutzung und Öffentlichkeitskonstitution aufweisen, versteht sich von selbst und ist auf eindrückliche Weise etwa in den Publikationen von Werner Faulstich nachzulesen, vgl. Faulstich, Werner, *Das Medium als Kult: Von den Anfängen bis zur Spätantike (8. Jahrhundert)* (Göttingen 1997); ders., *Medien und Öffentlichkeiten im Mittelalter: 800 – 1400* (Göttingen 1996); ders., *Medien zwischen Herrschaft und Revolte: die Medienkultur der frühen Neuzeit (1400 – 1700)* (Göttingen 1998); ders., *Die bürgerliche Mediengesellschaft: 1700 – 1830* (Göttingen 2002).
46 Grundsätzlich wird die historische Skizze hier in wenigen Strichen wiedergegeben, wie sie Habermas zeichnet. Auf notwendige Kritik in historischer Perspektive ist hingewiesen worden, vgl. Anm. 44 in diesem Kapitel (2.). Das vorherrschende Darstellungsinteresse richtet sich auf das prinzipielle Ineinandergreifen von Mediennutzung und Öffentlichkeitsgenese.
47 Vgl. Habermas, *Strukturwandel*, 58 ff. – Erst die Renaissance greift wieder auf das alte hellenische Modell als „ideologisches Muster" (57) der Unterscheidung von *oikos* und *polis* zur Beschreibung von ‚privat' und ‚öffentlich' aus.

den Transformationsprozessen, die in die feudale Gesellschaft eingreifen, die sukzessive Entstehung von Öffentlichkeit als sozialer Bereich beobachtbar. Es sind vor allem zunächst ökonomische Wandlungsprozesse, die dann auch Konsequenzen für die Neukonstellierung gesellschaftlicher Kräfte und die politische Organisation haben. Die Form der repräsentativen Öffentlichkeit der Feudalgesellschaft erfährt eine Reduktion durch den Prozess der „Nationalisierung der Stadtwirtschaft"[48], in dessen Verlauf sich der moderne Staat ausprägt, samt der für ihn wesentlichen bürokratischen Einrichtungen. Mit der Bindung des adligen Lebens an den Hof, der Einrichtung einer ständigen Verwaltung wie dem stehenden Heer, der Verstetigung des wirtschaftlichen Verkehrs und damit verbunden einer permanenten Staatstätigkeit, manifestiert sich öffentliche Gewalt. Die staatliche Sphäre bildet nun ‚Öffentlichkeit', auf die wiederum strukturell die ‚Untertanen' – Privatleute, weil ohne Amt – bezogen sind, als „Adressaten der öffentlichen Gewalt"[49] und somit als Publikum. In diesem Zusammenhang wird – und das ist für unsere Fragestellung interessant – die Presse als ursprüngliches „Element des frühkapitalistischen Verkehrszusammenhangs"[50] besonders bedeutsam.

Zunächst ist allerdings der Nachrichtenverkehr des wirtschaftlichen (Fern-) Handels im Grunde ein berufsständischer Informationsdienst, wobei die gewerbsmäßigen Nachrichten mitnichten öffentlich sind, das Element der Publizität fehlt ihnen. Auch Privatkorrespondenzen mit politischen und wirtschaftlichen Informationen sind nur einem bestimmten Kreis der Bevölkerung zugänglich und nicht allgemein publik. Bis dahin, dass die Nachrichten einem allgemeinen Publikum zugänglich werden, ist ein Weg weiterer Transformationsprozesse notwendig: „Wie [...] erst von ‚Post' die Rede sein kann, wenn die regelmäßige Gelegenheit zum Brieftransport dem Publikum allgemein zugänglich wird, so gibt es auch eine Presse im strengen Sinne erst, seitdem die regelmäßige Berichterstattung öffentlich, wiederum: dem Publikum allgemein zugänglich wird. Das aber geschieht erst Ende des 17. Jahrhunderts."[51]

Von dem allgemein vorhandenen Nachrichtenmaterial gelangt erst einmal nur ein Bruchteil zur Veröffentlichung. Eine deutliche Veränderung tritt ein, als einerseits Nachrichten und Informationen als Ware entdeckt werden, die der Gewinnmaximierung dienen können. Andererseits werden die Adressaten öf-

---

48 Heckscher, Eli F., *Der Merkantilismus*, Bd. I (Jena 1932), 109.
49 Habermas, *Strukturwandel*, 79.
50 Habermas, *Strukturwandel*, 77.
51 Habermas, *Strukturwandel*, 72, unter Verweis auf: Sombart, Werner, *Der moderne Kapitalismus: historisch-systematische Darstellung des gesamteuropäischen Wirtschaftslebens von seinen Anfängen bis zur Gegenwart* (München 1919), 369.

fentlicher Gewalt, wie bereits erwähnt, zum Publikum, indem Verordnungen der Obrigkeiten durch das Organ der Presse mitgeteilt werden. Die Presse dient damit Verwaltungsinteressen. Das Publikum besteht allerdings mitnichten aus dem Gesamt der Bevölkerung, die Bekanntmachungen erreichen in der Regel nur die Gebildeten – der Grad des Analphabetismus ist in der frühen Neuzeit immer noch beträchtlich.[52] Es sind die ‚Bürgerlichen', die den traditionellen ‚Bürgern' – also Handwerkern und Krämern – den Rang ablaufen; während Letztere im Grunde gesellschaftlich absteigen, gewinnen andere Gruppen an Gewicht: Beamte der landesherrlichen Verwaltung, Ärzte, Pfarrer, Gelehrte unterschiedlicher Couleur, Bankiers etc. Sie bilden das eigentliche ‚Publikum', das sich mit seiner mächtigen Stellung im Spannungsverhältnis von ‚Stadt' und ‚Hof' bemerkbar macht.[53] Damit ist der entscheidende Schritt für die Entstehung der bürgerlichen Öffentlichkeit getan:

> Die Obrigkeit löst in dieser, von der merkantilistischen Politik in erster Linie betroffenen *und* beanspruchten Schicht eine Resonanz aus, die das publicum, das abstrakte Gegenüber der öffentlichen Gewalt, sich als eines Gegenspielers, als des Publikums der nun entstehenden *bürgerlichen Öffentlichkeit* bewußt werden läßt. Eine solche entwickelt sich nämlich in dem Maße, in dem das öffentliche Interesse an der privaten Sphäre der bürgerlichen Gesellschaft nicht mehr nur von der Obrigkeit wahrgenommen, sondern von den Untertanen als ihr eigenes in Betracht gezogen wird.[54]

Das Publikum wird zum Räsonnement vor allem dadurch herausgefordert, dass die „Reproduktion des Lebens"[55] nicht mehr auf die Sphäre des *oikos*[56] beschränkt bleibt, sondern vielmehr zum Thema öffentlichen Interesses wird – und gleich-

---

52 Man kann davon ausgehen, dass noch zu Beginn der frühen Neuzeit die Alphabetisierungsrate bei etwa fünf Prozent der Bevölkerung gelegen hat; starke Alphabetisierungsimpulse gingen dann von der Reformation und der Etablierung der Druckpresse aus, vgl. Vocelka, Karl, *Frühe Neuzeit 1500–1800* (Konstanz u. a. 2013), 96; vgl. auch: Bödecker, Hans Erich, Hofmeister, Andrea und Hinrichs, Ernst, Hg., *Alphabetisierung und Literalisierung in Deutschland in der Frühen Neuzeit* (Tübingen 1999).
53 Vgl. Habermas, *Strukturwandel*, 80 f.
54 Habermas, *Strukturwandel*, 82. Im Original hervorgehoben.
55 Habermas, *Strukturwandel*, 83.
56 Im Öffentlichkeitsmodell der griechischen Antike ist die Sphäre des *oikos* konstitutiv von der der *polis* unterschieden: Während erstere der Erhaltung des Lebensnotwendigen dient und als Haus- und Wirtschaftsgemeinschaft ein eigenes System mit einem Vorsteher (dem Hausherrn) ausprägt, ist die Sphäre der *polis* nur freien Männern vorbehalten, wobei Öffentlichkeit in *lexis* und *praxis* Gestalt gewinnt. Das Gespräch der freien Bürger untereinander und das gemeinsame (politische) Handeln führt – so die normative Idee – zur Hervorbringung des Besten und Tugendhaften. (Vgl. Habermas, *Strukturwandel*, 56 f.) – Zum Verhältnis von Privatsphäre, Öffentlichkeit und bürgerlich-patriarchaler Kleinfamilie vgl. Habermas, *Strukturwandel*, 107 ff.

zeitig unterscheidet sich der private Bereich noch einmal deutlicher vom Bereich öffentlicher Gewalt. Die Presse eignet sich dabei hervorragend als Instrument des Räsonnements.

Diese Prozesse münden sprachlich in die Bildung neuer Begriffe ein[57]: Das englische *publicity* wird Ende des 17. Jahrhunderts aus dem französischen Wort *publicité* entlehnt, in Deutschland hat man es mit dem Wort ‚Öffentlichkeit' erst im 18. Jahrhundert zu tun (im 18. Jahrhundert wird in Deutschland auch der Begriff ‚öffentliche Meinung'[58] als Kritik des Publikums bezogen auf einen bestimmten Sachverhalt eingeführt): „Was dem Urteil des Publikums unterbreitet wird, gewinnt ‚Publizität'."[59] Die zahlreichen, vor allem seit dem letzten Drittel des 17. Jahrhunderts entstehenden Periodika stellen eine wesentliche Plattform für die bürgerlichen Selbstverständigungsprozesse dar. Das Räsonnement als Medium ist „[e]igentümlich und geschichtlich ohne Vorbild"[60], wobei die bürgerliche Öffentlichkeit als Öffentlichkeit mit politisch wirksamem Anspruch ihren Vorläufer in der literarischen Öffentlichkeit findet: Indem Kultur als Warenform[61] entdeckt und zunehmend für viele in Konzerten, Museen und Theatern zugänglich wird, ist sie zunächst Bezugspunkt des Räsonnements. Die sogenannte ‚literarische Öffentlichkeit' bildet also die Vorform der politisch sich artikulierenden Öffentlichkeit. Ihre Orte findet sie ganz leiblich in den Tischgesellschaften, dann auch in den Kaffeehäusern und Salons, die in Deutschland nach 1700 entstehen.[62] Beide Formen der Öffentlichkeit existieren lange nebeneinander, im Bewusstsein der ‚öffentlichen Wahrnehmung' sind literarische und politische Öffentlichkeit gar weitgehend eins, was jedoch umso mehr den bestimmenden Blick als bürgerlichen und männlichen Blick ausweist: Unselbstständige und Frauen, welche jedoch in vielen Fällen eine tragende Rolle in den Salons spielten, sind faktisch

---

[57] Vgl. Habermas, *Strukturwandel*, 84 f.
[58] Zum Begriff und Topos der ‚öffentlichen Meinung' in historischer Perspektive vgl. ausführlicher: Habermas, *Strukturwandel*, 161 ff.
[59] Habermas, *Strukturwandel*, 84.
[60] Habermas, *Strukturwandel*, 86.
[61] In der Beschreibung des Sachverhalts zeigt sich die Nähe Habermas' zu Max Horkheimers und Theodor W. Adornos Skizzen zur Kulturindustrie, wenngleich hier insbesondere der Spätkapitalismus im Blick ist, vgl. Horkheimer, Max und Adorno, Theodor W., *Dialektik der Aufklärung: Philosophische Fragmente* (Frankfurt a.M. 2012; 1. Aufl. 1944).
[62] Vgl. Habermas, *Strukturwandel*, 88 f. – Die konstitutive Rolle dieser neuen Formen der Selbstverständigung für den Prozess der Aufklärung beschreibt Habermas verschiedentlich: „Andererseits gelangte auch das Publikum erst auf dem Wege über die kritische Aneignung von Philosophie, Literatur und Kunst dazu, sich aufzuklären, ja, sich als den lebendigen Prozeß der Aufklärung zu begreifen." (105)

und juristisch von der politischen Öffentlichkeit ausgeschlossen.[63] Die Vorstellung der *einen* Öffentlichkeit als „der zum Publikum versammelten Privatleute in ihren beiden Rollen als Eigentümer und als Menschen schlechthin"[64] ist also eine Fiktion. Sie wird dadurch genährt, dass sich die politische Emanzipation gegenüber dem absolutistischen Regiment wie dem merkantilistischen System aus einem bürgerlichen Selbstverständnis und Überzeugungen speist, die auch der der literarischen Öffentlichkeit entstammen.[65]

Der vorläufige Abschluss der Herausbildung einer politischen Öffentlichkeit findet sich in einem ‚Machtgefüge', in dem die Öffentlichkeit eine gesellschaftlich stabilisierende, weil vermittelnde Funktion einnimmt: In diesem Zusammenhang erhält die politische Öffentlichkeit „den normativen Status eines Organs der Selbstvermittlung der bürgerlichen Gesellschaft mit einer ihren Bedürfnissen entsprechenden Staatsgewalt."[66] Öffentlichkeit wird zum gesellschaftlichen und politischen Organisationsprinzip. Funktionen der Öffentlichkeit finden Eingang in Formulierungen des Grundrechts (zum Beispiel Meinungsfreiheit, Pressefreiheit, Petitionsrecht, Wahlrecht). Vom Bestehen schließlich „eine[r] kleine[n], aber kritisch diskutierende[n] Öffentlichkeit"[67] kann in Deutschland Ende des 18. Jahrhunderts gesprochen werden.

2.2.1.2 Das Ideal der öffentlichen Sphäre und ihr Niedergang: die Vermachtung der Öffentlichkeit

Wie unterschiedlich die Tischgesellschaften, Salons und Kaffeehäuser auch jeweils in ihrer konkreten Ausprägung sein mögen, sie versammeln doch alle Privatleute zu einem Publikum, das sich in seinem Räsonieren bestimmten Themen zuwendet. Darüber hinaus sind – über alle Unterschiede hinweg – Gemeinsamkeiten in ihrer strukturellen Ausgestaltung vorhanden; Habermas nennt dies „institutionelle Kriterien"[68], er führt drei auf: 1) der (tendenzielle) Takt der Ebenbürtigkeit: Nicht der Status einer Person steht im Vordergrund, sondern die

---

63 Habermas, *Strukturwandel*, 121.
64 Ebd.
65 Habermas, *Strukturwandel*, 122 ff.
66 Habermas, *Strukturwandel*, 142.
67 Wehler, Hans-Ulrich, *Deutsche Gesellschaftsgeschichte*, Bd. 1 (München 1987), 303–331, zit. n. Habermas, *Strukturwandel*, 13.
68 Habermas, *Strukturwandel*, 97. Zur Beschreibung der „institutionellen Kriterien" vgl. 97 ff.

Güte des Arguments, es geht um die „Parität des ‚bloß Menschlichen'"[69]. Dass damit eher ein Sollen als ein Sein beschrieben ist, formuliert Habermas selbst: „Nicht als ob mit den Kaffeehäusern, den Salons und den Gesellschaften im Ernst diese Idee des Publikums verwirklicht worden sei; wohl aber ist sie mit ihnen als Idee institutionalisiert, damit als objektiver Anspruch gesetzt und insofern, wenn nicht wirklich, so doch wirksam gewesen."[70] Das nächste Kriterium liegt 2) in der Selbstbestimmung des Themas: Mit der zunehmenden Warenförmigkeit der Kulturprodukte in Philosophie, Literatur und Kunst werden diese dem abgesonderten Bereich höfischer und kirchlicher öffentlicher Repräsentation und ihrer Funktionen genommen, dem allgemeinen Publikum zugänglich und gewissermaßen ‚profanisiert'.[71] Das allgemeine Publikum wiederum, und damit ist ein weiteres Kriterium angesprochen, gibt sich 3) prinzipiell offen, das heißt: Zur bürgerlichen Öffentlichkeit besteht allgemeiner Zugang, mehr noch: Die bürgerliche Öffentlichkeit ist in ihrer Legitimation darauf angewiesen, dass sie allgemein zugänglich ist. Natürlich weicht der normative Gehalt von der Faktizität gesellschaftlicher Verhältnisse ab: Die allermeisten Menschen sind im 18. Jahrhundert von einem so verstandenen Publikum qua Bildungsstand und ökonomischem Stand faktisch ausgeschlossen.[72] Man ‚behilft' sich mit Prozessen der Selbstlegitimation: Unter Einhaltung der Voraussetzungen der zeitgenössischen Politischen Ökonomie habe jeder – mit Tüchtigkeit und ein wenig Glück ausgestattet – die Chance, „den Status eines Eigentümers und somit eines ‚Menschen', die Qualifikationen eines zur Öffentlichkeit zugelassenen Privatmannes, Besitz und Bildung, zu erwerben."[73] Etwas überspitzt könnte man mit Blick auf die Tischgesellschaften, Salons und Kaffeehäuser formulieren – und das mag gerade mit Blick auf die gegenwärtige Entstehung neuer Öffentlichkeiten online interessant sein, wenngleich der Vergleich noch einmal einer genaueren Validierung unterzogen werden müsste –, dass hier bürgerliche Öffentlichkeit als Augmentation privater Häus-

---

[69] Habermas, *Strukturwandel*, 97. Der Gedanke des ‚rein Menschlichen' ergibt sich aus der Diffundierung der bürgerlichen Privatheit in diese neuen Formen der Öffentlichkeit hinein – gilt doch die familiäre Sphäre als Sphäre des ‚rein Menschlichen', vgl. 107 ff., v. a. 110.
[70] Habermas, *Strukturwandel*, 97.
[71] Habermas spricht auch von dem „Verlust ihrer Aura", der „Profanisierung ihres einst sakramentalen Charakters", die den philosophischen und künstlerischen Werken zukommen. Vgl. Habermas, *Strukturwandel*, 98.
[72] Auf den normativen Gehalt dieser Vorstellungen und ihre Diskrepanz zur gesellschaftlichen Wirklichkeit weist Habermas selbst immer wieder hin; vgl. Habermas, *Strukturwandel*, 99. Zur Kritik vgl. Anm. 44.
[73] Habermas, *Strukturwandel*, 158.

lichkeit entsteht, die einen neuen Grad an Intimität in die Sphäre des allgemein Gesellschaftlichen einträgt.[74]

Die Regeln des bürgerlichen Räsonnements sind bezogen auf eine „moralisch prätentiöse Rationalität, die das Rechte und das Richtige in einem zu treffen sucht."[75] Auf Allgemeingültigkeit bezogene Äußerungen im öffentlichen Diskurs benötigen so neben der Rationalität auch die Kriterien der Abstraktheit und Generalität – die Güte des Arguments soll entscheidender sein als sozialer oder politischer Status. Kants Überlegungen zur bürgerlichen Öffentlichkeit sind hier einschlägig, die er im Zusammenhang des *Publizitätsprinzips* entfaltet.[76] Nicht nur betont Kant die konstitutive Bedeutung der Öffentlichkeit für den Prozess der Aufklärung. So schreibt er in den *Prolegomena zu einer jeden künftigen Metaphysik, die als Wissenschaft wird auftreten können:* „Es ist [...] für jeden einzelnen Menschen schwer, sich aus der ihm beinahe zur Natur gewordenen Unmündigkeit herauszuarbeiten. [...] Daß aber ein Publikum sich selbst aufkläre, ist eher möglich; ja es ist, wenn man ihm nur Freiheit läßt, beinahe unausbleiblich."[77] Die Verständigung der Räsonierenden untereinander und in Folge die Konsensfindung haben die Funktion einer Wahrheitskontrolle:

> Der Probierstein des Fürwahrhaltens, ob es Überzeugung oder bloße Überredung sei, ist also äußerlich die Möglichkeit, dasselbe mitzuteilen und das Fürwahrhalten für jedes Menschen Vernunft gültig zu befinden; denn alsdenn ist wenigstens eine Vermutung, der Grund der Einstimmung aller Urteile ungeachtet der Verschiedenheit der Subjekte untereinander werde auf dem gemeinschaftlichen Grunde, nämlich den Objekten beruhen, mit welchem sie daher alle zusammenstimmen und dadurch die Wahrheit des Urteils beweisen werden.[78]

Die geordneten republikanischen Rechtsverhältnisse (und darüber hinaus auch das Verhältnis der Staaten zueinander) stammen aus und stehen unter der Herrschaft der praktischen Vernunft; sie ist die Gewalt, die solche Rechtsverhältnisse als Gewährleistung der „Möglichkeit eines mit jedermanns Freiheit nach

---

[74] Man muss sicherlich die Verhältnisbestimmung zwischen ‚Privat' und ‚Öffentlich' genauer reflektieren, Richard Sennett hat bekanntlich gerade die öffentliche Sphäre der Kaffeehäuser als Orte der Konventionen und der ‚künstlichen' Rollen betrachtet, vgl. Sennett, Richard, *Verfall und Ende des öffentlichen Lebens: Die Tyrannei der Intimität* (Berlin 2008), 95 ff.
[75] Habermas, *Strukturwandel*, 119 f.
[76] Zur ausführlichen Darstellung bei Habermas vgl. *Strukturwandel*, 178 ff.
[77] Kant, Immanuel, *Prolegomena zu einer jeden künftigen Metaphysik, die als Wissenschaft wird auftreten können* (1783), Immanuel Kants Werke, Bd. IV, hg.v. Artur Buchenau und Ernst Cassirer (Berlin 1922), 170.
[78] Kant, Immanuel, *Kritik der reinen Vernunft* (2., hin und wieder verb. Aufl. 1787), Immanuel Kants Werke, Bd. III, hg.v. Albert Görland (Berlin 1923), 550.

allgemeinen Gesetzen zusammenstimmenden wechselseitigen Zwangs"[79] entstehen lässt. Durch den öffentlichen Gebrauch der Vernunft wird der Mensch zum Bürger[80], der sich in seinem politischen Räsonieren immer auf das Gemeinwohl bezieht, und der nicht etwa Partikularinteressen verfolgt (dem Wahren ist immer auch das Kriterium der Generalität an die Seite gestellt). Habermas resümiert die komplexen und ineinander verschränkten geschichtsphilosophischen Überlegungen (Habermas nennt dies auch „Selbstimplikation der Geschichtsphilosophie"[81]) zum Verhältnis von Öffentlichkeit und Vernunft bei Kant:

> Die systemsprengenden Konsequenzen einer ihre politische Absicht und Wirkung selbst noch implizierenden Geschichtsphilosophie treten gerade an der Kategorie der von ihr beanspruchten Öffentlichkeit hervor: Vernunft fordert, auf dem geschichtlichen Wege ihrer Verwirklichung, als Entsprechung zur intelligiblen Einheit des Bewußtseins überhaupt eine Geeintheit der empirischen Bewußtseine; Öffentlichkeit soll jene zu dieser vermitteln; ihre Allgemeinheit ist die eines empirischen Bewußtseins überhaupt, dem die Hegelsche Rechtsphilosophie seinen Namen geben wird: öffentliche Meinung.[82]

In der zweiten Hälfte des 19. Jahrhunderts verschieben sich die Kräfteverhältnisse merklich: Der Staat sieht sich durch das Erstarken des Kapitalismus, verbunden mit Bewegungen der Kapitalkonzentration in privater Hand, zu Regulationen herausgefordert. Dieser Interventionismus, der sich auch auf den privaten Bereich bezieht, verändert noch einmal das Verhältnis von Privat und Öffentlich. Aus einer zunehmenden wechselseitigen Durchdringung von Gesellschaft und Staat

---

[79] Habermas, *Strukturwandel*, 179.
[80] Zur ideengeschichtlichen Kontinuität der Konstellation des Verhältnisses von individuellem Bewusstsein und (politischer) Öffentlichkeit vgl. auch: Gerhardt, *Öffentlichkeit*. Öffentlichkeit konstituiert erst Subjektivität, Gerhardt notiert: Der Mensch ist „nicht nur als Vertreter seiner Spezies und als Repräsentant seiner Kultur, sondern selbst noch in seinem Selbstverhältnis als Individuum ein *exemplarischer Fall* öffentlich wirksamer Einsichten" (15), vgl. hierzu auch die Reflexionen Hannah Arendts, skizziert in Kap. 5.2.2.
[81] Habermas, *Strukturwandel*, 193.
[82] Habermas, *Strukturwandel*, 194. Habermas beschreibt im Folgenden die in Begriff und Idee der Öffentlichkeit sich wandelnden Auffassungen in der dialektischen Philosophie (Hegel: Stärkung des monarchischen Prinzips; Marx: sozialistisches Gegenmodell) und im Liberalismus (Mill, Toqueville: *representative government*, ‚Zähmung' der Öffentlichkeit durch Etablierung eines Elitepublikums) als Exponenten und ‚Verarbeitungen' gesellschaftspolitischer Umgestaltungsprozesse. Dies soll hier nicht weiter ausgeführt werden, da – jenseits der historischen Momentaufnahmen aus der Habermas'schen Perspektive – vor allem die Beschreibung der Rolle der Medien im Zusammenhang der Genese von Öffentlichkeit interessiert. – Vgl. zum Zusammenhang von öffentlichem Vernunftgebrauch und Demokratie bei Kant und Habermas auch: Kersting, Wolfgang, „Demokratie und öffentlicher Vernunftgebrauch: Kant und Habermas über Publizität und Diskurs", in *Politik als Wissenschaft*, hg.v. Michael Take (Berlin 2006), 63–96.

erwächst eine neue Sphäre, die weder als rein privat noch als rein öffentlich bezeichnet werden kann.[83] Die ‚Arbeitswelt' etabliert sich mit eigenen Mechanismen und Ordnungen als eigener Bereich. War ehemals die Arbeit als autonomes Wirtschaften mit privatem Besitz noch der Sphäre des Privaten zugeordnet, wird nun aus der Berufssphäre ein „quasi-öffentlicher Bereich"[84], der das Private auf den Bereich der Familie beschränkt. Diese Zurückdrängung des Privaten wirkt sich jedoch doppelt nachteilig aus: Nicht nur ist die autonome Sphäre an sich kleiner geworden, vielmehr unterliegt auch dieser noch übrig gebliebene ‚Sphärenrest' einer ökonomischen Überfremdung durch Vermarktung zu konsumierender Kulturgüter im Freizeitbereich.

Es ist offensichtlich, dass Habermas die gesellschaftlichen Entwicklungen vor dem Hintergrund einer Verfallsthese interpretiert.[85] Die Auflösung der bürgerlichen Öffentlichkeit sieht er in zweifacher Hinsicht vonstatten gehen: Grundlegend beraube die – dann auch im 20. Jahrhundert fortschreitende – konsumistische Überfremdung die Einzelnen zum einen ihres privaten Raums der Aneignung, der vor allem ja auch der Bildung des Subjektes dienen sollte (die Lektüre in Abgeschiedenheit diente als Grundlage des Räsonierens). Die Derivate der kulturellen Angebote erforderten in der Regel keinen Rückzug des Subjekts in die individuelle Auseinandersetzung; damit gehe einher, dass aufgrund der Neuformation kultureller Praxis weder Notwendigkeit noch Bedürfnis vorhanden seien, sich über das Angeeignete in Form eines öffentlichen Diskurses auszutauschen – der Kulturkonsum erzeuge andere Formen des Selbst- und Fremdverhältnisses, als es die Idee der Humanität voraussetze. Diesem grundsätzlichen Befund stellt Habermas einen weiteren an die Seite, der nicht weniger verfallstheoretisch anmutet: Zwar setze sich die „Tendenz zum öffentlichen Räsonnement"[86] fort, allerdings in eingehegter weil verwalteter Form. Zu denken ist an organisierte Formen des Diskurses etwa in Akademien oder im Rahmen literarischer Veranstaltungen (Voraussetzung der Teilnahme ist in vielen Fällen zudem die Entrichtung eines Eintrittsgeldes) oder gar – mit Voranschreiten der Technologien im 20. Jahrhundert – die Inszenierungen eines „arrangierte[n] Räsonnement[s]"[87] in TV-Talk-

---

83 Habermas schreibt dazu auch: „Aus der Mitte der öffentlich relevanten Privatsphäre der bürgerlichen Gesellschaft bildet sich eine repolitisierte Sozialsphäre, in der sich staatliche und gesellschaftliche Institutionen zu einem einzigen, nach Kriterien des Öffentlichen und Privaten nicht länger mehr zu differenzierenden Funktionszusammenhang zusammenschließen." (Habermas, *Strukturwandel*, 234.)
84 Habermas, *Strukturwandel*, 241.
85 Zur Kontextualisierung vgl. auch Anm. 61 in diesem Kapitel.
86 Habermas, *Strukturwandel*, 252.
87 Habermas, *Strukturwandel*, 253.

shows, die sehr viel mehr als die Veranstaltungen auf Encounterebene das Publikum in ein Verhalten des „Don't talk back"[88] zwingt. Die Öffentlichkeit, die durch die Massenmedien[89] entsteht, ist für Habermas (in seinen frühen Arbeiten) nur eine Scheinöffentlichkeit, die nicht zuletzt durch Methoden und Mechanismen des professionellen Journalismus genährt wird[90]. Habermas notiert: „Der Zerfall der literarischen Öffentlichkeit faßt sich in dieser Erscheinung noch einmal zusammen: der Resonanzboden einer zum öffentlichen Gebrauch des Verstandes erzogenen Bildungsschicht ist zersprungen; das Publikum in Minderheiten von nicht-öffentlichen Spezialisten und in die große Masse von öffentlich rezipierenden Konsumenten gespalten. Damit hat es überhaupt die spezifische Kommunikationsform eines Publikums eingebüßt."[91]

Den Strukturwandel der Öffentlichkeit veranschaulicht Habermas dann am Wandel der Presse als der „vorzüglichsten Institution"[92] der Öffentlichkeit. Die Kommerzialisierung beraube die Öffentlichkeit ihrer im Grunde integrativen und

---

88 Habermas, *Strukturwandel*, 261.
89 Manuel Castells kritisiert in seinen Ausführungen zur Netzwerkgesellschaft (vgl. Kap. 2.4.1.2) Habermas' Einschätzungen zu den Massenmedien wie des Publikumsverhaltens. So heißt es bei Castells: „Es ist eine der Ironien der Ideengeschichte, dass gerade jene Denker, die für soziale Veränderung eintreten, die Menschen oft lediglich als passive Aufnahmebehälter für ideologische Manipulation betrachten, was eigentlich die Vorstellung von sozialen Bewegungen und sozialer Veränderung ausschließt, es sei denn unter den Bedingungen außergewöhnlicher, einmaliger Ereignisse, deren Ursprünge außerhalb des sozialen Systems liegen. Wenn die Menschen ein gewisses Maß an Autonomie haben, um ihr Verhalten zu organisieren und darüber bestimmen zu können, dann ist anzunehmen, dass die über die Medien geschickten Botschaften mit ihren Empfängern interagieren. Deshalb bezieht sich der Begriff der Massenmedien auf ein technologisches System und nicht auf eine Form der Kultur, die Massenkultur." (Castells, Manuel, *Das Informationszeitalter I: Der Aufstieg der Netzwerkgesellschaft* [Opladen 2001], 383 f.) – Castells weist ferner darauf hin, dass das ‚Massenpublikum' durch die Diversifizierung etwa der TV-Angebote ein segmentiertes Publikum ist; die Segmentierung entfaltet sich durch Orientierung an Konsumentenbedürfnissen. (Vgl. 386 ff.)
90 Vgl. dazu auch: Habermas, *Strukturwandel*, 259; 270; 290 f.
91 Habermas, *Strukturwandel*, 266. – An anderer Stelle heißt es, auf Öffentlichkeit allgemein bezogen: „Öffentlichkeit scheint in dem Maße die Kraft ihres *Prinzips*, kritische Publizität, zu verlieren, in dem sie sich als *Sphäre* ausdehnt und noch den privaten Bereich aushöhlt." (224; im Original hervorgehoben.) – In der Darstellung tritt immer wieder deutlich ein elitärer Zug hervor, der das positiv konnotierte Ideal des gebildeten Bürgers dem negativen Bild einer unreflektierten und bildungsbedürftigen ‚Masse' gegenüberstellt. Als Beispiel mag folgender kleiner Abschnitt gelten: „Ja, Massenkultur erwirbt sich ihren zweifelhaften Namen eben dadurch, daß ihr erweiterter Umsatz durch Anpassung an die Entspannungs- und Unterhaltungsbedürfnisse von Verbrauchergruppen mit relativ niedrigem Bildungsstandard erzielt wird, anstatt umgekehrt das erweiterte Publikum zu einer in ihrer Substanz unversehrten Kultur heranzubilden." (254)
92 Habermas, *Strukturwandel*, 275.

im Gedanken des Kollektivums machtvoll erscheinenden Rolle der zum Publikum vereinten Privatleute: In dem Moment, als der bürgerliche Rechtsstaat etabliert scheine und eine politische Öffentlichkeit ihren Platz im gesellschaftlichen Gesamtgefüge habe, könne auch die Presse von dem bis dahin bestehenden „Gesinnungsdruck"[93], eine Gegenkraft zur Obrigkeit darzustellen, Abstand nehmen; sie werde quasi ‚frei', sich auf die Bedingungen und Möglichkeiten kommerziellen Wirtschaftens einzulassen. Dies aber ebne den Weg für eine andere Logik als die des auf das Gemeinsame bezogenen Diskurses: das Interesse an der Durchsetzung von einzelnen (privilegierten) Privatinteressen. Habermas verweist auf die Einrichtung ‚öffentlicher Anstalten' als Versuch der Kontrolle frei flottierender Privatinteressen im Zuge der Medienentwicklung im 20. Jahrhundert: „Nichts charakterisiert die Entwicklung der Presse und der jüngeren Medien auffälliger als diese Maßnahmen: sie machen aus privaten Institutionen eines Publikums von Privatleuten öffentliche Anstalten."[94] Der technischen Entwicklung schreibt er freilich einen erheblichen Einfluss auf die ökonomische Durchdringung der Presse zu. Die Sphäre der Öffentlichkeit dehne sich nun mit der Weiterentwicklung der Massenmedien aus; dabei seien es die Massenmedien, die das Publikum prägten – nicht mehr dienten die Medien als Organ des Räsonnements. Habermas spricht von einer „Refeudalisierung der Öffentlichkeit"[95]. Über das Mittel des *Public Relations*-Managements werde medial Konformität ‚eingeworben'[96]: „Die bürgerliche Öffentlichkeit nimmt im Maße ihrer Gestaltung durch public relations wieder feudale Züge an: die ‚Angebotsträger' entfalten repräsentativen Aufwand vor folgebereiten Kunden."[97] Dies betrifft letztendlich auch das Verhältnis des Staats zu seinen Bürgern, denn auch er müsse sich, so Habermas, den neuen Kommunikationsbedingungen anpassen, die Bürger als Verbraucher ansprechen und selbst um *publicity* werben. *Opinions* als Konsense kritischer Beratung stammten nicht mehr aus der Mitte eines räsonierenden Publikums, *opinions* – unter Ausschluss der Öffentlichkeit etwa parteiintern konstatiert und über Techniken des Marketing verbreitet (zum Beispiel in Zeiten des Wahlkampfes) – würden den Bürgern und Bürgerinnen gegenüber meinungslenkend präsentiert.

---

93 Habermas, *Strukturwandel*, 278.
94 Habermas, *Strukturwandel*, 283.
95 Habermas, *Strukturwandel*, 292.
96 Diese Auffassung entspricht sicherlich nicht (mehr) dem gegenwärtigen Stand der *Public Relations*-Forschung, vgl. Kap. 5.1).
97 Habermas, *Strukturwandel*, 292. – Habermas scheut sich auch nicht, in diesem Zusammenhang von „falschem Bewusstsein" zu sprechen: „Die geweckte Bereitschaft der Konsumenten ist durch das falsche Bewusstsein vermittelt, daß sie als räsonnierende Privatleute verantwortlich an öffentlicher Meinung mitwirken." (291)

Um ‚öffentliche Meinung' werde nicht mehr im Publikum gerungen, vielmehr mache sich ein „Meinungsklima"[98] breit. Es finde eine Integration über werbestrategisch erzeugte Scheinkonsense statt, entlang der Differenz von miteinander konkurrierenden Größen wie Verbänden und Parteien (insofern handele es sich mit Blick auf die Vorstellung eines gemeinsamen Publikums eher um eine Desintegration). In diesem Strukturwandel der Öffentlichkeit erfahre auch eine Institution wie das Parlament eine Änderung seines Stellenwerts: „Am Funktionswandel des Parlaments wird die Fragwürdigkeit der Öffentlichkeit als Organisationsprinzip der staatlichen Ordnung offenbar; aus einem Prinzip der (von Seiten des Publikums gehandhabten) Kritik ist Publizität zu einem Prinzip der (von Seiten demonstrierender Instanzen – der Verwaltung und der Verbände, vor allem der Parteien) gesteuerten Integration umfunktioniert worden."[99] Der Öffentlichkeit des Sozialstaats attestiert Habermas eben diese zwei einander widerstreitenden Tendenzen: Zum einen sei die bürgerliche Öffentlichkeit umfunktioniert worden in einen Raum repräsentierter Macht, zum anderen solle – und hier wird an dem Ideal bürgerlicher Öffentlichkeit festgehalten – das mediatisierte Publikum durch die Organisationen, denen es quasi unterworfen worden ist, dennoch kritische Verständigungsprozesse in der Öffentlichkeit initiieren[100]: „In der Verfassungswirklichkeit des Sozialstaates liegt diese Gestalt der kritischen Publizität mit jener zu manipulativen Zwecken bloß veranstalteten im Streit; das Maß, in dem sie sich durchsetzt, bezeichnet den Grad der Demokratisierung einer sozialstaatlich verfassten Industriegesellschaft – nämlich *Rationalisierung des Vollzugs sozialer und politischer Gewalt.*"[101]

Gewicht erhält in diesem Zusammenhang noch einmal der Begriff der öffentlichen Meinung. Habermas konzediert, dass die Vorstellung der Existenz von etwas wie ‚der' öffentlichen Meinung Fiktion sei – gleichwohl plädiert er dafür, am Begriff der öffentlichen Meinung festzuhalten, da eine politisch funktionstüchtige und arbeitende Öffentlichkeit konstitutiv zur Selbstbeschreibung und zum Wesen des Sozialstaates als demokratischer Staat gehöre.[102] Habermas unterscheidet zwei Kommunikationsbereiche, die letztlich wieder einer Vermittlung bedürfen: den Bereich der informellen, nicht-öffentlichen Meinung, der sich aber auch eben nicht mehr durch eine Versammlung der Bürger und Bürgerinnen zum Publikum auszeichne, und den Bereich der formellen quasi-öffentlichen Meinungen. Letztere sind eng an institutionelle Kommunikation angebunden: Als

---
98 Habermas, *Strukturwandel*, 321.
99 Habermas, *Strukturwandel*, 307.
100 Habermas, *Strukturwandel*, 337 f.
101 Habermas, *Strukturwandel*, 338. Im Original hervorgehoben.
102 Vgl. Habermas, *Strukturwandel*, 353.

Meinungen zirkulierten sie über die Köpfe der Bürger und Bürgerinnen hinweg zwischen der „großen politischen Presse, der räsonierenden Publizistik überhaupt"[103] und den beratenden und beschließenden Organen (zum Beispiel dem Kabinett oder Parteivorständen). Diese Meinungen halten allerdings nicht den Kriterien des liberalen Modells öffentlichen Räsonierens stand, da ihnen völlig die wechselseitige Kommunikation mit dem Publikum fehlt. Abhilfe sieht Habermas nur in der Vermittlung der beiden Kommunikationsbereiche durch die bereits viel beschworene kritische Publizität, die ihren Ort beziehungsweise ihren Ausgangspunkt in der Partizipation von Privatleuten an organisationsinternen Öffentlichkeiten finden kann. Habermas selbst führt schließlich die Definition ‚öffentlicher Meinung' von Charles Wright Mills an, deren Unterscheidung von ‚Masse' und ‚Publikum' weiterführend erscheint:

> In a public, as we may understand the term, (1) virtually as many people express opinions as receive them. (2) Public communications are so organized that there is a chance immediately and effectively to answer back any opinion expressed in public. Opinion formed by such discussions (3) readily finds an outlet in effective action, even against – if necessary – the prevailing system of authority. And (4) authoritative institutions do not penetrate the public, which is thus more or less autonomous in its operation.[104]

Rückblickend erscheinen Habermas verschiedene Aspekte an seinem frühen Modell revisionsbedürftig, wenngleich er daran festhält, dass mit seiner Beschreibung der repräsentativen Öffentlichkeit Grundlegendes für die Erfassung des historischen Hintergrunds moderner Formen öffentlicher Kommunikation geleistet ist. Damit verbindet sich die kritische Einsicht, dass sich funktional differenzierte Gesellschaften auf der Beschreibungsebene holistischen Gesellschaftsmodellen entziehen, so Habermas in der Rückschau 1990. Ebenso verweist Habermas darauf, dass die historischen Prozesse stärker, als es *Strukturwandel der Öffentlichkeit* unternommen hat, unter dem Aspekt der Selbsttransformation der bürgerlichen Öffentlichkeit und der an ihr teilhabenden und auf sie Einfluss nehmenden Kräfte zu sehen sind.[105]

---

103 Habermas, *Strukturwandel*, 356.
104 Habermas, *Strukturwandel*, 358; vgl. Mills, Charles Wright, *The Power Elite* (New York/NY 1956), 303 f.
105 Habermas, *Strukturwandel*, 21; 27. – Habermas leistet diese Differenzierung auch noch einmal mit Blick auf die „Medienmacht": „Eine realistische Beschreibung und Analyse der vermachteten Öffentlichkeit verbietet gewiß die unkontrollierte Einmengung wertender Gesichtspunkte; aber sie darf auch nicht mit der empirischen Einebnung wichtiger Unterschiede erkauft werden. Deshalb habe ich unterschieden zwischen den kritischen Funktionen selbstgesteuerter, von schwachen Institutionen getragener, auch horizontal vernetzter, inklusiver und mehr oder

2.2 Öffentlichkeit als Prinzip der Bestimmung und Bewertung — 53

Habermas unternimmt es dann bereits im Vorwort zum *Strukturwandel der Öffentlichkeit* 1990, auf eine Neukontextuierung der geleisteten Überlegungen zu verweisen, wie sie dann in *Faktizität und Geltung* (1992) mit Blick auf die Konzeption von Öffentlichkeit näher ausformuliert werden, wie sie sich aber natürlich auch schon in der *Theorie des kommunikativen Handelns*[106] (1981) materialisiert haben. Nach wie vor grundlegend ist die ‚Intention' der Untersuchungen, der Habermas im Laufe der Zeit mit einer veränderten theoretischen Herangehensweise begegnet:

> Die sozialstaatlichen Massendemokratien dürfen sich, ihrem normativen Selbstverständnis zufolge, nur so lange in einer Kontinuität mit den Grundsätzen des liberalen Rechtsstaates sehen, wie sie das Gebot einer politisch fungierenden Öffentlichkeit ernst nehmen. Dann muß aber gezeigt werden, wie es in Gesellschaften unseres Typs möglich sein soll, daß „das von Organisationen mediatisierte Publikum, durch diese hindurch, einen kritischen Prozeß öffentlicher Kommunikation in Gang setzt."[107]

Das Ideal bürgerlicher Öffentlichkeit, das Habermas in *Strukturwandel der Öffentlichkeit* zeichnet, wird durch die kommunikations- und handlungstheoretische Rahmung der Folgezeit in gewisser Weise ‚grundiert' und mit dem Modell

---

weniger diskursförmiger Kommunikationsprozesse einerseits und andererseits jenen Funktionen der Einflußnahme auf Entscheidungen von Konsumenten, Wählern und Klienten von Seiten der Organisationen, die in eine massenmediale Öffentlichkeit intervenieren, um Kaufkraft, Loyalität oder Wohlverhalten zu mobilisieren. Diese *extrahierenden* Eingriffe in eine nur noch als Umwelt des jeweils eigenen Systems wahrgenommene Öffentlichkeit treffen auf eine öffentliche Kommunikation, die sich spontan aus lebensweltlichen Quellen regeneriert. [...] Kurzum, meine Diagnose einer geradlinigen Entwicklung vom politisch aktiven zum privatistischen, ‚vom kulturräsonierenden zum kulturkonsumierenden Publikum' greift zu kurz. Die Resistenzfähigkeit und vor allem das kritische Potential eines in seinen kulturellen Gewohnheiten aus Klassenschranken hervortretenden, pluralistischen, nach innen weit differenzierten Massenpublikums habe ich seinerzeit zu pessimistisch beurteilt." (28; 30; im Original hervorgehoben.)
[106] Im Fokus stehen die öffentlichkeitstheoretischen Überlegungen Habermas'. Dabei liefert die *Theorie des kommunikativen Handelns* freilich Reflexionen zu den transzendental-pragmatischen Bedingungen diskursiver – öffentlicher – Verständigung, ebenfalls wieder in einem idealtypischen Modell. Entscheidend hierfür ist die Anerkennung und Erfüllung der Gleichheitsprinzipien (Freiheit, Klarheit, Wahrheit, Gerechtigkeit) als Voraussetzung herrschaftsfreier Kommunikation. Es wäre eine eigene Studie, die Theorie des kommunikativen Handelns – auch in empirischem Interesse – mit Bedingungen und Horizonten religiöser Kommunikation unter dem Vorzeichen der medialen Transformationen ins Gespräch zu bringen. Vgl. Habermas, Jürgen, *Theorie des kommunikativen Handelns*, Bd. 1: *Handlungsrationalität und gesellschaftliche Rationalisierung* (Frankfurt a.M. 1981); ders., *Theorie des kommunikativen Handelns*, Band 2: *Zur Kritik der funktionalistischen Vernunft* (Frankfurt a.M. 1981). – Zum kommunikativen Handeln vgl. dann auch die wissenssoziologische Fundierung in Kapitel 3.2.4.2.
[107] Habermas, *Strukturwandel*, 33, mit Verweis auf 377.

kommunikativer Alltagspraxis vermittelt: Im Zentrum stehen die Unterscheidung von System und Lebenswelt und die Bemühung, die Lebenswelt, den genuinen Ort kommunikativen Handelns als sozialintegrative Kraft, zunächst argumentativ, dann aber auch handlungsleitend, gegen kolonialisierende Einengungen durch Systemimperative zu schützen und im Sinne des demokratischen Rechtsstaats (und seiner Legitimierung als solcher) zu verteidigen.[108] In jedem Fall ist Demokratie auf Orte und Vollzüge „öffentliche[r] Argumentationspraxis"[109] angewiesen. Der Begriff der Zivilgesellschaft erhält in diesem Zusammenhang zunehmend Gewicht in den Überlegungen Habermas'.[110] Im Folgenden sei er kurz im Kontext der Ausführungen zur politischen Öffentlichkeit in *Faktizität und Geltung* skizziert.

2.2.2 Öffentlichkeit als kommunikativ erzeugter sozialer Raum

Habermas hält an der Bestimmung fest, dass ‚die' Öffentlichkeit aus zum Publikum versammelten Privatleuten besteht. Die ‚Klammer' zwischen Privatem und Öffentlichem, zwischen Lebenswelt und System stellt nun das *kommunikative Handeln* dar, welches nicht etwa die Form von Expertendiskursen annimmt, sondern wesentlich auf *kommunikativer Alltagspraxis* aufruht, die wiederum Allgemeinverständlichkeit zum Zeichen hat. Öffentlichkeit wird so aufgefasst als *durch kommunikatives Handeln erzeugter Raum*, der prinzipiell allen offen steht, die an den kommunikativen Akten teilnehmen möchten; er stellt also eine *Generalisierung einfacher Interaktionen* dar. Die Lebenswelt – verstanden als „Netzwerk aus kommunikativen Handlungen"[111] – hält in gewisser Weise die funktional getrennten Bereiche der Gesellschaft zusammen; gleichzeitig wurzelt in ihr das zivilgesellschaftliche Potenzial staatlicher Legitimation wie gemeinwohlbezogener Verständigungsprozesse überhaupt: „Die Öffentlichkeit bezieht ihre Impulse aus der privaten Verarbeitung lebensgeschichtlich räsonierender gesellschaftlicher Problemlagen."[112] Habermas verwendet im Folgenden übliche Metaphern des Raums – Arena, Forum, Bühne[113] – um die Vollzüge von Öffentlichkeit zu skizzieren, zugleich beschreibt er den ‚Ort' einfach strukturierter Öf-

---

108 Vgl. Habermas, *Strukturwandel*, 45 ff.; vgl. ders., *Faktizität und Geltung: Beiträge zur Diskurstheorie des Rechts und des demokratischen Rechtsstaats* (Frankfurt a.M. ⁵2014), v.a. 399 ff.
109 Habermas, *Strukturwandel*, 40.
110 Vgl. Habermas, *Faktizität und Geltung*.
111 Habermas, *Faktizität und Geltung*, 429.
112 Habermas, *Faktizität und Geltung*, 442 f.
113 Vgl. dazu auch Kapitel 2.3.2.2.

fentlichkeit als „periphere[n] Kontext"[114], von dem aus freilich über sogenannte ‚Themenkarrieren' Impulse ins Zentrum komplexer organisierter, auch medienvermittelter Öffentlichkeit ausgehen können[115]. Die „zivilgesellschaftliche Infrastruktur"[116] besteht nun aus Verbänden, politischen Vereinigungen, kulturellen Einrichtungen, *public interest groups* und Kirchen, in deren Umfeld auch die caritativen Verbände gehören. Alle diese Organisationen wirken in die Zivilgesellschaft hinein, wobei ein enges Wechselverhältnis zwischen Zivilgesellschaft und Öffentlichkeit existiert[117]: Die Zivilgesellschaft ist auf Öffentlichkeit angewiesen, um ihren Impulsen, Argumenten etc. Gewicht zu verleihen; die politische Öffentlichkeit bedarf wiederum der zivilgesellschaftlichen Infrastruktur, um bürgerschaftliche Interessen in die Prozesse politischer Meinungsbildung integrieren zu können. Formen der kommunikativen Alltagspraxis bilden dabei „hermeneutische Brücken" zwischen den Teilöffentlichkeiten:

> Trotz dieser vielfältigen Differenzierungen bleiben aber alle umgangssprachlich konstituierten Teilöffentlichkeiten porös füreinander. Soziale Binnengrenzen zerstückeln den einen, radial in alle Richtungen ausgreifenden und kontinuierlich fortgeschriebenen Text ‚der' Öffentlichkeit in beliebig kleine Texte, für die dann alles übrige Kontext ist; aber immer lassen sich von einem Text zum nächsten hermeneutische Brücken bauen. Partielle Öffentlichkeiten konstituieren sich mit Hilfe von Ausschlussmechanismen; da sich aber Öffentlichkeiten nicht zu Organisationen oder Systemen verfestigen können, gibt es keine Ausschlußregel ohne Kündigungsklausel.[118]

Öffentlichkeit kann, von ihrer Grundidee her, nicht hergestellt werden – sie lebt aus sich selbst heraus, reproduziert sich aus sich selbst heraus und kann nicht, etwa aufgrund bestimmter Systemzwänge, von außen geschaffen werden. Es gehört zu ihrem Wesen, dass sie aus den Kommunikationszusammenhängen der „potentiell Betroffenen"[119] entsteht, deren lebensweltliche Erfahrungen ja erst

---

114 Habermas, *Faktizität und Geltung*, 431.
115 Habermas bezieht sich hier ebenfalls auf das Modell der verschiedenen Ebenen von Öffentlichkeit; vgl. Kapitel 2.3.2.1.
116 Habermas, *Faktizität und Geltung*, 431.
117 Habermas schreibt an anderer Stelle: „Den Kern der Zivilgesellschaft bildet ein Assoziationswesen, das problemlösende Diskurse zu Fragen allgemeinen Interesses im Rahmen veranstalteter Öffentlichkeiten institutionalisiert." (Habermas, *Faktizität und Geltung*, 443f.) In seinen Ausführungen zu möglichen Definitionen von Zivilgesellschaft verweist Habermas auf die von Jean Cohen und Andrew Arato vorgeschlagenen Kriterien von Zivilgesellschaft im Unterschied zu anderen Funktionssystemen der Gesellschaft: plurality, publicity, privacy, legality. Vgl. Cohen, Jean L. und Arato, Andrew, *Civil Society and Political Theory* (Cambridge/MA 1992), 346.
118 Habermas, *Faktizität und Geltung*, 452.
119 Habermas, *Faktizität und Geltung*, 441.

etwa Kollisionen der funktional separierten Handlungssysteme vermelden, so dass Probleme formuliert und thematisiert werden können (Habermas spricht auch von „Antennen"[120] der Lebenswelt). Die Öffentlichkeit ist also Resonanzboden wie Warnsystem zugleich, dem eine einflussreiche Thematisierung von Problemen gelingen muss, um das politische System zur Handlung zu bringen, so dass das jeweilige Problem einer ‚Lösung' zugeführt werden kann.[121] Die Zivilgesellschaft ist also auf das Vorhandensein von „resonanzfähigen und autonomen Öffentlichkeiten"[122] angewiesen, deren Impulse in das politische System Eingang finden. An die peripheren Strukturen werden freilich – entsprechend der Vorstellungen deliberativer Demokratie – Erwartungen dergestalt herangetragen, dass sich Meinungsbildungsprozesse in den Netzwerken einfach strukturierter, nicht-institutionalisierter Öffentlichkeiten spontan in Gang setzen. Pluralismus selbst wie die Fähigkeit, den existierenden Pluralismus produktiv zu integrieren, sind wichtige Voraussetzungen für das Assoziationswesen wie das ‚Funktionieren' der Zivilgesellschaft: „Schließlich kann das Assoziationswesen nur in dem Maße seine Autonomie behaupten und seine Spontaneität bewahren, wie es sich auf einen gewachsenen Pluralismus von Lebensformen, Subkulturen und Glaubensrichtungen stützen kann."[123] Das, was sich als ‚öffentliche Meinung' konturiert, ist eine solche nicht allein aufgrund der Herstellung einer möglichst breiten Basis, die sie mitträgt. Dem quantitativen Argument stellt Habermas das qualitative Argument an die Seite. Die Güte öffentlicher Meinung, so Habermas, findet ihren Grund nämlich in den formalen Kriterien, die zu ihrer Konturierung erst geführt haben – der *Prozess der Meinungsbildung* ist also entscheidend: „Zustimmung zu Themen und Beiträgen *bildet* sich erst als Resultat einer mehr oder weniger erschöpfenden Kontroverse, in der Vorschläge, Informationen und Gründe mehr oder weniger rational verarbeitet werden können."[124] Es liegt auf der Hand, dass strukturell stark vermachtete Öffentlichkeiten nicht in der Lage sind, Verständigungsprozesse in diesem Sinne zu gewährleisten. Die folgende Abbil-

---

120 Ebd.
121 Vgl. Habermas, *Faktizität und Geltung*, 435.
122 Habermas, *Faktizität und Geltung*, 400.
123 Habermas, *Faktizität und Geltung*, 445 f.
124 Habermas, *Faktizität und Geltung*, 438. Im Original hervorgehoben. Habermas schreibt weiter: „Mit diesem ‚Mehr oder Weniger' an ‚rationaler' Verarbeitung von ‚erschöpfenden' Vorschlägen, Informationen und Gründen variieren allgemein das *diskursive Niveau* der Meinungsbildung und die ‚Qualität' des Ergebnisses."

dung¹²⁵ zeigt noch einmal die wesentlichen Merkmale eines deliberativen Öffentlichkeitsverständnisses im Gegenüber zur liberalen Auffassung:

		Liberale Öffentlichkeit	Deliberative Öffentlichkeit
1. Kommunikative Zugänglichkeit (Input): Wer soll kommunizieren? Worüber soll kommuniziert werden?			
soziale Zugänglichkeit		Repräsentation, bzw. „Spiegel" der vorhandenen Akteurs- und Meinungsvielfalt	Beteiligung von Akteuren nicht nur aus dem „Zentrum", sondern auch aus der „Peripherie", besonders zivilgesellschaftliche Sprecher
		kollektive Akteure als Repräsentanten der Bürger	individuelle Akteure (Bürger) oder bürgernahe kollektive Akteure der Zivilgesellschaft
sachliche Zugänglichkeit		Offenheit für alle Themen und Beiträge	Offenheit für alle Themen und Beiträge, besonders für die „Allgemeinheit" relevante Themen
2. Kommunikationsverlauf (Throughput): Wie soll kommuniziert werden?			
Diskursivität		kaum spezifiziert (Wahrung hinreichenden Respekts vor anderen Akteuren)	Kommunikation soll diskursiv ablaufen, d. h., (1) Mitteilungen sollen mit Begründungen versehen werden, (2) (respektvoll) aufeinander bezogen und (3) auf hohem Rationalitätsniveau (Berücksichtigung entgegengesetzter Interessen und Werte in der eigenen Argumentation) sein sowie (4) gleiche Beteiligungschancen bieten (Publizieren, Rezipieren, Anschlusskommunikation).
3. Ziel (Output): Welche Ergebnisse sollen erreicht und weitergegeben werden?			
Orientierung		kaum spezifiziert (Transparenz über vorhandene Meinungsvielfalt, Abbruch bei Nicht-Konsensfähigkeit)	argumentativ erzielte(r) Konsens oder Mehrheitsmeinung durch zwanglose Überzeugung, Legitimität der Entscheidung

Tabelle 1: Merkmale deliberativer Öffentlichkeit

Unterschieden werden können weiterhin Akteurstypen: Zunächst geht es um die Differenz zwischen Akteuren, die aus der breiten Öffentlichkeit des Publikums hervorgehen, und die durch ihre Handlungen Öffentlichkeit quasi reproduzieren (darin verfolgen sie gegebenenfalls ein genuin zivilgesellschaftliches Interesse), und solchen Akteuren, die von vorhandenen Öffentlichkeiten für ihre Zwecke und Interessen Gebrauch machen. Habermas spricht davon, dass solche Akteure „eine bereits konstituierte Öffentlichkeit okkupieren, um sie zu benutzen."¹²⁶ Im An-

---

125 Neuberger, Christoph, „Internet, Journalismus und Öffentlichkeit: Analyse des Medienumbruchs", in *Journalismus im Internet: Professionen – Partizipation – Technisierung*, hg.v. dems., Christian Nuernbergk und Melanie Rischke (Wiesbaden 2009), 19–105: 53.
126 Habermas, *Faktizität und Geltung*, 440.

schluss an Jean Cohen und Andrew Arato spricht Habermas mit Blick auf den ersten Akteurstypus auch von „*dual politics*": Einerseits versuchten solche Akteure, über eine bestimmte Programmatik auf das politische System Einfluss zu nehmen (Akteure erwerben Einfluss, nicht direkt politische Macht), andererseits bestehe ihr Interesse oft auch darin, Öffentlichkeit und Zivilgesellschaft zu erweitern und zu stabilisieren, um sich darüber dann auch der eigenen Identität und Handlungsfähigkeit zu vergewissern.[127] Schließlich identifiziert Habermas einen dritten Typus von Akteur, den Publizisten, der Themen sammle, sie (massen-)medial aufbereite und damit den Zugang von Themen und anderen Akteuren zur Öffentlichkeit in gewisser Weise kontrolliere. Freilich potenziert sich publizistisches Selektionsverhalten (Strategien der Informationsverarbeitung) verbunden mit ökonomischen Desideraten des (die Gesellschaft durchwirkenden) Funktionsbereichs zur „Medienmacht".[128] Dabei, so führt Habermas unter Rekurs auf Michael Gurevitch und Jay Blumler aus, sei die eigentliche Aufgabe der Medien in einem Rechtsstaat, „Mandatar eines aufgeklärten Publikums" zu sein, „dessen Lernbereitschaft und Kritikfähigkeit sie zugleich voraussetzen, beanspruchen und bestärken"[129].

Habermas fasst, in *Faktizität und Geltung* eindringlicher als in *Strukturwandel der Öffentlichkeit*, Öffentlichkeit als *intermediäre Struktur mit Netzwerkcharakter*. Ein entsprechendes längeres Zitat mag die Skizze zur Habermas'schen Position abschließen und zum Verständnis von Öffentlichkeit als intermediäres Kommu-

---

127 Vgl. Habermas, *Faktizität und Geltung*, 447. – Cohen und Arato beziehen ihre Überlegen zu „*dual politics*" in besonderer Weise auf soziale Bewegungen, vgl. Cohen und Arato, *Civil Society*, 492 ff. Vgl. auch Habermas, *Faktizität und Geltung*, 454. – Zur Formierung sozialer Bewegungen im Zusammenhang des Medienwandels der letzten Jahre vgl. auch Kap. 2.4.3.3.
128 Vgl. Habermas, *Faktizität und Geltung*, 454 f.
129 Vgl. Habermas, *Faktizität und Geltung*, 457. Vgl. auch: Gurevitch, Michael und Blumler, Jay G., „Political Communication Systems and Democratic Values", in *Democracy and the Mass Media*, hg. v. Judith Lichtenberg (Cambridge/MA 1990), 269–289: 270. – Habermas bleibt bei seiner kritischen Einschätzung des Kommerzes und der Werbung als wichtige Elemente im Zuge des Niedergangs öffentlicher Kommunikation. Zu den Strategien der Informationsverarbeitung und deren Folgen für das öffentliche Räsonieren schreibt er: „Da Rezeptionsbereitschaft, kognitive Kapazität und Aufmerksamkeit des Publikums eine ungewöhnlich knappe Ressource bilden, um die die Programme zahlreicher ‚Sender' konkurrieren, folgt die Präsentation von Nachrichten und Kommentaren weitgehend Ratschlägen und Rezepten der Werbefachleute. Die Personalisierung von Sachfragen, die Vermischung von Information und Unterhaltung, eine episodische Aufbereitung und die Fragmentierung von Zusammenhängen *schießen zu einem Syndrom zusammen, das die Entpolitisierung der öffentlichen Kommunikation fördert.*" (Habermas, *Faktizität und Geltung*, 455 f. Hervorhebung von mir; KM)

nikationssystem aus der Perspektive von Jürgen Gerhards und Friedhelm Neidhardt überleiten[130]:

> In komplexen Gesellschaften bildet die Öffentlichkeit eine intermediäre Struktur, die zwischen dem politischen System einerseits, den privaten Sektoren der Lebenswelt und funktional spezifizierten Handlungssystemen andererseits vermittelt. Sie stellt ein hochkomplexes Netzwerk dar, das sich räumlich in eine Vielzahl von überlappenden internationalen, nationalen, regionalen, kommunalen, subkulturellen Arenen verzweigt; das sich sachlich nach funktionalen Gesichtspunkten, Themenschwerpunkten, Politikbereichen etc. in mehr oder weniger spezialisierte, aber für ein Laienpublikum noch zugängliche Öffentlichkeiten (z. B. in populärwissenschaftliche und literarische, kirchliche und künstlerische, feministische und ‚alternative', gesundheits-, sozial- oder wissenschaftspolitische Öffentlichkeiten) gliedert; das sich nach Kommunikationsdichte, Organisationskomplexität und Reichweite nach Ebenen differenziert – von der *episodischen* Kneipen-, Kaffeehaus- oder Straßenöffentlichkeit über die *veranstaltete* Präsenzöffentlichkeit von Theateröffentlichkeiten, Elternabenden, Rockkonzerten, Parteiversammlungen oder Kirchentagen bis zu der *abstrakten*, über Massenmedien hergestellten Öffentlichkeit von vereinzelten und global verstreuten Lesern, Zuhörern und Zuschauern.[131]

2.3 Öffentlichkeit als intermediäres Kommunikationssystem

Das Verständnis von Öffentlichkeit als intermediäres System integriert Perspektiven mit akteur- bzw. systemtheoretischen Fokussierungen.[132] Die Notwendigkeit zur Modifikation des Blicks ergibt sich für Gerhards und Neidhardt aus der Beobachtung, dass sowohl die normative Perspektive – sie beziehen sich in ihrer Kritik vor allem auf das frühe Öffentlichkeitsverständnis von Habermas – als auch die systemtheoretische Perspektive nicht dazu geeignet sind, *empirische* Beschreibungen von Öffentlichkeit in ihre Theoriebildung zu integrieren.[133] Diese Lücke möchte die Interpretation von Öffentlichkeit als intermediäres Kommuni-

---

130 Die Darstellungen bei Habermas und bei Gerhards und Neidhardt überschneiden sich inhaltlich bisweilen, was sicherlich mit der Chronologie des Erscheinens der Schriften zu tun hat: Während Gerhards und Neidhardt sich in ihrer Kritik des Habermas'schen Ansatzes stark auf dessen frühere Publikationen stützen, ist *Faktizität und Geltung* nach den hier zitierten Ausführungen zum Öffentlichkeitsverständnis bei Gerhards und Neidhardt erschienen.
131 Habermas, *Faktizität und Geltung*, 451 f. Im Original hervorgehoben.
132 Vgl. Wimmer, *(Gegen-)Öffentlichkeit*, 107.
133 Für die empirische Wahrnehmung bedeutet dies, dass entlang eines normativ aufgeladenen Qualitätsbegriffs von Öffentlichkeit bestimmte Phänomene, auch in historischer Perspektive, nicht mehr als ‚Öffentlichkeit' in den Blick kommen. Indes bin ich der Meinung, dass – bei einer reflexiven Handhabung der unterschiedlichen Perspektiven auf Öffentlichkeit – auch das normative Modell von Öffentlichkeit seinen Wert für empirische Öffentlichkeiten haben kann.

kationssystem, wie sie Gerhards und Neidhardt entfalten, schließen.[134] Man kann diese Deutung von Öffentlichkeit auch als konstruktive Kritik und notwendige Korrektur des Habermas'schen Ansatzes unter dem Vorzeichen eines empirietauglichen Untersuchungsinteresses interpretieren. Weiteren Erläuterungen vorangestellt seien nur wenige Anmerkungen zur systemtheoretischen Perspektive auf Öffentlichkeit, die nun auch von Gerhards und Neidhardt aufgegriffen werden.

2.3.1 Öffentlichkeit als gesellschaftliches Beobachtungssystem

Die Systemtheorie[135] fasst ‚Öffentlichkeit' nicht normativ, sondern als ein beobachtbares Phänomen: Ihr geht es um eine Analyse der Funktionalität sozialer Systeme. Öffentlichkeit wird hier insofern als gesellschaftliches Beobachtungssystem verstanden, als in der Öffentlichkeit – vermittels der Massenmedien – Themen beobachtbar sind, die Relevanz für die Gesellschaft haben. Dabei ist Öffentlichkeit als System nicht gegenüber anderen Systemen abgeschlossen, vielmehr integriert sie Themen aus anderen Teilsystemen, so dass sie auch als „gesellschaftsinterne Umwelt aller gesellschaftlichen Teilsysteme"[136] gedacht werden kann, für die Publizität die entscheidende Eigenschaft darstellt, nicht Diskursivität. Öffentlichkeit steht dabei für ein Zweifaches. Zum einen werden ihre Themen massenmedial erzeugt – die Massenmedien leisten einen „Beitrag zur Realitätskonstruktion von Gesellschaft"[137], indem sie mit großer gesellschaftlicher Reichweite beobachten und permanent eine „Reaktualisierung der Selbstbeschreibung der Gesellschaft und ihrer kognitiven Welthorizonte"[138] konstruktiv heraussetzen. Zum anderen wird durch das ‚Medium' der Öffentlichkeit wiederum

---

134 Zur Kritik des Habermas'schen Ansatzes vgl. auch Kap. 2.2.1. Mit Blick auf Luhmanns Ausführungen wird konstatiert, dass das Thema ‚Öffentlichkeit' im Zusammenhang des Gesamtwerkes eher eine untergeordnete und unterkomplex bestimmte Angelegenheit darstelle: „Öffentlichkeit und öffentliche Meinung [passen] ihm [Luhmann, KM] nicht ins systemtheoretische Konzept." (Gerhards und Neidhardt, *Strukturen*, 5.) – Vgl. Wimmer, *(Gegen-)Öffentlichkeit*, 108.
135 Ich beziehe mich hier vorwiegend auf die Konturierung des Begriffs bei Niklas Luhmann. – Zur Kritik systemtheoretischer Gesellschaftstheorie vgl. auch: Habermas, Jürgen, *Faktizität und Geltung*, 403 ff.
136 Luhmann, Niklas, *Die Realität der Massenmedien* (Wiesbaden ³2004), 184. – In Gänze heißt es bei Luhmann: „Man kann dann Öffentlichkeit [...] definieren als Reflexion jeder gesellschaftsinternen Systemgrenze, oder anders: als gesellschaftsinterne Umwelt der gesellschaftlichen Teilsysteme, also aller Interaktionen und Organisationen, aber auch der gesellschaftlichen Funktionssysteme und der sozialen Bewegungen." (184 f.)
137 Luhmann, *Realität der Massenmedien*, 183.
138 Luhmann, *Realität der Massenmedien*, 183.

beobachtbar – in der Unterscheidung von Öffentlichkeit und Massenmedien, denn die Funktion der Massenmedien besteht ja in der Repräsentation der Öffentlichkeit –, welche Prozesse der gesellschaftlichen Selbstbeschreibung stattfinden und welche Themen ‚veröffentlicht' werden. Öffentlichkeit ist so Reflexionsmedium. Sie wäre missverstanden, nähme man an, sie spiegele einfach die ‚gesellschaftliche Realität'. Als Beobachterin zweiter Ordnung beobachtet und spiegelt sie Beobachtungen erster Ordnung, mit der Konsequenz, dass damit keine Aussagen getroffen sind über den Realitätsgehalt hinter den Beobachtungen. Während nach Luhmann Öffentlichkeit als Spiegel der Gesellschaft verstanden werden kann, wäre – um den Unterschied deutlich zu machen – „‚öffentliche Meinung' […] die politiksysteminterne Umwelt politischer Organisationen und Interaktionen."[139] Öffentlichkeit kann dann aufgefasst werden als kommunikative Institutionalisierung von Themen. Sie wird nicht gedacht als hervorgebracht durch Begegnung, Partizipation und Kommunikation von Menschen, nicht als kollektive Leistung, sondern als Konglomerat von Themen – wobei das Zurverfügungstellen von Themen Anschlusskommunikation ermöglicht, denn: „[u]nter Themen wollen wir bezeichnete, mehr oder weniger unbestimmte und entwicklungsfähige Sinnkomplexe verstehen, über die man reden und gleiche, aber auch verschiedene Meinungen haben kann: das Wetter, das neue Auto des Nachbarn, die Wiedervereinigung, der Motorlärm von Rasenmähern, das Steigen der Preise, der Minister Strauß."[140] Für den Begriff der Öffentlichkeit bedeutet das:

> Anstatt als Medium zur Bildung eines kollektiven politischen Willens zu fungieren, strukturiert Öffentlichkeit nur noch eine ansonsten zufällige Kommunikation in Gesellschaften, die keine traditionellen Quellen der Sinnstiftung aufweisen können […]. [Es ist] die Funktion des systemtheoretisch umformulierten Begriffs von ‚Öffentlichkeit', eine Auswahl von Kommunikationsthemen zu ermöglichen, die als feed-back für das System fungieren und die Erwartungen der Teilnehmer in konkreten Interaktionen strukturieren.[141]

Die Teilsysteme können sich nur vermittelt über thematische Darstellung in der Öffentlichkeit beobachten. Öffentlichkeit ermöglicht so erst Selbstbeobachtung der Gesellschaft.

---

139 Luhmann, *Realität der Massenmedien*, 185.
140 Luhmann, Niklas, „Öffentliche Meinung", in *Politische Planung: Aufsätze zur Soziologie von Politik und Verwaltung* (Opladen 1971), 9–34: 7.
141 Strum, Arthur, „Öffentlichkeit von der Moderne zur Postmoderne: 1960–1999", in *Öffentlichkeit: Geschichte eines kritischen Begriffs*, hg. v. Peter Uwe Hohendahl (Stuttgart u. a. 2000), 92–123: 104.

2.3.2 Öffentlichkeit als prozessuales Geschehen

Gerhards und Neidhardt geht es nun um eine Beschreibung von Öffentlichkeit als Darlegung von Prozessen, wie sich Öffentlichkeit empirisch vorfindlich konstituiert. Öffentlichkeit wird also *prozessual* bestimmt: Öffentlichkeit vermittelt als intermediäres System über Prozesse von Input (Eingabe von Informationen), Throughput (Informationsverarbeitung) und Output (Anwendung von Informationen) zwischen Bürgern und Bürgerinnen und politischem System.[142] Darin besteht die (primäre) Funktion von Öffentlichkeit. Dass Öffentlichkeit stark auf das politische System in der funktional differenzierten Gesellschaft bezogen ist, liegt an der „doppelten Sonderstellung"[143] des politischen Systems in der Gesellschaft: Es ist Problemadressat und Steuerungsakteur. Das bedeutet: Das politische System hat an es aus anderen Funktionsbereichen der Gesellschaft adressierte Probleme in dem Sinne zu lösen, dass es den Umgang mit gegebenen Problemlagen reguliert; von ihm wird „die Herstellung kollektiv verbindlicher Entscheidungen"[144] verlangt. Aus der ‚räumlichen' Nähe der Öffentlichkeit zum Ort gesellschaftlicher Steuerung (diese wird vom politischen System erwartet, auch wenn danach gefragt werden kann, ob diese Funktion in vielen Fällen nicht das ökonomische System mit anderen Sinnrationalitäten übernommen hat) erwächst ihr eine besondere Bedeutsamkeit:

> Weil Öffentlichkeit in der Topographie der Gesellschaft als zentrale Stelle im Vorhof zur Macht platziert ist, ist sie immer auch ein umkämpftes Gebiet. Akteure der Gesellschaft versuchen, ihre Themen durchzusetzen und ihre Meinungen als verallgemeinerbare Meinungen zu plausibilisieren. [...] Funktioniert diese Rückkopplung [zwischen politischem System und Bürgern; KM], so trägt dies – so der Anspruch aufklärerischer Theorie – zur Demokratisierung der Herrschaftsverhältnisse bei.[145]

Gerhards und Neidhardt verstehen Öffentlichkeit also als intermediäres System, das zwischen dem politischen System und den Bürgern und Bürgerinnen wie den Ansprüchen der anderen Teilsysteme der Gesellschaft vermittelt. Dabei generiert das Kommunikationssystem ‚Öffentlichkeit' ein bestimmtes Wissen: die öffentli-

---

142 Vgl. Gerhards und Neidhardt, *Strukturen*, 6. Zu den Prozessen von Input, Throughput und Output sowie der nicht unerheblichen Frage der Selektivität und der Offenheit von Öffentlichkeit gegenüber ihren Umwelten vgl. auch: Gerhards und Neidhardt, *Strukturen*, 13 f.
143 Gerhards und Neidhardt, *Strukturen*, 8.
144 Ebd.
145 Gerhards und Neidhardt, *Strukturen*, 11.

che Meinung.¹⁴⁶ Öffentlichkeit kommen dabei drei Merkmale zu: a) Sie separiert sich als spezifisches Kommunikationssystem von anderen Sozialsystemen, ihre ‚Währung' ist sprachliche Kommunikation auf einer allgemeinverständlichen Ebene; b) prinzipiell ist die Grenze des Systems offen, das heißt: Jeder kann Informationen und Meinungen einbringen und an der Kommunikation teilhaben. Öffentliche Kommunikation vollzieht sich als Kommunikation zwischen Anwesenden wie medial vermittelt; c) die Teilnahmebedingung am System ‚Öffentlichkeit' ist grundsätzlich nicht gekoppelt an Status oder Expertentum. Vielmehr findet eine „Neutralisierung von Rollenanforderungen"¹⁴⁷ statt, die aus anderen Teilbereichen der Gesellschaft stammen. Daraus folgt: „Wissenschaftler, Politiker, Ärzte, Ingenieure etc. können in der Öffentlichkeit nicht reden, als seien sie unter ihresgleichen. Öffentliche Kommunikation ist Laienkommunikation. [...] Wer die Laienorientierung des Öffentlichkeitssystems nicht beachtet, kommt nicht an."¹⁴⁸

Gegen Habermas bestimmen nun Gerhards und Neidhardt nicht das Kriterium der Vernunft oder des besseren Arguments als Konstitutivum der Sinnorientierung im System der Öffentlichkeit. Ex negativo folgt aus dem bereits Beschriebenen, dass öffentliche Kommunikation sich in der Regel nicht als Kommunikation unter Experten vollzieht, und sie ist auch keine private Kommunikation. Sie kann weder private Kommunikation noch Expertenkommunikation sein, da Öffentlichkeit als „offenes Laiensystem"¹⁴⁹ auf allgemeine Verständlichkeit wie auf allgemeines Interesse angewiesen ist. Die Sinnstruktur von Öffentlichkeit, die Selektion von Themen, vollziehe sich vielmehr entlang einer „einfach strukturierten Rationalität"¹⁵⁰, die auch komplexe Problemzusammenhänge in der Form allgemeiner Verständlichkeit zu verhandeln einfordere.¹⁵¹

---

146 Gerhards und Neidhardt fassen ‚öffentliche Meinung' wie folgt: „Dabei verstehen wir unter ‚öffentlicher Meinung' eine Meinung, die in öffentlichen Kommunikationen mit breiter Zustimmung rechnen kann, eine Meinung, die sich in Arenen öffentlicher Meinungsbildung durchgesetzt hat und insofern ‚herrschende' Meinung darstellt. Weicht man von ihr ab, muß man mit besonderen Widerständen rechnen. Öffentliche Meinung ist in diesem Sinne eine kollektive Größe und als solche etwas anderes als Meinungsforschungsinstitute über ihre Personenbefragungen als statistisches Aggregat individueller Meinungen ermitteln. Konstitutiv für öffentliche Meinung ist, daß sie einerseits in öffentlichen Kontexten kommunizierbar ist und andererseits in diesen Kontexten mit öffentlicher Zustimmung rechnen kann – dies auch unabhängig davon, was sich die einzelnen Beteiligten dabei denken und was sie privat darüber äußern." (12.)
147 Luhmann, Niklas, „Öffentliche Meinung", 21.
148 Gerhards und Neidhardt, *Strukturen*, 17.
149 Ebd.
150 Gerhards und Neidhardt, *Strukturen*, 18.
151 Gerhards und Neidhardt beschreiben selbst die Schwierigkeit, die in solchen Prozessen der Komplexreduzierung liegt – nicht zuletzt als Regressionserfahrung von Menschen, die es gewohnt sind, ihre Umwelt komplexer und differenzierter zu sehen und zu interpretieren.

Diese „einfach strukturierte Rationalität" gehe Hand in Hand mit den Inputbedingungen des Systems, die sich zunächst an der Genese von Aufmerksamkeit orientierten. Die Herstellung von Diskrepanzen zum Bekannten wirke aufmerksamkeitsstimulierend: Neuigkeiten, Skandale[152] und Krisen seien probate Medien der Aufmerksamkeitsgenerierung, die dann – es geht um Informationsvermittlung wie um Meinungsbildung – in ihrer Bearbeitung an Werte und an Personen gekoppelt seien: „Anbindungen geäußerter Meinungen 1. an Werte und 2. an Personen erscheinen als die beiden dominanten Mechanismen der Selektivitätsstrukturierung."[153]

Gerhards' und Neidhardts Verständnis von Öffentlichkeit als intermediäres System, das zwischen politischem System und Bürgern und Bürgerinnen wie den Ansprüchen der anderen Teilsysteme der Gesellschaft vermittelt, ist für seinen „engen Politikbegriff" kritisiert worden wie dafür, dass „die Bildung einer ‚öffentlichen Meinung' ins Zentrum der Beobachtung von Öffentlichkeit" gerückt wird, „zuungunsten einer Betrachtung der in der Öffentlichkeit Agierenden."[154] Elisabeth Klaus geht es darum, auch die Handlungen der Akteure auf der ‚einfachen' Ebene von Öffentlichkeit als demokratierelevante Handlungen in den Blick zu bekommen. Ihre Auffassung von Öffentlichkeit als „fortlaufender Prozess [...], in dem sich die Mitglieder einer Gesellschaft darüber verständigen, wie sie Leben wollen"[155] impliziert einen weiten Politikbegriff, der Politik und das Politische nicht nur an politische Institutionen beziehungsweise an das politische System bindet, der vielmehr „‚Politik als eine grundsätzlich überall auffindbare Verhaltensweise oder als öffentliche[n] Aspekt unserer gesellschaftlichen Bezie-

---

[152] Zu Mechanismen, Wirkweisen und Funktionen des Skandals im digitalen Zeitalter vgl. Pörksen, Bernhard und Detel, Hanne, *Der entfesselte Skandal: Das Ende der Kontrolle im digitalen Zeitalter* (Köln 2012).

[153] Gerhards und Neidhardt, *Strukturen*, 19. Gerhards und Neidhardt beschreiben nüchtern die Grenze der Leistung von öffentlicher Kommunikation (und man muss sicherlich – freilich auch in normativer Absicht – fragen, ob man dem zustimmen möchte): „Ihre [der öffentlichen Kommunikation; KM] Leistung läßt sich primär nicht daran messen, ob sie Wahrheit und Vernunft erzeugt. Ihre Sinnorientierung bezieht sich auf die Herstellung von Allgemeinheit. Diese aber ist in komplexen Gesellschaften an Regressionen gebunden, deren gesamtgesellschaftliche Leistung von vornherein begrenzt ist." (Ebd.)

[154] Klaus, „Öffentlichkeit als gesellschaftlicher Selbstverständigungsprozess und das Drei-Ebenen-Modell", 20, unter Rekurs auf: dies., *Kommunikationswissenschaftliche Geschlechterforschung: Zur Bedeutung der Frauen in den Massenmedien und im Journalismus* (Opladen u. a. 1998).

[155] Klaus, „Öffentlichkeit als gesellschaftlicher Selbstverständigungsprozess und das Drei-Ebenen-Modell", 22.

hungen' versteht."¹⁵⁶ Klaus konzediert jedoch, dass im Rahmen des Modells Gerhards' und Neidhardts – über die Fokussierung der Laienorientierung wie der Beschreibung des Systems als offenes System – eine handlungstheoretische Deutung möglich sei.

Die Vorstellung *einer* – womöglich homogenen – Öffentlichkeit erscheint insofern als Konstrukt, als ‚die' Öffentlichkeit aus einer Vielzahl von Foren unterschiedlicher Größe besteht, die selbst nicht notwendig miteinander vernetzt sind, und die von keiner Warte aus prinzipiell und in Gänze überschaubar wären. Dass sich Formierungen von Öffentlichkeit immer wieder dem erfassenden Blick entziehen, wird plausibel einerseits hinsichtlich der steigenden Anzahl sich immer weiter ausdifferenzierender öffentlicher Interaktionen (vor allem wird dies deutlich im Zusammenhang der Etablierung der Technologien des Internets)¹⁵⁷. Andererseits lassen sich zur Beschreibung von Öffentlichkeit beziehungsweise Phänomenen öffentlicher Kommunikation immer schon verschiedene Ebenen mit verschiedenen Reichweiten unterscheiden.

2.3.2.1 Ebenen von Öffentlichkeit

Mit Blick auf die Anzahl der an ihnen Teilnehmenden wie ihrer strukturellen Verankerung lassen sich drei Ebenen von Öffentlichkeit differenzieren: ‚Encounter-Öffentlichkeit', ‚Versammlungsöffentlichkeit' und die ‚Öffentlichkeit der Massenmedien'.¹⁵⁸ Die Zuordnung der verschiedenen Ebenen plausibilisiert die intermediäre Funktion von Öffentlichkeit insgesamt und zeigt in der Beschreibung der Kommunikationsprozesse Differenzen in der Bearbeitung von Informationen.

---

156 Ebd., unter Rekurs auf: Sutor, Bernhard, *Politik: Ein Studienbuch zur politischen Bildung* (Paderborn 1994).
157 Vgl. dazu Kap. 2.4.
158 Zu den verschiedenen Öffentlichkeitsebenen im Folgenden vgl. Gerhards und Neidhardt, *Strukturen*, 19 ff. – Der Begriff der Encounter-Öffentlichkeit rekurriert auf: Goffman, Erving, *Encounters: Two Studies in the Sociology of Interaction* (Indianapolis/IN 1961). – Eine Alternative zu dem hier beschriebenen Modell findet sich bei Elisabeth Klaus, die in Anlehnung an das Modell von Gerhards und Neidhardt, von einer ‚einfachen', ‚mittleren' und ‚komplexen' Ebene von Öffentlichkeit spricht. Die drei Ebenen nehmen verschiedene Funktionen im Prozess ‚Öffentlichkeit' ein. Klaus rechnet zur komplexen Ebene nicht nur die Massenmedien, sondern auch „die etablierten Räume demokratischer Entscheidungsfindung wie Regierungen und Parlamente" sowie „die PR- und Lobbyarbeit großer Unternehmen." Zum Modell Klaus' vgl. u.a.: Klaus, „Öffentlichkeit als gesellschaftlicher Selbstverständigungsprozess"; dies., „Öffentlichkeit als gesellschaftlicher Selbstverständigungsprozess und das Drei-Ebenen-Modell". Das Modell dient Klaus wesentlich zur Analyse der Etablierung von Machtstrukturen.

Notwendig der freien Organisation überlassen, findet sich auf der untersten Ebene (vgl. Abbildung 1[159]) die *Encounter-Öffentlichkeit*, die aus einfachen Interaktionssystemen entsteht und besteht. Diese Ebene der Öffentlichkeit zeichnet sich durch Kommunikation „au trottoir" (Niklas Luhmann) aus, das heißt, sie bildet sich, wo Menschen zufällig oder im Rahmen alltagspragmatischer Handlungsentwürfe aufeinandertreffen: in Kneipen, an Bushaltestellen, bei der Arbeit. Diese Öffentlichkeiten bilden sich einigermaßen spontan und sind entsprechend relativ strukturlos und zerbrechlich. Gleichzeitig besitzen gerade die Encounter-Öffentlichkeiten ein nicht zu unterschätzendes Kräftepotenzial, da sie – vor allem aufgrund ihrer primären Strukturlosigkeit – staatlich kaum kontrollierbar sind.[160] Während man davon ausgehen kann, dass Märkte von jeher als Kristallisationspunkte dieser kleinen Öffentlichkeiten dienten, übernahmen, freilich dann auch wieder unter der Bedingung milieuspezifischer Verengung, im 18. Jahrhundert die Salons und Kaffeehäuser die Funktion einer festen Ortsbestimmung für die Etablierung kleiner Öffentlichkeiten[161] (auch ein Großteil der internetmedialen Kommunikation im Social Web bildet sich als Konstitution von Encounter-Öffentlichkeiten ab). Auf der Ebene der Encounter-Öffentlichkeit strömen aufgrund der hohen Umweltsensibilität und Offenheit Informationen aller Art in das System ein, die jedoch üblicherweise im Weiteren nicht geregelt verarbeitet werden. Hier sind Gerhards und Neidhardt Beobachter der Kommunikationszusammenhänge *vor* der Etablierung des Internets als neues Massenmedium, wenn sie konstatieren:

> Kontinuität der Themenführung läßt sich schwer herstellen, Synthetisierungen von Themen und Meinungen und damit Akkumulationseffekte der Meinungsgenerierung sind unwahrscheinlich. Interaktionssysteme haben in der Regel nur Episodencharakter. Zudem sind die verschiedenen gleichzeitig stattfindenden Episoden untereinander nicht vernetzt, so daß zwischen ihnen kein Kommunikationsfluß stattfindet, der synergetische Effekte der Meinungsbildung auslösen könnte. Hinzu kommt, daß Interaktionssysteme Systeme von Anwesenden sind. Die Anzahl derer, die an der Interaktion partizipieren, ist beschränkt, die

---

159 Die Abbildung ist entnommen: Donges, Patrick und Jarren, Otfried, „Politische Öffentlichkeit durch Netzkommunikation?", in *Elektronische Demokratie? Perspektiven politischer Partizipation*, hg.v. Klaus Kamps (Opladen u. a. 1999), 85–108: 92; Donges und Jarren geben selbst als Quelle an: Dies., „Öffentlichkeit und öffentliche Meinung", in *Einführung in die Publizistikwissenschaft: Eine Textsammlung*, hg.v. Heinz Bonfadelli und Walter Hättenschwiler (Zürich 1998), 95–110: 103.
160 Vgl. Gerhards und Neidhardt, *Strukturen*, 21.
161 Vgl. Gerhards und Neidhardt, *Strukturen*, 20, mit Verweis auf die Reflexion der öffentlichkeitsstiftenden Rolle und politischen Funktion der Salons und Kaffeehäuser bei u. a.: Habermas, *Strukturwandel*; Back, Kurt W. und Polisar, Donna, „Salons und Kaffeehäuser", in *Gruppensoziologie: Perspektiven und Materialien*. Kölner Zeitschrift für Soziologie und Sozialpsychologie, Sonderheft 26, hg.v. Friedhelm Neidhardt (Opladen 1983), 276–286.

Chance der Beeinflussung von öffentlicher Meinung ist deshalb schon quantitativ erheblich eingegrenzt.[162]

Diese Einschätzung zeigt an, welche Veränderungen die webbasierte Interaktion mit Blick auf die Formierung öffentlicher Kommunikation mittlerweile mit sich gebracht hat.[163]

Stärker strukturiert ist als zweite Öffentlichkeitsebene die *Themen- oder Versammlungsöffentlichkeit*. Diese Form der Öffentlichkeit entsteht organisiert durch Veranstalter, in der Regel entlang eines bestimmten Themas an einem bestimmten Ort. Charakteristisch ist die Ausdifferenzierung von Rollen (Leitungs- und Publikumsrollen), etwa bei Tagungen, Demonstrationen (mit Rednerbühnen), aber auch bei Gottesdiensten. Versammlungsöffentlichkeiten ermöglichen dem Publikum Meinungsäußerungen, vorwiegend jedoch unter Rekurs auf die kommunikativen Beiträge der Leitungsrollenträger. Gerhards und Neidhardt gehen davon aus, dass sich über das Thema und die Form der Organisation der Themen- oder Versammlungsöffentlichkeit einigermaßen homogene öffentliche Meinungen herausbilden, da sich unter den Teilnehmern und Teilnehmerinnen meist ähnliche Meinungen zu Themen fänden.[164] Ihren historischen Grund finden Versammlungsöffentlichkeiten in der Erstreitung bürgerlichen Rechts auf Versammlung (Versammlungsfreiheit); Demonstrationen bzw. kollektive Proteste bilden dabei eine Sonderform öffentlicher Versammlungen. Sie finden ihre Legitimation im Recht auf Demonstrationsfreiheit. Versammlungsöffentlichkeiten basieren auf *stärkeren Selektionsmechanismen* als Encounter-Öffentlichkeiten: Dies ergibt sich wesentlich aus der thematischen Vorstrukturiertheit, die andere Inhalte aussortiert bzw. an den Rand drängt. Auf Seiten der Teilnehmenden führt entsprechend das Interesse an einem Thema erst zur Teilnahme (Selbstselektion).[165] Zwar ist die Reichweite von öffentlichen Veranstaltungen immer noch begrenzt, auf dieser Ebene können jedoch bewusst *strategisch* bereits Themen gesetzt werden, die eine größere Breitenwirkung entfalten sollen.[166]

---

162 Gerhards und Neidhardt, *Strukturen*, 21.
163 Vgl. ausführlicher Kap. 2.4.
164 Vgl. Gerhards und Neidhardt, *Strukturen*, 22. Das wäre freilich empirisch zu überprüfen, und es wäre zu fragen, inwiefern sich dieser Befund auch bei Themenöffentlichkeiten im Netz reproduzieren lässt, zur Theorie der Schweigespirale vgl. Kap. 4.2.2.3.
165 Vgl. ebd.
166 Vgl. hierzu etwa auch die klassische Arbeit von Akademien, die für sich in vielen Fällen gesellschaftliche Relevanz und für weitere Formen öffentlicher Kommunikation Anschlussfähigkeit beansprucht oder zumindest erhofft.

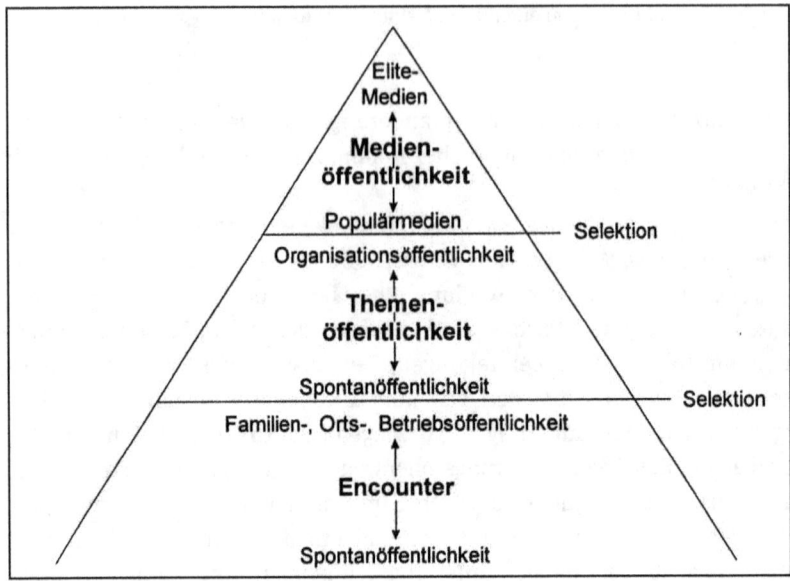

Abbildung 1: Ebenen von Öffentlichkeit

In ihren Ausführungen zur durch Massenmedien hergestellten Öffentlichkeit – zur *Medienöffentlichkeit* – haben Gerhards und Neidhardt nicht, wie bereits erwähnt, den medialen Wandel im Zuge der Etablierung des Internets im Blick. Um eben diesen Wandel nachfolgend präziser beschreiben zu können, sei jedoch die inzwischen fast historisch anmutende Skizze der Generierung von Öffentlichkeit über die ‚klassischen' (alten) Massenmedien (Radio, Zeitungen/Zeitschriften, TV) aufgenommen. In der Tat gilt auch heute noch: „[Ö]ffentliche Kommunikation [vollzieht sich] am folgenreichsten als Massenkommunikation."[167] Diese Massenkommunikation der Medienöffentlichkeit unterscheidet sich primär in drei Aspekten von den beiden anderen Ebenen der Encounter-Öffentlichkeit und der Versammlungsöffentlichkeit: Zunächst basieren die Kommunikationsprozesse im System der Medienöffentlichkeit primär auf technischen Voraussetzungen bzw. einer technischen Infrastruktur, die diese Formen des Inputs, vor allem aber des Throughputs und des Outputs ermöglicht. Leistungsrollen bilden sich heraus, Kommunikatoren mit Blick auf die Generierung öffentlicher Meinungen – klassischerweise verkörpert durch die Profession des Journalisten. Mit der Herausbildung von Leistungsrollen ist wiederum eine Veränderung der Publikumsrolle verbunden: Es handelt sich nicht mehr um eine

---

[167] Vgl. Gerhards und Neidhardt, *Strukturen*, 23.

2.3 Öffentlichkeit als intermediäres Kommunikationssystem — 69

Präsenzöffentlichkeit, sondern um eine medial vermittelte Öffentlichkeit, im Kontext derer das Publikum einen vergleichsweise kleinen Spielraum hat, auf die öffentliche Kommunikation in diesem System einzuwirken: Der Rückkanal beschränkt sich auf die Möglichkeit, etwa Hörertelefone oder das Medium des Leserbriefs zu nutzen beziehungsweise durch Einschaltquoten oder Kaufzahlen seinen – freilich dann unspezifischen – Standpunkt zu Prozessen öffentlicher Meinungsbildung einzutragen. Unter dem Aspekt der ‚Bürgerbeteiligung' handelt es sich bei dem System der Medienöffentlichkeit um ein relativ geschlossenes System, das in historischer Perspektive seine institutionelle Legitimation in der Durchsetzung der Pressefreiheit im 19. Jahrhundert findet.

Man wird also zum *Verhältnis der verschiedenen Öffentlichkeitsebenen* sagen können, dass einerseits von der Encounter-Ebene bis hin zur Medienöffentlichkeit zahlreiche thematische Selektionen stattfinden[168], andererseits ist die Genese von öffentlichen Meinungen immer auf eine ‚Legitimation' auf allen Öffentlichkeitsebenen angewiesen. Auch bedarf die Massenkommunikation des Informationsinputs aus den anderen Systemen. Politische Wirkkraft hat jedoch vorzugsweise das, was eine massenmediale thematische Durchsetzungskraft hat:

> In Gegenwartsgesellschaften konstituiert sich öffentliche Meinung, die vom politischen System wahrgenommen werden kann, in erster Linie durch massenmediale Öffentlichkeit. Auch die auf anderen Ebenen der Öffentlichkeit artikulierten Themen und Meinungen erreichen erst eine allgemeine Wahrnehmung, wenn sie von den Massenmedien aufgegriffen, berichtet und verstärkt werden: Veranstaltungen und das Rumoren an Stammtischen werden erst allgemein bedeutsam, wenn es die Massenmedien aufgreifen und zum Thema machen. Umgekehrt wird sich aber die Wirkung der Massenmedien nicht zuletzt darin beweisen müssen, ob sie in den ‚Präsenzöffentlichkeiten' ankommt. Öffentliche Meinungen entstehen im Kreislauf über alle Ebenen hinweg. In komplexen Gesellschaften ließe sich Öffentlichkeit aber ohne eine massenmediale Öffentlichkeit nicht herstellen. Nur unter Verzicht auf Anwesenheitskriterien läßt sich die Chance der Teilnahme aller gewährleisten.[169]

Auch der Aspekt der Teilhabe stellt sich unter den neuen technologischen Möglichkeiten der Gegenwart noch einmal anders dar, wie zu zeigen sein wird. Deutlich ist jedoch geworden, dass der Begriff beziehungsweise das komplexe Phänomen ‚Öffentlichkeit' unzureichend beschrieben wäre, beschränkte sich

---

168 Patrick Donges und Kurt Imhof schreiben: „Von der Vielzahl der Themen, die auf der Encounter-Ebene verhandelt werden, gelangt nur ein Bruchteil auf die Ebene der Themen- oder Versammlungsöffentlichkeit und ein noch geringerer Teil hiervon auf die Ebene der Medienöffentlichkeit." (Donges, Patrick und Imhof, Kurt, „Öffentlichkeit im Wandel", in *Einführung in die Publizistikwissenschaft*, hg.v. Otfried Jarren und Heinz Bonfadelli [Bern 2001], 101–133: 107.)
169 Gerhards und Neidhardt, *Strukturen*, 24.

diese Beschreibung auf nur eine der Öffentlichkeitsebenen mit ihrer jeweiligen Organisationslogik.

2.3.2.2 Öffentlichkeitsarenen und Aufmerksamkeit

Öffentliche Kommunikation wird oft auch mit Hilfe des sogenannten ‚Arena-Modells' von Öffentlichkeit vorgestellt, das durch seinen bildlichen Charakter Prägekraft hat und insofern hier ebenfalls skizziert wird: „Die kommunikative Infrastruktur der politisch-kulturellen Öffentlichkeit lässt sich als *Netzwerk von Kommunikationsflüssen beschreiben, die in Arenen zusammenfließen.*"[170] Wenngleich ‚die' Medien eine wichtige Rolle im Zusammenhang der Bildung von öffentlicher Meinung spielen, fällt öffentliche Kommunikation nicht mit massenmedialer Kommunikation in eins, das ist bereits in der Unterscheidung der verschiedenen Ebenen von Öffentlichkeit deutlich geworden[171]: Auf den unterschiedlichen Ebenen von Öffentlichkeit, auch im Bereich der einzelnen Handlungssysteme (v. a. Politik, Medien und Wirtschaft mit ihren jeweiligen Organisationen, Institutionen und Rollen), bilden sich Foren öffentlicher Kommunikation. Hier werden als für die Gesellschaft relevant erachtete Themen verhandelt, und es wird um Meinungsführerschaft gerungen – schließlich zielt öffentliche Kommunikation zu einem nicht geringen Teil auf Durchsetzung von Meinungen ab. Die themenspezifischen Foren existieren für die Dauer der aktuellen Lebenszeit eines Themas und bestehen, so das Bild, jeweils aus ‚Arena' und ‚Galerie'[172], es bilden sich also mit Blick auf die Akteure in den Foren verschiedene Rollen heraus, nämlich Leistungsrollen (‚Arena') und Publikumsrollen (‚Galerie'). Das Publikum ist letztendlich Adressat der Kommunikationen von Sprechern und Vermittlern (vor allem der Kommunikationsmedien), es entscheidet über den ‚Erfolg' der Akteure.[173] Im Modell kann zudem von der vom Publikum einsehbaren Vorderbühne die Hinterbühne (backstage) unterschieden werden, auf der die Hintergrundstruktur und die Strategie des Auftretens auf der Vorderbühne

---

170 Imhof, *Krise der Öffentlichkeit*, 90. (Hervorhebung von mir; KM.)
171 Vgl. Imhof, *Krise der Öffentlichkeit*, 92.
172 Vgl. Gerhards und Neidhardt, *Strukturen*, 27.
173 Vgl. Wimmer, *(Gegen-)Öffentlichkeit*, 112; vgl. Gerhards und Neidhardt, *Strukturen*, 27. – Was nun mit ‚Erfolg' gemeint ist, muss sicherlich noch einmal genauer betrachtet werden. In welcher Weise haben – jenseits des normativen Gehalts in liberaldemokratischen Gesellschaften – Bürger und Bürgerinnen in der Publikumsrolle Einfluss auf politische Prozesse der öffentlichen Meinungsbildung? Die Einschätzung des Einflusses ist komplex und hängt zu einem nicht geringen Teil mit der Auffassung von Medienwirkungen ab: Wie ‚passiv' ist die Rolle der Akteure im Publikumsrang, und als wie produktiv werden Formen der Rückkopplung angesehen?

konzipiert wird, basierend auf spezifischen Ressourcen.[174] Dabei folgen die Erwartungen an das Handeln der Akteure gewissen Bedingungen des Öffentlichkeitssystems, als da wären Laienorientierung („einfach strukturierte Rationalität"), Gesetzmäßigkeiten der Massenkommunikation, prinzipielle Unabgeschlossenheit des Publikums. Akteure in der ‚Arena' können unterschiedliche Gruppen und Individuen sein: Regierungen wie soziale Bewegungen/NGOs, Parteien und Bürgerinitiativen, Kirchen oder kirchliche Interessenverbände – aber auch Einzelpersonen mit ausreichender Unterstützung von der Hinterbühne, die vermögen, ein Thema so zu lancieren, dass es für die Verhandlung in einem Forum genügend Aufmerksamkeit bekommt. Die kommunikativen Netzwerke und Arenen werden also konstituiert durch Institutionen, Organisationen und Rollenträger der zentralen Handlungssysteme Politik, Medien und Ökonomie, dann auch der semiautonomen Sphären Wissenschaft, Kunst, Religion, nicht zuletzt durch nicht-etablierte, thematisch gerichtet arbeitende zivilgesellschaftliche Akteure (zum Beispiel soziale Bewegungen).[175] Die Lebenszeit eines Themas wird dabei maßgeblich beeinflusst von Aufmerksamkeitsfokussierung und Aufmerksamkeitszerfall, wobei die Akteure in der ‚Arena' versuchen, auf beides – abhängig von Zustimmung oder Ablehnung – Einfluss zu nehmen:

> Hier [in den Arenen des öffentlichen Aufmerksamkeitswettbewerbs; KM] findet das gesellschaftsweite, das segmentär-stratifikatorische bzw. milieuspezifische sowie das für Lebensstilgruppen oder für funktional differenzierte Expertenkulturen der Teilsysteme relevante Agendasetting und -building unter beständiger Beobachtung einer faktisch unterschiedlich begrenzten, prinzipiell jedoch nicht zu begrenzenden Anzahl von Akteuren in ihrer Publikumsrolle statt. Diese Akteure richten ihre private oder öffentliche Anschlusskommunikation an diesen Kommunikationsereignissen gemäß ihren Interpretationsressourcen, ihren Interessen und ihrer Definitionsmacht, sie werden im Falle ihrer öffentlichen Anschlusskommunikation an diese Kommunikationsereignisse wieder beobachtet, sie wissen um diese Beobachtung, und sie richten ihre Äußerungen daran aus.[176]

Die besondere Rolle der Medien liegt darin begründet, dass sie in herausragender Weise in der Lage sind, öffentliche Kommunikation im Fluss zu halten und damit zu katalysieren. Zugleich ist mit den Prozessen der wechselseitigen Beobachtung der Leitmedien und der entsprechenden Reaktion aufeinander eine nicht unproblematische Selbstreferenzialität des Handlungssystems mit gegeben. Die Leitmedien – und damit einzelne professionelle Journalisten und Journalistin-

---

[174] Als generelle Ressourcen in Hintergrund gelten vor allem Geld, Macht, Wissen und Prestige. Vgl. Gerhards und Neidhardt, *Strukturen*, 27.
[175] Vgl. Imhof, *Krise der Öffentlichkeit*, 90.
[176] Imhof, *Krise der Öffentlichkeit*, 91f.

nen – nehmen zudem insofern eine Gatekeeper-Funktion wahr, als durch Selektionsprozesse bestimmt wird, welchem Thema besondere Aufmerksamkeit zukommt. Grundsätzlich jedoch ist Öffentlichkeit komplex, d.h. es wird eine Fülle an nicht (mehr) überschaubaren Themen kommuniziert und ventiliert; Gerhards und Neidhardt konstatieren, dass sich in der bundesrepublikanischen Nachkriegszeit die ‚Außengrenze' von Öffentlichkeit verschoben habe, es sei zu einer Expansion des Öffentlichkeitsbereichs gekommen, vor allem in Richtung des Sektors des Privaten.[177]

Die Frage nach der Repräsentationsfunktion von Öffentlichkeit führt zur Frage nach Möglichkeiten der Partizipation an öffentlicher Kommunikation: Wer ist mit welcher Rolle Akteur beziehungsweise Akteurin im Forum öffentlicher Kommunikation? Wie bereits beschrieben, besteht Öffentlichkeit „als soziale Größe" – zumindest im Zusammenhang der Strukturierung öffentlicher Kommunikation durch die klassischen Massenmedien – „vor allem [aus] Publikum"[178]. Gleichwohl, und das wird im Zusammenhang der Beschreibung des gegenwärtig stattfindenden medialen Wandels noch viel einschneidender beschrieben werden müssen, existieren Formen der *Rückkopplung*, die zumindest das Potenzial haben, von Kommunikatoren und entsprechenden Einrichtungen wahrgenommen zu werden. In den ‚Arenen' konkurrieren Anbieter und Aufbereiter von Themen nach klaren Gesetzmäßigkeiten des Marktes. Gerhards und Neidhardt kalkulieren in ihrem intermediären Modell von Öffentlichkeit gelingende Vermittlungsprozesse *bottom-up* ein; diese Vermittlungsprozesse sind jedoch wiederum angewiesen auf die *Öffentlichkeitsbereitschaft der Bürgerinnen und Bürger:* Engagement in öffentlicher Kommunikation ist in der Regel abhängig von Motiven und Fertigkeiten der Akteure.[179] Diese Ungleichheit ist wichtig zu sehen, wenn es um die Bestimmung (und das Ideal) der Repräsentation und den Zugang zur öffentlichen Kommunikation geht. Ausdrucksfähigkeit resp. Sprachmacht, Reflexionskompetenz und Lebensstandard spielen keine geringe Rolle mit Blick auf die Möglichkeit, Einfluss zu nehmen auf öffentliche Kommunikation: „Deshalb gibt es sozialstrukturell begründete und sozialstrukturell vermittelte Ungleichheiten hinsichtlich der allgemeinen Öffentlichkeitsbereitschaft der Bürger. Dies führt – ceteris paribus – zu einer selektiven Rekrutierung und zu weiteren Repräsentationsverzerrungen des Öffentlichkeitssystems – zum Beispiel im Hinblick auf Bildungsschichten, Geschlechtsgruppe etc."[180]

---

177 Vgl. Gerhards und Neidhardt, *Strukturen*, 32.
178 Gerhards und Neidhardt, *Strukturen*, 34.
179 Vgl. Gerhards und Neidhardt, *Strukturen*, 35.
180 Ebd. – Gerhards und Neidhardt merken zu Recht an, dass die Auswirkung sozialstruktureller Differenzen auf die Repräsentation von Akteuren in öffentlichen Foren resp. Kommunikationen

Meinungsführerschaft kann sich entwickeln, wenn, allgemein gesprochen, es einem (kollektiven) Akteur möglich ist, mit den spezifischen Sinnrationalitäten des Öffentlichkeitssystems produktiv umzugehen, insofern öffentliche Aufmerksamkeit zu erregen und in Folge Resonanzen für das eigene Thema und die eigene Meinung hervorzurufen. Dieser Prozess erfordert verschiedene Schritte, die hier nur benannt seien. Damit aus einem einfachen Thema ein *Issue*, also ein Thema wird, das in der Öffentlichkeit diskutiert wird, sind Fokussierung und Problematisierung wichtige Bestandteile des Vorgehens. Das heißt: Ein unter Umständen komplexes Phänomen, das Eingang in die öffentliche Debatte finden soll, muss zunächst gewissermaßen eine Verschlagwortung durchlaufen, die wiederum die Komplexität reduziert und damit fokussiert.[181] Dem Thema muss zudem eine „empirical credibility"[182] zukommen, es muss in der Alltagswelt der Bürger und Bürgerinnen identifizierbar sein.[183]

Interessanterweise hat die mediale Berichterstattung erheblichen Einfluss auf das Problembewusstsein für empirische Phänomene in der Alltagswelt, ja, sogar Einfluss überhaupt auf ihre Identifizierbarkeit[184]. Um diese Wirkung zu haben, muss zur Fokussierung die Problematisierung hinzutreten. Wer Erfolg in der

---

zum Teil durch äußere Faktoren beeinflusst wird, die von großer mobilisierender Kraft sein können: Anlässe oder Ereignisse, die allgemeine Regel- oder Normverletzungen oder das Zurücksetzen von Interessen bestimmter Bevölkerungsgruppen mit sich bringen, erzeugen oft eine überdurchschnittliche Kommunikationsbereitschaft bei den betroffenen Bürgern und Bürgerinnen. (Vgl. ebd.) Das wiederum verweist auf die Tatsache, dass öffentliche Kommunikation – und hier gerade mit Blick auf die politische Kommunikation – Problemkommunikation ist (man denke an die klassischen Nachrichtenformate der öffentlich-rechtlichen Sendeanstalten, die in der Regel gesellschaftspolitische Probleme/Konflikte thematisieren, die einer ‚Lösung' zugeführt werden wollen). Der Status eines Kommunikators hat Einfluss auf die potenzielle Generierung von Aufmerksamkeit für ein Thema und die zu etablierende Bedeutung des Themas. Der Status gründet sich einerseits auf die bereits erwähnten Ressourcen im Hintergrund, wobei auch die Prominenz eines Akteurs – als „generalisierte Fähigkeit [...], öffentliche Aufmerksamkeit zu finden" (36) – von entscheidender Bedeutung ist. Abhängig vom Grad der Prominenz wirkt diese selbstständig und bedarf nicht der Legitimation durch eine diskursive Bezogenheit auf ein zu behandelndes Thema. *Issue* ist dann der Kommunikator selbst. In der ‚Arena' erworben werden muss freilich, wenn auch im Zusammenspiel mit den bereits genannten Faktoren, Meinungsführerschaft.
181 Gerhards und Neidhardt nennen dies auch „synthetisierende[s] Kürzel für weitreichende Zusammenhänge" (Gerhards und Neidhardt, *Strukturen*, 39).
182 Snow, David A. und Benford, Robert D., „Ideology, Frame Resonance and Participant Mobilization", in *International Social Movement Research*, Bd. 1, hg.v. Bert Klandermans, Hanspeter Kriesi und Sidney Tarrow (Greenwich/CT 1988), 197–218: 208.
183 Vorausblickend auf die empirischen Untersuchungen dieser Studie kann gefragt werden, ob es nicht der öffentlichen kirchlichen Auseinandersetzung mit dem Thema der Sterbehilfe wesentlich an „empirical credibility" mangelte; vgl. dazu aber v.a. die Kapitel 4 und 5.
184 Vgl. dazu auch Kapitel 2.3.3.

‚Arena' haben will, muss in der Lage sein, ein Problem – als Differenz zwischen Sein und Sollen – zu konstatieren und die Rezeption dieses Problems bereits zu präfigurieren: Dies passiert zu einem großen Anteil durch *Framing*[185] und kann entweder durch Konkretisierung geschehen, indem Betroffenheit bei den anderen Akteuren respektive dem Publikum erzeugt wird, oder aber durch Implementierung des Themas in einen größeren Wertzusammenhang hinein[186]: „Wird ein Problem in einen größeren Werthorizont eingehakt, dann steigt also seine Bedeutung, und die Unabweisbarkeit von Problemlösungen wird evident. [...] Die Dringlichkeit eines Problems und seiner Lösung wird noch erhöht, wenn es gelingt, eine Verschärfung des Problems in der Zukunft zu unterstellen. Ein unterstelltes Crescendo dramatisiert ein Problem und unterstellt die Notwendigkeit schnellen Handelns."[187]

Diese ‚Strategie' wäre freilich auch in öffentlichen religiösen Debatten nachzuzeichnen. In jedem Fall findet sie sich auch auf unterschiedlichste Weise in der Auseinandersetzung mit und in der Behandlung des Themas der Sterbehilfe, wie es in dieser Arbeit insbesondere als öffentliches Thema in den Blick kommt. Durch bestimmte Methoden und Strategien der Mobilisierung kann also ein Thema zum *Issue* werden und Eingang finden in Prozesse öffentlicher Meinungsbildung. Unter Umständen – Öffentlichkeit an sich ist weder ein Entscheidungssystem noch ein Handlungssystem, sondern ein Diskurssystem – gelingt es darüber hinaus, Akteure, vor allem auch das Publikum auf den Rängen, so zu mobilisieren, dass Empörung übersetzt wird in sozialpolitisches Engagement (hierfür findet man zahlreiche Beispiele von ‚Stuttgart 21' bis zu den ‚Gezi-Park-Protesten'), welches wiederum Einfluss auf das politische System und seine Entscheidungsträger ausüben kann.

Öffentlichkeit besitzt jedoch auch eine gewisse Eigendynamik[188], die den Zugang neuer Themen regelt. Grundsätzlich hat Öffentlichkeit eine „carrying capacity"[189], sie ist prinzipiell überkomplex, wie bereits beschrieben, die Menge an Themen, die bearbeitet werden können, ist begrenzt. In jedem Fall ist Öffentlichkeit ein *Konkurrenzsystem*, das die Bearbeitung der Themen entlang der spezifischen Sinnrationalitäten einfordert (die Laienorientierung etwa erfordert eher keine Ausarbeitung differenzierter Zwischenpositionen). Die Herstellung von

---

185 Vgl. auch hierzu Kapitel 2.3.3.
186 Vgl. Gerhards und Neidhardt, *Strukturen*, 40.
187 Gerhards und Neidhardt, *Strukturen*, 41. – Zu weiteren Strategien vgl. 42ff. (Kausalattribuierung, Personalisierung, Intentionalisierung, Selbstlegitimation etc.).
188 Vgl. Gerhards und Neidhardt, *Strukturen*, 44f.
189 Hilgartner, Stephen und Bosk, Charles L., „The Rise and Fall of Social Problems: A Public Arenas Model", *American Journal of Sociology* 94 (1988), 53–78: 53.

Neuigkeiten evoziert in der Regel Aufmerksamkeit und beschleunigt zugleich den „issue-attention-cycle"[190]. In jedem Fall erhöht sich die Aussicht auf Erfolg eines Themas schlagartig, sobald es Eingang in die massenmediale Verarbeitung und Verbreitung gefunden hat beziehungsweise von den Medien selbst auf die Agenda gesetzt wird. Das Agenda-Setting der klassischen Massenmedien wird seit etwa einem halben Jahrhundert erforscht.

2.3.3 Themen im öffentlichen Raum und die Gestaltungskraft der Medien: Agenda-Setting und Anschlusskommunikation

Die ‚Scheinwerferfunktion' der Massenmedien unterbindet, dass sich der öffentliche Diskurs in seiner Komplexität und Themenvielfalt verliert.[191] Die Gestaltungskraft der Massenmedien mit Blick auf den öffentlichen Raum macht die *Agenda-Setting-Forschung* deutlich (beziehen sich auch diese Ausführungen im Wesentlichen auf die klassischen Massenmedien, wird vor diesem Hintergrund der Überschritt zu neuen Kommunikationsformen im Zusammenhang der Etablierung des Internets und der Digitalisierung von Kommunikation offensichtlich)[192].

Unter einer ‚Agenda' kann prinzipiell „eine Liste von Themen, Streitfragen und Ereignissen verstanden werden, die zu einem bestimmten Zeitpunkt in eine ‚hierarchy of importance' [...] gebracht werden können."[193] Das einfache und ursprünglichste Agenda-Setting-Modell geht hierbei von zwei Variablen aus, die aufeinander bezogen sind: Medien und Publikum. Man geht davon aus, dass die Themen, die auf der Medienagenda vorkommen – um es möglichst offen auszudrücken – ihren Niederschlag auf der Publikumsagenda finden: Das einfache Agenda-Setting-Konzept geht also von einer relativ simplen und linearen Ursache-Wirkungs-Annahme aus.[194] Der *Agenda-Setting-Effekt* wird Ende der 1960er-/Anfang der 1970er-Jahre ‚entdeckt' und vor allem von Maxwell McCombs und Donald Shaw entsprechend benannt. Den Zusammenhang von medialer Thematisie-

---

190 Downs, Anthony, „Up and down with ecology – the ‚issue-attention-cycle'", *The Public Interest* 28 (1972), 38–50.
191 Vgl. Bulkow, Kristin und Schweiger, Wolfgang, „Agenda-Setting – zwischen gesellschaftlichem Phänomen und individuellem Prozess", in *Handbuch Medienwirkungsforschung*, hg.v. Wolfgang Schweiger und Andreas Fahr (Wiesbaden 2013), 171–190.
192 Vgl. Kap. 2.4.
193 Jäckel, Michael, *Medienwirkungen: Ein Studienbuch zur Einführung* (5. vollst. überarb. u. erw. Aufl., Wiesbaden 2011), 191.
194 Vgl. Maurer, Marcus, *Agenda-Setting* (Baden-Baden 2010), 15.

rungsfunktion und einer Strukturierungsleistung mit Blick auf soziale Wirklichkeit hatte bereits 1922 der US-amerikanische Schriftsteller und Medienkritiker Walter Lippmann in seinem Buch *Public Opinion* beschrieben:

> For the real environment is altogether too big, too complex, and too fleeting for direct acquaintance. We are not equipped to deal with so much subtlety, so much variety, so many permutations and combinations. And although we have to act in that environment, we have to reconstruct it on a simpler model before we can manage with it. To traverse the world men have must maps of the world.[195]

Auch Bernhard C. Cohen formuliert bereits Anfang der 1960er-Jahre die grundlegende Einsicht, dass die Medien keinen großen Einfluss darauf haben, *was* Menschen über einzelne Themen denken, dass die Medien aber sehr wohl Einfluss darauf haben, *worüber* Menschen sich Gedanken machen. Über die Presse schreibt er in diesem Sinne: „the press is significantly more than a purveyor of information. It may not be successful much of the time in telling people what to think, but it is stunningly successful in telling its readers what to think about."[196]

Den empirischen Nachweis und entsprechend eine genauere Beschreibung des Zusammenhangs von Medien- und Publikumsagenda erbringen Ende der 1960er-Jahre McCombs und Shaw mit ihrer sogenannten *Chapel Hill-Studie*. Sie soll zeigen, inwiefern die Rangordnung der medial aufbereiteten Themen Relevanz hat für die Bedeutung der Themen für die Bürger und Bürgerinnen.[197] McCombs und Shaw führen eine Befragung von 100 unentschlossenen Wählern im Präsidentschaftswahlkampf 1968 in den USA durch und eruieren Themen, die den potenziellen Wählern besonders wichtig sind[198]. Diese Themen korrelieren sie mit der Häufigkeit der Themenberichterstattung in den Medien und finden eine erstaunliche Übereinstimmung mit Blick auf beide Rangreihen heraus. Diesen Effekt nennen McCombs und Shaw *Agenda-Setting:* „While the mass media may have little influence on the direction or intensity of attitudes, it is hypothesized that the mass media set the agenda for each political campaign, influencing the salience of attitudes towards the political issues."[199] Und sie halten fest: „Yet the

---

[195] Lippmann, Walter, *Public Opinion* (New York/NY 1949), 16.
[196] Cohen, Bernhard C., *The Press and Foreign Policy* (Princeton/NJ 1963), 13.
[197] Zur ‚Chapel Hill'-Studie vgl. auch Jäckel, *Medienwirkungen*, 191 ff.
[198] Die entsprechende Frage lautete: „What are you most concerned about these days? That is, regardless of what politicians say, what are the two or three main things which you think the government should concentrate on doing something about?" (McCombs, Maxwell E. und Shaw, Donald L., „The Agenda-Setting Function of Mass Media", *The Public Opinion Quarterly* 36 [1972], 176–187: 178).
[199] McCombs und Shaw, „Agenda-Setting Function", 177.

evidence in this study that voters tend to share the media's composite definition of what is important strongly suggests the agenda-setting function of the mass media."[200]

Nur wenig später und ohne Nennung des Begriffs ‚Agenda-Setting', erscheint eine komplexer angelegte Studie von G. Ray Funkhouser – *The Issues of the Sixties* –, die durch die 1960er-Jahre hindurch drei Dinge in einer Längsschnittstudie miteinander korreliert: zum einen Umfragedaten des Meinungsforschungsinstituts *Gallup* zur Frage, welche Themen die Bürger am meisten beschäftigten („the most important problem facing the nation"), zum Zweiten Ergebnisse von Inhaltsanalysen großer Nachrichtenmagazine (*Newsweek*, *Times*, *U.S. News and World Report*), zum Dritten statistische Indikatoren zur Ermittlung gesellschaftlich real vorhandener Themen. Es zeigt sich, dass Medien- und Publikumsagenda miteinander korrelierten, und dass eine Veränderung der Medienagenda an eine entsprechende Veränderung der Publikumsagenda gekoppelt ist. Die Studie ergibt zudem – durch einen Vergleich der medialen Berichterstattung mit externen Realitätsindikatoren –, dass die Bevölkerungsagenda der medialen Berichterstattung folgt, auch wenn diese nicht immer die realen Gegebenheiten und Verhältnisse wiedergeben.[201]

Mit Blick auf die Agenda-Setting-Prozesse sind drei Hauptagenden bedeutsam[202], die in einem Wechselverhältnis zueinander stehen: *Media Agenda*, *Public Agenda* und *Policy Agenda*, hinzu kommen die sogenannten ‚Real-World-Indikatoren', die für einen Realitätsabgleich der ‚medialen Wirklichkeitskonstruktionen' stehen sollen.[203] Shearon Lowery und Melvin de Fleur beschreiben dabei den Effekt der *Medienwirkung* als mehrstufigen Prozess: „First, the media provoked

---

200 McCombs und Shaw, „Agenda-Setting Function", 184.
201 Vgl. Maurer, *Agenda-Setting*, 21 f.; vgl. Jäckel, *Medienwirkungen*, 195. – Die Ergebnisse der Studie von Funkhouser erschienen unter: Funkhouser, G. Ray, „The Issues of the Sixties: an Exploratory Study in the Dynamics of Public Opinion", *The Public Opinion Quarterly* 37, 62–75.
202 Vgl. zum Folgenden: Jäckel, *Medienwirkungen*, 195 f.
203 Die *Media Agenda* wird in der Regel über *inhaltsanalytische* Verfahren erhoben, die sich wiederum vor allem auf quantitativ zu erfassende Tatbestände beziehen (Anzahl und Umfang von Themenaufbereitungen in den verschiedenen Medien; Themenstrukturierung, -hierarchien). Die *Public Agenda* wird in der Regel über Bevölkerungsumfragen erhoben (z. B. *Gallup*-Frage), die dann Auskunft geben über Themen und ihre Hierarchien, die für die Bürger und Bürgerinnen bedeutsam sind. Die *Policy-Agenda* bezieht sich auf Themen, die politische Akteure ventilieren. Bei der Erhebung werden etwa Parlamentsdebatten analysiert (weniger standardisierte Messungen als bei den anderen Agenden). Dabei zeigt sich, dass die AS-Forschung traditionell sehr auf den politischen Sektor bezogen ist. Die *Real-World-Indikatoren* werden für eine Art ‚reality check' erhoben: Herangezogen werden etwa Daten amtlicher Statistik, um Informationen über den Zustand von Arbeitsbeschäftigungen, Gesundheit, Umwelt etc. zu erhalten. (Vgl. Jäckel, *Medienwirkungen*, 196.)

among its audiences an awareness of the issues. Second, it provided a body of information to the members of that audience. Third, this information provided the basis for attitude formation or change on the part of those who acquired it. And fourth, the attitudes shaped behavior among those involved in the sequence."[204]

Die Forschung zum Agenda-Setting hat im Laufe der Zeit also eine Weiterentwicklung erfahren: Nicht mehr nur die Frage „what to think about" ist von Interesse, also die Parameter Aufmerksamkeit und Wahrnehmung, sondern eben die Medienwirkungen in ihren unter Umständen mehrstufigen Prozessen bis hin zur Handlungsorientierung.[205]

---

204 Lowery, Shearon und DeFleur, Melvin L., *Milestones in Mass Communication Research: Media Effects* (White Plains/NY ³1995), 275. – McCombs und Shaw haben seit der Beschreibung des Effekts Ende der 1960er-Jahre zahlreiche weitere Studien durchgeführt, die die Agenda-Setting-Hypothese im Kontext der Massenkommunikationsforschung etablieren und präzisieren konnten. Auch ihnen geht es um die Beschreibung von *Medieneffekten* im Zusammenhang mehrstufiger Wirkungsprozesse, die besonders das Verhältnis von öffentlicher Aufmerksamkeit (Bevölkerung, Politik) und Medienaufmerksamkeit beschreiben und untersuchen möchte. McCombs und Shaw skizzieren Ende der 1970er-Jahre drei Modelle als Beschreibung einer Rangfolge von Wirkungen (Wirkungsdimensionen): das *Awareness-Modell (Aufmerksamkeitsmodell)*, das *Salience-Modell (Thematisierungsmodell)*; das *Priorities-Modell (Themenstrukturierungsmodell)*. (Zu allen drei Modellen vgl. Jäckel, *Medienwirkungen*, 194 f.) Das heißt: „Agenda-Setting bedeutet demzufolge zunächst Thematisierung, aber zugleich auch Strukturierung von Themen […]. Die Berichterstattung unterscheidet sich in Präsentation und Persistenz der Themen. Diese Gewichtung wird von den Rezipienten wahrgenommen und als Indikator für die gesellschaftliche Relevanz in die eigene Bewertung integriert." (Jäckel, *Medienwirkungen*, 195.)
205 Vgl. auch Brosius, Hans-Bernd, „Agenda-Setting nach einem Vierteljahrhundert Forschung: Methodischer und theoretischer Stillstand?", *Publizistik* 33 (1994), 269–288: 280; vgl. Brettschneider, Frank, „Agenda-Setting: Forschungsstand und politische Konsequenzen", in *Politik und Medien: Analysen zur Entwicklung der politischen Kommunikation*, hg.v. Michael Jäckel und Peter Winterhoff-Spurk (Berlin 1994), 211–229: 226. – Agenda-Setting ist mittlerweile ein vielbeforschtes Feld, wobei sich die Studien in ihrer Ausgestaltung und Anlage durchaus sehr unterscheiden. Agenda-Setting-Studien können als Quer- und Längsschnittstudien angelegt sein. Dabei spiegeln die angesetzten Untersuchungsintervalle die Annahmen über die Resonanzerzeugung wider: Die Spannweite liegt von wenigen Tagen, in denen man meint, Agenda-Setting-Effekte nachweisen zu können, bis zu ein bis vier Monaten, in denen man annimmt, dass die Medienagenda Einfluss auf die Publikumsagenda hat. Dabei sind grundsätzlich zu unterscheiden: kurzfristige Effekte (einem Thema kommt unmittelbar im Anschluss an die Berichterstattung hohe Bedeutung zu), langfristige Effekte (die Bedeutung des Themas eröffnet sich erst nach einem gewissen Zeitraum) und kumulative Effekte (Themen kommen in Varianten immer wieder auf der Medienagenda vor, z. B. Umweltereignisse). Spektakuläre Ereignisse (*trigger events*) sind besonders geeignet, um die Aufmerksamkeit der Medienberichterstattung zu erwecken und dann auch Resonanzen bei den Rezipienten zu erlangen. Die Studien nehmen häufig Untersuchungen in Form von *Aggregatdaten* vor; sie können so die Individualebene nicht (mehr) abbilden. Das führt mitunter zu paradoxen Effekten, dass sich Agenda-

Damit rückt mediale Gestaltung von Themen, die Themen*attribuierung*, stärker in den Fokus. *Framing*[206] und *Priming*[207] sind als Nebeneffekte des Agenda-Setting-Effekts zu verstehen und werden auch als ‚Second-Level-Agenda-Setting' bezeichnet. Der Agenda-Setting-Effekt wird zudem von Elementen wesentlich mit beeinflusst, die in engem Zusammenhang mit dem direkten Produktions- und Rezeptionsprozess stehen.[208] Zum einen sind die Merkmale des Mediums von entscheidender Bedeutung für die Bearbeitung von *Issues*.[209] Auf der Hand liegt, dass bereits formale Kriterien als Merkmale der Botschaft einen Einfluss auf die Rezeption haben (zum Beispiel der Umfang der Beiträge, ihre Platzierung, ihre Bebilderung). Inhaltlich hängt das Ausmaß der Wirkung sehr von der Definition von Themen ab.[210] Agenda-Setting-Effekte sind, das liegt nahe,

---

Setting-Effekte zwar auf der Makroebene konstatieren und beobachten lassen, auf der Mikroebene dagegen nicht mehr (durch Errechnung von Durchschnittswerten). *Cross-Lagged-Korrelationen* sind Errechnungen von Kreuzkorrelationen in Panelanalysen, die auf Querschnittsanalysen von Aggregatdaten beruhen. (Vgl. Jäckel, *Medienwirkungen*, 200 ff.)
206 *Framing* bedeutet, wie bereits erwähnt, dass durch Hervorhebung, Auslassung und Selektion Themen gerahmt werden, so dass sich eine bestimmte Auffassung des Themas nahelegt. Der *Frame* ist also ein Interpretationsrahmen für ein Thema.
207 *Priming* hingegen bedeutet, vereinfacht ausgedrückt, dass Akteure vom Publikum primär unter *den* Aspekten beurteilt werden, die thematisch gegenwärtig oder vor Kurzem auf der Medienagenda stehen/standen. Geprimt werden also Wissenselemente resp. das Thema, auf das hin die Kompetenz etwa eines Politikers beurteilt wird. (Zu Medien-Priming- und Medien-Framing-Effekten vgl. weiterhin u. a. Schemer, Christian, „Priming, Framing, Stereotype", in *Handbuch Medienwirkungsforschung*, hg. v. Wolfgang Schweiger und Andreas Fahr (Wiesbaden 2013), 153–169.)
208 Vgl. zum Folgenden: Maurer, *Agenda-Setting* (Baden-Baden 2010), 50 ff.
209 Ende der 1970er-Jahre geht man etwa davon aus, dass der Agenda-Setting-Effekt der Presse langfristiger ist als der des Fernsehens, dem eher ein Scheinwerfereffekt zukommt: Das TV erzielt kurzfristigere Effekte und rückt eher auch nur Top-Themen ins Blickfeld. Der Hörfunk ist bisher kaum auf Agenda-Setting-Effekte hin untersucht worden. Interessant wird es künftig sein, die Agenda-Setting-Effekte der Online-Nachrichten stärker in den Blick zu nehmen. Studien aus den Jahren 2002 und 2005 zeigen, dass hier Online-Nutzer den Themen der Nachrichten weniger Wichtigkeit beimessen als Personen, die die Nachrichten in der Presse gelesen haben. Vgl. Althaus, Scott L. und Tewksbury, David, „Agenda Setting and the ‚New' News: Patterns of Issue Importance on the Paper and Online Versions of the New York Times", *Communication Research* 29 (2002), 180–207; vgl. Schönbach, Klaus, de Waal, Ester und Lauf, Edmund, „Online and Print Newspapers: Their Impact on the Extent of the Perceived Public Agenda", in *European Journal of Communication* 20 (2005), 245–258.
210 Themen können als abstrakte Hauptthemen gefasst werden (Innere Sicherheit, Außenpolitik usw.), als konkrete Subthemen (faktische Probleme, die einer Lösung zugeführt werden müssen, z. B. Unruhen in der Ukraine, Atommülllagerung in Gorleben etc.); Themen können als Einzelereignisse definiert werden (in der Regel spektakuläre Ereignisse/*trigger events*, z. B. 09/11 oder die Flut im Osten Deutschlands vor der Bundestagswahl 2002). Zwar werden konkrete Themen

abhängig von der Intensität der Medienrezeption. Das Orientierungsbedürfnis ist höher, je eher die Relevanz eines Themas klar ist, jedoch nicht die persönliche Positionierung zum Thema. Hier kann die Medienagenda großen Einfluss nehmen auf die Publikumsagenda. Interessant ist wiederum, dass die Agenda-Setting-Effekte bei Rezipienten mit großem *involvement* geringer ausfallen: Solche Rezipienten haben in der Regel bereits einen Standpunkt in der Bearbeitung eines Themas für sich gefunden und gleichen insofern die Berichterstattung mit ihrem Eigenen eher nur ab (hinzu kommt der Deckeneffekt der Messung: die Themensalienz ist bei stark involvierten Personen kaum – gemessen in Relation zu gering Involvierten – zu steigern).[211]

Untersucht worden ist mittlerweile auch der Zusammenhang von *Anschlusskommunikation* und Agenda-Setting.[212] Auch darauf sei an dieser Stelle ein kurzer Blick geworfen, da das Thema der Anschlusskommunikation[213] beziehungsweise der interpersonalen Kommunikation im Zusammenhang der Internet-Technologien auf eine neue Ebene gehoben wird. Bereits im Zusammenhang der klassischen Massenmedien und im Anschluss an die klassische Agenda-Setting-Forschung wird die Bedeutung von medial aufbereiteten Themen für die Alltagskommunikation von Menschen deutlich. Themen der Medienberichterstattung wirken zunächst integrierend, da sie in der Regel für viele Menschen anschlussfähig sind. Besonders in Small-Talk-Situationen (auf der Ebene der Encounter-Öffentlichkeiten), also solchen, die zunächst von keiner hohen Gesprächsintensität gekennzeichnet sind, dienen Themen der Medienberichterstattung als verbindendes Element[214]; die Themen der interpersonalen Kommunikation können also eine Folgewirkung der massenmedialen Thematisierung

---

von den Rezipierenden eher aufgenommen, offensichtlich lässt die Zusammenführung zu abstrakteren Themenkategorien allerdings den Agenda-Setting-Effekt besser nachweisen.

211 Bemerkenswerterweise existiert nicht notwendig ein enger Zusammenhang zwischen der Medienagenda und der Entwicklung der Realitätsindikatoren. Entsprechend halten Rezipienten Themen dann für besonders wichtig, wenn die Massenmedien über sie berichten, nicht unbedingt dann, wenn es äußere Anlässe dafür gibt i.e. die Themen real wichtig sind. Dieser Befund mag allerdings noch einmal auf die Bedeutung einer Kartografie von Wirklichkeit, die Lippmann beschreibt, hinweisen: Medienberichte ‚machen', dass Menschen Indikatoren in ihrer Umwelt sehen und interpretieren können.

212 Vgl. zur Schwierigkeit, Agenda-Setting-Prozesse auf individueller Ebene, jenseits von Aggregatdaten, zu untersuchen: Bulkow und Schweiger, „Agenda-Setting".

213 Zum Begriff vgl. Merten, Klaus, *Kommunikation: Eine Begriffs- und Prozessanalyse* (Opladen 1977).

214 Vgl. Kepplinger, Hans Mathias und Martin, Verena, „Die Funktion der Massenmedien in der Alltagskommunikation", *Publizistik* 31 (1986), 118–128; vgl. Schenk, Michael, *Medienwirkungsforschung* (3. vollst. überarb. Aufl., Tübingen 2007), 497.

darstellen. Studien zeigen, dass Personen mit geringer interpersonaler Kommunikation über politische Themen eine deutlichere Übereinstimmung zwischen Publikums- und Medienagenda aufweisen als Personen mit starker interpersonaler Kommunikation über politische Themen[215] – interpersonale Kommunikation macht sich hier als intervenierende Variable bemerkbar[216]: „[D]ie Massenmedien [machen] Themen und Ereignisse bekannt (Themen-‚Awareness'), während interpersonale Kommunikation und wechselseitige Koorientierung zur Evaluation, Prioritätensetzung und Meinungsbildung in erheblichem Maße beitragen."[217] In diesen Aushandlungsprozessen sind sowohl Themenkomplementaritäten zwischen Medien- und Publikumsagenda zu beobachten als auch Themenkonkurrenzen. Von Bedeutung können dabei stattfindende Gruppenprozesse der Aushandlung von gruppenspezifischen Agenden sein, wobei diese Agenden selbst einerseits Auswirkung auf öffentliche Thematisierungsprozesse haben können und andererseits die Agenden individueller Gruppenangehöriger beeinflussen (im Zusammenhang der individuellen Etablierung einer Agenda aus verschiedenen Kommunikationszusammenhängen sprechen Shaw u. a. auch von *agenda melding*)[218].

Das ‚Intermedia-Agenda-Setting' als Wechselwirkung zwischen den verschiedenen Medien gewinnt unter Beteiligung der Internet-Technologien freilich noch einmal eine neue Dynamik.[219] Insgesamt lässt sich das komplexe Zusam-

---

215 Vgl. Hügel, Rolf, Degenhardt, Werner und Weiss, Hans-Jürgen, „Strukturgleichungsmodelle für die Analyse des Agenda-Setting Prozesses", in *Medienwirkungen*, hg.v. Winfried Schulz (Weinheim 1992), 144–159: 152; vgl. dies., „Structural Equation Models for the Analysis of the Agenda-Setting Process", *European Journal of Communication* 4 (1989), 191–210: 204; vgl. Shaw, Eugene F., „The Agenda-Setting Hypothesis Reconsidered: Interpersonal Factors", *Gazette* 23 (1977), 230–240. – Dabei müssten die Kommunikationsflüsse in sozialen Netzwerken genauer untersucht werden, zum Desiderat vgl. Schenk, *Medienwirkungsforschung*, 500.
216 Vgl. Schenk, *Medienwirkungsforschung*, 498 f. – Zudem ist eine Verschränkung von Prozessen interpersonaler Meinungsführerschaft und Agenda-Setting zu beobachten: Meinungsführerschaft etabliert sich vielfach über ein dominierendes Gesprächsverhalten unter Aufnahme von Themen der massenmedialen Agenda; Meinungsführerinnen wirken also als Multiplikatorinnen und bestimmen die Agenda der Zuhörer mit (Sekundärdiffusion von Medieninhalten; vgl. 497.)
217 Schenk, *Medienwirkungsforschung*, 501; vgl. Rogers, Everett M. und Dearing, James W., „Agenda-Setting-Research: Where has it been, where is it going?", in *Communication Yearbook* 11, hg.v. James Anderson (1988), 555–594: 568.
218 Vgl. Shaw, Donald L., McCombs, Maxwell, Weaver, David H. und Hamm, Bradley J., „Individuals, Groups, and Agenda Melding: A Theory of Social Dissonance", *International Journal of Public Opinion Research* 11 (1999), 2–24.
219 Vgl. Jäckel, *Medienwirkungen*, 218; vgl. Johnson, Thomas J., Hg., *Agenda Setting in a 2.0 World: New Agendas in Communication* (New York/NY u. a. 2014); vgl. Bulkow, Kristin und Schweiger, Wolfgang, „Agenda-Setting und Dual Processing: Varianten der Nachrichtenrezeption

menwirken der Ebenen und Elemente im Zusammenhang der Agenda-Setting-Prozesse wie folgt noch einmal und zusammenfassend darstellen[220]:

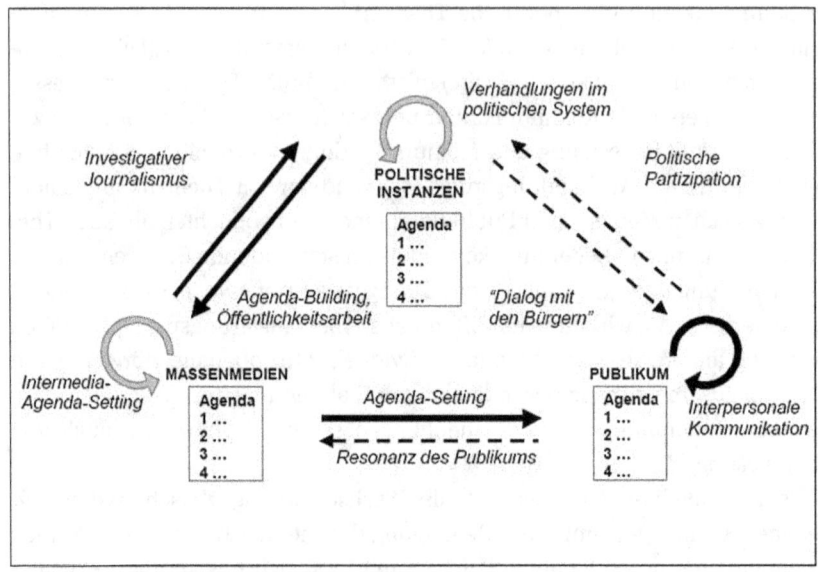

Abbildung 2: Komplexes Zusammenspiel von Ebenen und Elementen im Agenda-Setting-Prozess

2.4 Neuer Strukturwandel der Öffentlichkeit und Entstehung digitaler Öffentlichkeiten

Aus dem bisher Ausgeführten wird deutlich, wie eng die Konstitution von Öffentlichkeit mit zuhandenen Medien, dann aber auch mit Medienwandeln[221] und technischen Innovationen verflochten ist. Ein Nachdenken über öffentliche

---

als Determinante im Agenda-Setting", in *Theorieanpassungen in der digitalen Medienwelt*, hg.v. Olaf Jandura, Andreas Fahr und Hans-Bernd Brosius (Baden-Baden 2013), 207–224.
220 Die Abbildung ist entnommen: Jäckel, *Medienwirkungen*, 219. Jäckel bezieht sich in der Darstellung wiederum auf: Rössler, Patrick, „Die Definitionsmacht für Themen des politischen Diskurses in einer veränderten Kommunikationswelt: Agenda-Setting und die Individualisierungstendenzen im Online-Zeitalter – ein Szenario", in *Machtkonzentration in der Multimediagesellschaft? Beiträge zu einer Neubestimmung des Verhältnisses von politischer und medialer Macht*, hg.v. Heribert Schatz, Otfried Jarren und Bettina Knaup (Opladen 1997), 78–97: 82.
221 Zu Verständnis und Systematisierung des Begriffs vgl. u. a.: Kinnebrock, Susanne, Schwarzenegger, Christian und Birkner, Thomas, Hg., *Theorien des Medienwandels* (Köln 2015).

Kommunikation – freilich auch die öffentliche Kommunikation der Kirchen – ist dabei immer zugleich auf die Reflexion der Rolle der Medien im Prozess öffentlicher Kommunikation verwiesen. Das bedeutet gegenwärtig: Vor dem Hintergrund des medialen Wandels der letzten zwei Dekaden kommt ein Nachdenken über öffentliche Kommunikation nicht ohne Rekurs auf die Rolle der Technologien des Internets und ihrer sozialen Anverwandlung im Zusammenhang der Herausbildung von Öffentlichkeit aus. Von einem „neuen Strukturwandel der Öffentlichkeit"[222] ist die Rede. Jürgen Habermas spricht im Zusammenhang der Etablierung der digitalen Kommunikation von der „dritten großen Medienrevolution"[223] neben der Erfindung von Schrift und Buchdruck – was allerdings noch nichts per se über ein öffentlichkeitsgenerierendes Potenzial aussagt, das durch den Medienwandel freigesetzt würde. Um sich der Antwort auf die Frage nach diesem öffentlichkeitsgenerierenden Potenzial zu nähern, wird im Folgenden ein Dreischritt unternommen. Zunächst kommen Beschreibungen von Prozessen sozialer Konstitution von Wirklichkeit im Zusammenhang onlinebasierter Kommunikation in den Blick. Insbesondere die Metapher des Raums und die heuristische Figur des Netzwerks spielen hier eine Rolle.[224] Zweitens wird der Frage nachgegangen, welche Technologien mit welchen Funktionen gegenwärtig für ‚das' Internet charakteristisch sind – für die Nutzer und Nutzerinnen sichtbar und im Backend-Bereich.[225] Schließlich wird das Problem des öffentlichkeitsgenerierenden Potenzials wieder aufgenommen: Was lässt sich über eben jenes im Zusammenhang der ‚neuen' Medien sagen? Wie stellen sich neue Öffentlichkeiten dar, und in welchem Verhältnis stehen sie zu bisherigen Formen von Öffentlichkeit?[226]

2.4.1 ‚Das' Internet als neuer öffentlicher Interaktionsraum

Bereits der Öffentlichkeitsbegriff, der sich noch nicht explizit mit den Öffentlichkeiten auseinandersetzt, die im Zusammenhang von Online-Kommunikationen entstehen, kennt den Aspekt der Virtualität von Öffentlichkeit: Öffentlichkeit konstituiert sich nicht nur über physisch Anwesende, sondern ist in komplexen

---

222 Vgl. exemplarisch: Imhof, *Krise der Öffentlichkeit*, 108 ff.; Fraser, Nancy, „Kritische Theorie im neuen Strukturwandel der Öffentlichkeit", *Forschungsjournal Neue Soziale Bewegungen* 23 (2010), 18–25.
223 „Im Sog der Gedanken", Frankfurter Rundschau vom 13.06.2014. http://www.fr-online.de/kultur/juergen-habermas-im-sog-der-gedanken,1472786,27478968.html (01.03.2018).
224 Vgl. Kapitel 2.4.1.
225 Vgl. Kapitel 2.4.2.
226 Vgl. Kapitel 2.4.3.

sozialen Gefügen immer auf verschiedene Arenen verteilt und zudem von der Idee her auf eine Potenzialität von Öffentlichkeitsteilnehmern bezogen. So schreibt Jürgen Habermas in seinem Vorwort von 1990 in *Strukturwandel der Öffentlichkeit*: „Wenn die Idee der Volkssouveränität auf hochkomplexe Gesellschaften noch realistisch Anwendung finden soll, muß sie von der konkretistischen Deutung einer Verkörperung in physisch anwesenden, partizipierenden und mitbestimmenden Gliedern eines Kollektivs abgelöst werden."[227]

Nichtsdestotrotz setzt mit dem Aufkommen ‚des' Internet Anfang der 1990er-Jahre und der Digitalisierung von Kommunikation etwas Neues ein, eine Transformation, deren Konsequenzen bis heute nicht in ihrer Tragweite abgeschätzt werden können. Wie bereits erwähnt, ändern sich die Gestimmtheiten den neuen Technologien gegenüber. Als sich ‚das' Internet etabliert, dominiert die Euphorie einer ‚neuen Ära'. Ein viel zitiertes Beispiel in diesem Zusammenhang ist John Perry Barlows *A Declaration of the Independence of Cyberspace* aus dem Jahr 1996, als Reaktion auf das *Telecommunications Act of 1996*, das die Änderung des US-amerikanischen Telekommunikationsrechts vorsah:

> Governments of the Industrial World, you weary giants of flesh and steel, I come from Cyberspace, the new home of mind. [...] Cyberspace does not lie within your borders. Do not think that you can build it, as though it were a public construction project. You cannot. It is an act of nature and it grows itself through our collective actions. [...] Cyberspace consists of transactions, relationships, and thought itself, arrayed like a standing wave in the web of our communications. Ours is a world that is both everywhere and nowhere, but it is not where bodies live. We are creating a world that all may enter without privilege or prejudice accorded by race, economic power, military force, or station of birth.[228]

Bereits in diesem Ausschnitt aus der *Declaration* zeigt sich, was viele in den 1990er-Jahren mit dem neuen Medium verbinden: neue Möglichkeiten der Vernetzung und der Vergemeinschaftung, flache Hierarchien, interaktive Partizipation; das neue Medium ist für viele eine Freiheitstechnologie. Insbesondere die Möglichkeit zur Interaktion im Zusammenhang der medialen Kommunikation begeistert: Kritiker waren sich mit Blick auf die ‚klassischen' Massenmedien einig, dass – um es holzschnittartig auszudrücken – der Konsum massenmedial verbreiteter Inhalte die Rezipienten und Rezipientinnen in die politische wie intellektuelle Passivität führe.[229] Habermas' These vom Verfall der bürgerlichen Öf-

---

[227] Habermas, *Strukturwandel*, 43.
[228] Der ganze Text ist online verfügbar unter: https://projects.eff.org/~barlow/Declaration-Final.html (01.03.2018).
[229] Stellvertretend für viele vgl. Postman, Neil, *Amusing Ourselves to Death: Public Discourse in the Age of Show Business* (New York/NY 1985).

fentlichkeit ist eine klassisch gewordene Variante dieser Kritik.[230] Die neuen Möglichkeiten interaktiver Partizipation hingegen scheinen alte Träume wiederzubeleben, wie sie unter anderem Bertolt Brecht mit seiner *Radiotheorie* schon in den 1930er-Jahren skizziert hatte. Brecht schreibt in seiner kleinen Schrift *Der Rundfunk als Kommunikationsapparat* von 1932:

> Um nun positiv zu werden: das heißt, um das Positive am Rundfunk aufzustöbern; ein Vorschlag zur *Umfunktionierung* des Rundfunks: Der Rundfunk ist aus einem Distributionsapparat in einen Kommunikationsapparat zu verwandeln. Der Rundfunk wäre der denkbar großartigste Kommunikationsapparat des öffentlichen Lebens, ein ungeheures Kanalsystem, das heißt, er *wäre* es, wenn er es verstünde, nicht nur auszusenden, sondern auch zu empfangen, also den Zuhörer nicht nur hören, sondern auch sprechen zu machen und ihn nicht zu isolieren, sondern ihn auch in Beziehung zu setzen.[231]

Die Möglichkeiten interaktiver Partizipation bestehen in gesteigertem Maße nun erst seit der Etablierung der Technologien der Social Media.[232] Zum Jahrtausendwechsel existierten in der Regel Websites, die, klassisch dem alten Sender-Empfänger-Modell der Massenmedien folgend, auf die Vermittlung von Informationen fokussiert waren und überwiegend Text beinhalteten. Die Nutzungsmotive heutiger User und Userinnen bestehen immer noch aus Informationsbedarf, der aber vermehrt mit kommunikativen und sozialen Motiven verschränkt ist: „Ausschlaggebend für die Notwendigkeit, Medien vermehrt unter den Perspektiven sozialer Dimensionen zu konzeptionalisieren, ist der Nutzungs- und Bedeutungswandel: Es ist eine sozial-kommunikative Funktionalität, die die globale Nutzungsexplosion antreibt."[233] Leitend ist dabei das Kriterium der individuellen Selektion – zunächst einmal unabhängig davon, welche (Inter-)Aktionsmuster den Nutzern technisch vorgegeben sind – und zwar mit Blick auf die Auswahl der Informationsquellen wie den Umgang mit einer Fülle sich anbietender sozialer Kontakte in unterschiedlichen Netzwerken. Die neue Form der interaktiven Partizipation besteht nicht zuletzt und ganz wesentlich darin, dass jeder Nutzer und jede Nutzerin eigene Inhalte (Texte, Fotos, Videos etc.) produ-

---

230 Vgl. Kapitel 2.2.1.
231 Brecht, Bertolt, „Der Rundfunk als Kommunikationsapparat: Rede über die Funktion des Rundfunks", in *Gesammelte Werke*, Bd. 18: *Schriften zur Literatur und Kunst 1*, hg.v. Elisabeth Hauptmann (Frankfurt a.M. 1967), 127–134: 129. Vgl. auch Münker, Stefan, *Emergenz digitaler Öffentlichkeiten: Die Sozialen Medien im Web 2.0* (Frankfurt a.M. 2009), 10 ff.
232 Vgl. Kapitel 2.4.2.
233 Thimm, Caja, „Ökosystem Internet – Zur Theorie digitaler Sozialität", in *Social Media: Theorie und Praxis digitaler Sozialität*, hg.v. ders. und Mario Anastasiadis (Frankfurt a.M. 2010), 21–42: 23.

zieren und anderen Usern zur Verfügung stellen kann. Die Rollen von *consumer* und *producer* fließen in der Rolle des *prodsumers* zusammen. Diese Rolle haben viele Nutzer und Nutzerinnen ‚des' Internets für sich entdeckt.

Zwei Begriffe haben in der Beschreibung der neuen Formen von Intersubjektivität und Konnektivität beziehungsweise dessen, was durch sie entsteht, gegenwärtig an Bedeutung gewonnen: der Begriff des *Netzwerk*s und der des *Raum*es (beide Begriffe sind auch in den späteren Reflexionen Habermas' zur Öffentlichkeit wichtig geworden).

2.4.1.1 Der virtuelle Raum als intersubjektiv gestalteter Raum

Der Raumbegriff hat in den letzten 25 Jahren eine Renaissance erlebt. Der sogenannte *spatial turn* bezeichnet in den Kultur- und Sozialwissenschaften eine neue Fokussierung auf den Raum als kulturellen Raum in der Wahrnehmung moderner gesellschaftlicher Veränderungsprozesse neben der dominanten Wahrnehmungsperspektive der Prozesse über die Kategorie der Zeit.[234] In dieser Perspektive denken Theoretiker und Theoretikerinnen ‚Raum' als dynamischen Interaktionszusammenhang: „space is not static, nor time spaceless. We need to conceptualize space as constructed out of interrelations, as the simultaneous coexistence of social interrelations and interactions at all spatial scales."[235] Ausgehend von naturwissenschaftlich-geografischen Ansätzen wird Raum nicht mehr nur als physischer Raum, sondern als konstruierter Raum, als „Produkt sozialer und kultureller Praktiken oder als diskursiver Ort"[236] verstanden. Ausgangspunkt der sozialwissenschaftlichen Auseinandersetzung mit dem Raumbegriff ist also der naturwissenschaftliche Raumbegriff, der Raum als natürliche Gegebenheit betrachtet, als ‚Container', in dem sich Kulturen und Menschen ‚befinden', der physikalische Raum, aber etwa auch der Raum des Nationalstaats. Die Vorstellung des absoluten Raumes kennt also distinkte Unterscheidungen, ein fixes Innen und ein fixes Außen, das den Raum definiert; dieser Raum existiert in gewisser Weise auch unabhängig von Handlungen, die innerhalb dieses Raumes stattfinden. Der *relationale* Raumbegriff bezieht nun ein, dass Räume sich durch die Zeit hindurch verändern und im Zusammenhang mit Handlungen stehen, die auf sie einwirken. Insofern lässt sich der relationale Raumbegriff mit einer prozessualen Perspektive verbinden: „Aktivität des Handelns geht unmittelbar mit

---

234 Vgl. Bachmann-Medick, Doris, *Cultural Turns: Neuorientierungen in den Kulturwissenschaften* (3., neu bearb. Aufl., Reinbek b. Hamburg 2009), insbes. 284 ff.
235 Massey, Doreen, *Space, Place and Gender* (Minneapolis 1994), 264.
236 Drüeke, Ricarda, *Politische Kommunikationsräume im Internet: Zum Verhältnis von Raum und Öffentlichkeit* (Bielefeld 2013), 38.

der Produktion von Räumen einher."²³⁷ Geht man von einem dynamischen Raumkonzept aus, legt sich das Verständnis nahe, dass Raum nicht schlicht gegeben ist. Raum wird vielmehr erst konstituiert durch Handlung und somit auch durch Kommunikation, das heißt durch intersubjektives und symbolisches Handeln.²³⁸ Raum ist in dieser Konsequenz dann nicht nur material vorhandener Raum, sondern auch Raum entstanden aus sozialer Interaktion, dann auch Raum als virtueller Raum.

Der Raumbegriff und in Folge Metaphern des Raums finden, so verstanden, Eingang in die Auseinandersetzung mit den Phänomenen ‚des' Internets. Für ‚das' Internet lässt sich das Entstehen von Räumen aus zusammenwirkenden sozialen Praxisformen noch einmal neu plausibilisieren: Nicht die physische Nähe erzeugt den Raum, sondern – aufruhend auf diese ermöglichende Technologien – die Bezogenheit der Interaktionen aufeinander. Es handelt sich also um eine medial vermittelte Bezogenheit, die keine physische Co-Präsenz notwendigerweise voraussetzt, wenngleich sie sie zulässt: „Als Konsequenz kann der Sozialraum Internet nicht als ein Behälterraum mit einem eindeutigen ‚Außen' betrachtet werden, sondern ist ein offener Zusatzraum ohne eindeutiges ‚Innen' und ‚Außen', welcher sich erst durch seine kommunikativen Anschlüsse ausbildet. Demnach findet das Soziale nicht nur im Raum statt, sondern es kreiert ihn vielmehr."²³⁹

Ricarda Drüeke bezieht sich in ihren Ausführungen auf das von Brigitte Hipfl skizzierte Konzept medialer Identitätsräume, das noch einmal die komplexen Prozesse von *doing space* reflektiert: Wichtig ist neben der Konstitution von medialen sozialen und kulturellen Räumen an sich die Bedeutung, die diese Räume für die Identitätsbildung haben. Mediale Identitätsräume besitzen drei Merkmale²⁴⁰: Zum einen konstruieren Medien „geopolitische Räume", zu deren „imagi-

---

237 Löw, Martina, *Raumsoziologie* (Frankfurt a.M. 2001), 18. Zum *spatial turn* vgl. weiterhin auch: Drüeke, *Politische Kommunikationsräume*, 35 ff. Drüeke skizziert hier die für den *spatial turn* grundlegenden Arbeiten von Henri Lefebvre, Edward Soja und Doreen Massey.
238 Vgl. dazu auch: Merle, Kristin, „Virtual and real. Gefühle im Cyberspace", in *Religion und Gefühl*, hg.v. Lars Charbonnier, Matthias Mader und Birgit Weyel (Göttingen 2013), 249–263: 252ff.; vgl. Lehnert, Gertrud, „Raum und Gefühl", in *Raum und Gefühl: Der Spatial Turn und die neue Emotionsforschung*, hg.v. ders. (Bielefeld 2011), 9–25: 10; vgl. Lefebvre, Henri, „Die Produktion des Raums" in *Raumtheorie: Grundlagentexte aus Philosophie und Kulturwissenschaften*, hg.v. Jörg Dünne und Stephan Günzel (Frankfurt a.M. 2006), 330–342.
239 Thimm, „Ökosystem Internet", 30.
240 Vgl. Drüeke, *Politische Kommunikationsräume*, 61; vgl. Hipfl, Brigitte, „Mediale Identitätsräume: Skizzen zu einem ‚spatial turn' in der Medien- und Kommunikationswissenschaft", in *Identitätsräume: Nation, Körper und Geschlecht in den Medien. Eine Topografie*, hg.v. ders., Elisabeth Klaus und Uta Scheer (Bielefeld 2004), 16–50.

närer und symbolischer Geographie"[241] Menschen sich ins Verhältnis setzen können, in Zustimmung von Beschreibungen und Zuordnungen oder in Ablehnung. Zum Zweiten bilden Medieninhalte „semiotische Räume". Diese Inhalte selbst können daraufhin überprüft werden, welche Konstruktionen von Körpern und Identitäten in Verbindung mit welchen räumlichen Zuweisungen ihnen inhärent sind. Hier werden „Differenzierungen, Grenzziehungen und Formen des Ausschlusses vorgenommen."[242] Zum Dritten können Medien als „Zwischen-Räume" gefasst werden, die Identitätsentwürfe und -positionen durch einen sich eröffnenden kreativen Raum ermöglichen, sie „bilden sich in den Prozessen der Medienrezeption und der Interaktion mit den Medien heraus […]. Die RezipientInnen von Medien nutzen die von den Medien zur Verfügung gestellten geopolitischen und semiotischen Räume nicht nur, vielmehr bilden sich neue Räume durch die Nutzung heraus. Dadurch können neue Räume und neue Identitätspositionen eröffnet werden, die in den Medien selbst nicht vorhanden oder vorgesehen waren.[243]

Die Komplexität gegenwärtiger Prozesse der Identitätskonstitution[244] veranschaulicht noch einmal in anderer Weise Andreas Hepps Blick auf Medienkulturen. Medienkulturen – verstanden als Mediatisierung von Kulturen und insofern als mediale Vermittlungen von Kulturen beziehungsweise kulturellen Handlungs- und Deutungsmustern: *„Medienkulturen [können] als solche Formen von Kultur definiert werden, deren primäre Bedeutungsressourcen durch technische Kommunikationsmedien vermittelt bzw. zur Verfügung gestellt werden*"[245] – würden fälschlicherweise immer noch zu sehr in einem ‚nationalen' Kontext verstanden. Hepp geht es vor diesem Hintergrund darum, den deterritorialen und translokalen Charakter von Medienkulturen auszuweisen, der sich darin zeigt, dass diese „per Definition" das Lokale überschreiten und „sich in einem translokalen Horizont [artikulieren]"[246]. Das bedeutet nicht, dass nicht nach wie vor „kulturelle Verdichtungen" existieren – sogar notwendigerweise –, die eher territorial fokussiert sind, so dass medienvermittelte nationale oder regionale translokale Gemein-

---

241 Drüeke, *Politische Kommunikationsräume*, 61.
242 Ebd.
243 Ebd.
244 Vgl. hierzu auch: Merle, Kristin, „Religion im Internet: von neuen Erfahrungsräumen und Hybrid-Identitäten", in *Social Media, christliche Religiosität und Kirche: Studien zur Praktischen Theologie mit religionspädagogischem Schwerpunkt*, hg. von Ilona Nord und Swantje Luthe (Jena 2014), 115–142.
245 Hepp, Andreas, „Transkulturalität als Perspektive: Überlegungen zu einer vergleichenden empirischen Erforschung von Medienkulturen" [37 Absätze], *Forum Qualitative Sozialforschung / Forum: Qualitative Social Research*, 10 (2009), Art. 26.
246 Hepp, „Transkulturalität", Art. 26.

schaften Referenzpunkt für Kulturen und Identitäten sind. Darüber hinaus entstehen jedoch im Zuge zunehmender Globalisierung vermehrt kommunikative kulturelle Verdichtungen, die territoriale Grenzen überschreiten, „die den Raum für deterritoriale translokale Vergemeinschaftungen mit entsprechenden Identitäten und Kulturen eröffnen."[247]

Raumkonzepte mögen gerade mit Blick auf ‚das' Internet dazu dienen zu veranschaulichen, wie Kommunikation sich ‚verräumlicht' und den an der Kommunikation beteiligten Subjekten ‚Raum gibt', sich zu entfalten: „[D]as Internet vergrößert räumliche Grenzen, der physisch erfahrbare und erfassbare Raum wird ausgedehnt und zugleich werden neue Plätze für die Verortung der Menschen erschaffen."[248] Das bedeutet, dass in diesen Räumen immer auch über kommunikative Akte Macht- und Hierarchieverhältnisse verhandelt werden. Wenngleich die mediatisierten Raumstrukturen – die in der Regel als durch technische Prozesse ermöglichte symbolische Verdichtungen kultureller Praktiken verstanden werden können – prinzipiell veränderbar und durchlässig sind, so spielen auch hier immer mehr oder weniger bewusste und unbewusste Prozesse von Exklusion und Inklusion eine Rolle, die dann freilich auch wieder in kritischer Hinsicht befragt werden müssen.[249]

2.4.1.2 ‚Netzwerk' als Metapher und heuristische Figur

Die Metapher des *Netzwerks* hat zur Beschreibung unterschiedlicher Sachverhalte Konjunktur und unterliegt in Folge semantisch einer Unschärfe. Mit Blick auf ‚das' Internet besitzt die Metapher ihre Plausibilität, weil sie eine technologisch bedingte prinzipiell unabgeschlossene Konnektivität anzeigt. Das Netz umfasst, in seiner umgangssprachlichen Wendung, Viele und zielt auf Ausdehnung. Fraglos gibt es Netzwerkstrukturen, so lange Menschen existieren, versteht man soziale Netzwerke als „ein Set prozessual angelegter Beziehungen, die über zwischenmenschliche Aushandlungsprozesse mit Bedeutung versehen und so für soziales Handeln und soziale Strukturen grundlegend sind."[250] Der Beschreibung und

---

247 Hepp, „Transkulturalität", Art. 26. Vgl. zum Ansatz ausführlicher auch: Hepp, Andreas, *Medienkultur: Die Kultur mediatisierter Welten* (Wiesbaden 2011).
248 Klaus, Elisabeth, Hipfl, Brigitte und Scheer, Uta, „Einleitung: Mediale Identitätsräume", in *Identitätsräume: Nation, Körper und Geschlecht in den Medien. Eine Topografie*, hg.v. dens. (Bielefeld 2004), 9–15: 11.
249 Vgl. Drüeke, *Politische Kommunikationsräume*, 72.
250 Schulz, Iren, „Mediatisierte Kommunikationskultur und der Wandel von Beziehungsnetzen im Jugendalter: Die Bedeutung des Mobiltelefons für Beziehungen, Identität und Alltag", in *Kultur*

Analyse von Netzwerken widmet sich die wissenschaftliche Netzwerkforschung[251], die unter anderem auch Netzwerkstrukturen untersucht, die sich im Zusammenhang digitaler Kommunikation ausprägen. Kommunikationsnetzwerke sind dabei keine stabilen Einheiten, sie werden vielmehr permanent umgebaut, in Kommunikationsprozessen (re-)aktualisiert, und das bedeutet wiederum: Kommunikative Netzwerke bestehen nicht ohne kommunikative Praxis[252]; sie sind „offene Strukturen und in der Lage, grenzenlos zu expandieren und dabei neue Knoten zu integrieren, solange diese innerhalb des Netzwerks zu kommunizieren

---

und mediale Kommunikation in sozialen Netzwerken, hg.v. Jan Fuhse und Christian Stegbauer (Wiesbaden 2011), 149–166: 152.

251 Einen guten Überblick zur wissenschaftlichen Netzwerkforschung bietet das *Handbuch Netzwerkforschung*: Häußling, Roger und Stegbauer, Christian, Hg., *Handbuch Netzwerkforschung* (Wiesbaden 2010); zur Bedeutung der Netzwerkforschung für die praktisch-theologische Forschung vgl. exemplarisch: Weyel, Birgit, „Netzwerkanalyse – ein empirisches Paradigma zur Konzeptionalisierung von religiöser Sozialität? Überlegungen zur wechselseitigen Erhellung von empirischen Methoden und praktisch-theologischen Konzepten", in *Praktische Theologie und empirische Religionsforschung*, hg.v. ders., Wilhelm Gräb und Hans-Günter Heimbrock (Leipzig 2013), 157–169. – Die wesentliche methodische Innovation der *V. EKD-Erhebung über Kirchenmitgliedschaft* besteht in der Integration einer Netzwerkanalyse, die als Erhebung der Kirchenmitgliedschaft als soziale Praxis in den alltäglichen Lebenswelten der Kirchenmitglieder wichtige kirchentheoretische Impulse impliziert, vgl. dazu: Bedford-Strohm, Heinrich und Jung, Volker, Hg., *Vernetzte Vielfalt: Kirche angesichts von Individualisierung und Säkularisierung. Die fünfte EKD-Erhebung über Kirchenmitgliedschaft* (Gütersloh 2015), darin insbesondere: Stegbauer, Christian, Grubauer, Franz und Weyel, Birgit, „Gemeinde in netzwerkanalytischer Perspektive: Drei Beispielauswertungen", 400–434; Weyel, Birgit, Hermelink, Jan und Grubauer, Franz, „Kirchentheoretische Konsequenzen der Netzwerkforschung", 435–437; vgl. dazu auch: Roleder, Felix und Weyel, Birgit, *Kirchengemeinde als Netzwerk: Die Gesamtnetzwerkerhebung der 5. Kirchenmitgliedschaftsuntersuchung* (Leipzig 2018). Vgl. weiterhin: Weyel, Birgit, „Kirchenmitgliedschaft", in *Handbuch für Kirchen- und Gemeindeentwicklung*, hg.v. Ralph Kunz und Thomas Schlag (Neukirchen-Vluyn 2014), 101–108. – Zur Bedeutung der Netzwerkperspektive für die Praktische Theologie vgl. auch: Merle, Kristin und Weyel, Birgit, „Sozialer und subjektiver Sinn: Das Netzwerk als ‚Modell' zur Abbildung inter- und transsubjektiver Vorgänge der Bedeutungskonstitution in der Seelsorge", in *Modellhaftes Denken in der Praktischen Theologie*, hg.v. Andreas von Heyl und Konstanze Evangelia Kemnitzer (Leipzig 2014), 137–146; Hochschild, Michael, „Wo liegt die Zukunft der Kirche? Vom Milieu zum Netzwerk", *Antonianum* LXXIV (1999), 697–724; Schulz, Claudia, „Seelsorge auf dem Weg in die Netzwerkgesellschaft: Rahmenbedingungen und Herausforderungen für das seelsorgliche Handeln der Kirche angesichts sozialer Wandlungsprozesse im Computerzeitalter", *Pastoraltheologie* 101 (2012), 341–358; Nord, Ilona, „Sinnstiftung zwischen Individuum und Organisation: Kirche als Netzwerkorganisation für eine nachhaltige Welt", *Deutsches Pfarrerblatt* 113 (2013), 432–437; vgl. zu den kybernetischen Impulsen der Netzwerkperspektive auch in der vorliegenden Arbeit Kapitel 5.2.1.

252 Vgl. dazu auch: Hepp, *Medienkultur*, 82.

vermögen, also solange sie dieselben Kommunikationscodes besitzen"[253]. Die kommunikativen Figurationen prägen sich, zumal bei fortschreitender Mediatisierung, transmedial aus; das heißt, kommunikative Figurationen beruhen in den seltensten Fällen auf der Nutzung nur eines Mediums. Versteht man Öffentlichkeiten ebenfalls, nationale wie transnationale, als kommunikative Figurationen, wie dies Hepp tut, dann ist auch hier die transmediale Konstitution als wichtiges Charakteristikum zu nennen.[254]

Neben der umgangssprachlichen Verwendung des Netzwerk-Begriffs und seiner allgemein sozialanthropologisch ausgerichteten Verwendung im Rahmen der Netzwerkforschung hat sich in der Sozialtheorie der Terminus des Netzwerks etabliert, wie er von Manuel Castells gebraucht wird, nämlich als *Grundbegriff einer gesellschaftlichen Rahmentheorie*, die versucht, die globalen Transformationsprozesse vor dem Hintergrund des medialen beziehungsweise technologischen Wandels zu beschreiben:

> Es lässt sich als historische Tendenz festhalten, dass die herrschenden Funktionen und Prozesse im Informationszeitalter zunehmend in Netzwerken organisiert sind. Netzwerke bilden die neue soziale Morphologie unserer Gesellschaften, und die Verbreitung der Vernetzungslogik verändert die Funktionsweise und die Ergebnisse von Prozessen der Produktion, Erfahrung, Macht und Kultur wesentlich. Zwar hat es Netzwerke als Form sozialer Organisation auch zu anderen Zeiten und in anderen Räumen gegeben, aber das neue informationstechnologische Paradigma schafft die materielle Basis dafür, dass diese Form auf die gesamte gesellschaftliche Struktur ausgreift und sie durchdringt.[255]

Castells Theorie leistet nun eine Beschreibung der Mediatisierung der Gesellschaft in ihrer Perspektive, ebenso hat sie heuristischen Wert für die Diagnose der Bedeutung von elektronischen Medien und digitaler Kommunikation für eine (Selbst-)Beschreibung moderner Gesellschaften. Mit dem Begriff der ‚Netzwerkgesellschaft' beschreibt Castells den *shift* von der Industriegesellschaft zur Informationsgesellschaft. Die Netzwerkgesellschaft habe sich im Zuge der „technologischen Revolution"[256] herausgebildet, die an das Aufkommen der Informationstechnologien gekoppelt sei. Technologische Revolutionen, so Castells, hätten immer das Charakteristikum der Durchgängigkeit besessen, das heißt sie durchdrängen alle Bereiche menschlichen Handelns. Im Zuge der aktuellen technologischen Revolution sei seit den 1980er-Jahren das globale System des Kapitalismus, so Castells, eine neue Verbindung mit eben jenem „Informationa-

---
253 Castells, Manuel, *Informationszeitalter I*, 528 f.
254 Vgl. Hepp, *Medienkultur*, 91.
255 Castells, *Informationszeitalter I*, 527.
256 Castells, *Informationszeitalter I*, 1.

lismus als neue materielle Grundlage wirtschaftlicher Tätigkeit und sozialer Organisation"[257] eingegangen. Insofern ist es zur Beschreibung der gesellschaftlichen Neukonstellierung von Produktion, Erfahrung und Macht für Castells noch einmal wichtig, die Informationsgesellschaft als „informationelle Gesellschaft" zu spezifizieren: Das Attribut ‚informationell' bezeichne nämlich „eine spezifische Form sozialer Organisation, in der die Schaffung, die Verarbeitung und die Weitergabe von Informationen unter den neuen technologischen Bedingungen dieser historischen Periode zu grundlegenden Quellen von Produktivität und Macht werden."[258] Die neue technologische Revolution hat vor allem zwei Merkmale: die permanente Rückkopplung zwischen Innovation und ihrem Einsatz sowie ihr globaler Anspruch:

> Das Charakteristische der gegenwärtigen technologischen Revolution ist nicht die zentrale Bedeutung von Wissen und Information, sondern die Anwendung dieses Wissens und dieser Information zur Erzeugung neuen Wissens und zur Entwicklung von Geräten zur Informationsverarbeitung und zur Kommunikation, wobei es zu einer kumulativen Rückkopplungsspirale zwischen der Innovation und ihrem Einsatz kommt. [...] Im Gegensatz dazu [gemeint sind die Vorgängerinnen der gegenwärtigen technologischen Revolution; KM] haben sich die neuen Informationstechnologien mit Blitzgeschwindigkeit innerhalb von weniger als zwei Jahrzehnten zwischen Mitte der 1970er und Mitte der 1990er Jahre über den gesamten Globus ausgebreitet.[259]

Der Ausgriff auf das Ganze, der mit dem Begriff der Globalisierung beschrieben wird, regelt nun auch unerbittlich Exklusion und Inklusion: Menschen, Regionen, Gesellschaften, die keinen Zugang zu den entsprechenden Technologien und damit zur neuen Form der Aushandlung von Macht haben, sind nicht nur in einer benachteiligten Situation (was nicht im System präsent ist, existiert nicht), viel-

---

[257] Castells, *Informationszeitalter I*, 14. Castells beschreibt die neue Verbindung auch als „informationellen Kapitalismus" (19), wobei sich die neue Form des Kapitalismus durch vier Hauptziele beschreiben lässt, so Castells: „Vertiefung der kapitalistischen Logik des Profitmachens in den Beziehungen zwischen Arbeit und Kapital; Steigerung der Produktivität von Arbeit und Kapital; Globalisierung von Produktion, Zirkulation und Märkten, um überall die Chancen der vorteilhaftesten Bedingungen zur Profitmaximierung zu nutzen; und Erzwingung staatlicher Unterstützung für die Produktivitätsgewinne und die Wettbewerbsfähigkeit der Volkswirtschaften, häufig auf Kosten von Regulierungen zur sozialen Sicherung und zur Wahrung öffentlicher Interessen." (19 f.) Nach Castells ist das Erstarken der Informationstechnologien und eben ihre Verschränkung mit dem neuen System kapitalistischen Wirtschaftens der wesentliche Grund dafür, dass die neue Form des Kapitalismus überhaupt so erfolgreich sein konnte.
[258] Castells, *Informationszeitalter I*, 22, Anm. 32.
[259] Castells, *Informationszeitalter I*, 34; 36.

mehr werden sie kaum, so Castells Prognose, den Rückstand in der technologisch vermittelten Gestaltung von Kommunikation und Kultur aufholen können.[260]

Die Vernetzungslogik ist nun ein Schlüsselmerkmal der informationellen Gesellschaft, wenngleich mit dem Begriff der ‚Netzwerkgesellschaft' nicht hinreichend die informationelle Gesellschaft in Gänze beschrieben ist. Die Netzwerkgesellschaft kann mit Blick auf ihre materiellen Grundlagen mit fünf Merkmalen beschrieben werden, Castells nennt die Merkmale auch Merkmale „des neuen Paradigmas": 1) Technologien bearbeiten Informationen als „Rohstoff"[261] des neuen Zeitalters; 2) die bereits genannte ‚Durchgängigkeit' der technologischen Innovationen (ihre Wirkung ist universell); 3) Systeme und Beziehungen finden im Netzwerk ihre dominante Organisationsstruktur; 4) Flexibilität von Organisationsprozessen (Möglichkeit der permanenten Rekonfiguration); 5) zunehmende Integration von verschiedenen Technologien in ein System.[262] Das System ist dabei nicht als geschlossenes zu denken, sondern eben als Netzwerk[263] mit zahlreichen Anschlussmöglichkeiten. Material wird die Netzwerkgesellschaft in anschaulicher wie der direkten Anschauung entzogener Weise in der Entstehung eines interaktiven Netzwerks, eines elektronischen Kommunikationssystems. Castells vergleicht das Aufkommen ‚des' Internets mit der Erarbeitung und Einführung des Griechischen Alphabets. Die Integration von schriftlichen, audiovisuellen und oralen Formen menschlicher Kommunikation über einen Hypertext und eine Meta-Sprache verändere das Wesen der Kommunikation an sich – und damit auch die Kulturen, die immer kommunikativ vermittelt und verfasst seien: „Die Entstehung eines neuen elektronischen Kommunikationssystems, das durch seine globale Reichweite charakterisiert ist, durch seine In-

---

260 Vgl. Castells, *Informationszeitalter I*, 398.
261 Castells, *Informationszeitalter I*, 76.
262 Zu den Merkmalen vgl.: Castells, *Informationszeitalter I*, 76 ff.
263 Den Begriff des Netzwerks an sich fasst Castells konventionell und fügt einige Beispiele an: „Ein Netzwerk besteht aus mehreren untereinander verbundenen Knoten. Ein Knoten ist ein Punkt, an dem eine Kurve sich mit sich selbst schneidet. Was ein Knoten konkret ist, hängt von der Art von konkreten Netzwerken ab, von denen wir sprechen. Es sind Aktienmärkte und die sie unterstützenden fortgeschrittenen Dienstleistungszentren im Netzwerk der globalen Finanzströme. Es sind nationale Ministerräte und Europäische Kommissare in dem politischen Netzwerk, das die Europäische Union regiert. Es sind Koka- und Mohnfelder, Geheimlabors, geheime Landebahnen, Straßenbanden und Finanzinstitutionen zur Geldwäsche im Netzwerk des Drogenhandels, das sich durch die Volkswirtschaften, Gesellschaften und Staaten der ganzen Welt zieht. Es sind Fernsehsysteme, Unterhaltungsstudios, Computergraphik-Milieus, Nachrichtenteams und mobile Geräte, mit denen innerhalb des globalen Netzwerkes der Nachrichtenmedien Signale erzeugt, übertragen und empfangen werden, an der Wurzel der kulturellen Ausdrucksformen und der öffentlichen Meinung im Informationszeitalter." (528)

tegration aller Kommunikationsmedien und durch seine potenzielle Interaktivität, wird unsere Kultur für immer verändern."[264] Die Kultur, die Castells entstehen sieht, ist die „Kultur der realen Virtualität"[265].

Die Kultur der realen Virtualität entsteht nun im „nicht-historischen Hypertext"[266] mit einer neuen symbolischen Umwelt, die die Virtualität zur Wirklichkeit werden lässt. Dass Virtualität schon immer grundlegend für die menschliche Auffassung und das menschliche Erfassen von Welt und Selbst ist, ergibt sich für Castells aus der unmöglichen Unterscheidung von ‚Wirklichkeit' und ihrer symbolischen Repräsentation:

> [Die] erfahrene Wirklichkeit [war] immer virtuell, weil sie immer durch Symbole wahrgenommen wurde, die der Praxis einen Sinn vorgeben, welcher sich einer strikten semantischen Definition entzieht. [...] Wenn also Kritiker der elektronischen Medien argumentieren, die neue symbolische Umwelt repräsentiere keine ‚Realität', so beziehen sie sich implizit auf eine in absurder Weise primitive Vorstellung von einer ‚uncodierten' realen Erfahrung, die es nie gegeben hat. Alle Wirklichkeiten werden durch Symbole kommuniziert. Und in der menschlichen, interaktiven Kommunikation sind unabhängig vom Medium alle Symbole im Hinblick auf den ihnen zugeschriebenen semantischen Sinn etwas verschoben. In gewisser Weise wird jede Realität virtuell wahrgenommen.[267]

Was die reale Virtualität auszeichnet, ist die umfängliche Integration ‚der' Wirklichkeit in ihren mannigfaltigen kulturellen Ausdrucksformen einschließlich des Aspekts der Möglichkeit der Erfahrung in das neue Kommunikationssystem. Botschaften funktionieren nach dem binären Code präsent/absent, und so kommt Castells zu dem Schluss, dass das zirkuliert, das präsent im System ist, vorausgesetzt: „Aus der Perspektive der Gesellschaft *ist* die *Kommunikation auf elektronischer Grundlage (typografisch, audiovisuell oder computervermittelt)* gleichbedeutend mit *Kommunikation*."[268] Aufgrund seiner Vielseitigkeit, Multimodalität und Diversifizierung wirkt das neue Kommunikationssystem nicht unmittelbar homogenisierend; zwar ist eine Anpassung an die Logik des Kommunikationssystems nötig, ein Passieren der Eingangspunkte, jedoch bietet es aufgrund der genannten Merkmale Raum für eine Vielfalt von Meinungen, Werten, Interessen. Diese Transformation von Kommunikationsstrukturen und Kommunikation stellt allerdings „traditionelle Sender"[269] vor eine Herausforderung: Wenn kulturelle

---

264 Castells, *Informationszeitalter I*, 377.
265 Castells, *Informationszeitalter I*, 425.
266 Castells, *Informationszeitalter I*, 425.
267 Castells, *Informationszeitalter I*, 426.
268 Castells, *Informationszeitalter I*, 427. Im Original hervorgehoben.
269 Castells, *Informationszeitalter I*, 428.

Ausdrucksformen zunehmend in das neue Kommunikationssystem integriert werden, wird die symbolische Macht derer geschwächt, die sich außerhalb des Systems befinden „und sich auf dem Weg über historisch codierte gesellschaftliche Gewohnheiten einschalten."[270] Zu den gesellschaftlichen Gewohnheiten zählt Castells traditionelle Werte, politische Ideologie, Moral, Autorität, nicht zuletzt Religion. Notwendig zu bedenken ist also eine Neucodierung der symbolischen Macht unter den Bedingungen des neuen Kommunikationssystems.

Das neue Kommunikationssystem existiert schließlich als ‚Raum der Ströme'. Örtlichkeiten mit geografischen, kulturellen und historischen Bedeutungen gibt es nach Castells in diesem neuen System nicht mehr, sie werden abgelöst von Collagen von Bildern, integriert in funktionale Netzwerke. Gesellschaftliche Prozesse werden zunehmend über diese Ströme organisiert, wobei Ströme verstanden werden als „zweckgerichtete, repetitive, programmierbare Sequenzen des Austauschs und der Interaktion zwischen physisch unverbundenen Positionen, die soziale Akteure innerhalb der wirtschaftlichen, politischen und symbolischen Strukturen der Gesellschaft einnehmen."[271] Während die Ströme „die materielle Organisation von Formen gesellschaftlicher Praxis, die eine gemeinsame Zeit haben"[272], darstellen, verliert die Zeit als Kontinuum von Vergangenheit, Gegenwart und Zukunft ihre Bedeutung. An die Stelle der festen (aufeinander folgenden) zeitlichen Sequenzen treten Serien von Ereignissen, die in keinem zeitlichen Zusammenhang mehr stehen. Castells kommt zu dem Schluss, *„dass die Netzwerkgesellschaft durch den Zusammenbruch der biologischen ebenso wie der gesellschaftlichen Rhythmen gekennzeichnet ist, die mit der Vorstellung von einem Lebenszyklus verbunden sind."*[273] Dies ist die Signatur der Transformation: „Der *Raum der Ströme* und die *zeitlose Zeit* sind die materiellen Grundlagen einer neuen Kultur, welche die Verschiedenheit der historisch überkommenen Systeme der Repräsentation überschreitet und in sich einschließt: die Kultur der realen Virtualität"[274].

Auch Macht transformiert sich in der Netzwerkgesellschaft. Das Netzwerk ist die alternative Organisationsform zur Hierarchie, Macht kommt hier jedoch nicht zum Verschwinden, sie wird auf andere Weise hergestellt, Castells nennt ver-

---

270 Ebd.
271 Castells, *Informationszeitalter I*, 467. Zur Theorie des „Raumes der Ströme" und der damit zusammenhängenden Transformation der Raumtheorie bei Castells vgl. ausführlicher: 466 ff.; vgl. auch: Nord, Ilona, *Realitäten des Glaubens: Zur virtuellen Dimension christlicher Religiosität* (Berlin 2008), 131 ff.
272 Castells, *Informationszeitalter I*, 467.
273 Castells, *Informationszeitalter I*, 502. Im Original hervorgehoben.
274 Castells, *Informationszeitalter I*, 429. Im Original hervorgehoben.

schiedene Formen: 1) Grundlegend definiert sich Macht in diesem neuen umfassenden Kommunikationssystem über Prozesse von Inklusion und Exklusion. Präsenz in Netzwerken bedeutet die Möglichkeit zur Mitgestaltung von Kommunikation und Kultur; Absenz bedeutet das Gegenteil. 2) Wer einen Knotenpunkt im Kommunikationsnetzwerk bildet, dem kommt mehr Macht zu als demjenigen, der peripher an das Netzwerk angebunden ist; von Knotenpunkten aus sind die Ströme im Netzwerk eher zu beeinflussen. 3) Das Potenzial insbesondere von sozialen Bewegungen, kulturelle Symboliken umzucodieren, so dass sie im Bewusstsein der Akteure eine neue Bedeutung erhalten, ist eine weitere Form der Macht.[275] 4) Schließlich ist grundlegend die Macht der Protokolle zu nennen, die auf technologischer Ebene im Backend-Bereich den Handlungsspielraum der Akteure im Front-End-Bereich festlegen.[276]

Man hat Castells für eine nicht eindeutige Verwendung des Netzwerk-Begriffs kritisiert.[277] Die Stärke des Ansatzes liegt jedoch fraglos im Entwurf einer Gesellschaftstheorie, die sich in beeindruckender Weise auf den technologischen Wandel wie den Wandel der Kommunikationskulturen einlässt und dabei den Begriff des Netzwerks zu einem Schlüsselbegriff macht.

2.4.2 Die Technologien der Social Media und das Social Web

Im Folgenden sei in aller Kürze die Entwicklung ‚des' Internets bis zur heutigen Form des Social Webs skizziert. Ebenso kommt an dieser Stelle[278] die virulent bleibende Frage neuer Formen der Vermachtung im Zusammenhang der Digitalisierung in den Blick.

2.4.2.1 Zur Entwicklung ‚des' Internets und onlinebasierter Anwendungen

Die Geschichte ‚des' Internets beginnt nicht erst Ende des 20. Jahrhunderts, sein Ursprung liegt in einem Zusammenkommen verschiedener Aspekte: wissenschaftlicher Kooperation, militärischer Strategie, technologischen Unternehmertums und gegenkultureller Innovation zu Beginn der 1960er-Jahre und den folgenden Jahren.[279] Animiert vom Start der sowjetischen Sputniks 1957, konzipiert

---

275 Vgl. auch Kapitel 2.4.3.3.
276 Vgl. dazu auch Kapitel 2.4.2 und 3.1.3.
277 Vgl. etwa Perkmann, Markus, „The Two Network Societies", *Economy and Society* 28 (1999), 615–628.
278 Vgl. dazu auch noch einmal Kapitel 3.1.3.
279 Vgl. Castells, *Informationszeitalter I*, 49.

die *Advanced Research Projects Agency* (ARPA) des US-amerikanischen Verteidigungsministeriums ein Kommunikationssystem, das unabhängig von Kontroll- und Kommandozentralen funktioniert, das also dezentral arbeitet – damit im Nuklearfall, imaginierter Auslöser des Bedrohungsszenarios, nicht die ganze kommunikative Infrastruktur des Landes zusammenbräche. Das erste Computernetzwerk geht 1969 online, mit vier Knotenpunkten: *University of California*, Los Angeles (UCLA), *Stanford Research Institute, University of California* in Santa Barbara (UCSB), *University of Utah*[280], zunächst in Kooperation mit dem US-amerikanischen Verteidigungsministerium. ARPANET als Basisnetzwerk verflechtet sich in der Folgezeit mit anderen Netzwerken (Ausgründung des MILNET; CSNET; BITNET). Eine Reihe von Folgeschritten ist notwendig, einschließlich des Rückzugs staatlicher Instanzen, der Verbesserung der Übertragungstechnologien, der Innovationen der sogenannten ,Computer-Gegenkultur' (die unter anderem das Modem aufbringt und Netzwerke unabhängig von ARPANET schafft) und schließlich der Konstruktion der Anwendung *world wide web* im CERN in Genf durch ein Forscherteam unter der Leitung von Tim Berners-Lee und Robert Cailliau, bis man von ,dem Internet'[281] sprechen kann, das wir seit den 1990er-Jahren kennen.[282] Die Konstruktion des *world wide web* bezieht sich dabei auf die Vorarbeiten der Hacker, nicht auf das ARPANET. Mit dem Aufkommen von Browsern mit grafischer Oberfläche, wie 1993 dem *NCSA Mosaic*, wird ,das' Internet für viele Menschen als Kommunikations- und Informationsmedium attraktiv. Diese ,erste Generation' des Internets hat eher statischen Charakter, das heißt, nur einer Minderheit – eben den Programmierern – ist es möglich, auf Darstellungen und Inhalte Einfluss zu nehmen.

Während die klassische, textlastige Homepage keine rechte Interaktion ermöglicht und eher dem hergebrachten Sender-Empfänger-Modell der Kommunikation entspricht, ereignet sich eine wichtige Entwicklung hin zu einem eher

---

[280] Folgende Schilderung existiert vom ersten Versuch eines Log-ins auf einem entfernten Computer: „The plan was unprecedented: Kleinrock, a pioneering computer science professor at UCLA, and his small group of graduate students hoped to log onto the Stanford computer and try to send it some data. They would start by typing ,login', and seeing if the letters appeared on the far-off monitor. – ,We set up a telephone connection between us and the guys at SRI [...]', Kleinrock [...] said in an interview: ,We typed the L and we asked on the phone, Do you see the L? – Yes, we see the L, came the response. – We typed the O, and we asked, Do you see the O. – Yes, we see the O. – Then we typed the G, and the system crashed [...]. Yet a revolution had begun.'" (Gromov, Gregory, „Roads and Crossroads of the Internet History". http://www.netvalley.com/cgi-bin/intval/net_history.pl?chapter=1 [01.03.2018].)
[281] Der Begriff ,Internet' ist ein Nachfolgebegriff für das ehemalige ARPA-INTERNET, das dann nur noch INTERNET hieß.
[282] Zur detaillierten Information vgl. Castells, *Informationszeitalter I*, 49 ff.

interaktiven Netz zu Beginn des neuen Jahrtausends mit dem Aufkommen der Social-Media-Technologien.[283] Mit dem sogenannten ‚Web 2.0' kommt es zu einer „radikalen Neuerfindung des Internet"[284]: Immer mehr Anwendungen kommen auf den Markt, die partizipative Interaktion ermöglichen. Nutzer und Nutzerinnen können nun selbst an der Erstellung von Inhalten im Netz mitwirken, über Blogs, soziale Netzwerke, 3D-Online-Plattformen – mehr noch: Die Technologien der Social Media erhalten ihre Funktionalität erst durch den Gebrauch und die soziale Praxis der Nutzer und Nutzerinnen. Einen entscheidenden Schritt stellt schließlich die Entwicklung mobiler Endgeräte mit entsprechenden technologischen Anwendungen dar. Damit sind die Internetnutzer nicht mehr an den Standcomputer gebunden, sondern vermögen, zum Beispiel mittels Smartphone und Tablet, überall auf das WWW zuzugreifen.

Aus einer überschaubaren Ansammlung von innovativen technologischen Anwendungen ist vor allem in den letzten zehn bis fünfzehn Jahren ein „hochgradig ausdifferenzierte[r] Raum ineinander verschränkter Applikationen und Nutzungspraxen"[285] geworden. Relevante Medienentwicklungen finden nach Friedrich Krotz gegenwärtig auf drei Ebenen statt: zum einen in Form von Netzwerkbildungen, die nicht im Wesentlichen den Menschen adressieren. Damit ist der Aufbau von Netzwerken zwischen Internet, mobilen Endgeräten, Telefon, Fernsehen und übrigen medialen Netzwerken, also Netzwerken zwischen Maschinen, gemeint. Zum Zweiten entwickeln sich ‚intelligente' elektronische Module, die, vermittelt über ‚das' Internet, entweder im Kontakt Maschine-Maschine oder Mensch-Maschine kommunizieren und auf die Lebenswelt ausgreifen (ein Beispiel hierfür dürfte etwa die Verwendung von Smartphone-Apps zur Haussteuerung sein). Zum Dritten ist eine ‚Realitätsverdopplung' durch die neu entstehenden Netze zu beobachten: „[D]ie Welt [wird] in dieses Netz hinein abgebildet, arrangiert und inszeniert – dieses Netz besteht auch aus inszenierten Abbildern aller möglichen Geschichten und Situationen sowie aus Abbildern aller möglicher Menschen wobei Abbilder nicht als bewegungs- und handlungsunfähige Bilder verstanden werden können."[286] – Krotz identifiziert drei Formen von Kommunikation im Zuge des gegenwärtigen Mediatisierungsprozesses, alle drei Formen stellen eine Modifikation der Face-to-Face-Kommunikation als Grundform der Kommunikation dar: mediatisierte intersubjektive Kommunikation, in-

---

283 Vgl. dazu ausführlicher Kapitel 2.4.2.2.
284 Münker, *Emergenz*, 16.
285 Anastasiadis, Mario und Thimm, Caja, „Social Media – Wandelprozesse sozialer Kommunikation", in *Social Media: Theorie und Praxis digitaler Sozialität*, hg.v. dens. (Frankfurt a.M. u.a. 2011), 9–19: 9.
286 Krotz, *Mediatisierung*, 13f.

teraktive Kommunikation zwischen Hardware-/Software-System und Mensch und die „Produktion und Rezeption von standardisierten und allgemein adressierten Kommunikaten"[287], also Massenkommunikation.

Wohin der Prozess der Mediatisierung führt, ist gegenwärtig nicht absehbar. Es lassen sich jedoch bestimmte Veränderungen allgemeiner Art in quantitativer wie qualitativer Sicht festhalten[288]: Quantitativ ist grundsätzlich von einem ‚Mehr' an technischen Kommunikationsmedien zu sprechen, die den Menschen zur Verfügung stehen, aber auch von einem ‚Mehr' an Aneignungsweisen der Medien. Die Vorstellung einer linearen Entwicklung ist nicht zutreffend, wie bereits an anderer Stelle erwähnt, da sich der Umgang mit den zuhandenen Medien vervielfältigt und sich zugleich Synergien in der Mediennutzung ergeben (zum Beispiel durch Crossmedia-Kommunikation). Der Mediatisierungsprozess beziehungsweise der Gebrauch technischer Kommunikationsmedien kann in quantitativer Hinsicht jedoch unter zeitlichen, räumlichen und sozialen Aspekten als fortlaufend beschrieben werden. Anders gesagt: Es gibt immer mehr technische Kommunikationsmittel, die stets verfügbar sind (es gibt zum Beispiel keinen Sendeschluss im TV, die Möglichkeit des Zugriffs auf das Internet existiert permanent); Mediennutzung ist mehr und mehr nicht mehr an einen bestimmten Ort gebunden bzw. Mediennutzung konstituiert erst neue ‚Räume'[289]. Schließlich sind auch die sozialen Beziehungen der Menschen zunehmend durch medienvermittelte Kommunikation geprägt (Menschen kommunizieren vergleichsweise immer häufiger mediatisiert).

Mit Blick auf die Beschreibung qualitativer Aspekte der Mediatisierung ist vor allem das Wechselverhältnis zwischen den potenziellen Prägekräften und der faktischen Mediennutzung interessant, das heißt, die Spezifik von jeweiligen Medien konturiert sich erst kontextuell. Man kann kaum von ‚unmittelbaren Wirkungen' oder einer wie auch immer gearteten ‚materiellen Struktur' sprechen, die etwa die ‚neuen Medien' der Gegenwart an sich besäßen: *„Prägekräfte von Medien konkretisieren sich erst im Prozess der Medienkommunikation, und dies je nach Form ihrer Aneignung auf sehr unterschiedliche Weise."*[290] Die Spezifik des Mediums wird erst in Akten menschlichen Handelns produziert. Medien sind, darauf wurde bereits in der Einleitung verwiesen, Technologien wie kulturelle

---

287 Krotz, *Mediatisierung*, 13. Vgl. hierzu auch noch einmal die Unterscheidung der vier Grundtypen von Kommunikation von Hepp: Vgl. Hepp, *Medienkultur*, 64 ff.
288 Vgl. dazu Hepp, *Medienkultur*, 53 ff.
289 Vgl. dazu Kapitel 2.4.1.1.
290 Hepp, *Medienkultur*, 55. Im Original hervorgehoben. Hepp verweist auch auf die Kritik von Technikdeterminismus und Techniksymptomismus durch Raymond Williams. (Vgl. 56 f., unter Rekurs auf: Williams, Raymond, *Television: Technology and Cultural Form* [London u. a. 1990], 13 f.)

Formen gleichermaßen. Dieser Sachverhalt zeigt sich auch noch einmal mit Blick auf onlinebasierte Interaktion in der Unterscheidung von Social Media und Social Web.

2.4.2.2 Social Media und Social Web

Während sich der Begriff ‚Social Media' im Wesentlichen auf Technologien und (digitale) Medien bezieht, zeigt der Terminus des ‚Social Webs' die Rolle der Nutzer und Nutzerinnen in den Konstitutionsprozessen gegenwärtiger Kommunikationspraktiken im Zusammenhang der Technologien des Internets an: „Der Begriff Social Web löst sich von einer eher informationstechnologischen Perspektive, stellt die Umgangspraxen der Nutzer/innen stärker ins Zentrum, eröffnet den Blick auf das Netz als sozialen Handlungsraum und knüpft stärker an die Subjekt- bzw. medienhandlungsbezogenen Konzepte [...] an."[291] – Jan Schmidt notiert: „[Das] Social Web [stellt] Resultat und Umfeld der Anwendungen von Social Software bzw. Social Media dar."[292] Blickt man auf die technologische Infrastruktur, so ist eine systematische Trennung zwischen den einzelnen Diensten und Angeboten kaum mehr möglich: Hybride Formen verbinden verschiedene Angebote. Daher hat die Unterscheidung, die Schmidt vornimmt, und die im Folgenden aufgenommen wird, eher orientierende Funktion. In der Realität sind die Dienste vielfach verschränkt. Schmidts Darstellung wird mit wenigen Beispielen unterfüttert, nicht zuletzt um für die vorliegende Arbeit eine Einordnung der Phänomene der empirischen Forschung zu ermöglichen[293]:

a) Plattformen: Zu den Plattformen werden all diejenigen Angebote gezählt, die Nutzern und Nutzerinnen eine Kommunikationsinfrastruktur bieten. Die bekannteste und nach wie vor nutzerstärkste Social-Media-Plattform ist *facebook*, mit gegenwärtig (erstes Quartal 2018) 2,1 Milliarden[294] Nutzern und Nutzerinnen weltweit. Weitere bekannte andere *Social Network Sites* (SNS) im deutschsprachigen Raum sind etwa *XING*, *LinkedIn* oder *google+*. Die SNS erlauben dem

---

291 Anastasiadis und Thimm, „Social Media", 12.
292 Schmidt, *Das neue Netz*, 24.
293 Zum detaillierten Überblick vgl. etwa Schmidt, Jan-Hinrik, *Social Media* (Wiesbaden 2013); Ebersbach, Anja, Glaser, Markus und Heigl, Richard, *Social Web* (2., überarb. Aufl., Konstanz 2011), 37 ff. Die ‚Klassifikation' kann sicherlich auch noch einmal auf andere Weise vorgenommen werden, für das vorliegende Vorhaben sind die Unterscheidungen, die Schmidt trifft, hinreichend. Für die folgenden Ausführungen vgl. Schmidt, *Das neue Netz*, 25 ff. Es liegt auf der Hand, dass die Angaben zu den konkreten Diensten aufgrund der Veränderung, dem der Sektor insgesamt unterliegt, eine geringe Halbwertszeit besitzen.
294 https://allfacebook.de/toll/state-of-facebook (01.03.2018).

Nutzer nach erfolgter Registrierung, ein persönliches Profil zu erstellen und explizite Kontakte mit anderen Nutzern zu Interaktionszwecken herzustellen. Die Erstellung des Profils bildet dabei ein eigenes Kommunikationsangebot, geht es hier nicht zuletzt um Akte der (bewussten) Selbstpräsentation (s.u.). Diese Form der SNS wird ergänzt durch zahlreiche Plattformen, die sich speziellen Themen widmen, es gibt Plattformen für werdende Mütter, Vegetarier, Motorradbegeisterte etc. Metaplattformen bieten das Aufsetzen eines eigenen Intranets an, Communities können sich hier ansiedeln. Eine Sonderform stellen die 3D-Plattformen wie *Second Life* (die Nachfolgerin *Sansar* befindet sich noch in der Testphase), *twinity* oder *IMVU* dar, auch *Multi User Virtual Environments* genannt. Nutzer und Nutzerinnen agieren via Avatar und navigieren durch virtuelle Welten. Explizit fallen die Angebote nicht in die Gruppe der *Games*, da es weder Ziele noch Level gibt, die zu erreichen wären. Es geht um freie Interaktion der Nutzer und Nutzerinnen.[295]

Während die bisher genannten Beispiele unter den Oberbegriff ‚Netzwerkplattformen' fallen, erlauben sogenannte Multimediaplattformen das Publizieren von multimedialen Inhalten. Die Plattformen haben in der Regel ein bestimmtes Medium besonders im Blick, wie etwa Videos (*youtube*) oder Fotos (*flickr*), überhaupt Bilder (*Instagram*).

b) Personal publishing: Kann schon das Einrichten eines Profils auf einer SNS und das Einstellen von Inhalten dem Sinn nach zum *personal publishing* gerechnet werden, fallen unter dieses Stichwort vor allem die Formate, in denen es ausführlicher um die Darstellung von Sachverhalten und Meinungen zu bestimmten Themen geht. *Blogs* (Weblogs) sammeln – entweder von einer Autorin oder einem Autor oder einer Bloggergemeinschaft – fortlaufend umgekehrt chronologisch unbestimmt lange Einträge, die in vielen Fällen von den Lesern und Leserinnen kommentiert werden können. Viele Blogs basieren auf Angeboten von Blogsystemen (zum Beispiel *WordPress*) mit Content-Manager-Systemen, mit Hilfe derer auch Ungeübte einen Blog aufsetzen können. Über Permalinks können einzelne Einträge gezielt aufgerufen werden, über Vernetzung[296] der Blogs entsteht die sogenannte ‚Blogosphäre'. Blogs werden im Zusammenhang der empirischen Untersuchung in Kapitel 4 ausführlicher in den Blick kommen. Da sich unter den Blogs viele finden, die unter die Rubrik ‚publizistische Meinungsäußerung' fallen oder unter ‚Kundenkommunikation', gilt für Blogs auch das Telemediengesetz (Blogs gelten also rechtlich als Telemedien). *twitter* als *Microblog-*

---

[295] Zu *Second Life* vgl. auch: Merle, „Religion im Internet".
[296] Zum Bloggen gehört wesentlich dazu, einerseits auf andere Blogbeiträge zu einem etwaigen Thema zu verweisen (über Links), andere Blogs zu kommentieren und ggf. mit dem eigenen Blog zu verlinken. Über die Versendung von Pingbacks werden zudem verlinkte Blogs z.B. von *WordPress* informiert.

*ging*dienst erlaubt nur 280 Zeichen pro Eintrag (bis November 2017 waren es nur 140). Die Tweets sind prinzipiell für alle öffentlich einsehbar, Kommentare zu einer Kurznachricht sind allerdings nur denen möglich, die selbst ein Konto bei *twitter* besitzen. Nachrichten erhalten standardisiert die Follower (Abonnenten der Beiträge eines Nutzers), gleichzeitig erfolgt die Organisation der Beiträge über Hashtags (zum Beispiel #sterbehilfe), so dass die Beiträge dann auch einem größeren Publikum zugänglich und entsprechend kommentiert und diskutiert werden können. *Podcasts* sind abonnierbare Mediendateien und werden eher im professionellen journalistischen Bereich genutzt; im Bereich des *personal publishing* stellen sie multimediale Varianten dar.

c) Wikis: Bei sogenannten ‚Wikis' werden Texte mit Hypertextstruktur angelegt, die von Nutzern und Nutzerinnen online gelesen und geändert werden können. Wikis kompilieren häufig zu einem bestimmten Thema das Wissen vieler; das typische Beispiel ist die Internetenzyklopädie *Wikipedia*, die die Kollaboration aller Interessierten ermöglicht. Auch Organisationen nutzen interne Wikis, um das Wissen der Mitarbeiter und Mitarbeiterinnen zu sammeln und verfügbar zu machen. Die Wissensakkumulation kann auch projektbezogen erfolgen. Viele Universitäten arbeiten mit Wikis; auch werden Wikis im politischen Bereich genutzt, um Wähler und Bürgerinnen an politischen Aushandlungsprozessen teilhaben zu lassen.

d) Instant Messaging: Instant Messenger (zum Beispiel *WhatsApp* oder *Threema*) bieten die Infrastruktur für den Austausch zwischen zwei oder mehr Nutzern von Textnachrichten, Bild-, Ton- und Video-Dateien.

e) Werkzeuge, die dem Informationsmanagement dienlich sind: Hilfreich sind *Feed Reader* der Feed-Aggregatoren, die die aktuellen Beiträge auf abonnierten Internetseiten zusammenführen und zur Verfügung stellen. *Feed Reader* können eigenständige Programme sein, können aber auch in Browser integriert werden. Für den Blogbereich existieren *Blog-Aggregatoren* (für den deutschsprachigen Bereich zum Beispiel *Rivva*), die Blogeinträge von Blogs einer definierten Liste nach Wichtigkeit (erhoben bei *Rivva* zum Beispiel über die Anzahl der Verlinkungen eines Blog und Erwähnungen bei *twitter*) zusammenstellen (*Rivva* benutzt zudem Textanalysen, um die Blogbeiträge thematisch zu sortieren). Es gibt Social News Aggregatoren wie *reddit*, die das Einstellen und Kommentieren von Inhalten ermöglichen (die Position auf der *reddit*-Seite ändert sich entsprechend). Solche Social News Dienste fördern kollaboratives Aussuchen und Bewerten von Neuigkeiten. Dienste wie *Digg* bieten die Möglichkeit zum *Social Bookmarking*, das heißt, Lesezeichen zu entsprechenden Webseiten können verwaltet und verschlagwortet werden; aus der Verschlagwortung und Aggregation entstehen dann Ordnungsmuster, die von anderen Nutzern in der Regel wiederum eingesehen werden können (die Sammlungen, die über das Social Tagging entstehen, werden auch ‚Folksonomien' genannt).

Die Technologien der Social Media stellen also eine große Bandbreite an Infrastruktur für produktive Handlungen und soziale Interaktionen der Nutzer und Nutzerinnen zur Verfügung. Erst der Gebrauch der Technologien legt die Verwendung des Begriffs ‚Social Web' nahe. Durch die Praktiken der Nutzer und Nutzerinnen entstehen – auch das als Charakteristikum des Social Webs – *persönliche Öffentlichkeiten*[297]. Wie können nun die sozialen Praxen der Nutzer noch etwas näher gefasst werden, die für das Social Web charakteristisch sind? Schmidt unterscheidet hier *Identitätsmanagement*, *Beziehungsmanagement* und *Informationsmanagement*[298]:

> Handeln als Sich-in-Beziehung-Setzen zum Selbst, zu anderen und zur Welt geschieht also nicht mehr unhinterfragt und verlangt auch dort, wo es routinisiert oder gewohnheitsmäßig abläuft, ein explizites Gestalten oder Auswählen. Es muss dabei nicht zwingend einem strengen Verständnis von Management als strategischem, planerischem, rational Zwecke und Mittel abwägendem Handeln folgen, auch wenn dies in bestimmten Fällen (wie dem auf beruflichen Erfolg ausgerichteten Networking) zugrunde liegen kann. Vielmehr ist Management hier im Sinne von ‚Handhaben' oder ‚Bewerkstelligen' gemeint, also von Varianten des Handlungsvollzugs, die sehr viel stärker auf praktischem statt auf diskursivem Bewusstsein basieren und routinisiert, eingelebt, habitualisiert stattfinden.[299]

Wie auch die Theorie der Mediatisierung nahe legt, sind mit Blick auf die Identitäts- und Beziehungsarbeit[300] moderner Subjekte Interaktionszusammenhänge online und offline nur mehr künstlich zu trennen, da die Dimensionen verschränkt sind und auch in Ergänzung zueinander ‚gelesen' werden wollen.[301] Gleichwohl besitzt es heuristische Plausibilität, sich die Vollzüge online anzuschauen, um das Spezifische internetbasierter Kommunikation in den Blick zu bekommen.

Identitätsmanagement wird vor dem Hintergrund eines Identitätsverständnisses als Notwendigkeit plausibel, das Identität als fluiden und lebenslänglichen

---

[297] Vgl. dazu auch Kapitel 2.4.3.2.
[298] Vgl. zum Folgenden: Schmidt, Jan, *Das neue Netz: Merkmale, Praktiken und Folgen des Web 2.0* (2., überarb. Aufl., Konstanz 2011), 73 ff.
[299] Schmidt, *Das neue Netz*, 74.
[300] Zu beidem vgl. auch: Döring, Nicola, *Sozialpsychologie des Internet: Die Bedeutung des Internet für Kommunikationsprozesse, Identitäten, soziale Beziehungen und Gruppen* (2. vollst. überarb. u. erw. Aufl., Göttingen 2003).
[301] Vgl. dazu auch: Merle, „Religion im Internet". Vgl. hierzu auch: Lövheim, Mia, „Identity", in *Digital Religion: Understanding Religious Practice in New Media Worlds*, hg.v. Heidi Campbell (London/UK u. a. 2013), 41–56.

Prozess fasst: „[I]dentity is a fluid ongoing process, something that is permanently ‚under construction'. [...] Identity is something we do, rather than simply something we are."[302] Medien aller Art spielen fraglos eine bedeutende Rolle in diesen Aushandlungsprozessen, da sie Bilder und Konzepte von Identitäten vorstellen, die wiederum Ansatzpunkte für die eigene Identitätsarbeit sein können.[303] Im Social Web findet Identitätsmanagement seine eigenen Ausdrucksformen, sei es, indem Nutzer und Nutzerinnen bei *facebook* ihre Profilseite gestalten, eigene Videos bei *youtube* hochladen, einen eigenen Blog zu einem bestimmten Thema aufsetzen, andere Blogs kommentieren, indem sie sich in Diskussionsforen beteiligen.[304] Eine der Besonderheiten der internetbasierten Kommunikation liegt freilich in der Entzogenheit der physischen Präsenz für die Kommunikationspartner. Insofern stellt die digitale Kommunikation im Internet eine abgeleitete Form von Face-to-Face-Kommunikation dar, die jedoch ihre eigenen Mittel zur ‚Kompensation' der nonverbalen Kommunikation im Zusammenhang der Face-to-Face-Kommunikation gefunden hat (zum Beispiel über den Einsatz von Emoticons, Interjektionen, Akronymen).[305] In vielen Kontexten im Netz ist es mittlerweile üblich, unter seinem Klarnamen zu firmieren.[306]

Identitätsmanagement beziehungsweise Formen der Selbstpräsentation und Selbstthematisierung sind im Social Web nicht ohne Publikum beziehungsweise

---

302 Buckingham, David, „Introducing Identity", in *Youth, Identity and Digital Media*, hg.v. dems. (Cambridge/MA 2008), 1–22. Vgl. hierzu auch Kapitel 3.2.1.

303 Mit Markus Schroer unterscheidet Schmidt hier noch einmal die Zielrichtung medial vermittelter Selbstverständigungsprozesse: Während es im Zuge der Herausbildung der Moderne unter Nutzung etwa von Tagebüchern eher um eine „introspektive Selbst*erkennung* des Individuums" gegangen wäre, konzentrierten sich gegenwärtige Medienformate (wie etwa die momentan überall aus dem Boden schießenden Castingshows) eher auf Aspekte der Selbstthematisierung. (Vgl. Schmidt, *Das neue Netz*, 78. Im Original hervorgehoben. Vgl. Schroer, Markus, „Selbstthematisierung: Von der [Er-] Findung des Selbst und der Suche nach Aufmerksamkeit", in *Die Ausweitung der Bekenntniskultur – neue Formen der Selbstthematisierung?*, hg.v. Günter Burkart [Wiesbaden 2006], 13–42.)

304 Vgl. dazu auch: Krämer, Nicole C. und Winter, Stefan, „Impression Management 2.0: The Relationship of Self-Esteem, Extraversion, Self-Efficacy, and Self-Presentation within Social Networking Sites", *Journal of Media Psychology* 20 (2008), 106–116; vgl. Sauter, Theresa, „Öffentlichmachung privater Subjekte im Web 2.0: Eine Genealogie des Schreibens als Selbsttechnik", in *Subjektivierung 2.0: Machtverhältnisse digitaler Öffentlichkeiten*. Österreichische Zeitschrift für Soziologie, Sonderheft 13, hg.v. Tanja Paulitz und Tanja Carstensen (Wiesbaden 2014), 23–40.

305 Vgl. dazu auch: Merle, „Virtual and real".

306 *facebook* schreibt zum Beispiel in den Nutzungsbedingungen fest, dass Nutzer unter ihrem Klarnamen kommunizieren sollen.

ohne Öffentlichkeit denkbar.³⁰⁷ Der relationale Aspekt des Identitätsmanagements ist offenkundig mit dem *Beziehungsmanagement* eng verknüpft. Dem zwischenmenschlichen Bedürfnis nach *Resonanz*, das in der vorliegenden Studie noch eingehend thematisiert werden wird³⁰⁸, kommen Anlage und Praxis des Social Webs entgegen. Martin Altmeyer notiert: „In der digitalen Moderne neigt das zeitgenössische Selbst stärker dazu, sich anderen Menschen zu zeigen, um besser wahrgenommen zu werden und mehr Beachtung zu finden, letzten Endes aber, um jene Resonanz zu erhalten, die es gerade in einer krisenhaft zusammenwachsenden, allseits vernetzten und nicht zuletzt deshalb beunruhigenden Welt für die eigene Selbstvergewisserung braucht."³⁰⁹

Schon Georg Simmel beschreibt in seiner *Soziologie* 1908, inwiefern die Herausbildung von Individualität in funktional ausdifferenzierten Gesellschaften auf der spezifischen Kreuzung sozialer Kreise beruht:

> So umschließt die Familie eine Anzahl verschiedener Individualitäten, die zunächst auf diese Verbindung im engsten Maße angewiesen sind. Mit fortschreitender Entwicklung aber spinnt jeder Einzelne ein Band zu Persönlichkeiten, welche außerhalb dieses ursprünglichen Assoziationskreises liegen und statt dessen durch sachliche Gleichheit der Anlagen, Neigungen, Tätigkeiten usw. eine Beziehung zu ihm besitzen; die Assoziation durch äußerliches Zusammensein wird mehr und mehr durch eine solche nach inhaltlichen Beziehungen ersetzt. Wie der höhere Begriff das zusammenbindet, was einer großen Anzahl sehr verschiedenartiger Anschauungskomplexe gemeinsam ist, so schließen die höheren praktischen Gesichtspunkte die gleichen Individuen aus durchaus fremden und unverbundenen Gruppen zusammen; es stellen sich neue Berührungskreise her, welche die früheren, relativ

---

307 Ein nicht zu unterschätzendes Problem, gerade auch für unbedarfte Nutzer und Nutzerinnen, liegt in der Unabschätzbarkeit der Reichweite von Beiträgen: Zum einen ist in vielen Fällen nicht regulierbar, wer die eigenen Einträge im Netz liest, zum anderen sind die Einträge in der Regel persistent, das heißt, sie überdauern Zeiten und ggf. auch persönliche Veränderungen. – Identitätsmanagement wie Beziehungsmanagement sind Teil der bewussten Selbststeuerung der Subjekte. Das bedeutet, es geht in der Regel nicht um willkürliche und ungesteuerte/unkontrollierte Selbstpräsentationen, sondern um Akte, die unter Auswahl und Ausscheidung von Optionen gezielt vorgenommen werden; vgl. dazu auch Ernst, Christina, *Mein Gesicht zeig ich nicht auf Facebook: Social Media als Herausforderung theologischer Anthropologie* (Göttingen 2015); Schachtner, Christina und Duller, Nicole, „Praktiken des Managements von Privatheit und Öffentlichkeit im Cyberspace: Performative Akte im Kontext des Zeigens und Nicht-Zeigens", in *Subjektivierung 2.0: Machtverhältnisse digitaler Öffentlichkeiten*. Österreichische Zeitschrift für Soziologie, Sonderheft 13, hg.v. Tanja Paulitz und Tanja Carstensen (Wiesbaden 2014), 61–81.
308 Vgl. Kapitel 3.3.
309 Altmeyer, Martin, *Auf der Suche nach Resonanz: Wie sich das Seelenleben in der digitalen Moderne verändert* (Göttingen 2016), 14.

mehr naturgegebenen, mehr durch sinnlichere Beziehungen zusammengehaltenen, in den mannigfaltigsten Winkeln durchsetzen.[310]

Die sozialen Kreise des modernen Internetnutzers sind auf verschiedenen Ebenen verschränkt, „neue Berührungskreise", wie Simmel sie nennt, bilden sich im virtuellen Raum. Wie für das Identitätsmanagement gilt auch hier: Nutzer und Nutzerinnen müssen auswählen, mit wem sie über welche Angebote (Blogs, Foren, SNS etc.) im dynamischen Kontakt stehen wollen, und wer was von der eigenen Person erfährt. Networking, ganz unkonzeptionell gesprochen, wird zur Schlüsselqualifikation.[311] Die technologische Anlage eines Programms entscheidet dabei darüber, ob Relationen reziprok oder einseitig gestaltet werden. Ermöglicht eine Anwendung reziproke Beziehungen, benötigt eine Kommunikationsgemeinschaft das Aushandeln von Routinen und Konventionen, wie der soziale Umgang gestaltet werden soll (auch ‚Netiquetten' erfordern im Konkreten Aushandlungsprozesse der Nutzer und Nutzerinnen).[312]

Informationsmanagement schließlich wird angesichts der Daten- und Informationsmengen, die gegenwärtig für jede Person zu jeder Zeit, gerade über ‚das' Internet, verfügbar sind, ebenfalls zur grundlegenden Kompetenz. Globalisierung – ebenfalls als „Metaprozess sozialen bzw. kulturellen Wandels"[313] zu verstehen – und Mediatisierung hängen aufs Engste zusammen: Medieninhalte sind über ‚das' Netz weltweit verfügbar, die potenzielle Bezogenheit von Menschen mit verschiedenen kulturellen Hintergründen über ein gemeinsames Thema fördert translokale, transnationale und deterritoriale Kommunikation. Hinzu kommt ein weiteres wesentliches Charakteristikum ‚des' Netzes: Informationen werden nicht mehr – etwa entlang der von einer massenmedialen Logik vorgegebenen Struktur (in den *tagesthemen* kommen nur ausgesuchte Themen und Informationen vor) – gebündelt und gefiltert top/down weitergereicht[314]; vielmehr ist es im Netz jeder Nutzerin möglich, die Inhalte einzustellen, die im Moment dem eigenen Empfinden von Relevanz entsprechen. Durch die Nutzung dieser Möglichkeit poten-

---

[310] Simmel, Georg, *Soziologie: Untersuchungen über die Formen der Vergesellschaftung*, Gesamtausgabe, Bd. 11 (Frankfurt a.M. 1992 [1. Aufl. 1908]), 456 f. – Simmel gilt mit seinen Arbeiten zur relationalen wie formalen Soziologie als entscheidender Vordenker der Netzwerkanalyse; vgl. Nollert, Michael, „Kreuzung sozialer Kreise: Auswirkungen und Wirkungsgeschichte", in: *Handbuch Netzwerkforschung*, hg.v. Christian Stegbauer und Roger Häußling (Wiesbaden 2010), 157–165.
[311] Schmidt, *Das neue Netz*, 88.
[312] Vgl. Döring, *Sozialpsychologie*, 20 ff.; 282 ff.
[313] Krotz, *Mediatisierung*, 27.
[314] Zur Filterfunktion von Algorithmen vgl. jedoch Kap. 2.4.2.3 und 3.1.3.

zieren sich die verfügbaren Informationen ins Unendliche, ohne dass damit geregelt wäre, wie Nutzer und Nutzerinnen nach welchen Kriterien eine Auswahl treffen könnten.[315] Über die Praxen des Bereitstellens von Informationen, Teilens, Bearbeitens/Kommentierens und Weiterverbreitens konstituieren sich (Teil-)Öffentlichkeiten.[316] Wenngleich die Menge an zuhandenen Informationen per se keine negativen Auswirkungen auf gesellschaftliche Integrationsprozesse besitzt, so wird bisweilen das „Fehlen von vermittelnden Institutionen bzw. Intermediären" als problematisch angesehen, „die die verstreuten Stimmen bündeln und zwischen gesellschaftlichen Subsystemen vermitteln"[317] könnten.

Werkzeuge des Informationsmanagements sind bereits exemplarisch zur Sprache gekommen. Angesichts der für den Einzelnen nicht überschaubaren Fülle an Informationen, hat sich, neben der Nutzung von Suchmaschinen und Social-Media-Monitoring-Programmen, die Nutzung von ‚pull'- und ‚push'-Mechanismen etabliert, die Aufmerksamkeit auf einzelne Sachverhalte lenken (die Dienste können individuell eingerichtet werden). Auch die vorgängige Bewertung von Inhalten und Produkten durch andere Nutzer spielt als ‚soziales Filtern' eine große Rolle in der Beurteilung und im Ranking von Informationen und Angeboten. In vielen Fällen besitzen Nutzer ein Repertoire an Informationsquellen, die regelmäßig genutzt werden. *facebook* etwa fördert diese Form der repertoiregeleiteten Informierung dadurch, dass nur die Inhalte abonnierter und frequentierter Seiten im Newsfeed erscheinen – eine Methode, die das Entstehen der von

---

[315] Schmidt formuliert: „Welche Prozesse und Praktiken befähigen Nutzer dazu, in einer ‚multiagoralen Gesellschaft' Informationen auszuwählen, zu filtern, mit anderen zu bearbeiten und weiter zu verbreiten?" (Schmidt, *Das neue Netz*, 100), um gegen Ende des entsprechenden Kapitels zu dem Schluss zu gelangen: „Die regelhaften Aspekte der geschilderten Mechanismen des Informationsmanagements im Social Web hingegen sind, im Gegensatz zu den Praktiken des Identitäts- und Beziehungsmanagements, bislang [2011; KM] nicht hinreichend sozialwissenschaftlich untersucht worden. […] Diese Forschungslücken sind umso bedauerlicher, als es sich um eine Schlüsselpraxis des neuen Netzes handelt, die unser Bild von der Welt maßgeblich prägt." (103)
[316] Explizit in der 1. Auflage aus dem Jahr 2009, vgl. Schmidt, *Das neue Netz* (Konstanz 2009), 96 ff., implizit auch in der Neuauflage, vgl. Schmidt, *Das neue Netz* (Konstanz 2011), 98, unter Rekurs auf: Hasse, Raimund und Wehner, Josef, „Vernetzte Kommunikation: Zum Wandel strukturierter Öffentlichkeit", in *Virtualisierung des Sozialen: Die Informationsgesellschaft zwischen Fragmentierung und Globalisierung*, hg. v. Barbara Becker und Michael Paetau (Frankfurt a.M. 1997), 53–80.
[317] Schmidt, *Das neue Netz*, 99, mit Verweis auf: Jarren, Otfried, „Massenmedien als Intermediäre: Zur anhaltenden Relevanz der Massenmedien für die öffentliche Kommunikation", *Medien und Kommunikationswissenschaft* 56 (2008), 329–346.

Eli Pariser sogenannten *filter bubbles* befördert.³¹⁸ Damit ist bereits das Thema der Nutzerlenkung im Netz durch technologische Vorgaben angeschnitten. Im Folgenden soll nur auf einige kritische Aspekte hingewiesen werden.³¹⁹

2.4.2.3 Vorstrukturierung sozialer Praxis

„Die sozialen Medien werfen ein Partizipationsparadox auf. Sie stellen vielfältige Möglichkeiten zur Teilhabe bereit, auch weil man sich mit ihrer Hilfe in gesellschaftliche und politische Debatten einbringen kann. Zugleich sind viele Plattformen jedoch kommerziell betriebene Dienste, die ihren Nutzern nur wenig oder überhaupt keine Mitbestimmung erlauben. Noch ist offen, ob zukünftig auch alternative Modelle für soziale Medien existieren werden."³²⁰ Dieses Zitat von Jan Schmidt umreißt bereits den Problembereich: Während gerade in den Anfangszeiten ‚des' Internet mit den neuen Technologien die Hoffnung verbunden war, dass über ‚das' Internet möglichst vielen Menschen Teilhabe an gesellschaftlichen Aushandlungsprozessen ermöglicht würde, ja, dass die Technologien und die Nutzung ‚des' Internet mehr (Basis-)Demokratie mit sich brächten, sieht man gegenwärtig die Schattenseiten der Entwicklungen und entdeckt realistisch neue Formen von Vermachtung. Die Nutzung der Social Media-Technologien *können* bedeutsam sein, wenn es um Teilhabe an gesellschaftlichen Diskursen, intersubjektiven Austausch über gesellschaftlich relevante Themen, politisches Engagement geht. Potenziell können die Interaktionen von Menschen online eine solche Dynamik entfalten, dass sie in Institutionen und Organisationen, in das politische System beziehungsweise die politische Arena Eingang finden. Ramón Reichert weist allerdings auf ein „hegemonial werdendes Diskursfeld"³²¹ hin, in dem die „Macht der Vielen" vor allem rhetorisch beschworen werde, entsprechend werde „von kollaborativen und kollektiven Praktiken ein entscheidende[r]

---

318 *Filter bubbles* entstehen wesentlich dadurch, dass mit Hilfe bestimmter Algorithmen der Nutzerin von Internetseiten vor allem Informationen für sie angeboten werden, die aufgrund vorangehender Informationssammlung (Standort, über das Internet getätigte Einkäufe, Suchhistorien etc.) als für die Nutzerin relevant erscheinen. Die Nutzerin ist so zunehmend in einer ‚Blase' eingeschlossen, die ihr nur das von der Welt zeigt, was ihrem bisherigen Verhalten ‚entspricht'. (Vgl. Pariser, Eli, *The Filter Bubble: What the Internet is Hiding from You* (New York/NY 2011); vgl. auch Sunstein, Cass, „Democracy and Filtering", *Communications of the ACM* 47 [2004], Nr. 12, 57–59. Vgl. zum Informationsmanagement auch noch einmal ausführlicher: Schmidt, *Das neue Netz*, 169 ff.)
319 Vgl. dazu auch Kap. 3.1.3.
320 Schmidt, *Social Media*, 81.
321 Reichert, Ramón, *Die Macht der Vielen: Über den neuen Kult der digitalen Vernetzung* (Bielefeld 2013), 183.

Beitrag zur sozialen, politischen und ökonomischen Wertschöpfung erwartet"[322]. Tatsächlich bestehen Synergieeffekte zwischen der sichtbaren technischen Infrastruktur und, zum Beispiel, sozialen Bewegungen.[323] Als bisher so nicht existierendes soziales Ordnungssystem scheint die dezentrale Netzwerkarchitektur Vorteile für Vorstellungen und Konzepte egalitärer Machtstrukturen zu besitzen[324]: Die ‚neue Macht' der Vernetzungskultur zeigt sich nicht in stabilen, hierarchisch organisierten Einheiten, sie besteht vielmehr in der ständigen Formveränderung und entsprechenden Einbindung der Nutzer und Nutzerinnen, die über prozedurale Verfahren von Bewertungspraktiken und Bedeutungsstiftung eingebunden werden.[325] Dieses jedoch – und das ist Ramóns eigentlicher Ansatzpunkt – ist nur das auf der Oberfläche Sichtbare, die Frage der Macht werde unterhalb der sichtbaren Oberfläche verhandelt. In diesem Sinne werden Netzwerkprotokolle auch als „Kulturtechniken der sozialen Regulierung"[326] bezeichnet. Die hierarchische Ordnung verläuft zwischen Back-End- und Front-End-Bereich:

> Eine kritische Sondierung der politischen Modellierung der offenen und flexibilisierten Kollektivitäten muss also einräumen, dass die vielzitierte ‚Macht der Vielen' von der Mitgestaltung der zentralen Elemente der Netzwerkarchitektur, der Netzwerktypologie (logische/physische Materialkultur des Netzes) und der Kommunikationsarchitektur (Software) weitestgehend ausgeschlossen ist. Wenn der politische Stellenwert von sozialer Kollektivität heute im Machtraum zwischen Oberfläche (Front-End) und der machtstrategischen Tiefenstruktur der ‚algorithmic culture' […] verortet werden kann, dann bedeutet dies eine folgenschwere Verschiebung machtstrategischer Fragestellungen.[327]

‚Das' Internet, letztendlich digitalisierte Kommunikation überhaupt, wird durch Machtkomplexe technischer Infrastruktur und technischer Programme reguliert, die die Kommunikationspraktiken der Nutzer und Nutzerinnen vorstrukturieren und eingrenzen. Wer einen *facebook*-Account hat, kennt die vorstrukturierten Handlungsspielräume, die eben nur bestimmte – von *facebook* vorgegebene –

---

322 Reichert, *Macht*, 183; Reichert schließt eine kulturkritische Einschätzung Roberto Simanowskis an: „Interaktion und Partizipation dienen längst als rhetorische Mittel zur Vermarktung kulturindustrieller Waren und werden zur Wertschöpfung im Rahmen partizipativer Technologieentwicklung und usergenerierter Inhalte genutzt." (Simanowski, Roberto, *Textmaschinen – kinetische Poesie – interaktive Installation: Zum Verstehen von Kunst in digitalen Medien* [Bielefeld 2012], 20.)
323 Vgl. dazu auch Kap. 2.4.3.3.
324 Vgl. Reichert, *Macht*, 27.
325 Vgl. Reichert, *Macht*, 29.
326 Reichert, *Macht*, 21.
327 Reichert, *Macht*, 20.

Praktiken zulassen. Insofern werden die Interaktionen der Nutzer und Nutzerinnen auch im Rahmen des Identitäts-, Beziehungs- und Informationsmanagements stark über die auf Software-Codes basierenden faktischen Möglichkeiten reguliert.[328] Die Interdependenzen hat Schmidt anschaulich in einer Grafik dargestellt (Abbildung 3)[329]. Darüber hinaus werden im Back-End-Bereich Verknüpfungen von gewonnenen Daten ermöglicht, die sich dem Nutzer und der Nutzerin entziehen.[330] Immer wichtiger werden in Zukunft Fragen der Netzpolitik, das heißt die Aushandlung dessen, wie Infrastruktur und Techniken ‚des' Internets politisch im Sinne des Gemeinwohls gestaltet werden können.[331]

Nachdem der Blick auf technologische Infrastrukturen und allgemeine Nutzungspraktiken im Netz geworfen worden ist, soll nun im Folgenden noch einmal die Frage nach der Genese von Öffentlichkeit im Zusammenhang internetmedialer Kommunikation in den Blick kommen. Es wird sich zeigen, dass ‚die' Netzwerköffentlichkeit Potenziale besitzt, den Anschluss des ‚Laienpublikums' an die Diskurse deliberativer Öffentlichkeit zu gewährleisten.

2.4.3 Partizipation und Diskurs: Internet und Öffentlichkeit reloaded

‚Öffentlichkeit' ist in ihrer Gestaltwerdung prozessual abhängig von gesellschaftlichen Kontexten, von technischen und ökonomischen Gegebenheiten, die wiederum die gesellschaftlichen Kontexte mit formieren. Insofern liegt es auf der Hand, dass die Digitalisierung von Kommunikation einen Wandel mit Blick auf die Genese gesellschaftlicher Öffentlichkeiten erzeugt hat und weiter erzeugen wird. Dabei sind vielschichtige Interdependenzen anzunehmen, denn auch ‚herkömmliche' öffentliche Arenen sind zunehmend von Prozessen der Mediati-

---

[328] Vgl. dazu auch: Schmidt, *Das neue Netz*, 91ff. Zu Software-Codes vgl. auch noch einmal grundlegender: 63ff.
[329] Die Abbildung ist entnommen: Schmidt, Jan, *Das neue Netz: Merkmale, Praktiken und Folgen des Web 2.0* (2., überarb. Aufl., Konstanz 2011), 50.
[330] Zum Thema ‚Big Data' und *facebook* im Speziellen vgl. Reichert, *Macht*, 56ff. – Reicherts eigentliches Thema ist das der Beschreibung von Kollektiven im Zusammenhang der neuen Medien. Hier kommt er zu der im Grunde sicherlich weiterführenden These, „dass die informationstechnische Vernetzung eine Art und Weise der digitalen Kulturtechnik darstellt, die dazu führt, dass Kollektive im Zeitalter der Sozialen Medien ohne eine genaue Erforschung der technischen und sozialen Dimensionen der Vernetzung nicht mehr hinreichend ausgedeutet werden können." (45)
[331] Ein Beispiel dafür sind gegenwärtig die Auseinandersetzungen zur sogenannten ‚Netzneutralität'. Vgl. zum Problemkomplex auch noch einmal Kapitel 3.1.3.

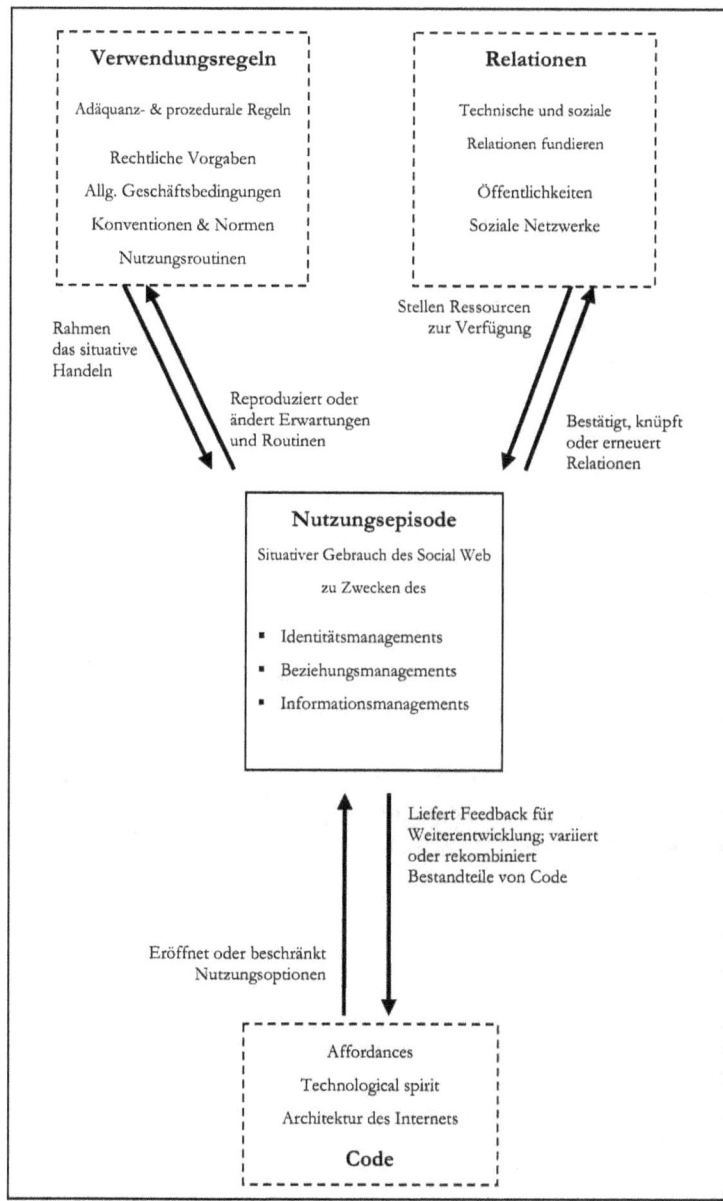

Abbildung 3: Interdependenzen von Regeln und Praktiken

sierung und Digitalisierung durchdrungen. Es ist sicher zu einfach, eben diese Formen und Foren ‚herkömmlicher' Öffentlichkeiten durch digitale Öffentlichkeiten angereichert zu verstehen in dem Sinne, dass diese neuen Öffentlichkeiten zu den bisherigen einfach als abgegrenzte dazutreten. Folgt man Krotz' Annahmen zur Mediatisierung, so ist auch hier von einer „*Erweiterung* und *erhöhte[n] Komplexität* von Öffentlichkeit"[332] zu sprechen. Auch Öffentlichkeiten entwickeln Hybridformen. Castells Verständnis des Netzwerks als neue morphologische Struktur[333] erweist sich hier noch einmal als sehr anschlussfähig. Der neuerliche Strukturwandel von Öffentlichkeit in gesamtgesellschaftlicher Perspektive ist dann komplexer zu beschreiben, als dies bisweilen unternommen wird, indem man versucht, ‚das' Internet als separates Medium mit bestimmten Eigenschaften analog zu bisherigen Mediumsforschungen zu beschreiben. In diesem Sinne schreibt Christoph Neuberger: „Der Medienwandel lässt sich in einem engen zeitlichen Horizont beobachten; dies ist dann der Fall, wenn nur die Diffusion und Aneignung eines einzelnen neuen Mediums in Betracht gezogen wird. Der Horizont ist dagegen weit, wenn über längere Zeiträume hinweg und medienübergreifend Phasen, Trends und Umbrüche analysiert werden."[334] In der dazugehörigen Fußnote heißt es dann weiter: „Im *weiten zeitlichen Horizont* und gesellschaftlichen Rahmen müssten hier Parallelentwicklungen und Wechselwirkungen zwischen Technik, Öffentlichkeit, Wirtschaft und Politik nachgewiesen werden, nämlich das Entstehen von Massenkommunikation, -markt und -demokratie (mit standardisierten Leistungen und einer starken Position der Träger von Leistungsrollen) im 19. und 20. Jahrhundert [...] sowie der aktuelle Wandel von der Massen- zur Netzwerkgesellschaft"[335].

Auch in theologischem Interesse sind diese Interdependenzen stärker in den Blick zu nehmen. Aus forschungspragmatischen Gründen fokussiert die vorliegende Studie in ihrer empirischen Untersuchung ‚nur' einen Ausschnitt aus diesem komplexen Konglomerat, nämlich Beispiele zu Formen und Foren ‚neuer'

---

332 Wimmer, Jeffrey, *(Gegen-)Öffentlichkeit*, 143. Im Original hervorgehoben.
333 Vgl. Kap. 2.4.1.2.
334 Neuberger, „Internet", 36. Neuberger bezieht sich hier auf: Meyrowitz, Joshua, „Medium Theory", in *Communication Theory Today*, hg. v. David Crowley und David Mitchell (Cambridge/UK 1994), 50–77; Stöber, Rudolf, „What Media Evolution Is: A Theoretical Approach to the History of New Media", *European Journal of Communication* 19 (2004), 483–505; Rusch, Gebhard, „Mediendynamik: Explorationen zur Theorie des Medienwandels", *Navigationen* 7 (2007), 13–93; Krotz, *Mediatisierung*.
335 Neuberger, „Internet", 36, mit Verweis auf: Castells, *Informationszeitalter I*; Shapiro, Andrew L., *The Control Revolution: How the Internet is Putting Individuals in Charge and Changing the World We Know* (New York/NY 1999); Benkler, Yochai, *The Wealth of Networks: How Social Production Transforms Markets and Freedom* (New Haven/CO u. a. 2006).

öffentlicher Kommunikation im Zusammenhang onlinebasierter Interaktion.[336] Diese Formen und Foren sind jedoch mit anderen Formen und Foren öffentlicher Kommunikation transmedial verwoben (die Interpretationsleistungen der Subjekte speisen sich also aus unterschiedlichsten Kontexten). Auf den weiten Rahmen sei, auch im Sinne von Desideraten für die empirische Forschung, hingewiesen.

Im Folgenden soll nun versucht werden, die bisherigen öffentlichkeitstheoretischen Überlegungen und die Ausführungen zum Internet als ‚neuem' Interaktions‚raum' zusammenfließen zu lassen: Inwiefern konturieren sich hier Öffentlichkeiten? Welche Formen und Unterscheidungen bieten sich an? Es ist sicherlich der allgemeinen Beschreibung recht zu geben, dass sich auch im Netz die verschiedenen Ebenen von Öffentlichkeit – Encounter-, Versammlungs- resp. Themenöffentlichkeit und Medienöffentlichkeit, wie sie von Gerhards und Neidhardt beschrieben worden sind[337] – auffinden lassen, wenngleich sie stärker miteinander verschränkt und durchlässiger füreinander sind:

> Im Hybridmedium Internet finden sich nun alle drei Ebenen auf ein und derselben technischen Plattform: So sind mit den Online-Ablegern etablierter publizistischer Angebote auch massenmedial-journalistische Öffentlichkeiten im World Wide Web vertreten; Äquivalente zur Versammlungsöffentlichkeit lassen sich in thematisch fokussierten Foren oder Weblogs finden, und die Encounter-Öffentlichkeiten können sich auf Profilwänden von Netzwerkplattformen oder in Chatrooms niederschlagen. Die unterschiedlichen Öffentlichkeitsebenen lassen sich im Internet daher nicht mehr so leicht voneinander trennen, da sich sowohl die Grenzen zwischen raumzeitlich separierten Kommunikationsarenen als auch zwischen klar unterscheidbaren Kommunikationsrollen auflösen.[338]

Damit ist ein heuristischer Anhaltspunkt auch für die Auswahl und Untersuchung des empirischen Materials der vorliegenden Arbeit gegeben: Es wird – für die Frage nach den Chancen und Herausforderungen institutionellen Handelns interessant – vor allem um die Sichtung des Kommentarbereichs medial-journalistischer Öffentlichkeiten wie um die Sichtung von Blogposts einschließlich ihrer Kommentierungen in theologischer Perspektive gehen. Damit kommen einerseits Interaktionen in den Blick, die sich auf der mikrosozialen Ebene konkreter Konversationen beschreiben lassen, die aber an makrosoziale Strukturen angegliedert sind (Kommentare zu Zeitungsbeiträgen). Andererseits handelt es sich um

---

336 Vgl. Kapitel 4. Dass dieses Vorgehen nicht unüblich ist, zeigt auch noch einmal: Neuberger, „Internet", 36 ff.
337 Vgl. Kapitel 2.3.2.1.
338 Schmidt, *Das neue Netz*, 98; vgl. dazu etwa auch: Fraas, Claudia, Meier, Stefan und Pentzold, Christian, *Online-Kommunikation: Grundlagen, Praxisfelder und Methoden* (München 2012), 32 ff.

Kommunikate und Konversationen, die in neuer Weise kommunikative ‚Vergemeinschaftungen' ausprägen, die auf einer mesosozialen Ebene anzusiedeln sind (insbesondere ist das an der Vernetzung von Blogs zu beobachten).

Es bleibt allerdings die Frage offen, inwieweit die Ebenen im Netz tatsächlich deutlich voneinander zu unterscheiden sind (zu unterscheiden sind sie allerdings für die Beschreibung des konkreten Forschungsinteresses), und ob nicht auch ihnen – in der ursprünglichen Unterscheidung von Gerhards und Neidhardt – ebenfalls ein *normativer Gehalt* in der Beschreibung der jeweiligen Öffentlichkeiten zukommt, der allerdings *die Frage der Funktion der kommunikativen Konstitution von Öffentlichkeit* ins Spiel bringt.[339] Für die folgenden Überlegungen erweist sich das Konzept der Netzwerköffentlichkeit als instruktiv, wie es vor allem Christoph Neuberger im Anschluss an Überlegungen von Yochai Benkler[340] vorstellt.

2.4.3.1 Integrierte Netzwerköffentlichkeit

Die Medienöffentlichkeit folgt bis zum Aufkommen der ‚neuen' Medien bestimmten Regeln, nach denen „[d]ie Herstellung von medialer Öffentlichkeit [...] in Organisationen eingebetteten spezialisierten Berufen [obliegt], vor allem den Journalisten"[341]. Für ‚die' Kommunikation der Kirchen hat eine solche Struktur Vorteile: Sie kann mit der Publizierung von Positionen, zumal in Kooperation mit Journalisten und Journalistinnen, auf der Ebene der Massenmedien eher Aufmerksamkeit erzeugen (und sie steht mit den von ihr angebotenen Sinnformen in den von ihr ‚herausgesetzten' [Versammlungs-] Öffentlichkeiten wie den Gottesdiensten nicht in einer verschärften Konkurrenz zu unterschiedlichsten [Teil-] Öffentlichkeiten, Themen, Sinnformen etc.). Im Vergleich zur Ebene der Versammlungs- bzw. Themenöffentlichkeit – und erst recht im Vergleich zur Ebene der Encounter-Öffentlichkeiten – ist das Publikum im Kontext ‚klassischer' massenmedialer Kommunikation von den entsprechenden Produktionsprozessen weitgehend abgekoppelt. Von der ‚Galerie' aus wird wahrgenommen, welche Themen auf welche Weise von den Kommunikatoren für die ‚Arena' aufbereitet worden sind.[342]

---

339 Vgl. hierzu auch noch einmal: Jarren, „Massenmedien".
340 Vgl, Benkler, *Wealth*.
341 Gerhards, Jürgen und Neidhardt, Friedhelm, „Strukturen und Funktionen moderner Öffentlichkeit: Fragestellungen und Ansätze", in *Politische Kommunikation: Grundlagen – Strukturen – Prozesse*, hg.v. Wolfgang R. Langenbucher, (2. überarb. Aufl., Wien 1993), 52–88: 66.
342 Vgl. Fraas, Meier und Pentzold, *Online-Kommunikation*, 33.

Vollständig passiv und einflusslos, wie es zunächst das Bild von ‚Arena' und ‚Galerie' nahelegt, ist das Publikum ‚auf den Rängen' jedoch nicht, denn der Erfolg der Kommunikatoren hängt wesentlich von dem Erfolg ab, den sie bei den Rezipienten und Rezipientinnen haben. Während Journalisten in der klassischen Medienöffentlichkeit also einerseits eine Schlüsselposition (Gatekeeper-Funktion) haben, ist das Gewicht des Publikums andererseits kein geringes: „[W]ährend die durch journalistische Routinen strukturierte massenmediale Arena Themen und Informationen der gesellschaftlichen Kommunikation bereit stellt, werden in den kleinen Öffentlichkeiten auf der Galerie Bewertungen und Interpretationen vorgenommen. Dabei kommt den sozialen Netzwerken der Nutzer eine wichtige Rolle zu."[343] Erst die Anschlusskommunikation[344] sorgt für die Anverwandlung von Themen und Inhalten, und erst in der Anverwandlung geschieht reflexive Meinungsbildung und entsteht gegebenenfalls die Motivation zur Reflexion von Verhaltenseinstellungen.[345] Trotzdem bleiben die Möglichkeiten direkterer Einflussnahme und breiteren Feedbacks für das allgemeine Publikum in der klassischen Medienöffentlichkeit deutlich begrenzt. Im Internet – und hier setzt Christoph Neuberger mit seiner Argumentation an – existiert dieses „Nadelöhr"[346] der Regulierung so nicht mehr. Damit verliert der klassische (Qualitäts-)Journalismus im Grunde das ‚Monopol' auf die Gatekeeper-Funktion. Im Internet kann jeder, ohne großen Aufwand, seine Anliegen publizieren, aus dem Publikum auf der ‚Galerie' werden Akteure in der ‚Arena'. Insofern wandelt sich mit ‚dem' Internet öffentliche Kommunikation „von einer sozial selektiven, linearen und einseitigen zu einer *partizipativen, netzartigen und interaktiven Kommunikation*"[347]. Damit tritt – neben dem Strukturwandel von Öffentlichkeit – der „subjektive Bedeutungswandel von Partizipation"[348] in den Blick, wobei mit ‚Partizi-

---

343 Katzenbach, Christian, *Weblogs und ihre Öffentlichkeiten: Motive und Strukturen der Kommunikation im Web 2.0* (München 2008), 59.
344 Vgl. Kapitel 2.3.3.
345 Vgl. Rogers, Everett M., „Mass Media and Interpersonal Communication", in *Handbook of Communications*, hg.v. Wilbur Schramm, Ithiel de Sola Pool, Frederick W. Frey, Nathan Maccoby und Edwin B. Parker (Chicago/IL 1973), 290–310; vgl. Schenk, Michael, *Soziale Netzwerke und Massenmedien* (Tübingen 1995), 40 ff.; 150 ff.
346 Neuberger, „Internet", 38.
347 Neuberger, „Internet", 39. Im Original hervorgehoben.
348 Wimmer, Jeffrey, „Ebenen der Partizipation in Auflösung? Das Drei-Ebenen-Modell und Ansätze partizipatorischer Öffentlichkeit im digitalen Zeitalter", in *Öffentlichkeiten und gesellschaftliche Aushandlungsprozesse: Theoretische Perspektiven und empirische Befunde*, hg.v. Elisabeth Klaus und Ricarda Drüeke (Bielefeld 2017), 197–216: 204. Zur Frage politischer Partizipation im Netz vgl. auch noch einmal: Wimmer, Jeffrey, Wallner, Cornelia, Winter, Rainer und

pation' auf ein „Kontinuum verschiedener Formen der Teilhabe"[349] verwiesen ist. Partizipations- und Publikationsmöglichkeiten haben dabei nicht nur Privatpersonen, sondern auch Organisationen und Institutionen, die ebenfalls nicht mehr den ‚Umweg' über etablierte journalistische Formate nehmen müssen. Quellen und Publikum können direkt interagieren, ohne journalistische Vermittler, und vor allem wird das vormals disperse Publikum in die Lage gesetzt, sich zu vernetzen. So gesehen schafft ‚das' Internet mit seiner Infrastruktur neue kommunikative Verbindungen und wertet faktisch die ‚Laienkommunikation' auf (die klassische Medienöffentlichkeit sieht die ‚Laienkommunikation' in nur domestizierter Form vor, zum Beispiel in Form von Hörerbeiträgen im Radio). ‚Das' Internet erweitert Öffentlichkeit „nach unten"[350] und integriert große und kleine Öffentlichkeiten. Neuberger rekurriert hier auf Chris Andersons Ausführungen zum *Long Tail* des Internets[351] und verweist selbst noch einmal darauf, dass es hier zunächst um die Beschreibung des *Potenzials* des Internets geht, wobei die empirische Überprüfung faktisch stattfindender Prozesse weiterhin zu leisten sei. Der *Long Tail* des Internets mit seinem ‚Platz' für Nischenangebote aller Art[352] ermöglicht also eine integrierte Öffentlichkeit, da ‚das' Internet die verschiedenen Öffentlichkeitsebenen (Encounter-, Themen-, Medienöffentlichkeit) vereint, so dass auch die Grenzen zwischen diesen Öffentlichkeitsebenen durchlässiger füreinander werden.

Mit diesen Überlegungen zum *Long Tail* und der daraus folgenden Annahme der integrierten Öffentlichkeit setzt sich Neuberger zur Argumentation ins Verhältnis, dass das Internet eher zu einer Fragmentierung von Öffentlichkeit führe. So konzediert etwa Jürgen Habermas in seinem Aufsatz *Hat die Demokratie noch eine epistemische Dimension?*[353], dass „das Internet nicht nur neugierige Surfer

---

Oelsner, Karoline, Hg., *(Mis)Understanding Political Participation: Digital Practices, New Forms of Participation and the Renewal of Democracy* (New York/NY 2018).
349 Wimmer, „Ebenen der Partizipation", 202.
350 Neuberger, „Internet", 41.
351 Anderson, Chris, *The Long Tail: Why the Future of Business is Selling Less of More* (New York/NY 2006). Anderson selbst bezieht sich auf Prozesse des Wirtschaftssystems; seine Ausführungen macht Neuberger für das Öffentlichkeitssystem fruchtbar.
352 Neuberger verweist noch darauf, dass Laienkommunikatoren in der Regel keine kommerziellen Interessen hätten. Wichtiger als die Geldökonomie werde die Aufmerksamkeitsökonomie, sofern Laien nach Reputation und Prominenz strebten. Vgl. Neuberger, „Internet", 42. – Vielen Laien gehe es eher um Kontakt mit Gleichgesinnten und Freunden.
353 Habermas, Jürgen, „Hat die Demokratie noch eine epistemische Dimension? Empirische Forschung und normative Theorie", in *Ach, Europa. Kleine Politische Schriften XI* (Frankfurt a.M. 2008), 138–191. Zur Fragmentierungsthese vgl. weiterhin: Barber, Benjamin R., „Which Technology and Which Democracy?" In *Democracy and New Media*, hg.v. Henry Jenkins und David

hervorgebracht [hat], sondern auch die historisch versunkene Gestalt eines egalitären Publikums von schreibenden und lesenden Konversationsteilnehmern und Briefpartnern wiederbelebt."[354] Dies führt jedoch gleich zur wenig optimistischen Einschätzung, dass „die Entstehung von Millionen von weltweit zerstreuten *chat rooms* und weltweit vernetzten *issue publics* eher die Fragmentierung jenes großen, in politischen Öffentlichkeiten jedoch gleichzeitig auf gleiche Fragestellungen zentrierten Massenpublikums [fördert]. Dieses Publikum zerfällt im virtuellen Raum in eine riesige Anzahl von zersplitterten, durch Spezialinteressen zusammengehaltenen Zufallsgruppen."[355] Solche Zufallsgruppen nennt Habermas an anderer Stelle auch „im Meer der digitalen Geräusche weit verstreute Archipele"[356]. Entsprechend sieht er das wesentliche Problem im Vergleich zur bisherigen Strukturierung von Öffentlichkeit darin, dass es dem virtuellen Raum an funktionalen Äquivalenten für eben jene Strukturen (bisher) fehle, die die verstreuten Botschaften und Intentionen auswählten und redigiert zusammenführten.[357] Neuberger wiederum argumentiert, dass die Fragmentierungsthese[358] auf einer Art „optischer Täuschung" beruhe:

> Im Internet wird (vor allem für die dafür bislang ‚blinde' Kommunikationswissenschaft) sichtbar, dass es jenseits der massenmedialen Öffentlichkeit auch bisher schon kleine, thematisch spezialisierte Öffentlichkeiten gegeben hat, die durch Medien mit geringer Reichweite (z. B. Flugblatt, Plakat) und als spontane oder organisierte Präsenzöffentlichkeiten (z. B. Versammlung, Vortrag, Demonstration) hergestellt wurden. Der Eindruck eines Zerfalls der Öffentlichkeit entsteht fälschlich dann, wenn die Angebots- und Nutzungsvielfalt der dezentralen Internetkommunikation lediglich mit der zentralen Massenkommunikation verglichen wird, die sich wegen der Knappheit ihrer Vermittlungskapazität auf reichweitenstarke, massenkompatible Angebote konzentrieren muss.[359]

Nach Neuberger kompensiert ‚das' Internet gerade die bisher bestehende Fragmentierung von Öffentlichkeit, die gegeben war, weil die verschiedenen Ebenen

---

Thorburn, (Cambridge/MA u. a. 2003), 33–47: 44 f.; Sunstein, Cass R., *Republic.com 2.0* (Princeton/NJ, 2007). Vgl. zum sogenannten ‚Babel'- Einwand: Neuberger, „Internet", 47.
354 Habermas, „Demokratie", 161.
355 Habermas, „Demokratie", 162. Derweil sieht Habermas „demokratische Verdienste" der Online-Kommunikation in nicht-demokratischen Zusammenhängen, wenn es um die Umgehung staatlich verhängter Zensur geht. (Vgl. 161.)
356 „Im Sog der Gedanken", *Frankfurter Rundschau*, 13.06.2014. http://www.fr-online.de/kultur/juergen-habermas-im-sog-der-gedanken,1472786,27478968.html (01.03.2018).
357 Vgl. Habermas, „Demokratie", 162.
358 Auch vor der Etablierung des Internets wurde freilich die Fragmentierung der Öffentlichkeit resp. des Publikums bereits diskutiert, vgl. Jäckel, *Medienwirkungen*, 293 ff.
359 Neuberger, „Internet", 43 f.

von Öffentlichkeit kaum miteinander vermittelt waren. ‚Das' Internet könne Medienbrüche und Angebotsbrüche überbrücken, weil Änderungen der Reichweite in beide Richtungen nun möglich sind, ohne dass eine Schlüsselrolle (Gatekeeper) Durchlass gewährt oder nicht. Die Funktion der Gatekeeper hinsichtlich der Reichweitenregulierung übernimmt im Internet zunächst der Faktor ‚Popularität', das heißt: die Nutzung und Bewertung von Angeboten durch Nutzer und Nutzerinnen. Die Selbststeuerung der Nutzer hat also (potenziell) Einfluss auf Themenkarrieren im Netz. Gleichzeitig ist evident, dass bei fehlendem ‚Filter' die Menge der Informationen gerade auch im *Long Tail* unüberschaubar und die Qualität von Beiträgen nicht mehr regulierbar ist.[360] Yochai Benkler nun geht davon aus, dass sich im Internet trotzdem eine Ordnung herstellt, nämlich die einer „integrierten Netzwerkstruktur"[361], die eben auch die vernetzte Öffentlichkeit arrangiert. Unter Rekurs auf empirische Netzwerkanalysen insbesondere der ‚Blogosphäre' lässt sich folgendes beobachten, so Benkler: Während im *Long Tail* beziehungsweise auf der Mikroebene weitgehend homogene Angebotscluster mit Blick auf Interessen und Themen entstünden, manifestiere sich auf der Makroebene eine kleine Anzahl sehr gut verlinkter Knoten, die faktisch jedoch nicht den Informationsfluss kontrollierten. In Summe komme es zu einem System, das sich in gewisser Weise selbst organisiere, das vielstufig und in sich kooperativ sei, das in großem Maße fähig sei, Informationen aufzunehmen, zu filtern und zu synthetisieren. Diese Form der Selbstorganisation wirke einer Fragmentierung entgegen:

---

[360] Das Problem der Qualität stellt sich nicht nur mit Blick auf den *Long Tail:* Unabhängig von der Faktenlage verbreiten sich ‚Nachrichten' in bisher ungekanntem Tempo entlang von Informationskaskaden; dass darunter auch viele Falschmeldungen sein können, zeigt – als ein willkürliches ausgewähltes Beispiel unter vielen – die Kommunikation über den Amoklauf in München im Juli 2016: Im Netz kursierte ein Bild, das angeblich den Tatort in München zeigen sollte, tatsächlich abgebildet war – und das stellte sich erst später heraus – eine Szene einer Bluttat in Johannesburg. Außerdem kursierten in den Sozialen Netzwerken ‚Nachrichten' von Toten am Marienplatz, auch das war eine Falschmeldung. Das Problem von *Fake News* ist freilich keines, das nur auf ‚das' Netz beschränkt wäre, es bekommt aber hier eine neue Dynamik, vgl. dazu auch: Könneker, Carsten, Hg., *Fake oder Fakt? Wissenschaft, Wahrheit und Vertrauen* (Wiesbaden 2018); McNair, Brian, *Fake News: Falsehood, Fabrication and Fantasy in Journalism* (London/UK 2017). Die hier berührte Frage nach der ‚Wahrheit' von Nachrichten lässt für einen starken, seriösen Journalismus plädieren, der im Sinne einer gut informierten Öffentlichkeit arbeitet. Vgl. dazu auch: Viner, Katharine, „How Technology Disrupted The Truth", *The Guardian*, 12.06.2016. https://www.theguardian.com/media/2016/jul/12/how-technology-disrupted-the-truth (01.03.2018); vgl. auch: Habermas, Jürgen, „Keine Demokratie kann sich das leisten", *Süddeutsche Zeitung*, 19.05.2010. http://www.sueddeutsche.de/kultur/juergen-habermas-keine-demokratie-kann-sich-das-leisten-1.892340 (01.03.2018).
[361] Neuberger, „Journalismus und Öffentlichkeit", 48.

2.4 Neuer Strukturwandel der Öffentlichkeit — 119

While there is enormous diversity on the Internet, there are also mechanisms and practices that generate a common set of themes, concerns, and public knowledge around which a public sphere can emerge. Any given site is likely to be within a very small number of clicks away from a site that is visible from a very large number of other sites, and these form a backbone of common materials, observations, and concerns. All the findings of power law distribution of linking, clustering, and the presence of a strongly connected core, as well as the linking culture and ‚see for yourself', oppose the fragmentation prediction. Users self-organize to filter the universe of information that is generated in the network. This self-organization includes a number of highly salient sites that provide a core of common social and cultural experiences and knowledge that can provide the basis for a common public sphere, rather than a fragmented one.[362]

In Folge beschreibt Neuberger die dynamische und „integrierte Netzwerköffentlichkeit"[363] dergestalt, dass ein umfangreicher Input auf partizipative Weise bearbeitet und reduziert wird, so dass eine Themenagenda entsteht. Vielfalt und Einheit können so in der Netzwerköffentlichkeit zusammengehen, ganz anders als in der klassischen Medienöffentlichkeit. Mehr noch: Vielfalt und Einheit sind auf den verschiedenen Ebenen der Internetöffentlichkeit sowie in den unterschiedlichen Phasen der öffentlichen Deliberation prinzipiell *erwünscht*. Dabei erfolgt die Integration der Phasen und Ebenen mehrstufig, wobei dann aufsteigend (höhere Ebenen und spätere Phasen) die Vielfalt der Informationen wie die Vielfalt der vermittelnden Positionen abnimmt. Diese Prozesse sind in dieser Struktur allerdings weder zentralisiert noch endgültig.[364] Darin liegt die Besonderheit ‚des' Internets, dass empfehlende Orientierungen revidierbar sind, dass Alternativen weiterhin sichtbar bleiben. Gatewatching[365] ist hier eher Aufgabe als Gatekeeping, da es mehr um ein Konzentrieren, Kontextualisieren und Kommentieren geht als um Prozesse des harten Selektierens und Ausscheidens.

---

[362] Benkler, *Wealth*, 256. Vgl. Neuberger, „Internet", 48.
[363] Neuberger, „Internet", 39 f. – Zum Begriff der „dynamischen und integrierten Netzwerköffentlichkeit" vgl.: Ders., „Journalismus in der Netzwerköffentlichkeit: Zum Verhältnis zwischen Profession, Partizipation und Technik", in *Journalismus im Internet: Profession – Partizipation – Technisierung*, hg.v. dems. und Christian Nuernbergk (2., aktualisierte und erneuerte Aufl. Wiesbaden 2018), 11–80: 49 ff.
[364] Vgl. Neuberger, „Internet", 49. Vgl. zur Strukturierung der Kommunikationsräume und zur Vermittlung von Meinungen und Themen aus ‚einfachen' in ‚komplexe' Öffentlichkeiten auch: Katzenbach, Christian, „Von kleinen Gesprächen zu großen Öffentlichkeiten? Zur Dynamik und Theorie von Öffentlichkeiten in sozialen Medien", in *Öffentlichkeiten und gesellschaftliche Aushandlungsprozesse: Theoretische Perspektiven und empirische Befunde*, hg.v. Elisabeth Klaus und Ricarda Drüeke (Bielefeld 2017), 151–174.
[365] Vgl. Bruns, Axel, *Gatewatching: Collaborative Online News Production* (New York/NY u.a. 2005).

Mit dem Aspekt des ‚Gatewatchings' wird noch einmal auf die Herausforderung hingewiesen, dass ‚das' Internet eine große Fülle an Informationen bietet. Neuberger weist zu Recht darauf hin, dass zwischen Partizipation und Interaktion ein Spannungsverhältnis herrscht, ein Punkt, auf den nicht immer ausreichend verwiesen wird, der aber auch im Hintergrund der Fragmentierungsthese steht: Je mehr Personen partizipieren und Inhalte und Kommunikationsangebote platzieren, umso schwieriger wird es, auf diese Fülle zu reagieren. Die Sortierlast liegt bei den einzelnen Nutzern und Nutzerinnen, die wiederum – und das ist die zweite Schwierigkeit – in der Regel nicht einfach Qualität unterstellen können[366], da die Güte der Quellen vielfach unbekannt ist. Es hat sich gezeigt, dass sich Partizipation am Diskurs und Gleichheit im Diskurs vielfach ‚elitär' regelt, Partizipation *und* Interaktion kommen am ehesten in kleinen (elektronischen) Kommunikationsgemeinschaften zustande.[367] Damit ergibt sich ein Vergleichspunkt zur Form bürgerlicher Öffentlichkeit, die Habermas beschrieben hat.[368]

All das zeigt: „[D]ie Antwort auf die Frage, ob und in welchen Dimensionen es zu einer Fragmentierung oder Integration von Öffentlichkeit im Internet kommt, [hängt] entscheidend davon ab, wie Vermittler das Integrationspotenzial ausschöpfen."[369] Für Neuberger bietet sich für diese Vermittlungsrolle der professionelle Journalismus an (mit Verweis auf Kapitel 5 sei angemerkt, dass hinsichtlich einer religiösen Perspektivierung von Themen auch die Kirchen eine aktive, kommunikative Rolle spielen könnten), wenngleich er auch Komplementärrollen in den Blick nimmt. Drei Aufgaben stellen sich: Zum einen geht es um das bereits genannte ‚Gatewatching', um ein Sichten publizierter Inhalte, ein Überprüfen von Qualität und Vermittlung zwischen reichweitenstarken Angeboten und Angeboten im *Long Tail* (Sichtung von transnationalen, lokalen etc. Inhalten). Zum Zweiten wäre es, so Neuberger, Aufgabe des professionellen Journalismus – stärker und differenzierter als es gegenwärtig gehandhabt wird – ‚Laienkommunikation' auf eigenen journalistischen Websites (Online-Seiten der

---

366 Vgl. zur Unterstellbarkeit von Wissen in den klassischen Massenmedien: Luhmann, Niklas, „Veränderungen im System gesellschaftlicher Kommunikation und die Massenmedien", in *Soziologische Aufklärung 3: Soziales System, Gesellschaft, Organisation* (Opladen 1981), 309–320: 313.
367 Vgl. zu den sozialen Formen: Stegbauer, Christian, „Soziale Formen im Internet", in *Online-Vergesellschaftung? Mediensoziologische Perspektiven auf neue Kommunikationstechnologien*, hg.v. Michael Jäckel und Manfred Mai (Wiesbaden 2005), 201–221. Die Regulierung entsprechender Mechanismen ist für die Blogosphäre untersucht worden, vgl. etwa Rutigliano, Lou W., „Emergent Weblogs as Civic Journalism". Paper presented at the International Communication Association's 55th Annual Conference, May 2005, New York 2005; vgl. Neuberger, „Internet", 52.
368 Vgl. Kapitel 2.2.1.
369 Neuberger, „Internet", 83.

Zeitungen und Zeitschriften) zu moderieren (Neuberger verweist auf die US-amerikanische Debatte um den sogenannten ‚Public Journalism') und Diskurse zu gesellschaftlich relevanten Themen anzustoßen (und damit auch Aufmerksamkeit zu bündeln), an der sich dann eben auch das ‚Laienpublikum' beteiligen kann.[370] Auch damit wäre man wieder bei einer Vergleichbarkeit mit den von Habermas beschriebenen Formen bürgerlicher Öffentlichkeit im 18. Jahrhundert: Gerade die Zeitungen und Zeitschriften boten ein Forum öffentlicher Moderation im Zusammenhang der Kaffeehausgesellschaften.[371] Zum Dritten bleibt das ‚Gatekeeping' wichtige Funktion, bezogen auf den Offline-Bereich. Darüber hinaus ist an eine Komplementarität von Rollen zu denken: Blogger[372] etwa bringen Themen auf, die durch professionelle Journalistinnen aufgegriffen werden; Bloggerinnen greifen Themen aus den etablierten Zeitungen und Zeitschriften auf, kommentieren das Aufgenommene und ermöglichen so weitere Anschlusskommunikation; Blogs werden in Sozialen Netzwerken verlinkt und kommentiert etc. Man kann auch formulieren: Erst die – freilich mit sich selbst vermittelte – Netzwerköffentlichkeit ermöglicht den Anschluss des ‚Laienpublikums' an die Diskurse deliberativer Öffentlichkeit. Damit wäre, zumindest zum Teil, auch einem der Kritikpunkte an dem Ideal der Habermas'schen bürgerlichen Öffentlichkeit begegnet: Den Anschluss an eine deliberative Öffentlichkeit finden über ‚das' Netz potenziell alle, die Zugang zum Netz haben (bei dieser Einschränkung, die an sich auch nicht dem Ideal der prinzipiellen Zugänglichkeit entspricht, ergeben sich freilich weitere Hürden: zum einen die Frage nach möglichen weiteren Exklusionsmechanismen online[373], zum anderen hinsichtlich der Frage, wo und wie sich deliberative Öffentlichkeiten jenseits homophiler Segregierungen und ökonomischer Einflussnahme bilden und abbilden – das freilich müsste eigens in größerem Umfang untersucht werden).[374] Damit sind ‚Orte' im Netz gefragt, wo

---

370 Im empirischen Teil in Kapitel 4 wird sich zeigen, dass die Online-Kommunikationskultur etwa des *Freitag* von dem Engagement der Leser und Leserinnen profitiert.
371 Vgl. Neuberger, „Internet", 58 f. Vgl. dazu auch: Schönhagen, Philomen, *Die Mitarbeit der Leser: Ein erfolgreiches Zeitungskonzept des 19. Jahrhunderts* (München 1995).
372 Vgl. dazu: Bowman, Shayne und Willis, Chris, *We Media: How Audiences are Shaping the Future of News and Information*, 2003. http://www.hypergene.net/wemedia/download/we_media.pdf (01.03.2018).
373 Neben dem sogenannten *digital divide* machen sich etwa unterschiedliche Kompetenzen des Umgangs mit den Technologien bemerkbar; dann geht es aber auch um (bewusste) soziale Exklusionsmechanismen.
374 Dies ist freilich ein allgemeiner und wichtiger Punkt der Diskussion. Zizi Papacharissi schlägt etwa vor, in der Unterscheidung von *public sphere* und *public space*, das Internet als bedeutsam für die Entstehung eines *public space* anzusehen (und nicht der *public sphere*, weil die wesentlichen Kriterien deliberativer Öffentlichkeit nicht erfüllt seien): Dabei ist es die *private*

sich Personen konträrer Meinungen um einen Diskurs bemühen und bemühen können.[375]

2.4.3.2 Persönliche Öffentlichkeiten und das Problem der Privatsphäre

Jan Schmidt setzt nun noch einmal hinsichtlich der Frage nach Öffentlichkeit anders an und führt den Begriff der „persönlichen Öffentlichkeit" ein, um einen „neuartigen Typ von Öffentlichkeit"[376] in den Blick zu bekommen. Persönliche Öffentlichkeiten sind zunächst allgemein dadurch charakterisiert, dass sie „an denjenigen Stellen im Netz [entstehen], an denen Nutzer sich mit ihren eigenen Interessen, Erlebnissen, kulturellen Werken oder Meinungen für ein Publikum präsentieren, ohne notwendigerweise gesellschaftsweite Relevanz zu beanspruchen."[377] ‚Öffentlich' will dabei zunächst gar nichts anderes heißen als zugänglich für andere, wobei die Grade von Intimität/Privatheit und Relevanz für andere sehr differieren können.[378] Persönliche Öffentlichkeiten unterscheiden sich besonders von massenmedial hergestellten Öffentlichkeiten (Schmidt nennt diese auch „universale Öffentlichkeiten") hinsichtlich dreier Aspekte: Zum einen werden Inhalte, die öffentlich gemacht werden, nach Kriterien der eigenen Relevanz ausgewählt[379]; zum Zweiten richtet sich diese Form des Kommunikationsangebots eher an kleine Publika; zum Dritten sind in der Regel zwei Kommunikationsmodi

---

sphere, die zum Ort öffentlichkeitswirksamer Praktiken wird. Vgl. Papacharissi, Zizi A., *A Private Sphere: Democracy in a Digital Age* (Cambridge/UK 2010). Volker Gerhardt hingegen kritisiert das an normative Kriterien gebundene Modell deliberativer Öffentlichkeit überhaupt; allein Zugänglichkeit und Offenheit müssten gewährleistet sein, vgl. Gerhardt, *Öffentlichkeit*, 280 f.; zur Kritik an Habermas vgl. auch 223 ff.
375 Vgl. dazu auch: Neuberger, Christoph und Wendelin, Manuel, „Strukturwandel 2.0". http://www.goethe.de/wis/bib/prj/hmb/the/157/de9527384.htm (01. 03. 2018).
376 Schmidt, *Das neue Netz*, 107.
377 Schmidt, *Das neue Netz*, 105.
378 Vgl. Schmidt, *Das neue Netz*, 108. Schmidt hat hier vor allem Netzwerkplattformen und Blogs/Microblogging im Blick, da „sich an ihnen das Herausbilden persönlicher Öffentlichkeiten besonders deutlich demonstrieren lässt." (Ebd.)
379 Vgl. dazu auch verschiedene Studien, die etwa mit Blick auf Blogs und SNS die Wichtigkeit für die ‚durchschnittlichen' Blogger untersuchen, Persönliches und Alltagsbezogenes darzustellen, zu bearbeiten etc.: Huffaker, David und Calvert, Sandra, „Gender, Identity and Language Use in Teenage Blogs", *Journal of Computer-Mediated Communication* 10 (2005); Trammel, Kaye, Tarkowski, Alex, Hofmkl, Justyna und Sapp, Amanda, „Rzeczpospolita blogów [Republic of Blog]: Examining polish bloggers through content analysis", *Journal of Computer-Mediated Communication* 11 (2006), 702–722; Jones, Steve, Millermaier, Sarah, Goya-Martinez, Mariana und Schuler, Jessica, „Whose Space is MySpace? A Content Analysis of MySpace Profiles", *First Monday* 13 (2008).

vorherrschend: Entweder werden Inhalte publiziert (einem Publikum schlicht zur Verfügung gestellt), oder es findet ein interpersonaler Austausch zwischen Nutzern und Nutzerinnen statt. Unter Umständen sind beide Formen nicht so trennbar, wie die Lektüre bei Schmidt annehmen lässt.[380] In jedem Fall verschwimmen die Rollen von Sender und Empfänger, wenn Nutzer in den Konversationsmodus eintreten, aber auch, wenn es um den Bezug auf gemeinsam geteilte Inhalte geht. Kommunikationspartnerinnen auf SNS etwa sind in vielen Fällen schon einander bekannte Personen[381], die sich aus Face-to-Face-Kontakten kennen; jedoch können auch unbekannte Personen in den Kreis der Kommunizierenden eintreten. Persönliche Öffentlichkeiten besitzen eine begrenzte Reichweite – diese hängt von den Leserinnen eines Blogs (diese bleiben oft auch ‚unsichtbar') oder der Anzahl der Kontakte auf einer SNS ab. Schmidt unterscheidet weiterhin zeitliche, räumliche und soziale Merkmale persönlicher Öffentlichkeiten. Hier können unter zeitlicher Perspektive statische und dynamische Aspekte differenziert werden: statisch sind Elemente, die im weitesten Sinne den User über ein ‚Profil' darstellen; dynamisch sind hingegen solche Elemente, die stets aktualisiert werden. In diesem Zusammenhang wird für Communities auch von „community awareness"[382] gesprochen. Der Aspekt der Räumlichkeit bezieht sich bei Schmidt auf die Frage, inwieweit eine Nutzerin verschiedene Kommunikations‚orte' und -dienste verwendet, so dass Informationen und Daten über diese Person an verschiedenen Orten auffindbar sind (damit ist gegebenenfalls eine Anpassung des Rollenverhaltens an verschiedene persönliche Öffentlichkeiten verbunden). Schließlich gilt es, mit Blick auf die persönlichen Öffentlichkeiten auch die soziale Strukturierung zu betrachten: Auf SNS existieren enge Freundschaften und periphere Kontakte. Wenn zunächst, wie etwa bei *facebook*, alle Kontakte als ‚Freunde' rubriziert sind, haben zum einen die Kontakte für die Nutzerinnen und Nutzer nicht die gleiche Qualität; zum anderen kann entsprechend der Qualität des Kontakts dann doch die Reichweite der Postings reguliert werden (das heißt, manche ‚Freunde' sind besser informiert als andere).[383]

Spätestens seit 2009 und einer erhitzten Debatte im Zusammenhang mit Sozialen Netzwerken im Internet (hier haben auch der *Post-Privacy*-Begriff und die

---

[380] Vgl. Schmidt, *Das neue Netz*, 108f.
[381] Vgl. dazu auch mit Schwerpunkt auf *facebook*: Frees, Beate und Fisch, Martin, „Veränderte Mediennutzung durch Communitys?" *Media-Perspektiven* (2011), 154–164.
[382] Vgl. Schmidt, *Das neue Netz*, 112; vgl. Prinz, Wolfgang, „Awareness", in *CSCW-Kompendium: Lehr- und Handbuch zum computergestützten kooperativen Arbeiten*, hg.v. Gerhard Schwabe, Norbert Streitz und Rainer Unland (Berlin u.a. 2001), 335–350.
[383] Zum besonderen Fall der parasozialen Beziehung zu Prominenten und der damit einhergehenden Merkmale fehlender Reziprozität vgl. Schmidt, *Das neue Netz*, 115f.

damit verbundenen Debatten ihren Ursprung) und katalysiert durch die NSA-Überwachungsaffäre[384], wird die Frage diskutiert, wie es in Zeiten ‚des' Internets und im Zuge der zunehmenden Mediatisierung von Lebenswelten um die *Privatheit* in unserer Gesellschaft bestellt ist.[385] An dieser Stelle fehlt der Raum, diese Debatte hier aufzugreifen, zu analysieren und einen differenzierten Blick auf die Konzepte von ‚privat' und ‚öffentlich' in ihrer Bezogenheit zu werfen. Insofern sei – gerade im Zusammenhang der Thematisierung persönlicher Öffentlichkeiten – nur auf einige Aspekte hingewiesen.

Grundsätzlich ist Schmidt darin zuzustimmen, dass gewohnte und vertraute Grenzen zwischen privat und öffentlich anfangen zu verschwimmen, wenn Menschen Persönliches öffentlich machen, und das unter Umständen, ohne die Reichweite ihres Handelns abschätzen zu können (mit ‚unintendierten Publika' muss in der Onlinekommunikation gerechnet werden). Allgemein jedoch stellt ‚Privatsphäre' beziehungsweise ‚Privatheit' kein universell und kulturübergreifend gültiges Konzept dar, Fragen nach Konzepten von Privatheit werden immer wieder epochen- und kulturspezifisch und auch situationsspezifisch ausgehandelt und bestimmt.[386] Die Spannung zwischen den beiden Polen ‚privat' und ‚öffentlich' scheint anthropologisch grundgelegt:

---

[384] Nicht nur die Zeitungen und Zeitschriften sind seit den ersten bekannt gewordenen Fällen stetig mit der NSA-Affäre und ihren Folgen beschäftigt, auch auf dem Buchmarkt schießen (in vielen Fällen mit alarmistischer Tendenz) Publikationen verschiedenster Couleur zum Thema wie Pilze aus dem Boden. Vgl. exemplarisch: Rosenbach, Marcel und Stark, Holger, *Der NSA-Komplex: Edward Snowden und der Weg in die totale Überwachung* (Berlin 2014); Greenwald, Glenn, *Die globale Überwachung: Der Fall Snowden, die amerikanischen Geheimdienste und die Folgen* (München 2014) (bei den letzten beiden Titeln handelt es sich um ‚Bestseller'); Stolpmann, Markus, *Überwacht: Warum die NSA-Aktivitäten nur die Spitze des Eisbergs sind und was Sie als Bürger, Konsument & Arbeitnehmer jetzt wissen müssen* (Wien 2013); Koidl, Roman Maria, *Web-Attack: Der Staat als Stalker – Wenn Sie denken: „Egal, ich habe nichts zu verbergen", lesen Sie dieses Buch!* (München 2014).
[385] Zur Post-Privacy-Debatte vgl. wiederum exemplarisch: Heller, Christian, *Post-Privacy: Prima leben ohne Privatsphäre* (München 2011); Schneider, Norbert, *Autonomie und Transparenz: Privatsphäre und öffentlicher Raum in Zeiten der Digitalisierung* (Berlin 2012); Schaar, Peter, *Das Ende der Privatsphäre: Der Weg in die Überwachungsgesellschaft* (München 2009); Maj, Anna, Hg., *Post-Privacy Culture: Gaining Social Power in Cyber-Democracy* (Witney/UK 2014).
[386] Vgl. Schmidt, *Das neue Netz*, 116. – Mit Beate Rössler unterscheidet Schmidt „dezisionale Freiheit" (Freiheit der selbstbestimmten Entscheidungsfindung), „lokale Freiheit" (Freiheit des kontrollierten Zugangs zu eigenen Räumen) und „informationelle Freiheit" (Kontrolle darüber, was über meine Person anderen bekannt sein kann). (Ebd., Anm. 102.) Vgl. Rössler, Beate, „Der Wert des Privaten", in *Privat! Kontrollierte Freiheit in einer vernetzten Welt*, hg.v. Ralf Grötker (Hannover 2003), 15–32. Zur Dynamik des Verhältnisses von Öffentlich und Privat und die Herstellung von Privatheit durch Praktiken der Akteure vgl. Lingenberg, Swantje, „Öffentlich(keit)

> Aus einer sozialpsychologischen Perspektive besteht zwischen Öffentlichkeit und Privatsphäre deswegen ein Spannungsfeld, weil zwei grundlegende, aber widerstrebende individuelle Bedürfnisse berührt sind: Als soziale Wesen sind Menschen auf soziale Interaktion und Selbstoffenbarung angewiesen, besitzen gleichzeitig aber auch den Wunsch nach Kontrolle des Zugangs zu persönlichen Informationen und deren Verbreitung. Sowohl der Schutz der Privatsphäre als auch soziale Interaktion und Selbstoffenbarung stellen grundlegende psychologische Ressourcen dar, die für die eigene Persönlichkeitsentwicklung und -entfaltung, die psychische Gesundheit und die allgemeine Lebenszufriedenheit bedeutsam sind."[387]

Eine produktive Spannung zwischen dem Privaten und dem Öffentlichen konstatiert auch Volker Gerhardt, wenn er zum einen die grundlegende Bedeutung der Öffentlichkeit für Sprechen und Denken des Menschen beschreibt und zum anderen darauf verweist, dass beide aber „der Subjektivität des Rückzugs eines Einzelnen auf sich selbst bedürfen, um dem Individuum auch unter Konditionen der Unsicherheit und des Zweifels das Selbstbewusstsein einer eigenen Meinung zu geben."[388] Dieses Spannungsverhältnis konstelliert sich nun unter den Bedingungen der Social-Media-Technologien und ihrer Nutzung neu[389], vor allem die technisch grundgelegte kommunikative Infrastruktur des Netzes bietet neue Möglichkeiten, die sich mit Blick auf die Frage der Privatheit ambivalent darstellen.[390] Man wird sagen können, dass wir gegenwärtig mit den Technologien des Internets historisch an einer Stelle sind, an der erneut das Konzept der Privatheit einer Revision unterzogen wird. Eines der Grundprobleme liegt darin, dass die Informationen, die ins Netz gestellt werden, in der Regel persistent sind. Mit diesem Grundproblem ist ein weiteres verschränkt, nämlich das der prinzipiellen Unkalkulierbarkeit der Reichweite von Informationen. Heuristisch mag es dienlich sein, zwischen intendierten (als potenziell selbst vorgestellten), (direkt) adressierten, potenziellen (prinzipiell technisch erreichbaren) und empirischen Publika zu unterscheiden. Dabei ist es immer möglich, dass sich dem intendierten

---

und Privat(heit)", in *Handbuch Cultural Studies und Medienanalyse*, hg.v. ders., Andreas Hepp, Friedrich Krotz und Jeffrey Wimmer (Wiesbaden 2015), 169–179.
387 Schmidt, *Das neue Netz*, 117, unter Rekurs auf: Altman, Irwin, *The Environment and Social Behavior: Privacy – Personal Space – Territory – Crowding* (Monterey 1975).
388 Gerhardt, *Licht und Schatten*, 27.
389 Vgl. dazu umfassender: Trepte, Sabine und Reinecke, Leonard, Hg., *Privacy online: Perspectives on Privacy and Self-Disclosure in the Social Web* (Berlin u. a. 2011); vgl. auch: Grimm, Petra und Neef, Karla, „Privatsphäre 2.0? Wandel des Privatheitsverständnisses und die Herausforderungen für Gesellschaft und Individuen", in *Schöne neue Kommunikationswelt oder Ende der Privatheit? Die Veröffentlichung des Privaten in Social Media und populären Medienformaten*, hg.v. Petra Grimm und Oliver Zöllner (Stuttgart 2012), 41–81.
390 Vgl. Kapitel 2.4.2.3.

oder gar adressierten Publikum in Form des empirisch-tatsächlichen Publikums unintendiertes Publikum an die Seite gesellt.[391] – Die Verschränkung des Problems der Persistenz mit dem Problem der prinzipiellen Unkalkulierbarkeit der Reichweite bringt weitere Konsequenzen mit sich: Zunächst einmal sind Daten immer wieder auffindbar, und das nicht nur für die Person, die sie eingestellt hat. Daten lassen sich über bestimmte Programme aggregieren, verdichten somit das Wissen über eine ‚Person'. Inhalte werden duplizierbar, auch das entzieht sich den Kontrollmöglichkeiten des Nutzers und der Nutzerin, auch wenn mittlerweile bereits einige rechtliche Regelungen für den Internetbereich getroffen worden sind.[392] Geht man nun davon aus, dass die Gestaltung persönlicher Öffentlichkeiten von Praktiken des Identitäts- und Beziehungsmanagements durchdrungen sind, werden diese in gewisser Weise durch die Frage der Reichweite entweder zu einem prinzipiell unkalkulierbaren Unterfangen, einer Rechnung im wahrsten Sinne des Wortes mit ‚Unbekannten' – oder, was sich nicht selten auch in Phänomenen der Fehleinschätzung äußert, Identitäts- und Beziehungsmanagement artikulieren sich eher nicht mehr in der Annahme ‚realer' Gegenüber und arbeiten sich an diffusen Interaktionspartnern ab.

Persönliche Öffentlichkeiten beschreiben zwar einen eigenen Interaktionskontext, der sich in der Regel auf ein zumindest vorgestelltes Publikum bezieht; da die Reichweite sich letztendlich immer der Kontrollierbarkeit entzieht, liegt die Verantwortungslast für den Schutz der Privatsphäre einerseits bei den Individuen: „Menschen [müssen] in ihren persönlichen Öffentlichkeiten stärker noch als außerhalb des Internets den Zugang zum eigenen Selbst zu kontrollieren versuchen, um Privatsphäre herzustellen."[393] Andererseits ist das Problem des Datenschutzes keines, das erst mit der allgemeinen Etablierung ‚des' Internets aufgekommen wäre. Das *Recht auf informationelle Selbstbestimmung* versucht auf seine Weise, den persönlichen Raum von Bürgern und Bürgerinnen zu schützen. Erstmals im Zusammenhang der Auseinandersetzungen um die für 1983 geplante Volkszählung in Deutschland formuliert, sieht es sich angesichts der zunehmenden Mediatisierung der Lebenswelten vor neue Herausforderungen gestellt. Das Recht auf informationelle Selbstbestimmung ruht auf dem allgemeinen Persönlichkeitsrecht auf, wie es im Grundgesetz verankert ist (Art. 2 Abs. 1 GG i.V.m. Art. 1 Abs. 1 GG; Recht auf freie Entfaltung der Persönlichkeit und der Menschenwürde). Es handelt sich hierbei um ein Datenschutz-Grundrecht, das so jedoch nicht im

---

391 Dies ist in unzähligen Beispielen der Fall, wenn Vorgesetzte, Lehrerinnen, Eltern, Ehepartner etc. Kenntnis von in bestimmten Kontexten unangemessenen beziehungsweise unerwünschten Inhalten oder Handlungen einzelner Nutzerinnen erhalten.
392 Vgl. hierzu auch: https://irights.info/ (01.03.2018).
393 Schmidt, *Das neue Netz*, 123.

Grundgesetz der Bundesrepublik Deutschland festgehalten ist (allerdings sind personenbezogene Daten durch die EU-Grundrechtscharta geschützt). Dem Inhalt nach soll jeder Mensch „grundsätzlich selbst über die Preisgabe und Verwendung seiner persönlichen Daten bestimmen können (BVerfGE 65,1)."[394] Anders ausgedrückt: „[Das Recht] verleiht dem Einzelnen die Befugnis, grundsätzlich selbst zu bestimmen, wann und in welchem Umfang er persönliche Lebenssachverhalte preisgeben möchte."[395] – Schmidt bezieht nun die Bestimmung zur informationellen Selbstbestimmung auf das Social Web und formuliert drei Aspekte aus[396]: Sie sei normatives Konzept, ausgeübte Praxis (Nutzer und Nutzerinnen betreiben faktisch informationelle Selbstbestimmung, mehr oder weniger erfolgreich) und Kompetenz. Die beiden letzten Aspekte fallen unter die bereits erwähnte ‚Verantwortungslast' für die Individuen. Der Begriff der Kompetenz ist hier bedeutsam und mit Blick auf die Mediatisierung alltäglicher Lebenswelten weiterhin durchzubuchstabieren. Medienkompetenz[397] setzt ein bestimmtes Wissen voraus und verbindet sich mit bestimmten (medienspezifischen) Fertigkeiten:

---

[394] Grimme-Institut, Hg., *Im Blickpunkt: Informationelle Selbstbestimmung*, Marl 2012, 2. im-blickpunkt.grimme-institut.de/wp/wp-content/uploads/2014/12/IB-Informationelle-Selbstbestimmung.pdf (01.03.2018).
[395] Bundesministerium des Innern, „Der Schutz des Rechts auf informationelle Selbstbestimmung". http://www.bmi.bund.de/DE/Themen/Gesellschaft-Verfassung/Datenschutz/Informationelle-Selbstbestimmung/informationelle-selbstbestimmung_node.html (15.09.2016; Beitrag mittlerweile entfernt: 01.03.2018). – Unter ‚personenbezogenen Daten' wird allgemein Folgendes gefasst: „insbesondere Name, Adresse, Geburtsdatum, Familienstand, Kfz-Kennzeichen, Telefonnummer und E-Mail-Adresse. Strengere Regelungen gelten für als besonders sensibel erachtete Daten, zu denen Angaben über ethnische Herkunft, religiöse Überzeugungen, Gesundheit und Sozialleben gehören. Personenbezogen sind Daten immer dann, wenn sie mit dem Namen der betroffenen Person verbunden sind oder sich in sonstiger Weise, d. h. aus ihrem Zusammenhang oder mittels Zusatzwissen, ein Bezug zur Identität der Person herstellen lässt." (Grimme-Institut [Hg.], *Im Blickpunkt*, 3.) Der Staat hat die Aufgabe, das Recht auf informationelle Selbstbestimmung der Bürger mit den Informationsbedürfnissen von Gesellschaft und Staat zu vermitteln, zum Beispiel wenn es um Maßnahmen der Terrorbekämpfung geht. Umstritten sind so Verfahren zur Vorratsdatenspeicherung zur Prävention und Verfolgung von Straftaten: EU-Richtlinien sahen vor, dass Telekommunikationsunternehmen Nutzerdaten bis zu sechs Monaten speichern sollten – die Recherchen des Politikers Malte Spitz, der 2009 seine von der *Telekom* gespeicherten Daten einklagte, verdeutlichte die Reichweite der Datenspeicherung (vgl. http://www.zeit.de/digital/datenschutz/2011-02/vorratsdaten-malte-spitz [01.03.2018]). Nachdem das deutsche Bundesverfassungsgericht die Vorschriften zur Vorratsdatenspeicherung in Deutschland bereits 2010 für verfassungswidrig erklärt hatte, hob auch der Europäische Gerichtshof die entsprechende EU-Richtlinie 2014 wieder auf, da sie mit der Charta der Grundrechte der Europäischen Union nicht in Einklang zu bringen sei.
[396] Vgl. Schmidt, *Das neue Netz*, 124 f.
[397] Vgl. zur Frage der Medienkompetenz und -ethik aus kirchenleitender Perspektive die differenzierte Handreichung: Sekretariat der Deutschen Bischofskonferenz, Hg., *Virtualität und In-*

"Erst sie [die Kompetenz; KM] macht die ‚informierte Einwilligung' möglich, bei der ein Nutzer (unter Kenntnis von Umfang und Zweck) einer Verarbeitung der eigenen Daten zustimmt oder diese ablehnt. Es umfasst dem hier vertretenen Verständnis nach zudem das Konzept der ‚informationellen Autonomie', das [...] die Freiheit und Fähigkeit betont, auf Informationen aller Art zugreifen zu können."[398]

Verschärft wird das Problem des Schutzes der Privatsphäre durch das Aggregieren von Daten eines Datensubjekts, welches zu Profilbildungen führt. Dies passiert insbesondere im privatwirtschaftlichen Bereich, sei es durch Angebot und Nutzung von Kundenkarten oder Bonusprogrammen aller Art, sei es durch die Verschränkung von Diensten (GP-Systeme auf Smartphones erzeugen Bewegungsprofile; die RFID-Technologie mag für Bibliotheken mit ihren lokalen Lesegeräten nützlich sein, angebracht an tragbaren Geräten ist RFID bereits ein Problem mit Blick auf die informationelle Selbstbestimmung), die vordergründig das Leben von Nutzern und Nutzerinnen leichter machen, weil sie Komfort und Bequemlichkeit ermöglichen.[399] Besondere Schwierigkeiten ergeben sich dann – und das bedeutet ein erhebliches Umdenken von einer Praxis nationalstaatlicher rechtlicher Regelungen hin zu internationalen – mit Blick auf internationale Konzerne und Behörden, für die weder das Bundesdatenschutzgesetz noch die EU-Datenschutzgrundverordnung weisend sind. Vor diesem Hintergrund ist der Export personenbezogener Daten in Länder verboten, die sich nicht an EU-Recht gebunden fühlen. Ausnahmen werden geregelt, wie zwischen Deutschland und den USA über das sogenannte (von Seiten der EU initiierte, keinen völkerrechtlichen

---

szenierung: Unterwegs in der digitalen Mediengesellschaft. Ein medienethisches Impulspapier (Bonn 2011); vgl. dazu auch: Landeskirchenrat der Evangelisch-Lutherischen Kirche in Bayern, Hg., Das Netz als sozialer Raum: Kommunikation und Gemeinschaft im digitalen Zeitalter. Ein Impuls (München 2015).
398 Schmidt, Das neue Netz, 124; Schmidt bezieht sich hier auf die informationsethischen Reflexionen von Rainer Kuhlen, vgl.: Kuhlen, Rainer, Informationsethik (Konstanz 2004), 162 ff. Schmidt selbst kommt im Folgenden zur Formulierung einiger Forderungen, die die Last der Verantwortung zum Teil denjenigen zurückgeben will, die Angebote (z. B. Netzwerkplattformen) entsprechend programmieren, vgl. Schmidt, Das neue Netz, 126 f.
399 Die ‚Versuchung' der ‚Bequemlichkeiten' des Netzes spiegelt sich auch noch einmal in der Rede vom *faustian bargain*: Die Leichtigkeit, mit der Nutzer und Nutzerinnen zum Zweck des Identitäts- und Beziehungsmanagements Informationen ins Netz stellen können, täuscht über die potenziellen Konsequenzen hinweg. Vgl. Schmidt, Das neue Netz, 121, unter Rekurs auf: Zimmer, Michael, „The Externalities of Search 2.0: The Emerging Privacy Threats when the Drive for the Perfect Search Engine meets Web 2.0", First Monday 13 (2008).

Status besitzende) *Privacy Shield*-Abkommen.[400] Damit sind längst nicht alle Schwierigkeiten behoben, aufgrund der bestehenden Gesetzeslage ist zum Beispiel US-amerikanischen Behörden nach wie vor ein massenhafter, nicht für den Einzelfall zu begründender Zugriff auf personenbezogene Daten von EU-Bürgern und -Bürgerinnen möglich.[401] Zufriedenstellende internationale Datenschutzabkommen werden noch lange auf sich warten lassen, eine pikante Angelegenheit in Zeiten fortschreitender Globalisierung. Immerhin hat 2016 das EU-Parlament die bereits erwähnte Datenschutzgrundverordnung (als Ersatz für die seit 1995 existierende Datenschutzrichtlinie) beschlossen, die vielen Datenschützern und Datenschützerinnen jedoch zu viele Kompromisse und Öffnungsklauseln für (datenschutzabträgliche) Sonderregelungen enthält.[402]

2.4.3.3 Gegenöffentlichkeiten und hybride Räume

Im Rahmen von Öffentlichkeitstheorien wird immer wieder auch die Frage der Gegenöffentlichkeiten thematisiert: Wird Öffentlichkeit hegemonial gedacht, wird es notwendig, Theorien der Gegenöffentlichkeiten zu konzipieren, um Interessen und Anliegen strukturell einen Platz zuweisen zu können, denen aus Gründen ungleicher Machtverteilung kein Gewicht in den herrschenden Diskursen ‚der' Öffentlichkeit zukommt. Grundsätzlich wird Gegenöffentlichkeit als Teilöffentlichkeit gedacht, die sich um einen „spezifischen gesellschaftlichen Diskurs oder Standpunkt herum"[403] organisiert, um Einfluss auf ‚die' hegemoniale Öffentlichkeit zu nehmen beziehungsweise um über die Etablierung von Teilöffentlichkeiten einen gesellschaftlichen Raum für die eigenen Interessen zu schaffen. Freilich differenzieren sich – wie Öffentlichkeitstheorien überhaupt – auch die

---

400 Vgl. European Commission, „Restoring trust in transatlantic data flows through strong safeguards: European Commission presents EU-U.S. Privacy Shield" [29.02.2016]. http://europa.eu/rapid/press-release_IP-16–433_en.htm (01.03.2018).
401 Zum Abkommen und zur Kritik vgl. auch: Dachwitz, Ingo, „Privacy Shield: Neue Grundlage für transatlantischen Datenverkehr gilt jetzt – noch" [12.07.2016]. https://netzpolitik.org/2016/privacy-shield-neue-grundlage-fuer-transatlantischen-datenverkehr-gilt-jetzt-noch/ (01.03.2018); ders., „Erste jährliche Prüfung: EU-Kommission winkt Privacy Shield durch" [18.10.2017]. https://netzpolitik.org/2017/erste-jaehrliche-pruefung-eu-kommission-winkt-privacy-shield-durch/ (01.03.2018).
402 Zur deutlichen Kritik an der Grundverordnung vgl. auch: Roßnagel, Alexander und Nebel, Maxi, *Die neue Datenschutz-Grundverordnung: Ist das Datenschutzrecht nun für heutige Herausforderungen gerüstet? Policy Paper des Forums Privatheit und Selbstbestimmtes Leben in der digitalen Welt*, Fraunhofer-Institut für System- und Innovationsforschung ISI (Karlsruhe 2016).
403 Krotz, Friedrich, „Stichwort ‚Gegenöffentlichkeit'", in *Politische Kommunikation in der demokratischen Gesellschaft: Ein Handbuch mit Lexikonteil*, hg.v. Otfried Jarren, Ulrich Sarcinelli und Ulrich Saxer (Opladen 1998), 653.

Theorien der Gegenöffentlichkeiten mannigfaltig aus.[404] Ein wesentlicher Unterschied liegt zwischen den verschiedenen Theorien zu ‚den' Gegenöffentlichkeiten darin, ob die Zielrichtung von Gegenöffentlichkeiten in gesellschaftlicher Integration liegt (Gegenöffentlichkeiten streben also darauf hin, sich selbst ‚überflüssig' zu machen, sofern sie sich emanzipiert haben), oder ob der Wert von Gegenöffentlichkeiten gerade in der Pluralisierung von Öffentlichkeiten liegt.[405]

Gegenöffentlichkeiten sind insofern bedeutsam, als sie „Gegenthematisierungen"[406] anstreben, eine (massenmedial vermittelte) Artikulation bisher nicht beachteter Themen und Meinungen: „Gegenöffentlichkeit kann damit definiert werden als die Thematisierung und der Diskurs von Informationen und Meinungen, die in den etablierten Massenmedien unterbleiben oder unterdrückt werden."[407] Jeffrey Wimmer unterscheidet vier kollektive Akteure beziehungsweise Institutionen in Gegenöffentlichkeiten (Überschneidungen sind möglich): a) neue soziale Bewegungen (NSB; damit sind im Wesentlichen die verschiedenen Formate seit der Studentenbewegung gemeint, also eben diese, dann aber etwa auch die Friedensbewegung, Ökologiebewegung, globalisierungskritische Bewegung usw.; als ‚neu' werden jene bezeichnet im Unterschied etwa zur Arbeiterbewegung im 19. Jahrhundert); b) alternative Medien (Alternativ-Presse etc., dann aber auch Online-Politikportale, die eine von den großen Medieninstitutionen unabhängige Berichterstattung für sich in Anspruch nehmen); c) Aktivisten und Aktivistinnen, die vor allem auf die Möglichkeiten der Medien zurückgreifen (‚Netzaktivisten') und d) Formen des Medienaktivismus, die „die massenmedia-

---

404 Vgl. dazu ausführlicher: Wimmer, *(Gegen-)Öffentlichkeit*, 154 ff.
405 Vgl. hierzu Nancy Frasers Ausführungen zu den subalternen Öffentlichkeiten: Fraser, Nancy, „Öffentlichkeit neu denken: Ein Beitrag zur Kritik real existierender Demokratie", in *Vermittelte Weiblichkeit: Feministische Wissenschafts- und Gesellschaftstheorie*, hg.v. Elvira Scheich (Hamburg 1996), 151–182; vgl. dies., „Öffentliche Sphären, Genealogien und symbolische Ordnungen", in *Die halbierte Gerechtigkeit: Schlüsselbegriffe des postindustriellen Sozialstaats*, hg.v. ders. (Frankfurt a.M. 2001), 107–250. – Oskar Negt und Alexander Kluge jedenfalls, mit deren Publikation *Öffentlichkeit und Erfahrung* (1972) der Begriff der Gegenöffentlichkeit im deutschsprachigen Raum (im Gefolge der Erfahrungen der ‚68er Bewegung') aufkam und sich etablierte (die soziale Praxis der Gegenöffentlichkeit hat es freilich schon immer gegeben), wollten Gegenöffentlichkeit als Vorform einer sich etablierenden (bei Negt und Kluge proletarischen) Öffentlichkeit verstanden wissen. Vgl. Negt, Oskar und Kluge, Alexander, *Öffentlichkeit und Erfahrung* (Frankfurt a.M. 1972).
406 Wimmer, *(Gegen-)Öffentlichkeit*, 157.
407 Scholl, Armin, „Vom Dissens zur Dissidenz: Die Bedeutung alternativer Gegenöffentlichkeiten für die Gesellschaft", in *Konstruktion von Kommunikation in der Mediengesellschaft*, hg.v. Klaus Merten (Wiesbaden 2009), 83–95: 89.

le[n] Kommunikationszusammenhänge subversiv ‚unterwandern' möchten"[408] (‚Kommunikationsguerilla').

Ganz offensichtlich bieten die neuen Medien für Gegenöffentlichkeiten neue Möglichkeiten, die eng mit den Merkmalen der Social-Media-Technologien und entsprechend den Merkmalen digitaler Kommunikation zusammenhängen:

> So läßt sich vorrangiges Protestverhalten auch im sog. Kommunikations- und Multimedia-Zeitalter ohne die neuen Techniken organisieren, auch wenn die computervermittelten Kommunikationsmöglichkeiten dabei durchaus hilfreich sein können. Gesellschaftliche Problemlagen und Entwicklungen hingegen zu thematisieren, die von der massenmedial strukturierten (Mehrheits-)Öffentlichkeit aus unterschiedlichen Gründen [...] nicht aufgegriffen und auf ihren Lösungsbedarf hin diskutiert werden, läßt sich ohne den Einsatz adäquater Informations- und Kommunikationstechnologien, etwa ohne die Möglichkeit des Internet und den damit möglichen Kommunikationsmodi, praktisch nicht (mehr) realisieren: Die jeweils eigenen (Gegen-)Öffentlichkeitssysteme konstruieren sich überhaupt erst durch die neuen Möglichkeiten der digitalen und virtuellen Kommunikation.[409]

Die Aspekte der Translokalität mediatisierter Kommunikation und der Transnationalisierung von Öffentlichkeit auch durch mediatisierte Kommunikation werden noch einmal deutlich in Castells Konzept des ‚hybriden Raums'. Insofern sei an dieser Stelle noch in aller Kürze auf Castells Ausführungen verwiesen, die sich im Wesentlichen mit der Bedeutung des Internets für die Organisation sozialer Bewegungen als *counterculture* etablierter Öffentlichkeit beschäftigen, und die die Geschehnisse der sogenannten *Arab Uprisings* zum Ausgangspunkt für eine allgemeine Betrachtung zum Thema ‚Internet und soziale Bewegungen' nehmen.[410] Gleichzeitig eignet sich das Konzept des ‚hybriden Raums' zur Beschreibung neuer Dynamiken, die sich aus komplexen Strukturen der Vernetzung online und offline entwickeln, und zwar auch unabhängig von der Konstitution politischer beziehungsweise sozialer Bewegungen in repressiven Systemen. Hybridität wird zum Signum mediatisierter Alltagswelten und Öffentlichkeiten und will zunächst einmal nichts anderes meinen, als dass Hybridformen nicht schlicht die Summe ihrer einzelnen Elemente darstellen, sondern etwas Neues sind, etwas Eigen-

---

408 Wimmer, *(Gegen-)Öffentlichkeit*, 193.
409 Ludwig, Johannes, „Öffentlichkeitswandel durch ‚Gegenöffentlichkeit'? Zur Bedeutung computervermittelter Kommunikation für gesellschaftliche Emanzipationsprozesse", in *Computervermittelte Kommunikation: Öffentlichkeit im Wandel*, hg.v. Elisabeth Prommer und Gerhard Vowe (Konstanz 1998), 177–209: 180.
410 Zum Folgenden vgl. Castells, Manuel, *Networks of Outrage and Hope: Social Movements in the Internet Age* (Cambridge/UK u. a. 2012). Vgl. auch zu den sozialen Bewegungen im Zusammenhang von Castells Beschreibung der Netzwerkgesellschaft: Ders., *Das Informationszeitalter II: Die Macht der Identität* (Opladen 2002), 75 ff.

ständiges in der Wechselwirkung der einzelnen Elemente aufeinander. In diesem Sinne schreibt Castells: „The real world in our time is a hybrid world, not a virtual world or a segregated world that would separate online from offline interaction."[411]

Dass das Internet eine positive Rolle im Zusammenhang der Konstitution von Gegenöffentlichkeiten haben kann, konzediert auch Jürgen Habermas.[412] Darüber hinaus wird man auch hier die These der prinzipiellen Fragmentierung von Öffentlichkeit durch ‚das' Internet anfragen können, wenn man den Befund ernst nimmt, dass ‚das' Internet gerade für soziale Bewegungen eine starke Ressource sein kann: Onlinebasierte Kommunikation kann Netzwerke, die es bis dato gegeben hat, und die im Bereich sozialer Bewegungen zur gegenseitigen Unterstützung bestehen, die aber bis zur Verbreitung des Internets durch Ressourcenknappheit geprägt waren, stärken und ändern. Onlinebasierte Kommunikation ermöglicht zwischen lokalen Knotenpunkten Informations- und Meinungsaustausch, wobei die ‚neuen' Kommunikationsräume die gleiche Dichte beziehungsweise die gleiche diskursive Qualität der Information und des Meinungsaustauschs aufweisen können, wie sie zuvor für lokale Verdichtungen kennzeichnend waren. So kommt es im Netz zu einer Konzentration der Kommunikation, eben zunächst nicht an geografisch definierbaren Zentren, sondern an ‚virtuellen' Orten.[413] Castells beginnt mit der Beschreibung und Deutung der Phänomene in Tunesien, „where it all started"[414], schreitet die nachfolgenden politischen Protestaktionen in Island und Ägypten ab und nimmt die sogenannten *Indignadas* und die *Occupy Wallstreet*-Bewegung in den Blick. Das Entscheidende in all den Geschehnissen, so Castells, liegt nun weder in der separaten Existenz von politischen Aktionen auf der Straße noch der separaten Existenz von Vernetzungen online: „Movements are local and global at the same time."[415] Das Entscheidende besteht für diese neuen Bewegungen in der Schaffung eines ‚dritten Raumes', des ‚hybriden Raumes', eines Raums autonomer Kommunikation – der sich aus der Vernetzung von digitalem und städtischem Raum ergibt: „The space of the movement is always made of an interaction between the space of flows on the Internet and wireless communication networks, and the space of places of the occupied sites and of symbolic building targeted by protest actions.

---

411 Castells, *Networks*, 232.
412 Habermas, „Hat die Demokratie noch eine epistemische Dimension?", 161.
413 Zu den Merkmalen von Öffentlichkeiten im Internet vgl. auch noch einmal: Plake, Klaus, Jansen, Daniel und Schuhmacher, Birgit, *Öffentlichkeit und Gegenöffentlichkeit im Internet: Politische Potenziale der Medienentwicklung* (Wiesbaden 2001).
414 Castells, *Networks*, 20.
415 Castells, *Networks*, 222.

[...] *The space of autonomy is the new spatial form of networked social movements.*"[416] Der Begriff der Autonomie ist dabei zentral für Castells Ausführungen und kann, freilich verkürzt dargestellt, als Vermögen eines Akteurs verstanden werden, seiner Subjekthaftigkeit teil zu werden – so dass diese leitend wird für sein Handeln, unabhängig von gesellschaftlichen Institutionen oder heteronomen Vorgaben, entsprechend der eigenen Werte und Interessen. Individuation und Autonomie werden in produktiver Weise wirkmächtig, wenn Personen sich vernetzen. Dass für Castells das Internet in gewisser Weise – zumindest unter dem Gesichtspunkt seines Potenzials – eine Freiheitstechnik ist, zeigt die Einschätzung der Wirkmächtigkeit, formuliert in der These, „that the Internet provides the organizational communication platform to translate the culture of freedom into the practice of autonomy."[417] – Für den ‚Erfolg' sozialer Bewegungen im Zusammenhang der Konstitution des hybriden Raums können verschiedene Elemente genannt werden: Zunächst wird das Internet zu Vernetzungszwecken und zur Organisation des Protests wichtig, weil es neue Kommunikationsstrukturen ermöglicht. Dann handelt es sich bei den sozialen Bewegungen vielfach um multimodale Netzwerke, die soziale Netzwerke online und offline, bereits bestehende Netzwerke und Netzwerke, die sich erst im Laufe der politischen Aktionen bilden, integrieren. Viele Bewegungen sind, wie bereits erwähnt, gleichzeitig lokal und global[418]; sie sind – entsprechend der Internetlogik – viral. Im hybriden Raum findet gegebenenfalls emotionale Stabilisierung statt, unterstützt durch Prozesse der Deliberation in der autonomen öffentlichen Sphäre. Bei all dem wird Zusammengehörigkeit (nicht Gemeinschaft in einem engeren Sinne) zu einem wichtigen Element. Bei den von Castells in den Blick genommenen Bewegungen handelt es sich in der Regel nicht um programmatische Bewegungen (keine elaborierte gemeinsame Strategie, kein ‚Programm', keine einheitlichen Forderungen). Vielmehr zeichnen sie sich dadurch aus – und auch das begünstigen die Strukturen ‚des' Internets –, dass sie dezentral organisiert sind, sich ad-hoc

---

416 Ebd. Im Original hervorgehoben. – Zum symbolischen Kapital des „metropolitanen Platzes" als strategische Schlüsselressource vgl. auch: Kaschuba, Wolfgang, „Vom Tahrir-Platz in Kairo zum Hermannplatz in Berlin: Urbane Räume als ‚Claims' und ‚Commons'? Raumanthropologische Betrachtungen", in *Kontrolle öffentlicher Räume: Unterstützen – Unterdrücken – Unterhalten – Unterwandern*, hg.v. Eliza Bertuzzo, Eszter Gantner, Jörg Niewöhner und Heike Oevermann (Berlin u.a. 2013), 20–56; vgl. zum urbanen Raum bei Kaschuba weiterhin u.a.: Ders., „Ritual und Fest: Das Volk auf der Straße", in *Dynamik der Tradition: Studien zur historischen Kulturforschung*, hg.v. Richard van Dülmen (Frankfurt a.M. 1992), 240–267.
417 Castells, *Networks*, 231.
418 Auf dem Tahrir-Platz in Kairo riefen die Demonstranten: „Tunesien ist die Lösung", die spanischen *Indignadas* knüpften translokal an: „Island ist die Lösung", die Demonstranten in der Wallstreet und in Barcelona haben ihre Camps „Tahrir Square" genannt.

umbilden und vorwiegend nicht die Nähe zu Institutionen suchen, die machtförmig und hierarchisch strukturiert sind.[419]

Castells Ausführungen zu den ‚hybriden Räumen', die Wahrnehmung transnationaler Organisation von Protest, auch die – bereits früher im Verlauf dieser Studie thematisierten – Reflexionen Hepps zur Globalisierung von Medienkommunikation[420], zu Transkulturalität und Deterritorialisierung verweisen auf einen Aspekt, der im Zusammenhang gegenwärtiger Beiträge zur Öffentlichkeitstheorie immer bedeutsamer wird: die Frage der *Transnationalisierung von Öffentlichkeit*. Nancy Fraser hat indes pointiert auf das Problem einer Konzeption transnationaler Öffentlichkeit hingewiesen, denn:

> The concept of the public sphere was developed not simply to understand communication flows but also to contribute a critical theory of democracy. [...] Together, these two ideas – the *normative legitimacy* and *political efficacy* of public opinion – are essential to the concept of the public sphere in critical theory. Without them, the concept loses its critical force and its political point.[421]

Im Raum der Öffentlichkeit konstituiert sich öffentliche Meinung, und im Raum der Öffentlichkeit wird – zumindest idealtypisch – ausgehandelt, wie Gesellschaft sich selbst verstehen möchte, und was ihre unverzichtbaren Grundlagen sind (diese Dimensionen lassen sich auch an dem gesellschaftlichen Umgang mit dem Thema ‚Sterbehilfe' ausweisen, wie sich in Kapitel 4 zeigen wird). Wichtig ist daher festzustellen, wer an diesen Aushandlungsprozessen partizipiert, und wer dies aus welchen Gründen nicht tut (zum Beispiel weil ihm die Partizipation aus Gründen der Marginalisierung verwehrt bleibt). Zudem gehört zum Konzept der Öffentlichkeit fast wesensmäßig dazu, dass sie als Raum der Ermächtigung von Bürgern und Bürgerinnen dazu dient, das Gemeinwohl gegen die Überfremdung durch staatlichen Einfluss, dann aber auch gegen eine Vermachtung durch privatwirtschaftliche Interessen zu schützen.

Es wäre sicherlich viel zur Frage der Transnationalisierung von Öffentlichkeit zu sagen, nicht zuletzt, weil es sich um eine der Herausforderungen der Zukunft

---

419 Zu den „common characteristics" vgl.: Castells, *Networks*, 221 ff.
420 Vgl. hierzu auch noch einmal: Hepp, Andreas, *Netzwerke der Medien: Medienkulturen und Globalisierung* (Wiesbaden 2004).
421 Fraser, Nancy, „Transnationalizing the Public Sphere: On the Legitimacy and Efficacy of Public Opinion in a Post-Westphalian World", in *Transnationalizing the Public Sphere*, hg.v. Kate Nash (Cambridge/UK u. a. 2014), 8–42: 8f. Im Original hervorgehoben. Der Aufsatz nimmt im Wesentlichen den Text eines Aufsatzes von Fraser mit demselben Titel aus dem Jahr 2007 auf, erschienen in: *Theory, Culture & Society* 24 (2007) 7–30.

handelt, eben diese zu gestalten.⁴²² Reflexionen über Öffentlichkeit haben sich anzupassen an die Verhältnisse einer Welt, in der es immer selbstverständlicher wird, dass (netzvermittelte) Alltagskommunikation wie politische Fragen auf größere Zusammenhänge ausgreifen als der Nationalstaat sie repräsentiert. Wie und wo können transnationale Öffentlichkeiten beschrieben werden? Und wie steht es mit der Partizipation an Aushandlungsprozessen? Falls es transnationales bürgerschaftliches Engagement gibt, wer ist der Adressat? Für das Unterfangen der vorliegenden Arbeit soll es reichen, auf die Fragen hingewiesen zu haben, so dass der Aspekt im Horizont der weiteren Reflexionen eingezeichnet ist.⁴²³ Wie vieles in den gegenwärtigen Transformationsprozessen muss die Frage nach einer abschließenden Antwort auf sich warten lassen.

Dieses zweite Kapitel der Arbeit hat zum Gegenstand, Begriff und Genese von Öffentlichkeit – mit besonderem Augenmerk auf die strukturellen und prozessualen Veränderungen im Zuge der Digitalisierung – nachzuzeichnen. Am Aufweis der engen Verflechtung von medialer Kommunikation und Öffentlichkeit wird deutlich, dass auch Kirche auf die Reflexion der medialen Bedingungen von Kommunikation angewiesen ist, um Öffentlichkeitsrelevanz zu entfalten. Das dritte Kapitel der vorliegenden Studie geht nun einen Schritt weiter und fragt – bevor religiöse Kommunikation empirisch in Öffentlichkeiten ‚des' Netzes untersucht wird – nach Transformationen von Religion und Religiosität, die sich nicht unerheblich auch mit den neuen Möglichkeiten medialer Kommunikation verschränken.

---

422 Vgl. dazu auch noch einmal Kapitel 2.4.3.2 und 3.1.3.
423 Instruktiv sind Nancy Frasers Überlegungen zum Problem, die vor dem Hintergrund der „post-Westphalian world" (Fraser, „Transnationalizing", 8) die Habermas'schen Theorievoraussetzungen kritisch hinterfragen und an die neue Situation angepasste Reflexionsparameter zur Verfügung stellen. Nichtsdestotrotz enden auch Frasers Überlegungen im Vorläufigen: „In general, then, the task is clear: if public-sphere theory is to function today as a *critical* theory, it must revise its account of the normative legitimacy and political efficacy of public opinion. [...] Granted, the job is not easy. But only if public-sphere theory rises to the occasion can it serve as a *critical* theory in a post-Westphalian world. For that purpose, it is not enough for cultural studies and media studies scholars to map existing communication flows. Rather, critical social and political theorists will need to rethink the theory's core premises concerning the legitimacy and efficacy of public opinion. Only then will the theory recover its critical edge and its political point. Only then will public-sphere theory keep faith with its original promise to contribute to struggle for emancipation." (33 f.; im Original hervorgehoben.) – U. a. den Zusammenhang von transnationalen Netzwerken / Öffentlichkeiten und Medien beleuchtet der Band von Eskjær, Hjarvard und Mortensen: Eskjær, Mikkel Fugl, Hjarvard, Stig und Mortensen, Mette, Hg., *The Dynamics of Mediatized Conflicts* (New York/NY 2015).

3 Digitalisierung und religiöse Kommunikation

Das Transformationspotenzial der Digitalisierung durchdringt Gesellschaft und Kultur und manifestiert sich jenseits der Unterscheidung von Digitalem und Analogem, Immateriellem und Materiellem, Online und Offline.[1] Um diesen Zusammenhang zu verdeutlichen, wird in dieser Arbeit auch von ‚Digitalität' gesprochen.[2] Der Begriff der Digitalität – verstanden als „Set von Relationen, das heute auf der Basis der Infrastruktur digitaler Netzwerke in Produktion, Nutzung und Transformation materieller und immaterieller Güter sowie in der Konstitution und Koordination persönlichen und kollektiven Handels realisiert wird"[3] – weist damit in eine ähnliche Richtung wie der bereits eingeführte Begriff der Mediatisierung, der sich auf den „Metaprozess sozialen Wandels"[4] bezieht.

Will man genauer verstehen, unter welchen Bedingungen sich nicht nur ein (neuerlicher) Strukturwandel der Öffentlichkeit vollzieht, sondern unter welchen Voraussetzungen auch die Erscheinungsweisen von Religion und Religiosität im öffentlichen Raum zum Teil neue Gestalten gewinnen, ist zu fragen: Was kann allgemein zur Kommunikation unter dem Vorzeichen der Digitalisierung gesagt werden? Welche Transformationen von Religion und Religiosität sind – nicht zuletzt katalysiert durch die veränderte mediale Situation – gegenwärtig beschreibbar? Schließlich: Inwiefern kommt internetmediale Kommunikation einem anthropologischen Bedürfnis entgegen, an das in der Perspektive religiöser Kommunikation allgemein angeknüpft werden könnte? Eine Operationalisierung des Begriffs der religiösen Kommunikation für den in Kapitel 4 vorgestellten Teil der Studie wird in diesem Kapitel vorbereitet.

3.1 Digitale Kommunikation

Der Begriff der Mediatisierung ist, wie andere ‚Großbegriffe' (zum Beispiel ‚Globalisierung', ‚Individualisierung') auch, ein Abstraktum, das komplexe Entwicklungen für den Diskurs ‚handhabbar' machen will. Unterhalb dieser heuristisch auf der Makroebene angesiedelten Konzeptionierung ist es allerdings möglich, den medialen Wandel als ursächlich für den „Wandel von Kommunikation,

---

1 Vgl. Stalder, Felix, *Kultur der Digitalität* (Berlin 2016), 18.
2 Damit beziehe ich mich auf Stalders Ausführungen. Vgl. ausführlicher Kapitel 3.1.3.
3 Stalder, *Kultur der Digitalität*, 18.
4 Krotz, Friedrich, *Mediatisierung: Fallstudien zum Wandel von Kommunikation* (Wiesbaden 2007), 38.

dessen soziale und kulturelle Kontexte und dessen Bedeutung für das Zusammenleben von Menschen"[5] zu beschreiben. Die Transformationen gehen dabei nur zum Teil auf technologische Innovationen zurück: Maßgeblicher ist die Adaptierung der Technologien in den Alltag durch soziale Praktiken der Akteure und Akteurinnen selbst. Zudem katalysieren die digitalen Technologien gesellschaftliche Entwicklungen, die bereits vor Aufkommen ‚des' Internets virulent, jedoch nicht strukturell dominant waren. Charakteristisch für die Potenz des Wandels ist, dass die Digitalisierung nicht nur Auswirkungen auf die Medien mit ihrer öffentlichen Kommunikation hat: „*Stattdessen sind davon alle Bereiche menschlichen Lebens, das Netz der sozialen Beziehungen der Menschen insgesamt und darüber alle Bereiche von Kultur und Gesellschaft betroffen*"[6]. Mit Blick auf das Interesse der vorliegenden Studie könnte man formulieren: Der Wandel ist nicht auf den Bereich des Öffentlichen beschränkt, aber er lässt sich in der Öffentlichkeit beobachten.[7]

Bevor also öffentliche soziale Interaktionen in Kapitel 4 empirisch untersucht werden, soll zunächst noch einmal gefragt werden: Wie entwickelt sich Kommunikation im Zuge der Mediatisierung? Welche Eigenschaften kommen Online-Kommunikation zu? Und was ließe sich allgemein zu einer „Kultur der Digitalität" (Felix Stalder) sagen?

3.1.1 Kommunikation unter den Bedingungen des gegenwärtig sich ereignenden Mediatisierungsprozesses

Was ‚Kommunikation' ist, lässt sich weder abschließend noch allgemeingültig benennen. In den 1970er-Jahren hat Klaus Merten 160 Begriffsbestimmungen von Kommunikation untersucht[8], ohne dass sich auf Basis dieser Analysen ein einheitlicher Begriff hätte entwickeln lassen. Friedrich Krotz integriert, unter Rekurs auf George H. Meads symbolischen Interaktionismus, verschiedene kommunikationswissenschaftliche Modelle[9] in seiner Bestimmung von Kommunikation:

---

5 Krotz, *Mediatisierung*, 31.
6 Ebd. Im Original hervorgehoben.
7 Und das vielfältig, da sich, wie bereits ausgeführt, auch das Verhältnis zwischen Öffentlich und Privat durch Neujustierungen ändert.
8 Vgl. Merten, Klaus, *Kommunikation: Eine Begriffs- und Prozessanalyse* (Opladen 1977).
9 Vgl. McQuail, Denis, *Mass Communication Theory* (London u. a. ³1994), 49 ff. Es geht hier um die Modelle der Wahrnehmung von Kommunikation, des Informationstransports, der Rezeption von Kommunikation und um expressive bzw. rituelle Modelle von Kommunikation; vgl. dazu auch: Krotz, *Mediatisierung*, 65.

„Kommunikation ist ein grundlegender Prozess, in dem der Mensch sich selbst, seine Beziehungen und seinen Alltag, seine Identität, Kultur und Gesellschaft konstruiert und begreift, und diesen Kommunikationsprozess kann man in unterschiedlicher Weise konzipieren."[10] Diese basale Bestimmung lebt von verschiedenen Voraussetzungen. Zum einen impliziert sie, dass es nicht nur um einen ‚folgenlosen' Austausch von Symbolen und Zeichen geht, dass es vielmehr um eine Verständigung über Bedeutung, die Frage des intersubjektiven Verstehens, das (Mit-)Teilen von Bedeutung geht.[11] Sofern Gesagtes zu mehr werden soll als akustische Schallwellen beziehungsweise zusammenhanglose Zeichen auf einem Trägermaterial, sind reziproke Prozesse der Verständigung und des Verstehens wesentlich auf biografisch bedingte Sinndeutungsleistungen der an einer Kommunikation beteiligten Subjekte angewiesen. Nur durch diese Deutungsleistungen – die auch immer wieder die Anverwandlung von sozialem Sinn beziehungsweise gesellschaftlichem Wissen als konventionalisierte und sedimentierte Sinndeutungsleistungen bedeuten – kommt Kommunikation im eigentlichen Sinn zustande. Beide Seiten, der ‚äußere' (der des Sprechens und der Übermittlung von Informationen) und der ‚innere' Prozess (der subjektiven Bedeutungskonstitution) eines jeweiligen Kommunikationspartners sind situativ an der Konstruktion von Wirklichkeit beteiligt. Christa Dürscheid rekurriert in ihrer Bestimmung kommunikativer Akte, und auch das ist wichtig in der Verständigung über das, was mit ‚Kommunikation' überhaupt gemeint sein will, auf den Aspekt der *Intentionalität:* Ein kommunikativer Akt, so Dürscheid, ist eine non-verbale oder verbale Einheit, die „mit einer kommunikativen Absicht"[12] geäußert wird.

---

10 Krotz, *Mediatisierung*, 68. Im Original hervorgehoben.
11 Wie voraussetzungsreich Verstehen und Verständigung sind, habe ich an anderer Stelle eingehend auseinandergesetzt, daher mag hier das Wichtigste für den interessierenden Zusammenhang genügen. Vgl. u. a. Merle, Kristin, *Alltagsrelevanz: Zur Frage nach dem Sinn in der Seelsorge* (Göttingen 2011); vgl. dies., „Fremdheit und Verstehen", in *Kulturwelten: Zum Problem des Fremdverstehens in der Seelsorge*, hg.v. ders. (Münster u. a. 2013), 15–34.
12 Dürscheid, Christa und Frick, Karina, „Keyboard-to-Screen-Kommunikation gestern und heute: SMS und WhatsApp im Vergleich", in *Sprachen? Vielfalt! Sprache und Kommunikation in der Gesellschaft und den Medien: Eine Online-Festschrift zum Jubiläum von Peter Schlobinski*, hg.v. Alexa Mathias, Jens Runkehl und Torsten Siever (Hannover 2014), 149–181: 155. – Andreas Jucker und Christa Dürscheid führen dazu aus: „We use the term to refer to all forms of ostensive communication, that is to say communication that comes with a communicative intention in the sense of Sperber and Wilson's [...] Relevance Theory. For Sperber and Wilson this includes verbal and non-verbal communication, but it excludes behaviour that is not intended to communicate. If somebody checks his or her watch, it may remind a bystander of the actual time and in this sense the checking of the watch is communicative, but it is only an act of ostensive communication if the watch checker intended the bystander to notice the watch checking." (Jucker, Andreas H. und Dürscheid, Christa, „The Linguistics of Keyboard-to-Screen Communication. A New Terminolo-

Entscheidend ist für diese Bestimmung also nicht die Faktizität einer Antwort beziehungsweise einer Reaktion auf das Kommunizierte, sondern das Bewusstsein der Möglichkeit einer Rückmeldung.[13] Dürscheid steht damit in einer Tradition, die sich gegen einen weiten, Kommunikation mehr oder weniger mit Verhalten allgemein in eins setzenden Begriff von Kommunikation abgrenzt, wie er sich bekanntlich etwa bei Paul Watzlawick findet.[14] Treten kommunikative Akte in Sequenz auf, ist mit Blick auf die Analyse ihre Dialogizität beziehungsweise ihre Kohärenz von Interesse; unter anderem darauf wird im empirischen Teil dieser Studie zu schauen sein, wenn es um die Untersuchung der konkreten Online-Konversationen geht.

Um die Komplexität von Kommunikationsvorgängen annähernd anschaulich zu machen, verweist Krotz noch einmal auf drei Kommunikation konfigurierende Elemente, die er begrifflich dem Symbolischen Interaktionismus entlehnt: Die *Situation* bildet gewissermaßen das ‚Koordinatensystem' für die Kommunikation; der soziale, in der Regel symbolisch vermittelte Kontext ermöglicht einerseits eine gemeinsame Bezugnahme der sozialen Akteure. Der Kontext präfiguriert dann auch vielfach die Art und Weise, wie Kommunikation sich ereignet und wie Kommunikation verstanden wird (entsprechend situativ vorhandener Erwartungshaltungen etc.). Daran ist eng die Bedeutung der *Rolle* für den kommunikativen Akt angegliedert: Menschen interagieren und kommunizieren situationsspezifisch in Rollen; kommunikative Kompetenz lässt sich zu einem wesentlichen Teil darin beschreiben, *„das Set aller einer Person vertrauten und zur Verfügung stehenden Rollen, die Fähigkeit, sie intern als Zugänge zu spezifischen Vorstellungswelten zu managen und in der eigenen Person zu integrieren, und die Art, sie situationsadäquat zu modifizieren und einzunehmen und dabei kreativ zu gestalten"*[15]. Als drittes konstituierendes Moment kommt die *Perspektive* hinzu, die sich notwendigerweise aus der Einschränkung menschlicher Wahrnehmung ergibt[16]; die Perspektive kann auch als „situative Organisation der individuellen Betrachtungsweise von etwas"[17] verstanden werden. Kommunikation entsteht, in

---

gical Framework", *Linguistik online* 56 [2012], 6, 39–64: 46; Jucker und Dürscheid beziehen sich hier auf: Sperber, Dan und Wilson, Deidre, *Relevance: Communication and Cognition* [Oxford ²1995].)
13 Vgl. Dürscheid, Christa, „Private, nicht-öffentliche und öffentliche Kommunikation im Internet", in *Neue Beiträge zur Germanistik*, Bd. 6 (2007), 4, hg.v. der Japanischen Gesellschaft für Germanistik, 22–41: 25f.
14 Vgl. dazu auch: Merle, „Fremdheit und Verstehen", 20ff.
15 Krotz, *Mediatisierung*, 73. Im Original hervorgehoben.
16 Vgl. auch dazu: Merle, *Alltagsrelevanz*, insbes. 147ff.
17 Krotz, *Mediatisierung*, 74.

dem hier präferierten Sinne, über die Vermittlung von Informationen hinaus in dem gemeinsamen Bemühen der an der Kommunikation Beteiligten um Verständigung. Dies vollzieht sich, auf unterschiedlichen Komplexitätsniveaus, in konstruktiven Prozessen gemeinsamer Bedeutungskonstitution.[18]

Betrachtet man nun die Face-to-Face-Kommunikation als Grundtypus menschlicher Kommunikation, können, davon abgeleitet, drei Fälle medienbezogener Kommunikation differenziert werden: medienvermittelte interpersonale Kommunikation (mittels Brief, Telefon, Chat etc.); Kommunikationen, in denen mit Kommunikaten kommuniziert wird (beim Lesen, Fernsehen oder Radio hören); schließlich Situationen, in denen Menschen mit interaktiven Systemen (wie zum Beispiel Robotern und GPS-Systemen) kommunizieren.[19] Gemäß ihrer Funktion sind entsprechende Medien zu unterscheiden. Medien werden dabei allgemein verstanden als „gesellschaftliche Institutionen […], die einerseits Zeichenfolgen inszenieren und verteilen und die dabei kulturellen und gesellschaftlichen Einflüssen unterliegen, andererseits auf der Ebene der Rezeption und des Verstehens als Erlebnisräume dienen."[20] Das Besondere an dem gegenwärtig stattfindenden Prozess der Mediatisierung besteht nun in der Herausbildung vor allem des dritten Typs medienvermittelter Kommunikation, dann aber auch darin, dass sich die drei medienvermittelten Typen von Kommunikation mehr und mehr verschränken. Aufgrund dieser veränderten Ausgangslage spricht Krotz von einem „grundlegenden Bedeutungswandel von Kommunikation und Medien heute"[21].

Mit Blick auf die Mediatisierung sind gegenwärtig insbesondere zwei Ausprägungen zu beobachten: Entgrenzung und Integration. Die Entgrenzung findet auf drei Ebenen statt: räumlich, zeitlich und hinsichtlich der Frage der Nutzung bestimmter Kommunikate. Vor allem retrospektiv werden die Unterschiede deutlich: Medien hatten und haben angestammte Plätze (zum Beispiel das Telefon im Flur, der Fernseher im Wohnzimmer), ihre Nutzung bezog und bezieht sich auf bestimmte Tageszeiten (Fernsehen eher abends, Zeitung eher morgens), und bestimmte Medien wurden für bestimmte Kommunikate und Zwecke genutzt (wenn nicht im Face-to-Face-Kontakt, dann gestand man die Liebe in Briefen oder drückte sein Beileid in Karten aus).[22] Soll heißen: Früher entschied man sich, der Tendenz nach, für eine Handlung und wählte dafür das entsprechende Medium

---

[18] Zum Entwurf eines Verständnisses von Kommunikation als Weltbezug vgl. Kuhlmann, Christoph, *Kommunikation als Weltbezug* (Köln 2016).
[19] Vgl. Krotz, *Mediatisierung*, 90.
[20] Krotz, *Mediatisierung*, 89.
[21] Krotz, *Mediatisierung*, 94.
[22] Vgl. Krotz, *Mediatisierung*, 95.

(zu gegebener Zeit, am gegebenen Ort). Dies hat sich heute grundlegend verändert, wenngleich es immer noch ein Stilempfinden gibt, das sich an die ‚alten' Konventionen angliedert (eine Beziehung über *WhatsApp* zu beenden, findet auch heute nicht viel Zustimmung). Die bisher weitgehend separierten Bereiche der Mediennutzung im alltäglichen Gebrauch sind stark miteinander verwoben, was bereits mit eine Ursache anzeigt, warum sich Privat und Öffentlich in neuen Verhältnissen zueinander konstellieren (das Private entgrenzt sich zunehmend mit). ‚Das' Netz ist als „mediatisierter Kommunikationsraum"[23] zum Integrativum geworden: Als Hybridmedium verbindet es verschiedenste Arten von Medienkommunikation und interpersonaler Kommunikation, und es hält eine prinzipielle Kontextvariabilität vor. Die Komplexität der Kommunikationsumgebung ist also einerseits angestiegen, andererseits ist der Zugang zur medienvermittelten Kommunikation durch das ‚Integrativmedium' Internet sehr viel einfacher geworden. Das erklärt wiederum die starke Mediennutzung im Alltag.

Es wäre nun sicherlich viel zu den Bedingungen und zur Art computervermittelter Kommunikation zu sagen; an dieser Stelle sei beispielhaft auf einige Aspekte hingewiesen – der empirische Teil der vorliegenden Studie in Kapitel 4 wird sich eingehend, wenn auch notwendigerweise exemplarisch, mit konkretem Material interpersonaler onlinebasierter Kommunikation beschäftigen. Grundsätzlich dominiert das Visuelle in der Nutzung des Netzes: die Fähigkeit, lesen zu können, ist basal; dabei bezieht sich diese Fähigkeit nicht nur auf Texte, sondern auch auf Bilder. Gleichzeitig bietet digitale Kommunikation einen potenziell unendlichen Möglichkeitsraum für Kommunikation: Es existieren zahlreiche Optionen, Kontakt zu anderen aufzunehmen, zu interagieren; dies findet in der Regel im Zusammenhang mit einem bestimmten Thema statt. In diesen vielfältigen Kommunikationsumgebungen ist es dann für den Einzelnen und die Einzelne möglich, verschiedene Rollenerfahrungen zu machen (das trifft natürlich insbesondere im Kontext von expliziten Rollenspielen und Online-Games zu, vollzieht sich aber freilich in jedem interpersonalen Kontakt). In der Online-Interaktion üben sich Nutzer und Nutzerinnen (gegebenenfalls identitätsstabilisierend) in soziale Praktiken ein, die nicht folgenlos für Kommunikation und Interaktion allgemein sind. Darunter zählen sicherlich neue Formen der Selbstinszenierung, dann aber auch neue Formen der Beteiligung an (Aushandlungs-)Prozessen aller Art, Formen der Selektion (angesichts der Informationsfülle müssen sinnvolle Kriterien der Relevanz gefunden werden; sofern diese Kriterien nicht subjektiv eruiert und angewendet werden, wird das relevant, was am meisten Aufmerksamkeit erzeugt). Kommunikation werde insgesamt flüchtiger, prognostiziert

---

23 Krotz, *Mediatisierung*, 97.

Krotz, sie werde „*ichbezogener, die Verständigungsfunktion und die Herstellungsfunktion von Gemeinsamkeit mit anderen [werde] im Alltag nachrangiger*"[24]. Die Konsequenzen einer solchen Entwicklung sind dabei gegenwärtig nicht einfach vorauszusehen (sofern man die Prognose Krotz' teilen möchte):

> Kommunikation wird dann vielleicht mehr Anlass zu Reflexion als heute, dementsprechend wird das handelnde Ich (das Meadsche ‚I') dem reflektierenden Ich (dem Meadschen ‚Me') gegenüber unwichtiger. Oder aber Kommunikation auch via Internet wird zunehmend als Erlebnis gesehen und nicht mehr als ein Anlass, mit anderen in Beziehung zu gelangen – vermutlich ein Ausdifferenzierungsprozess, der im Falle der Internetkommunikation dazu beiträgt, dass man sein Gegenüber leicht als ‚Sache' behandelt. In jedem Fall ist zu erwarten, dass durch Internet-Kommunikation neue mikrosoziale Kommunikationsbedingungen entstehen werden[25].

Wichtig erscheint, die Transformationsprozesse nicht zu eng zu fassen, sie auch nicht nur auf den Bereich der Kommunikation im engeren Sinne zu reduzieren. Mit der Digitalisierung „verändern sich Ökonomie und Politik, Freizeit und Arbeit, Haushaltsführung, Kindererziehung, Produktion und Kriegsführung, es verändern sich unser Wissen und unsere Orientierungen"[26] – und es verändern sich auch Religion und das Religiöse.

3.1.2 Kommunikative Praxen online

Kommunikation benötigt Sprache. Fasst man Sprache in einem weiten Sinne, ist es freilich kaum möglich, von ‚einer' Sprache zu sprechen, die sich in der Netzkommunikation heraus konturiert hätte – womöglich als ‚neue' Form, die sich gegenüber herkömmlichen Formen distinkt beschreiben ließe. Kommunikation im Netz ist multimodal. Und nicht nur das: Selbst wenn man Sprache online auf ihre schriftlichen Kommunikationsformen reduzierte: Die Varianz reichte von „retrospektiv digitalisierten historischen Sprachdokumenten über digitale Sammlungen literarischer Texte und online publizierte wissenschaftliche Fachtexte bis hin zu neuen schriftlich konstituierten Publikations- und Kommunikationsformen wie Homepages, Sites, Weblogs, Chats und Foren"[27]. Es ist also weder

---

[24] Krotz, *Mediatisierung*, 106. Im Original hervorgehoben.
[25] Ebd.
[26] Krotz, *Mediatisierung*, 108.
[27] Storrer, Angelika, „Rhetorisch-stilistische Eigenschaften der Sprache des Internets", in *Rhetorik und Stilistik: Ein interdisziplinäres Handbuch historischer und systematischer Forschung*, Bd. 2, hg.v. Ulla Fix, Andreas Gardt und Joachim Knape (Berlin u. a. 2009), 2211–2226: 2212.

einfach noch sinnvoll, übergreifend von Kommunikationspraktiken online oder gar von einer ‚Netzsprache' zu sprechen. Beschrieben werden können zwar kommunikative und sprachliche Besonderheiten, die sich im Zusammenhang digitalisierter Kommunikation abstrahieren lassen, sie variieren jedoch konkret in Abhängigkeit von Handlungszielen, sozialen Rollen und technischen Rahmenbedingungen.[28]

Fragt man zunächst nach den technischen Voraussetzungen, ist vor allem und zuerst die Digitalität der Medien zu nennen: Sie impliziert, dass Kommunikate prinzipiell immer wieder umgestaltet und an neue Bedürfnisse angepasst werden können[29]: Editierbarkeit der Inhalte gehört zu den technischen Voraussetzungen, genauso wie ihre Verfügbarkeit, die ein ambivalentes Folgeproblem der Persistenz von digitalen Daten darstellt. Vernetzte digitale Medien zeichnen sich mit Blick auf die Kommunikationsmöglichkeiten durch räumliche und zeitliche Entgrenzung aus sowie durch ihren beschleunigten Datentransfer. Dabei hat sich der Zusammenhang zwischen Produktion und Rezeption immens verdichtet, digitale Medien halten die Möglichkeit (je nach Technologie) für asynchrone, quasi-synchrone und synchrone Kommunikation vor. Zudem variiert der Kreis der Kommunikationsteilnehmenden: Gepflegt wird vielfältig und nach wie vor der kommunikative Austausch zwischen zwei Nutzern, technisch ermöglicht werden jedoch – im Vergleich zu früheren Kommunikationsformen – neue Vernetzungen, in denen mehrere Partnerinnen miteinander kommunizieren können (many to many).[30] Diese attraktive Form der Interaktivität erst erschafft die Infrastruktur für die Etablierung medial vermittelter neuer Öffentlichkeiten jenseits der klassischen Massenmedien. Hinzu kommt mit Blick auf die technischen Voraussetzungen, dass das WWW als Hypertext organisiert ist, das heißt, dass Audio-, Video-, Bild- und Textdateien miteinander verknüpft werden können, so dass komplexe Verweisstrukturen entstehen.[31] Web-Angebote enthalten zudem oft Schnittstellen zu internetbasierter Kommunikation wie Diskussionsforen oder E-

---

28 Vgl. ebd.
29 Vgl. Storrer, „Rhetorisch-stilistische Eigenschaften", 2212f.
30 Vgl. dazu auch: Androutsopoulos, Jannis, „Neue Medien – neue Schriftlichkeit?", *Mitteilungen des Deutschen Germanistenverbandes* 54 (2007), 72–97: 75.
31 Zum Konzept des Hypertextes, seiner Merkmale und seiner Entstehung bzw. Produktion vgl. Storrer, Angelika, „Neue Text- und Schreibformen im Internet: Das Beispiel Wikipedia", in *Textkompetenzen für die Sekundarstufe II*, hg.v. Juliane Köster und Helmuth Feilke (Freiburg i.Br. 2015), 277–306; vgl. dies., „Was ist ‚hyper' am Hypertext?", in *Sprache und neue Medien*, Institut für Deutsche Sprache, Jahrbuch 1999, hg.v. Werner Kallmeyer (Berlin u. a. 2000), 222–249. Zur historischen Kontextualisierung vgl.: Fritz, Gerd und Jucker, Andreas H., Hg., *Kommunikationsformen im Wandel der Zeit: Vom mittelalterlichen Heldenepos zum elektronischen Hypertext* (Tübingen 2000).

Mail. Internetbasierte Kommunikation wird – nicht nur aus diesem Grund, aber auch deshalb – niedrigschwelliger.[32] Die technischen Voraussetzungen blieben technische Voraussetzungen, würden sie nicht von Usern alltäglich genutzt und in soziale Praktiken übersetzt. Die technischen Voraussetzungen bilden nicht mehr und nicht weniger als das Grundmaterial für die „kommunikationsgeschichtliche Novität"[33].

Welche Eigenschaften sind aber nun für die Kommunikationspraktiken beschreibbar?[34] Diese Skizze kann freilich, ähnlich wie die Beschreibung der technischen Voraussetzungen, nur tentativ erfolgen und soll bloß Schlaglichter festhalten. Grundsätzlich, und darauf soll noch weiter in der Verhältnisbestimmung von Schriftlichkeit und Mündlichkeit eingegangen werden, gilt nach wie vor, dass mit dem Aufkommen digitaler Kommunikation das Schreiben in eine zentrale alltagspraktische Rolle eingerückt ist.[35] Sich dies zu vergegenwärtigen ist interessant, zumal in kulturkritischer Absicht immer wieder gerne gefragt wird, ob nicht die digitalen Kommunikationspraktiken (früher oder später) zu einem Niedergang der (Schrift-)Sprache führten.[36] Diese ‚Sorge' ist unter anderem Konsequenz einer Emanzipationsbewegung: Denn die digitalen Schriftlichkeitspraktiken wachsen und gedeihen jenseits institutioneller Steuerungsmöglichkeiten im privat-außerinstiutionellen Bereich (das gilt zumindest für private Akteure im Netz). Dieser Steuerungsverlust bezieht sich freilich nicht nur auf den sprachlichen Bereich, sondern auch auf andere soziale Praxen im Netz[37], nicht zuletzt mit Blick auf Religion und das Religiöse, wie es sich im Fortgang der Studie noch zeigen wird. Die linguistische Literatur wertet jedenfalls die Entwicklungen nicht

---

32 Vgl. Storrer, „Rhetorisch-stilistische Eigenschaften", 2213 f.
33 Storrer, Angelika, „Getippte Gespräche oder dialogische Texte? Zur kommunikationstheoretischen Einordnung der Chat-Kommunikation", in *Sprache im Alltag: Beiträge zur neuen Perspektive der Linguistik*, hg.v. Andrea Lehr (Berlin u. a. 2001), 439–465: 462.
34 Vgl. hierzu im Überblick: Dürscheid, Christa und Frick, Karina, *Schreiben digital – Wie das Internet unsere Alltagskommunikation verändert* (Stuttgart 2016).
35 Vgl. Androutsopoulos, „Neue Medien", 76.
36 So hat der ehemalige Vorsitzende des Rats für deutsche Rechtschreibung, Hans Zehetmair, von einer „Recycling-Sprache" gesprochen, die die neuen Medien hervorbrächten; kommuniziere man nur verkürzt, leide die Sprache, vgl. http://www.spiegel.de/netzwelt/netzpolitik/rechtschreibratschef-zehetmair-kritisiert-twitter-ipad-whatsapp-a-874335.html (01.03.2018); vgl. Storrer, Angelika, „Sprachverfall durch internetbasierte Kommunikation? Linguistische Erklärungsansätze – empirische Befunde", in *Sprachverfall? Dynamik – Wandel – Variation*, Jahrbuch für Deutsche Sprache 2013, hg.v. Albrecht Plewnia und Andreas Witt (Berlin u. a. 2014), 171–196: 171.
37 Vgl. dazu auch: Thimm, Caja, „Einführung: Soziales im Netz – (Neue) Kommunikationskulturen und gelebte Sozialität", in *Soziales im Netz: Sprache, Beziehungen und Kommunikationskulturen im Internet*, hg.v. ders. (Opladen u. a. 2000), 7–17: 8.

im Sinne eines Sprachverfalls, sondern eher als Entstehung „neue[r] Formen des schriftsprachlichen Handelns unter neuen medialen Rahmenbedingungen."[38]

Die außerinstitutionell-private Kommunikation im Netz ist überwiegend dialog- und beziehungsorientiert; sie ist meist auf gruppenöffentliche beziehungsweise interpersonale Beziehungen ausgerichtet. Permanent kommen neue Schreibanlässe auf. Der beschleunigte Transfer führt dabei zu einer Verdichtung der dialogischen Strukturen: „[Die] dialogische und beziehungsorientierte Kommunikation [ist] eine Bedingung für die Entstehung mehr oder weniger stabiler Netzwerke von räumlich bzw. zeitlich distanten Individuen, die auf digitalen Plattformen im echtzeitlichen oder zerdehnten Austausch stehen."[39] Darüber entstehen auch neue Formen der Vergemeinschaftung.[40] Charakteristisch für die sprachliche Online-Konversation ist, dass das Verfassen der Kommunikate vielfach *flüchtig* erfolgt, dass die Verschriftlichungen in vielen Fällen ohne längere Planung oder Überarbeitung geschieht, und dass sie in der Regel auch gar nicht auf Nachhaltigkeit angelegt sind (hier muss man Formate unterscheiden: was für Forenkommentare gilt, gilt in dem Maße nicht für Blogeinträge). Gleichzeitig erfolgt auch die Rezeption der Kommunikate in vielen Fällen im Modus der Flüchtigkeit. Ich schlage vor, für diese flüchtige, gleichzeitig zentrale Form der Kommunikation den Begriff der ‚*passageren Kommunikation*' zu verwenden. Entsprechende „Produktions- bzw. Formulierungsspuren"[41] (Tippfehler, Verdreher, Satzbaufehler, Orthografiefehler) sind an den Texten erkennbar; die Funktion der Kommunikation dominiert die Gestalt des Kommunikats: „Beim interaktionsorientierten Schreiben steht nicht das Schreibprodukt, sondern die laufende Interaktion im Mittelpunkt [...]; die Schnelligkeit der Reaktion kann für den kommunikativen Erfolg wichtiger werden als die Prägnanz und Elaboriertheit des sprachlichen Ausdrucks."[42] Das beschleunigte Schreiben ist dabei eine Folge der immensen Erhöhung schriftsprachlicher Verständigung online wie auch der ‚lebensweltlichen Einbettung' in Formen von ‚Übergangsräumen': Der Ort des Schreibens ist nicht mehr (nur) der Schreibtisch, geschrieben wird vielfach un-

---

38 Storrer, „Sprachverfall", 171. – Von Sprachverfall wäre erst dann zu sprechen, wenn sich nachweisen ließe, dass die neue Form des Schreibens die schriftsprachlichen Bereiche negativ beeinflusste, in denen die Orientierung an Standards und Normen vorausgesetzt wird. Gerade die Arbeiten von Christa Dürscheid zeigen jedoch, dass etwa junge Menschen den Registerwechsel gut vollziehen können, vgl. Anm. 56 in diesem Kapitel. Vgl. dazu auch: Storrer, „Sprachverfall", 179 ff.
39 Androutsopoulos, „Neue Medien", 78.
40 Vgl. dazu Kapitel 3.2.4.
41 Androutsopoulos, „Neue Medien", 78.
42 Storrer, „Sprachverfall", 172.

terwegs und nebenbei.[43] Wichtige kommunikative Praxis der neuen Schriftlichkeit ist zudem das Zitieren, in multimodalen Zusammenhängen der Remix o.Ä.[44], so dass auch in den außerinstitutionell-privaten Kommunikationen Hypertextstrukturen angelegt werden. Zudem hat die Hypertext-Struktur des Internets erheblichen Einfluss auf die Rezeption von Inhalten, wenn Nicht-Linearität und Multimodalität zu den grundlegenden Eigenschaften von digitalen Hypertexten gehören.[45]

Zur Beschreibung des Verhältnisses von Mündlichkeit und Schriftlichkeit ist im deutschsprachigen linguistischen Diskurs früh auf das Modell von Peter Koch und Wulf Oesterreicher zurückgegriffen worden[46], das selbst die medialen und neueren sprachlichen Entwicklungen im Zuge der Online-Kommunikation nicht im Blick hat, das vielmehr im Kontext großräumigerer sprachtheoretischer Überlegungen zur Sprachgeschichte als Entstehung von Kommunikations- und Varietätenräumen situiert ist. Nur in wenigen Sätzen soll auf die Rezeption des Modells in der linguistischen Literatur Bezug genommen werden, die sich mit den digitalen interaktionsorientierten Schreibformen auseinandersetzt.[47]

Betrachtet man die Varietäten der Schriftsprache, kommt man zu dem Ergebnis, dass es – ebenso wie bei der gesprochenen Sprache – verschiedene Register gibt, die situationsbedingt sind.[48] Sprache organisiert dabei auf ihre Weise kommunikative Beziehungen im Koordinatensystem von ‚Nähe' (,Nähe' wird eher mit konzeptioneller Mündlichkeit verbunden) und ‚Distanz' (,Distanz' wird eher mit konzeptioneller Schriftlichkeit verbunden). Versteht man nun Sprache als auf einem Kontinuum zwischen Mündlichkeit und Schriftlichkeit existierend, lässt sich für digitales Schreiben sagen, dass es in überwiegender Form medial

---

43 Kommunikation ‚nebenbei' gilt vielfach (noch) als unhöflich, wenn etwa während einer Besprechung andere Kommunikationen via Smartphone weitergeführt werden, sie wird aber kaum noch sanktioniert. Vgl. Storrer, „Neue Text- und Schreibformen", 292.
44 Zur Form der Referenzialität vgl. auch Kapitel 3.1.3.
45 Vgl. dazu auch: Storrer, Angelika, „Hypertextlinguistik", in *Textlinguistik: 15 Einführungen*, hg.v. Nina Janich (Tübingen 2008), 315–331: 320; zu produktions-, darstellungs- und medienästhetischen Reflexionen vgl. auch: Heibach, Christiane, *Literatur im elektronischen Raum* (Frankfurt a.M. 2003).
46 Zum Ansatz von Koch/Oesterreicher selbst vgl. u.a.: Koch, Peter und Oesterreicher, Wulf, „Schriftlichkeit und Sprache", in *Schrift und Schriftlichkeit: Ein interdisziplinäres Handbuch internationaler Forschung*, Bd.1, hg.v. Hartmut Günter und Otto Ludwig (Berlin u.a. 1994), 587–604; dies., „Schriftlichkeit und kommunikative Distanz", *Zeitschrift für germanistische Linguistik* 35 (2007), 346–375; Koch, Peter, „Sprachgeschichte zwischen Nähe und Distanz: Latein – Französisch – Deutsch", in *Nähe und Distanz im Kontext variationslinguistischer Forschung*, hg.v. Vilmos Ägel und Mathilde Hennig (Berlin u.a. 2010), 155–206.
47 Vgl. dazu v.a. Storrer, „Sprachverfall".
48 Vgl. Trabant, Jürgen, *Die Sprache* (München 2009), 96.

schriftlich, jedoch konzeptionell mündlich stattfindet.[49] Schriftsprache bildet sich nun aus durch Prozesse des Ausbaus (extensiv: schriftliche Diskurstraditionen bilden sich im Distanzbereich aus; intensiv: Wortschatzerweiterungen, Ausdifferenzierung von Modus und Tempus etc. erweitern das Inventar). Digitale Schreibtechnologien erweitern gewissermaßen das Kommunikationsrepertoire; Angelika Storrer notiert:

> Im Laufe des 20. Jahrhunderts haben elektronische Medien – insbesondere Rundfunk und Fernsehen – den extensiven Ausbau durch neue Diskurstraditionen sowohl im medial schriftlichen als auch im medial mündlichen Bereich beschleunigt. [...] Digitale Schreibtechnologien und das Internet haben nun die Möglichkeiten, in räumlicher Distanz zu kommunizieren, noch einmal deutlich erweitert und ausdifferenziert. Unter der Perspektive der Sprach- und Varietätengeschichte kann man diese Entwicklungen zunächst einmal unspektakulär als neue Facette des extensiven Ausbaus einordnen, als Weiterentwicklung von bestehenden und Herausbildung von neuen Diskursformen mit jeweils typischen Kommunikationsbedingungen und dafür typischen Versprachlichungsmustern. [...] Im Zuge dieses neuerlichen extensiven Ausbaus entwickeln sich Diskurstraditionen in einem bislang noch nicht so stark abgedeckten Bereich, nämlich am Nähepol im Bereich der medialen Schriftlichkeit. Hierbei bilden sich Versprachlichungsstrategien heraus, die auf typische Kommunikationsbedingungen am Nähepol – situative Einbettung, geringe Planung, Dialogizität, Emotionalität – hin zugeschnitten sind.[50]

Wichtig ist, dass das interaktionsorientierte Schreiben online nicht schlicht als verschriftlichte Mündlichkeit interpretiert wird. Die sprachliche Entwicklung ist nämlich mit eigenen Merkmalen verbunden. Zu den wesentlichsten Voraussetzungen dürfte gehören, dass die ‚Nähe'-Kommunikation nicht auf raumzeitlicher Kopräsenz basiert, so dass hier ein nicht unerhebliches distanzierend wirkendes Moment eingezogen ist. Dieser Umstand ruft „mimetisch-kinesische Kompensierungsverfahren"[51] auf den Plan, zum Beispiel Emoticons, Akronyme (*lol*) und Inflektive (*räusper*).[52] Ökonomische Verfahren wie Abkürzungen sind nur zum Teil technischen Rahmenbedingungen geschuldet. Graphostilistische Bildungen werden etwa durch die Ersetzung von Lexemen beziehungsweise Lexemteilen durch Graphemkombinationen beziehungsweise homophone Grapheme durchgeführt (n8, cu). Grundsätzlich sind typische Muster beschreibbar – in Abhän-

---

49 Zu den ‚Vorläufern' des Modells von Koch-Oesterreicher vgl. Storrer, „Sprachverfall", 174, Anm. 9.
50 Storrer, „Sprachverfall", 175 f.
51 Androutsopoulos, „Neue Medien", 82.
52 Zur Kompensation des Ausfalls nonverbaler Kommunikation vgl. auch: Merle, Kristin, „Virtual and real: Gefühle im Cyberspace", in: *Religion und Gefühl*, hg. v. Lars Charbonnier, Matthias Mader und Birgit Weyel (Göttingen 2013), 249–263.

gigkeit von Schreibtechnologien und Situationen – die die Diskursorganisation, Syntax (zum Beispiel sprechsprachliche Konstruktionen, kurze Sätze), Lexik (zum Beispiel dialektale Formen, variationsarme Lexik) u. a. betreffen.[53] Kommunikative Grundhaltung – auch unter einander ‚Fremden' – ist die eines (informellen) Alltagsgesprächs (vis-à-vis) mit wechselnden Sprecherrollen[54]; die Realisierung des Schreibens kann freilich eine andere sein, wenn die Übertragung der Kommunikate beitragsweise erfolgt (und insofern Sprecherwechsel nicht wie in vis-à-vis-Gesprächen eingeleitet werden können).

Die Grenze der Übertragbarkeit des Modells von Koch und Oesterreicher auf die neuen Sprachformen ist freilich längst kritisch diskutiert worden. Zu Recht plädiert Storrer etwa für ein differenziertes Verständnis der digitalen Schreibtechnologien sowie der entsprechenden Diskurskulturen. Das Modell plausibilisiert jedoch, dass mit den neuen Entwicklungen *neue Bereiche der Schrift* genutzt werden, auf die mit anderen und ebenfalls neuen Bewertungsmaßstäben zu reagieren ist.[55] Analog zur Theorie der Mediatisierung kann auch für den Bereich der (Schrift-)Sprache festgehalten werden, dass die neuen Entwicklungen eine Erweiterung des Bestehenden bedeuten, eine Ausdifferenzierung, und dass es sich hier nicht um Substitutionsprozesse handelt. Zu diesem Befund passen zwei weitere Beobachtungen: Zum einen ist der Ausbau der Schriftsprache im Kontext einer allgemeinen Entwicklung der Sprache im 20. Jahrhundert hin zu einer Annäherung von geschriebener und gesprochener Sprache zu sehen.[56] Zum anderen zeigen Arbeiten etwa zur Schreibkompetenz von Jugendlichen, dass Jugendliche die Praxis des Registerwechsels beherrschen: Sie können zwischen schulischem und privatem Schreiben unterscheiden, so dass ein hohes Maß an unreflektiertem

---

53 Vgl. dazu: Androutsopoulos, „Neue Medien", 81 ff. Zu Eigenschaften computervermittelter Kommunikation (emoticons, non-standard spelling and creative use of writing systems, abbreviation, non-standard punctuation) vgl. auch: Bieswanger, Markus, „Micro-linguistic Structural Features of Computer-mediated Communication", in *Pragmatics of Computer-Mediated Communication*, hg.v. Susan C. Herring, Dieter Stein und Tuija Virtanen (Berlin u. a. 2013), 463–485.
54 Vgl. Storrer, „Rhetorisch-stilistische Eigenschaften", 2219.
55 Vgl. Storrer, „Sprachverfall", 179. – Zur Kritik vgl. auch Androutsopoulos, „Neue Medien", 80.
56 Vgl. Storrer, „Rhetorisch-stilistische Eigenschaften", 2220; vgl. Sieber, Peter, *Parlando in Texten: Zur Veränderung kommunikativer Grundmuster in der Schriftlichkeit* (Tübingen 1998). – Vgl. dazu auch die Untersuchung von Maturaarbeiten zwischen den Jahren 1881 und 1991 durch Horst Sitta; die Untersuchung deutet nicht auf eine allgemeine ‚Verschlechterung' der Arbeiten hin, zeigt jedoch die Tendenz zur Integration von Elementen (Satzbau, Wortwahl etc.), die eher für mündliche Sprache charakteristisch ist. (Vgl. Storrer, Angelika, „Über die Auswirkungen des Internets auf unsere Sprache", in *2020 – Gedanken zur Zukunft des Internets*, hg.v. Hubert Burda, Mathias Döpfner, Bodo Hombach und Jürgen Rüttgers [Essen 2010], 219–224: 223).

Einfluss von Gestalten der Online-Kommunikation auf ‚offizielle' und konventionalisierte Formen des Schreibens als gering einzuschätzen ist.[57]

Es gehört zu den Charakteristika des Social Web, dass der Einzelne in eine öffentliche Kommunikationssituation 1:n bzw. n:n eintritt, die die interpersonale Kommunikation zwischen zwei Personen (zum Beispiel mittels Telefon, Brief, E-Mail) ergänzt und – mit Blick auf den Öffentlichkeitsgrad – übersteigt. Bereits in Kapitel 2 ist auf die grundlegende Frage Bezug genommen worden, wie sich angesichts der medialen Transformationsprozesse das *Verhältnis zwischen Privat und Öffentlich* (neu) konstelliert und beschreiben lässt. An dieser Stelle sei der Faden dieser Frage nach der Verhältnisbestimmung noch einmal aufgegriffen: Er kann verknüpft werden mit den bereits vorgestellten Überlegungen zur sprachlichen Gestaltung von Nähe und Distanz. Christa Dürscheid weist auf sprachlicher Ebene nach, inwiefern sich der bereits 1989 von Nobert Elias geprägte Begriff des „Informalisierungsschubs"[58] in der öffentlichen Netzkommunikation phänomenal nachzeichnen lässt. Neben Elias bezieht sich Dürscheid auf Habermas' Rede von der „sekundären Intimität"[59]: Diese charakterisiere, mit Tendenzen zu Entinnerlichung, Differenzierung und Individualisierung, nicht unerheblich Teile der massenmedial hergestellten Sphäre, so Habermas – indem sich die öffentliche Sphäre zunehmend mit dem privaten Bereich verschränke. Dürscheid betrachtet nun, unter sprachwissenschaftlichem Gesichtspunkt, Öffentlichkeit und Privatheit als Kommunikationsbedingungen, die freilich Veränderungen unterliegen. Dabei geht es hier vor allem um einen Wandel in der Behandlung von Themen; insofern schlägt Dürscheid zur Präzisierung ihrer Erläuterungen vor: „Die Kate-

---

57 Vgl. dazu: Dürscheid, Christa, Wagner, Franc und Brommer, Sarah, *Wie Jugendliche schreiben: Schreibkompetenz und neue Medien* (Berlin u. a. 2010). – Aus Gründen der Unterhaltsamkeit sei allerdings auf ein Beispiel verwiesen, das Runkehl anbringt, und bei dem sich der Registerwechsel als nicht gelungen darstellt. Schüler und Schülerinnen waren (in einer Schule in Großbritannien) gefragt, über ihre zurückliegenden Sommerferien zu schreiben, eine Schülerin notierte: „My smmr hols wr CWOT. B4, we usd 2 go 2 NY 2C my bro, his GF & thr 3 :-@ kds FTF. ILNY, its gr8. Bt my Ps wr so {:-/ BC o 9/11 tht they dcdd 2 stay in SCO & spnd 2wks up N[27]." („My summer holidays were a complete waste of time. Before, we used to go to New York to see my brother, his girlfriend and their three screaming kids face to face. I love New York, it's a great place. But my parents were so worried because of the terrorism attack on September 11 that they decided to stay in Scotland and spend two weeks up north." – Zit. n. Runkehl, Jens, „Vernetzt – Die Evolution von Kommunikation & Interaktion in der Gegenwart", in *Sprachen? Vielfalt! Sprache und Kommunikation in der Gesellschaft und den Medien. Eine Online-Festschrift zum Jubiläum von Peter Schlobinski*, hg.v. dems., Alexa Mathias und Torsten Siever (Hannover 2014), 235–260: 258.
58 Elias, Norbert, *Studien über die Deutschen. Machtkämpfe und Habitusentwicklung im 19. und 20. Jahrhundert* (Frankfurt a.M. 1989), 48.
59 Habermas, Jürgen, *Strukturwandel der Öffentlichkeit: Untersuchungen zu einer Kategorie der bürgerlichen Gesellschaft* (Frankfurt a.M. 1990), 263.

gorien ‚öffentlich', ‚teilöffentlich' und ‚nicht-öffentlich' beziehe ich auf den Grad der Zugänglichkeit zu einem Kommunikationsraum, die Kategorie ‚privat' auf den Kommunikationsinhalt und die soziale Beziehung der Kommunikationspartner."[60] Wenngleich damit nicht die notwendige Komplexität mit Blick auf das Verständnis von Öffentlichkeit (und Privatheit) eingeholt ist, dient die Bestimmung für den Moment jedoch zum Ausweis einer Eigenschaft (internet-)medialer Kommunikation: Indem Themen, die ehemals im Bereich des Privaten verhandelt worden sind, in die Öffentlichkeit eingehen, verändern sich auf kommunikativer Ebene auch die Beziehungsbeschreibungen auf dem Nähe-Distanz-Kontinuum. Öffentlichkeit wird nicht mehr vorwiegend mit dem Distanzpol assoziiert, sondern es werden in ‚der' Öffentlichkeit Angelegenheiten des Familienlebens, der Gesundheit des Einzelnen, des Sexuallebens, der Vermögensverhältnisse traktiert.[61] Auch hier scheint mir richtig zu sein, von „neuen Spielarten des Privaten"[62] beziehungsweise von ‚neuen Spielarten des Öffentlichen' zu sprechen. Wenngleich sich (auch und unter Umständen besonders) die Online-Kommunikation durch Informalisierung auszeichnet, scheint es doch offensichtlich, dass Akteure sich in neue ‚Privatisierungspraxen' einüben und durchaus unterscheiden, auf welche Weise ehedem Privates öffentlich werden soll (und welche Aspekte und Themen privat bleiben sollen).[63] Dabei mag es eine Strategie unter anderen sein, durch die Mitteilung von Privatem die Selbstinszenierung zu individualisieren.[64]

3.1.3 Digitaliät als Kultur

Digitalisierung meint mehr als die Innovation medialer Kommunikationsformate. Felix Stalder weist in seinem Buch *Kultur der Digitalität* (2016) nicht nur den di-

---

60 Dürscheid, „Kommunikation im Internet", 30.
61 Vgl. dazu auch die Konstatierung einer Expansion der Öffentlichkeit durch Gerhards und Neidhardt, skizziert in Kapitel 2.3.2.2. – Entsprechend bestimmt Dürscheid auch den Begriff der Informalisierung: „Darunter verstehe ich die Bevorzugung nähesprachlicher Ausdrucksmittel in Kontexten, in denen aufgrund der Kommunikationsbedingungen (Öffentlichkeit der Kommunikation, Fremdheit der Kommunikationspartner) distanzsprachliche Ausdrucksmittel zu erwarten wären". (Dürscheid, „Kommunikation im Internet", 22; Dürscheid verweist hier auch noch einmal auf: Koch, Peter und Oesterreicher, Wulf, „Schriftlichkeit und Sprache".)
62 Thimm, Caja, „Medienkultur und Privatheit: Privatheit und Öffentlichkeit im medialen Diskurs", in *Medienwissenschaft: Eine Herausforderung für die Geisteswissenschaft*, hg.v. Winfried Lenders (Frankfurt a.M. 2004), 51–68: 54.
63 Vgl. dazu auch: Ernst, Christina, *Mein Gesicht zeig ich nicht auf Facebook: Social Media als Herausforderung theologischer Anthropologie* (Göttingen 2015).
64 Vgl. Dürscheid, „Kommunikation im Internet", 35.

gitalen Wandel als kulturellen Wandel aus, er skizziert auch mentalitätsgeschichtliche Prämissen dieser Entwicklung. Diese Entwicklung sei hier – so knapp wie möglich[65] – nachgezeichnet, um zu zeigen, dass sich die Bedeutung der Transformationsprozesse nicht auf den Bereich digitaler Technologien beschränken lässt; vielmehr sieht sich die Entwicklung neuer Technologien selbst eingebettet in einen größeren kulturellen Wandel[66] – den die Digitalisierung wesentlich mitbefördert, der aber als „Kultur der Digitalität" auch die Weiterentwicklung entsprechender Technologien motiviert. Der Kulturbegriff, den Stalder seinen Ausführungen zugrunde legt, ist konventionell wie tragfähig. Als Kultur werden „all jene Prozesse bezeichnet, in denen soziale Bedeutung, also die normative Dimension der Existenz, durch singuläre und kollektive Handlungen explizit oder implizit verhandelt und realisiert wird."[67] Kultur ist gesellschaftsformend und handlungsleitend. Zentral ist hier in der Bestimmung der Begriff des *Verhandelns:* Kultur manifestiert sich freilich etwa in Artefakten und Institutionen, sie wird jedoch, und das ist das Entscheidende für die folgenden Ausführungen, als soziale Bedeutung zwischen den Akteuren in größeren oder kleineren Formationen ausgehandelt.[68] Man hat es hier also mit einem dynamischen Kulturbegriff zu tun. Kennzeichnend ist weiterhin die Annahme, dass sich hinsichtlich bestimmter Praktiken die Basis der Akteure ausweitet, die kulturelle

---

[65] In der Skizze folge ich der Form mentalitätsgeschichtlicher Kontextualisierung, wie sie Stalder vornimmt. Man wird dies als *Vorschlag* zur kulturhistorischen Einordnung der Digitalität lesen müssen, der sicherlich weiterer Untersuchung bedarf. Es steht außer Frage, dass eine der Aufgaben der Zukunft darin bestehen wird, die kulturellen Transformationen der Gegenwart ausführlich in ihrer historischen Genese nachzuzeichnen. Was an Stalders Darstellung deutlich wird: Zu einer solchen Kontextualisierung gehört mehr als die Darstellung einer reinen Mediengeschichte. – Vgl. hierzu in Anfängen: Hepp, Andreas, Hjarvard, Stig und Lundby, Knut, „Mediatization: Theorizing the Interplay between Media, Culture and Society", *Media, Culture & Society* 37 (2015), 314–325; Hjarvard, Stig, *The Mediatization of Culture and Society* (London 2013); Krotz, Friedrich, „Mediatization as a Mover in Modernity: Social and Cultural Change in the Context of Media Change", in *Mediatization of Communication*, hg.v. Knut Lundby (Berlin u.a. 2014), 131–161.
[66] Grundsätzlich ist die Perspektive Stalders keine singuläre, sie lässt sich etwa gut ins Gespräch mit der von Krotz, Hepp u.a. vertretenen Mediatisierungstheorie bringen. Insofern beziehe ich mich hier exemplarisch auf Stalder.
[67] Stalder, *Kultur der Digitalität*, 16.
[68] Damit steht Stalders Kulturbegriff in großer Nähe zum Kulturverständnis Clifford Geertz', der Kultur als „selbstgesponnenes Bedeutungsgewebe" versteht, das offen auf Deutung angelegt und permanent im Wandel inbegriffen ist. (Vgl. Geertz, Clifford, „Dichte Beschreibung: Bemerkungen zu einer deutenden Theorie von Kultur", in *Dichte Beschreibung: Beiträge zum Verstehen kultureller Systeme* [Frankfurt a.M. 1987], 7–43.)

Bedeutungen öffentlich aushandelt.[69] Stalder zeichnet nach, wie sich alternative Praktiken, die zunächst von Wenigen geteilt worden sind, zum Mainstream entwickelt haben. Insofern rückt der Begriff der Digitalität von Kultur in die Nähe des Konzepts des ‚Post-Digitalen'[70]: Konventionen im Umgang mit den Technologien sind in andere gesellschaftliche Bereiche eingewandert. Sie haben sich gewissermaßen gesamtgesellschaftlich inkulturiert: „[E]rst heute, da die Faszination für die Technologie abgeflaut ist [...], werden Kultur und Gesellschaft in einem umfassenden Sinne durch Digitalität geprägt. Vorher galt dies nur für bestimmte, abgrenzbare Bereiche. Diese Hybridisierung und Verfestigung des Digitalen, die Präsenz der Digitalität jenseits der digitalen Medien, verleiht der Kultur der Digitalität ihre Dominanz."[71] – Ein Ausdruck der Kultur der Digitalität besteht in der Ausweitung der kulturellen Optionen. Generell benennt Stalder drei Formen, die er als charakteristisch für die Kultur der Digitalität jenseits der mannigfaltigen Unterschiede in ihren jeweiligen Konkretionen ausweist: *Referenzialität*, *Gemeinschaftlichkeit* und *Algorithmizität*.

Bevor auf die drei Formen weiter eingegangen sei, bietet es sich an, zunächst auf von Stalder herausgegriffene mentalitätsgeschichtliche Prämissen zu schauen, die bereits vor dem Aufkommen der Netztechnologien existiert haben, und die er im Rückblick als wesentliche Teilelemente des kulturellen Wandels identifiziert: Das, was heute oftmals als ‚neu' identifiziert und ‚dem Internet' zugeschrieben werde, sei bereits vor Aufkommen der Internettechnologie kulturell erprobt worden. Stalder bezieht sich im Nachzeichnen von Entwicklungen in historischer Perspektive vor allem auf drei ‚Bereiche' (die sicherlich durch weitere ergänzt werden könnten): den *Aufstieg der Wissensökonomie*, die *Kritik an der Heteronormativität* und die *Kulturkritik durch die Strömung des Postkolonialismus*.[72] Alle drei Phänomene hätten es mit sich gebracht, dass sich immer mehr

---

[69] Vgl. Kapitel 2.4.3.1. – Stalder nennt dies auch „Die Erweiterung der sozialen Basis der Kultur" (22). Die Formulierung ist in meinen Augen nicht glücklich, da Kulturen sich im Alltagsleben von Menschen immer schon entwickeln. Stalder geht es, so kann man vermuten, jedoch eher um die Partizipation an Gestaltungskräften, die gesamtgesellschaftliche Dynamiken betreffen.
[70] Vgl. dazu etwa: Cramer, Florian, „What is ‚Post-digital'?", *A Peer-Reviewed Journal About (APRJA)* 3 (2014) – Cramer spricht beispielsweise mit Blick auf Medienprodukte von „new ethical and cultural conventions which became mainstream with Internet communities and Open Source culture", wobei die Konventionen Eingang finden in „the making of non-digital and post-digital media products." (Ebd.)
[71] Stalder, *Kultur der Digitalität*, 20.
[72] Die zusammenfassende Schilderung der Phänomene folgt im Wesentlichen den etwas ausführlicheren Skizzen bei Stalder. Es liegt auf der Hand, dass es hier nur um ein Nachzeichnen der Argumentation Stalders geht, nicht um den Versuch, die angesprochenen ‚Bereiche' in angemessener Weise phänomenal in den Blick zu bekommen.

Menschen an öffentlichen Diskussionen hätten beteiligen können.[73] Auf alle drei Phänomene wäre in heuristischem Interesse eine Vielfalt von Perspektiven anzuwenden; Stalder rekurriert nun auf den Aufschwung der Wissensökonomie[74] mit Blick auf die strukturelle Veränderung von Arbeitsprozessen, veranschaulicht die Kritik der Heteronormativität durch den Verweis auf die Entwicklung der Schwulenbewegung in der BRD und skizziert den Postkolonialismus als Strömung, die neue Begriffe der Hybridisierung und kulturellen Multiplizität gesellschaftlich nachhaltig in den Diskurs einbringt.[75]

Für die „Informatisierung der Ökonomie" benennt Stalder nun folgende ‚Etappen' und Entwicklungen als entscheidend: Beschleunigung von Massenproduktionen, Rekurs auf wissenschaftliche Methoden in der Arbeitsorganisation, Etablierung der Forschung in der Industrie, wesentlich dann das Aufkommen der Konsumgesellschaft im letzten Drittel des 19. Jahrhunderts, das die Erhebung (und das Evozieren) von Bedürfnissen zu einem wichtigen Desiderat und Werbung und Marktforschung zu zentralen Instrumenten macht. Als charakteristisch für den Bereich der Wissensökonomie ist die Bedeutung kommunikativer Tätigkeiten im Verhältnis zu produktiven Tätigkeiten zu beschreiben; infolge der Transformationsprozesse sind in den letzten Jahrzehnten des 20. Jahrhunderts die ‚Informationsgesellschaft'[76], die ‚nachindustrielle Gesellschaft'[77], dann auch die ‚Netzwerkgesellschaft'[78] ausgerufen worden. Stalder verweist nun auf Differenzen, die allerdings zwischen den 1970er- und den 1990er-Jahren, zwischen dem Konstatieren einer ‚nachindustriellen Gesellschaft' und einer ‚Netzwerkgesellschaft' lägen, und die zur „Kultur der Digitalität" gehörten: Flexibilisierung von Arbeitsverhältnissen auf unterschiedlichen Ebenen und Rückbau sozialer Siche-

---

73 Kontrastiv bemerkt Stalder für die 1950er- und 1960er-Jahre: „Schaut man sich Fernsehdiskussionen aus den fünfziger und sechziger Jahren Jahren an, fällt einem [...] auf, [...] wie homogen das Teilnehmerspektrum war. Meist sprachen weiße, heteronorm agierende Männer miteinander, die wichtige institutionelle Positionen in den Zentren des Westens innehatten. In der Regel handelte es sich um hochspezialisierte Akteure aus Kultur, Wirtschaft, Wissenschaft und Politik. Vor allem sie waren legitimiert, in der Öffentlichkeit aufzutreten, ihre Meinung zu artikulieren und diese von anderen als relevant anerkannt und diskutiert zu sehen." (Stalder, *Kultur der Digitalität*, 22 f.)
74 Der Begriff der Wissensökonomie geht auf den Ökonomen Fritz Machlup zurück; Machlup ist einer der ersten Wirtschaftswissenschaftler, der die Relevanz von Wissen als wirtschaftliche Ressource erkennt und empirisch nachzeichnet. (Vgl. dazu auch: Machlup, Fritz, *The Production and Distribution of Knowledge in the United States* [New York/NY 1962].)
75 Vgl. Stalder, *Kultur der Digitalität*, 24 ff.
76 Vgl. Nora, Simon und Minc, Alain, *Die Informatisierung der Gesellschaft* (Frankfurt a.M. 1979).
77 Vgl. Bell, Daniel, *Die nachindustrielle Gesellschaft* (Frankfurt a.M. 1975).
78 Vgl. Castells, Manuel, *Das Informationszeitalter I: Der Aufstieg der Netzwerkgesellschaft* (Opladen 2004). Vgl. dazu auch Kapitel 2.4.1.2.

rungssysteme.[79] Akteure dieses Wandels seien, auf unterschiedliche Weise und mit unterschiedlichen Absichten, die Neuen Sozialen Bewegungen und neoliberalen Interessengruppen gewesen. Gleichwohl seien beide ‚Gruppen' – wenngleich mit differenten semantischen Gehalten – für persönliche Freiheit, Individualität, Diversität, Autonomie etc. eingetreten. Durch den Einfluss des Neoliberalismus, so Stalder, hielten bereits in den 1980er-Jahren in der Restrukturierung von Unternehmen Vorstellungen von ‚Firmennetzwerken' und ‚flexibler Spezialisierung' Einzug – also lange vor der Etablierung des Internets als Massenmedium. Dieses jedoch habe noch einmal die Entwicklung verschärft und sie auch in andere Gebiete der Wertschöpfung hineingetragen.[80] Die forcierte Freisetzung der Individuen verbinde sich nun mit neuen kommunikativen Möglichkeiten:

> Die gewünschte oder erzwungene Flexibilisierung der Arbeit, die Kooperation über institutionelle Grenzen hinweg, die Entgrenzung der Arbeit, aber auch die Erosion kollektiver Sicherungsmodelle verlagern viele Tätigkeiten, die einst in klar umrissenen institutionellen oder persönlichen Räumen stattfanden, in einen neuen Zwischenraum, der weder privat noch öffentlich im klassischen Sinne ist. Dies ist der Raum der Netzwerke, der Gemeinschaften, der informellen Kooperation sowie des Tauschens und Teilens […], in den immer mehr Akteure mit ihren eigenen Bedeutungsansprüchen aus dem privat-persönlichen Raum [drängen].[81]

Schaut man sich an, welche Neuen Sozialen Bewegungen nachhaltig Forderungen nach einem selbstbestimmten gesellschaftlichen Leben erhoben haben, kann im Kontext der BRD seit den 1960er-Jahren exemplarisch die Schwulenbewegung[82] genannt werden. Damit ist der Aspekt der Kritik an der Heteronormativität angesprochen. Mit der Liberalisierung des §175 StGB wird eine neue Grundlage für politisches Engagement geschaffen, das zunehmend auch an eine öffentliche

---

79 Vgl. Stalder, *Kultur der Digitalität*, 32.
80 Die Förderung der *creative industries* unter der Regierung Blair zum Jahrtausendwechsel könne als Beispiel für die veränderten Umstände gelten (vgl. Stalder, *Kultur der Digitalität*, 34 f.).
81 Stalder, *Kultur der Digitalität*, 38.
82 Ich gebe auch an dieser Stelle die Sicht Stalders wieder. Grundsätzlich irritiert es, dass Stalder im Zusammenhang des Engagements für die Akzeptanz nicht-heterosexueller Lebensweisen die Lesben- und Schwulenbewegung auf die Schwulenbewegung reduziert und dieser damit (alleine) die ‚Erfolge' der Sozialen Bewegung zuschreibt. Freilich gibt es auch gute Gründe für die Darstellung, u. a. kann das politische Engagement von Lesben, je nach Perspektive, diskursiv an die allgemeine Frauenbewegung angebunden werden. Die Reduktion, die Stalder vornimmt, bleibt trotzdem fraglich. Zur Lesbenbewegung vgl. ergänzend: Münst, Agnes Senganata, „Lesbenbewegung: Feministische Räume positiver Selbstverortung und gesellschaftlicher Kritik", in *Handbuch Frauen- und Geschlechterforschung: Theorie, Methoden, Empirie*, hg.v. Ruth Becker und Beate Kortendiek (3., erw. u. durchges. Aufl., Wiesbaden 2010), 904–909.

(wenngleich immer noch oft ‚vernischte') „ästhetische Selbstermächtigung"[83] (zum Beispiel in Theatern, Verlagen, Buchläden, Zeitschriften) geknüpft ist. So zynisch es klingt: Für die gesellschaftliche Auseinandersetzung über das, „was in Bezug auf unterschiedliche Lebensstile, Meinungen und kulturelle Praktiken als akzeptabel gelten konnte"[84] – also für die nachfolgende schrittweise Tolerierung beziehungsweise Akzeptanz alternativer Lebensformen – stellt die sogenannte ‚Aids-Krise' in den 1980er-Jahren ein wesentliches Moment dar: In der Öffentlichkeit werden Auseinandersetzungen über Diskriminierung und Pathologisierung einer ganzen Bevölkerungsgruppe und über die Notwendigkeit sachlich aufgeklärter ‚Problembehandlung' (mit Blick auf die HIV-Erkrankung) geführt. In ihren politischen Auseinandersetzungen hat sich auch die Schwulenbewegung selbst diversifiziert: Mittlerweile ist sie – wie die Lesbenbewegung auch – von der allgemeinen Sichtbarkeit her wie vielfach mit Blick auf ihr eigenes Selbstverständnis, in der größeren LGBTQ-Gemeinschaft aufgehoben, die sich, netzwerkartig organisiert und international aufgestellt, für die Selbstbestimmung der sexuellen Orientierung und der Geschlechtsidentität und die Akzeptanz körperlicher Geschlechtsvariationen einsetzt. Die Siege von *Dana International* und *Conchita Wurst* beim *Eurovision Song Contest* zeigen, wie – bei gleichzeitig immer noch vorhandener offener wie latenter Homo- beziehungsweise Queerphobie – randständige und marginalisierte Lebensweisen in den Mainstream eingewandert sind. Stalder resümiert: „Wenn die Schwulenbewegung exemplarisch für die gesellschaftliche Liberalisierung der siebziger und achtziger Jahre steht, dann kann man ihre Transformation in die LGBT-Bewegung seit den neunziger Jahren – mit ihrer enormen Vervielfältigung und Verflüssigung von Identitätsmodellen, der Betonung von Wandelbarkeit und Hybridität – als Zeichen der Neuerfindung dieses Projekts im Kontext der dominant werdenden Kultur der Digitalität sehen."[85] – Diversifizierung kultureller Praktiken und ihre Verflüssigung hätten sich in den letzten Jahren und Jahrzehnten – mainstreamartig – auf ganz unterschiedliche Bereiche des Lebens ausgeweitet (zum Beispiel auf den Bereich der Ernährung, der Familienformen, der Gesundheitspraktiken), so Stalder. Dabei träten die Akteure und Akteurinnen mit dem Anspruch auf allgemeine Akzeptanz auf, vielfach stehe dahinter der Wunsch, „einen neuen, aus ihrer eigenen Praxis stammenden Referenzrahmen für soziale Bedeutung in der Öffentlichkeit anerkannt zu sehen."[86]

---

83 Stalder, *Kultur der Digitalität*, 43.
84 Stalder, *Kultur der Digitalität*, 45 f.
85 Stalder, *Kultur der Digitalität*, 48.
86 Stalder, *Kultur der Digitalität*, 49.

Stalder wechselt dann noch einmal die Perspektive des Anwegs, um die mentalitätsgeschichtlichen Einflüsse der „Kultur der Digitalität" nachzuzeichnen und nimmt ‚die' postkolonialistische Kulturkritik in den Blick. Mit ‚der' Strömung des Postkolonialismus – die freilich mit dem Sammelbegriff auch nur unterkomplex beschrieben sein kann[87] – träten unter anderem zwei Anliegen auf den Plan: die Dekonstruktion des Westens als Zentrum globaler Handlungs- und Deutungsmacht und die Akzentuierung der Hybridität als Gestalt der Auseinandersetzung mit (fremder) kultureller Dominanz. Insbesondere der Prozess der Hybridisierung ist meines Erachtens von Interesse für ein mittlerweile gesellschaftlich weitgehend anerkanntes ‚Verfahren' zur Amalgamierung eigener Deutungsansprüche mit kulturell dominanten Mustern. Homi Bhabha verweist auf den engen Zusammenhang zwischen der Hybridisierung kultureller Symbolik und der Verhandlung kultureller Autorität:

> Wie funktioniert man als Handelnder, wenn der eigene Sinn zu handeln eingeschränkt ist, etwa weil man ausgeschlossen ist und unterdrückt wird? Ich denke, selbst in der Position des Underdogs gibt es Möglichkeiten, die auferlegten kulturellen Autoritäten umzudrehen, einiges davon anzunehmen, anderes abzulehnen. Dadurch werden die Symbole der Autorität hybridisiert und etwas Eigenes daraus gemacht. Hybridisierung heißt für mich nicht einfach Vermischen, sondern strategische und selektive Aneignung von Bedeutungen, Raum schaffen für Handelnde, deren Freiheit und Gleichheit gefährdet sind.[88]

Hybridisierung stellt also eine Praxis dar, mittels derer kulturelle Hegemonie aufgebrochen und neue, bisher marginalisierte Elemente in den Prozess gesellschaftlicher Aushandlung eingespeist werden können. Damit entsteht eine irreduzible Vielheit (beziehungsweise wird sie sichtbar) der Positionen und Bedeutungen, die immer nur über aufwändige Prozesse des Aushandelns in temporäre Konsense überführt werden können, abhängig von Kontexten und Referenzrahmen.[89] Die Bewegung, die durch solche Praktiken – aber auch durch ein Bewusstsein für solche Praktiken – entstehe, so Stalder, sei die des *Übergangs*, der *Reversibilität*. Relevant für den vorliegenden Kontext ist dabei nicht nur die Vielfalt der Möglichkeiten, die durch Praktiken der Hybridisierung entsteht, sondern vor allem das Verwiesensein auf die Notwendigkeit der Aushandlung von autoritativer kultureller Bedeutung.

---

87 Zur Ergänzung vgl. exemplarisch: Castro Varela, María do Mar und Dhawan, Nikita, *Postkoloniale Theorie: eine kritische Einführung* (2., komplett überarb. Aufl., Bielefeld 2015).
88 „Migration führt zu ‚hybrider' Gesellschaft: Interview mit Homi K. Bhabha", science.ORF.at. http://sciencev1.orf.at/news/149988.html (01.03.2018), zit. n. Stalder, *Kultur der Digitalität*, 53.
89 Vgl. Stalder, *Kultur der Digitalität*, 53 ff.

Die hier nur aufgerufenen Entwicklungen verstärken sich, so Stalder, durch das Aufkommen der neuen Technologien, lösen sich von ihren (sub-)kulturellen Ursprüngen und wandern in den Mainstream ein. Die Vielheit der Formen und die Notwendigkeit zur Aushandlung (temporärer) Konsense sei kulturdominant geworden. Ein solcher Wandel impliziere Konflikte: „Neben praktischen Hürden in den sich polarisierenden Gesellschaften gibt es auch heftige Gegenreaktionen und neue Formen des Fundamentalismus, die versuchen, gewisse religiöse, soziale, kulturelle oder politische Dimensionen der Existenz wieder der Diskussion zu entziehen. Aber diese sind nur vor dem Hintergrund eines weitreichenden kulturellen Wandels zu verstehen, der mittlerweile auch die Mitte der Gesellschaft erreicht hat."[90]

Die erste Form der Digitalität, die über konkrete kulturelle Gestalten und Praktiken als charakteristisch für die „Kultur der Digitalität" beschrieben werden kann, ist nun nach Stalder *Referenzialität*. Referenzialität hat schon immer als kulturelle Praxis zu den Methoden gezählt, Bezüge zu anderen Deutungspraktiken und -ansprüchen herzustellen: Der Buchdruck förderte zum Beispiel die Möglichkeit der Kombinatorik in sozialer wie intellektueller Hinsicht; es wandelten sich auch Beziehungen zwischen Ideensystemen und Gelehrten.[91] Zu weit verbreiteten Verfahren können referentielle Arbeitsweisen und Montagen[92] allerdings nur werden, wenn kulturelle Objekte auf dreierlei Weise verfügbar sind: ökonomisch-organisatorisch, kulturell und materiell.[93] Alle drei Bedingungen sind durch die Digitalisierung von Kommunikation, von Kulturprodukten und Artefakten aller Art, bedeutend ‚verbessert' worden. In einem bisher nicht da gewesenen Ausmaß haben Menschen Zugang zu kulturellen Objekten, seien es selbst gestaltete, popkulturelle oder ‚hochkulturelle' Objekte[94]; anschaulich wird dies etwa in einem Projekt wie der *Digital Public Library of America*.

Zur Referenzialität gehört die Arbeit mit bereits mit Bedeutung versehenem Material, das mit Neuem kombiniert und dadurch (in Teilen) recodiert wird (so basieren Verfahren wie Remix, Remake, Appropriation auf Referenzialität). Bleibt die Quelle in der Regel erkennbar, wird jedoch semantisch frei mit ihr umgegangen. Je mehr Referenzialität zur allgemeinen Form wird, desto eher be-

---

90 Stalder, *Kultur der Digitalität*, 94.
91 Vgl. dazu auch: Eisenstein, Elisabeth L., *Die Druckerpresse: Kulturrevolutionen im frühen Europa* (Wien 1997), 42.
92 Zum Unterschied zwischen referenziellen Verfahren und Montage vgl. auch noch einmal: Stalder, *Kultur der Digitalität*, 98 f.
93 Vgl. Stalder, *Kultur der Digitalität*, 100 f.
94 Der Zugang zum Material wird freilich durch das Urheberrecht geregelt, das jedoch in der Konfrontation mit der Netzkultur neuen Herausforderungen ausgesetzt ist.

schleunigt sich die Halbwertszeit von kulturellen (hybriden) Formen: Das Material kann selbst immer als Grundlage für eine Weiterarbeit verwendet werden.[95] David Weinberger benennt als eine Konsequenz die „neue digitale Unordnung"[96], und auch hier zeigt sich eine Verschiebung (und nicht mehr klar zu ziehende eindeutige Unterscheidung) zwischen Öffentlich und Privat:

> Die alten Ordnungen, in denen kulturelles Material bisher gefiltert, organisiert und zugänglich gemacht wurde – Kulturindustrien, Massenmedien, Bibliotheken, Museen, Archive usw. –, können diesen Strom weder im Kleinen noch im Großen kanalisieren. Sie fungieren kaum mehr als Gatekeeper zwischen den Bereichen, die einst mit ihrer Hilfe als ‚privat' und ‚öffentlich' definiert wurden. [...] In Summe wird die Bedeutung der vielen Objekte und Zeichen noch unsicherer. Zum einen weil die Verbindung zum Kontext ihrer Entstehung brüchig wird, zum anderen, weil sie in jeder möglichen Kombination und in den unterschiedlichsten Rezeptionskontexten auftauchen können.[97]

Die Welt quasi wieder zu ordnen, indem (kritisch) ausgewählt, Bedeutungen formuliert und Sinnzusammenhänge und Bedeutungshierarchien eingezogen werden, liegt in letzter Konsequenz bei den einzelnen Subjekten. Menschen interpretieren ihre Umwelt zunehmend auf „praxeomorphe" Art, wie es Zygmunt Bauman formuliert: „Ihre Weltsicht wird durch das verfügbare Know-how geprägt, durch das, was sie tun, und wie sie es für gewöhnlich tun."[98]

Sind die Subjekte nun vermehrt auf die Notwendigkeit verwiesen, jenseits etablierter Institutionen für sich selbst zu wählen und zu deuten und sich selbst in aller Vielfalt ihre Handlungsfähigkeit zu erhalten, hat sich auch die Form verändert, wie Menschen sich vergemeinschaften. Da zu diesem Aspekt im Zusammenhang der für die vorliegende Studie besonders interessierenden Kommunikationsgemeinschaften mehr zu sagen sein wird[99], seien an dieser Stelle nur die wichtigsten Punkte mit Blick auf die zweite Form der Digitalität, *Gemeinschaftlichkeit*, genannt.

Lässt sich seit Jahrzehnten ein Bedeutungsverlust traditioneller Institutionen verzeichnen[100] (das betrifft die Kirchen ebenso wie politische Parteien, Vereine und andere zivilgesellschaftliche Akteure), verlieren institutionell gestützte Vorbilder und Werte an Selbstverständlichkeit. Ökonomische Zwänge und Konkur-

---

95 Vgl. Stalder, *Kultur der Digitalität*, 99.
96 Vgl. Weinberger, David, *Das Ende der Schublade: Die Macht der neuen digitalen Unordnung* (München 2008).
97 Stalder, *Kultur der Digitalität*, 114 f.
98 Bauman, Zygmunt, *Flüchtige Moderne* (Frankfurt a.M. 2003), 71. Vgl. Stalder, *Kultur der Digitalität*, 126 f.
99 Vgl. Kapitel 3.2.4.2.
100 Vgl. dazu auch Kapitel 3.2.

renzen verstärken vielfach die Tendenz zur Vereinzelung und vermindern in weiten Bereichen eine Ermächtigung zur selbstbestimmten Lebensgestaltung. Vor diesem Hintergrund gewinnen nun neue gemeinschaftliche Formationen an Bedeutung, die geteilte Bedeutungen hervorbringen.[101] Den neuen Formationen, so Stalder, kommen bestimmte Eigenschaften zu. Zunächst entstehen sie vielfach „in einem Praxisfeld, geprägt durch informellen, aber strukturierten Austausch, [sie] sind fokussiert auf die Generierung neuer Wissens- und Handlungsmöglichkeiten und werden zusammengehalten durch die reflexive Interpretation der eigenen Praxis."[102] Sie konstituieren also einen interpretativen Rahmen, der, bei aller Flexibilität, den Subjekten Bedeutung und Verortung anbietet.[103] *Permanente Kommunikation* wird zur gemeinschaftserhaltenden sozialen Praxis. Die neuen gemeinschaftlichen Formen basieren auf Freiwilligkeit, sie sind stark selbstreferenziell und stellen sich als selbst generierte Ordnungen dar. Regeln, Normen und Protokolle werden auf ‚freiwilliger' Basis akzeptiert, wenngleich nicht ohne in den Sog der „Macht der Soziabilität"[104] zu geraten. Regeln, Normen und Protokolle existieren freilich nicht nur auf technischer Ebene, sie zeigen sich auch auf sozialer Ebene. Je mehr Akteure Regeln akzeptieren, umso mächtiger wird die Formation (ein eindrückliches Beispiel ist zurzeit immer noch *facebook*).[105] Gemeinschaften handeln untereinander aus, in welchem räumlichen und zeitlichen Koordinatensystem sie sich bewegen: Was fern und was nah ist, was schnell und was langsam ist, wird verhandelt beziehungsweise zeigt sich in den sozialen Alltagspraktiken. Das heißt aber auch: Es werden unter den Bedingungen permanenter Gegenwart ebenso Differenzen eingezogen, temporale und spatiale Einheiten umcodiert. Auch hier bestehen Handlungsspielräume. Folgt man diesen Beschreibungen, ist anzunehmen, dass die Konstitutionsbedingungen gemeinschaftlicher Formationen Konsequenzen für die Auffassung von Authentizität und Selbst besitzen (in dieser Arbeit findet dies seinen Niederschlag in der

---

101 Vgl. Stalder, *Kultur der Digitalität*, 129 ff.
102 Stalder, *Kultur der Digitalität*, 136 f.
103 Stalder spricht davon, dass im „gemeinschaftliche[n] Erstellen, Bewahren und Verändern des interpretativen Rahmens [...] Handlungen, Prozesse und Objekte eine feste Bedeutung und Verbindlichkeit erlangen" (137). Die Verbindlichkeit sollte meines Erachtens im Verhältnis zur Flexibilität nicht allzu hoch angesetzt werden. Wenngleich sich Mitglieder gemeinschaftlicher Formationen temporär (auch stark) an gemeinschaftliche Normen binden können (sofern diese vorhanden sind), so unkompliziert können diese, einschließlich die Gemeinschaft, auch wieder zugunsten einer anderen Gruppe aufgegeben werden.
104 Stalder, *Kultur der Digitalität*, 160.
105 Zum ‚guten Ton' des Umgangs gehört es zum Beispiel, von Nutzen für eine Community zu sein und nicht nur zu profitieren.

Benennung der Typen als Akteur*präsentationen* im empirischen Teil der Arbeit)[106]:

> [Die] Innenwelt als Kern der Persönlichkeit stellt [...] nicht mehr ein unwandelbares Wesensmerkmal, sondern eine temporäre Position dar. Auch die radikale Neuerfindung kann heute als authentisch gelten. Das ist der zentrale Unterschied zur klassischen bürgerlichen Subjektposition. Das Selbst wird nicht mehr essentialistisch, sondern performativ verstanden. [...] Ähnlich wie beim Remix und anderen referenziellen Verfahren geht es hier nicht darum, Authentizität zu bewahren, sondern sie jeweils im Moment herzustellen.[107]

Aufmerksamkeit, gegenseitige Anerkennung und Resonanz[108] sind damit zu wesentlichen kulturellen Ressourcen geworden.

Die dritte Form der Digitalität, die *Algorithmizität*, ist bereits an verschiedenen Stellen thematisiert worden.[109] Um die Darstellung der drei Formen der Digitalität als Kultur zu komplettieren, mögen hier kurze Anmerkungen genügen. Gemeinschaftlichkeit und Referenzialität sind freilich nicht die einzigen Mechanismen, die auf neue Weise Objekte und Bedeutungen auswählen, sortieren, zusammenstellen und gewichten[110]; mehr noch: Ihre Operationen sind nur möglich, weil quasi ‚unterhalb' ihrer Arbeitsoberfläche umfangreiche Datenmengen, für den menschlichen Geist nicht mehr vorstellbar, vorsortiert werden. Ohne die Arbeit von Algorithmen hätten es alle Akteure mit einem chaotischen Informationsfluss, mit völlig unstrukturierten und daher unübersichtlichen und infolge weitgehend unnützen Wissensmengen zu tun, die auch nicht mehr in der Lage wären, relevante Bedeutungen zur Verfügung zu stellen. Algorithmen sind vielfach adaptiv und dynamisch, das heißt, Programmiererinnen bestimmen nicht nur die Regel, nach der ein Algorithmus arbeiten soll, sie setzen auch die Regel fest, nach der der Algorithmus lernt, ein definiertes Ziel zu erreichen. Logisch sind die Lösungsstrategien aufgrund ihrer Komplexität dann kaum mehr zu überprüfen, nur noch experimentell.[111] Das heißt aber, dass die ‚Welt', die der Algorithmus präsentiert – das einfachste Beispiel ist das Ergebnis einer Suchanfrage bei *Google* – keine Repräsentation realer Verhältnisse ist, sondern eine (individualisierte, nutzungsdatenentsprechende) Konstruktion aufgrund bestimmter Parameter (deren Eigenart und Zusammenwirken den Nutzern und Nutzerinnen in der Regel entzogen ist). Gerade die algorithmenbasierte ‚Gestaltung von Welt' wird zu Recht

---

106 Vgl. Kapitel 4.2.3.2.
107 Stalder, *Kultur der Digitalität*, 143.
108 Vgl. Kapitel 3.3.
109 Vgl. Kapitel 2.4.2.3 und 5.1.3.
110 Vgl. Stalder, *Kultur der Digitalität*, 166.
111 Vgl. Stalder, *Kultur der Digitalität*, 179.

stark problematisiert. Zunächst aber muss man sachlich konstatieren, dass Algorithmen an sich nur einen Ordnungsdienst erweisen. Auch hier gilt: Es kommt darauf an, *wie* die Kultur des Zusammenlebens gestaltet wird, unter Einbezug all ihrer Formen. Stalder nennt zwei Gestaltungsmöglichkeiten, deren Skizze diese Ausführungen zur Digitalität als Kultur beschließen sollen: *Postdemokratie* und *Commons*.

In Anlehnung an die Arbeiten Colin Crouchs[112] formuliert Stalder sein Verständnis von Postdemokratie folgendermaßen: „Als ‚postdemokratisch' bezeichne ich [...] all jene Entwicklungen – gleich wo sie stattfinden –, die zwar die Beteiligungsmöglichkeiten bewahren oder gar neue schaffen, zugleich aber Entscheidungskapazitäten auf Ebenen stärken, auf denen Mitbestimmung ausgeschlossen ist. So entsteht eine dauerhafte Trennung zwischen sozialer Beteiligung und institutioneller Machtausübung."[113] Ein Beispiel mit Blick auf das Netz ist die Veränderung der Strukturen: Konnte Mitte der 1990er-Jahre noch über die Architektur des Internets gesagt werden, dass sie dezentral ist und auf offenen Protokollen gründete, sind viele Anwendungen in den zurückliegenden 20 Jahren zentralisiert worden. Investoren haben benutzerfreundliche Dienste entwickelt, die der Masse erlauben, im Alltag komplexe Anwendungen zu handhaben.[114] Als Beispiel für ein solches Vorgehen kommerzieller Dienste kann, noch einmal, *facebook* dienen: Durch organisatorische, technische und rechtliche Regelungen existieren solche Strukturen, dass die Ebene, auf der nutzungsrelevante Entscheidungen getroffen werden, völlig getrennt ist von der Ebene, auf der die Nutzer interagieren. Es existiert also ein Machtgefälle zwischen denjenigen, die die Benutzeroberfläche gebrauchen, und denjenigen, „die Zugriff auf die Rückseite der Dienste haben."[115] Dieser „libertäre Paternalismus"[116] operiert mit der schlichten kybernetischen Hypothese, dass der Mensch durch gezielte Beeinflussung seiner Umwelt indirekt in seinem Verhalten beeinflusst werden kann. Timelines und Suchresultate sind zum Beispiel fortwährend gefiltert. Jedoch, um noch einmal Stalder zu zitieren: „Das Problem liegt nicht in den Algorithmen generell, sondern im spezifischen kapitalistisch-postdemokratischen Setting ihrer Implementierung. Zu einem Herrschaftsinstrument werden sie erst, wenn offene,

---

112 Vgl. Crouch, Colin, *Post-Democracy* (Oxford 2004). Vgl. zur Theorie der Postdemokratie auch: Rancière, Jacques, *Das Unvernehmen: Politik und Philosophie* (Frankfurt a.M. 2002).
113 Stalder, *Kultur der Digitalität*, 209.
114 Vgl. Stalder, *Kultur der Digitalität*, 213.
115 Stalder, *Kultur der Digitalität*, 216.
116 Zum Begriff des *Libertarian Paternalism* vgl.: Thaler, Richard H. und Sunstein, Cass R., *Nudge: Improving Decisions about Health, Wealth and Happiness* (2. überarb. u. erw. Aufl., London/UK 2009).

dezentrale Handlungen in geschlossene, zentralisierte Strukturen übersetzt werden, in denen weitreichende, grundsätzliche Entscheidungskompetenzen und Handlungsmöglichkeiten verankert werden, die sich rein über ihren Output legitimieren."[117] Eine der größten Schwierigkeiten liegt darin, dass sich viele Nutzer und Nutzerinnen aus Gründen der Bequemlichkeit und der Pragmatik mit diesen Einschränkungen abfinden beziehungsweise ihnen keine Relevanz zuschreiben.

Die politische Entwicklung der *Commons*[118] zielt – jenseits von Staat und Markt – hingegen auf eine *Stärkung demokratischer Strukturen* durch Etablierung von Beziehungssystemen, die auf Prinzipien wie Partizipation, Kooperation, Austausch, nicht zuletzt auf einer gemeinschaftlichen Nutzung von Gütern basieren. Entscheidend für die Beziehungsgestaltung zwischen Menschen, die an gemeinsamen Ressourcen partizipieren, ist die *unmittelbare soziale Kooperation* (nicht etwa Geld). Auch Commons sind prinzipiell nichts Neues; die Aktualität, mit der sie jedoch diskutiert und als attraktive Sozialform aufgegriffen werden[119], liegt in der Passung mit den grundsätzlich durch die digitalen Technologien möglichen horizontalen und kommunikationsintensiven Prozessen begründet. Konsensfindung ist ein zentraler Aspekt in Commons, daher hat etwa Elinor Ostrom, die aufgrund ihrer Arbeit zu Commons 2009 den Nobelpreis für Wirtschaftswissenschaften erhielt, dafür plädiert, kein allgemeines Modell von Commons zu entwerfen.[120] Gegenüber postdemokratischen Strukturen sind Entscheidungs- und Beteiligungsebene bei Commons miteinander verschränkt; gewollt ist bei der Commons-Logik eine Verbindung sozialer, ökonomischer und ökologischer Dimensionen in der alltäglichen Lebenswelt auf der Grundlage daten- und kommunikationsintensiver Beteiligungsverfahren.[121] Auch Daten können Commons, gemeinsame Güter, sein; um noch einmal auf das Problem der Algorithmen zurückzukommen: „Offene Daten sind eine wichtige Voraussetzung, um die Macht der Algorithmen demokratisch einsetzen zu können."[122]

Es wird deutlich, dass die Richtung, in die sich eine Gesellschaft mit einer „Kultur der Digitalität" entwickeln will, ausgehandelt werden will. Stalder liefert

---

117 Stalder, *Kultur der Digitalität*, 233.
118 Vgl. hierzu auch die Arbeiten Yochai Benklers: Benkler, Yochai, *The Wealth of Networks: How Social Production Transforms Markets and Freedom* (New Haven/CT 2006); ders., „Coase's Penguin, or, Linux and The Nature of the Firm", *The Yale Law Journal* 112 (2002).
119 Vgl. etwa Helfrich, Silke, Bollier, David und Heinrich-Böll-Stiftung, Hg., *Die Welt der Commons: Muster gemeinsamen Handelns* (Bielefeld 2015).
120 Vgl. Stalder, *Kultur der Digitalität*, 249. Vgl. Ostrom, Elinor, *Die Verfassung der Allmende: Jenseits von Staat und Markt* (Tübingen 1999).
121 Vgl. Stalder, *Kultur der Digitalität*, 280.
122 Stalder, *Kultur der Digitalität*, 270.

mit seinen Skizzen in jedem Fall wichtige Impulse zur Diskussion der Frage nach dem kulturellen Kontext der gegenwärtig stattfindenden medialen Transformationen.

3.2 Transformationen von Religion und Religiosität in der Gegenwart

Während das vorangegangene Kapitel nach dem allgemeinen Wandel von Kultur – dies implizierte bereits einen Blick auf den Wandel von Kommunikation, Vergemeinschaftung und Interaktion – unter den Bedingungen des gegenwärtig stattfindenden Mediatisierungsprozesses gefragt hat, soll nun Transformationsgestalten von Religion und Religiosität nachgegangen werden, die vor allem in der religionssoziologischen Literatur der letzten Jahre diskutiert werden: zunächst in einem allgemeinen Sinne, dann hinsichtlich der Frage der Mediatisierung von Religion und Religiosität. Auch Religion und Religiöses werden freilich über das veränderte Kommunikationsrepertoire thematisch und werden verhandelt, Praktiken religiöser Kommunikation bilden sich – im Zusammenhang technologischer Voraussetzungen – heraus.

Die Ausführungen haben freilich keinen abschließenden Charakter. Tatsächlich existieren viele Versuche, die religiöse Situation der Gegenwart zu beschreiben – nicht zuletzt aufgrund der globalisierten Politisierung des Religiösen mit ihren Auswirkungen in die Alltagswelten von Bürgern und Bürgerinnen auf der ganzen Welt hinein.[123] Sichtfelder und Bewertungen des Konstatierten hängen von der theoretischen Perspektivierung – Individualisierungs- oder Säkularisierungstheorie, mitunter als dialektische Aufnahme beider Perspektiven[124] – und

---

123 Vgl. exemplarisch zu diesem komplexen Themenfeld: *Religionen – Global Player in der internationalen Politik?*, hg.v. Ines-Jaqueline Werkner und Oliver Hidalgo (Wiesbaden 2014); Nitschke, Peter, *Globaler Terrorismus und Europa: Stellungnahmen zur Internationalisierung des Terrors* (Wiesbaden 2008); Müller, Johannes, Reder, Michael und Karcher, Tobias, *Religionen und Globalisierung* (Stuttgart 2007).
124 Vgl. hierzu die Konzeption der Theorie einer „religiös-säkularen Konkurrenz in der Ich-Gesellschaft" (20 ff.), in: Stolz, Jörg, Könemann, Judith, Schneuwly Purdie, Mallory, Engelberger, Thomas und Krüggeler, Michael, *Religion und Spiritualität in der Ich-Gesellschaft: Vier Gestalten des (Un-)Glaubens* (Zürich 2014), 20 f. – Nur aus pragmatischen Gründen wird an dieser Stelle von ‚der' Individualisierungsthese und von ‚der' Säkularisierungsthese gesprochen; faktisch handelt es sich um eine Vielzahl zu differenzierender Theorien, die sich um die jeweilige ‚Mastererzählung' gruppieren. Zur Debatte um den Religionsbegriff und um Säkularisierung vgl. überblickartig etwa: Wohlrab-Sahr, Monika, „Art. Religionssoziologie", in *Handbuch Praktische Theologie*, hg.v. Wilhelm Gräb und Birgit Weyel (Gütersloh 2007), 796–807.

dem präferierten Religionsbegriff ab. Individualisierung, Säkularisierung und Deinstitutionalisierung sind indes Befunde in der Gegenwartsanalyse des Religiösen, die, unabhängig von der weiteren theoretischen Rahmung, für westeuropäische Gesellschaften als wesentliche modernetypische Entwicklungen begriffen werden können.[125]

Entscheidend für die Evaluation dieser Prozesse ist die Kausalität, mit der eben jene ins Verhältnis gesetzt werden.[126] Bereits Thomas Luckmann formulierte in seinem 1967 erschienenen Essay *The Invisible Religion* grundlegende Kritik an einem Religionsbegriff, der Religion mit Kirche gleichsetzt.[127] Nicht nur wird mit einer solchen Gleichsetzung Religion beziehungsweise Religiosität unsichtbar, die sich außerhalb der Institutionen findet, oder die sich ‚quer' zur institutionellen Logik verhält (wovon auch die Religiosität ‚innerhalb' der Institutionen betroffen ist). Auch bekommt damit ein Befund zur religiösen Gegenwartslage eine – eben an der institutionellen Logik ausgerichteten – Perspektivierung, die nur noch schwer in der Lage ist, religiöse Produktivität jenseits von Attributionen wie (einer linear verlaufenden) Säkularisierung oder Devianz zu beschreiben.[128]

---

125 Die folgenden Ausführungen sind im Bewusstsein der Kontextgebundenheit der Befunde verfasst: Im Blick ist vor allem die religiöse Situation Westeuropas.
126 ‚Verfallsnarrative' aus christlich-institutioneller Perspektive erfreuen sich dabei einer gewissen Beliebtheit, erweisen sich jedoch als unterkomplex. So konstatiert etwa Winfried Gebhardt: „Die religiöse Gegenwartskultur moderner westlicher Gesellschaften lässt sich nur als ungemein vielfältig und hochkomplex, um nicht zu sagen, als extrem bunt bezeichnen. Sie entzieht sich auf jeden Fall einfachen Kategorisierungen wie der Rede von der Säkularisierung, Entkirchlichung oder Entchristlichung, die man nicht nur oft aus dem Munde von Prälaten und Bischöfen vernimmt, sondern die auch von Theologen beider Konfessionen, Religionswissenschaftlern und Religionssoziologen durchgängig benutzt werden, um das Typische der religiösen Lage heute zu benennen. So einleuchtend diese Begriffe bei oberflächlichem Hinsehen auch erscheinen mögen, sobald man anfängt, tiefer zu bohren, sieht man schnell, dass sie nur bedingt ein wirklich[keits]nahes Bild vom Zustand der Religion in der späten Moderne geben." (Gebhardt, Winfried, „Die Transformation der Religion: Signaturen der religiösen Gegenwartskultur", in *Salzburger Theologische Zeitschrift* 11 [2007], 4–19: 4.)
127 Vgl. Luckmann, Thomas, *Die unsichtbare Religion* (Frankfurt a.M. 1991), 55 ff.
128 Eine solche Betrachtungsweise mag – trotz des Negativbefundes – für mit der Kirche Verbundene nach wie vor attraktiv sein, da sie immer noch davon ausgeht, dass die ‚eigentliche' Religion doch in der Kirche zur Darstellung kommt. Luckmann schreibt: „Eine institutionelle Deutung der Religion kommt dem Verständnis nahe, das die Kirchen im allgemeinen, ungeachtet aller theologischen Argumente über die sichtbare und unsichtbare Kirche, von sich selbst haben. Eine funktionalistische Auffassung der institutionalisierten Religion könnte als willkommene, wenn auch nicht beabsichtigte Unterstützung für die institutionellen Ansprüche auf das religiöse Monopol gesehen werden, die zwar für die Gegenwart offensichtlich nicht mehr der Wirklichkeit entsprechen, die aber immerhin theoretische Unterstützung für eine romantische Sichtweise der Vergangenheit leisten." (Luckmann, *Die unsichtbare Religion*, 57.) – Zum Verlust der selbstver-

Ebenfalls ist religiöser Wandel in gesamtgesellschaftlicher Perspektive schwieriger zu beschreiben, identifiziert die Forscherperspektive nach wie vor Religion vor allem mit Kirchlichkeit (die gegebenenfalls standardisiert über Parameter wie Gottesdienstbesuche oder gefühlte Kirchenbindung erhoben wird).[129]

Alle drei Prozesse – Individualisierung, Säkularisierung und Deinstitutionalisierung – gehen jedoch mit einer Diffusion der Religion resp. des Religiösen einher[130], die eben nicht mehr mit einem auf die klassischen religiösen Institutionen verengten Blick weiter eruiert werden können. Allerdings ist die „Entkonturierung der religiösen Landschaft"[131] insofern auch innerinstitutionell beobachtbar, als die Diffusionsprozesse im religiösen Erleben, Wissen und Handeln freilich ebenfalls Kirchenmitglieder betreffen.

Zur Veranschaulichung der religionskulturellen Entwicklungen greife ich auf Beschreibungsmuster zurück, die im Diskurs zur Transformation des Religiösen wiederkehren und zum Teil Fundamentalkategorien in der religionssoziologischen Diskurslage darstellen. Selbst wenn es mittlerweile zum religionssoziologischen und theologischen Alltagswissen gehört, beginnt die Darstellung mit einer Skizze zur Individualisierung. Es folgen Ausführungen zur Pluralisierung und Synkretisierung, Popularisierung und Spiritualisierung, Eventisierung und Verszenung. In einem letzen Unterkapitel wird die Frage der Mediatisierung von Religion und Religiosität thematisiert.

---

ständlichen Deutung der Säkularisierungsthese vgl. u. a. Steck, Wolfgang, *Praktische Theologie: Horizonte der Religion – Konturen des neuzeitlichen Christentums – Strukturen der religiösen Lebenswelt*, Bd. I (Stuttgart u. a. 2000), 156 f.
129 Symptomatisch schreibt Gert Pickel in ersten Auswertungen zur V. EKD-Erhebung über Kirchenmitgliedschaft: „Da alternative Formen der Religiosität strukturell eher temporäre Übergangsformen ohne Sozialisationsprägnanz sind, verschwindet Religiosität zwar nicht, sie wird aber zu einer für den Lebensalltag nachrangigen Sache." (Pickel, Gert, „Jugendliche und junge Erwachsene. Stabil im Bindungsverlust zur Kirche", in *Engagement und Indifferenz: Kirchenmitgliedschaft als soziale Praxis. V. EKD-Erhebung über Kirchenmitgliedschaft*, hg. v. Kirchenamt der EKD, [Hannover 2014], 60–72: 72.) – Erfreulicherweise nimmt die V. KMU in weiten Teilen jedoch andere Einschätzungen vor und richtet ihr Augenmerk auf die (autonomen) sozialen und religiösem Praxen der Kirchenmitglieder, vgl. Hermelink, Jan, Weyel, Birgit, „Vernetzte Vielfalt: Eine Einführung in den theoretischen Ansatz, die methodischen Grundentscheidungen und zentrale Ergebnisse der V. KMU", in *Vernetzte Vielfalt: Kirche angesichts von Individualisierung und Säkularisierung. Die fünfte EKD-Erhebung über Kirchenmitgliedschaft*, hg. v. Heinrich Bedford-Strohm und Volker Jung (Gütersloh 2015), 16–32.
130 Vgl. Gebhardt, „Transformation", 6.
131 Gebhardt, Winfried, „Die Selbstermächtigung des religiösen Subjekts und die Entkonturierung der religiösen Landschaft", in *Religionshybride: Religion in posttraditionalen Kontexten*, hg. v. Peter A. Berger, Klaus Hock und Thomas Klie (Wiesbaden 2013), 89–105.

3.2.1 Individualisierung

Die Kennzeichnung der neuzeitlichen Lebenskultur kommt ohne den Begriff der Individualisierung nicht aus (ebenso wie sie auf die Begriffe der Pluralisierung und Säkularisierung verwiesen bleibt).[132] Seine Verwendung als „heuristischer Universalschlüssel" lässt ihn auch zur „Zauberformel"[133] in gesellschaftsstrukturellen Analysen werden, der durch seinen ubiquitären Gebrauch nicht grundsätzlich eine semantische Schärfung erfährt; so kann Ulrich Beck den Begriff der Individualisierung auch als „Unbegriff"[134] bezeichnen. Die Spanne der Anwendung des Individualisierungstheorems ist breit: Individualisierung kann, recht verstanden, nur als Verschränkung komplexer Prozesse verstanden werden, die sich zum einen auf der Ebene gesellschaftlicher Transformationsprozesse in historischer Perspektive beschreiben lassen, die dann aber auch noch einmal auf einer anderen Ebene wesentlich ihren Niederschlag finden in biografischen Vorgängen, die sich an der Auflösung alter Lebens- und Gültigkeitsformen abarbeiten.[135] Die Betrachtung der Transformation des Religiösen unter dem Blickwinkel der Individualisierung hat dabei einen besonderen heuristischen Wert, so Wolfgang Steck: „[D]ie Auswirkungen des allgemeingesellschaftlichen Individualisierungsprozesses auf die verschiedenen Teilsysteme der Gesellschaft lassen sich [...] an den Transformationen der religiösen Lebenspraxis besonders markant demonstrieren."[136] In der Zeit der Aufklärung als prominente bürgerliche Idee für das Ineinander von individueller Autonomie und politischer Freiheit stehend – freilich ist der Individualisierungsprozess darüber hinaus als komplexer und über Jahrhunderte andauernder gesellschaftshistorischer Prozess zu betrachten[137] – sind in geschichtlicher Perspektive die christlichen Wurzeln der Individualisierung mit in den Blick zu nehmen: Vor allem der Protestantismus mit seiner Unvertretbarkeit des Einzelnen in seinem Gottesbezug und der Adressierung seines Glaubens wirkt hier als Katalysator, in gesteigerter Form dann in der Wende zur Idee vom identitätskonstitutierenden Moment des reflexiven Selbstverhältnisses („Religion hat dort ihren eigenen Ort im Menschen, wo dieser zugleich seiner

---

[132] Vgl. Steck, *Praktische Theologie*, 165.
[133] Ebd.
[134] Beck, Ulrich, *Risikogesellschaft: Auf dem Weg in eine andere Moderne* (Frankfurt a.M. 1986), 205.
[135] Vgl. Steck, *Praktische Theologie*, 167.
[136] Steck, *Praktische Theologie*, 162.
[137] Vgl. Steck, *Praktische Theologie*, 167.

unverwechselbaren Identität innewird: im ‚Gefühl', in der ‚Provinz des Gemütes'"[138]).

Ist die Verhältnisbestimmung der Theoreme der Individualisierung und Säkularisierung (und die ihnen zuzurechnenden Theorien) als vielschichtig zu betrachten, hat das Individualisierungstheorem im Vergleich interpretatorische Stärken. Kann ‚die' Säkularisierungsthese etwa den institutionellen Relevanzverlust der Kirchen in der Gesellschaft nachzeichnen, wird doch nur unter Zuhilfenahme des Individualisierungstheorems (in seiner engen Verzahnung mit dem Theorem der Pluralisierung) das Entstehen neuer Formen des Religiösen nachvollziehbar.[139] Mit dem Individualisierungstheorem wird der Bedeutungsverlust institutionalisierter Religion als Formwandel des Religiösen und der Religion beschreibbar[140]; dieser Formwandel kommt als für die Subjekte konstitutiv bedeutsam und mit seinen notwendigen Eigenlogiken in den Blick.[141]

Individualisierung wie Pluralisierung sind dabei Folgen der funktionalen Ausdifferenzierung der Gesellschaft; so ist auch die Privatisierung vieler Lebensvollzüge Konsequenz der funktionalen Ausdifferenzierung einer Gesellschaft, die nicht mehr in der Lage ist, den Subjekten ein – weitgehend allgemein verbindliches – Sinnintegrativum zur Verfügung zu stellen. Die „transzendentale Obdachlosigkeit" (Georg Lucács) bringt für die Subjekte ein Doppeltes: zum einen beträchtliche Freiheitsgewinne, die die Einzelnen sich wählend ins Verhältnis setzen lassen zu ihren Wünschen und ihrem Wollen. Zum anderen ist dies nicht bloße Möglichkeit, sondern stellt ein Erfordernis dar: Jede/r Einzelne wird zum „Planungsbüro"[142] seines eigenen Lebens.

---

138 So Volker Drehsen unter Rekurs auf Schleiermachers *Reden*, vgl. Drehsen, Volker, *Wie religionsfähig ist die Volkskirche? Sozialisationstheoretische Erkundungen neuzeitlicher Christentumspraxis* (Gütersloh 1996), 162; vgl. Schleiermacher, Friedrich Daniel Ernst, „Über die Religion: Reden an die Gebildeten unter ihren Verächtern", in *Über die Religion* (2.-) 4. Auflage, *Monologen* (2.-) 4. Auflage (Kritische Gesamtausgabe I/12), hg.v. Günter Meckenstock (Berlin u.a. 1995).
139 Vgl. dazu auch Knoblauch, Hubert, *Populäre Religion: Auf dem Weg in eine spirituelle Gesellschaft* (Frankfurt a.M. 2009), 16 ff. Knoblauch nennt die drei wesentlichen Aspekte der Säkularisierung: Abnahme, Ausdifferenzierung und Privatisierung von Religion.
140 Vgl. Steck, *Praktische Theologie*, 166.
141 Insofern wird im Folgenden das Phänomen der ‚Deinstitutionalisierung' in den Beschreibungen von Pluralisierung, Popularisierung, Eventisierung und Mediatisierung material ausgeführt.
142 Beck, *Risikogesellschaft*, 217.

3.2.1.1 Institutionenabhängige Individuallagen: neue Außensteuerung und Standardisierung

Die fraglichen Freiheitsgewinne der Individualisierung sind bereits Mitte der 1980er-Jahre anschaulich von Ulrich Beck in *Risikogesellschaft* beschrieben worden. Nur kurz soll auf die Ausführungen Becks rekurriert werden, die hinlänglich bekannt sind. Zentral für Becks Analysen ist die Einsicht, dass sich in der Bundesrepublik Deutschland, vor allem beobachtbar seit den 1960er-Jahren, ein Wandel im Verhältnis von Gesellschaft und Individuum vollzogen hat: Beck spricht von einem *„neuen Modus der Vergesellschaftung"*[143]. Jenseits bestimmter Kristallisationspunkte des Individualisierungsschubs, wie er für Deutschland (Mitte der 1980er-Jahre noch West-Deutschland) beschrieben werden kann, kann allerdings ein *„ahistorisches Modell der Individualisierung"*[144] skizziert werden, das nach Beck drei Momente besitzt: *„Herauslösung* aus historisch vorgegebenen Sozialformen und -bindungen im Sinne traditionaler Herrschafts- und Versorgungszusammenhänge („Freisetzungsdimension"), *Verlust von traditionellen Sicherheiten* im Hinblick auf Handlungswissen, Glauben und leitende Normen („Entzauberungsdimension") und – womit die Bedeutung des Begriffes [der Individualisierung; KM] gleichsam in ihr Gegenteil verkehrt wird – eine *neue Art der sozialen Einbindung* („Kontroll- bzw. Reintegrationsdimension").[145]

Beck ist für mangelnde empirische Nachweise kritisiert worden, vor allem mit Blick auf die Auflösung von Klassen und Schichten und das tatsächlich gewagte Unterfangen, ein ahistorisches Modell beschreiben zu wollen (was jedoch zunächst auch erst einmal nichts anderes bedeuten muss, als dass es der Konkretisierung im historischen Kontext bedarf).[146] An dieser Stelle soll das Augenmerk auf einer von Beck recht präzise beschriebenen Entwicklung liegen, die hingegen kaum noch fraglich sein dürfte: das Hineingedrängtwerden des Subjekts in eine Verantwortlichkeit, die seine Kompetenzen – und zwar hinsichtlich der Möglichkeit, jeweilige Probleme zu ‚lösen', wie hinsichtlich der Techniken, sich von diesem Anspruch zu emanzipieren – übersteigt. Man muss Beck also nicht in seiner Diagnose folgen, dass sich die Individuen aus den sozialen Klassenkulturen und familialen Beziehungsgefügen herauslösen, um konstatieren zu können, dass Geltungsansprüche traditionaler Bindungen in den Hintergrund treten zugunsten, oder eben auch auf Kosten, der Subjekte, welche wiederum nun recht ungefiltert mit divergierenden gesellschaftlichen Ansprüchen zu tun haben, die

---

143 Beck, *Risikogesellschaft*, 205. Im Original hervorgehoben.
144 Beck, *Risikogesellschaft*, 206. Im Original hervorgehoben.
145 Ebd. Im Original hervorgehoben.
146 Zur Kritik vgl. exemplarisch: Berger, Peter A. und Hitzler, Ronald, Hg., *Individualisierungen: Ein Vierteljahrhundert „jenseits von Stand und Klasse"?* (Wiesbaden 2010).

mit umso größerer Macht auftreten. Nicht nur macht die Ökonomisierung der Lebenswelten die Subjekte zu Objekten der (Konsum-)Märkte (man wird fraglos den in diesem Zusammenhang potenzierend wirkenden Charakter der Medien konzedieren). Die Individuallagen sind vielmehr auch strukturell offen für die Probleme, die die Teilsysteme in ihren Umwelten abgeben. An Luhmanns Systemtheorie kritisch anknüpfend hält Beck fest:

> Lebensführung wird unter diesen Bedingungen zur *biographischen Auflösung von Systemwidersprüchen* [...]. Biographie ist [...] die Summe der Teilsystemrationalitäten, und keineswegs deren Umwelt. Nicht nur, daß der Kauf von Kaffee im Laden an der Ecke u.U. zu einer Frage der Mitwirkung an der Ausbeutung der Plantagenarbeiter in Südamerika wird. Nicht nur, daß mit der Allpräsenz von Pestiziden ein Grundkurs in (Anti-)Chemie zur Überlebensvoraussetzung wird. Nicht nur, daß Pädagogik und Medizin, Sozialrecht und Verkehrsplanung ein aktives – wie es immer so schön heißt – ‚mitdenkendes Individuum' voraussetzen, das sich in diesem Dschungel von vorübergehenden Endgültigkeiten dank eigener Klarsicht zurechtfindet. All diese und alle anderen Experten laden ihre Widersprüche und Streitigkeiten bei dem einzelnen ab und entlassen ihn mit der meist auch noch gutgemeinten Aufforderung, dies alles kritisch auf eigene Vorstellungen hin zu beurteilen.[147]

Die Folge einer solchen ‚Schleusenöffnung' liegt nahe: Die Individuen können – völlig unabhängig vom Gegenstand – verantwortlich gemacht werden für das Gelingen oder Misslingen ihrer Lebensführung sowie für die Entscheidungen, die sie treffen. Nicht nur hat der Individualisierungsschub die Entscheidungsmöglichkeiten des Einzelnen beträchtlich erweitert, vielmehr entkommen die Individuen nicht mehr dem individuellen Entscheidungszwang und der Notwendigkeit, sich selbst als Handlungszentren zu entwerfen, in denen das Ich die stetig hereinströmenden Entscheidungs- und Handlungsoptionen mit Blick auf das eigene Leben „kleinzuarbeiten"[148] hat. Die Integration der – faktisch auch divergierenden – Problemlagen muss im Individuum stattfinden. Beck kommt in diesem Zusammenhang auch auf die medienbasierte Überschreitung traditioneller biografischer Kontexte der Subjekte zu sprechen: Biografien wissen sich durch die Schaffung der Mediennetzwerke auf eine Weltgesellschaft mit ihren stets vorhandenen Problemlagen und Anfragen bezogen, die den Einzelnen potenziell in einen Zustand der Dauerreflexion und mithin für eine „Fernmoral"[149] öffnet.

Die Privatisierung der Lebensvollzüge erzeugt insofern mitnichten einen Raum in Abgrenzung zur Öffentlichkeit, in dem die Subjekte ihre intimen Belange leben und klären, einen Raum der Rekreation o.Ä. Die Privatsphäre ist eben keine

---

147 Beck, *Risikogesellschaft*, 219.
148 Beck, *Risikogesellschaft*, 217.
149 Beck, *Risikogesellschaft*, 219.

gegen ihre Umwelt abgegrenzte Sphäre: „*Sie ist die ins Private gewendete Außenseite von Verhältnissen und Entscheidungen*, die anderswo: in den Fernsehanstalten, im Bildungssystem, in den Betrieben, am Arbeitsmarkt, im Verkehrssystem etc., unter weitgehender Nichtberücksichtigung der privat-biographischen Konsequenzen getroffen werden."[150] Noch einmal anders formuliert: „Individualisierungen liefern die Menschen an eine *Außensteuerung und -standardisierung* aus, die die Nischen ständischer und familialer Subkulturen noch nicht kannten."[151] Zu Recht weist Beck auf die Anforderung hin, die solche strukturellen Veränderungen für die psychische Disposition eines Jeden bedeuten: „Bei gleichzeitiger Versenkung in die Unbedeutendheit" werde der Einzelne „auf den scheinbaren Thron des Weltengestalters gehoben."[152] Es scheint geradezu eine strukturelle Notwendigkeit, dass die Subjekte ihr ‚Ich' stark aufwerten, um nicht von der Komplexität der Verhältnisse aufgerieben zu werden.

Fraglos kann auch das Phänomen der Individualisierung nur unterkomplex beschrieben werden. Im Folgenden soll noch einmal eine andere Perspektivierung vorgenommen werden, die von heuristischem Gewinn in der Zusammenschau mit den Ergebnissen der empirischen Untersuchung der vorliegenden Studie sein wird: Indem auf die von Luckmann so genannte und gegenwärtig ungebrochen beobachtbare „Sakralisierung des Subjekts" [153] rekurriert wird, wird noch einmal plausibel, inwiefern Themen des Privaten beziehungsweise der privaten Lebensführung in den Bereich des Religiösen strukturell einwandern und – nicht zuletzt über die medialen Transformationsprozesse der Gegenwart, das freilich konnte Luckmann so noch nicht im Blick haben – öffentlich relevant werden.[154]

---

150 Beck, *Risikogesellschaft*, 214. Im Original hervorgehoben. – Beck schreibt weiter: „Wer dies nicht sieht, verkennt einen wesentlichen Grundzug sozialer Lebensformen in der Phase fortgeschrittener Modernität: das Überlappen und Vernetzen der entstehenden individualisierten Privatheit mit den scheinbar institutionell abgegrenzten Bereichen und Produktionssektoren von Bildung, Konsum, Verkehr, Produktion, Arbeitsmarkt usw." (Ebd.)
151 Beck, *Risikogesellschaft*, 212. Im Original hervorgehoben.
152 Beck, *Risikogesellschaft*, 219.
153 Luckmann, *Die unsichtbare Religion*, 181.
154 Unter Rekurs auf Luckmann notiert Wolfgang Steck: „Während die kirchengebundene Religiosität in der modernen Gesellschaft zu einem ‚peripheren Phänomen' wird, bildet sich gleichzeitig eine ‚lose nicht-institutionalisierte Sozialform der Religion' heraus, deren ‚Hauptthemen' der ‚Privatsphäre' entspringen; ‚sie sind Dramatisierungen des subjektiv autonomen einzelnen auf der Suche nach Selbstverwirklichung und Selbstbestätigung'" (Steck, *Praktische Theologie*, 169.)

3.2.1.2 Sakralisierung des Subjekts

Auch Thomas Luckmann thematisiert die ‚Besonderung' des ‚Ichs' durch die Subjekte selbst, wobei diese in enger Wechselwirkung mit der „strukturellen Privatisierung"[155] der Existenz der Einzelnen in der Gesellschaft steht. Die Privatisierung ist dabei die dominante Sozialform der Religion, die die institutionell spezialisierte Form der Religion als bisher vorherrschende Sozialform ersetzt, so die Annahme.[156] Ursache dieses fortschreitenden Prozesses ist die institutionelle Segmentierung der Sozialstruktur, die die Referenzpunkte der modernen Gesellschaft verändert: Waren die *Kirchen* lange Zeit als institutionell spezialisierte Form der Religion zuständig für das Reservoir von Werten, die für das Leben allgemein galten, wurden durch die institutionelle Spezialisierung, das heißt durch die Aufteilung der Gesellschaft in verschiedene institutionelle Bereiche, institutionenrelevante Normen mit funktionaler Relevanz für den definierten Bereich aufgewertet. Dies hatte einerseits zur Folge, dass die Normen der institutionellen Bereiche autonom(er) wurden, sich von den einst übergeordneten Werten der institutionell spezialisierten Form der Religion emanzipierten; andererseits gewann auch die Kirchen an innerer Autonomie, und vor allem wurde die Gültigkeit ihrer Normen auf den spezifisch religiösen Bereich begrenzt. So kommt Luckmann zu dem Schluss: „Insgesamt kann das Schrumpfen der traditionellen kirchengebundenen Religion als eine Folge der abnehmenden Bedeutung derjenigen in der Kirchenreligion institutionalisierten Werte angesehen werden, die für die Integration und Legitimation des Alltagslebens in der modernen Gesellschaft wichtig sind."[157]

Unter Rekurs auf die Vorstellung eines ‚*Heiligen Kosmos*' versucht Luckmann, eine historische Entwicklung – ihn interessiert insbesondere die Frage der Verhältnisbestimmung von Individuum und Gesellschaft beziehungsweise der (symbolischen) Integration des Einzelnen in den Sozialzusammenhang – prototypisch nachzuzeichnen. Der ‚Heilige Kosmos' ist als „soziohistorisches Apriori"[158] zu verstehen, da seine Beziehung zu anderen Wissensformen und seine Ausgestaltung von den unterschiedlichen gesellschaftlichen Formationen abhängt. Er stellt, in einer modellhaft gedachten ‚ungebrochenen' Form, eine Sinnschicht dar, die die anderen Sinnschichten überwölbt oder grundiert und sie

---

155 Luckmann, *Die unsichtbare Religion*, 181.
156 Vgl. Luckmann, *Die unsichtbare Religion*, 132.
157 Luckmann, *Die unsichtbare Religion*, 75.
158 Knoblauch, Hubert, „Die Verflüchtigung der Religion ins Religiöse: Thomas Luckmanns Unsichtbare Religion", in: Luckmann, Thomas, *Die unsichtbare Religion* (Frankfurt a.M. 1991), 7–41: 17; vgl auch: Luckmann, Thomas, „Persönliche Identität als evolutionäres und historisches Problem", in *Lebenswelt und Gesellschaft* (Paderborn 1980), 123–141: 133.

mit einem Anspruch letzter Gültigkeit integriert. Mittels Repräsentationen hat der ‚Heilige Kosmos' Teil an der sozialen Wirklichkeit und in dieser eine äußerst wichtige Funktion: (Religiöse) Sprache, Bilder und Verhalten sind Ausdruck der Integrationsleistung (und ihrer Anerkennung), die der ausgegrenzte Bereich des ‚Heiligen Kosmos' für die Weltansicht als ganze und damit für die Orientierungsleistungen der Einzelnen hat – und gleichzeitig konkretisiert sich in dem je besonderen Arrangement religiöser Repräsentationen eine „spezifische, historische Sozialform der Religion"[159] heraus (die nach Luckmann noch einmal zu unterscheiden ist von der Weltansicht als „universale und unspezifische Sozialform der Religion"[160], die sich aus der notwendigen Transzendierungsleistung des Menschen in seiner ‚natürlichen', das heißt intersubjektiv verfassten Lebenssituation ableitet).

In archaischen Gesellschaften, so das Modell, herrscht noch eine große Übereinstimmung zwischen den gesellschaftlichen Teilbereichen, es existiert eine hohe Überschneidung zwischen dem gesellschaftlichen und individuellen Wissensvorrat. Das betrifft auch das religiöse Wissen. In traditionellen Hochkulturen jedoch beginnt die institutionelle Differenzierung, die einerseits den ‚Heiligen Kosmos' als Wissensbereich von anderen ausgrenzt, ihn damit auch dem Alltag und seinen Handlungen entfremdet, und die gleichzeitig für die Entstehung einer Expertenkultur sorgt.[161] Hier setzt die institutionelle Spezialisierung als Sozialform der Religion ein: Inhalte des ‚Heiligen Kosmos' werden standardisiert, ihre Gültigkeit sanktioniert und die ‚Verwaltung' des Wissens an spezielle Institutionen („‚Kirchen'-ähnliche Organisationen"[162]) gebunden. Immer noch besteht freilich in religiöser Hinsicht die Intention der Sozialisation darin, dass das System letzter Bedeutungen des Einzelnen möglichst übereinstimmt mit dem ‚offiziellen' Modell von Religion.[163] Möglichst weitgehend ist die Kongruenz jedoch nur so lange, wie das ‚übergeordnete' System in der Lage ist, die Belange des Lebens – in Form eines stimmigen Ganzen, das subjektiv plausibel erscheint – mehr oder weniger zu integrieren. Dabei hat es die institutionell spezialisierte Form der Religion mit einem strukturell unlösbaren Problem zu tun: Sie ändert

---

159 Luckmann, *Die unsichtbare Religion*, 99.
160 Ebd.
161 Vgl. dazu auch: Schnettler, Bernt, „Thomas Luckmann: Kultur zwischen Konstitution, Konstruktion und Kommunikation", in *Kultur: Theorien der Gegenwart*, hg.v. Stephan Moebius und Dirk Quadflieg (Wiesbaden 2006), 179–184: 179.
162 Luckmann, *Die unsichtbare Religion*, 105.
163 Vgl. Luckmann, *Die unsichtbare Religion*, 113.

sich grundsätzlich langsamer „als die ‚objektiven' sozialen Bedingungen, die das individuelle System ‚letzter' Bedeutungen mitbestimmen."[164] Kurzum:

> Auf den verschiedenen Stufen der Reflexion und der logischen Konsistenz neigt das Individuum [...] dazu, die Geltung spezifisch religiöser Normen auf solche Bereiche zu beschränken, die nicht schon in die Zuständigkeit ‚weltlicher' Institutionen fallen und entleert sind. Auf diese Weise wird die Religion zur ‚Privatsache'. Die institutionelle Spezialisierung der Religion setzt also, im Verbund mit der Spezialisierung anderer institutioneller Bereiche, eine Entwicklung in Gang, die die Religion mehr und mehr in eine ‚subjektive' und ‚private' Wirklichkeit verwandelt.[165]

Diese Entwicklung hat Konsequenzen für die Gültigkeit religiöser Repräsentationen bzw. für den ‚Zustand' einer das gesellschaftliche Leben überwölbenden Sinnschicht: Der ‚Heilige Kosmos' besteht mitnichten mehr als allgemein gültiges, in sich stimmiges Arrangement religiöser Repräsentationen, die auf ein Jenseitiges der Wirklichkeit verweisen. Betrachtet man den ‚Heiligen Kosmos' als Sammelbecken gesellschaftlich konventionalisierter religiöser Repräsentationen wie als Spiegelbild (inter-)subjektiver Bedeutungen mit (gegebenenfalls letztgültigem) normativem Anspruch, dann wird unter den Bedingungen moderner Gesellschaften zweierlei sichtbar: Zum einen stellen die bestimmten, in einem ‚dogmatischen System' zueinander konstellierten Inhalte einer institutionell spezialisierten Form der Religion nur noch *einen* Bereich des ‚Heiligen Kosmos' dar, der auch nur noch für eine bestimmte gesellschaftliche Gruppe Gültigkeit hat (sofern man das so schablonenhaft sagen kann, denn auch die Weltansichten traditionell ‚christlich' Eingestellter haben Anteil an Prozessen der Synkretisierung). Zum anderen dient der ‚Heilige Kosmos' als „*Warenlager* ‚letzter' Bedeutungen"[166], Konsequenz der Privatisierung der Religion: Die Freisetzung der

---

164 Luckmann, *Die unsichtbare Religion*, 123.
165 Luckmann, *Die unsichtbare Religion*, 127.
166 Luckmann, *Die unsichtbare Religion*, 145. Im Original hervorgehoben. – Im Ganzen heißt es bei Luckmann: „Es mag sich zunächst wie eine etwas überzogene Metapher anhören, wenn man den Heiligen Kosmos moderner Industriegesellschaften ein *Warenlager* ‚letzter' Bedeutung nennt. Der Begriff hebt jedoch einen wichtigen Unterschied zwischen dem modernen Heiligen Kosmos und dem Heiligen Kosmos traditioneller Gesellschaften hervor. Bei traditionellen Gesellschaften enthält der Heilige Kosmos wohlumschriebene Themen, die ein Universum ‚letzter' Bedeutungen bilden, das hinsichtlich seiner inneren Logik ausreichend zusammenhängt. Auch der moderne Heilige Kosmos enthält Themen, die rechtmäßig als religiös bezeichnet werden können. Diese Themen bilden jedoch kein in sich geschlossenes Universum aus. Das Warenlager religiöser Repräsentationen – nur mehr ein Heiliger Kosmos im weiteren Sinne des Wortes – wird vom potenziellen Nutzer nicht als Ganzes internalisiert. Statt dessen wählt der ‚autonome' Konsument bestimmte religiöse Themen aus dem bereitstehenden Sortiment und baut sie zu leicht zer-

Subjekte aus einem weltanschaulich verbindlichen Horizont heraus bedingt zwangsläufig, dass die Individuen ‚autonom' bestimmte religiöse Inhalte aus dem ‚Heiligen Kosmos' anwählen, sie mit Blick auf Alltagstauglichkeit überprüfen und zu einem fragilen privaten System ‚letzter' Bedeutung zusammenstellen. Diese religiöse Aktivität verlangt nicht mehr nach religiösen Experten, sondern zeichnet sich eben durch die Unmittelbarkeit der subjektiven Plausibilität aus. Das ‚autonome' Subjekt steht im Zentrum privatisierter Handlungslogiken. Der Einzelne kann weitgehend selbst darüber bestimmen, wie er mit Blick auf Freunde, Familie, Hobbies, Dienstleistungen und Gütern optiert – die Konsumorientierung bezieht sich dabei auf den ganzen Bereich des Kulturellen, nicht nur auf wirtschaftliche Güter. Auch Luckmann sieht natürlich die Januskköpfigkeit der Freisetzung der Individuen aus allgemein verbindlichen gesellschaftlichen Strukturen und spricht von einer „etwas trügerische[n] Bedeutung der Autonomie"[167].

Da der ‚Heilige Kosmos' nicht (mehr nur) öffentlich durch primäre Institutionen vermittelt wird, ist er dafür offen, dass neue Themen in ihn einwandern, die in einem traditionellen Sinne nicht als religiös beziehungsweise letztgültig betrachtet worden wären. Aus dem privaten Bereich stammende (religiöse) Bedürfnisse der Subjekte können jedoch von ‚sekundären' Institutionen aufgenommen und ‚vergesellschaftet' werden, so dass deren Symbolisierungsleistungen Eingang in den ‚Heiligen Kosmos' finden (wobei die Abhängigkeit von den Präferenzen der Verbraucher wiederum zu einer strukturellen Instabilität der Gehalte des ‚Heiligen Kosmos' führt). Luckmanns Ausführungen zu den „modernen religiösen Themen" sind 50 Jahre alt, und gleichzeitig sind sie immer noch weitgehend aktuell, wenngleich die inhaltliche Ausgestaltung zeitbedingt Änderungen unterliegt. Zunächst einmal „[verleihen] die im modernen Heiligen Kosmos vorherrschenden Themen [...] dem Individuum so etwas wie einen sakralen Status, indem sie seine ‚Autonomie' hervorheben."[168] Das Thema der Autonomie findet sich dann in verschiedenen Unterthemen wieder, die ebenfalls eine religiöse Aufladung erfahren: Selbstdarstellung, Selbstverwirklichung, Mobilität, Familialismus, Sexualität. Hier könnte sicherlich nach aktuellen weiteren Themen gesucht werden, zu denen gewiss die Themen ‚Selbstoptimierung' und ‚Gesundheit' zählten. Das empirische Material der vorliegenden Studie verweist

---

brechlichen privaten Systemen ‚letzter' Bedeutung aus. Die individuelle Religiosität ist somit keineswegs eine bloße Kopie oder eine Nachahmung des ‚offiziellen' Modells". (Ebd.)
167 Luckmann, Die unsichtbare Religion, 139.
168 Luckmann, Die unsichtbare Religion, 153.

indes auf den herausragenden Charakter des Themas der *Selbstbestimmung* im untersuchten Diskurszusammenhang.[169]

Die Problematik, die für die Subjekte durch ihre Sakralisierung entsteht, ist bereits durch die wenigen Ausführungen zu Becks *Risikogesellschaft* deutlich geworden. Auch Luckmann verweist immer wieder auf die Instabilität in den ‚autonomen' Konstruktionsprozessen der Einzelnen wie hinsichtlich der gesellschaftlichen Ordnung von Wissen. Schnell einsichtig wird die potenzielle ‚Verführbarkeit' scheinbar ‚autonomer' Bedürfnisse durch kommerzielle Interessen wie durch weltanschauliche Ideologien (welche nun versuchen, den Mangel an Stabilität der Ordnungen durch in der Regel unterkomplexe Deutungsangebote zu ‚kitten'). Bereits Luckmann bietet jedoch einen Anhaltspunkt für ein Verständnis, warum gerade auch die kommunikative Vernetzung ‚privater' Subjekte über die Technologien ‚des' Internet so attraktiv und in ihrem reinen Vollzug bereits lebensweltlich stabilisierend ist. Er notiert:

> Während die individuelle Religiosität von den primären öffentlichen Institutionen keine Unterstützung und Bestätigung erhält, bleibt sie auf die unstete Unterstützung anderer ‚autonomer' Individuen angewiesen. Die individuelle Religiosität wird m.a.W. von Personen unterstützt, die [...] vor allem in der ‚Privatsphäre' zu finden sind. In der ‚Privatsphäre' ist die zeitweilige Anteilnahme und sogar die gemeinsame Konstruktion von Systemen ‚letzter' Bedeutung möglich, ohne daß man in einen Widerspruch zu den funktional rationalen Normen der primären Institutionen gerät.[170]

Man könnte auch sagen: Die neue Sozialform der Religion, von der Luckmann spricht, wird mit der Digitalisierung von Kommunikation noch einmal neu anschaulich. Wenngleich in nicht wenigen Fällen, wie sich zeigen wird, die inhaltliche Kommunikation über ein Thema in den Online-Kommunikationen Bedeutung hat, so bieten die neuen Technologien ebenfalls auf struktureller Ebene einen Ersatz für die lebensweltstabilisierende Funktion primärer Institutionen an, auch in religiöser Hinsicht.

---

169 Vgl. dazu Kapitel 4. Dass es sich bei den hier benannten Aspekten religiöser Transformationen um Phänomene handelt, die sich gesamtgesellschaftlich (also auch ‚innerkirchlich') finden, verdeutlicht mit Blick auf die Frage der Individualisierung auch noch einmal die Konturierung des religiösen Typs des „spirituellen Wanderers" als Form „individualisierter, selbstmächtiger Spiritualität" „innerhalb der kirchlichen Räume", wie sie von Winfried Gebhardt, Martin Engelbrecht und Christoph Bochinger vorgenommen worden ist, vgl. Gebhardt, Winfried, Engelbrecht, Martin und Bochinger, Christoph, „Die Selbstmächtigung des religiösen Subjekts: Der ‚spirituelle Wanderer' als Idealtypus spätmoderner Religiosität", *Zeitschrift für Religionswissenschaft* 13 (2005), 133–151.
170 Luckmann, *Die unsichtbare Religion*, 149.

3.2.2 Pluralisierung und Synkretisierung

Auch der Begriff der Pluralisierung gehört zur Grundausstattung in der Beschreibung von Transformationsprozessen in der Moderne; wie der Begriff der Individualisierung ist er eine der Fundamentalkategorien religionssoziologischer Analysen. Dabei ermöglicht es der Begriff der Pluralisierung, verschiedene Perspektiven auf ein Feld einzunehmen, das zunächst insofern ‚einheitlich' erscheint, als die aktuelle „Statur der religiösen Lebenswelt"[171] als plural verfasst bezeichnet werden kann. Freilich ist neben der „Statur" auch noch ein Entwicklungsprozess beschreibbar, der nicht nur zeigt, dass und wie ‚äußere', das heißt gesellschaftliche Prozesse auf eine Pluralisierung religiöser Ansichten auch innerhalb der religiösen Institutionen einwirken[172]; Pluralisierung wird daneben auch als genuiner Prozess innerhalb der christlichen Religion sichtbar: Die Christentumsgeschichte ist von Beginn an von Pluralisierung in Form von Abspaltungen und Versuchen der Neuprofilierung durchzogen. Für den Protestantismus sind als innerkonfessionelle Pluralisierungskatalysatoren die Reformation mit dem ihr nachfolgenden konfessionellen Pluralismus, die Aufklärung sowie der Pietismus mit der Herausstellung des Individuums und seiner persönlichen Gottesbeziehung exemplarisch zu nennen.[173] Gleichzeitig befördern gesellschaftliche und kulturelle Strukturveränderungen eine fortschreitende Pluralisierung; diese vollzieht sich vor dem Hintergrund des Verlusts eines integrierenden symbolischen Baldachins – wie er lange von der Kirche als Instanz für Selbst- und Weltdeutungsprozesse fraglos dargestellt und mit Macht repräsentiert und aufrecht erhalten wurde – und einer gesellschaftlichen Ausdifferenzierung in allen Lebensbereichen. Für das ausgehende 20. Jahrhundert ist insofern von einem „radikalisierten Pluralismus" gesprochen worden, als dieser die „Architektur des klassischen Pluralismus"[174] verändert habe: Mehr und mehr stehen gleichberechtigte Ansprüche und Meinungen nebeneinander, die sich eben nicht mehr unbedingt in ein klassisches Verhältnis von Mehrheitsorientierung und Minderheitenabweichung bringen lassen. Dieser Befund hat sicherlich für das ausgehende 20. Jahrhundert mit der zunehmenden multikulturellen Verfasstheit der Gesellschaft seine Berechtigung; gleichwohl gilt er zwanzig Jahre später im Zuge der medialen Durchdringung unserer Alltagswelten einschließlich der neu ent-

---

171 Steck, *Praktische Theologie*, 159.
172 Vgl. ebd.
173 Vgl. hierzu auch: Schwöbel, Christoph, „Art. Pluralismus, II: Systematisch-theologisch", in *Theologische Realenzyklopädie*, Bd. 26 (Berlin 1996), 724–739.
174 Grözinger, Albrecht, „Art. Pluralismus, III: Praktisch-theologisch", in *Theologische Realenzyklopädie*, Bd. 26 (Berlin 1996), 739–742: 740.

stehenden Formen von Kommunikation und Vergemeinschaftung umso mehr. In dieser Perspektive wird man sagen können, dass der „radikalisierte Pluralismus" im Zusammenspiel mit der Digitalisierung von Kommunikation – als ein wesentlicher Faktor der Globalisierung – erst Fahrt aufnimmt. Pluralisierung als Co-Existenz gleich gültiger Weltansichten führt Religion zwangsläufig in die Situation der Konkurrenz: Der ‚Markt' der Sinndeutungsangebote ist unüberschaubar, er wird bestimmt von Angebot und Nachfrage, und insofern sind auch die religiösen Institutionen darauf verwiesen, die Situation der Pluralisierung als Gestaltungsaufgabe zu begreifen. Im Auge der Betrachterin ändert sich dann auch der Charakter von Religion:

> Indem die Religion ihrer allgemeinen Verbindlichkeit entkleidet und der Logik des pluralistischen Kulturmarktes unterstellt wird, mutiert die in sich kohärente Religionskultur zu einem disparaten Sortiment von Optionen, die von den Konsumenten nach ihrem Wert taxiert und nach Bedarf angeeignet werden. Die ursprünglich auf eine umfassende Weltsicht angelegten Systeme religiösen Glaubens und die auf eine integrale Lebensperspektive abzielenden religiös-ethischen Maximen werden in Bruchstücke zerlegt und nach Belieben in individuell konturierte und damit nur partiell gültige Wirklichkeitskonstruktionen eingearbeitet.[175]

Der „pluralistische Kulturmarkt" bietet nicht nur religiöse Sinndeutungsangebote feil, vielmehr stehen religiöse Deutungsangebote in Konkurrenz zu säkularen Angeboten (die freilich, je nach verwendetem Religionsbegriff, wieder religoide oder religiöse Züge annehmen können).[176] Die Konkurrenz der verschiedenen Akteure auf dem hochgradig pluralisierten Feld (religiöser) Orientierung besteht dabei mit Blick auf die individuelle Nachfrage[177], anders formuliert: mit Blick auf die Plausibilität, die ein Angebot für die jeweiligen Individuen besitzt. Dieser Wandel in der Organisationslogik von Sinndeutungsmustern verbindet sich zu einer Krise der Institutionen: Einerseits müssen religiöse Traditionen ihre Autorität plausibilisieren und können sie nicht mehr voraussetzen, andererseits geht mit der Krise der Institutionen eine Privatisierung des Religiösen einher, die strukturell nicht durch eine seit einiger Zeit konstatierten ‚neuen Sichtbarkeit' des Religiösen[178] ausgeglichen wird. Denn die Formen des Religiösen, die sichtbar werden, sind in vielen Fällen nur schwer mit der Organisationslogik von Religion überein zu bringen: Wo hier noch die Kohärenz von traditionellen und übersub-

---

175 Steck, *Praktische Theologie*, 157.
176 Vgl. ebd.
177 Zur „Theorie religiös-säkularer Konkurrenz" vgl. Stolz, Könemann, Schneuwly Purdie, Engelberger, Krüggeler, *Religion und Spiritualität*.
178 Vgl. dazu Knoblauch, *Populäre Religion*.

jektiven Erzählzusammenhängen gepflegt (und institutionell durchgesetzt) wird, ist der Erzählzusammenhang dort schon längst verloren gegangen – nicht etwa aufgrund mangelnder Bildung, sondern aufgrund des Plausibilitätsverlusts – und wird auch nicht weiter angestrebt. Das weist auf die Ambivalenz des Transformationsprozesses hin: Nicht nur sind Privatisierung und „Deinstitutionalisierung öffentlicher Religion"[179] Folgen religiöser Modernisierung, auch eine Liberalisierung wie Synkretisierung religiöser Glaubensgehalte sind Merkmale gegenwärtiger Weltanschauungsformen (freilich als Pendant zu Prozessen der Fundamentalisierung). Zwangsläufig nimmt der Verbindlichkeitscharakter von Religion ab und wird mehr und mehr zu einem Umstand biografischer Disposition, wie Peter L. Berger bereits zu Beginn der 1970er-Jahre konstatiert:

> Der neue Liberalismus ‚subjektiviert' die Religion in radikaler Weise und in zweierlei Bedeutung des Wortes. Einmal wird Religion mit dem zunehmenden Verlust an Objektivität oder Verlust an Wirklichkeit ihrer Weltdefinition immer mehr zum Gegenstand freier subjektiver Wahl und verliert ihren intersubjektiv verbindlichen Charakter. Sodann werden die religiösen ‚Wirklichkeiten' aus Faktenzusammenhängen außerhalb des Individuums in die ‚Binnenwelt' seines Bewusstseins ‚übersetzt'. [...] [D]as realissimum der Religion wird aus Kosmos und Geschichte in das individuelle Bewußtsein verlegt. Aus Kosmologie wird Psychologie, aus Geschichte Biographie. Mit diesen ‚Übersetzungen' gleicht sich die Religion natürlich den Wirklichkeitsvorstellungen des modernen säkularisierten Denkens an.[180]

Die Liberalisierung zeigt sich nicht nur in einer Pluralisierung der religiösen Kulturen und religiösen Sinndeutungsmuster in der Gesellschaft allgemein, die Liberalisierung wird auch in einer Pluralisierung der Frömmigkeitsmuster und -stile *innerhalb der Kirchen* anschaulich. Fraglich bleibt für den Moment die Bewertung der Situation: Falls eine Integration der religiösen Stile gewünscht ist, diese jedoch als nicht mehr leistbar angesehen wird[181], handelt es sich um eine Problemanzeige. Sofern Pluralisierung und Synkretisierung als notwendige Konsequenzen der subjektiv zu verantwortenden Gestaltung des eigenen Glaubens beziehungsweise der eigenen Spiritualität betrachtet werden, kann die Entwicklung theologisch, dem Prinzip protestantischer Freiheit entsprechend, konstruktiv begleitet werden.[182]

---

179 Drehsen, *Volkskirche*, 320.
180 Berger, Peter L., *Zur Dialektik von Religion und Gesellschaft: Elemente einer soziologischen Theorie* (Frankfurt a.M. 1973), 158.
181 Gebhardt, „Transformation", 11.
182 Gebhardt zählt eine große Bandbreite von Strömungen innerhalb der Katholischen Kirche auf. Man muss hier fragen, ob dieses „unverbundene Nebeneinander unterschiedlicher Frömmigkeitsstile" nicht schon eine lange Tradition hat, und ob der Befund geteilt werden möchte,

3.2.3 Popularisierung und Spiritualisierung

Dass Pluralisierung nicht gleichbedeutend ist mit einem – etwas überspitzt formuliert – Auseinanderdriften jeweils individuell verantworteter Sinn- und Lebensdeutungen, darauf verweist Hubert Knoblauch mit seiner Skizze der ‚populären Religion': Das *Populäre* bildet nämlich gleichsam die Klammer zwischen den sich ausdifferenzierenden kulturellen Mustern. Knoblauch knüpft im Wesentlichen an Luckmanns Arbeiten zur ‚unsichtbaren Religion' an, will hier auch keine Alternative bieten, „sondern die Theorie dort fortsetzen, wo diese erst Ansätze erkennen konnte."[183] Knoblauch bezieht sich auf die bereits von Luckmann beschriebene, sich auf die Unmittelbarkeit der subjektiven Plausibilität stützende religiöse Bricolage moderner Individuen, die in ihrer Sinndeutungsarbeit auf den ‚Heiligen Kosmos' nur noch eklektisch zugreifen. Knoblauch geht nun daran, eine „neue Form der Religion"[184] nachzuzeichnen; Luckmanns Essay wird vierzig Jahre später gewissermaßen fortgeschrieben.[185] Entsprechend konstatiert Knoblauch, die Religion habe sich „in den letzten vier Jahrzehnten schleichend, aber grundlegend geändert"[186], es handele sich um eine „Transformation der Religion"[187]. Damit ist in jedem Fall die Rede von der Resakralisierung abgewiesen, dann aber auch die Auffassung einer Wiederkehr der Religion(en), wie sie insbesondere seit dem neuen Jahrtausend von einigen vertreten wird.[188] Das Neue

---

dass sich innerkirchlich immer mehr eine Unversöhnlichkeit verbreitet, die „den anderen als Gegner, wenn nicht sogar als Feind, betrachtet." (Gebhardt, „Transformation", 11.)
183 Knoblauch, *Populäre Religion*, 11.
184 Ebd.
185 Auch Knoblauch bezeichnet seine Abhandlung als „Essay". Vgl. ebd.
186 Knoblauch, *Populäre Religion*, 12.
187 Ebd.
188 Vgl. zur Diskussion exemplarisch: Riesebrodt, Martin, *Die Rückkehr der Religionen: Fundamentalismus und der „Kampf der Kulturen"* (München 2001); Körtner, Ulrich H.J., *Wiederkehr der Religion? Das Christentum zwischen neuer Spiritualität und Gottvergessenheit* (Gütersloh 2006). – Unter das Verdikt Knoblauchs dürfte auch die Vorstellung einer „postsäkularen Gesellschaft" fallen, über die schon Hans Joas sagte, dass sie eine vorgängige Säkularisierung unterstelle; wer diese Annahme einer vorgängigen Säkularisierung nicht teile, könne auch nicht von einer Wiederkehr sprechen. Vgl. Joas, Hans, *Braucht der Mensch Religion? Über Erfahrungen der Selbsttranszendenz* (Freiburg i.Br. 2005). Habermas verwendet den Terminus erstmals in seiner Rede anlässlich der Verleihung des Friedenspreises des Deutschen Buchhandels 2001, vgl. Habermas, Jürgen, *Glauben und Wissen* (Frankfurt a.M. 2001), 13. – Knoblauch wiederum konzediert einen Zusammenhang zwischen einem ‚weltanschaulichen Vakuum' und einer verstärkten (positiven) Thematisierung der Religion in der Öffentlichkeit Anfang des neuen Jahrtausends: „Wenn wir von einer funktionalen Gleichwertigkeit weltlicher und religiöser Weltanschauung ausgehen, dann könnte man auch eine Erklärung für die späte Wendung des öffentlichen Diskurses über die

bestehe, so Knoblauch, im Wesentlichen darin, dass bei dieser „neuen Form der Religion" eindeutige Grenzziehungen zum Zweck einer Konturierung nicht mehr möglich seien, weder zwischen einem ‚sakralen' und einem ‚profanen' Bereich[189], noch zwischen einem ‚Transzendenten' und einem ‚Immanenten'.

Für die Veränderung der Religion können verschiedene Gründe veranschlagt werden. Knoblauch nennt zunächst externe Faktoren, als da wären: die neue Bedeutung religiöser Institutionen als Repräsentanten weltanschaulicher Gemeinschaften im Zuge des ‚Niedergangs' politischer beziehungsweise wirtschaftlicher Ideologien, Migration (Einwanderung von Menschen, die sich einer Religion zugehörig fühlen) und Globalisierung religiöser Kommunikation (‚Import' von Weltanschauungen, Aufmerksamkeit für religiöse Gegenwartslagen weltweit, nicht zuletzt: Vernetzung religiöser digitaler Kommunikation). Als wesentlichen ‚internen' Faktor betrachtet Knoblauch die Umorientierung vorzugsweise einer Generation: der so genannten ‚Baby-Boomer'. Die ‚Baby-Boomer', so

---

Religion in Deutschland finden. Religion als positives, anerkennenswertes Thema setzt zu dem Zeitpunkt ein, als die Hoffnung auf den sozialdemokratisch gezügelten neoliberalen Kapitalismus als eine funktionierende Ordnung in der Investitionsblase zu Anfang des neuen Jahrtausends zusammenbrach. Das Scheitern nicht nur des Kommunismus, sondern auch des Kapitalismus in den 1990er-Jahren hat die säkularen Alternativen in Misskredit gebracht und die religiösen Institutionen, die durch den globalen Terrorismus und ihre neue Thematisierung in der Öffentlichkeit wieder ins Gespräch gekommen waren, wieder aufgewertet." (Knoblauch, *Populäre Religion*, 35.) – Zur Mehrdimensionalität der Rede von der ‚Wiederkehr der Religionen' vgl. auch: Weyel, Birgit, „Gibt es eine Wiederkehr der Religion? Überlegungen zur Kirche als Kommunikationsraum", in *Zum Glauben reizen: Mission und Glaubensvermittlung in der postsäkularen Gesellschaft*, hg.v. Tim Unger (Hannover 2011), 11–26.

[189] Für die Religionstheorie ist die Unterscheidung zwischen ‚sakral' und ‚profan' lange Zeit etwas Wesentliches gewesen – wenngleich angenommen wird, wie etwa Durkheim es tut, dass sich das Gesellschaftliche i.e. Soziale in den religiösen Symbolisierungen niederschlägt; vgl. hierzu auch: Durkheim, Émile, *Die elementaren Formen des religiösen Lebens* (Frankfurt a.M. 1981 [1. Aufl. Paris 1912]). Vgl. dazu auch die soziale Konstruktion einer „Hinterwelt", wie sie Max Weber beschreibt: Weber, Max, *Wirtschaft und Gesellschaft* (Tübingen 1980 [1. Aufl. Tübingen 1921/22]), 246 f. – Seit einiger Zeit spricht auch Peter L. Berger von „zwei Pluralismen" – die Koexistenz unterschiedlicher Religionen und die Koexistenz eines religiösen und eines säkularen Diskurses – die sich im sozialen Raum wie in den Individuen manifestieren. Berger beschreibt anschaulich, dass es der Ausdifferenzierung moderner Gesellschaften entspricht, dass sich auch im Bewusstsein der Subjekte eine Pluralität von Relevanzen einerseits und eine Fähigkeit der parallelen Prozession säkularer wie religiöser Diskurse andererseits ausprägen. Diese Eigenschaft zur Multirelationalität des Bewusstseins wird im alltagsweltlichen, ggf. passageren Aufrufen verschiedener – auch medial vermittelter, u.U. Prozesse der Selbsttranszendierung anregender – Kommunikationskontexte deutlich. Vgl. dazu auch: Berger, Peter L., „Further Thoughts on Religion and Modernity", *Society* 49 (2012), 313–316: bes. 315 f.; vgl. ders., *Altäre der Moderne: Religion in pluralistischen Gesellschaften* (Frankfurt a.M. 2015).

Knoblauch, hätten nicht nur eine politische Gegenkultur in Form der 1968er aufgebracht, sie hätten „auch die traditionelleren sozialen Formen der Religion abgelehnt und sich an ‚alternativen' Formen der Religion orientiert."[190] Mit ihrer gesellschaftlichen Etablierung hätten die ‚Baby-Boomer' auch alternativen religiösen Formen breite Akzeptanz verschaffen können, was einst – auch im religiösen Sinne – Gegenkultur war, sei salonfähig geworden. Auch zur Individualisierung von Religion habe diese Generation wesentlich beigetragen, da sie die individuelle Entscheidungsfreiheit gegenüber der Orientierung an traditionellen Einheiten (wie Familie, Dorf, Milieu) stark gemacht habe. Im Zentrum der ‚neuen Lebensauffassung' stehe – und hier bezieht sich Knoblauch auf den, freilich auf die US-amerikanische Situation bezogenen, gesellschaftsdiagnostischen Klassiker *Habits of the Heart* – „the autonomous individual, presumed able to choose the roles he will play and the commitments he will make, not on the basis of higher truth but according to the criterion of life-effectiveness as the individual judges it."[191]

3.2.3.1 Die Grundbewegung des Transzendierens

Eine zentrale Rolle in der Beschreibung der Transformation von Religion spielt bei Knoblauch nun der Begriff der Transzendenz (besser noch: des Transzendierens), welcher nämlich in der Lage ist, eine Bewegung zu beschreiben, die jenseits der – heuristisch nachteiligen – Differenzierung von Sakralem und Profanem, Immanentem und Transzendentem liegt. Zur Verdeutlichung dessen, was sich mit dem Begriff der Transzendenz beziehungsweise des Transzendierens verbindet, verweist Knoblauch noch einmal auf die Aspekte des Transzendenzbegriffs bei Luckmann[192]: Zunächst ist der Begriff nicht Teil einer binären Konstruktion (wie etwa bei Luhmann), es handelt sich mitnichten „um einen Gegenstand der Erfahrung, der sich vom Nicht-Transzendenten, Profanen unterschiede."[193] Vielmehr „bezeichnet [der Begriff; KM] die Verbindung und Entgrenzung als Überschreitung und Überwindung dessen, was als Grenze oder Differenz angesehen werden kann. Das Überschreiten kann also als ein Prozess verstanden werden, der gerade dadurch, dass er potenzielle Grenzen überwindet, nicht notwendig eine

---

190 Knoblauch, *Populäre Religion*, 39.
191 Bellah, Robert, Madsen, Richard, Sullivan, William M., Swidler, Ann und Tipton, Steven M., *Habits of the Heart: Individualism and Commitment in American Life* (New York/NY 1985), 47.
192 Vgl. dazu auch: Merle, Kristin, *Alltagsrelevanz: Zur Frage nach dem Sinn in der Seelsorge* (Göttingen 2011), 234 ff.
193 Knoblauch, *Populäre Religion*, 55.

Grenze ziehen muss. [...] Die Transzendenz ist also weder die Grenze noch das Begrenzte."[194]

Dann vereint der Begriff der Transzendenz mehrere Gesichtspunkte beziehungsweise Ausprägungen des Transzendierens; neben den phänomenologischen Transzendenzen beschreibt der Begriff einen grundlegenden sozialen Sachverhalt: Der Mensch als Mängelwesen ist auf das Transzendieren angewiesen, um sich in der Umwelt zurecht zu finden. Die Fähigkeiten zur Selbstbeobachtung, zum Handlungsentwurf, zur Konstruktion von Sinnrelationen, zur Kommunikation, sie alle sind auf Akte des Transzendierens angewiesen. Der Transzendenzbegriff ist also anthropologisch grundiert. Bekannt ist daneben die phänomenologische Beschreibung der Transzendenzen bei Luckmann, der ‚kleinen', ‚mittleren' und ‚großen' Transzendenzen.[195] Während die ‚kleinen' Transzendenzen sich auf die Erfahrung alltäglicher Grenzen bezieht, die jedoch in der Regel mit Routinewissen ‚behoben' werden können (etwas entzieht sich meinem direkten Zugriff, weil es sich im benachbarten Raum befindet), trägt die Erfahrung der Grenze mit Blick auf die ‚mittleren' Transzendenzen eher die Eigenschaft des Unüberwindlichen. Das Gegenwärtige kann nicht unmittelbar erfahren werden, ist aber Teil der Alltagswirklichkeit (zum Beispiel die Sinnkonstruktionen Anderer). Hier tritt Kommunikation in die vermittelnde Rolle ein. Die ‚großen' Transzendenzen sind dann Erfahrungen von etwas mit außergewöhnlichem Charakter. Dieses ‚Außergewöhnliche' kann zum Beispiel im Schlaf erfahren werden, in Tagträumen und in der Ekstase. Meines Erachtens zu Recht weist Knoblauch darauf hin, dass sich in die Rezeption der Luckmann'schen Ausführungen zur Transzendenz eine substantialistische Lesart eingeschlichen hat, als würden die ‚großen' Transzendenzen sich auf einen abgegrenzten Bereich beziehen und sich gar mit besonderen inhaltlichen Merkmalen verbinden.[196]

Dagegen hält Knoblauch fest, dass alle Transzendenzerfahrung im Alltag gründet (hinsichtlich der Erfahrungen der ‚kleinen' und ‚mittleren' Transzendenzen prägen sich sozial in der Regel Konventionen in der Bearbeitung aus), auch die Erfahrung der ‚großen' Transzendenzen – denn die Lebenswelt des Alltags selbst ist nicht in sich geschlossen, sondern offen für seine Überschreitung.[197] Die Erfahrung der ‚großen' Transzendenz ist also eine besondere Art der

---

194 Knoblauch, *Populäre Religion*, 55 f.
195 Vgl. Luckmann, *Die unsichtbare Religion*, 167 ff.
196 Knoblauch sieht dies schon bei Schütz in der Rede von den „geschlossenen Sinnprovinzen" angelegt, vgl. Knoblauch, *Populäre Religion*, 63 f.
197 Diese Auffassung kann, wie sich noch zeigen wird (vgl. Kapitel 3.3), auf instruktive Weise mit Hartmut Rosas *Resonanztheorie* ins Gespräch gebracht werden. (Vgl. Rosa, Hartmut, *Resonanz: Eine Soziologie der Weltbeziehung* [Berlin 2016].)

allgemeinen Erfahrung, wobei sich das Besondere in der Form abbildet[198], ihr *kennzeichnendes Moment* ist die *Erfahrung der Grenzüberschreitung selbst*. Darüber hinaus erfährt sie *keine weitere Bestimmung*: „Während substantialistische Religionsvorstellungen eine positive Bestimmung der Transzendenzerfahrung versuchen, bleibt der hier vorgeschlagene phänomenologische Begriff der großen Transzendenz sozusagen leer."[199] Knoblauch weist darauf hin, dass die Grenze allerdings nicht überschritten werden muss und nennt als Beispiel atheistische Weltsichten, die ohne Transzendenzvorstellungen auskommen – allerdings auch die Möglichkeit einer Grenzüberschreitung offen halten.[200]

Noch einmal betont wird die soziale Grundierung der Transzendenz, ist doch auch für Luckmann für das Transzendieren die „Ablösung von der Unmittelbarkeit der eigenen Erfahrung"[201] wesentlich. Die Fähigkeit zur Distanz dem eigenen Erleben gegenüber speist sich aus der Fähigkeit zur Anteilnahme am Leben und an den Erfahrungen Anderer – wenn auch immer symbolisch beziehungsweise kommunikativ vermittelt. Diese Anlage der menschlichen Kommunikation als grundlegende Funktion möchte ich an dieser Stelle als ‚*transzendierungsoffene Kommunikation*' bezeichnen und sie im empirischen Teil der Arbeit als – auch am Material erkennbaren – Aspekt religiöser Kommunikation in der Interaktion der Gesprächspartner wieder in Erinnerung rufen. Auf diese transzendierungsoffene Kommunikation sind die Akteure angewiesen, weil sich erst in der Interaktion, die den differenten Anderen nicht als ‚Eigenen' subsumiert, das Ich – im Wesentlichen auch erst einmal für sich selbst – konturiert. Die Interaktion zwischen zwei Menschen wird getragen von dem Entwurf eines verbindenden Dritten, den Zeichen und Symbolen:

> Zeichen und Symbole sind nicht nur Ausdrucksformen, in denen die Transzendenz sich gleichsam materialisiert; sie erlauben es erst, eine gemeinsame Wirklichkeit zu gestalten. Und vor allen Dingen: sie erlauben es, eine Wirklichkeit als Wirklichkeit zu erfahren und zu gestalten, die wesentlich gemeinsam und zugleich nicht-präsent ist. Damit erst überziehen sie die Welt mit einem Sinnkleid und eröffnen dem Menschen auch die Möglichkeit, sich an etwas auszurichten, das sich der unmittelbaren Wahrnehmung weitgehend, ja vollständig entzieht.[202]

---

[198] Vgl. Knoblauch, *Populäre Religion*, 65.
[199] Knoblauch, *Populäre Religion*, 64.
[200] Er verweist hier auf entsprechende Ausführungen von Monika Wohlrab-Sahr und Friederike Benthaus-Apel: Wohlrab-Sahr, Monika und Benthaus-Apel, Friederike, „Weltsichten", in *Kirche in der Vielfalt der Lebensbezüge: Die vierte EKD-Erhebung über Kirchenmitgliedschaft*, hg. v. Johannes Friedrich, Wolfgang Huber und Peter Steinacker (Gütersloh 2006), 281 ff.
[201] Knoblauch, *Populäre Religion*, 65.
[202] Knoblauch, *Populäre Religion*, 68 f.

Inwieweit Kommunikation „Wirklichkeit als Wirklichkeit" entstehen lässt, zeigt sich eindrücklich in der Onlinekommunikation. Hier wird material sichtbar, wie Menschen, die räumlich (und zeitlich) getrennt sind, soziale Beziehungen performativ durch Interaktionen entstehen lassen, wie Sinn performativ prozessiert wird und in Konversationen kommunikativ konstruiert wird.

Man könnte nun mit Blick auf die ‚transzendierungsoffene Kommunikation' zu Recht einwenden, jegliche Kommunikation sei – nach dem Verständnis Knoblauchs – so angelegt, dass sich Menschen in der Interaktion immer schon auf Zeichen und Symbole beziehen, auch wenn es nur um eine technische Auskunft bei der *Deutschen Bahn* geht, und insofern handle es sich immer um eine Form des Transzendierens. Daher soll der Begriff – als heuristischer Begriff für die empirische Untersuchung – noch einmal präzisiert werden: *Als ‚transzendierungsoffene Kommunikation' soll eine solche Kommunikation aufgefasst werden, die mittels des Gebrauchs von Zeichen und Symbolen als eine solche erkennbar wird, in der der Eine eine Bereitschaft signalisiert, durch die Kommunikation mit dem Anderen in einen kommunikativen Austausch involviert zu werden, der gegebenenfalls den eigenen Standpunkt beziehungsweise die eigene Perspektive auf etwas verändert.* Anders ausgedrückt: Die Auseinandersetzung mit dem Anderen, die mich selbst involviert, führt in eine Bewegung des Transzendierens hinein, deren Ausgang noch offen ist. Die Identifikation ‚transzendierungsoffener Kommunikation' wäre dann nicht bezogen auf Inhalte oder (selbst-)immanente Begründungsmuster, sondern auf die *Form der kommunikativen Praxis* und fände ihren Ausdruck in Aspekten der Dialogizität im Unterschied zu Mustern von (argumentativer) Selbstbeharrung.[203]

3.2.3.2 Die Etablierung der populären Religion

Knoblauch skizziert nun ein Modell der Architektur des Religiösen in der Gesellschaft, das zwei Formen der Religion unterscheidet – wenngleich sich großzügige Schnittmengen ergeben können: die organisierte Religion und die ‚populäre Religion'. Zurückgegriffen wird noch einmal auf den Begriff der Transzendenz: „Transzendenz ist keineswegs schon Religion, doch bildet sie den begrifflichen Grundstein für eine Theorie der Religion"[204]. Der Vorgang des Transzendierens ist gewissermaßen die Grundbewegung, die sich in Verbindung mit anderen Aspekten als Religion manifestieren kann. Religion entsteht dann, so

---

203 Und sie mag dies umso mehr sein angesichts der (strukturell notwendigen) „Sakralisierung des Subjekts".
204 Knoblauch, *Populäre Religion*, 69.

Knoblauch, wenn sich Kommunikation aufgliedert und im Zuge dessen eine institutionelle beziehungsweise soziale Differenzierung stattfindet. Diese Differenzierung, die die ‚klassische' Form organisierter Religion hervorbringt (für die christliche Religion formuliert: die Kirchen und die akademische Theologie mit ihren unterschiedlichen Kommunikationsformen – hierzu zählen etwa auch die Kirchengebäude), segregiert Bereiche, unterscheidet das Sakrale vom Profanen über Akte sozialer Konstruktion und etabliert Expertenkulturen, die Sonderwissen ‚verwalten'. Religion im engeren Sinne lebt also von der Unterscheidung zwischen einem Sonderwissen und dem Allgemeinwissen.[205]

In der Neuzeit treten andere Deutesysteme in Konkurrenz zur organisierten Religion und beanspruchen – weltanschaulich als Äquivalente zur Religion – ihre eigene Legitimität (wie etwa Wissenschaft oder politische Weltanschauungen).[206] Gründen diese Deutesysteme zunächst vor allem im intellektuellen Milieu, treten mit der Zeit andere Einflüsse hinzu: Wissen etwa über östliche Religionen, ‚indianische' Weltanschauungen, populäre Lebensformen wandern nicht nur in die Gelehrtenwelt ein und erfahren dort eine entsprechende Aufnahme (Theosophie, Esoterik, Anthroposophie), sondern finden auch Eingang in die populäre Kultur (‚Indianer'romantik, Lebensreformbewegung usw.). Die zunehmende Ökonomisierung vieler Lebensbereiche sowie Möglichkeiten medialer Kommunikation beschleunigen einen Effekt, der in der Etablierung von ‚populärer Religion' mündet. Hier stehen die institutionellen Träger einer jeweiligen Weltanschauung und ihre Rezipienten nicht mehr in einem engen Wechselverhältnis – die Vermittlung populären (auch religiösen) Wissens übernehmen andere ‚Agenturen'. Mit dieser auch von Knoblauch nur in Form einer Skizze ausgeführten Entwicklung geht eine Erhöhung der Entscheidungsnotwendigkeit am Ort der Individuen einher: Akteur der Rekompositionsleistungen[207], wie auch immer diese aussehen, ist das ‚autonome' Individuum. Gleichzeitig verflacht das gesellschaftliche Wissen mit Blick auf einzelne Traditionen, unter anderem deshalb, da sich der Wissenserwerb nicht mehr nur auf ein religiöses System bezieht, sondern sich die Aufmerksamkeit verteilt und sich die Organisationslogik nach den subjektiven Plausibilitäten richtet:

---

205 Sicherlich ist hier zu fragen, inwiefern mit dieser Beschreibung das Selbstverständnis protestantischen Christentums getroffen ist. Faktisch jedoch lässt sich auch mit Blick auf das professionell zu erwerbende pastorale Handlungswissen von einer Expertenkultur sprechen, die in Anspruch genommen wird (etwa für das liturgische Geschehen).
206 Vgl. dazu Knoblauch, *Populäre Religion*, 77 f.
207 Vgl. dazu auch die Ausführungen in Kapitel 3.2.2.

> Die Ungleichzeitigkeit der Vermittlung und die wachsende Unabhängigkeit von den Quellen der Vermittlung schwächt das Wissen um die Herkunft und institutionelle Verankerung dieses Wissens, dass das Mischen selbst gar nicht mehr als solches erkannt wird. Es kommt zur Schwächung des ‚kollektiven' Gedächtnisses und damit zu Rekomposition auch des religiösem Wissens, das nun in den unterschiedlichsten Kombinationen von Wissenselementen und sozialen Trägerschaften auftreten kann.[208]

Diese allgemeine Tendenz der Popularisierung religiösen Wissens (und damit einhergehend auch der Popularisierung von religiöser Kommunikation) betrifft nun einerseits ebenfalls die ‚organisierte Religion': Auch in den Kirchen haben sich eigene Formen populärer Religion eingerichtet, wie sich am Beispiel von Elementen populärer Spiritualität zeigen lässt (Yoga und Zen-Meditation im Gemeindehaus, Pilgern auf den Spuren von Hape Kerkeling etc.). Andererseits sorgt die Konkurrenzsituation – anderer weltanschaulicher Akteure wie der permanenten Rekompositionsleistung der Subjekte – dafür, dass die Kirchen sich zu einer *boundary work* genötigt sehen: Zum einen entgrenzt sich also Religion gesellschaftlich zunehmend, zum anderen wird sie institutionell – aus Gründen institutioneller Identität – stärker markiert. Knoblauch geht davon aus, dass die stärkere Markierung letztendlich die Tendenz befördert, dass Menschen sich ‚offeneren' Konzepten von Spiritualität zuwenden.

Es versteht sich von selbst, dass die Subjekte in ihrer Rekompositionsarbeit nicht so autonom sind, wie es auf den ersten Blick erscheinen mag, sind sie doch auf verfügbare Wissensbestände angewiesen. Diese speisen sich vor allem, so Knoblauch, aus der populären Kultur. Die populäre Kultur ist es auch, die eine „kulturelle Klammer"[209] in der modernen Gesellschaft darstellt und Kommunikation über (religions-)kulturelle Differenzen hinweg ermöglicht. Auch sind die Subjekte mit einem Muster konfrontiert, das Knoblauch „doppelte Subjektivierung"[210] nennt: Zum einen wird das Subjekt durch den gesellschaftlichen Diskurs, seine Adressierung als Subjekt, (mit-)konstruiert; zum anderen wird aber von der Einzelnen erwartet, mehr als bloße Adresse zu sein. Sie soll Erfahrungen, die von ihrer Subjekthaftigkeit gewissermaßen zeugen, in den gesellschaftlichen Diskurs wieder einspeisen; das Subjekt wird so Teil des gesellschaftlichen Wertschöpfungsprozesses (Knoblauch vertritt die These, dass die Gründe für das Interesse an einer ‚Verwertung' des Subjektes, dessen ‚Kapital' es immer auch noch zu opti-

---

208 Knoblauch, *Populäre Religion*, 78.
209 Knoblauch, *Populäre Religion*, 199.
210 Knoblauch, *Populäre Religion*, 272; vgl. auch: Ders., „Der Topos der Spiritualität: Zum Verhältnis von Kommunikation, Diskurs und Subjektivität am Beispiel der Religion", in *Diskurs – Macht – Subjekt: Theorie und Empirie in der Diskursforschung*, hg.v. Reiner Keller, Werner Schneider unf Willy Viehöver (Wiesbaden 2012), 247–264: 259f.

mieren gilt, in der Dominanz des neoliberalen Kapitalismus liegen).[211] Dabei unterliegen, wie bereits erwähnt, die Deutungen von Erlebnissen als entsprechende Erfahrungen auch immer kulturellen Konventionen; die Ausdrucksschemata sind also stark präfiguriert. Die Beschreibung der gesellschaftlichen ‚Domestizierung' von Erfahrung ist dabei freilich nicht auf einen populärkulturellen Bereich zu beschränken, da es sich um ein allgemeines soziales Phänomen durch alle Zeiten hindurch handelt.

Blickt man nun auf den ‚Bereich' religiöser Kommunikation, so „drückt sich diese Subjektivität als Spiritualität aus."[212] Erwartet wird, dass sich Spiritualität als „‚Authentizität' der Erfahrung"[213] artikuliert.[214] Neben die besondere Erfahrungsbetontheit, die hier die Subjektivierung auszeichnet, treten weitere Merkmale, die das Phänomen populärer Spiritualität ausmachen: ihr tendenziell antiinstitutioneller Charakter – sowohl mit Blick auf die esoterischen wie christlichen Spielarten populärer Religiosität –, die Betonung von Ganzheitlichkeit[215] (nicht nur hinsichtlich einer ‚ganzheitlichen' Betrachtung des Menschen, sondern auch mit dem Ziel der Überwindung funktionaler Differenzierungen in der Gesellschaft), und Arten des Anti-Dogmatismus.[216] Ein besonderer Aspekt der Spiritualität in ihrer populären Variante besteht in der „Entgrenzung von Sakralität"[217], überhaupt der Religion in einem herkömmlichen Sinne. Ein Unterschied zwischen Religiösem und Nichtreligiösem lässt sich nur schwer einzeichnen; auch eine Erfahrung von etwas Außeralltäglichem als Form großer Transzendenz muss nicht automatisch mit Gestalten populärer Spiritualität einhergehen: Es reicht für den sprachlichen Code „der Verweisungscharakter, der das Transzen-

---

211 Vgl. Knoblauch, „Topos", 260. Vgl. u. a. auch: Bröckling, Ulrich, *Das unternehmerische Selbst: Soziologie einer Subjektivierungsform* (Frankfurt a.M. 2007); vgl. Han, Byung-Chul, *Psychopolitik: Neoliberalismus und die neuen Machttechniken* (Frankfurt a.M. 2014).
212 Knoblauch, *Populäre Religion*, 270.
213 Knoblauch, *Populäre Religion*, 271.
214 Vgl. dazu auch Kapitel 5.1.3.
215 Knoblauch nennt eine Reihe von Schlüsselbegriffen einer „ganzheitlichen Sprache": z. B. „Harmonie", „Mit-sich-eins-Sein", „Auf-seinen-Körper-Hören", „Wachsen". Vgl. Knoblauch, *Populäre Religion*, 185.
216 Knoblauch weist hier auch die Kritik an der Liberalität der ‚Mainstream'-Kirchen in evangelikalen oder fundamentalistischen Gruppierungen als Ausdruck der Popularisierung aus. Dass auch evangelikale oder fundamentalistische Gruppierungen selbst Teil der populären Religion sind, wird besonders anschaulich in der Betonung der erfahrungsbezogenen Subjektivierung, vgl. Knoblauch, *Populäre Religion*, 81 ff.; 125.
217 Knoblauch, *Populäre Religion*, 142.

dieren gleichsam nur leer andeutet"[218], um das Gefühl zu evozieren, an einer besonderen Erfahrung teilzuhaben.

Die ‚Formensprache' populärer Religion ist dabei vielfältig: Zum einen umfasst sie das, was klassisch mit ‚popularer Religion' (‚Volksglaube') gemeint ist, dann gehört zur ihr aber auch das Einwandern von Kommunikationselementen populärer Kultur bis in die Kirchen hinein.[219] Populäre Religion bezeichnet eine (freilich adaptierte) Aufnahme von ursprünglich als sakral geltenden Formen in andere Kontexte hinein (zum Beispiel Fanrituale). Und nicht zuletzt ist zu beobachten, dass auch die typischen religiösen Inhalte, Themen und Topoi aus dem Bereich organisierter Religion hinausdiffundieren. Zu einst ‚christlichen Kernthemen' wie Tod und Sterben kann sich nun jeder öffentlich äußern, und es blühen eigene Diskurskulturen über (potenziell) religiöse Themen ohne Beteiligung der Kirchen (gleichzeitig mussten die sich die Kirchen zum Beispiel erst in mühevollen Prozessen dem Thema ‚Friedwald' annähern).[220] Die neue Sichtbarkeit, die mit der populären Religion einhergeht, hängt nun, so Knoblauch, aufs Engste mit der Entgrenzung der Kommunikation an sich zusammen. Dies wird noch einmal eigens im Zusammenhang der Ausführungen zur Mediatisierung von Religion und Religiosität zu thematisieren sein.[221]

Zunächst aber soll ein Blick auf das Phänomen der Eventisierung als gesellschaftliche Reaktion auf das Bedürfnis nach dem die alltägliche Lebenswelt transzendierenden Erlebnis geworfen werden. Zudem wird, nachdem sie bereits an einigen Stellen der Arbeit angespielt worden ist, der Frage nach neuen sozialen Formationen nachgegangen; in diesem Zusammenhang wird der Terminus der *Kommunikationsgemeinschaft* für soziale Formationen wichtig werden, die durch performative Akte der Online-Konversation entstehen.

---

218 Knoblauch, *Populäre Religion*, 189.
219 Während die Eventisierung als gesamtgesellschaftlicher Trend noch einmal gesondert behandelt wird (vgl. Kapitel 3.2.4.1), können mit Blick auf kirchliche Veranstaltungsformen auch der Import von Pop-Musik und Video-/Showelementen etc. genannt werden. – Zur institutionentheoretischen Analyse des Marktes neureligiöser Angebote und alternativer Heilweisen vgl. auch: Hero, Markus, *Die neuen Formen des Religiösen: Eine institutionentheoretische Analyse neuer Religiosität* (Würzburg 2010).
220 Vgl. Knoblauch, *Populäre Religion*, 266f.
221 Vgl. Kapitel 3.2.5.

3.2.4 Eventisierung und neue soziale Formationen

Die Transformation des religiösen Feldes ist nicht gleichbedeutend mit dem grundsätzlichen Verlust von Organisationsformen: Vielmehr ändern sich die Organisationsformen, und die „Selbstermächtigung der Subjekte" führt (auch) im Bereich des Religiösen zu einer Umstrukturierung von Vergemeinschaftung und sozialem Leben.[222] Die Ausbildung neuer Sozialformen[223] lässt sich paradigmatisch im Zusammenhang einer allgemein zu beobachtenden Eventisierung als weitere Form der Popularisierung von Kultur beschreiben; wenngleich dieses Auftreten neuer Sozialformen nicht an das Phänomen der Eventisierung gebunden ist, zeigt diese doch gesellschaftliche Relationen an, die die Formierung bestimmter sozialer Zusammenhänge mit noch zu benennenden Merkmalen begünstigen. Insofern sei den Ausführungen zu den sozialen Formationen eine kurze Skizze zur Eventisierung vorangestellt.

3.2.4.1 Eventisierung und Verszenung

Allgemein sprechen Winfried Gebhardt, Ronald Hitzler und Michaela Pfadenhauer von einer „akzelerierenden Eventisierung der Kultur"[224]. Events können dabei „[e]rfahrungsstrukturell [...] als Korrelate von als ‚außergewöhnlich' begriffenen thematischen Ausschnitten aus der Gesamtheit unserer Erlebnisse [verstanden werden]. Kulturtechnisch lassen sich Events beschreiben als aus unserem zeitgenössischen Alltag herausgehobene raum-zeitlich verdichtete, performativ-interaktive Ereignisse mit hoher Anziehungskraft für relativ viele Menschen."[225] Um diese Erlebnisgelegenheiten mit Eventcharakter bilden sich in der Regel Sozialformen mit eigenen Merkmalen aus. Die auf Unterhaltungswert ausgerichteten Angebote sind üblicherweise teilnehmerspezifisch so ausgerichtet, dass unterschiedliche Kulturformen nicht mehr segregierend wirken, dass Trennendes nicht

---

222 Gebhardt, „Transformation", 12.
223 Mit Blick auf die Sozialformen der Religion und des Religiösen und ihren Wandel unter den Bedingungen der Moderne stehen systematische Untersuchungen weitgehend noch aus, vgl. zu diesem Befund und als anfängliche Bearbeitung des Analysedesiderats: Krech, Volker, Schlamelcher, Jens und Hero, Markus, „Typen religiöser Sozialformen und ihre Bedeutung für die Analyse des religiösen Wandels in Deutschland", *Kölner Zeitschrift für Soziologie und Sozialpsychologie* 65 (2013), Heft 1, 51–71.
224 Gebhardt, Winfried, Hitzler, Ronald und Pfadenhauer, Michaela, „Einleitung", in *Events: Soziologie des Außergewöhnlichen*, hg.v. dens. (Opladen 2000), 9–13: 11.
225 Hitzler, Ronald, „Einleitung: Event und Eventisierung", in: *Eventisierung: Drei Fallstudien zum marktstrategischen Massenspaß*, hg.v. dems. (Wiesbaden 2011), 11–21: 13. Im Original hervorgehoben.

mehr etwa in differenten sozialen Lagen gründet, sondern dass ähnliche ästhetische Ausdruckformen und ähnliche Lebensziele vergemeinschaftend wirken.[226] Events können so als „vorproduzierte Gelegenheiten zur gemeinschaftlichen oder zumindest gemeinsamen Selbst-Inszenierung von Individuen auf der Suche nach einem *besonderen* (und besonders interessanten ‚eigenen Leben'"[227]) betrachtet werden. Für die Frage nach Transformationen des Religiösen besonders interessant ist die Annahme, dass Events eine der wenigen Möglichkeiten für moderne Menschen bieten, Erfahrungen von ‚Ganzheit' und ‚Einheit' zu machen – Erfahrungen also, die durch die zunehmende Fragmentierung alltäglicher Lebenswelten, die Pluralisierung von Lebensentwürfen und Weltansichten, aber auch das komplexe Ineinander von Körperverdrängung und Körperaufwertung[228] in den westlichen Gesellschaften selten geworden sind.[229] Um diese Erfahrung zu ermöglichen, sind Events so konzipiert, dass sie alle Sinne aktivieren, dass sie in jedem Fall auf das Evozieren von Emotionen aus sind, und dass sie tendenziell unpolitisch und anti-intellektualistisch sind, so Gebhardt, Hitzler und Pfadenhauer.[230] Situativ begrenzt, scheinen Events auf die „immer schneller um sich greifende Sehnsucht nach ‚Wiederverzauberung' der ‚entzauberten Welt' der Moderne"[231] zu reagieren. Events sind dabei hochkomplexe Arrangements[232], die

---

226 Vgl. Gebhardt, Hitzler und Pfadenhauer, „Einleitung", 11.
227 Hitzler, „Einleitung: Event", 13. Im Original hervorgehoben.
228 Vgl. Karle, Isolde, *Liebe in der Moderne: Körperlichkeit, Sexualität, Ehe* (Gütersloh 2014), v. a. 22 ff.
229 Ronald Hitzler schreibt dazu: „Das Event wird vielleicht nicht alles sein, aber alles wird nichts sein ohne Event. D. h., *Events* sind – letztlich vielleicht nicht hinreichende, gleichwohl jedoch unumgänglich notwendige – existenzielle Bezugs- und Kulminationspunkte des lebenslangen individuellen Sinnbastelns der vielen, aus *verbindlichen* Denk- und Verhaltensnormen, als *verlässlichen* Sozialbeziehungen und Symbolwelten herausgelösten Einzelnen." (Hitzler, „Einleitung: Event", 21. Im Original hervorgehoben.)
230 Vgl. Gebhardt, Hitzler und Pfadenhauer, „Einleitung", 10 f.
231 Gebhardt, Hitzler und Pfadenhauer, „Einleitung", 11.
232 Die fraglose Komplexität der Planung, Durchführung und Evaluation von Events belegen die Publikationen zum Eventmanagement als eigenem Beruf, vgl. exemplarisch: Jäger, Dieter, *Grundwissen Eventmanagement* (Stuttgart 2015). Auch Hitzler bezieht sich auf die Trajekt-Struktur von Events mit mannigfaltigen, erst abzuschreitenden Schritten in der Vorbereitung, im Vollzug und in der Bearbeitung; vgl. Hitzler, „Einleitung: Event", 15 f. – Dass die herausgehobene Erfahrung auch unter den Teilnehmenden ein Prozess der intersubjektiven Konstitution darstellt, schildern anschaulich Axel Schmidt, Jana Binder und Arnulf Deppermann, vgl. Schmidt, Axel, Binder, Jana und Deppermann, Arnulf, „Wie ein Event zum Event wird: Ein Snowboard-Contest im Erleben und in der kommunikativen Vergegenwärtigung Jugendlicher", in *Events: Soziologie des Außergewöhnlichen*, hg. v. Winfried Gebhardt, Ronald Hitzler und Michaela Pfadenhauer (Opladen 2000), 115–133.

den Individuen außeralltägliche Vergemeinschaftung in einer unübersichtlichen, grenzenlos erscheinenden und für viele auch ‚kalt' oder ‚seelenlos'[233] wirkenden Gesellschaft bieten. Mit anderen Worten: Unter den Bedingungen einer rationalisierten und fragmentierten Welt, gleichzeitig unter marktstrategischer Nutzung eben dieser Bedingungen, schaffen Events ‚romantische' Inseln, die die Teilnehmenden die Voraussetzung ihrer Teilnahme vergessen machen sollen (im Sinne Hartmut Rosas wäre hier auch von „Resonanzoasen" zu sprechen, die in ihrer Ermöglichung von Resonanz allerdings als ambivalent einzuschätzen sind)[234]. Das mag besonders einleuchten mit Blick auf Veranstaltungen wie *Rock am Ring* oder *Wacken Open Air*, gilt aber auch für explizit christlich-religiöse Veranstaltungen wie das *Pfingstjugendtreffen Aidlingen*, *Pro Christ* oder den *Deutschen Evangelischen Kirchentag*[235]. Sichtbar wird neben der faktischen Organisation zahlreicher Events die der Organisation der Events inhärenten Notwendigkeit zur permanenten Neuinszenierung: Professionelle Event-Organisation kann aus strukturellen und steigerungslogischen Gründen den von ihr hervorgebrachten Event-Typus nicht im Sinne einer schlichten Re-Produktion des bereits Erfolgreichen institutionalisieren; vielmehr besteht die Konstanz im Wechsel der permanenten Neuerfindung.[236] Dieser Trend zeigt sich im kirchlichen Bereich zum Beispiel in der Eventisierung ‚klassischer' religiöser Angebote wie zahlreichen Zweit- und Sondergottesdiensten, dann aber auch in neueren Formaten wie etwa dem katholischen *Weltjugendtag*. Populär-, Massen- und Hochkultur durchdringen sich zunehmend. Events sind mit Erlebnis- und Erfahrungserwartungen verbunden, wie Spaß haben, Spannung, Entspannung, Ekstase.[237]

Die Sozialform, die üblicherweise mit der Veranstaltungsform des Events verbunden wird, ist nun die *Szene* als Prototyp posttraditionaler Gemeinschaften. Zwar dienen Events nicht nur der Vergewisserung der gemeinschaftlichen Existenz, doch haben sie wesentlich für die sich konstituierende Gemeinschaft eine wichtige Funktion: „Ohne Szene keine Events, ohne Events keine Szene."[238] Events sind, so Ronald Hitzler, situative Rahmungen posttraditionaler Gemein-

---

233 Zu den Attributen vgl. auch: Gebhardt, Hitzler und Pfadenhauer, „Einleitung", 11.
234 Vgl. Rosa, Hartmut, *Resonanz: Eine Soziologie der Weltbeziehung* (Berlin 2016), 279.
235 Zum *Deutschen Evangelischen Kirchentag* vgl.: Pickel, Gert, Jaeckel, Yvonne und Yendell, Alexander, *Der Deutsche Evangelische Kirchentag – Religiöses Bekenntnis, politische Veranstaltung oder einfach nur ein Event? Eine empirische Studie zum Kirchentagsbesuch in Dresden und Hamburg* (Baden-Baden 2015).
236 Vgl. auch hierzu bereits die zeitdiagnostischen Arbeiten von Rosa, etwa: Rosa, Hartmut, *Beschleunigung: Die Veränderung der Zeitstrukturen in der Moderne* (Frankfurt a.M. 2008).
237 Vgl. Hitzler, „Einleitung: Event", 14.
238 Gebhardt, Hitzler und Pfadenhauer, „Einleitung", 12.

schaften, und nicht deren Manifestation.[239] Szenen sind darauf angewiesen, dass ihre Mitglieder zu bestimmten Zeiten an bestimmten Orten in kollektiver Form ihre Zugehörigkeit performativ inszenieren; in diesem Sinne kann auch von einer Angewiesenheit auf „Performanzräume"[240] gesprochen werden. Verszenung ist ein Resultat der stark individualisierten Gesellschaft: Individuen wählen die Zugehörigkeit zu einer bestimmten Szene aus einer Fülle von Möglichkeiten und votieren vor allem für eine jeweilige ästhetische Präferenz, oft weniger aufgrund gemeinsamer Wertsetzungen, für eine vorläufige Mitgliedschaft.[241] Die Relevanzen und Routinen, auch die Weltansichten, die in Szenen bestehen, beziehen sich in der Regel nur auf einen Teilbereich des Lebens: Sie sind themenspezifisch, lebensbereichsspezifisch oder gar situationsspezifisch.[242] Temporär – für die Dauer der je selbst bestimmbaren Plausibilität für die Zugehörigkeit zu einer Szene – eignet man sich für die entsprechende Kultur spezifische Symbole, Zeichen und Rituale an und reaktualisiert diese durch eigene (Wieder-)Aufführungen. Dabei geht es neben der kollektiven Selbststilisierung immer auch um die Verhandlung eines ‚Innen' und ‚Außen', um erwartetes und erwartbares Handeln, um ‚richtige' Verhaltensweisen, die die Subjekte als zur Gemeinschaft zugehörig ausweisen (Zugehörigkeit wird performativ hergestellt). Diese Verhandlung des ‚Innen' und ‚Außen' unterliegt in der Produktion eines Events jedoch einer dilemmatischen Struktur: Während sich bei den Teilnehmenden der Erlebniswert, und damit auch die emotionale Bindung, in der Regel durch das Bewusstsein von Distinktion erhöht, ist das an der Logik des Marktes orientierte Interesse an einer Ausweitung des Nutzerkreises (etwa durch ein flächendeckendes Angebot) kontraproduktiv für den Erlebniswert eines Events (wenn jeder teilnimmt, geht die Besonderheit verloren).[243] – Deutlich ist bereits geworden, dass die Zugangs- wie

---

239 Vgl. Hitzler, „Einleitung: Event", 14. – In der Tradition der verstehenden Soziologie Alfred Schütz' weist Hitzler noch einmal darauf hin, dass Events, recht verstanden, zu Events erst *ex post* werden; erst als entsprechend „gerahmtes Erlebnis" konstituiert es sich rekonstruktiv, „in typisierender Antizipation nachmaliger Deutungen, Wertungen, Er- und Verklärungen, in Relation zu (ebenfalls) typisierenden Erwartungen." (16 f.)
240 Berger, Peter A., Hock, Klaus und Klie, Thomas, „Religionshybride – Zur Einführung", in *Religionshybride: Religion in posttraditionalen Kontexten*, hg.v. dens. (Wiesbaden 2013), 7–45: 30.
241 Vgl. Hitzler, Ronald, Honer, Anne und Pfadenhauer, Michaela, „Zur Einleitung: ‚Ärgerliche' Gesellungsgebilde?", in *Posttraditionale Gemeinschaften: Theoretische und ethnografische Erkundungen*, hg.v. dens. (Wiesbaden 2008), 9–31: 13.
242 Vgl. Gebhardt, „Transformation", 12 f.
243 Hierin liegt sicherlich einer der Gründe, warum Angebote ‚der Volkskirche' in einer eventisierten Gesellschaft an Attraktivität verlieren. – Vgl. zu den beiden analytisch wichtigen Dimensionen der Erlebnis-Intensivierung und der Erlebnis-Extensivierung: Hitzler, „Einleitung: Event", 17 ff.

Zugehörigkeitsbedingungen in der Regel sehr viel niederschwelliger sind als bei traditionellen Sozialformen. Die Fragen nach Bekenntnis und Wahrheit, nach gemeinsamen Wertbeständen bleibt – absichtsvoll, um die emotionale Bindungskraft nicht zu schwächen – im Vagen und Diffusen, so dass das gemeinsame Erlebnis des Außergewöhnlichen[244] wie seine kommunikativ-emotionale (Re-)Konstruktion konstitutiv wichtig für die Gemeinschaft werden kann.

Der Trend zum Event und zur Verszenung der Gesellschaft scheint fraglos: „Die *Eventisierung der Kultur* ist [...] das Spiegelbild einer zunehmenden *Verszenung spätmoderner Gesellschaften.*"[245] Gebhardt weist darauf hin, dass sich im religiösen Feld Szenen oft um ‚besondere' Persönlichkeiten herum ausprägen, wie etwa um einen Prediger mit ‚besonderem Charisma'[246]. Daneben etablieren sich religiöse Szenen auch um so genannte „offene Institutionen"[247] wie Bildungswerke, Akademien, Hochschulgemeinden, also an Orten, die gegenüber der ‚Amtskirche' eine gewisse Eigenständigkeit pflegen. Ob man vor diesem Hintergrund zu dem Schluss kommen muss, dass „Menschen, die sich in religiöse Szenen begeben, am Leben ihrer Herkunftsgemeinde nicht mehr interessiert sind"[248], bleibt fraglich. In jedem Fall haben es die kirchlichen Institutionen mit der Verszenung auch des religiösen Felds mit einer erheblichen Konkurrenz zu ihren traditionellen Formen sozialer Organisation von Religion in Gestalt der Parochial- und Landeskirchenstrukturen zu tun.

3.2.4.2 Posttraditionale Gemeinschaften und Kommunikationsgemeinschaften

Angelehnt an Michel Maffesolis Überlegungen zur gesellschaftlichen Organisationsform des Neotribalismus[249], einer „Wiederkehr der Stämme", sprechen Hitzler, Honer und Pfadenhauer nun auch von „neuen Stammeskulturen"[250], die sich von den historischen Vorbildern dadurch abheben, dass sie vor allem in der Vorstellungswelt derer bestehen, die sich konstitutiv auf sie beziehen. Diese

---

244 Hitzler weist zu Recht darauf hin, dass sich das besondere Erlebnis eigentlich nur in der subjektiven Bewusstseinsleistung konturiert; die „Erhöhung der statistischen Wahrscheinlichkeit des tatsächlichen Eintritts der gewünschten besonderen Erlebnisse" wird nun eben durch entsprechende kulturelle Arrangements angestrebt, die unterschiedliche Kulturformen umfassen. Vgl. Hitzler, „Einleitung: Event", 12f.
245 Gebhardt, Hitzler und Pfadenhauer, „Einleitung", 12. Im Original hervorgehoben.
246 Im evangelikal-charismatischen Bereich lassen sich hier zahlreiche Beispiele finden.
247 Gebhardt, „Transformation", 13.
248 Ebd.
249 Vgl. Maffesoli, Michel, *Le temps des tribus: Le déclin de l'individualisme dans les societés de masse* (Paris 1988).
250 Hitzler, Honer und Pfadenhauer, „‚Ärgerliche' Gesellungsgebilde?", 11.

„neuen Stammeskulturen" sind nicht im ursprünglichen Sinne existenziell von Belang. Die als ‚*posttraditional*' bezeichneten Gemeinschaften sind eher nicht-zweckrational organisiert; sie gewinnen über das kultische Element Gestalt, welches in der Inszenierung einen Charakter erheblicher Intensität ausprägen kann.[251] Posttraditionale Gemeinschaften[252] werden durch emotionale Hingabe und den Aufbau emotionaler Bindungen zusammengehalten, weniger durch organisationale Strukturen, die bestimmte Hierarchien etablieren (das bedeutet allerdings keinesfalls, dass posttraditionale Gemeinschaften frei von Autoritätsstrukturen wären; die Sanktionsmechanismen, die Distinktion und Integration regulieren, verlaufen nur anders).[253] Kohäsion wird durch Strukturen der ‚Verführung' erzeugt, die in der Inszenierung von als erlebenswert zu interpretierenden sozialen Erzeugnissen bestehen; die zur Wahl oder Nicht-Wahl beziehungsweise Abwahl einer Option führende Einschätzung von persönlichem Aufwand und Ertrag liegt bei den Subjekten.[254] Gleichwohl werden diese Prozesse in der Planung etwa von Events versucht zu antizipieren (worin ein wesentliches Element der Verführung besteht). Kohäsion wird in posttraditionalen Gemeinschaften aber auch durch eine „(Wieder-)Erfindung von Traditionen"[255] erzeugt, wobei entsprechende Traditionen in den fraglichen Zusammenhang durch Dekontextualisierung, Fragmentierung oder Kommerzialisierung eingepasst werden. Mit Blick auf das Beispiel ‚Nostalgie' notiert Yvonne Niekrenz:

> Mit ‚posttraditionalen' Traditionen sind solche Traditionen gemeint, denen etwa durch die Massenmedien und Marktinteressen ein Warencharakter verliehen wird. Sie werden in ein Objekt transformiert, das man verpacken und verkaufen kann. Das Verlangen nach Tradition kann nämlich umgewandelt werden in ein Verlangen nach Objekten, die Traditionen andeuten oder repräsentieren, so wie die Suche nach Stabilität in eine Sehnsucht nach der ‚guten alten Zeit' transformiert und über verschiedene Produkte dargestellt oder vermarktet

---

251 Vgl. Bauman, Zygmunt, *Ansichten der Postmoderne* (Hamburg 1995), 19 ff.
252 Ein interessantes Feld haben Peter A. Berger, Klaus Hock und Thomas Klie mit ihrem DFG-geförderten Projekt *Religionshybride – Kirchbauvereine, Gutshausvereine und alternative Gemeinschaften in Mecklenburg-Vorpommern* betreten, innerhalb dessen sie eben jene Vereine als posttraditionale Gemeinschaften untersuchten. Ergebnisse des Projektes sind veröffentlicht in: Berger, Peter A., Hock, Klaus und Klie, Thomas, Hg., *Religionshybride: Religion in posttraditionalen Kontexten* (Wiesbaden 2013); dies., Hg., *Hybride Religiosität – posttraditionale Gemeinschaft. Kirchbauvereine, Gutshausvereine und alternative Gemeinschaften in Mecklenburg-Vorpommern* (Münster u. a. 2014).
253 Vgl. dazu: Hitzler, Honer und Pfadenhauer, „‚Ärgerliche' Gesellungsgebilde?", 16 f.
254 Vgl. Hitzler, Honer und Pfadenhauer, „‚Ärgerliche' Gesellungsgebilde?", 18.
255 Niekrenz, Yvonne, „Die (Wieder-)Erfindung von Traditionen in posttraditionalen Vergemeinschaftungen", in *Religionshybride: Religion in posttraditionalen Kontexten*, hg.v. Peter A. Berger, Klaus Hock und Thomas Klie (Wiesbaden 2013), 231–242.

werden kann. *Nostalgie* als ein Hang zur Vergangenheit ist gut zu verkaufen und stellt eine stabile Einnahmequelle dar. Nostalgie enthält heute zum einen den Wunsch, in eine Zeit zurückzukehren, die vermeintlich erfüllender war, und auch eine Tendenz, die Vergangenheit zu idealisieren oder zu verklären.[256]

Die Form der ‚Post*traditionen*' kann so posttraditionale Gemeinschaften auch erst attraktiv machen; nach Niekrenz heben sich die ‚Posttraditionen' auch insofern von den Traditionen der traditionalen Gemeinschaften ab, als sie ohne große Barrieren verfügbar sind (etwa über Markt und Medien), innovativ, flüchtig und produktiv sind, indem sie kurzzeitig Sinn geben und gemeinsames Handeln verstärken.[257]

Die Flüchtigkeit bezieht sich dabei nicht nur auf die ‚Posttraditionen', sondern auf die prinzipielle Existenzform der posttraditionalen Gemeinschaften. Die Kombination aus dem unbedingten Wunsch nach Vergemeinschaftung und der permanenten Suche nach dem Ultimativen bei gleichzeitiger Steigerung der Optionen lässt die „Neo-Stämme", als jeweilige „Vehikel (und imaginäre Ablagerungen) individueller Selbstdefinition"[258] nur von begrenzter Dauer sein – ein Prozess, der nach Bauman erhebliches Beschleunigungspotenzial in sich trägt:

> Unter diesen Umständen liegt das offensichtlichste Paradox der rasenden Suche nach gemeinschaftlichen Gründen des Konsensus darin, daß sie in noch mehr Zerstreuung und Fragmentierung endet, in noch mehr Heterogenität. Der Drang nach Synthesis ist der bedeutendste Faktor der endlosen Zweiteilung. Jeder Versuch, auf Übereinstimmung und Synthese zu drängen, führt zu neuen Zersplitterungen und Trennungen. Was sich als Formel für Übereinstimmung ausgab, um alle Nicht-Übereinstimmung zu beenden, erweist sich in dem Augenblick, wo sie formuliert wird, als Anlaß zu neuer Nicht-Übereinstimmung und als neuer Zwang zu weiteren Verhandlungen. [...] Die Suche nach Gemeinschaft verwandelt sich in ein umfassendes Hindernis für ihre Entstehung. Der einzige Konsensus, der wahrscheinlich eine Chance auf Erfolg hat, ist die Anerkennung der Heterogenität der Nicht-Übereinstimmungen.[259]

Szenen, posttraditionale Gemeinschaften, Neo-Stämme zeigen sich also nicht nur als genuiner Ort ästhetischer Gemeinschaften, sondern wesentlich auch als typische Vergemeinschaftungsform von Individuen, die – gleichwohl in ‚die Freiheit' entlassen – das Bedürfnis von Sicherheit und Verlässlichkeit haben.[260]

---

256 Niekrenz, „(Wieder-)Erfindung", 235. Im Original hervorgehoben.
257 Vgl. Niekrenz, „(Wieder-)Erfindung", 239.
258 Bauman, Zygmunt, *Moderne und Ambivalenz: Das Ende der Eindeutigkeit* (Hamburg 2005), 392.
259 Bauman, *Moderne und Ambivalenz*, 395.
260 Vgl. Hitzler, Ronald, „Brutstätten posttraditionaler Vergemeinschaftung", in *Posttraditionale Gemeinschaften: Theoretische und ethnografische Erkundungen*, hg.v. dems., Anne Honer und Michaela Pfadenhauer (Wiesbaden 2008), 55–72: 57.

Hubert Knoblauch plädiert dafür, statt des Begriffs der posttraditionalen Gemeinschaft den der *Kommunikationsgemeinschaft* zu verwenden: Folgte man – etwa mit Ferdinand Tönnies und Max Weber – der Annahme, dass Gemeinschaften als wesentliches Kennzeichen eben Traditionalität besäßen, könne es keine post-traditionalen Gemeinschaften geben, der Begriff sei ein Oxymoron.[261] Ein Vorteil dieser begrifflichen Neufassung der Kommunikationsgemeinschaft, an die sich freilich auch ein veränderter phänomenaler Gehalt bindet, liegt darin, dass mit ihr ebenfalls Formen von Vergemeinschaftungen in den Blick kommen könnten, die sich ausschließlich über digitale Kommunikation konstituieren – und für die der Begriff der Szene sicherlich zu stark ist.[262] Kommunikatives Handeln[263] erzeugt dabei über die lebensweltlichen Aktualisierungen seiner Strukturmerkmale bedeutungstragende Objektivationen, Adressierung an andere, vom Subjekt entworfene Handlungen[264] – soziale Ordnungen; erst die Sichtbarkeit des kommunikativen Handelns macht es möglich, dass die Akteure ihre Handlungen (aufeinander) abstimmen können: „Erst damit entsteht eine eigene ‚soziale' Ordnung, die das einzelne Handeln überschreitet. Man kann diese sozial ‚emergente' Ordnung als ‚Kontext' oder kommunikativen Handlungszusammenhang bezeichnen. Kontext bedeutet dabei, dass der Zusammenhang aus dem interaktiven Zusammenwirken von kommunikativ koordinierten Handlungen gebildet wird."[265]

Dieses Verständnis lässt es zu, *mit Blick auf relativ frei flottierende Online-Kommunikationen ebenfalls von einem Kontext als ‚Träger' kommunikativer Handlungen zu sprechen, der jedoch erst performativ erzeugt wird.* Zwar sind oft Objektivierungen der Interaktion noch sichtbar – Wissen lagert sich sichtbar im Netz ab – die soziale Formation ‚dahinter' existiert unter Umständen allerdings schon lange nicht mehr, und sie hat in vielen Fällen auch nur für den Moment

---

261 Vgl. Knoblauch, Hubert, „Kommunikationsgemeinschaften: Überlegungen zur kommunikativen Konstruktion einer Sozialform", in *Posttraditionale Gemeinschaften: Theoretische und ethnografische Erkundungen*, hg.v. dems., Anne Honer und Michaela Pfadenhauer (Wiesbaden 2009), 73–88: 73 f.
262 Zum Problem der Klassifizierung der sozialen Formationen im Netz vgl. auch: Jäckel, Michael und Mai, Manfred, Hg., *Online-Vergesellschaftung? Mediensoziologische Perspektiven auf neue Kommunikationstechnologien* (Wiesbaden 2005).
263 Zum Begriff des kommunikativen Handelns bei Knoblauch vgl.: Knoblauch, „Kommunikationsgemeinschaften", 77 f. – Vgl. hierzu freilich auch: Habermas, Jürgen, *Theorie des kommunikativen Handelns, Bd. 1: Handlungsrationalität und gesellschaftliche Rationalisierung* (Frankfurt a.M. 1981); ders., *Theorie des kommunikativen Handelns, Band 2: Zur Kritik der funktionalistischen Vernunft* (Frankfurt a.M. 1981).
264 Vgl. Knoblauch, „Kommunikationsgemeinschaften", 80.
265 Knoblauch, „Kommunikationsgemeinschaften", 78.

bestanden. ‚Das' Internet ist so ausgesuchter Ort performativer Inszenierungen: Es gibt auf der sichtbaren Oberfläche erst einmal nichts ‚hinter' der Performance: „[F]ür die mediatisierte Kommunikation ist nur das relevant, was eben mediatisiert wird"[266]. Die Kommunikationsformen entstehen *in actu*, und sie haben oft keinen weiteren Anspruch als eben jenen, einen passageren Beitrag zu einem bestimmten Thema zu liefern (zum Beispiel in vielen Forenkommunikationen; freilich existieren dann auch noch die Formen der Gemeinschaftlichkeit, die sich um einen Blog, über Blogvernetzungen oder in den Sozialen Netzwerken bilden)[267].

Dass Kommunikationsgemeinschaften immer auch auf gemeinsames Wissen angewiesen sind, verdeutlicht Knoblauch mit dem Hinweis auf solche Sozialformen, die einen gemeinsamen thematischen Schwerpunkt haben, über den die Teilnehmenden (zum Beispiel Motorradfans, Programmierer, Arbeitssuchende) also Wissen besitzen müssen[268] – durch den kommunikativen Akt wird Identität markiert, indem performativ auf das Gemeinsame rekurriert wird. Gleichwohl stützen sich auch Kommunikationsgemeinschaften im Internet auf Routinen, Konventionalisierungen und Habitualisierungen. Kommunikationsgemeinschaften sind im Zusammenhang mittelbarer (medial vermittelter) Kommunikation dabei vermehrt auf kommunikatives Wissen angewiesen, nämlich auf: „Wissen, das als Voraussetzung für Kommunikation dient, für die Selbstverständlichkeiten ihrer Themen, Objektivierungen und Gattungen."[269] Die Kommunikation im Social Web fordert von den Teilnehmenden auch ein Wissen über ‚Verfahrensregeln' ein, im technischen wie sozialen Sinn; typischerweise bringen die Akteure diese ‚Verfahrensregeln' durch Produktion und Reproduktion mit hervor.[270] Das Netz hat dabei einen ganz eigenen Einfluss auf die Wissensgesellschaft: Wissensablagerungen einerseits wie Zugriffsmöglichkeiten auf Wissen andererseits waren nie in solchem Umfang vorhanden wie heute. Die Notwendigkeit, Wissen zu sortieren, einordnen zu können, steigt proportional zum verfügbaren Wissen. – Dass Kommunikation, eben auch als Kommunikation von Wissen, heute wichtiger ist als je zuvor, hängt mit den Prozessen zunehmender Differenzierung, Pluralisierung, Individualisierung und Mediatisierung (die immer auch Entkontextualisierung im traditionellen Sinn bedeutet, sowie potenziell Anonymisierung) zusammen. Vor allem Differenzierung und Dekontextualisierung bedeuten, dass die

---

266 Knoblauch, „Kommunikationsgemeinschaften", 82.
267 Vgl. dazu auch Kapitel 4.2.1. Zur Gemeinschaftlichkeit als Form der „Kultur der Digitalität" vgl. auch noch einmal Kapitel 3.1.3.
268 Vgl. Knoblauch, „Kommunikationsgemeinschaften", 85.
269 Knoblauch, „Kommunikationsgemeinschaften", 86.
270 Vgl. auch dazu noch einmal Kapitel 3.1.3.

Summe geteilten Wissens abnimmt: Um dieses ‚Defizit' zu kompensieren, um Verständigung zu ermöglichen, muss mehr kommuniziert werden. Knoblauch bezeichnet moderne Gesellschaften insofern auch als „geschwätzig"[271]. Individualisierung und Pluralisierung erfordern zudem, dass soziale Zusammenhänge mehr und mehr kommunikativ verhandelt werden müssen. Dies geschieht auch über Formen neuer ‚Institutionalisierungen', die Verbindendes konstituieren:

> „So werden Objektivationen, Kommunikationsformen und Wissenselemente geschaffen und aufrechterhalten, die über diese Bereiche hinweg bekannt sind. Ob es sich hier um Elemente der populären Kultur handelt oder um technische Kulturgegenstände (i-Pod, Bionade), um gemeinsame kommunikative Muster („Bekenntnis", private Homepages und Blogs) oder um die performative Fähigkeit zu Powerpoint-Präsentationen: All diese Aspekte zeigen der kommunikativen Kultur, dass moderne Gesellschaften Gemeinsamkeit auch auf ihre moderne, entkontextualisierte und anonymisierte Weise produzieren können."[272]

Die Anwendbarkeit des Gemeinschaftsbegriffs für flüchtige Formen punktueller Gesellung muss sicherlich kritisch geprüft werden.[273] Winfried Gebhardt hat den Versuch unternommen, „Gemeinschaften ohne Gemeinschaft" als „situative Event-Vergemeinschaftungen" zu bezeichnen.[274] Damit bezieht er sich weniger auf soziale Formen im Netz, die Knoblauch nun auch im Blick hat, und er meint nicht Events, die in ihrem Wesen primär der performativen Re-Konstitution einer Szene dienen und eben auf bereits bestehenden (posttraditionalen) Vergemeinschaftungsformen aufruhen. Der Begriff der „situativen Event-Vergemeinschaftungen" will soziale Beziehungen charakterisieren, die nur für den Moment des Erlebens

---

[271] Knoblauch, „Kommunikationsgemeinschaften", 84; vgl. auch: Ders., „Einleitung: Kommunikative Lebenswelten und die Ethnographie einer geschwätzigen Gesellschaft", in *Kommunikative Lebenswelten: Zur Ethnographie einer geschwätzigen Gesellschaft*, hg.v. dems., (Konstanz 1996), 7–24.
[272] Knoblauch, „Kommunikationsgemeinschaften", 85.
[273] Ganz deutlich sieht man die Grenzen der Anwendbarkeit des Gemeinschaftsbegriffs in der Bestimmung, die Knoblauch in Rekurs auf die soziologische Theorie – und hier v. a. auf Ferdinand Tönnies und Max Weber – festhält: „Fasst man die verschiedenen Aspekte des Begriffs der Gemeinschaft zusammen, so bezeichnet er eine ‚Sozialform', die sich durch folgende Merkmale auszeichnet: (a) eine Struktur, die überwiegend aus traditionellen und affektuellen Handlungen besteht; (b) er weist auch eine gewisse Selbstbezüglichkeit auf, d. h. dass sich die Mitglieder von Gemeinschaften auf die (imaginierte) Gemeinschaft beziehen können müssen, um die sie (durchaus auch ‚ideologisch') ‚wissen' müssen. (Die Affekte können sich im ‚Gemeinschaftsgefühl' damit verbinden.) Damit geht (c) eine gewisse Differenz zu Anderen einher, die man auch als Distinktion bezeichnen kann." (Knoblauch, „Kommunikationsgemeinschaften", 77.)
[274] Vgl. Gebhardt, Winfried, „Gemeinschaften ohne Gemeinschaft: Über situative Event-Vergemeinschaftung", in *Posttraditionale Gemeinschaften: Theoretische und ethnografische Erkundungen*, hg.v. Ronald Hitzler, Anne Honer und Michaela Pfadenhauer (Wiesbaden 2008), 202–213.

bestehen und schlicht auf dem subjektiven Gefühl der Zusammengehörigkeit basieren. Ihnen entspricht keine wie auch immer geartete Form sozialer Organisation, die etwa das reine Eventerleben überdauern würde.[275]

Es bleibt gewissermaßen die Frage – geht man davon aus, dass für eine vollgültige Verwendung des Begriffs der Gemeinschaft phänomenal die Ausbildung sozialer Strukturen unabdingbar ist – wie passagere Kommunikationsmodi, etwa im Netz, gefasst werden können, die nicht auf eine Gemeinschaft im engeren Sinne abzielen, die aber, wie sich zeigen wird, vielfach reziprok und nicht unbedingt willkürlich sind, und die ihre eigene Berechtigung jenseits einer unter Umständen auch metaphorischen Auflading des Begriffs von ‚Gemeinschaften' haben.

Im Folgenden werde ich, eingedenk der Vorbehalte, dem Knoblauch'schen Vorschlag folgen und von *Kommunikationsgemeinschaften* als durch performative Akte entstehende soziale Formationen sprechen, die sich (auch) im Netz um die kommunikative Verhandlung eines Themas herum bilden, mitunter in „geschwätziger" und vielfach in flüchtiger Form.[276] Vor diesem Hintergrund wäre für

---

275 Allerdings beruhen auch „situative Event-Vergemeinschaftungen" auf dem allgemeinen Bedürfnis nach Wärme, Nähe, Unvermitteltheit des Miteinanders u. ä., Eigenschaften, die seit Tönnies mit der traditionellen Gemeinschaft verbunden werden (und deren Reduktion im Zuge der Vergesellschaftung des Sozialen sicherlich nachzuzeichnen ist). Noch viel unverbindlicher und willkürlicher bieten nun Anlässe zur Event-Vergemeinschaftung die Möglichkeit, solche Gemeinschaftsgefühle für den Moment extensiv zu erfahren – die Gemeinschaftlichkeit, die im Augenblick genossen wird, ist allerdings, so Gebhardt, illusionär. Interessant ist der Versuch Gebhardts, das Flüchtige der Interaktionen in den Griff zu bekommen und dabei nicht gleich den Gemeinschaftsbegriff verabschieden zu wollen. Das Ergebnis freilich mutet im Befund deviant an. Gebhardt betont für diese sozialen Formationen das dionysische Element, es gehe hier nur um das außeralltägliche, ekstatische Erlebnis: Einerseits ermöglichen auch solche Event-Vergemeinschaftungen das Erlebnis eines momentanen ‚Ganzen', das Subjekt kann sich jenseits alltäglicher Fragmentierungserfahrungen für den Moment als ‚ganz' erfahren; andererseits werden das rauschhafte Erlebnis und sein individuelles Ausagieren legitimiert und möglicherweise sehr gesteigert durch die anonyme Partizipation – z. B. bei Public Viewings oder den katholischen Weltjugendtagen. (Vgl. Gebhardt, „Gemeinschaften", 209.)
276 Insofern wird für die sozialen Formationen, die sich an passagere Formen der Kommunikation angliedern, auch *nicht* der Begriff der *Virtual Community* (zur Prägung des Begriffs vgl. Rheingold, Howard, *The Virtual Community: Homesteading at the Electronic Frontier* [Reading/MA 1993]) gewählt, da der Begriff weniger die Bedeutung des performativen Akts der Kommunikation für die Konstitution (flüchtiger) sozialer Formationen heraushebt. Die Untersuchung gerade dieser momenthaft bestehenden sozialen Formationen spielt im Rahmen der vorliegenden Studie eine wichtige Rolle. Dass der Begriff eher – zumindest temporär – verstetigte soziale Formationen meinen will, zeigt auch noch einmal die Definition, die Sebastian Deterding vornimmt: „Virtual Community bezeichnet die (1) um ein geteiltes Interesse organisierte (2) anhaltende Interaktion von Menschen (3) über einen oder mehrere mediale Knoten im Web, aus der (4) ein soziales

Religionsforschung fraglos interessant, mithilfe netzwerkanalytischer Untersuchung zu erheben, wie sich Kommunikationsgemeinschaften – über Formen religiöser Kommunikation[277] – transmedial als kommunikative Verdichtungen in der Verschränkung von digitalen und nicht-digitalen Kommunikationszusammenhängen konstituieren.[278] Das freilich wäre die Aufgabe einer umfassenderen Studie und kann an dieser Stelle nicht geleistet werden.

3.2.5 Mediatisierung von Religion und Religiosität

Da Religion nur durch Formen der Kommunikation sozial wahrnehmbar und intersubjektiv wirksam wird, liegt die Frage nach den Konsequenzen eines Wandels in der Kommunikationskultur für Religion und religiöse Kommunikation auf der Hand. Die Frage der Mediatisierung von Religion wird seit einigen Jahren mit unterschiedlichen Schwerpunkten diskutiert[279]; es bestehen viele Forschungsdesiderate, nicht zuletzt in empirischer Perspektive.[280] Die Ausführungen zur Mediatisierung von Religion und Religiosität werden an dieser Stelle schlank gehalten, da Kapitel 4 den empirischen Teil der Studie vorstellt, der das Phänomen in eigener Perspektive untersucht und reflektiert.

Grundsätzlich stehen Medien und Religion in einem engen Konstitutions- und Interpretationsverhältnis. Entsprechend notiert Mia Lövheim: „[M]edia and religion have become so intermingled that it is not possible to understand one of

---

Netzwerk aus Beziehungen und Identitäten mit (5) einer geteilten Kultur aus Normen, Regeln, Praxen und Wissensvorräten emergiert." (Deterding, Sebastian, „Virtual Communities", in *Posttraditionale Gemeinschaften: Theoretische und ethnografische Erkundungen*, hg.v. Ronald Hitzler, Anne Honer und Michaela Pfadenhauer (Wiesbaden 2009), 115–131: 118.) Deterding nimmt hier auch die Revision des Rheingold'schen Begriffs unter Rekurs auf Barry Wellman auf, vgl. Wellman, Barry und Gulia, Milena, „Virtual Communities as Communities: Net Surfers Don't Ride Alone", in *Communities in Cyberspace*, hg.v. Marc Smith und Peter Kollock (New York/NY 1999), 167–194. Zum Begriff der ‚virtuellen Gemeinschaft' vgl. auch: Gläser, Jochen, „Neue Begriffe, alte Schwächen: Virtuelle Gemeinschaft", in *Online-Vergesellschaftung? Mediensoziologische Perspektiven auf neue Kommunikationstechnologien*, hg.v. Michael Jäckel und Manfred Mai (Wiesbaden 2005), 51–72.
277 Zu möglichen Perspektivierungen des Religiösen im kommunikativen Verfahren vgl. Kapitel 4.2.1.
278 Zu den Netzwerkstrukturen von Öffentlichkeit vgl. Kapitel 2.4.3.1 und 2.4.1.2.
279 Initiierend wirkte die Arbeit von Stig Hjarvard *The Mediatization of Religion. A Theory of the Media as Agents of Religious Change* aus dem Jahr 2008. Vgl. zum Überblick über die Forschung: Lövheim, Mia, „Mediatization and Religion", in *Mediatization of Communication*, hg.v. Knut Lundby (Berlin u. a. 2014), 547–570.
280 Vgl. hierzu auch: Lövheim, „Mediatization and Religion", 563ff.

them without reference to the other"²⁸¹; gleichzeitig werden im Kontext des Strukturwandels von Öffentlichkeit die Rollen der Medien und der Religion, auch in ihrem Verhältnis zueinander, neu austariert:

> ‚Mediatised public spheres' in contemporary society are formed by mass and digital mediation in certain ways that destabilise the roles that both media and religious institutions have been assigned in previous models of the public sphere. The ways in which these processes are played out must be analysed as ‚a complex process of manysided negotiation' in which various media institutions, commercial interests, local religious communities, discourses and practices and the interests of individual religious actors play a part. This means that one first crucial issue for further research on media and religion is to find ways of mapping and understanding the complex dynamics of existing public spheres.²⁸²

Unterschiedlich sind freilich die Zugänge zu den Analysen. Dies hat seinen Grund einerseits in den unterschiedlichen kulturellen Kontexten, in denen Theorien zur Mediatisierung²⁸³ (der Religion und des Religiösen) entwickelt werden, andererseits kann auch nicht von ‚einer' Theorie der Mediatisierung²⁸⁴ mit ‚einem' theoretische Instrumentarium gesprochen werden: Ist etwa Stig Hjarvard, der die Theorie der Mediatisierung in Dänemark und dem skandinavischen Diskurs wesentlich mitinitiiert und geprägt hat, vor allem institutionentheoretisch interessiert, kann der Fokus etwa von Andreas Hepp und Hubert Knoblauch eher als akteurszentriert beziehungsweise sozialkonstruktivistisch beschrieben werden. Entsprechend kommen unterschiedliche Phänomene in den Blick, werden unterschiedliche Entwicklungen akzentuiert und Kausalitäten beschrieben. Die Erforschung der Mediatisierung der Religion und des Religiösen – im je kulturellen aber auch im historischen Kontext – wird sich weiter entwickeln, auch im interdisziplinären und internationalen Gespräch, nicht zuletzt mit Blick auf einen Verständigungsdiskurs über ihre Theoriebegriffe.²⁸⁵ Dabei sind Differenzierungen hinsichtlich kultureller Kontexte wie historischer Perspektivierungen unerläss-

---

281 Lövheim, „Mediatization and Religion", 557, unter Rekurs auf: Hoover, Stewart, „Complexities. The Case of Religious Cultures", in *Mediatization: Concept, Changes, Consequences*, hg.v. Knut Lundby (New York/NY 2009), 123–138.
282 Lövheim, Mia und Axner, Marta, „Mediatised Religion and Public Spheres. Current Approaches and New Questions", in *Religion, Media, and Social Change*, hg.v. Kennet Granholm, Marcus Moberg und Sofia Sjö (New York/NY 2015), 38–53: 46.
283 Zum Überblick vgl. Lundby, Knut, „Mediatization of Communication", in *Mediatization of Communication*, hg.v. dems. (Berlin u.a. 2014), 3–35.
284 Auch über diesen Begriff besteht Gesprächsbedarf, besteht die Alternative in der Verwendung von ‚mediation' im Vergleich zu ‚mediatization', vgl. Lundby, „Mediatization", 6 ff.
285 Vgl. dazu auch: Hepp, Andreas, Hjarvard, Stig und Lundby, Knut, „Mediatization – Empirical Perspectives: An Introduction to a Special Issue", *Communications* 35 (2010), 223–228.

lich, denn „mediatization may imply something rather different if we compare the use of media by pentecostal movements in India [...] with the use of media by protestant youth in northern Europe."[286]

Der Begriff der Mediatisierung kann auf den religiös-institutionellen Gebrauch von Medien oder auf die Thematisierung des Religiösen in Medien bezogen werden (gefragt wird dann etwa nach dem Wissen, das Menschen über Religion aus [Massen-]Medien haben, nach populären Umformungen traditionell religiöser Motive in den Medien oder nach einer womöglich religiösen Funktion der Medien).[287] Das Forschungsinteresse kann sich freilich auch auf das Erfassen des Transformationspotenzials medialer Alltagspraktiken für die Artikulation der Religion und des Religiösen richten. Diese Perspektive nimmt die vorliegende Studie vor allem ein. Insofern sei an dieser Stelle noch einmal auf die Bedeutung der internetmedialen Kommunikation für die Transformation des Religiösen Bezug genommen, wie sie Knoblauch skizziert.

Für Knoblauch ist die Veränderung der Kommunikationssituation im Zuge des gegenwärtig stattfindenden Mediatisierungsprozesses einer der wesentlichen Gründe für die Popularisierung wie Spiritualisierung der Religion. Die Mediatisierung verändert religiöse Kommunikation, und damit ändert sich – mittel- und langfristig, wenn auch nicht in all ihren Erscheinungsweisen – Religion. Die strukturelle Notwendigkeit zur Subjektivierung[288], die die neuen Technologien in ihrem Gebrauch mit sich bringen – die neuen Technologien adressieren vor allem das Subjekt als Handlungs- und Planungsinstanz – befördern verschiedene Entwicklungen, so Knoblauch: eine Distanz zu Organisationen, eine Entstrukturierung von Organisationen (Organisationsstrukturen übertrügen sich hingegen zunehmend auf Kommunikationsstrukturen, da Kommunikation nun unproblematisch zwischen Einzelnen netzwerkartig möglich sei), dann aber eben auch eine strukturelle Individualisierung.[289] Die Aushandlung kultureller Bedeutung auf der Ebene der Subjekte stellt eine Herausforderung für Religion dar; was Hjarvard mit Blick auf den populären Film schreibt, kann auch für die Alltagspraxis der Akteure gelten: „it [...] challenges the authority of existing religious

---

286 Hjarvard, Stig, „The Mediatisation of Religion: Theorising Religion, Media and Social Change", *Culture and Religion* 12 (2011), 119–135: 120.
287 Vgl. Hjarvard, „Mediatisation", 124.
288 Knoblauch geht davon aus, dass die Subjektivierung „vor allem eine Folge der veränderten Kommunikationsstrukturen" (Knoblauch, *Populäre Religion*, 274) ist.
289 Ähnlich auch: Hepp, Andreas, Krönert, Veronika und Vogelgesang, Waldemar, „Mediatisierte Religion: Die Mediatisierung des Religiösen am Beispiel des XX. Weltjugendtags", in *Theatralisierung der Gesellschaft, Bd. 2: Medientheatralität und Medientheatralisierung* (Wiesbaden 2009), hg.v. Herbert Willems, 117–136: 128f.

institutions by disembedding specific religious meanings from their original context and rearticulating them in new ways."²⁹⁰ Die Individuen, involviert in das Muster der ‚doppelten Subjektivierung', werden gleichermaßen selbst zu ‚Experten': Religiöse Erfahrungen, Weltanschauungen usw. werden im Durchgang durch die eigene Plausibilitätsprüfung artikuliert, bekommen online eine neue Sichtbarkeit und damit auch eine neue Präsenz und stehen anderen zur Rezeption zur Verfügung. Knoblauch kommt zu dem Schluss, dass die „Entgrenzung der Kommunikation [...] als der gewichtigste Grund für die ‚Sichtbarkeit des Unsichtbaren' [erscheint]." ²⁹¹ Sichtbarkeit bedeutet in vielen Fällen dann auch Entprivatisierung des Religiösen.

Sein Verständnis von Entprivatisierung in diesem Zusammenhang entfaltet Knoblauch unter Rekurs auf die Reflexionen José Casanovas, für den der Begriff der Entprivatisierung (*deprivatization*) eine wichtige Rolle in seinen religionssoziologischen Arbeiten einnimmt: Casanova weist für die Religionen eine marginalisierte Rolle in der Öffentlichkeit ab und beschreibt eine neue Sichtbarkeit von Religion, die sich in der Öffentlichkeit artikuliert. Religion ist öffentliche Religion (geworden) und trägt das Ihre zur Bildung gesellschaftlicher Moral und Herstellung öffentlicher Ordnung bei.²⁹² Während Knoblauch für den (west-)deutschen Kontext die unmittelbare Gültigkeit der These anzweifelt, da die Kirchen – als Form organisierter Religion – fortgesetzt gesellschaftliche Akteurinnen und „bedeutende Stimmen im öffentlichen Kontext"²⁹³ gewesen seien (Religion habe sich also weder aus dem öffentlichen Raum zurückgezogen, noch kehre sie in eben diesen nun wieder zurück), habe man es jedoch mit einer ‚Entprivatisierung' auf *anderer* Ebene, nämlich auf nicht-institutioneller Ebene, zu tun. Mit Hilfe der digitalen Medien veröffentlichen nun ‚Privatleute' nach Belieben Privates und Persönliches, so dass sich die Grenze zwischen ‚privat' und ‚öffentlich' auflöse, sie werde brüchig. Jedem wird es möglich, auch seine religiösen Anschauungen im öffentlichen Raum des Netzes zu teilen, religiöse Themen öffentlich zu traktieren oder Themen öffentlich religiös zu traktieren. Durch die translokale, interkulturelle Interaktion von Usern verstärke sich der Effekt der Synkretisierung mit Blick auf religiöse Inhalte wie Praktiken. Die Digitalisierung von Kommunikation wird so zu einem „Transmissionsriemen einer vielfältigen globalisierten religiösen

---

290 Hjarvard, „Mediatisation", 129. – Die Frage der Genese religiöser Autorität im Zusammenhang transmedialer Kommunikationsprozesse wäre freilich näher zu erforschen, vgl. Hoover, Stewart, *The Media and Religious Authority* (University Park/PA 2016).
291 Knoblauch, *Populäre Religion*, 270.
292 Vgl. Knoblauch, *Populäre Religion*, 204. Vgl. Casanova, José, *Public Religions in the Modern World* (Chicago/IL 1994), 6; 65 f. Vgl. hierzu auch Kapitel 5.2.3.3.
293 Knoblauch, *Populäre Religion*, 205.

Kultur, die sich neben der organisierten Religion etablieren kann, ohne die Organisationsformen der Religion annehmen zu müssen."[294] Knoblauch notiert: „Der Markt und die Medien sind die ‚Kirche' der populären Religion. Diese ‚Kirche' zeichnet sich jedoch durch ihre Indifferenz gegenüber der Religion aus. Weil Markt und Medien diese zentrale Rolle spielen, ist die populäre Religion alles andere als eine ‚unsichtbare Religion'."[295]

Freilich unterliegen nicht alle Formen der Religion und des Religiösen in gleichem Maß der Mediatisierung. Man kann jedoch davon ausgehen, dass nicht wenige „forms of religion, in private and public contexts, develop rather than disappear through social and cultural modernization."[296] Wie Andreas Hepp, Veronika Krönert und Waldemar Vogelgesang am Beispiel des *XX. Weltjugendtages* in Köln und dem *Branding*[297] von Religion zeigen, setzt die Mediatisierung von Religion bedeutsame eigene (durchaus popkulturelle) symbolische Formen frei, die hochgradig anschlussfähig sind an mediale (Alltags-)Praktiken der sich temporär vergemeinschaftenden Individuen.

Bevor Kapitel 4 den empirischen Teil der Studie vorstellt und das Phänomen der Mediatisierung der Religion und des Religiösen in eigener Perspektive in den Blick nimmt, sei ein letzter Zwischenschritt unternommen: Gefragt werden soll, in tentativer Absicht, nach einer anthropologischen Disposition, die die internetmediale Kommunikation für viele Nutzer und Nutzerinnen attraktiv macht, auch in religiöser Hinsicht. Insofern schließt eine Skizze der resonanztheoretischen Reflexionen Hartmut Rosas das Kapitel zur Digitalisierung und zur Transformation des Religiösen ab.

3.3 Resonanz als Modus der Weltbeziehung

Hartmut Rosa versucht, mit seiner Resonanztheorie[298] nicht weniger als eine „Soziologie der Weltbeziehung" zu umreißen. Um auf die Frage grundlegender anthropologischer Positionen wie des Resonanzpotenzials internetmedialer Kommunikation zu sprechen kommen zu können, muss insofern der theoretische Gesamtrahmen in groben Zügen mitvollzogen werden. Die Prämissen von Rosas Überlegungen finden sich grundgelegt vor allem in den beiden Werken *Be-*

---

294 Knoblauch, *Populäre Religion*, 37 f.
295 Knoblauch, *Populäre Religion*, 201.
296 Lövheim, „Mediatization and Religion", 548 f.
297 Im Zentrum stand die Fokussierung des Events auf Benedikt XVI., vgl. zum Branding: Hepp, Krönert und Vogelgesang, „Mediatisierte Religion", 129 ff.
298 Rosa, *Resonanz*.

schleunigung. Die Veränderung der Zeitstrukturen in der Moderne (2005) und *Beschleunigung und Entfremdung. Entwurf einer Kritischen Theorie spätmoderner Zeitlichkeit* (2013). Der Begriff der Resonanz eröffnet semantisch eine instruktive Deutungsperspektive für anthropologische Bedürfnisse und strukturelle Unausweichlichkeiten, wie sie – in ihrer Ambivalenz – an Exponenten der medialen Transformationsprozesse sichtbar werden, also auch an den in dieser Studie untersuchten Online-Konversationen. Wie sich zeigen wird, nimmt die Theorie der Resonanz bereits auf die in dieser Arbeit für die empirische Untersuchung zu operationalisierende Bestimmung religiöser Kommunikation Bezug und vermag die Figur der transzendierungsoffenen Kommunikation[299] noch einmal auf ihre Weise zu beschreiben. Ergänzt werden Rosas Ausführungen zur Resonanz durch Martin Altmeyers „psychoanalytische Zeitdiagnose der digitalen Moderne"[300], die ebenfalls das Phänomen der Resonanz in das Zentrum ihrer Überlegungen stellt.

3.3.1 Beschleunigung, dynamische Stabilisierung und die Digitalisierung von Kommunikation

Weltbeziehungen von Menschen stehen in einem unauflösbaren Zusammenhang zu strukturellen und kulturellen Institutionalisierungen. Insofern sind Menschen in den Bezügen, die sie zur Welt entwickeln, präfiguriert durch ihre Umwelt – und das bedeutet: Ihr Weltzugang wird wesentlich mitbestimmt durch soziokulturelle Formationen, die ihrerseits auf stetige Prozessierungen angewiesen sind, um sich zu institutionalisieren. Das betrifft freilich auch den Mediengebrauch. Rosa identifiziert als Kern von Moderne beziehungsweise Modernisierung – als Inbegriff moderner Transformationsprozesse – die soziale Beschleunigung, die durch die Digitalisierung noch einmal katalysiert wird: Moderne beziehungsweise Modernisierung gehen einher mit einem andauernden Dynamisierungsprozess, der geistige, soziale und materielle Verhältnisse betrifft.[301] Diese Dynamisierung äußere sich in einem strukturellen Zwang und besitze in ihrem steten Fortschreiten Eskalationscharakter:

> „[E]ine Gesellschaft [ist] dann *modern* [...], *wenn sie sich nur (noch) dynamisch zu stabilisieren vermag, wenn sie also systematisch auf Wachstum, Innovationsverdichtung und Beschleunigung angewiesen ist, um ihre Struktur zu erhalten und zu reproduzieren.* Die Trias Wachstum,

---

299 Vgl. Kapitel 3.2.3.1.
300 Altmeyer, Martin, *Auf der Suche nach Resonanz. Wie sich das Seelenleben in der digitalen Moderne verändert* (Göttingen 2016), 19.
301 Vgl. Rosa, *Resonanz*, 673.

Beschleunigung und Innovationsverdichtung lässt sich dabei als zeitliche (Beschleunigung), sachliche (Wachstum) und soziale (Innovationsverdichtung) Dimension eines einzigen Dynamisierungsprozesses verstehen, der sich seinerseits als *Mengensteigerung pro Zeiteinheit* definieren lässt."[302]

Der Kapitalismus, so Rosa in der Tradition Kritischer Theorie, schreibe sich als „schicksalvollste Macht unseres modernen Lebens"[303] tief in Ethos und Habitus der modernen Menschen ein: Rationalisierung, Optimierung und Effizienzsteigerung seien bis heute Kriterien von höchster Relevanz in nahezu allen gesellschaftlichen Teilbereichen. Prinzipiell werde alles als steigerbar konzeptualisiert, und nur wenige Bereiche widersetzten sich dieser Logik, wie etwa der Körper (aufgrund seiner natürlichen Grenzen, trotz aller medizintechnischen Fortschritte) oder die mentale Verarbeitungsfähigkeit (trotz aller Selbstoptimierungstechniken), aber auch – nach Rosa – die Sphäre der Religion[304].

Entsprechend der Theorie der Mediatisierung kommunikativen Handelns verweist auch Rosa noch einmal auf den Umstand, dass technologische Entwicklung auf kulturellen Wandel angewiesen ist, um als Fortschritt interpretiert zu werden, der an Prozessen der Beschleunigung und Dynamisierung partizipiert. Technologische Innovationen sind damit nicht Primärursache der Transformationsprozesse, vielmehr potenzieren sie eine allgemeine Dynamik und stellen die Infrastruktur für weitere Eskalationsprozesse zur Verfügung. Auch die technologische Beschleunigung, wie sie mit der „‚Beschleunigungswelle' der *digitalen Revolution*"[305] aktuell erlebt wird, tritt als starke Triebfeder sozialen und kulturellen Wandels hervor, die sich in ihrer Wirkweise als „beständige Veränderung von Praxisformen und Handlungsorientierungen, von Assoziationsstrukturen und Beziehungsmustern und sogar von Selbstverhältnissen und psychophysischen Dispositionen"[306] zeigt. Mit Blick auf die psychischen Dispositionen kommt

---

302 Rosa, *Resonanz*, 673. Im Original hervorgehoben. – Der Überschritt gesellschaftlicher Veränderung von einem adaptiven (sich situativ immer neu anpassenden) hin zum dynamischen Modus der Stabilisierung lässt sich als Prozess vom 17. Jahrhundert bis zum 19. Jahrhundert beschreiben, der eng an die Ausdifferenzierung gesellschaftlicher Funktionssysteme gekoppelt ist. In historischer Perspektive bedeutsam ist hier vor allem als Triebfeder der Dynamisierung die politische und militärische Konkurrenz zwischen den sich nach dem Westfälischen Frieden etablierenden Territorialstaaten; vgl. Rosa, Hartmut, *Beschleunigung: Die Veränderung der Zeitstrukturen in der Moderne* (Frankfurt a.M. ^{10}2014), 311 ff.; vgl. ders., *Resonanz*, 678 ff.
303 Weber, Max, *Die protestantische Ethik I: Eine Aufsatzsammlung*, hg.v. Johannes Winckelmann (Gütersloh ^{9}2000), 12.
304 Vgl. Rosa, *Resonanz*, 688 f.
305 Rosa, *Beschleunigung*, 246. Im Original hervorgehoben.
306 Rosa, *Beschleunigung*, 247 f. – Rosa bezieht sich zwar immer wieder auf die Digitalisierung der Kommunikation und ‚das' Internet, aber eher in Form kleinerer Einlassungen am Rande.

Martin Altmeyer zu einem ähnlichen Schluss: Die lebensweltlichen Veränderungen reichten in das Seelenleben der Subjekte hinein und riefen einen Wandel in der psychischen Entwicklung hervor. Das „exzentrische Selbst" müsse in der Netzwerkgesellschaft über drei Eigenschaften verfügen, so die Annahme: soziale Vigilanz, psychische Plastizität und intersubjektive Resonanzfähigkeit.[307] – Kommunikative Manifestationen dieser Veränderungen sind unter anderem in den Online-Konversationen zu sehen[308], über die sich fluide Kommunikationsgemeinschaften bilden, die wiederum einen Kommunikationsmodus heraussetzen, den ich ‚*passagere Kommunikation*'[309] genannt habe.

Rosa stellt explizit die Frage nach dem guten und gelingenden Leben. Dieses sei „Ergebnis einer Weltbeziehung, die durch die Etablierung und Erhaltung stabiler *Resonanzachsen* gekennzeichnet ist, welche es den Subjekten erlauben und ermöglichen, sich in einer antwortenden, entgegenkommenden Welt *getragen* oder sogar *geborgen* zu fühlen."[310] Rosas Bestimmung ist weitgehend formal gehalten. Das erhöht die interdisziplinäre Anschlussfähigkeit. Auch die Beantwortung der Frage nach dem guten Leben unterliegt – wie die Manifestationen der Selbst- und Weltverhältnisse und „psychophysischen Dispositionen" der Subjekte überhaupt – den vier Strukturmomenten der Moderne: ethische Offenheit, ethische Privatisierung, dynamische Stabilisierung und Konkurrenz[311] als herausragender Allokationsmodus.[312] Damit wird deutlich, dass Rosa den Resonanzbegriff

---

‚Digitalisierung' und ‚Internet' sucht man als Stichwörter vergeblich im *Resonanz*-Register. Das ist bemerkenswert, da die Digitalisierung von Kommunikation, auch in Rosas Befunden, einen erheblichen Beitrag zur Beschleunigung von Lebensprozessen leistet.
307 Vgl. Altmeyer, *Auf der Suche nach Resonanz*, 240 f.
308 Vgl. hierzu ausführlich Kapitel 4.
309 Die Anerkennung einer in ihrer quantitativen Verbreitung als bevorzugter Kommunikationsmodus online neuen Form mag dazu dienlich sein, diese Form des Kommunizierens nicht als deviante Form zu betrachten, der es per se an allem mangelte, was ein ‚gutes Gespräch' ausmacht. Passagere Kommunikation hat es freilich zu allen Zeiten gegeben, wenngleich die einander kurzweilig Begegnenden in den bisherigen Formen einander zumindest oberflächlich bekannt waren.
310 Rosa, *Resonanz*, 59. Im Original hervorgehoben. – Wie sich im folgenden Abschnitt zeigen wird, ist mit dieser Bestimmung mitnichten einer Lebensauffassung das Wort geredet, die harmonistisch alles Stumme und Repulsive meint abdrängen zu müssen. Im Gegenteil: Die Erfahrungen der Resonanz und der Entfremdung stehen in einem konstitutiven Wechselverhältnis.
311 Rosa notiert: „Die Bestimmung darüber, von welcher Weltposition aus die Subjekte ihre Vision eines guten Lebens entwerfen und verfolgen können, erfolgt nicht mehr nach den Prinzipien ständischer, traditionalistischer oder autoritär-paternalistischer Zuteilung, sondern wird im Modus der Konkurrenz und des Wettbewerbs, in der Regel nach Leistungskriterien, erst ermittelt." (Rosa, *Resonanz*, 44.)
312 Vgl. ebd.

deskriptiv verwenden kann, dass der Begriff wesentlich jedoch *normative* Implikationen hat. Anhand des Resonanzbegriffs entwirft Rosa ein Modell gesellschaftlicher Kritik[313] – und unterscheidet sein Konzept damit von der rein deskriptiven Verwendung des Resonanzbegriffs bei Altmeyer.

Rosa attestiert dem modernen Subjekt in seiner Alltagspraxis eine quasi-eschatologische Haltung, die vor allem auf Optimierung und Akkumulation ausgerichtet sei: Ressourcenoptimierung und Akkumulation von Möglichkeiten würden zu ‚Strategien', das gute Leben *irgendwann einmal* führen zu können, wenn die Ausgangslage dazu verbessert sei. Auch Adaptionen an Veränderungen des Entwurfs eines guten Lebens sollen immer noch möglich sein. Ressourcenoptimierung[314] werde zum zentralen Handlungskonzept: „Sich Rechte und Positionen zu sichern, mittels Geld, Wissen und Beziehungen buchstäblich die physische, soziale und technische ‚Weltreichweite' zu vergrößern, seine Fähigkeiten zu erweitern, seine Netzwerke auszudehnen etc. erweist sich als eine, nein: als *die* geeignete Lebensstrategie unter Bedingungen ethischer Unsicherheit; sie sichert nicht per se ein glückliches Leben, verbessert aber die Ausgangsbedingungen dafür, es zu erreichen."[315]

Paradoxerweise untergrabe nun die Steigerungslogik strukturell die Bedingungen, ein gutes Leben zu verwirklichen[316]: Konkurrenzsituationen sind resonanzavers.[317] Das Verhältnis zur Welt und zu anderen Menschen werde unter diesen Bedingungen primär ein *instrumentelles*. Damit verstumme die Welt und erscheine tendenziell als repulsiv, sie ‚spreche' nicht mehr zu uns. Die Reproduzierung der in die Selbst- und Weltbeziehungen der Menschen eingeschriebenen Strukturmomente der Moderne förderten die Erfahrung der Entfremdung[318] von sich, von anderen, von der Welt.

---

313 Um es etwas salopp zu formulieren: Was nicht resonant ist, muss kritisch daraufhin befragt werden, ob es nicht resonant werden kann.
314 Rosa erwähnt in diesem Zusammenhang die Hochkonjunktur von Ratgeberliteratur und Magazinen, die sich mit Ressourcenoptimierungen (Wie werde ich gesünder, reicher, sportlicher etc.?) und mit der Frage nach dem guten Leben beschäftigen. Rosa selbst weist an anderer Stelle auf das – auch für ‚Resonanz-Agenturen' ja nicht unerhebliche – Problem hin, dass die strategische Thematisierung des guten Lebens bereits wieder die strukturellen Voraussetzungen für ein gutes Leben unterminiert. Vgl. Rosa, *Resonanz*, 46 ff.
315 Rosa, *Resonanz*, 45. Im Original hervorgehoben.
316 Vgl. Rosa, *Resonanz*, 19.
317 Vgl. Rosa, *Resonanz*, 696.
318 Vor allem unter Rekurs auf Fritz Riemann und Émile Durkheim vertritt Rosa die These, dass Angst und Begehren als wesentliche Triebkräfte und Seinsweisen verstanden werden können, wenn sie als Angst vor Entfremdung und als Resonanzbegehren aufgefasst werden: „Möglicherweise ist die Furcht davor, nichts zu hören, nur der indifferent schweigenden Welt zu be-

Die Nutzung der Internettechnologien interpretiert Rosa nun vor allem unter dem Aspekt der Reichweitenvergrößerung und der Ressourcenoptimierung, das Netz hat in dieser Perspektive eher Teil an Mechanismen der Entfremdung. Ganz anders ist hier Altmeyer gestimmt, der in den neuen Medien ein „historisch einzigartiges, allen zugängliches Resonanzsystem"[319] sieht. Für Altmeyer besteht der Vorteil der neuen Medien darin, dass sie eine kulturell stimulierende, sozial integrative und psychisch befreiende Wirkung haben.[320] Meines Erachtens unterschätzt Rosa das Potenzial sozialer und kommunikativer Formationen online; er operiert mit einer Unterstellung, die sich nicht zuletzt aus einer Tradition der Kritik an der Massenkultur speist (von Altmeyer „Verachtungsdiskurs der Eliten"[321] genannt). Bevor auf diese Einschätzung näher eingegangen wird, sei zum besseren Verständnis zuerst gefragt: Was ist unter Resonanz grundsätzlich zu verstehen?

3.3.2 Resonanz, Resonanzsphären und Resonanzachsen

Resonanz verstehen Rosa wie Altmeyer als Anfangsgeschehen, als Grundbezogenheit und „Urgrund für *Weltpräsenz* und *subjektive Erfahrung*"[322], Altmeyer spricht auch von der Erfahrung primärer Intersubjektivität[323]. Damit rückt der Resonanzbegriff in die Nähe von Luckmanns Bestimmung der Transzendenz als

---

gegnen, auf der Seite der Subjekte eine versteckte, aber wirkmächtige Antriebskraft für die soziale Beschleunigungsspirale der Spätmoderne. Wenn immer wieder beobachtet wird, dass spätmoderne Subjekte von sich aus dazu tendieren, alle (spontan) entstehenden zeitlichen Freiräume mit neuen Verpflichtungen und Aktivitäten zuzustellen und beispielsweise notorisch nach Fernbedienungen und Kommunikationsgeräten greifen, sobald sie einen Moment mit sich alleine und entpflichtet sind, so können sie damit unbewusst einer Logik folgen, welche die Resonanzerwartungen panisch auf die Zukunft verschiebt: Solange wir damit befasst sind, Aufgaben zu erledigen, *To-do-Listen* abzuarbeiten und Termine zu erfüllen, sind stumme, verdinglichte Weltbeziehungen unvermeidlich und gleichsam legitimiert – wir akzeptieren sie, um Ressourcen zu gewinnen und zu sichern, die uns ‚später', wenn wir zu dem kommen, was wir ‚eigentlich' wollen und sind, helfen sollen, ein gutes Leben zu haben und mithin Resonanz zu erfahren." (Rosa, *Resonanz*, 327.)
319 Altmeyer, *Auf der Suche nach Resonanz*, 10.
320 Vgl. Altmeyer, *Auf der Suche nach Resonanz*, 29.
321 Altmeyer, *Auf der Suche nach Resonanz*, 85.
322 Rosa, *Resonanz*, 66. Im Original hervorgehoben.
323 Vgl. dazu auch: Trevarthen, Colwyn, „Communication and Cooperation in Early Infancy: A Description of Primary Intersubjectivity", in *Before Speech: The Beginning of Interpersonal Communication*, hg.v. Margaret Bullowa (Cambridge/UK u.a. 1979), 321–347.

anthropologisch begründete und somit auch in die Nähe dessen, was in dieser Arbeit als ‚*transzendierungsoffene Kommunikation*' bezeichnet wird:

> Als Beginn der Wahrnehmung, als Bedingung von jeglichem Weltbezug steht die ‚Offenheit' des Subjekts für ein ‚Etwas' [...]. Die ‚Offenheit' des Subjekts ist eine Figur des Transzendierens: Die Unterscheidung Subjekt – Objekt wird erst möglich, weil wahrnehmende Wesen qua Wahrnehmung immer schon auf die Welt bezogen oder geöffnet sind, dies allerdings ohne den bewussten Akt des Sich-gegenüber-Setzens. Der Bezug ist noch kein identifizierender Bezug, sondern ermöglicht diesen erst.[324]

Resonanz ist dabei ein *Beziehungsmodus*, kein Gefühlszustand (der Beziehungsmodus ist dem emotionalen Gehalt gegenüber neutral): Beide Elemente der Beziehung berühren sich so, „dass sie als *aufeinander antwortend*, zugleich aber auch *mit eigener Stimme sprechend*, also ‚zurück-tönend' begriffen werden können."[325] Die bidirektionalen Schwingungen, die der Resonanz eigen sind – Rosa bemüht selbst das Bild von den beiden Stimmgabeln, die einander in Schwingungen versetzen –, können als Af←fekt und E→motion abgebildet werden: Das Subjekt wird in der Resonanzerfahrung affiziert, und es reagiert mit einer „entgegenkommenden, nach außen gerichteten emotionalen Bewegung, mit intrinsischem Interesse *(Libido)* und entsprechenden Wirksamkeitserwartungen"[326]. Beide Seiten gehören für die Resonanzerfahrung zusammen. Resonanzerfahrungen stehen zudem im Zusammenhang mit starken Wertungen; diese sind in der Lage, Weltausschnitte zu konfigurieren, die antworten, mit eigener Stimme sprechen, an das Subjekt appellieren (in der Wahrnehmung des Subjekts gehen die starken Wertungen von jenen Weltausschnitten aus, die sie angehen).[327] Die wenigen konzeptionellen Ausführungen Altmeyers zur Resonanz[328] sind mit den Bestimmungen Rosas in Übereinstimmung zu bringen. Die psychologische Perspektive ergänzt die Beschreibung um ein identitätstheoretisches Moment: Re-

---

[324] Förster-Beuthan, Yvonne, *Zeiterfahrung und Ontologie: Perspektiven moderner Zeitphilosophie* (Paderborn 2012, 180), zit. n. Rosa, *Resonanz*, 66 f.
[325] Rosa, *Resonanz*, 285. Im Original hervorgehoben. – Die Darstellung der zahlreichen inhaltlichen Referenzen von Rosas Konzept ist an dieser Stelle nicht zu leisten, verwiesen sei exemplarisch auf Plessners Rede von der „durchstimmenden Angesprochenheit", vgl. Plessner, Helmut, „Lachen und Weinen: Eine Untersuchung der Grenzen menschlichen Verhaltens" (1941), in: Ders., *Ausdruck und menschliche Natur*, Gesammelte Schriften Bd. 7 (Darmstadt 2003), 201–388: 347 f.
[326] Rosa, *Resonanz*, 279. Im Original hervorgehoben.
[327] Vgl. Rosa, *Resonanz*, 228 f. Vgl. zu den starken qualitativen Differenzierungen auch: Taylor, Charles, *Quellen des Selbst: Die Entstehung der neuzeitlichen Identität* (Frankfurt a.M. 1996), 55; ders., *Das Unbehagen an der Moderne* (Frankfurt a.M. 1995), 40--51.
[328] Vgl. Altmeyer, *Auf der Suche nach Resonanz*, 193 ff.

sonanz stiftet und stabilisiert Identität, das Selbst spiegelt sich in den Reaktionen seiner Umwelt, und die Antworten auf identitätsvergewissernde Fragen regulieren Selbstgefühl und narzisstische Balance.[329] Narzissmus hat also, in seiner ‚gewöhnlichen Form' nichts mit Solipsismus zu tun, sondern stellt eine Notwendigkeit in der Konstitution der Selbstbeziehung im intersubjektiven Spiegel dar. Resonanz stellt gewissermaßen ein Lebensmittel für das Selbst dar. Gleichzeitig, so Altmeyer, steige das explizite Bedürfnis nach Resonanz eher noch: „Nicht mehr Homogenität und Ich-Stärke, sondern Heterogenität und innere Pluralisierung sind Kennzeichen spätmoderner Subjektivität, die insgesamt plastischer, lebendiger und authentischer, aber auch labiler und verletzlicher geworden ist."[330] Die interaktiven Medien kämen dem grundsätzlichen Resonanzbedürfnis des Menschen entgegen: „In der digitalen Moderne neigt das zeitgenössische Selbst stärker dazu, sich anderen Menschen zu zeigen, um besser wahrgenommen zu werden und mehr Beachtung zu finden, letzten Endes aber, um jene Resonanz zu erhalten, die es gerade in einer krisenhaft zusammenwachsenden, allseits vernetzten und nicht zuletzt deshalb beunruhigenden Welt für die eigene Selbstvergewisserung braucht."[331] Altmeyer weist also, anders als Rosa, den Möglichkeiten digitaler Kommunikation eine grundsätzlich positive Funktion zu.

Resonanzerfahrungen werden insbesondere entlang von ‚Resonanzachsen', so Rosa, möglich.[332] Sie sind konstitutiv für die Vergewisserung des Einzelnen, zur Welt, repräsentiert durch den Weltausschnitt, eine Resonanzbeziehung aufbauen beziehungsweise erfahren zu können. Das Herausbilden von Resonanzachsen ist dabei auf Resonanzräume beziehungsweise Resonanzsphären verwiesen, die Resonanz zulassen, die sie aber nicht erzwingen (das könnten sie auch per definitionem nicht). Resonanzräume beziehungsweise Resonanzsphären sind kulturell präfiguriert, ‚klassische' Resonanzräume für moderne Gesellschaften sind Kunst, Natur und Religion – und freilich etablieren sich Resonanzachsen in vielen anderen Bereichen wie dem familiären Bereich, dem Sport, im Freundeskreis etc.[333] Stärker als es Rosa prononciert, soll Resonanz als eine Erfahrung verstanden werden, die keinen Kausalitäten unterliegt. Nicht ganz unproblematisch erscheint nämlich die Verhältnisbestimmung von Entfremdung und Resonanz. Lautet Rosas „grundbegriffliche Kernthese" „*Resonanz ist das Andere der Ent-*

---

329 Vgl. Altmeyer, *Auf der Suche nach Resonanz*, 132.
330 Dornes, Martin, *Die Modernisierung der Seele: Kind – Familie – Gesellschaft* (Frankfurt a.M. 2012), 321.
331 Altmeyer, *Auf der Suche nach Resonanz*, 14.
332 Vgl. Rosa, *Resonanz*, 296.
333 Vgl. ebd.

fremdung"³³⁴, wäre noch einmal anzufragen, ob die Resonanzerfahrung konstitutiv auf eine vorgängige Erfahrung nicht nur der Indifferenz, sondern auch der Repulsion und Entfremdung angewiesen ist. Was erkenntnistheoretisch sinnvoll erscheinen mag, kann sich in der historischen Sozialwelt als zynisch erweisen.³³⁵ Wichtig hingegen erscheint der Hinweis, dass die Resonanzerfahrung strukturell das Fremde, Unverfügbare in der Beziehung benötigt, damit die Stimme des Anderen überhaupt für das Subjekt herausrufenden Charakter hat, der etwas in Bewegung setzt, zum Schwingen bringt. Und insofern mag es psychologisch richtig sein, dass die Erfahrung von Fremdem, Irritierendem und Repulsivem am eigenen Leib die Anerkennung des (bleibend) Fremden, seiner Entzogenheit und Flüchtigkeit in der Resonanzbeziehung erleichtert.³³⁶ Gleichzeitig benötigt die Resonanzerfahrung eine „resonanzsensible Grundhaltung"³³⁷, etwas zurückhaltender formuliert: zumindest eine dispositionale Gestimmtheit, die nicht nur mit stummen Weltverhältnissen rechnet. Mit dieser kurzen Skizze zur Resonanz ist der Weg bereitet, nun auch nach Religion und religiöser Kommunikation zu fragen.

---

334 Rosa, *Resonanz*, 306. Im Original hervorgehoben.
335 Rosa notiert: „Die aus Indifferenz und Repulsion gebildete Entfremdung muss erst spürbar werden, bevor sich resonante Weltbeziehungen ausbilden können. Resonanzfähigkeit und Entfremdungssensibilität erzeugen und verstärken sich daher wechselseitig, so dass die Tiefe der Repulsionserfahrung oder des Leidens an Indifferenz gleichsam die mögliche Verflüssigungstiefe der Resonanzbeziehung bestimmt." (Rosa, *Resonanz*, 322.) Wird damit Leiden nicht verklärt und auch ein Stück weit instrumentalisiert? Das Unbehagen wird nicht geschmälert, wenn Rosa unter Rekurs auf Hegels *Phänomenologie des Geistes* und seine Ausführungen zu dem sich entfremdeten Geist schreibt: „Das Stummwerden der Welt und die Ausprägung eines in vielerlei Hinsicht durchaus *repulsiven Weltverhältnisses* sind dabei *unvermeidliche Durchgangsstadien* und *Voraussetzungen* für die Ausbildung neuer Resonanzbeziehungen und schließlich für die Etablierung stabiler Resonanzachsen." (323; Hervorhebung in Teilen von mir; KM.) – Rosa möchte freilich, gerade weil er die Kritische Theorie fortschreiben will, der Kategorie der Entfremdung einen bleibenden Platz in seiner Theorie der Weltbeziehungen und des guten Lebens sichern. Nimmt man Rosa ernst, dass die Resonanzerfahrung „ihre Mitte […] in der momenthaften, nur erahnten Gewissheit eines aufhebenden ‚Dennoch'" hat, dass an ihrer Wurzel „der Schrei des Nichtversöhnten und der Schmerz des Entfremdeten" liegt – Passagen in diesem Duktus sind selten – dann stellte die Resonanztheorie doch eher die Frage nach einem ‚besseren' Leben, das in der individuellen Verfolgung einer Verbesserung der Resonanzdispositionen nicht die Fragen nach struktureller Ungerechtigkeit und Gewalt dispensiert. Aus diesem Grund liegt Rosa natürlich an der Kritik der Resonanzverhältnisse. Es könnte allerdings sein, dass das teleologische Ausrichten der Weltphänomene auf Resonanz letztendlich doch zu monistisch und unterkomplex ist.
336 Zur Bedeutsamkeit der Anerkennung des Fremden in Kommunikationsbeziehungen vgl. auch: Merle, „Fremdheit und Verstehen".
337 Rosa, *Resonanz*, 325.

3.3.3 Religiöse Kommunikation und Resonanzaffinität von Online-Konversationen

Rosas Theorie der Resonanz ist durchwirkt von religionstheoretischer Terminologie[338], wenngleich Religion im Gesamtentwurf nur eine Resonanzachse neben anderen ausmacht. Theologisch könnte man auch sagen: Die Resonanzerfahrung ist eine religiöse Erfahrung. Sie ist wesenhaft unverfügbar.[339] Kern der Religion ist die existenzielle Antwortbedürftigkeit des Menschen sowie das „Versprechen ihrer potentiellen *Erfüllung*"[340]. Schon Paul Tillich notiert bekanntlich, der Mensch sei „die Frage nach sich selbst, noch ehe er irgendeine Frage gestellt hat".[341] Der Mensch ist also, in seiner Antwortbedürftigkeit, wesenhaft in seiner lebensweltlichen Verankerung auf mundane Intersubjektivität angewiesen. Und gleichzeitig gibt Religion ein Resonanzversprechen par excellence.

a) Resonanz und Religion und die Anschlussfähigkeit an die bisherigen Überlegungen zur religiösen Kommunikation in dieser Studie
Während Altmeyer das Phänomen der Resonanz nur mit Blick auf den intersubjektiven Bereich verhandelt, versucht Rosa, mithilfe des Schlüsselbegriffs der Resonanz die menschliche Erfahrung universal zu erfassen[342]: Resonanzbeziehungen zu anderen Menschen werden in der vertikalen Dimension verortet, Beziehungen zur „materiellen Dingwelt"[343] werden zur diagonalen Dimension gerechnet – Rosa veranschaulicht hier seine Überlegungen mit Blick auf den Aspekt poetischer Weltbeziehungen, reflektiert dann aber auch die Themen Arbeit, Bil-

---

338 „Resonanzerfahrungen [sind] essentiell an die Affirmation starker Wertungen gebunden. Sie treten dann und dort auf, wo Subjekte mit etwas in der Welt in Berührung kommen, das für sie eine unabhängige Wertquelle darstellt, das ihnen als *schlechthin* wichtig und wertvoll entgegentritt und *sie etwas angeht*." (Rosa, *Resonanz*, 291. Im Original hervorgehoben.)
339 Zu den religiösen Implikationen des Resonanzbegriffs vgl. auch: Schüßler, Michael, „Resonanz ... Unterbrechungen". http://www.feinschwarz.net/resonanz-unterbrechungen/ (01.03.2018) – Resonanz ist, nach Rosa (Altmeyer benutzt beide Begriffe im Grunde synonym), nicht mit *Echo* zu verwechseln. Das Echo spiegelt das Eigene wider, hier antwortet nicht ein Anderes mit eigener Stimme. Das Echo ist durch eine identitäre Struktur bestimmt, es kann auch – in manifesten Formen, etwa als Form der erwarteten ‚Antwort' – als Resonanzpathologie verstanden werden. In jedem Fall ist hier eine kritische Unterscheidung zu treffen. (Vgl. Rosa, *Resonanz*, 370 f.)
340 Rosa, *Resonanz*, 446. Im Original hervorgehoben.
341 Tillich, Paul, *Systematische Theologie*, Bd. I/II (Berlin u. a. ⁸1987), 76.
342 Man mag diesem Ansinnen auch etwas Totalitäres abgewinnen; fraglich bleibt es allemal, ob die Integration aller Phänomene der Welt auf ein grundlegendes Prinzip hin evident ist.
343 Rosa, *Resonanz*, 74.

dung, Sport und Konsum. Die vertikale Dimension der Resonanz zeichnet sich dadurch aus, dass „das dabei empfundene Gegenüber als über das Individuum hinausgehende Totalität erfahren wird. In vertikalen Resonanzerfahrungen erhält gewissermaßen *die Welt selbst* eine Stimme."[344] Unter Rekurs auf Schleiermacher beschreibt Rosa die religiöse Erfahrung als anverwandelnde Weltbeziehung, wobei sich die Selbstwirksamkeitserfahrung im Gefühl – als das Andere der Anschauung – manifestiert. Es geht nicht, so auch Schleiermacher in seinen *Reden*, um einen Ausdruck im äußeren Handeln.[345]

Die Konturierung der Religion bleibt im Entwurf schillernd: Einerseits trägt die religiöse Erfahrung Züge der Grundform der Resonanzerfahrung. Andererseits erzeugt die enge Kopplung an die ‚Sphäre der Religion' mit der Vorstellung einer eigenen Resonanzachse eine Domestizierung der religiösen Erfahrung und reproduziert damit die konventionelle Auffassung einer ‚Einhegung' des Religiösen über die funktionale Differenzierung moderner Gesellschaften. Auch wenn Rosa in seinen Ausführungen über die Religion ‚nur' darlegen will, dass der eigentliche Kern der „religiösen Erfahrung und Attraktivität"[346] in der Vorstellung einer antwortenden und entgegenkommenden Welt liegt, schreibt er zugleich:

> *Etwas ist da, etwas ist gegenwärtig:* Das ist [...] die Grundform aller Weltbeziehung. Es ist die Urform aller Wahrnehmung und allen Bewusstseins, aus der sich Subjekt und Objekt, Menschen, Dinge und Handlungen erst herausdifferenzieren; es ist die Urform des Daseins. Religion kann dann verstanden werden als die in Riten und Praktiken, in Liedern und Erzählungen, zum Teil auch in Bauwerken und Kunstwerken erfahrbar gemachte Idee, dass dieses *Etwas* ein Antwortendes, ein Entgegenkommendes – und ein Verstehendes ist. *Gott* ist dann im Grunde die Vorstellung einer *antwortenden Welt.*[347]

---

344 Rosa, *Resonanz*, 74 f. Im Original hervorgehoben.
345 Vgl. Schleiermacher, Friedrich Daniel Ernst, „Über die Religion. Reden an die Gebildeten unter ihren Verächtern", in *Schriften aus der Berliner Zeit 1796 – 1799* (Kritische Gesamtausgabe I/ 2), hg. v. Günter Meckenstock (Berlin u. a. 1984), 185 – 326: 219. – Vor dem Hintergrund dieser Bestimmung ist nicht einsichtig, warum nicht auch die ästhetische Erfahrung in der Betrachtung eines Kunstwerks oder aber die Naturerfahrung eine religiöse Erfahrung sein kann. Stattdessen schreibt Rosa: „Ästhetische Resonanzfähigkeit ist [...] als kollektiv verbindliche Forderung an die gesellschaftliche Stelle religiöser Resonanzfähigkeit getreten." (Rosa, *Resonanz*, 473.) Offensichtlich verbindet sich für Rosa mit der religiösen Erfahrung die Annahme einer „Existenz transzendenter oder metaphysischer Mächte". (501.) – An anderer Stelle heißt es: „[G]lücklicherweise hat die Moderne andere Wege gefunden und institutionalisiert, die dieses Verlangen [das existenzielle Resonanzverlangen; KM] gleichsam *als resonanzfunktionale Äquivalente zur Religion* erfüllen können, ohne auf ein metaphysisches Glaubenssystem angewiesen zu sein." (452; Hervorhebung von mir; KM; vgl. 445.) – Die Unterscheidung der Resonanzräume wirkt bisweilen künstlich.
346 Rosa, *Resonanz*, 438.
347 Rosa, *Resonanz*, 435. Im Original hervorgehoben.

Den klassischen ‚Anschauungsfall' im Bereich der Religion findet Rosa im Ritus. Der Ritus, zunächst nicht notwendigerweise religiös verstanden, ist in der Lage, soziokulturell präfigurierte Resonanzachsen erfahrbar zu machen, und das oftmals in der Verschränkung der verschiedenen Resonanzdimensionen.[348] Die resonanztechnische Aufladung der Artefakte (zum Beispiel des Kreuzes) macht, dass die Etablierung einer Resonanzachse genügt, um den Resonanzverbund zu aktivieren.[349]

Was können nun die bisher dargestellten Überlegungen zur Resonanz – über ritualtheoretische Betrachtungen hinausgehend – zur Frage der *öffentlichen religiösen Kommunikation*, wie sie im Rahmen dieser Arbeit reflektiert wird, beitragen? Vor allem fünf Aspekte möchte ich anführen, und sie sollen in den nachfolgenden Kapiteln 4 und 5 punktuell wieder aufgegriffen werden:

1. Zunächst einmal eignet sich das Konzept als kommunikative Leitidee, weil es eine *formale* Bestimmung aufweist: Über den Inhalt dessen, was kommuniziert wird, ist mit der Resonanztheorie noch nichts gesagt. Das befördert eine interdisziplinäre Anschlussfähigkeit.
2. Die Bestimmung von Resonanz als Beziehungsmodus lässt sich als Kommunikationsmodus beschreiben, denn Beziehungen entstehen über Kommunikationen (die Bedeutung von Auren oder Atmosphären[350] ist bei dieser Bestimmung sicherlich unterreflektiert, das ist an dieser Stelle eine bewusste Reduktion).
3. Auch religiöse Kommunikation im öffentlichen Raum ist angewiesen auf responsive Prozesse, die auf austauschenden, abwägenden und argumentierenden Begegnungen beruhen. Religiöse Kommunikation zielt – es sei denn, es handelt sich um reine Informationskommunikation – auf eine Weltbeziehung ab, „in der sich Subjekt und Welt gegenseitig berühren und zugleich transformieren."[351] Ohne responsive Prozesse sind eigene Anliegen und eigene Positionen nicht zu ‚vermitteln'; allenfalls werden sie wahrgenommen, erzeugen aber keine

---

348 Das Abendmahl etwa verbinde die vertikale Dimension (das transzendente Gegründetsein) mit der horizontalen (Gemeinschaft der Glaubenden untereinander) und der diagonalen Dimension (Artefakten wie Kelch oder Brot).
349 Rosa nennt hier als Beispiel auch Mt 18,20: „Wo zwei oder drei in meinem Namen versammelt sind, da bin ich mitten unter ihnen." (Vgl. Rosa, *Resonanz*, 443. Auch auf das Beten geht Rosa ein, vgl. 441f.).
350 Vgl. dazu auch u. a.: Schmitz, Hermann, *Atmosphären* (Freiburg i.Br. 2014); Böhme, Gernot, *Atmosphäre: Essays zur neuen Ästhetik* (7., erw. u. überarb. Aufl., Berlin 2013).
351 Rosa, *Resonanz*, 298.

Resonanzen. Auch Kirche verbindet mit ihrer Kommunikation Selbstwirksamkeitserwartungen.

4. Geht man davon aus, dass „Resonanz keine Echo-, sondern eine Antwortbeziehung" ist, die voraussetzt, „dass beide Seiten *mit eigener Stimme* sprechen" [352], dann impliziert Resonanz die Anerkennung des Anderen als Anderer. Die Andersheit ist konstitutiv für die eigene Resonanzkraft, die eigene Vitalität. Wird von dieser Andersheit beziehungsweise Fremdheit abgesehen, verwandelt sich das Kommunikationsverhältnis unter der Hand zu einem instrumentellen und stummen: Der Andere als Kopie meiner selbst oder als Manifestation meiner Vorstellungen über ihn affiziert mich nicht als potenziell Antwortender, sondern als Echo. Das heißt, wo resonante religiöse Kommunikation entstehen will, ist der Anderen die eigene Stimme zu lassen, und es ist damit zu rechnen, dass die Andere starke Wertungen besitzt, die nicht mit meinen zusammenfallen. Und das bedeutet: Ein *reflexiv gestalteter religiöser Pluralismus*[353] stellt eine der *wesentlichen Voraussetzungen für eine Etablierung von Resonanzbeziehungen* dar.

5. Während sich die Auffassung resonanter Kommunikation hervorragend mit dem in dieser Studie als transzendierungsoffene Kommunikation beschriebenen Phänomen ins Gespräch bringen lässt – und sich im Gegenzug andere Formen von Kommunikation eben nicht als resonanzaffin beschreiben lassen[354] – soll der Blick gerade auch hinsichtlich der kybernetischen Reflexionen auf die Frage nach der *normativen* Gestalt gerichtet sein: Was ist für kirchliche Kommunikationskulturen zu bedenken, wenn religiöse Kommunikation resonante Kommunikation sein will?

b) Zur Resonanzaffinität von Online-Konversationen

Transzendierungsoffene Kommunikation teilt mit resonierenden Kommunikationsbeziehungen wesentliche Charaktereigenschaften. In Aufnahme der in diesem Kapitel bereits geleisteten Definition[355] könnte eine Bestimmung religiöser Kommunikation als resonanzsensible Kommunikation lauten: Als resonanzsensible Kommunikation soll eine solche Kommunikation aufgefasst werden, die mittels des Gebrauchs von Zeichen und Symbolen als eine solche erkennbar wird, in der der Eine eine Bereitschaft signalisiert, durch die Kommunikation mit dem Anderen in einen kommunikativen Austausch involviert zu werden, der gegebenenfalls den eigenen Standpunkt beziehungsweise die eigene Perspektive auf

---

352 Ebd. Im Original hervorgehoben.
353 Vgl. Kapitel 5.2.3.2.
354 Vgl. Kapitel 4.
355 Vgl. Kapitel 3.2.3.1.

Etwas verändert. Anders ausgedrückt: Die resonierende Begegnung mit dem Anderen, die mich selbst involviert, führt in eine Bewegung des Transzendierens hinein, deren Ausgang noch offen ist. – Insgesamt, auch unter Integration der noch zu ergänzenden Aspekte religiöser Kommunikation, könnte diese in ihrer Gestalt bestimmt werden als *performative Anverwandlung von Weltpositionen durch Partizipation an Resonanzbeziehungen.*

Mit Blick auf die Operationalisierung religiöser Kommunikation für die empirische Untersuchung kann die Identifikation solcher Kommunikation nicht über Inhalte erfolgen, sondern muss über die Form der kommunikativen Begegnung (Dialogizität im Gegensatz zu [argumentativer] Selbstbeharrung) geschehen. Das schließt vor allem ein, dass der Modus der einer persönlich wertschätzenden Ansprache und Entgegnung ist, der Anerkennung des Anderen/Fremden, des Ausweisens eines subjektiven Standpunkts (in seiner Subjektivität, dann aber auch unter Rekurs auf starke Wertungen, das impliziert Auskünfte über – bisherige – Wertideen und Stellungnahmen zur Welt), welches die Mitteilung von Erfahrungen und das Stellen offener Fragen einbeziehen kann. Ermöglicht wird durch solche Formen (momenthafte) ‚kommunikative Berührung', die Potenzial zur Transzendierung des Selbst und Potenzial zur Transformation der Stellungnahme zur Welt hat. Eine solche kommunikative Begegnung hat zunächst nichts mit ‚religiösen Inhalten' zu tun. In ihrer *Form* drückt sich jedoch insofern eine *religiöse Grundhaltung* aus, als mit der transformatorischen Kraft eines antwortenden Gegenübers gerechnet wird. Eine solche Grundhaltung ist eine dispositionelle Voraussetzung für Erfahrungen der Resonanz.

So instruktiv der Begriff der Resonanz ist, so schwierig ist leider Rosas Einschätzung digitaler Kommunikation. Er moniert, dass die habitualisierte Nutzung von Geräten (wie Smartphones und Bildschirmen) zur Erschließung von Welt in Wirklichkeit eine kolossale Einschränkung der vorhandenen Interaktionsmöglichkeiten sei:

> Im Unterschied zu Resonanzerfahrungen in der physischen Welt, in der wir leben, sind kurze Feedbacks über soziale Medien ‚entsinnlicht'. Wenn ich auf ein Posting oder einen Tweet mehr Likes bekomme als das Mal zuvor, deute ich das als stärkere Resonanz. Wenn ich dagegen weniger Rückmeldungen erhalte, habe ich die Sorge, von der Welt ‚vergessen' zu werden. Wer seine Resonanzvergewisserung über die sozialen Medien sucht, muss sich deshalb alle paar Stunden oder gar Minuten von Neuem seiner Verbundenheit mit der Welt versichern. Das kann leicht zu einem suchtförmigen Verhaltensmuster führen. Und es fehlt ein wesentliches Merkmal für echte Resonanzbeziehungen: Wir eignen uns nichts Fremdes an, das es uns erlaubt, uns zu verwandeln, sondern wir suchen nur Bestätigung für das, was wir schon sind. Wir lassen uns kaum berühren von dem, was uns erreicht, und wir erreichen und bewegen auch auf der anderen Seite kaum etwas. Die ‚Verflüssigung des Weltverhält-

nisses', die eine Resonanzerfahrung ausmacht, findet kaum statt; eher verhärtet sich unser Weltverhältnis.[356]

Es ist jedoch bar jeder differenzierter Betrachtung zu behaupten, mit diesen problematischen Formen, die freilich kritisch betrachtet werden müssen, sei schon ‚das Ganze' unzählig vieler Formen von Online-Interaktionen beschrieben. Mit dieser Einschätzung liegt Rosa auf der Linie einer weitgehend kulturpessimistischen Interpretation der Phänomene digitalisierter Kommunikation.[357]

In eine andere Richtung weisen hingegen die Interpretationen Altmeyers. Wenngleich Altmeyer, wie bereits erwähnt, keinen solch elaborierten (und gleichzeitig universalen) Begriff von Resonanz mit sich führt, verstellt ihm jedoch kein (massen-)kulturpessimistisches Verdikt den Blick auf die Resonanz*möglichkeiten* digitalisierter Kommunikation. Altmeyer negiert nicht problematische Entwicklungen und konstatiert doch, dass und wie die neuen Kommunikationsmöglichkeiten einem menschlichen Grundbedürfnis nach Resonanz entgegenkommen. Bestehe das menschliche Urverlangen in Umweltresonanz, so Altmeyer, habe die Digitalisierung von Kommunikation mit ihren interaktiven Formen das – lange Zeit sublimierte – Resonanzbedürfnis an die Oberfläche gehoben, es in soziale Praktiken eingebaut und „für ungeahnte Befriedigungsmöglichkeiten gesorgt."[358] Öffentliche Sichtbarkeit sei nicht mehr nur Prominenten und Eliten vorbehalten. Wie bereits oben angeklungen, rechnet Altmeyer mit einer Änderung psychischer Strukturen, die das Potenzial zu einem neuen Freiheitserleben haben

---

356 Rosa, *Resonanz*, 298. – Mit Blick auf das Resonanzpotenzial äußert Rosa: „Das Internet ist ein großartiges Resonanzinstrument, das sich gut eignet, um Wutbürger auf die Straße zu bringen, Empörungswellen auszulösen und starke kollektive Emotionen freizusetzen. Aber es bleibt episodisch, ist ein Medium der Fragmentarisierung, das sich nicht dazu eignet, das Ganze systematisch zu durchdenken." („Wir müssen uns selbst aufklären. Interview mit Hartmut Rosa". http://www.tagesspiegel.de/kultur/interview-mit-hartmut-rosa-wir-muessen-uns-selbst-aufklaeren/9713910.html (01.03.2018) Es scheint, dass in der Tat – auf relativ instrumentelle Weise – etwa auf *Social Network Sites* Kontakte hergestellt werden, die in ihrer Realisierung vorwiegend im potentialis verbleiben, und die der Akkumulation von Resonanz*möglichkeiten* dienen (das ist bei durchschnittlich 350 Freunden bei *facebook* nicht anders denkbar). Vgl. dazu auch: „Die Zeit ist knapper. Interview. Der Soziologe Hartmut Rosa über die Beschleunigung des Lebens, Weltreichweite und die kommenden Entscheidungskrisen". https://www.freitag.de/autoren/ulrikebaureithel/die-zeit-ist-knapper (01.03.2018). Es muss trotzdem die Frage gestellt werden, ob Rosas Befund tauglich ist, das Internet sei „nicht dazu eignet, das Ganze systematisch zu durchdenken" (was ist „das Ganze", und wer hat je „das Ganze" durchdenken können?).
357 Es ist überhaupt erstaunlich, wie wenig Raum dieses Thema im Gesamt seines Entwurfs einnimmt, ist doch die Digitalisierung von Kommunikation als faktische Grundlage aus kommunikations- und beziehungstheoretischen Reflexionen nicht mehr auszusparen.
358 Altmeyer, *Auf der Suche nach Resonanz*, 202.

(und Altmeyer unterstellt hierbei nicht, dass es sich um eine Illusion des manipulierten Subjekts handeln muss): „Im vordigitalen Zeitalter fehlte den meisten Menschen der seelische oder gesellschaftliche Raum, den sie zur Entfaltung ihrer Kommunikations-, Selbstdarstellungs- und Resonanzbedürfnisse benötigt hätten."[359]

Es wird buchstäblich der Fortgang der Geschichte zeigen, wie die technologischen Innovationen einschließlich der Heraussetzung neuer sozialer Praktiken (und psychischer Strukturwandel) letztlich zu beurteilen sein werden. Wichtig bleibt, einen differenzierten Blick zu behalten – und wenn nötig einzufordern. Mit unsachgemäßer Kritik im positiven wie im negativen Sinne ist für die Einschätzung der Sache wie für handlungsleitende Verantwortungsübernahme wenig gewonnen. Insofern gibt es keinen Grund, nicht auch für digitalisierte, passagere Formen der Kommunikation eine potenzielle Resonanzsensibilität anzunehmen.

Nach den vorgenommenen öffentlichkeits-, kommunikations- wie religionstheoretischen Klärungen soll nun im Folgenden der Frage nach religiöser Kommunikation in ‚der' Netzöffentlichkeit in empirischer Perspektive nachgegangen werden.

---

[359] Altmeyer, *Auf der Suche nach Resonanz*, 206.

4 Empirische Öffentlichkeiten: Untersuchungen zu Dimensionen des Religiösen in onlinebasierten Kommunikationsgemeinschaften

Im Folgenden soll nun untersucht werden, wie sich in Kommunikationsgemeinschaften[1] online *Dimensionen der Religion und des Religiösen* beschreiben lassen, an welchen ‚Orten' im Netz sich eben jene Dimensionen unter welchen Bedingungen exemplarisch vorfinden lassen, und welche Gestalten diese Kommunikationen annehmen. Dabei interessiert insbesondere die Kommunikation zwischen Nutzern und Nutzerinnen, die nicht organisational ‚gesteuert' ist (durch kirchliche Kommunikationsangebote online). Das hat seinen Sinn darin, dass Dimensionen des Religiösen im gesellschaftlichen Raum *in ihrer Eigendynamik* in den Blick kommen sollen (über faktische organisationale Zugehörigkeiten unter den Nutzern und Nutzerinnen ist damit freilich noch keine Aussage getroffen). Damit verbindet sich das Interesse, im Anschluss an die Erhebungen Konsequenzen für die Kommunikationskulturen der Kirchen formulieren zu können, ohne dass die Erhebungen selbst schon in den Rahmen bestehender organisationaler Kommunikationslogiken eingepasst wären.

Angesichts der nicht zu überblickenden Materialfülle kann hier nur *exemplarisch* gearbeitet werden; entsprechend erheben die gewonnenen Einsichten keinen Anspruch auf Allgemeingültigkeit: Zwar geht es um eine allgemeine Fragestellung, untersucht werden kann freilich nur ein thematisch eingegrenzter Bereich. Die Übertragbarkeit der Ergebnisse auf die Verhandlungen anderer Themen und anderer sozialer Formationen müsste durch entsprechende Anschlussuntersuchungen sukzessive validiert werden. Dazu werden in dem folgenden Kapitel Methoden der Online-Forschung wie – als eines der Ergebnisse – eine Typologie und Topologie religiöser Kommunikation in der (Netz-)Öffentlichkeit vorgestellt, die große Anschlussfähigkeit für weitere Forschungen versprechen. Die Verallgemeinerbarkeit der empirischen Ergebnisse ist also gegenwärtig nur auf den untersuchten thematischen Sektor beschränkt. Wenn im Folgenden allgemein etwa über ‚Dimensionen des Religiösen' gesprochen wird, dann im Bewusstsein dieser Einschränkung.

Thematisch werden zur Untersuchung Interaktionen (Nutzerkommentare zu Zeitungsbeiträgen, also Online-Anschlusskommunikationen; Blogposts ein-

---

[1] Zum Begriff und seiner Verwendung im Kontext dieser Studie vgl. Kapitel 3.2.4.

schließlich ihrer Kommentierungen) herangezogen, die im Zusammenhang der Debatte um die *gesetzliche Neuregelung der Sterbehilfe in Deutschland* in den Jahren 2014 und 2015 entstanden sind. Die Eingrenzung auf das Thema der Sterbehilfe erfolgt zum einen aus pragmatischen Gründen: Religiöse Kommunikation findet sich an unüberschaubar vielen Stellen im Netz, so dass ein Zuschnitt der Beobachtung erfolgen muss. Die Beobachtung von Kommunikationen im Zusammenhang mit einem Thema gewährleistet insofern eine notwendig vorzunehmende Reduktion. Gleichzeitig wird davon ausgegangen, dass das Thema ‚Tod und Sterben' allgemein und das Thema ‚Sterbehilfe' im Speziellen potenziell religionsproduktiv sind.[2] Religionsproduktiv sind diese Themen potenziell, da zum einen anzunehmen ist, dass Menschen in der Auseinandersetzung mit ihnen in Prozesse der Welt- und Selbstdeutung hineinkommen, die religiöse Valenzen besitzen. Zudem wird vermutet, dass das Thema ‚Tod und Sterben' für nicht wenige Menschen in der Interaktion einen Rekurs auf religiöse Begründungszusammenhänge möglicherweise provoziert. Wie stark das im Netz zu beobachten ist, wird sich zeigen. Anhand von empirischen Analysen am konkreten Internetmaterial soll also erhoben werden, wie sich Weltansichten als symbolisches Sinndeutungshandeln online konturieren, und welchen Part darin die Dimensionen der Religion und des Religiösen einnehmen. Das praktisch-theologische Interesse im Anschluss daran besteht zum einen in der Frage, welche Konsequenzen sich aus der beobachteten Formierung religiöser Interaktion im Medium ‚des' die alltäglichen Lebenswelten der Menschen zunehmend stabilisierenden Internets für kirchliche Kommunikationskulturen online wie offline formulieren lassen.[3] Zum anderen verspricht die vorliegende Arbeit mit ihrem empirischen Teil einen Beitrag zur Integration von Online-Forschungsmethoden in das Methodenensemble theologisch-empirischer Religionsforschung zu leisten. Da bisher im Bereich der deutschsprachigen Theologie meines Wissens keine Arbeit vorliegt, die versucht, empirisch Dimensionen der Religion und des Religiösen in Kommunikationsgemeinschaften online jenseits organisationaler, kirchlicher

---

[2] Vgl. Bedford-Strohm, Heinrich und Jung, Volker, Hg., *Vernetzte Vielfalt: Kirche angesichts von Individualisierung und Säkularisierung. Die fünfte EKD-Erhebung über Kirchenmitgliedschaft* (Gütersloh 2015), 492 (auch das Thema ‚Sterbehilfe' selbst wird von den Evangelischen mit 62,4 % als religiöses Thema eingestuft); vgl. auch: Hermelink, Jan und Weyel, Birgit, „Vernetzte Vielfalt: Eine Einführung in den theoretischen Ansatz, die methodischen Grundentscheidungen und zentrale Ergebnisse der V. KMU", in *Vernetzte Vielfalt*, hg.v. Bedford-Strohm und Jung, 16–32: 25; vgl. Weyel, Birgit, „Fehlschlüsse vermeiden!", in *Kommunikation des Evangeliums in der digitalen Gesellschaft: Lesebuch zur Tagung der EKD-Synode 2014 in Dresden*, hg.v. Kirchenamt der Evangelischen Kirche in Deutschland (2., korr. Aufl., Hannover 2015), 20 f.
[3] Vgl. Kapitel 5.

Angebote in den Blick zu nehmen[4], seien die Schritte der Erhebung und Auswertung sukzessive vorgestellt. Auch der Transparenz der Ergebnisse mag dieses Vorgehen dienlich sein.

4.1 Methodischer Zugang und Gegenstand

Wie bei allen empirischen Zugängen ist zuerst die Frage des methodischen Vorgehens zu klären, welches sich zum einen aus dem potenziell zu erhebenden Material bestimmen mag, dann aber wesentlich mit der interessierenden Fragestellung zusammenhängt. Wie andere Untersuchungen zeigen, muss die Analyse des Materials, das aus Online-Interaktionen hervorgeht, nicht notwendigerweise quantitativer Natur sein, sondern kann sich auf qualitative Verfahren beschränken[5] beziehungsweise qualitative und quantitative Methodenelemente in Ergänzung anwenden[6] (Mixed Methods-Verfahren). Zwar werden Texte an sich oft mit dem Typus ‚qualitative Daten' assoziiert, Russell Bernard und Gery Ryan weisen jedoch richtigerweise darauf hin, dass die Art der Analyse der Daten nicht notwendigerweise von der Art der Daten bestimmt wird.[7] Kombiniert man die Möglichkeiten der Analyse (quantitativ/qualitativ) mit Formen von Daten/Material, ergibt sich eine Vierfeldermatrix, die zunächst einmal zwei bekannte Verfahren ausweist: die qualitative Analyse qualitativer Daten (Hermeneutik, Grounded Theory, interpretative Textauswertung) und die quantitative Analyse quantitativer Daten (statistische Auswertung numerischer Daten). Daneben existieren zwei weitere Felder: die quantitative Analyse qualitativer Daten (zum Beispiel klassische Inhaltsanalyse; automatische lexikalische Analysen) und die qualitative

---

4 Vgl. hierzu den dargestellten Forschungsstand in Kap. 1.2.
5 Vgl. exemplarisch: Liebert, Mary Ann, „'You Know, Who's the Thinnest?' Combating Surveillance and Creating Safety in Coping with Eating Disorders Online", *CyberPsychology* 3 (2000), 761–783; vgl. Miczek, Nadja, *Biographie, Ritual und Medien: Zu den diskursiven Konstruktionen gegenwärtiger Religiosität* (Bielefeld 2013).
6 Vgl. exemplarisch: Drüeke, Ricarda, *Politische Kommunikationsräume im Intenet: Zum Verhältnis von Raum und Öffentlichkeit* (Bielefeld 2013); vgl. Neumaier, Anna, *religion@home? Religionsbezogene Online-Plattformen und ihre Nutzung: Eine Untersuchung zu neuen Formen gegenwärtiger Religiosität* (Würzburg 2016). – Zur Integration qualitativer und quantitativer Verfahren vgl. exemplarisch: Kelle, Udo, *Die Integration qualitativer und quantitativer Methoden in der empirischen Sozialforschung: Theoretische Grundlagen und methodologische Konzepte* (Wiesbaden 2007).
7 Vgl. Bernard, H. Russell und Ryan, Gery W., *Analyzing Qualitative Data: Systematic Approaches* (Thousand Oakes/CA 2010), 4ff. Zum Folgenden vgl. auch: Kuckartz, Udo, *Qualitative Inhaltsanalyse: Methode, Praxis, Computerunterstützung* (Weinheim u. a. 2012), 14ff.

Analyse quantitativer Daten (Interpretation der Ergebnisse der quantitativen Analyse). Letzteres verweist noch einmal auf den Sachverhalt, dass die Interpretation von Daten als Grundlage von Ergebnisformulierungen von Untersuchungen auf qualitativen Verfahren aufruht, und das bedeutet wiederum: Die Bedeutung der Resultate quantitativer Verfahren lässt sich nur über Interpretationen erheben. Zahlen sprechen nie ‚für sich'.

Vor dem Hintergrund dieser Kombination möglicher Daten/möglichen Materials und möglicher Auswertungsverfahren entscheidet sich die vorliegende Studie für ein *vorwiegend qualitatives Vorgehen mit quantitativen Elementen*. Für diese Entscheidung gibt es vor allem zwei Gründe: Zum einen, und das ist der wesentliche Grund, hat die Untersuchung das Interesse, die inhaltliche Gestaltung religiöser Kommunikation[8] online nachzuvollziehen. Semantik lässt sich eher über qualitative Verfahren erschließen als über quantitative. Zum anderen legt es das Datenmaterial nahe, dass ein qualitatives Verfahren angewendet wird: Das Material besteht aus Texten, es werden keine Daten über die Nutzer und Nutzerinnen erhoben (zum Beispiel keine Logfile-Analysen, keine Befragung der Nutzer und Nutzerinnen zur weiteren Datenerhebung).[9] Das Analysematerial besteht aus den Texten der Nutzer und Nutzerinnen im Zusammenhang von Online-Interaktionen, wie sie sich auf der sichtbaren Oberfläche im Frontend-Bereich der Forscherin – wie allen anderen Nutzern und Nutzerinnen auch – zeigen.

Qualitative Ansätze existieren vielfältig.[10] Ihnen ist kein einheitliches methodisches Vorgehen eigen, und auch auf der Theorieebene gibt es unterschiedlichste Ausprägungen in der Beschreibung und Begründung qualitativer Verfah-

---

8 An dieser Stelle sei noch einmal auf das hier grundgelegte Verständnis von Kommunikation verwiesen: Im Anschluss an die Arbeiten etwa Christa Dürscheids (vgl. Kapitel 3.1.1) wird der Aspekt der *Intentionalität* für entscheidend befunden: Ein kommunikativer Akt ist eine non-verbale oder verbale Einheit, die „mit einer kommunikativen Absicht" (Dürscheid, Christa und Frick, Karina, „Keybord-to-Screen-Kommunikation gestern und heute: SMS und WhatsApp im Vergleich", in *Sprachen? Vielfalt! Sprache und Kommunikation in der Gesellschaft und den Medien: Eine Online-Festschrift zum Jubiläum von Peter Schlobinski*, hg. v. Alexa Mathias, Jens Runkehl und Torsten Siever, (Hannover 2014), 149–181: 155) geäußert wird. Entscheidend ist für diese Bestimmung also nicht die Faktizität einer Antwort beziehungsweise einer Reaktion auf das Kommunizierte, sondern das Bewusstsein der Möglichkeit einer Rückmeldung. (Vgl. Dürscheid, Christa, „Private, nicht-öffentliche und öffentliche Kommunikation im Internet", in *Neue Beiträge zur Germanistik*, Bd. 6 (2007), 4, hg. v. der Japanischen Gesellschaft für Germanistik, 22–41: 25f.)
9 Auch die statistische Erhebung von Worthäufigkeiten etc. scheint im Zusammenhang der Frage nach religiöser/weltanschaulicher Kommunikation – das heißt vor allem: mit Blick auf die *inhaltliche Gestaltung* der Beiträge – wenig zielführend.
10 Vgl. mit Blick auf die Medienforschung exemplarisch: Mikos, Lothar und Wegener, Claudia, Hg., *Qualitative Medienforschung: Ein Handbuch* (2., völlig überarb. u. erw. Aufl., Konstanz u. a. 2017).

ren. Grundlegendes lässt sich dennoch festhalten. Udo Kuckartz bezieht sich auf zwölf Kennzeichen qualitativer Forschungspraxis, wie sie von Uwe Flick, Ernst von Kardorff und Ines Steinke formuliert worden sind: „1. Methodisches Spektrum statt Einheitsmethode; 2. Gegenstandsangemessenheit von Methoden; 3. Orientierung an Alltagsgeschehen und/oder Alltagswissen; 4. Kontextualität als Leitgedanken; 5. Perspektiven der Beteiligten; 6. Reflexivität des Forschers; 7. Verstehen als Erkenntnisprinzip; 8. Prinzip der Offenheit; 9. Fallanalyse als Ausgangspunkt; 10. Konstruktion der Wirklichkeit als Grundlage; 11. qualitative Forschung als Textwissenschaft; 12. Entdeckung und Theoriebildung als Ziel."[11] Qualitative Verfahren beziehen vielfach erheblich weniger Material in ihre Analysen ein, da ihr Vorgehen aufwendiger ist; die Beschäftigung mit Einzelfällen stellt dabei keine Seltenheit dar: „Qualitative Sozialforschung benutzt nichtstandardisierte Methoden der Datenerhebung und interpretative Methoden der Datenauswertung, wobei sich die Interpretationen nicht nur, wie meist bei den quantitativen Methoden, auf Generalisierungen und Schlussfolgerungen beziehen, sondern auch auf die Einzelfälle."[12]

Gleichzeitig geht es auch für qualitative Verfahren um eine methodische Strenge, so dass qualitative Daten methodisch kontrolliert und regelgeleitet analysiert werden. Die Auseinandersetzung über die Frage der Gütekriterien qualitativer Forschung bewegt sich zwischen den Polen ‚Universalität' (unabhängig von qualitativer oder quantitativer Forschung gelten die gleichen Kriterien) und ‚Spezifität' oder aber auch Ablehnung von Gütekriterien überhaupt für die qualitative Forschung.[13] Kuckartz spricht sich für eine spezifische, prozessorientierte Formulierung von Gütekriterien aus und erläutert dies am Beispiel der *qualitativen Inhaltsanalyse*, die – mit einer Ergänzung durch eine ‚kommunikative Topik' in Phase 2 der Untersuchung – auch für die vorliegende Arbeit die grundlegende Auswertungsmethode darstellt.

---

[11] Flick, Uwe, Kardorff, Ernst von und Steinke, Ines, Hg., *Qualitative Forschung: Ein Handbuch* (Reinbek b. Hamburg 2005), 24, zit. n. Kuckartz, Udo, *Qualitative Inhaltsanalyse: Methode, Praxis, Computerunterstützung* (Weinheim u. a. 2012), 17 f.
[12] Oswald, Hans, „Was heißt qualitativ forschen? Warnungen, Fehlerquellen, Möglichkeiten", in *Handbuch qualitative Forschungsmethoden in der Erziehungswissenschaft*, hg.v. Barbara Friebertshäuser, Antje Langer und Annedore Prengel (4., durchges. Aufl., Weinheim 2013), 183–201: 187.
[13] Vgl. Kuckartz, Udo, *Qualitative Inhaltsanalyse: Methode, Praxis, Computerunterstützung* (Weinheim u. a. 2012), 23 f. Zur generellen Diskussion vgl. Flick, Uwe, *Qualitative Sozialforschung: Eine Einführung*, (vollst. überarb. u. erw. Neuausgabe, Reinbek b. Hamburg 2007); Seale, Clive, *The Quality of Qualitative Research* (Thousand Oaks/CA 1999); Steinke, Ines, *Kriterien qualitativer Forschung: Ansätze zur Bewertung qualitativ-empirischer Sozialforschung* (Weinheim 1999).

Als Verfahren wird die qualitative Inhaltsanalyse der Erhebung und Auswertung zugrunde gelegt, da sie ein valides Textanalyseverfahren darstellt, das es – etwa im Vergleich zur stark induktiv arbeitenden *Grounded Theory* – erlaubt, Theoriewissen systematisch in die Analyse miteinzubeziehen. Das ist für die vorliegende Studie von Interesse, da das empirische Material auf gängige Argumentationen im Zusammenhang der Sterbehilfe[14] wie darauf aufruhende argumentative Fortschreibungen untersucht werden soll. Für die Analyse des Materials ist also wichtig, dass über die Erhebungs- und Auswertungsmethode einerseits an die Texte herangetragene Strukturen auffindbar werden, dass andererseits das Eigene der Texte zum Vorschein gebracht werden kann – in Ergänzung oder im Kontrast zu den ‚theoretischen Erwartungen', die sich in der Formulierung deduktiver Kategorien abbilden. Dass die qualitative Inhaltsanalyse also kein hypothesenprüfendes Forschungskonzept sein muss, das Texte rein über vorab formulierte, deduktiv gebildete Kategorien ‚aufbricht', sondern dass das Verfahren vielmehr eine große Offenheit für die in Texten vorhandenen Bedeutungen und Bedeutungszusammenhänge besitzt, die regelgeleitet als wesentliches Konstitutivum in die Analyse mit einbezogen werden, zeigen unter anderem die konzeptionellen Überlegungen und methodischen Anleitungen Udo Kuckartz'.[15]

Ergänzt wird die qualitative Inhaltsanalyse mit Blick auf die Formulierung formaler Gesprächskriterien durch Elemente der Gesprächsanalyse. So sind vor allem in Phase 1, dann aber auch in den Phasen 2 und 3 der Untersuchung formale wie inhaltliche Aspekte im Blick. Während es in Phase 1 vorwiegend um eine allgemeine Erhebung und erste Zuordnung interessierender Themen im Gesprächszusammenhang der Debatte um die gesetzliche Neuregelung der Sterbehilfe geht, werden diese Einsichten in den Phasen 2 und 3 zu *Typen* und *Topoi* verdichtet. Mithilfe dieser Typen- und Topoi-Bildung soll das Feld der Konturierung von Weltansichten als symbolisches Sinndeutungshandeln online kontextabhängig kartografiert werden.

---

14 Vgl. den Exkurs in Kapitel 4.2. Die Verwendung des Begriffs ‚Sterbehilfe' ist für das debattierte Phänomen – den assistierten Suizid – kritisiert worden. Ich werde gleichwohl bei der Bezeichnung bleiben, da es im Zusammenhang der öffentlichen Debatte um die gesetzliche Neuregelung der bestimmende Terminus war.

15 Daher beziehen sich die folgenden Ausführungen zur qualitativen Inhaltsanalyse im allgemeinen wie zu den einzelnen Erhebungs- und Auswertungsschritten im Wesentlichen auf Kuckartz' einschlägiges Werk zur qualitativen Inhaltsanalyse: Kuckartz, *Qualitative Inhaltsanalyse*. Vgl. hierzu auch: Meuser, Michael, „Inhaltsanalyse", in *Hauptbegriffe Qualitativer Sozialforschung*, hg. v. dems., Ralf Bohnsack und Winfried Marotzki (3., durchges. Aufl., Opladen 2011), 89 f.

Bevor der ‚besondere' Fall der Online-Inhaltsanalyse bedacht wird, seien kurze Erläuterungen zum Verfahren der qualitativen Inhaltsanalyse allgemein vorangestellt.

4.1.1 Qualitative Inhaltsanalyse

Das Aufkommen der wissenschaftlichen Inhaltsanalyse wird klassischerweise im Zusammenhang mit Max Webers Vortrag *Enquête über das Zeitungswesen* beim 1. Kongress für Soziologie 1910 gesehen, in dem Weber wesentliche Punkte markiert, die für die weitere Entwicklung der Inhaltsanalyse typisch werden: die Nähe zur Analyse von Medien, die Bedeutung quantitativer wie qualitativer Gesichtspunkte und die Themenorientierung in der Analyse:

> Wir werden nun, deutlich gesprochen, ganz banausisch anzufangen haben damit, zu messen, mit der Schere und dem Zirkel, wie sich denn der Inhalt der Zeitungen in quantitativer Hinsicht verschoben hat im Laufe der letzten Generation, nicht am letzten im Inseratenteil, im Feuilleton, zwischen Feuilleton und Leitartikel, zwischen Leitartikel und Nachricht, zwischen dem, was überhaupt an Nachricht gebracht wird und was heute nicht mehr gebracht wird [...]. Es sind erst die Anfänge solcher Untersuchungen vorhanden, die das zu konstatieren suchen – und von diesen Anfängen werden wir zu den qualitativen übergehen.[16]

Damit verbunden ist bereits ein multiperspektivisches Forschungsansinnen, das verschiedene Methoden integriert. Die Etablierung des Radios bringt später eine Vielzahl inhaltsanalytisch arbeitender Studien mit sich, erstmals 1940 wird der Begriff der *content analysis* verwendet. Zunehmend, vermehrt seit Ende der 1940er-Jahre, werden für die Inhaltsanalyse jedoch quantifizierende und statistische Verfahren in Anschlag gebracht. Anfang der 1950er-Jahre kritisiert Siegfried Kracauer die quantitative Verengung der empirischen Forschung und spricht sich für eine *„qualitative content analysis"*[17] aus, mit dem Argument, dass rein quantitativ arbeitende Verfahren nicht in der Lage seien, tiefere Bedeutungszusammenhänge zu erfassen. Das Ansinnen, Bedeutung, Bedeutungszusammenhänge, den Sinn von etwas erfassen zu wollen, verweist auf ein komplexes Arrangement

---

16 Weber, Max, „Geschäftsberichte und Diskussionsreden auf den deutschen soziologischen Tagungen (1919, 1912): Rede auf dem ersten Deutschen Soziologentage in Frankfurt 1910", in *Gesammelte Aufsätze zur Soziologie und Sozialpolitik*, hg.v. Marianne Weber (Tübingen ²1988), 431–449: 441.
17 Kracauer, Siegfried, „The Challenge of Qualitative Content Analysis", *Public Opinion Quarterly* 16 (1952), 631–642. Hervorhebung von mir; KM.

von Voraussetzungen und Bedingungen von Verstehensprozessen. Wenige Anmerkungen mögen genügen, die das allgemeine Problem umreißen[18], und die dann auch auf das Unterfangen der qualitativen Inhaltsanalyse bezogen sein wollen.

Verstehen(-Wollen) kann Verschiedenes zum ‚Gegenstand' haben: kulturelle Objektivationen, natürliche Anzeichen der Umwelt, andere Menschen. Dabei sind alle Verstehensbemühungen in soziale Bedeutungsgewebe eingesponnen, die sich dann auch wieder als kulturelle Manifestationen materialisieren können – das heißt zunächst: Jeder Interpretationsvorgang bezieht sich auf kulturell konventionalisierte Zeichen und kulturell konventionalisiertes Wissen, der Interpretationsvorgang ist von diesem Bezug geradezu abhängig. Es gibt kein Verstehen, das a-kontextuell möglich wäre. Blickt man nun auf das klassische Feld der Inhaltsanalyse, den geschriebenen Text, ergeben sich hier vor allem zwei Perspektiven, die wichtig sind. Zum einen ist der Kontext des Textes zu beachten: Texte entstehen in historischen Situationen, unter bestimmten Konventionen, sie setzen sich ins Verhältnis zu ihrer (textuellen) Umwelt (durch explizite oder implizite Verweise, Sprache). Die Sinnzusammenhänge in Texten – abgesehen etwa von funktionalen Texten wie Bedienungsanleitungen – sind so komplex, dass „[e]in induktives Verständnis eines Textes nur aus sich selbst heraus [...] schlichtweg unmöglich [ist]."[19] Diese an sich bereits vielschichtige Verdichtung von Sinnzusammenhängen, die ein Text bildet, wird nun noch einmal für den hermeneutischen Prozess durch die Tatsache erschwert, dass die Interpretin immer als eine Person mit eigener Geschichte – damit verbunden: eigenen Prägungen und Präferenzen – und eigenem Vorwissen in den Interpretationsprozess eintritt. Das Ansinnen an sich, verstehen zu wollen, ist ambivalent: Es müssen keine Machtgründe, sondern können Komplexitätsreduktionsgründe sein, die die Interpretin dazu verleiten, den fremden Sinn dem eigenen Sinn unterzuordnen, einen Text im Sinne des eigenen Verständnisses zu vereinnahmen (diese Miss-Verständnisse finden intersubjektiv tagtäglich statt). Die Komplexität von Ver-

---

18 An anderer Stelle habe ich mich bereits ausführlich mit dem Problemzusammenhang beschäftigt, vgl. Merle, Kristin, *Alltagsrelevanz: Zur Frage nach dem Sinn in der Seelsorge* (Göttingen 2011); dies., „Fremdheit und Verstehen", in *Kulturwelten: Zum Problem des Fremdverstehens in der Seelsorge*, hg.v. ders. (Münster u. a. 2013), 15–34 (vgl. hier auch das Vorwort); dies., „Sinn: Empirische Religionsforschung und Alltagsphänomenologie", in *Praktische Theologie und empirische Religionsforschung*, hg.v. Birgit Weyel, Wilhelm Gräb, und Hans-Günter Heimbrock (Leipzig 2013), 193–206; dies., „Die Seelsorge vor der Sinnfrage: Relevanz als hermeneutische Schlüsselkategorie für die seelsorgliche Interaktion", *Praktische Theologie* 48 (2013), 102–109; dies., „Vernetzt: Sinnwelten und soziale Kontexte moderner Subjekte", *Wege zum Menschen* 66 (2014), 452–463 u. a.
19 Kuckartz, *Qualitative Inhaltsanalyse*, 29.

stehensprozessen – und gleichzeitig auch der Schatz, den es unter der textuellen Oberfläche zu heben gibt – ist schnell illustriert:

> „Ein Mann aus Gelsenkirchen gestaltete seine Spontanerzählung knapp und antwortete: ‚Wie ich aufgewachsen bin? An und für sich gut behütet, problemlos.' […] [A]uf den zweiten Blick verbergen sich hinter dieser kargen Antwort ganze Schätze, die es zu bergen gilt: Was heißt ‚an und für sich'? Was heißt ‚gut behütet', was ‚problemlos'? Und damit befinden wir uns bereits in dem ersten Problemfeld von Erkenntnisprozessen im Allgemeinen".[20]

Aus diesen Vorüberlegungen ergeben sich für die qualitative Inhaltsanalyse fünf Handlungsregeln: 1. eine Reflexion des eigenen Vorverständnisses und von Vorurteilen mit Bezug auf ein Thema und die Forschungsfrage; 2. Erarbeitung des Textes in seiner Gesamtheit, bevor einzelne (gegebenenfalls fremd erscheinende) Textstelle in einem zu frühen Stadium herauspräpariert und separiert werden; 3. ein Ernstnehmen einer womöglich vorhandenen hermeneutischen Differenz: Was macht mir den Text fremd und schwer verständlich? – Suche nach Möglichkeiten, die Differenz (ansatzweise) zu überbrücken (zum Beispiel durch ‚Übersetzung'); 4. eine frühe Wahrnehmung der Themen im Text, die für die eigene Forschungsfrage relevant erscheinen; 5. die Unterscheidung zweier Vorgänge: einerseits ein Labeln eines Textes durch Anwendung von Kategorien und ‚Wiederentdeckung' von gesetzten Themen, andererseits ein (möglichst) freies Entdecken von Neuem, das der Text gegenüber Vorannahmen etc. bietet.[21] Unter Rekurs auf Kracauer hält Kuckartz also für die qualitative Inhaltsanalyse fest: „Eine qualitative Inhaltsanalyse […] ist eine Form der Inhaltsanalyse, die mit der […] selbst gesetzten Beschränkung auf den manifesten Inhalt Schluss machen will und auch den Aspekt der *Bedeutung* von Texten erfassen will."[22] Bereits Kracauer lag an der qualitativen Inhaltsanalyse als einem die quantitative Inhaltsanalyse *ergänzenden* Analyseverfahren und einer Codifizierung des Verfahrens. Das bekannteste Beispiel einer Codifizierung des Verfahrens hat Philipp Mayring Anfang der 1980er-Jahre vorgelegt[23], wenngleich es andere Verfahren der qualitativen Inhaltsanalyse gab und gibt, die unabhängig von Mayrings skizzierter Vorgehens-

---

20 Kruse, Jan, „Indexikalität und Fremdverstehen: Problemfelder kommunikativer Verstehensprozesse aus einer empirisch-praktischen Perspektive", in *Verstehen*, hg.v. Boike Rehbein und Gernot Saalmann (Konstanz 2009), 133–149: 134. Vgl. zum Beispiel auch: Merle, „Fremdheit und Verstehen", 32.
21 Vgl. Kuckartz, *Qualitative Inhaltsanalyse*, 33.
22 Kuckartz, *Qualitative Inhaltsanalyse*, 34. Im Original hervorgehoben.
23 Mayring, Philipp, *Qualitative Inhaltsanalyse* (Weinheim 1983). Die neueste Auflage ist 2010 in der elften Auflage, einer Neuausgabe, erschienen.

weise arbeiten.[24] Kuckartz benennt sechs Punkte, die die Kernpunkte qualitativer Inhaltsanalysen ausmachen: „1. Zentralität der Kategorie für die Analyse; 2. systematische Vorgehensweise mit klar festgelegtem Regelsystem für die einzelnen Schritte; 3. Klassifizierung und Kategorisierung des gesamten Materials; 4. Einsatz von Techniken der Kategorienbildung am Material; 5. von der Hermeneutik inspirierte Reflexion über das Material und die interaktive Form seiner Entstehung; 6. Anerkennung von Gütekriterien, Anstreben der Übereinstimmung von Codierenden."[25]

Vor allem die zentralen Begriffe der Kategorie und der Einheit bedürfen im Rahmen der qualitativen Inhaltsanalyse einer Klärung.

4.1.1.1 Kategorie und Einheit

Kategorien haben im Zusammenhang der qualitativen Inhaltsanalyse die Funktion, Komplexität zu reduzieren und Textmengen insofern handhabbar zu machen, als deren Inhalte anhand bestimmter Merkmale klassifiziert und subsumiert werden. Eine solche Ordnungsleistung mit Blick auf den Text ist in gewisser Weise variabel, willkürlich sollte sie nicht sein. Durch die Reduktion von Komplexität, die die Anwendung und Ermittlung von Kategorien leisten, gehen allerdings auch Inhalte ‚verloren' (sie treten in den Hintergrund), die unter der leitenden Forschungsfrage nicht interessieren. Dieser Prozess ist unvermeidbar. Über die Analyse der Mitteilungsmerkmale werden diese Merkmale einem Typus zugeordnet, der Kategorie.[26] Kuckartz unterscheidet sechs Arten von Kategorien[27]: a) Fakten-Kategorien (diese beziehen sich auf Gegebenheiten, die in der Regel objektiv gelten können: zum Beispiel „Ich bin Anwalt:"); b) inhaltliche Kategorien (als ‚Inhalt' gilt etwa ein Thema oder Argument, zum Beispiel ‚Konsumverhalten' oder ‚Humanität'); c) analytische Kategorien (die analytische Kategorie stellt eine Abstraktion und Zusammenfassung verschiedener thematischer beziehungsweise inhaltlicher Beschreibungen dar); d) natürliche Kategorien (sie werden unmittelbar der Terminologie des Textes entnommen, im Zusammenhang der *Grounded Theory* auch ‚in-vivo-Code' genannt); e) evaluative Kategorien (sie nehmen Einstufungen des Materials über bereits festgelegte Ausprägungen vor: emotionale

---

[24] Als eigenständiges Verfahren vgl. etwa Gläser, Jochen und Laudel, Grit, *Experteninterviews und qualitative Inhaltsanalyse als Instrumente rekonstruierender Untersuchungen* (Wiesbaden ⁴2010).
[25] Kuckartz, *Qualitative Inhaltsanalyse*, 39.
[26] Vgl. Früh, Werner, *Inhaltsanalyse: Theorie und Praxis* (7., überarb. Aufl., Konstanz u.a. 2011), 42.
[27] Vgl. Kuckartz, *Qualitative Inhaltsanalyse*, 43f.

Beteiligung ‚ausgeprägt', ‚wenig ausgeprägt', ‚nicht ausgeprägt'); f) formale Kategorien (Daten und Informationen über die Materialeinheit: Länge des Interviews). Kategorien sind also Begriffe mit einem „mehr oder weniger hohen Grad an Komplexität"[28], und sie werden zuallererst durch eine genaue Definition zu Kategorien. Diese Definition geschieht über eine Umschreibung des möglichen Inhalts einer jeweiligen Kategorie sowie der Nennung von Indikatoren. Zur Veranschaulichung dessen, was mit einer jeweiligen Kategorie gemeint sein will, sieht die Theorie vor, Ankerbeispiele, das heißt immer mindestens ein konkretes Beispiel aus dem Textmaterial, zu ergänzen.

Im Rahmen von Inhaltsanalysen wird in der Regel das gesamte Material codiert, das Kategoriensystem besteht aus induktiv und deduktiv gewonnenen Kategorien, wobei der Umfang der verwendeten deduktiven Kategorien mit dem Umfang vorhandenen theoretischen Vorwissens und der Forschungsfrage zusammenhängt (will man Theorien allein aus dem Material gewinnen, ohne bereits bestehende Präfigurationen von Wissenselementen miteinzubeziehen, wird die Anzahl deduktiver Kategorien geringer sein). Werden deduktive Kategorien definiert, müssen sie disjunkt und erschöpfend sein[29] – und darüber hinaus gilt auch hier das (Güte-)Kriterium der Reliabilität. Deduktive Kategorien sind als Ausgangspunkt zu denken, von dem aus das Kategoriensystem erst aufgebaut wird. Charakteristisch für die Erarbeitung des Kategoriensystems ist bei der qualitativen Inhaltsanalyse also die Verschränkung von deduktiver und induktiver Kategorienbildung, die auf eine Sättigung ausgerichtet ist: Das Kategoriensystem wird insbesondere durch induktiv gewonnene Kategorien so lange angereichert, bis nicht mehr zu erwarten ist, dass durch neues Material neue Aspekte – und damit neue Kategorien – hinzukommen. Die Beobachtung der Sättigung ist der Zeitpunkt, nach dem es Sinn macht, das Kategoriensystem bis auf weiteres zu fixieren.[30]

Die ‚Einheit' ist ein anderer wesentlicher Grundbegriff der Inhaltsanalyse und beschreibt unterschiedliche Bezüge. Differenziert werden *sampling unit* (Auswahleinheit), *recording unit* (Analyseeinheit), *content unit* (Codiereinheit) und *context unit* (Kontexteinheit).[31] Die *sampling unit* bezeichnet die Auswahl aus der Grundgesamtheit als Menge allen potenziellen Materials zur Analyse. Die *sampling unit* ergibt sich also, wenn man will, auch aus der faktischen Summe der *recording units* und wird jedoch über transparent zu machende Schritte aus der Grundgesamtheit aus-

---

28 Vgl. Kuckartz, *Qualitative Inhaltsanalyse*, 46.
29 Vgl. Kuckartz, *Qualitative Inhaltsanalyse*, 4; 61.
30 Vgl. Kuckartz, *Qualitative Inhaltsanalyse*, 64; 69. Zur ausführlicheren Beschreibung des möglichen Vorgehens induktiver Kategorienbildung vgl. 63 ff.
31 Vgl. zum Folgenden: Kuckartz, *Qualitative Inhaltsanalyse*, 46 ff.

gewählt (Quoten-Auswahl, Zufallsauswahl, willkürliche Auswahl).[32] Ein mehrstufiges Auswahlverfahren sollte nach Patrick Rössler Zeiträume festlegen, kulturelle Räume explizit in den Blick nehmen, Klarheit bieten über Mediengattung und Medienangebote, die untersucht werden wollen, sowie natürlich über die Definition der interessierenden Inhalte, die zur Untersuchung abgegrenzt werden.[33] Die *recording unit* bezeichnet dann das konkrete Material in seiner Einzelheit, das zur Analyse herangezogen wird. Eine Analyseeinheit ist zum Beispiel ein Interview. Die *content unit* bezeichnet in der qualitativen Inhaltsanalyse diejenige Einheit, die auf eine Kategorie oder Unterkategorie bezogen sein will. Die Bezogenheit von Textstelle und Kategorie kann dabei in zwei Richtungen gedacht sein: Zum einen ist es möglich, mit einer zuvor bestimmten Kategorie eine Textstelle festzulegen (Fundstelle), zum anderen kann aus einem zuvor umgrenzten Text eine Kategorie erhoben werden. Bei der qualitativen Inhaltsanalyse bleibt die enge Beziehung zwischen Analysematerial und Kategorie bestehen, so dass Beziehungsbestimmungen auch revidiert werden können. Die *context unit* ist bestimmt als „die größte Einheit, die hinzugezogen werden darf, um eine Analyseeinheit bzw. eine Codiereinheit zu erfassen und richtig zu kategorisieren."[34] Das bedeutet, dass die Kontexteinheit in der Regel nicht größer ist als die Analyseeinheit, es können aber Spezialfälle auftreten, zum Beispiel mehrere Interviews mit einer Person, die die Aspekte der einzelnen Analyseeinheit vor dem Gesamthorizont aller Interviews noch einmal verständlicher machen.

4.1.1.2 Das konkrete Verfahren der qualitativen Inhaltsanalyse

Es gibt mit Blick auf die klassische Inhaltsanalyse – trotz unterschiedlicher Ausprägungen in der Beschreibung des Ablaufs – bestimmte Phasen, die durchschritten werden, und zu denen sich dann die *differentia spezifica* der qualitativen Inhaltsanalyse beschreiben lässt: In der Planungsphase werden interessierende Forschungsfragen festgehalten, Hypothesen anhand des Vorwissens gebildet, Grundgesamtheit und Auswahleinheit festgelegt, und eine Stichprobenauswahl hinsichtlich der Analyseeinheiten wird getätigt. Die Entwicklungsphase sieht den Aufbau des Kategoriensystems vor samt der Festlegung von verbindlichen Codierregeln. Die Testphase erhebt über Pretests die Reliabilität des Kategoriensystems (und soll natürlich gegebenenfalls auch der Optimierung der Inter-Coder-Reliabilität

---

32 Vgl. dazu: Kuckartz, *Qualitative Inhaltsanalyse*, 46. Kuckartz verweist hier beim Thema der Auswahl auf: Diekmann, Andreas, *Empirische Sozialforschung: Grundlagen, Methoden, Anwendungen* (Reinbek b. Hamburg [18]2007), 373 ff. und Häder, Michael, *Empirische Sozialforschung: Eine Einführung* (2., überarb. Aufl., Wiesbaden 2010), 139 ff.
33 Vgl. Rössler, Patrick, *Inhaltsanalyse* (2., überarb. Aufl., Konstanz 2010), 41 ff.
34 Kuckartz, *Qualitative Inhaltsanalyse*, 48.

dienen). In der Codierphase codiert der Codierer das gesamte Material, in der Auswertungsphase werden die Phänomene interpretiert. Die qualitative Inhaltsanalyse legt in diesem Prozess großen Wert auf Feedback-Schritte und Itinerationsschritte, denn das Verfahren ist ein wesentlich *zirkuläres*, und das innerhalb der unterschiedlichen Phasen, aber auch zwischen den Phasen. Der Prozess der qualitativen Inhaltsanalyse ist also weniger linear als der der klassischen quantitativen Inhaltsanalyse. So wird es auch möglich, noch neues Material in die Analyse einzubeziehen, wenn das Kategoriensystem ausgearbeitet und die meisten Daten bereits codiert sind.[35] Mit Blick auf den interessierenden Gegenstand der Onlinekommunikationen ist es sogar empfehlenswert, hier sukzessive in der Erhebung vorzugehen: Eine Möglichkeit, mit der nicht bestimmbaren Grundgesamtheit umzugehen, liegt im *Theoretical Sampling* bis zum Erreichen eines Sättigungsgrads.[36] – Auch die Forschungsfrage kann sich im reflexiven Prozess noch einmal ändern: Es ist nicht unüblich, dass diese sich im Zusammenspiel von Datenauswahl und Analyseverfahren noch einmal präzisiert. Weiterhin lassen sich als Differenzen zur klassischen Inhaltsanalyse festhalten: Der Einstieg in die Forschungstätigkeit kann, muss aber nicht theoriegeleitet sein. Eine Formulierung von Hypothesen am Anfang der Untersuchung ist eher selten. Ferner ist die Arbeit am Text *prinzipiell unabgeschlossen*, kann also nicht auf eine Phase reduziert werden, die zu einem bestimmten Zeitpunkt im Prozess abgeschlossen wäre. Auswertung und Erhebung können lange Zeit miteinander *verschränkt* sein. Die Codierung des Materials erfolgt vielfach hermeneutisch-interpretativ (zum Beispiel weniger über computergestützte Verfahren, wie sie in der quantitativen Inhaltsanalyse oft verwendet werden). Die Kategorien haben die Funktion, die Daten zu strukturieren und zu organisieren, es geht in der Regel nicht um eine „Transformation von Daten aus dem empirischen ins numerische Relativ."[37] Statistische Datenanalysen können erfolgen, müssen aber nicht erfolgen, „qualitative Inhaltsanalyse kann auch völlig auf Statistik verzichten."[38]

Allein Philipp Mayring, der die Methode der qualitativen Inhaltsanalyse mitbegründet und seit den 1980er-Jahren weiterentwickelt hat, zählt in seinem Standardwerk *Qualitative Inhaltsanalyse*[39] acht voneinander zu unterscheidende Techniken auf, wobei damit sicherlich nicht das Gesamt bestehender Verfahren qualitativer Inhaltsanalysen beschrieben ist. Aus der Vielzahl von Techniken und

---

35 Vgl. Kuckartz, *Qualitative Inhaltsanalyse*, 50.
36 Vgl. dazu auch für die konkrete Untersuchung Kapitel 4.2.2.3.
37 Kuckartz, *Qualitative Inhaltsanalyse*, 51.
38 Kuckartz, *Qualitative Inhaltsanalyse*, 52.
39 Mayring, Philipp, *Qualitative Inhaltsanalyse: Grundlagen und Techniken* (Neuagabe, 12., überarb. Aufl., Weinheim u. a. 2015 [1. Aufl. 1983]).

Methoden gilt es also auszuwählen, wobei ich mich auch hier an der Darstellung von Kuckartz orientiere und aus den von ihm beschriebenen drei Basismethoden auf zwei fokussiere, die *inhaltlich-strukturierende* qualitative Inhaltsanalyse (Phase 1 der Untersuchung) und die *typenbildende* Inhaltsanalyse (Phase 2 der Untersuchung).[40] Der Einbezug beider Methoden in zwei Arbeitsschritten ist kongruent, da die typenbildende Inhaltsanalyse in der Regel eine inhaltlich strukturierende (oder evaluative) Untersuchung des Materials voraussetzt.[41] Aus Gründen der Darstellung wird die typenbildende Inhaltsanalyse in Kapitel 4.2.3 skizziert, wenn das Vorgehen der Arbeitsphase 2 vorgestellt wird.

Die *inhaltlich strukturierende Inhaltsanalyse* nun lässt sich auf unterschiedliche Datenarten anwenden, z. B. auf die Auswertung von Einzelinterviews oder Gruppeninterviews, so dass sie auch für die Untersuchung von Online-Interaktionen gut geeignet scheint. Das Verfahren der inhaltlich strukturierenden Inhaltsanalyse lässt sich überblicksartig folgendermaßen darstellen[42]:

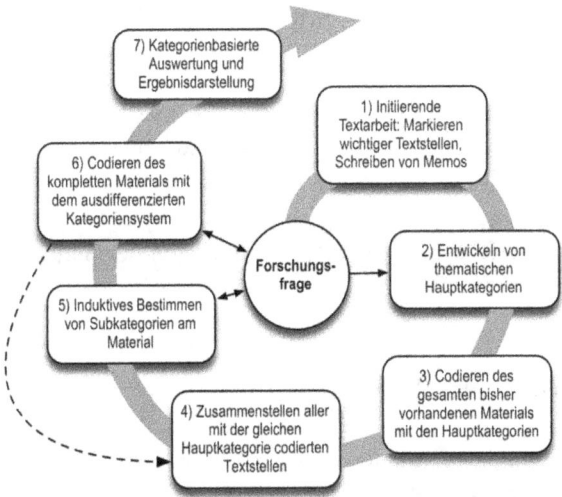

Abbildung 4: Schritte der inhaltlich strukturierenden Inhaltsanalyse

---

40 Die Möglichkeit dieses Vorgehens bestätigt Kuckartz, vgl. Kuckartz, *Qualitative Inhaltsanalyse*, 114.
41 Vgl. Kuckartz, *Qualitative Inhaltsanalyse*, 115.
42 Kuckartz, *Qualitative Inhaltsanalyse*, 78.

Die initiierende Textarbeit soll im Wesentlichen – entlang der interessierenden Forschungsfrage – ein Verständnis für den Text als Ganzen erbringen. Gefragt wird zum Beispiel nach dem inhaltlichen Bogen, zentralen Begriffen, Argumenten und Argumentationslinien, nach auf den ersten Blick Unverständlichem, nach der formalen Struktur. Die thematischen Hauptkategorien sollen in einem ersten Entwicklungsschritt sehr übersichtlich bleiben: Kuckartz empfiehlt das Ausarbeiten von zehn bis zwanzig deduktiv gewonnenen Kategorien, anhand derer das Material zunächst durchgegangen wird.[43] Diese Kategorien werden dann am Material ausdifferenziert und weiterentwickelt, mit induktiv gewonnenen Kategorien unterfüttert und erweitert. Das gesamte Material wird daraufhin mit diesem ‚neuen' Kategoriensystem gesichtet und codiert. Es liegt auf der Hand, dass der Prozess der Gewinnung von Kategorien, des Codierens von Textstellen und der ‚Anpassung' des Kategoriensystems ein fortlaufender Prozess ist. Durch die Ausdifferenzierung der Kategorien entsteht ein thematisches Koordinatennetz (*Grid*), das als Ausgangspunkt für den Forschungsbericht genutzt werden kann. Dabei werden für die vorliegende Studie zunächst fallbezogene thematische Summarys erstellt, fokussiert auf die Themen, die für die interessierende Fragestellung relevant sind.[44] ‚Der Fall' besteht dabei aus allen Kommunikationen im Zusammenhang mit einer bestimmten thematischen Veröffentlichung. Im Blick sind in Phase 1 User-Kommunikationen im Zusammenhang massenmedialer Zeitungsbeiträge online. Am Schluss von Phase 1 steht ein Zwischenfazit, das erste Befunde kategorienbasierter Auswertungen vorstellt, auf denen Typik und Topik in Phase 2 aufruhen.

Die Analyse des Materials erfolgt computergestützt mit Hilfe der Software MAXQDA.

4.1.2 Die Untersuchung von Online-Inhalten

Während das Verfahren der qualitativen Inhaltsanalyse mittlerweile mit Blick auf ‚klassische' Texte (Medieninhalte, dann aber auch transkribierte Interviews etc.) etabliert ist, stellt die Präsentation von Texten im Internet neue Fragen an die Methode[45]: „Während für die Anwendung auf das klassische (Offline-)Medienspektrum verschiedene deutschsprachige [...] und international verbreitete Lehr-

---

[43] Vgl. Kuckartz, *Qualitative Inhaltsanalyse*, 77.
[44] Vgl. Kapitel 4.2.2.2.
[45] Vgl. Welker, Martin, Wünsch, Carsten, Böcking, Saskia u.a., „Die Online-Inhaltsanalyse: methodische Herausforderung, aber ohne Alternative", in *Die Online-Inhaltsanalyse: Forschungsobjekt Internet*, hg.v. Martin Welker und Carsten Wünsch (Köln 2010), 9–30: 20f.

bücher [...] vorliegen, steckt die Adaption der Inhaltsanalyse auf Online-Medien noch in ihren Kinderschuhen."⁴⁶ Dieser auf die quantitative (!) Inhaltsanalyse bezogene Befund von Rössler, Hautzer und Lünich trifft im Zusammenhang der Online-Forschung freilich auf alle Verfahren empirischer Forschung zu, da sich standardisierte Verfahren erst allmählich ausbilden. Im Folgenden soll entsprechend die Online-Inhaltsanalyse in den Blick genommen werden, wie sie in der einschlägigen Literatur gegenwärtig behandelt wird. Im Anschluss daran wird nach dem eigenen Fall der Online-Diskurse gefragt, der im Zusammenhang der vorliegenden Forschungsfrage insbesondere interessiert.

4.1.2.1 Die Online-Inhaltsanalyse

Die gegenwärtigen Kommunikationsmodi des Social Web und die Kommunikate, die es empirisch in unterschiedlichen Zusammenhängen zu untersuchen gilt, basieren auf derselben technischen Infrastruktur, und insofern sind ihnen die gleichen Beschränkungen inhärent wie die gleichen Potenziale.⁴⁷ Die Spezifik des Materials⁴⁸ lässt sich mit wenigen Stichworten beschreiben⁴⁹: *a) Flüchtigkeit und Transitorik* – das Internet lebt von der Aktualisierung seiner Inhalte, insofern sind Online-Inhalte in vielen Fällen einer Veränderung unterworfen, die sich auch in der Löschung von Inhalten zeigen kann. Der Status Quo ist also immer eine Momentaufnahme, die im nächsten Augenblick bereits eine andere Gestalt haben kann. Diese Dynamik stellt bereits für die empirische Forschung eine Herausforderung dar. *b) (Multi-)Medialität und Multimodalität:* Im Netz findet sich eine verdichtete Verschränkung unterschiedlicher medialer Zeichenträger (Video, Audio, Bild, schriftlicher Text, entworfen auch mit Blick auf unterschiedliche Ausgabegeräte wie Bildschirm oder mobile Endgeräte) und Zeichenformate. Inhalte werden damit sehr heterogen. *c) Hypertextualität:* Die Rezeption von Texten online ist in der Regel nicht (beziehungsweise nicht nur) für lineare Lesarten konzipiert. Die Hypertextstruktur bzw. die hohe Verlinkungsdichte macht es schwieriger, einerseits Texte als Einheit ‚nach außen' hin abzugrenzen, andererseits werden auch die Grenzen zwischen den einzelnen Inhalten durch die Ver-

---

46 Rössler, Patrick, Hautzer, Lena und Lünich, Marco, „Online-Inhaltsanalyse", in *Handbuch Online-Forschung: Sozialwissenschaftliche Datengewinnung und -auswertung in digitalen Netzen,* hg.v. Martin Welker, Monika Taddicken, Jan-Hinrik Schmidt und Nikolaus Jackob (Köln 2014), 214–232: 215 f.
47 Vgl. Welker, Wünsch, Böcking u. a., „Die Online-Inhaltsanalyse", 10.
48 Zur Beschreibung der Spezifik onlinebasierter Kommunikation vgl. auch die Kapitel 3.1.3 und 2.4.2.
49 Vgl. Welker, Wünsch, Böcking u. a., „Die Online-Inhaltsanalyse", 10 ff.

weisungsstruktur undeutlicher.⁵⁰ *d) Reaktivität:* Onlineinhalte werden vielfach vor dem Hintergrund des eigenen Netznutzungsverhaltens angeboten, das bedeutet, dass etwa eine Abfrage über eine Suchmaschine keinen ‚objektiven' Bestand an Material hervorbringt (die eine andere Person, gegebenenfalls nicht einmal dieselbe Person an einem anderen Gerät genauso auch präsentiert bekäme). Dieses Problem besteht in besonderer Weise auch für Ergebnisse, die mittels Datenbankabfragen ermittelt werden, da die Aufbereitung der Ergebnisse je unterschiedlich ausfallen kann. *e) Digitalisierung:* Zweifellos ein großer Vorteil von Onlineinhalten besteht darin, dass sie in digitalisierter Form vorliegen, das heißt eine elektronische Verarbeitung ist hervorragend anschlussfähig. Hinzu kommt, etwa bei schriftsprachlichen Texten, dass das Material keinen ‚Verfälschungen' unterliegt wie etwa Hörfehlern bei der Transkription mündlich geführter Interviews. Blickt man auf die Kommunikationen im Netz (etwa im Zusammenhang von Kommentaren im Nachgang zu einem Zeitungsbeitrag), ist die Qualität des Materials auch insofern hoch, als die beobachtete/analysierte (Interaktions-)Situation – es sei denn bei bewusster teilnehmender Beobachtung im Feld online – nicht durch die Forscherin weiter beeinflusst wird. Die Affinität digitalisierten Materials zu computergestützten Analyseverfahren führt bisher zur Bevorzugung quantitativer Methoden.⁵¹ *f) Quantität:* Das Problem der Quantität, der völlig unüberschaubaren Menge auch ganz unterschiedlichen Materials, hat unmittelbaren Einfluss auf die Frage, inwiefern mit Blick auf ‚das' Internet noch sinnvoll von einer Grundgesamtheit gesprochen werden kann, und wie *sampling units* zweckmäßig bestimmt werden können.

---

50 Vgl. hierzu auch Kapitel 3.1.2.
51 Hier eine repräsentative Anzahl an entsprechenden Publikationen auszuweisen, ist unmöglich. Daher verweise ich allein für die Online-Inhaltsanalyse beispielhaft auf zwei Aufsätze aus dem Band von Welker und Wünsch: Rüf, François, Böking, Saskia und Kummer, Stefan, „Automatisierte Inhaltsanalysen im Internet: Möglichkeiten und Grenzen am Beispiel des SINDBAD-Knowledge-Generators", in *Die Online-Inhaltsanalyse: Forschungsobjekt Internet,* hg.v. Martin Welker und Carsten Wünsch (Köln 2010), 313–339; Scharkow, Michael, „Lesen und lesen lassen – Zum State of the Art automatischer Textanalyse", in *Online-Inhaltsanalyse,* hg.v. Welker und Wünsch, 340–364. Vgl. zum Befund auch: Welker, Wünsch, Böcking u.a., „Die Online-Inhaltsanalyse", 17; Meier, Stefan, Wünsch, Carsten, Pentzold, Christian und Welker, Martin, „Auswahlverfahren für Online-Inhalte", in *Die Online-Inhaltsanalyse: Forschungsobjekt Internet,* hg.v. Welker, Martin und Wünsch, Carsten (Köln 2010), 103–123: 104. Vgl. dazu auch die Popularität von so genannten Big-Data-Erhebungen: Rössler, Patrick, Hautzer, Lena und Lünich, Marco, „Online-Inhaltsanalyse", in *Handbuch Online-Forschung: Sozialwissenschaftliche Datengewinnung und -auswertung in digitalen Netzen,* hg.v. Martin Welker, Monika Taddicken, Jan-Hinrik Schmidt und Nikolaus Jackob (Köln 2014), 214–232: 218 f.

Insgesamt lässt sich also sagen, dass das Netz mit seinen Kommunikaten noch einmal neu die Frage nach den Qualitätsanforderungen an die Inhaltsanalyse stellt, denn:

> [Die] Multimedialität des World Wide Web stellt die Inhaltsanalyse vor besondere Herausforderungen: zum einen, weil der komplexe Prozess der Rezeption und Wirkung von visuellen Inhalten die Analyse erschwert, und zum anderen, wenn verschiedenste Effekte des Zusammenwirkens der unterschiedlichen Medien und die weiteren Charakteristika des www in die Inhaltsanalyse einfließen müssen, zum Beispiel Text-Bild- und Bild-Text-Ausstrahlungs- oder Framing-Effekte [...]. Diese Formen der Online-Kommunikation bedeuten eine methodische Herausforderung für die Wissenschaftler [...], da die vorgestellten charakteristischen Merkmale des Internets einer linearen Vermessung in herkömmlicher Weise entgegenstehen. ‚Der ureigene Charakter des Mediums verletzt somit die Grundaxiome der Inhaltsanalyse' [...] und macht folglich eine gesonderte Methodenreflexion für den Online-Bereich notwendig.[52]

Die vorliegende Studie antwortet nicht umfänglich auf die umrissenen Herausforderungen: Im Wesentlichen werden Texte im engeren Sinne untersucht – mit Blick auf Anschlussuntersuchungen wäre der Aspekt der Multimodalität stärker in die Untersuchungen mit einzubeziehen[53] –, dies jedoch unter Berücksichtigung der Frage nach ihren besonderen kontextspezifischen Eigenschaften. Insofern trägt die Studie den skizzierten veränderten Rahmenbedingungen im Design der empirischen Untersuchung Rechnung.[54]

Zu reflektieren sind hinsichtlich der Gewinnung des zu untersuchenden Materials vor allem zunächst die Bestimmung der Analyse- und Kontexteinheit, dann aber auch die Frage der Auswahl des Materials. Die Schwierigkeiten mit

---

52 Welker, Wünsch, Böcking u. a., „Die Online-Inhaltsanalyse", 13. Zum Zitat im Zitat vgl. Rössler, Patrick und Eichhorn, Wolfgang, „WebCanal – ein Instrument zur Beschreibung von Angeboten im World Wide Web", in *Online Research: Methoden, Anwendungen, Ergebnisse*, hg.v. Bernad Batinic, Wolfgang Bandilla, Lorenz Gräf und Andreas Werner (Göttingen 1999), 263–276: 267.
53 Zur Multimodalitätsanalyse vgl. etwa: Bateman, John, Wildfeuer, Janina und Hiippala, Tuomo, *Multimodality: Foundations, Research and Analysis. A Problem-Oriented Introduction*, Berlin u. a. 2017.
54 Verwiesen sei jedoch noch einmal eigens auf den bereits öfter zitierten Band der Deutschen Gesellschaft für Online-Forschung e.V. *Die Online-Inhaltsanalyse*. Dieser Band widmet sich forschungstheoretischen und -praktischen Antworten mit Blick auf das neue Forschungsfeld und den damit zusammenhängenden Chancen und Herausforderungen für das Verfahren der Inhaltsanalyse. Der Band behandelt quantitative wie qualitative inhaltsanalytische Verfahren. – Dass die neue mediale Situation hinsichtlich der Erforschung von Kommunikationskulturen wesentlich (auch) auf Theorieanpassungen angewiesen ist, zeigt exemplarisch der Band: Jandura, Olaf, Fahr, Andreas und Brosius, Hans-Bernd, Hg., *Theorieanpassungen in der digitalen Medienwelt* (Baden-Baden 2013), darin zur Einführung: Brosius, Hans-Bernd, „Neue Medienumgebungen: Theoretische und methodische Herausforderungen", 13–29.

Blick auf diese drei Aspekte sind mit den oben genannten Punkten a) bis f) aufgewiesen. Insgesamt sei für das Problem der Gütekriterien qualitativer Online-Inhaltsanalyse noch einmal daran erinnert, dass es sinnvoll ist, nicht die herkömmlichen Gütekriterien quantitativer Forschung – Objektivität, Reliabilität, Validität – schlicht auf die qualitative Forschung zu übertragen, sondern hier die Kriterien prozessorientiert zu bestimmen.[55] Umso mehr, das wird man nach den vorgängigen Überlegungen zum Forschungsfeld ‚des' Netzes mit seinen Charakteristika sagen können, dürfte das für die qualitative *Online*-Inhaltsanalyse zweckmäßig sein. Entsprechend scheint es ratsam, sowohl was das Sampling-Verfahren anbelangt, als auch was die Interpretation des Materials betrifft, prozessorientiert vorzugehen, und dabei gleichzeitig das Verfahren einer gewissen methodischen Strenge zu unterziehen[56], um die Nachvollziehbarkeit der Interpretationen zu gewährleisten.

Unter Rekurs auf die Arbeiten Martyn Hammersleys und Clive Seales – ursprünglich auf die ethnografische Forschung bezogen und als Vermittlungsansatz zwischen extremen theoretischen Postulaten intendiert –, bringt Kuckartz[57] den Ansatz des ‚subtilen Realismus' mit der Frage der Gütekriterien im Zusammenhang qualitativer Inhaltsanalyse ins Gespräch. Der ‚subtile Realismus' nimmt in der Auseinandersetzung um das, was empirische Verfahren in der Lage sind abzubilden, eine Mittelposition zwischen einem Anti-Realismus etwa mancher konstruktivistischer Verfahren und einem naiven Realismus mancher quantitativ Forschenden ein.[58] So lässt sich auch für die qualitative Inhaltsanalyse dafür plädieren, die Gütekriterien Objektivität, Reliabilität und Validität zu transformieren. Wesentliche Annahme ist dabei, dass „Forschung [...] auf die Darstellung von Wirklichkeit ab[zielt], nicht auf ihre Abbildung. Bei empirisch-qualitativer Forschung lautet die zentrale Frage, inwieweit die Konstruktionen des Forschers in den Konstruktionen der Beforschten begründet sind."[59] Gütekriterien qualitativer Forschung können wie folgt aussehen:

---

55 Vgl. Kuckartz, *Qualitative Inhaltsanalyse*, 24.
56 Vgl. Kapitel 4.1.1.2.
57 Zur weitergehenden Betrachtung, auf die sich auch Kuckartz bezieht vgl.: Grunenberg, Heiko, *Die Qualität qualitativer Forschung: Eine Metaanalyse erziehungs- und sozialwissenschaftlicher Forschungsarbeiten* (2001). http://www.maxqda.de/download/grunenberg.pdf (01.03.2018). Zu den Arbeiten von Hammersley und Seale selbst vgl.: Hammersley, Martyn, *Reading Ethnographic Research* (New York 1990); ders., *What's Wrong With Ethnography? Methodological Explorations* (London 1992); Seale, Clive, *The Quality of Qualitative Research* (London 1999); ders., „Quality in Qualitative Research", *Qualitative Inquiry* 5 (1999), 465–478.
58 Vgl. Grunenberg, Heiko, *Qualität qualitativer Forschung*, 28.
59 Kuckartz, *Qualitative Inhaltsanalyse*, 166. – Auch Rössler u. a. schreiben mit Blick auf die (quantitative) Inhaltsanalyse: „Wurde zunächst verlangt, die Erhebung auf die manifesten Inhalte

Tabelle 2: Gütekriterien qualitativer Forschung[60]

Gütekriterien quantitativer Forschung	Gütekriterien für qualitative Forschung
Objektivität	Bestätigbarkeit
Reliabilität	Zuverlässigkeit/Verlässlichkeit/Auditierbarkeit
Interne Validität	Glaubwürdigkeit/Verlässlichkeit
Externe Validität	Übertragbarkeit/Verallgemeinerbarkeit

Die Frage der Validität[61] von Online-Inhaltsanalysen – qualitativer Forschung geht es weniger um möglichst umfassende Generalisierungen als eher um „Theorien mittlerer Reichweite"[62], insofern ist der qualitativen Inhaltsanalyse auch eine Betrachtung einer kleinen Anzahl von Fällen erlaubt – wird trotzdem oft besonders mit Blick auf die Auswahl des zu analysierenden Materials diskutiert.[63] Einerseits ist es hinsichtlich elektronischer Quellen pragmatisch gesehen einfacher, Zufallsstichproben zu ziehen; andererseits stellt es, wie bereits erwähnt, eine Schwierigkeit dar, dass die Grundgesamtheit, von der ausgehend die Stichprobenziehung erfolgen soll, überhaupt angesichts der Fülle an potenziellem Material nur vage bekannt ist.

Dieses Problem greift das Verfahren des *Theoretical Samplings* produktiv auf.[64] Das Material wird hier in einem zirkulären Prozess über theoretisch verdichtete Varianzminimierung und Varianzmaximierung erhoben. Der Prozess der

---

von Texten zu beschränken, besteht inzwischen Konsens, dass die Inhaltsanalyse gerade dazu dienen muss, mithilfe manifester Texte soziale Wirklichkeit, also auch latente Kontexte zu erfassen [...], wie etwa Konnotationen, Ironie und Bewertungen, die gerade innerhalb von Usergenerated Content im Internet weit verbreitet sind. An die Stelle von Objektivität ist deswegen die Forderung nach intersubjektiver Nachvollziehbarkeit anhand von klar definierten, offengelegten Kriterien gerückt, da Wahrnehmung nie wirklich objektiv (im Sinne von unabhängig von Betrachter und Situation) sein kann". (Rössler, Hautzer und Lünich, „Online-Inhaltsanalyse", 216.)

60 Die Darstellung ist im Wesentlichen übernommen: Kuckartz, *Qualitative Inhaltsanalyse*, 166.
61 Zu möglichen Konkreten Kriterien für die interne und externe Validität vgl. auch noch einmal Kuckartz, *Qualitative Inhaltsanalyse*, 167 ff.
62 Kuckartz, *Qualitative Inhaltsanalyse*, 25.
63 Vgl. dazu Welker, Wünsch, Böcking u. a., „Die Online-Inhaltsanalyse", 21 f.
64 Diese Einschätzung teilt auch Rössler, vgl. Rössler, Patrick, „Das Medium ist nicht die Botschaft", in *Die Online-Inhaltsanalyse: Forschungsobjekt Internet*, hg.v. Martin Welker und Carsten Wünsch (Köln 2010), 31–42: 37. Zum Verfahren illustriert an einem konkreten Beispiel vgl.: Meier, Stefan und Pentzold, Christian, „Theoretical Sampling als Auswahlstrategie für Online-Inhaltsanalysen", in *Die Online-Inhaltsanalyse: Forschungsobjekt Internet*, hg.v. Martin Welker und Carsten Wünsch (Köln 2010), 124–143.

Erhebung kann als abgeschlossen gelten, wenn angenommen werden kann, dass den inhaltlichen Aspekten aus dem bis dahin untersuchten Material durch die Bearbeitung weiteren Materials keine neuen Aspekte mehr hinzugefügt werden können.

Die Bestimmung der Analyseeinheit erfolgt für die vorliegende Studie pragmatisch: Untersucht werden alle Nutzer-Interaktionen auf der Ebene der Website, die auch den Anlass zur Interaktion darstellt (ein diskussionsauslösender Post, ein Online-Zeitungsartikel, ein Blogeintrag). Hypertextstrukturen werden nur in Einzelfällen weiter verfolgt, wenn sie nämlich zur Überprüfung kommunikativer Typen dienen.[65] Die Untersuchung bezieht als Kontexteinheit den schriftsprachlichen Kommunikationszusammenhang dieser einen Ebene der Website ein. Multimediale Elemente von Websites werden nicht weiter untersucht, weil für das vorliegende Material nicht davon ausgegangen wird, dass sich die Gesamtbedeutung stattfindender schriftsprachlicher Diskurse erst aus einer „Kombination verschiedener Darstellungsmöglichkeiten"[66] ergibt. Das bedeutet nicht, dass die Multimodalität online für die Rezeptionsprozesse der Nutzer und Nutzerinnen bedeutungslos wäre. Im Gegenteil: Eine Herausforderung zukünftiger Online-Forschung wird darin bestehen, sich der Multimodalität des Internets forschungsmethodisch angemessen zu nähern. Für das untersuchte Material der vorliegenden Studie mag dennoch gelten – zumal für die User-Kommunikation im Zusammenhang von Zeitungsbeiträgen online oder in Blogeinträgen –, dass das Schriftsprachliche für die Ausgestaltung der Interaktionen die entscheidende Rezeptionsreferenz darstellt.

Online-Konversationen finden vielfach in sichtbar verdichteten und damit in gewisser Weise auch abgegrenzten Gesprächszusammenhängen statt, die freilich immer auch mit anderen Interaktionen und Kommunikaten online wie offline inhaltlich verlinkt sind (sie sind also im besten Sinne des Wortes translokal). Die Auswahl der schriftsprachlichen Online-Interaktionen stellt also eine bewusst vorgenommene Beschränkung der spezifischen kommunikativen Handlungen auf

---

[65] Vgl. dazu Kapitel 4.2.3.
[66] Welker, Wünsch, Böcking u. a., „Die Online-Inhaltsanalyse", 20. – In jedem Fall sei jedoch auch noch einmal auf die allgemeine Notwendigkeit verwiesen, die Multimedialität und Multimodalität von Online-Kommunikation stärker in den Blick zu nehmen; hier sind verschiedentlich Desiderate formuliert worden, vgl. zum Befund exemplarisch folgendes Zitat von Rössler: „Akut aufscheinende Defizite in der Online-Inhaltsanalyse gehen teilweise auf Versäumnisse in den klassischen Verfahren zurück, wo es über lange Jahre hinweg nicht gelungen ist, den Gehalt medialer Botschaften jenseits der Textebene angemessen zu erfassen. So fehlen heute häufig die Grundlagen zur Erfassung multimedialer Inhalte – und es ist fraglich, ob dieser Nachholbedarf alleine durch Innovationen im Bereich der Online-Inhaltsanalyse gedeckt werden kann." (Rössler, „Das Medium ist nicht die Botschaft", 35.)

ein bestimmtes Phänomen dar. So kann eine Abgrenzung forschungspragmatisch dann festgestellt werden, wenn die Kommentierung eines Beitrags als abgeschlossen gilt beziehungsweise wenn bis zu einem von der Forscherin festgelegten Datum keine weiteren Kommentare mehr verfasst werden (mit Blick auf Online-Kommunikationen und die Frage der *sampling unit* ergibt sich theoretisch immer das Problem, dass Kommunikationen – sofern die Funktionen nicht von einer Redaktion oder einem Bloginhaber geschlossen worden sind – zu jedem beliebigen Zeitpunkt wieder aufgenommen werden können). Da hier ‚vergangene' Kommunikationsprozesse untersucht werden, die entsprechend *archiviert* werden, kann das Material zeitunabhängig und potenziell unendlich oft analysiert werden, ohne dass sich daraus eine Veränderung mit Blick auf die Merkmalsträger ergäbe. Die intersubjektive Nachvollziehbarkeit im Forschungsprozess (auch die Kategorienbildung am Material wie die Zuweisung der Stellen zu Kategorien wird archiviert und damit einsehbar; die Erstellung zahlreicher Code-Memos nimmt die Idee des Codebuches auf) wird damit grundsätzlich formal gewährleistet. Das Verfahren gilt damit klassischerweise als nichtreaktiv, da sich der Forschungsgegenstand nach erfolgter Archivierung nicht mehr ändert, unabhängig davon, wann und wie oft er untersucht wird.[67]

Die Untersuchung interpersonaler Kommunikation online wird von Rössler noch 2010 als eine der Entwicklungen angesehen, die sich im Zusammenhang der Online-Inhaltsanalysen erst herauskristallisieren werden, mit der Notwendigkeit verbunden, dass hier die bisher ‚herkömmlichen' Verfahren der Inhaltsanalyse um zum Beispiel linguistische Verfahren ergänzt werden müssen:

> Nicht erst der Boom sogenannter ‚Web-2.0-Angebote' verdeutlicht, dass im Internet als digitaler Medienplattform die Grenzen zwischen *interpersonaler und Massenkommunikation* verwischen [...]. Wesentliche Kommunikationsmodi sind nichts anderes als technisch oder medial vermittelte Formen von interpersonaler Kommunikation, auch wenn sie potenziell von einem unbegrenzten Publikum rezipiert werden könnten. Für die Online-Inhaltsanalyse bedeutet dies, dass zur Beschreibung solcher Kommunikationsprozesse zunehmend auf Verfahren zurückgegriffen werden muss, die in der an Massenkommunikation orientierten Kommunikationsforschung kaum verbreitet sind (wie z. B. syntaktisch-semantisch angelegte Untersuchungen [...], Textanalyseverfahren [...], Konversationsforschung).[68]

Qualitativ arbeitende Online-Inhaltsanalysen, die manuelle Textanalyse- beziehungsweise Interaktionsanalyseverfahren integrieren, werden in der Regel nicht in der Lage sein, so große Textmengen zu untersuchen, wie es ursprünglich die quantitative Inhaltsanalyse intendierte.

---

67 Vgl. dazu auch: Rössler, Hautzer und Lünich, „Online-Inhaltsanalyse", 217.
68 Rössler, „Das Medium ist nicht die Botschaft", 39 f. Im Original hervorgehoben.

4.1.2.2 Online-Konversationen und Diskurse (online)

Der empirische Teil der Studie ist nun insbesondere an den direkt auffindbaren und sichtbaren, aufeinander bezogenen Interaktionen von Internetnutzern und -nutzerinnen interessiert, die sich um ein konkretes Thema gruppieren. Hat man es hier bereits mit Diskursen zu tun?

Wird in einem umgangssprachlichen Sinne Vieles als ‚Diskurs' bezeichnet, versucht sich Diskurstheorie doch immer wieder an einer Abgrenzung zum ‚Alltagsgespräch' und verweist auf die (potenzielle) Relevanz von Diskursen für die gesellschaftliche Öffentlichkeit beziehungsweise die ‚Reichweite' des Diskurses in Form eines kollektiven Geltungsanspruchs oder Ähnlichem. Entsprechend formuliert etwa Reiner Keller: „Diskurse lassen sich als mehr oder weniger erfolgreiche Versuche verstehen, Bedeutungszuschreibungen und Sinn-Ordnungen zumindest auf Zeit zu stabilisieren und dadurch eine kollektiv verbindliche Wissensordnung in einem sozialen Ensemble zu institutionalisieren."[69] Folglich untersucht die Wissenssoziologische Diskursanalyse (WDA) beziehungsweise die sozialwissenschaftliche Diskursforschung „Prozesse der ‚gesellschaftlichen Konstruktion von Wirklichkeit' [...] in institutionellen Feldern der Gesellschaft. [...] Sie interessiert sich für *Diskurse* als (durch thematische Bezüge oder institutionell) abgrenzbare, situierte, *bedeutungskonstituierende Ereignisse* bzw. *Praktiken* des Sprach- und Zeichengebrauchs durch gesellschaftliche Akteure."[70]

Keller rekurriert in diesem Zusammenhang auf die Unterscheidung zwischen nicht-diskursiven und diskursiven Praktiken in der Diskursproduktion (nicht-diskursiv sind zum Beispiel symbolische Gesten; diskursiv sind etwa Schreiben und Predigen), als Diskurseffekte (nicht-diskursiv sind zum Beispiel spezifische Hygienepraktiken; diskursiv sind etwa ärztliche Diagnosen) und in „relativ diskursunabhängigen"[71] Kontexten (nicht-diskursiv sind zum Beispiel Alltagsroutinen; diskursiv sind etwa Alltagskonversationen).[72] Damit sind die Alltagskonversationen, zu denen man mittlerweile fraglos auch die Online-Kommunikationen mit ihren performativen Figurationen zählen kann, weit von der Ebene der Diskursproduktion abgerückt (worden): In ihnen finden sich, so könnte man weiter im Sinne Kellers folgern, Versatzstücke aus Diskursen oder Partikel aus

---

[69] Keller, Reiner, *Diskursforschung: Eine Einführung für SozialwissenschaftlerInnen* (Wiesbaden ⁴2011), 8.
[70] Keller, *Diskursforschung*, 66. Im Original hervorgehoben. Zur Diskursanalyse vgl. auch: Merle, Kristin und Meier, Stefan, „Art. Diskursanalyse", in *Das Wissenschaftlich-Religionspädagogische Lexikon* (www.wirelex.de), 2018. https://www.bibelwissenschaft.de/stichwort/200264/ (01.03.2018)
[71] Keller, *Diskursforschung*, 66.
[72] Vgl. ebd.

Diskursen, die die Subjekte (im besten Sinne) eigenwillig in ihre alltägliche Sinndeutungsarbeit aufnehmen. Wenn, dann werden Diskurse in alltäglichen Kommunikationsprozessen also aktualisiert.[73] Es sind das Alltagswissen oder die subjektiven Sinnwelten, die durch „Prozesse kollektiver Wissenserzeugung und (massen-)medialer Vermittlung *mitgeformt*"[74] werden – nicht anders herum, so Keller.[75]

Blickt man auf den Begriff des Diskurses, hat man es mit einer breiten und nicht einheitlichen Tradition zu tun, die sich in der Verwendung des Begriffs in ganz unterschiedlichen Zusammenhängen abbildet. Holzschnittartig lassen sich drei Perspektiven fassen, die den Diskursbegriff mit jeweils eigener Prägung verwenden. Zum einen existiert im angelsächsischen Sprachraum der ‚Sammelbegriff' der *discourse analysis*[76], der verschiedene Forschungsrichtungen vereint: Linguistische und soziolinguistische, soziologische und ethnomethodologisch-konversationsanalytische und psychologische Ansätze konzentrieren sich in diesem Zusammenhang vor allem auf die Untersuchung sprachlicher (‚natürlicher') Kommunikationsprozesse, etwa in Form intersubjektiver Face-to-Face-Rede. Während sich die Verwendung des Diskursbegriffes in der englischsprachigen Diskursliteratur sehr häufig auf eben diesen Kontext bezieht, erscheint eine unmittelbare Übertragung ins Deutsche schwierig: „[U]m Missverständnisse mit anderen Diskursbegriffen zu vermeiden"[77], plädiert Keller dafür, hier eher von „empirischer Gesprächsforschung" o. ä. zu sprechen.[78]

---

73 Keller, *Diskursforschung*, 74. Dazu schreibt Keller: „So finden sich in innerfamiliären Auseinandersetzungen über die gerechte Teilung der Hausarbeit Partikel feministischer Gleichheitsdiskurse; Auseinandersetzungen über die richtige Erziehung der Kinder enthalten Versatzstücke aus naturwissenschaftlichen und pädagogischen Diskursen, die über unterschiedliche Verbreitungskanäle in den Massenmedien zirkulieren. Stammtischgespräche karikieren neoliberale ökonomische Diskurse usw." (Ebd.) – Für mein Empfinden kommt mit solchen Aussagen das Kreativitätspotenzial, dann aber auch das ‚alltägliche Expertenwissen' der Akteure nicht recht in den Blick, die durchaus in der Lage sein können, sich fachlich auf (relativ) hohem Niveau über gesellschaftsrelevante Fragen auszutauschen. Einzig das Argument der Reichweite ließe sich in einer solchen allgemeinen Aussage als Kriterium dafür nennen, solche Auseinandersetzungen *per se nicht* als ‚Diskurse' bzw. Diskursfragmente bezeichnen zu können.
74 Keller, *Diskursforschung*, 74. Im Original hervorgehoben.
75 Vgl. dazu auch noch einmal Kapitel 2.3.3.
76 Vgl. etwa: Gee, James P., *An Introduction to Discourse Analysis: Theory and Method* (London u. a. ²2005).
77 Keller, *Diskursforschung*, 20.
78 Auch Knoblauch äußert sich ähnlich: „Genau genommen handelt es sich hier um Forschungsansätze, die man nur unter dem Vorwurf der schlechten Übersetzung auch im Deutschen als ‚Diskursanalyse' bezeichnen darf." (Knoblauch, Hubert, „Diskurs, Kommunikation und Wissenssoziologie", in *Handbuch Sozialwissenschaftliche Diskursanalyse*, Band 1: *Theorien und Me-*

Die zweite Perspektive ist auf Kommunikationsprozesse auf gesellschaftlicher Ebene ausgerichtet und verbindet sich in vielen Fällen – in Form unterschiedlicher Anknüpfungspunkte – mit den poststrukturalistischen Arbeiten Michel Foucaults zum Diskursbegriff. Hier interessiert nicht die Face-to-Face-Situation – wenngleich auch ‚vermittelnde' Ansätze existieren[79] –, im Blick sind übersubjektive Wissensordnungen. Die Arbeiten Foucaults[80] dürften dabei ganz wesentlich die heutige Konjunktur des Diskursbegriffs mitbestimmt haben. Wenngleich immer wieder Kritik an der Nachvollziehbarkeit der empirischen Methode geübt worden ist, so ist die Bedeutung der Arbeiten Foucaults gerade auch für eine wissenssoziologische Beschreibung von Wirklichkeit evident. Diskurse sind, nach Foucault, Formationen von Aussagen beziehungsweise regelgeleitete Systeme. In diesen Formationen bildet sich das ab, was durch die Aussagen als wahr, wirklich und real herausgestellt wird (im Gegensatz etwa zum Unwahren oder Devianten). Diskurse strukturieren gewissermaßen vor, was in einem Wissens- oder Formationsgebiet gesagt werden kann (und von wem was gesagt werden kann); Diskursanalyse bei Foucault ist insofern immer auch Analyse von Macht.[81] Da Foucaults Diskursverständnis wissenssoziologische Implikationen eigen sind – um es verkürzt auszudrücken: die ‚Ordnung der Dinge' (das Wissen über die Dinge) wird in kommunikativen Praktiken hergestellt –, beziehen sich gegenwärtig Arbeiten zur wissenssoziologisch perspektivierten Diskursanalyse gerne auch auf Foucault.[82]

---

thoden, hg.v. Reiner Keller, Andreas Hierseland, Werner Schneider und Willy Viehöver [2., aktual. u. erw. Aufl., Wiesbaden 2006], 209–226: 212.)
79 Vgl. etwa Van Dijk, Teun A., Hg., *Handbook of Discourse Analysis*, 4 Bände (London 1985); Pêcheux, Michel, „Sur les contextes épistémologiques de l'analyse de discours", *Mots* 9 (1983), 7–17; Jäger, Siegfried, *Kritische Diskursanalyse: Eine Einführung* (7. vollst. überarb. Aufl., Münster 2015).
80 Grundlegendes zur Theorie und Empirie des Diskurses findet sich u. a. in *Die Ordnung der Dinge: Eine Archäologie der Humanwissenschaften* (*Les mots et les choses: Une archéologie des sciences humaines*, 1966) und *Archäologie des Wissens* (*L'Archéologie du savoir*, 1969); bekannt sind entsprechende materiale Analysen wie in *Wahnsinn und Gesellschaft* (*Histoire de la folie*, 1961), *Überwachen und Strafen: Die Geburt des Gefängnisses* (*Surveiller et punir*, 1975) etc.
81 Die Hypothese zur Vorlesung *Die Ordnung des Diskurses* umreißt Foucault folgendermaßen: „Ich setze voraus, daß in jeder Gesellschaft die Produktion des Diskurses zugleich kontrolliert, selektiert, organisiert und kanalisiert wird – und zwar durch gewisse Prozeduren, deren Aufgabe es ist, die Kräfte und die Gefahren des Diskurses zu bändigen, sein unberechenbares Ereignishaftes zu bannen, seine schwere und bedrohliche Materialität zu umgehen." (Foucault, Michel, *Die Ordnung des Diskurses: Inauguralvorlesung am Collège de France – 2. Dezember 1970*, [München 1974], 7.)
82 Vgl. Keller, *Diskursforschung*; vgl. ders., *Wissenssoziologische Diskursanalyse: Grundlegung eines Forschungsprogramms* (Wiesbaden ³2010); vgl. u. a. Ullrich, Peter, *Deutsche, Linke und der*

Als dritte und eigenständige Verwendungsweise ist die Verwendung des Diskursbegriffs im Zusammenhang der von Habermas entfalteten verfahrensbezogenen Diskursethik und seiner entsprechenden Theorie der Öffentlichkeit[83] zu nennen.[84]

Mit Einschränkung, in Form einer „bloß partielle[n] Übernahme der Foucaultschen Diskurstheorie"[85], spricht sich auch Hubert Knoblauch für die Berücksichtigung vor allem dreier Aspekte von Foucaults Ansatz aus, von denen auch noch einmal die phänomenologische Wissenssoziologie profitieren könne: die grundsätzliche Berücksichtigung des Machtfaktors in der Ausgestaltung von Diskursen, die „methodologische Großflächigkeit" (in Ergänzung zu den oft in den Blick genommenen ‚kleinen Lebenswelten') sowie die Untersuchung historischer Sinngenese.[86] Vor allem für Thomas Luckmanns Figur des „kommunikativen Haushalts"[87] sieht Knoblauch in der Form des Diskurses eine instruktive Ergänzung: Während der kommunikative Haushalt das Gesamt der gesellschaftlichen kommunikativen Vorgänge über die Vorstellung eines zu einem bestimmten Zeitpunkt umgrenzten Kommunikationsvolumens zu umschreiben sucht, verweist der Diskursbegriff auf den dynamischen und diachronen Charakter gesellschaftlicher Kommunikation. Obgleich beide Aspekte – der Versuch einer Gesamtschau gesellschaftlicher Kommunikation wie die Notwendigkeit, eben diese Kommunikationen in ihrer Dynamik in den Blick zu bekommen – wichtig für die Untersuchung kommunikativer Konstruktionsleistungen einer Gesellschaft sind, leistet die Vorstellung des kommunikativen Haushalts Grundlegendes für eine kommunikative Topik.[88] Denn das Augenmerk in der Beschreibung des kommunikativen Haushalts liegt auf den Formen, die sich durch stete Wieder-

---

Nahostkonflikt: Politik im Antisemitismus- und Erinnerungsdiskurs (Göttingen 2013); Jäckle, Monika, *Schule M(m)acht Geschlechter: Eine Auseinandersetzung mit Schule und Geschlecht unter diskurstheoretischer Perspektive* (Wiesbaden 2008).
83 Vgl. Kapitel 2.2.1.
84 Vgl. zur Systematisierung des Diskursbegriffs auch: Fraas, Claudia, Meier, Stefan und Pentzold, Christian, „Zur Einführung: Perspektiven einer interdisziplinären transmedialen Diskursforschung", in *Online-Diskurse: Theorien und Methoden transmedialer Online-Diskursforschung*, hg.v. dens. (Köln 2013), 7–34: 12.
85 Knoblauch, „Diskurs", 214.
86 Vgl. Knoblauch, „Diskurs", 215.
87 Vgl. Luckmann, Thomas, „Kommunikative Gattungen im kommunikativen ‚Haushalt' einer Gesellschaft", in *Der Ursprung der Literatur*, hg.v. Gisela Smolka-Koerdt (München 1988), 279–288; vgl. ders., „Grundformen der gesellschaftlichen Vermittlung des Wissens: Kommunikative Gattungen", in *Kultur und Gesellschaft. Sonderheft 27 der Kölner Zeitschrift für Soziologie und Sozialpsychologie*, hg.v. Friedhelm Neidhardt und Mario Rainer Lepsius (Opladen 1986), 191–211.
88 Vgl. Kapitel 4.2.3.

holung verfestigt haben. Diese verfestigten Formen, so Luckmann, stellen erprobte Lösungen für kommunikative Probleme dar; insofern sind sie von allgemeiner Bedeutung, im kommunikativen Haushalt bildet sich das gesellschaftliche Relevanzsystem ab: „Hier schlagen sich die Interessen typischer einzelner Handelnder, die Funktionen rekurrenter sozialer Interaktionen und auch die Konflikte sozialer Gruppen in kommunikativen Formen nieder."[89] Diskurse, so könnte man beide Perspektiven zusammensehen, prägen die thematischen Relevanzen des kommunikativen Haushalts.[90]

Vor dem Hintergrund der bereits in dieser Arbeit ausgeführten Überlegungen zum so genannten *Long Tail* des Internet und zum Internet als integrierter Netzwerköffentlichkeit[91] muss man für die Beurteilung der Frage, ob es sich bei alltäglichen Konversationen um Diskurse handelt, noch einmal genau hinschauen und gegebenenfalls auch Diskursverläufe über mehrere kommunikative Ebenen verfolgen und analysieren. Mit Blick auf das Netz wäre sicherlich noch einmal nach dem Reichweiten- und Relevanz-Potenzial von Kommunikationen auch auf der Encounterebene des Internets zu fragen. Nicht ausgeschlossen ist, dass sich Themen und Argumentationsmuster von dieser Ebene aus durchsetzen und für einen größeren sozialen Kreis Relevanz gewinnen, da sie plausibel erscheinen. In einem systematischen Sinne ist auch noch einmal darauf hinzuweisen, dass die Unterscheidung zwischen den Öffentlichkeitsebenen online so deutlich wie offline nicht gezogen werden kann.[92] Die Verschränkung der Ebenen wird insbesondere bei den in dieser Studie untersuchten ‚medieninitiierten Alltagsöffentlichkeiten' sichtbar: Die Kommunikationen der Akteure sind über den ‚Raum' mediengesteuerter Angebote (Beiträge in Zeitungen online mit Kommentarfunktion) mit der komplexen Ebene von Öffentlichkeit vermittelt. Meist findet zwar kein direkter Austausch zwischen einem Autor oder einer Autorin eines Zeitungsbeitrags und den Kommentierenden statt, die Kommentierenden diskutieren jedoch untereinander, und ihre Kommunikate sind, neben dem initiierenden Zeitungsbeitrag, sichtbar. Bisweilen werden Kommentare auch in Beiträgen von Print- und Onlinezeitungen aufgegriffen. Es kommt also zu „neue[n] Bezüge[n] zwischen der massenmedialen Öffentlichkeit und einer sich eher spontan äußernden Alltagsöffentlichkeit."[93]

---

89 Knoblauch, „Diskurs", 215.
90 Vgl. Knoblauch, „Diskurs", 217.
91 Vgl. Kapitel 2.4.3.1.
92 Vgl. dazu auch Kapitel 2.4.3.1.
93 Klaus, Elisabeth und Drüeke, Ricarda, „Internetöffentlichkeiten und Gender Studies: Von den Rändern in das Zentrum?" In *Öffentlichkeiten und gesellschaftliche Aushandlungsprozesse: Theoretische Perspektiven und empirische Befunde*, hg.v. dens. (Bielefeld 2017), 101–126: 118.

Hubert Knoblauch sieht Diskurse auf mehreren Ebenen angesiedelt. Er fasst Diskurse als „kommunikative Prozesse der Aufrechterhaltung und Veränderung gesellschaftlich relevanter Themen und Formen."[94] Diese kommunikativen Prozesse finden in einer Vielzahl von Handlungen durch unterschiedliche Institutionen und Akteure statt, so dass ein Thema auf verschiedenen Kontextebenen relevant (gemacht) wird: „Dazu gehören beispielsweise philosophische Abhandlungen, theologische Traktate, Predigten oder Vorlesungen. Konversationen zählen ebenso zum Diskurs wie in Medien stattfindende öffentliche Debatten [...]. Diskurse umfassen eine große Anzahl kommunikativer Aktivitäten, sie bedienen sich verschiedenster Kanäle, sie verwenden unterschiedliche Muster und können in verschiedenen Formen der Öffentlichkeit inszeniert werden."[95] Diskurse entstehen im Auge des Betrachters. Der Diskursbegriff ist insofern ein *Konstrukt zweiter Ordnung*, als sich die Analyse von Diskursen zwar auf empirische Phänomene stützt, die Erhebung eines Diskurses als Diskurs – die immer auch eine Abgrenzung zu anderen Diskursen beinhaltet – konstruiert jedoch den Untersuchungsgegenstand des konkreten Diskurses wesentlich mit.[96]

Diskurse sind in jedem Fall komplexe Gebilde, die verschiedene Kontextebenen durchziehen und diese gewissermaßen über ein Thema integrieren. Gerade mit Blick auf die Online-Kommunikationen zwischen Nutzern und vor dem Hintergrund der bereits erwähnten Überlegungen zum *Long Tail* halte ich es für sinnvoll, die Wertschätzung Knoblauchs von Konversationen als (potenzielle) Teilelemente eines Diskurses mit zu vollziehen: (Online-)Gespräche sind in dieser Perspektive *Diskursfragmente*. In ihnen finden sich auch, mit dieser Einschränkung wäre Keller zuzustimmen, Versatzstücke aus massenmedialen wie anderen Diskursfragmenten, die die Subjekte in Sinnkonstruktionsleistungen aufnehmen. Jedoch werden nicht nur massenmediale Diskursfragmente in alltäglichen Kommunikationsprozessen aktualisiert, auch Inhalte von öffentlichen (Online-)Konversationen auf Mikro- oder Mesoebene erfahren eine solche kommunikative Verfestigung, so dass diese etwa auf der Makroebene der massenmedialen Kommunikation (Zeitungen; TV) aufgegriffen und thematisiert werden (können).[97]

---

94 Knoblauch, „Diskurs", 209.
95 Knoblauch, „Diskurs", 216.
96 Vgl. ebd.
97 Ein trauriges Beispiel dürfte gegenwärtig die fremdenfeindliche Hetze im Social Web im Zusammenhang der aktuellen Flüchtlingspolitik in Deutschland sein. Zwar hat die Hetze in Form von fremdenfeindlichen Demonstrationen auf der Straße auch eine Gestalt offline, doch sind Äußerungen des Hasses und der Volksverhetzung online immer wieder Gegenstand von Diskussionen online und offline über Werthaltungen in einer Demokratie und deren Gewährleistung, und das auf unterschiedlichen Kommunikationsebenen, von den *tagesthemen* bis zu *facebook-*

Aus diesem Grund sollen im Folgenden Online-Konversationen grundsätzlich als Diskursfragmente bezeichnet werden – wobei der genauere Nachweis der Rückwirkung auf den größeren Diskurszusammenhang empirisch sicherlich noch zu erbringen ist (dies kann und soll in dieser Arbeit nicht geleistet werden). Online-Konversationen sind damit translokale *diskursive Praktiken*, die „in konvergierenden, transmedial vernetzten Medienarrangements realisiert werden."[98]

Mit dieser ‚Korrektur' kann dann auch für Online-Konversationen gelten, was Reiner Keller mit Blick auf die Wissenssoziologische Diskursanalyse formuliert hat; auch Online-Konversationen sind ein „Komplex von Aussageereignissen und darin eingelassenen Praktiken, die über einen rekonstruierbaren Strukturzusammenhang miteinander verbunden sind und spezifische Wissensordnungen der Realität prozessieren."[99] Hier wird – wie in allen übrigen sozialen Interaktionen auch – symbolisch vermittelt Wirklichkeit ausgehandelt, und das mithilfe von zuhandenen individuell formatierten gesellschaftlichen Wissensvorräten. Anders formuliert, wobei die Online-Konversationen als Fragmente von Online-Diskursen gelten können: „Online-Diskurse sind regulierte und regulierende Praktiken des Zeichengebrauchs durch Diskursbeteiligte, in deren sprachlichen,

---

Gruppen. Wenngleich unterschieden werden muss, was als Objekt *Thema* eines Diskurses wird, und welchen Einfluss Akteure auf die Gestaltung gesamtgesellschaftlicher Diskurse haben (die rechtsradikalen Akteure bestimmten nicht als Diskurssubjekte den gesamtgesellschaftlichen Diskurs), so wird an diesem Beispiel doch die Verwobenheit der diskursiven Kontextebenen deutlich.

98 Fraas, Claudia, Meier, Stefan und Pentzold, Christian, „Zur Einführung: Perspektiven einer interdisziplinären transmedialen Diskursforschung", in *Online-Diskurse: Theorien und Methoden transmedialer Online-Diskursforschung*, hg.v. dens. (Köln 2013), 7–34: 10, unter Rekurs auf Bolter, Jay D. und Grusin, Richard, *Remediation: Understanding New Media* (Cambridge/MA 1999).

99 Keller, *Wissenssoziologische Diskursanalyse*, 235. Vgl. zum Zitat auch: Fraas, Meier und Pentzold, „Zur Einführung", 11. Zum Forschungsprogramm der Wissenssoziologischen Diskursanalyse vgl. auch: Keller, Reiner und Truschkat, Inga, *Methodologie und Praxis der Wissenssoziologischen Diskursanalyse*, Band 1: *Interdisziplinäre Perspektiven* (Wiesbaden 2013). Die Wissenssoziologische Diskursanalyse bezieht sich stark auf die Arbeiten zum gesellschaftlichen Wissensvorrat von Thomas Luckmann und Peter L. Berger (vgl. Berger, Peter L. und Luckmann, Thomas, *Die gesellschaftliche Konstruktion der Wirklichkeit: Eine Theorie der Wissenssoziologie* [Frankfurt a.M. ^{18}2001]), will diese mit der Diskursanalyse Foucaults und dem Symbolischen Interaktionismus vermitteln und nimmt entsprechend primär öffentliche (gesellschaftliche) Diskurse wie institutionelle Spezialdiskurse in den Blick, also Teilöffentlichkeiten. Es geht ihr also mehr um eine „Analyse gesellschaftlicher Wissenspolitiken" (Keller, *Wissenssoziologische Diskursanalyse*, 188). Die Hermeneutische Wissenssoziologie erfährt damit eine programmatische Erweiterung ihres Interessensgegenstands, der sich bisher – gerade in der empirischen Erforschung – stark auf die lebensweltliche Mikroebene bezog. (Vgl. exemplarisch: Honer, Anne, *Kleine Leiblichkeiten: Erkundungen in Lebenswelten* [Wiesbaden 2011].)

bildlichen und gestalterischen transmedialen Handeln sich Wissensordnungen konstituieren."[100]

Diskurse an sich sind, wenn auch Konstrukte zweiter Ordnung, komplexe Formationen und nicht zu reduzieren auf ein Kommunikationsmedium. Diskurse entwickeln sich medienübergreifend. Trotzdem ist es forschungspragmatisch in vielen Fällen notwendig, wie es auch in der vorliegenden Studie geschieht, zu selektieren und sich nur Diskursfragmente in einem Medium anzuschauen. Neben der Forschungspragmatik liegt ein weiterer Grund darin, dass innerhalb jeweiliger Medien eigene Diskursregeln gelten können oder aber Diskurse vorwiegend in einem Kontext eine Rolle spielen, während sie keine besondere Bedeutung in einem anderen Kontext haben.[101] In jedem Fall hat ‚das' Internet als Kommunikationszusammenhang kein zu unterschätzendes Gewicht in der Formation von Diskursen: Als Exponent der digitalen und vernetzten Medien stellt ‚das' Netz mehr und mehr den zentralen Bezugspunkt dar, der die medialen Konvergenzbewegungen zu großen Teilen integriert, und das auf unterschiedlichen Ebenen.[102]

4.1.2.3 Zur Integration gesprächsanalytischer Elemente

Fasst man Online-Konversationen als *Diskursfragmente*, wäre es nicht angebracht, hier von einer Diskursanalyse zu sprechen. Aus diesem Grund wird das Sample an Konversationen der *qualitativen Inhaltsanalyse* unterzogen, es sollen aber auch – um eigene Formationsregeln beschreibbar zu machen – in Phase 1 des empiri-

---

100 Fraas, Claudia, Meier, Stefan, Pentzold, Christian und Sommer, Vivien, „Diskursmuster – Diskurspraktiken: Ein Methodeninstrumentarium qualitativer Diskursforschung", in *Online-Diskurse: Theorien und Methoden transmedialer Online-Diskursforschung*, hg.v. Claudia Fraas, Stefan Meier und Christian Pentzold (Köln 2013), 102–135: 102.
101 Meier / Pentzold weisen darauf hin im Zusammenhang der zweiten Version der so genannten ‚Wehrmachtsausstellung' – „Verbrechen der Wehrmacht. Dimensionen des Vernichtungskriegs 1941–1944" des *Hamburger Instituts für Sozialforschung*: Während diese zweite Ausstellung in den Massenmedien allgemein ein geringeres Echo hervorrief, wurde sie im Internet intensiv diskutiert. Vgl. Meier, Stefan und Pentzold, Christian, „Theoretical Sampling als Auswahlstrategie für Online-Inhaltsanalysen", in *Die Online-Inhaltsanalyse: Forschungsobjekt Internet*, hg.v. Martin Welker und Carsten Wünsch (Köln 2010), 124–143: 143.
102 Vgl. Fraas, Meier und Pentzold, „Zur Einführung", 10. – Gleichwohl ist die Mahnung Knoblauchs zu verinnerlichen, dass „die selektive Auswahl eines Mediums [wobei ‚das' Netz nicht als Medium gelten kann; KM] und einer Gattung – wie dies insbesondere im Rahmen einer quasi-inhaltsanalytischen Diskursanalyse häufig schriftlicher Publikationen einer Gattung (z.B. Zeitungsartikel) geschieht – einer Klärung der Frage, in welchem Verhältnis das Sample zur empirischen Vielfalt von Diskursen steht, will Diskursanalyse nicht zu einer vollmundigen Form der Inhaltsanalyse verkommen." (Knoblauch, „Diskurs", 216.)

schen Teils der Studie *gesprächsanalytische Aspekte* in die Untersuchung einbezogen werden.

Nach linguistischem Verständnis ist ein Gespräch „eine begrenzte Folge von sprachlichen Äußerungen, die dialogisch ausgerichtet ist und eine thematische Orientierung aufweist."[103] Wenngleich die Definition des Gesprächs üblicherweise an das Kriterium der Mündlichkeit, verbunden mit der Vorstellung eines unmittelbaren Kontakts zwischen den Sprechern, gebunden ist, ist doch der Übertrag entsprechender Untersuchungselemente auf digitalisierte schriftliche Kommunikationen verschiedentlich geleistet worden.[104] Dieser Übertrag lässt sich ohne weiteres mit der ebenso naheliegenden wie einsichtigen Beobachtung begründen, dass die intersubjektive digitalisierte Kommunikation, wie sie sich etwa in Chats, im Zusammenhang von *Instant Messaging*, auf SNS oder etwa auch im Kommentarbereich massenmedialer Angebote (Zeitungen online) darstellt, medial schriftlich (sofern es sich um Text und nicht Bild handelt), jedoch *konzeptionell mündlich* ist.[105] Klaus Brinker und Sven Sager weisen auf die für die Interpretation eines Phänomens als Gespräch wichtige Form eines zumindest einmaligen Sprecherwechsels hin. Dies lässt sich für Online-Gespräche konzedieren, wenngleich es in nicht wenigen Fällen vorkommt, dass User einmalig etwas posten; ob sie danach den Fortgang der Diskussion weiter verfolgen oder nicht, kann anhand des Befunds der reinen Textoberfläche – sofern sie sich nicht wieder argumentativ einbringen – nicht beurteilt werden.[106] Der einmalige Sprecherwechsel ist jedoch gegeben, und der Ausweis des thematischen Zusammenhangs – verstanden als „minimale Kohärenzanforderung"[107], die sich in thematisch motivierten Online-Interaktionen auch zum Thema ‚Sterbehilfe' findet – ist problemlos aufzuweisen. Eher selten lassen sich vielmehr Sequenzen in der Interaktion finden, die klassischen Einleitungs- und Beendigungsphasen von Gesprächen gleichen. Welche Elemente aus der linguistischen Gesprächsanalyse können nun zur Erhellung der Online-Interaktionen unter der interessierenden Fragestellung dienlich sein?

---

103 Brinker, Klaus und Sager, Sven F., *Linguistische Gesprächsanalyse: Eine Einführung* (5., neu bearb. Aufl., Berlin 2010), 12.
104 Vgl. Kapitel 3.1.2.
105 Vgl. auch dazu Kapitel 3.1.2.
106 Zur Erhebung von Einstellungen und Haltungen der Nutzer ‚unterhalb' der Textoberfläche müsste man Interviews mit den Nutzern führen. Das war für die vorliegende Studie nicht intendiert, geht es ihr doch um die reine Interaktion auf der Benutzeroberfläche, wie sie sich für jeden Beobachter/User darstellt.
107 Brinker und Sager, *Linguistische Gesprächsanalyse*, 13.

Für die Analyse interessieren zunächst zwei Aspekte besonders: Zum einen die Erhebung von konventionalisierten Deutungsmustern, die auf den speziellen ‚Gegenstand' (die Sterbehilfedebatte) angewendet werden – Keller spricht hier im Zusammenhang der WDA von „vortypisierte[n] und im Rekonstruktionsprozess aus der Beobachtungsperspektive wiederum typisierbare[n] Bestandteile[n] kollektiver Wissensvorräte"[108] –, zum anderen die Erhebung subjektiver Deutungsmuster (die sich gegebenenfalls als Varianten konventionalisierter Deutungsmuster darstellen), beides unter besonderer Berücksichtigung der religiösen Grundierung der Argumente.[109] Wenngleich Keller in seinem wissenssoziologischen Ansatz bewusst Meso- und Makrostrukturen der Kommunikation in den Blick nimmt, kann doch sein Verständnis von ‚Deutungsmustern' gut auf die Interaktionssituation auf der Mikroebene übertragen werden:

> Deutungsmuster gelten hier als die im gesellschaftlichen Wissensvorrat vorhandenen Bedeutungscluster im Sinne typisierender und typisierter Interpretationsschemata, die sich im Rahmen ereignisbezogener Deutungsprozesse in konkreten zeichenhaften Äußerungen manifestieren. Sie organisieren sowohl individuelle als auch kollektive Erfahrungen und implizieren in der Regel Vorstellungen situationsangemessenen Handelns. [...] Deutungsmuster werden entsprechend bestimmt als grundlegende bedeutungsgenerierende Schemata, die durch den Diskurs verbreitet werden und dabei sowohl auf den gesellschaftlich verfügbaren Wissensvorrat rekurrieren als auch neue Muster generieren und auf der gesellschaftlichen Agenda platzieren können.[110]

Die partielle Integration gesprächsanalytischer Elemente in der Materialauswertung ist insofern von Interesse, als zu hoffen ist, dass diese Elemente noch einmal über das Verfahren der qualitativen Inhaltsanalyse hinaus Aufschluss über die interaktive Herstellung sozial-kommunikativen Sinns geben.[111] Während sich die WDA auf ‚umfangreichere' Diskursbeiträge auf Meso- und Makroebene bezieht, soll hier auch dem Gesprächscharakter der Interaktionen Rechnung getragen werden, der sich unter anderem in der Kleinteiligkeit der einzelnen Konversationsbeiträge abbildet. Auch, wenn Brinker und Sager den Terminus auf Verfahren des ‚klassischen' Gesprächs und seiner Analyse beziehen, schlage ich vor, den Begriff des ‚kommunikativen Konstrukts' auch auf die Online-Konversationen anzuwenden, die sich der gemeinsamen Bearbeitung eines Themas widmen. Unter einem ‚kommunikativen Konstrukt' verstehen Brinker und Sager:

---

108 Keller, *Diskursforschung*, 98.
109 Vgl. hierzu auch Kapitel 4.2.1.
110 Fraas, Meier, Pentzold und Sommer, „Diskursmuster", 109f., unter Verweis auf: Keller, *Wissenssoziologische Diskursanalyse*.
111 Vgl. Brinker und Sager, *Linguistische Gesprächsanalyse*, 165.

die Gesamtheit aller Gesprächsbeiträge, die sowohl in ihrer zeitlichen Abfolge als auch in ihren aufeinander bezogenen Sinnrelationen so geartet sind, dass sie gemeinsam ein spezifisches, systemhaftes Sinnganzes bilden. Auf diese ‚interaktiv-semantische Gestalt' können sich Gesprächspartner wie Gesprächsanalytiker berufen, wenn sie zu beschreiben versuchen, um was es in einem Gespräch gerade geht. Das kommunikative Konstrukt ist also der interaktiv von allen Gesprächspartnern organisierte komplexe Zeichenprozess, durch den sich sozialer Sinn konstituiert.[112]

Mit diesem Verständnis ist – auch bei Brinker und Sager[113] – ein Verweis auf die grundlegenden Arbeiten zum Sinnbegriff von Alfred Schütz eingezogen, denen es wesentlich darum geht, Prozesse der Sinnkonstitution nachzuvollziehen, auszuweisen und allgemeine Bedingungen für die Konstitutionsprozesse zu formulieren.[114] Die zu untersuchenden Interaktionen ruhen alle auf einer jeweiligen sozialen Alltagswirklichkeit wie einem Alltagswissen der Subjekte auf (mit Blick auf die Online-Interaktionen kann dabei angenommen werden, dass sich ganz unterschiedliche soziale Alltagswelten überschneiden). In der Interaktionssituation und im dialogisch-reflexiven Gebrauch entsteht eine (Re-)Aktualisierung von konventionellen Verknüpfungen zwischen einem sprachlichen Ausdruck und seiner ‚Bedeutung', über die sich Sinn erst situativ aufbaut, nämlich als intersubjektiv bedingter „aktuelle[r] Inhalt sozialer Handlungen"[115]. Auch mit Blick auf die Bearbeitung des Themas ‚Sterbehilfe' ist anzunehmen, dass die Gesprächspartner explizit oder implizit auf bereits vorhandenes Alltagswissen in Form von kursierenden Argumenten zurückgreifen. Sinn wird dabei (dialogisch) ausgehandelt.

Die linguistische Gesprächsanalyse umfasst und unterscheidet eine strukturelle Perspektive und eine prozedurale Perspektive auf Gespräche. Die strukturelle Perspektive ist an der Erhebung der gesprächskonstitutiven Einheiten, wie zum Beispiel Phase, Schritt, Sequenz, interessiert, an ihrer Herausarbeitung und Beschreibung wie an der Umschreibung ihrer Funktion und Bedeutung im Gespräch. Da die Online-Gespräche nun keine Gespräche im herkömmlichen Sinne sind, bei

---

112 Brinker und Sager, *Linguistische Gesprächsanalyse*, 148.
113 Vgl. Brinker und Sager, *Linguistische Gesprächsanalyse*, 117 ff.
114 Vgl. hierzu allein: Schütz, Alfred, *Der sinnhafte Aufbau der sozialen Welt: Eine Einleitung in die verstehende Soziologie* (Alfred Schütz Werkausgabe II), hg.v. Martin Endreß und Joachim Renn (Konstanz 2004); ders., „Das Problem der Relevanz", in *Relevanz und Handeln 1. Zur Phänomenologie des Alltagswissens* (Alfred Schütz Werkausgabe VI.1), hg.v. Elisabeth List (Konstanz 2004), 65–222.; ders. und Luckmann, Thomas, *Strukturen der Lebenswelt* (Konstanz 2003). Zum Sinnbegriff bei Alfred Schütz vgl. auch: Merle, Kristin, *Alltagsrelevanz: Zur Frage des Sinns in der Seelsorge* (Göttingen 2011).
115 Vgl. Brinker und Sager, *Linguistische Gesprächsanalyse*, 119.

denen es etwa einen klaren Gesprächsrahmen bei raum-zeitlicher Kopräsenz der Interaktanten gäbe, wird an dieser Stelle mit Blick auf die Online-Interaktionen die Untersuchung struktureller Elemente reduziert. Während es meines Erachtens keinen Sinn macht, nach expliziten Eröffnungs- oder Beendigungsphasen zu suchen, sind doch Fragen hinsichtlich der (klassischerweise so genannten) Kernphase auch in dem hier interessierenden Zusammenhang zu stellen[116]: Inwiefern lassen sich thematische Abschnitte herauspräparieren? Was ist das Hyperthema (Kernthema) der Kommunikation, was sind Subthemen? Unterschieden werden können verschiedene Formen der thematischen Entfaltung wie etwa die deskriptive (beschreibende), explikative (erklärende) und argumentative (begründende) Entfaltung.[117] – Zwar hat man es hinsichtlich des Sprecherwechsels nicht mit klassischen Merkmalen und Signalen des *turn taking* zu tun; doch auch bei Online-Dialogen geht es oft implizit um eine Überprüfung der gemeinsamen Voraussetzungsbasis. Themenverschiebungen kommen hier mindestens genauso oft wie bei medial mündlichen Gesprächen vor; man muss sogar annehmen, dass der weitgehend unverbindliche Kontext geradezu Verschiebungen provoziert, da die User ohne Rücksicht auf den kommunikativen Kontext einfach ihre Meinung zum Kernthema äußern – unabhängig davon, ob sie damit ein gerade in der Kommunikationssituation hervorgehobenes Subthema fortführen, abbrechen oder unterbrechen.[118] Die Verschiebungen werden von Nutzern und Nutzerinnen mitunter markiert und kommentiert.

Unterschieden werden können dann auch initiierende, respondierende und reaktivierende Schritte.[119] Es ist zu vermuten, dass bei Online-Gesprächen zur Herstellung von Gesprächskohärenz auf ähnliche Elemente zurückgegriffen wird wie bei medial mündlichen Gesprächen. Verknüpfungsmittel können dabei Referenzidentität oder semantische Kontiguität mit Blick auf Ausdrücke oder Sequenzen sein. Bei der Referenzidentität als expliziter Wiederaufnahme eines Ausdrucks oder einer Sequenz (ein für die Online-Kommunikation spezifisches Merkmal besteht in der direkten Zitation von Textteilen) ist die Kohärenz deutlich; sie zeigt sich jedoch auch in einer impliziten Wiederaufnahme von zuvor Geäu-

---

116 Man könnte probehalber viele Online-Konversationen auch als Gespräche ohne Eröffnungs- und Beendigungsphase klassifizieren; die Situation stellt sich freilich anders dar bei einem Thread, der mit einer Frage eröffnet wird und ggf. mit einem Dank wieder geschlossen wird.
117 Vgl. Brinker und Sager, *Linguistische Gesprächsanalyse*, 76 f.
118 Von den Rahmenbedingungen her werden die Verschiebungen auf der Textoberfläche der Online-Konversation auch dadurch begünstigt, dass oft mehrere Nutzer gleichzeitig und ohne Kenntnis voneinander ihre Beiträge schriftlich formulieren und anschließend veröffentlichen.
119 Der reaktivierende Schritt enthält initiierende und reaktivierende Elemente, etwa bei einer Zwischenfrage. Vgl. dazu: Brinker und Sager, *Linguistische Gesprächsanalyse*, 69 ff.

ßertem, wenn Bedeutungseinheiten verwendet werden, die einer semantischen Ebene angehören (das Kontiguitätsverhältnis ist kulturell bedingt).[120] Kohärenz kann dabei auch angezeigt werden durch die Übernahme beziehungsweise Imitation syntaktischer Konstruktionen.

Im Rahmen der Online-Gespräche findet eine Form *lokalen Sinnmanagements* statt, die in der prozeduralen Perspektive beschreibbar wird.[121] Die linguistische Gesprächsanalyse verfährt dabei sehr kleinteilig in ihren Untersuchungen; dies kann an dieser Stelle nicht geleistet werden. Ganz allgemein sei auf die Umschreibung des Sinnmanagements durch Brinker und Sager verwiesen, die die Komplexität erahnen lässt: „Die Interaktionspartner sind bei ihrem lokalen Gesprächsmanagement ständig damit befasst, das Hervorbringen, Sichern und Wiederherstellen von Indexikalität zu organisieren, indem sie die formalen Eigenschaften der Intentionalität, Direktionalität, Validität und Relevanz an ihren Redebeiträgen sowie die dahinter stehenden Alltagswissensbestände, Interaktionsroutinen und Hintergrunderwartungen durch Markierungs-/Setzungs-, Modifikations-, Suspendierungs- und Reinstallierungsaktivitäten als für alle Beteiligten gültig aushandeln."[122]

Sicherlich hat man es in der Regel bei Online-Konversationen mit Interaktionen zu tun, die sich, wie bereits mehrfach erwähnt, durch ein hohes Maß an Unverbindlichkeit auszeichnen. Das bedeutet, dass Interaktanten hier einfach auch aus dem Gespräch ‚aussteigen' können, wenn es nicht mehr in ihrem Sinne verläuft. Auch ist Online-Kommunikation (es sei denn im Chat oder via E-Mail) üblicherweise nicht auf zwei Kommunikationspartner beschränkt; man hat es also oft mit Situationen der Kommunikation von Mehreren zu tun, was den Druck etwa zur Modifikation oder Suspendierung unter Umständen abschwächt. Trotzdem soll bei der folgenden Untersuchung von Online-Konversationen nach kommunikativen Konstrukten und ihrer Herstellung[123] gefragt werden, sollen kritische Momente (Konflikte auf der Sach- oder Beziehungsebene) zumindest markiert und Aushandlungs- und Definitionsprozesse benannt werden, die die jeweilige Bearbeitung eines Themas charakterisieren.[124] – Es ist offensichtlich, dass die Integration gesprächsanalytischer Elemente hier nur ganz rudimentär erfolgen kann. Die aus den wenigen Überlegungen abzuleitenden Kategorien, die

---

120 Vgl. dazu: Brinker und Sager, *Linguistische* Gesprächsanalyse, 72 ff.
121 Vgl. Brinker und Sager, *Linguistische Gesprächsanalyse*, 130 ff.
122 Brinker und Sager, *Linguistische Gesprächsanalyse*, 143.
123 Vgl. hierzu auch Kapitel 4.2.3.
124 Äußerst interessant scheinen auch Untersuchungen zur so genannten ‚Imagearbeit' der Interaktanten (vgl. Brinker und Sager, *Linguistische Gesprächsanalyse*, 81 ff). Auch dies kann im Rahmen der vorliegenden Studie leider nicht geleistet werden.

in Folge an das zu untersuchende Material angelegt werden könnten, sind in Kapitel 4.2.2.1. abgebildet.

4.2 Operationalisierungen

Die konkrete Arbeit am Material setzt eine Reflexion vorausgehender Annahmen und vorhandenen Vorwissens voraus – und damit auch Vorüberlegungen, die Konzeptionen transparent machen, die die Untersuchung des Materials grundieren. Das geschieht zunächst durch die Vorstellung der *Operationalisierung des Begriffs der religiösen Kommunikation für die empirische Forschung*. Ein Exkurs stellt den Anlass der Debatte um die gesetzliche Neuregelung der Sterbehilfe in Deutschland in den Jahren 2014 und 2015 dar und führt in kirchliche[125] – in evangelischer wie katholischer Perspektive – Argumentationsmuster ein, die im Kontext von Debatten um Sterbehilfe, assistiertem Suizid u. ä. eingebracht werden. Dieser Schritt dient einer Überprüfung der Resonanz dieser Argumentationsmuster in den zu untersuchenden Online-Konversationen.

Es schließt sich die Darstellung der drei Phasen der Untersuchung an. Die Darstellung folgt in ihrer Abfolge im Wesentlichen der Chronologie der Erforschung. Phase 1 zeigt die Notwendigkeit an, sich – mit Vorannahmen und ‚Vorwissen', die sich in einem ersten Kategoriensystem abbilden – im Feld zu orientieren. Drei Falldarstellungen aus einem am Ende der Phase 1 zusammengestellten Sample von 7 Fällen (592 Kommentaren und 1701 Codierungen) führen in erste thematische Verdichtungen und formale Charakteristika der Online-Konversationen ein, hier analysiert am Beispiel von Kommentaren im Nachgang zu Zeitungsbeiträgen online. Phase 2 basiert auf der Entscheidung, an die allgemeine Orientierung der Phase 1 die Verfahren der typenbildenden Inhaltsanalyse wie einer kommunikativen Topik folgen zu lassen und das Material aus Phase 1 zu recodieren. Hier werden Einsichten gewonnen in Typen und Topoi der Online-Konversation, freilich auch der religiösen Kommunikation, mit Blick auf disperse Öffentlichkeiten. Phase 3 bringt die Typen und Topoi ins Gespräch mit Material aus eher homophileren Öffentlichkeiten: Untersucht werden aus einem Blognetz von 448 Blogs 22 Blogs speziell mit Blick auf die Frage religiöser Kommunikation in diesen Öffentlichkeiten. Insgesamt geht es also um ein Kartografieren des kommunikativen Feldes – freilich unter den Bedingungen einer bestimmten Materialauswahl und mit Blick auf eine ausgesuchte Fragestellung – und um ein Nachvollziehen des *doing culture* am konkreten Material.

---

[125] Zur Terminologie vgl. noch einmal Anm. 4 der Einleitung.

4.2.1 Konzeptionen, Annahmen, Vorwissen: Perspektivierungen religiöser Kommunikation und Diskursivität auf Encounter-Ebene

a) Religiöse Kommunikation

Die Formulierung des Grundinteresses, religiöse Kommunikation als symbolisches Sinndeutungshandeln online untersuchen zu wollen, unterstellt bereits, dass sich religiöse Kommunikation als symbolisches Sinndeutungshandeln im Netz findet. Dabei gehe ich davon aus, dass sie sich auch dort vorfindet, wo Themen behandelt werden, die eine Affinität dazu haben, religiös behandelt zu werden. Als Beispiele solcher Themen können etwa ‚Tod', ‚Sterben', ‚Geburt', ‚Krankheit' gelten, also Themen, die mit der potenziellen Erfahrung von Kontingenz verbunden sind.[126] Um Kommunikationen unter dem Aspekt des Religiösen in den Blick zu bekommen, sollen heuristisch *drei Perspektivierungen des Religiösen im kommunikativen Akt* unterschieden werden:

(1) Als religiös dimensioniert soll in der Auseinandersetzung mit einem Thema eine Herangehensweise qualifiziert werden, die in der Äußerung des Subjekts (als Moment der Selbstvergewisserung) mit Bezug auf ein bestimmtes Thema letztinstanzliche Züge in der Argumentation beziehungsweise Artikulation aufweist.

(2) Ebenfalls als religiös dimensioniert in der Auseinandersetzung mit einem Thema soll eine Herangehensweise qualifiziert werden, innerhalb derer die Interaktanten selbst ihre Kommunikation als religiös emblematisieren (auch unter Verwendung explizit christlicher Semantiken).

(3) Unter Rückgriff auf die religionstheoretischen Ausführungen in den Kapiteln 3.2.3.1 und 3.3.3 sollen Konversationen ebenfalls hinsichtlich ihrer ‚strukturellen Offenheit' in den Blick genommen werden: Als transzendierungsoffene, resonanzsensible Kommunikation soll eine solche Kommunikation als religiös dimensioniert qualifiziert werden, die mittels des Gebrauchs von Zeichen und Symbolen als eine solche erkennbar wird, in der der Eine eine Bereitschaft signalisiert, durch die Kommunikation mit dem Anderen in einen kommunikativen Austausch involviert zu werden, der gegebenenfalls den eigenen Standpunkt beziehungsweise die eigene Perspektive auf Etwas verändert. Anders ausgedrückt: Die Auseinandersetzung mit dem Anderen, die mich selbst involviert, führt in eine Bewegung des Transzendierens hinein, deren Ausgang noch offen ist. Die Identifikation ‚transzendierungsoffener Kommunikation' ist nicht bezogen auf Inhalte oder (selbst-)immanente Begründungsmuster, sondern auf die Form der kommunikativen Praxis und

---

[126] Vgl. hierzu auch Anm. 2 in diesem Kapitel.

findet ihren Ausdruck unter anderem in Aspekten der Dialogizität im Unterschied zu Mustern von (argumentativer) Selbstbeharrung.

Religion beziehungsweise Religiöses funktional zu verstehen, etwa als „Deutung von Erfahrung vor dem Horizont der Idee des Unbedingten"[127] (Ulrich Barth), bedeutet in empirischer Perspektive nicht, überall Religiöses in menschliche Selbst- und Weltdeutungsprozesse hineinzuprojizieren. Die reflexive Operation mit der Kategorie des Letztinstanzlichen wird für die Interaktanten nicht einfach vorausgesetzt, so dass sie sich schon in irgendeiner Weise finden lasse. Vielmehr wird sie für die Kommunikationen dort markiert, wo sie sich, in Entsprechung zu den drei beschriebenen Perspektivierungen des Religiösen im kommunikativen Verfahren, in den Interaktionen selbst zur Sprache bringt beziehungsweise *im kommunikativen Akt* offenkundig wird.

An diese Dimensionierungen des Religiösen mag eine Bewusstseinsleistung geknüpft sein, nach der der reflexive Bezug auf eine letztinstanzliche Größe zumindest eine kommunikativ hervorgebrachte Referenz auf eine (vorgängige) Transzendenzerfahrung darstellt; womöglich ist an die kommunikative Hervorbringung im Einzelfall auch eine Erlebnisqualität gebunden, die wiederum an vorgängige Transzendenzerfahrung anknüpft. Dies hängt von der intentionalen Gestimmtheit des Bewusstseins ab und ist im Einzelfall auf der schriftlichen Ebene, wie sie sich in den Online-Kommunikationen darstellt, in den seltensten Fällen zu erheben. Insofern werden hierüber in der Untersuchung des Materials keine weiteren Aussagen getroffen.

Alltagskommunikation enthält auch Appräsentationen der Erfahrungen großer Transzendenzen, „Symbole und Ikonen der Erfahrung"[128]. Hubert Knoblauch hebt in Auseinandersetzung mit den Transzendenzbegriffen bei Alfred Schütz und Thomas Luckmann noch einmal hervor, dass – für Schütz – die Erfahrung ‚großer' Transzendenzen allerdings noch nicht mit Religion identisch ist. Die Rede von den ‚großen' Transzendenzen[129] markiert zunächst einmal die Grenzerfahrung, die in der interpretatorischen Bearbeitung über den Alltag hinaus drängt (sie kann dann auch zum Beispiel ästhetisch oder wissenschaftlich gerahmt werden). Teilt man grundsätzlich die Annahme, dass auch religiöse Kommunikation als bestimmte, kulturell bedingte (und als solche dann – je nach

---

127 Barth, Ulrich, *Religion in der Moderne* (Tübingen 2003), 10.
128 Knoblauch, Hubert, „Transzendenzerfahrung und symbolische Kommunikation: Die phänomenologisch orientierte Soziologie und die kommunikative Konstruktion der Religion", in *Religion als Kommunikation*, hg.v. dems., Hartmann Tyrell und Volkhard Krech (Würzburg 1998), 147–186: 155.
129 Zu den ‚kleinen', ‚mittleren' und ‚großen' Transzendenzen vgl. auch Kap. 3.2.3.1.

Konvention – als religiös verstandene) Rahmung von Kommunikation auftritt, wird die Frage möglich, „wie [...] Religion als Form symbolischer Kommunikation im soziologischen Sinne und zum Zwecke der ‚diesseitigen' empirischen Erkenntnis und Forschung definiert werden [kann]."[130] Es geht also um die Beschreibung kommunikativer Handlungen als symbolisches Sinndeutungshandeln unter Einbezug bestimmter Anzeichen, die eine kommunikative Handlung als religiöse Kommunikation markieren (in dieser Perspektive werden dann auch zum Beispiel systematisch-theologische Auseinandersetzungen als Diskurse beschreibbar, die symbolische Wirklichkeiten konstituieren). Während es einfacher sein dürfte, religiöse Kommunikation – gerade auch in Differenz zur Alltagskommunikation – in Bereichen zu beschreiben, die religiös institutionalisiert sind (zum Beispiel in einem Gottesdienst oder in einem Bibelgesprächskreis der Kirchengemeinde), ist anzunehmen, dass die Beschreibung religiöser Kommunikation in Kontexten schwieriger ist, die nicht religiös institutionalisiert sind, und von denen man nicht annehmen kann, dass die Interaktanten solcher Kontexte in der Regel eine Bewusstseinsspannung beziehungsweise eine intentionale Ausrichtung teilen (wie zum Beispiel beim Gottesdienst).[131] Einen solchen nicht religiös institutionalisierten Kontext stellen auch die Online-Konversationen im Nachgang zu Zeitungsartikeln dar. Die Online-Konversationen selbst sind ja Teil der Alltagskommunikation. Insofern ist davon auszugehen, dass die Emblematisierung von Kommunikation als religiöse Kommunikation in *Übergängen* passiert und von den Subjekten, sofern sie vorgenommen wird, individuell, möglicherweise vereinzelt geschieht. Bleibt Religion beziehungsweise das Religiöse nicht auf die reine (subjektive) Erfahrung beschränkt, wird sie als Kommunikation sichtbar[132]. Als religiöse Kommunikation kann sie dann Transzendierungsbewegungen eröffnen, im Nachvollzug des Subjekts zum eigenen Gesagten/Geschriebenen, unter Umständen auch bei den Gesprächspartnern, wenn entsprechende Anschlussmöglichkeiten gegeben sind. Die Faktizität einer solchen Transzendierungsbewegung entzieht sich jedoch der vorliegenden Studie mit ihrem spezifischen Design.

Subjektive Akte religiöser Kommunikation sind mit Gestalten symbolischer Objektivationen verwoben, welche durch Prozesse religiöser Institutionalisierungen ihre Form gefunden haben (wie zum Beispiel das Glaubensbekenntnis).

---

130 Knoblauch, „Transzendenzerfahrung", 180. Bei Knoblauch heißt es weiterhin: „Welche symbolische Wirklichkeit aber erzeugt wird, wird durch kulturelle Konventionen angezeigt: ob es sich um Spiel oder Theater, um Kunst oder Religion handelt, ist Folge kultureller Differenzierungen, genauer: der Differenzierung konventioneller Mittel der Kommunikation." (175.)
131 Vgl. dazu auch: Knoblauch, „Transzendenzerfahrung", 179.
132 Vgl. Knoblauch, „Transzendenzerfahrung", 180.

Die Subjekte interpretieren die Gestalten symbolischer Objektivationen über ihre Erfahrungen als Interpretationen lebensgeschichtlicher Erlebnisse. Knoblauch spricht auch von der „Domestizierung der subjektiven Erfahrung"[133]. Diese ‚Domestizierung' kann, je nach Kontext, graduell unterschiedlich sein, und die Relation zwischen dem Grad der Domestizierung und der Ausrichtung und Prägung des Kontextes entscheidet wahrscheinlich über den ‚Erfolg' der Kommunikation, ob etwas ‚verstanden' wird, ob kommunikativ angeknüpft werden kann. Damit verbunden ist – neben dem Aspekt der religiösen Sozialisierung, der eine potenzielle Produktivität subjektiver religiöser Kommunikation für andere Interaktanten einkalkuliert – die Notwendigkeit der Objektivation der religiösen Kommunikation in Form des kulturellen Ausdrucks, der die Möglichkeit zur sinnhaften Deutung auch für andere offen hält. Objektivationen sind bezogen auf ein ‚Verstehen' durch andere. Und insofern, das wäre zu überprüfen, müsste es auch für religiöse Kommunikation in den Online-Gesprächen um eine Anschlussfähigkeit beziehungsweise Plausibilisierung entsprechender Referenzen gehen. Zu fragen ist also zum Beispiel: Wie ist die religiöse Aussage in den jeweiligen kommunikativen Zusammenhang eingebettet?[134] Inwiefern werden Elemente im Kommunikationskontext semantisch so aufgeladen, dass sie letztinstanzlichen Charakter erhalten, der für die Kommunikatoren möglicherweise gar nicht mehr begründungsbedürftig erscheint?

Die Debatte um die gesetzliche Neuregelung der Sterbehilfe in Deutschland ist vor allem unter ethischen Gesichtspunkten geführt worden: Man ringt um eine juristische Fassung eines äußerst komplexen und vielschichtigen Problems, wobei diese juristische Fassung den Handlungsspielraum möglicher in der Praxis beteiligter Personen (zum Beispiel Ärzte und Sterbehilfebegehrende) regeln soll. Damit bewegen sich auch die Debatten in den Medien – sei es in Fernseh-Talkshows wie in Online-Konversationen – in der Regel auf der Ebene klassischer ethischer Fragen: Was soll getan werden? Was soll aus welchem Grund handlungsleitend gelten und was nicht? Die vorliegende Studie fragt insofern implizit nach einigen Dimensionen, die Charles Glock und Rodney Stark zu Beginn ihrer Konzeptionalisierungen skizziert haben, als sie einem „conceptual framework for the systematic study of differential commitment to religion"[135] nachgingen und

---

133 Knoblauch, „Transzendenzerfahrung", 185. Im Original hervorgehoben.
134 Beziehen sich Subjekte argumentativ auf (christlich-)religiöse Traditionen und Institutionen, weil ihnen an der inhaltlichen Güte des Sachverhalts liegt – der dann von anderen eben auch ‚verstanden' werden will –, oder geht es um die Vergrößerung der ‚Schlagkraft' des eigenen Arguments durch Anführung einer ‚externen Autorität'?
135 Glock, Charles Y. und Stark, Rodney, *Religion and Society in Tension* (Chicago ⁴1970), 19.

dabei fünf „core dimensions of religiosity"[136] formulierten: die ideologische Dimension (hier geht es um Glaubensinhalte), die rituelle Dimension, die Dimension der religiösen Erfahrung, die intellektuelle Dimension (hier geht es um religiöses Wissen) und die Dimension der Wirkung (Handlungskonsequenzen).[137] Von Interesse ist für die vorliegende Forschungsfrage zum einen vor allem die weltanschaulich bedingte kommunikative Verhandlung der prospektiv handlungsleitenden Aspekte. Weiterhin von Interesse sind dann, wie bereits erwähnt, der Ausweis von Äußerungen (domestizierter) subjektiver religiöser Erfahrung sowie die Frage nach der ideologischen Dimension: Welche ‚Glaubensinhalte' werden hier expliziert? Wie sind diese wiederum verankert (subjektive Erfahrung, religiöse Traditionen und Texte etc.)? Wie bereits Glock und Stark betonen[138], ist die ideologische Dimension nur schwer von der intellektuellen Dimension zu unterscheiden: Wer an etwas glaubt, hat in der Regel auch Wissen über diesen Glauben, wie rudimentär auch immer. Diese Überlegungen machen deutlich, was die Untersuchung explizit *nicht* in den Blick nehmen möchte: die rituelle Dimension. Zwar mögen die Interaktionen selbst teilweise rituellen Charakter haben, dem soll jedoch an dieser Stelle nicht weiter nachgegangen werden.[139]

Soll Kommunikation gelingen, ist sie auf Wechselseitigkeit oder – im Falle der Kommunikation unter Mehreren – zumindest Bezugnahme angewiesen. Welche Problematisierungen sind bisher mit Blick auf Online-Konversationen erhoben worden?

b) *Interaktivität und Relevanz der Beiträge mit Blick auf das interessierende Thema*
Vorgängige Untersuchungen haben mitunter einen ernüchternden Befund erbracht mit Blick auf das diskursive Verhalten von Kommunikationsteilnehmern

---

[136] Glock und Stark, *Religion and Society*, 19 f.
[137] Prominent adaptiert worden ist das Modell für den *Religionsmonitor* der *Bertelsmann-Stiftung*, vgl. Huber, Stefan, „Aufbau und strukturierende Prinzipien des Religionsmonitors", in *Religionsmonitor 2008*, hg.v. Bertelsmann-Stiftung (Gütersloh 2007), 19–29; ders., „Der Religionsmonitor 2008: Strukturierende Prinzipien, operationale Konstrukte, Auswertungsstrategien", in *Woran glaubt die Welt? Analysen und Kommentare zum Religionsmonitor 2008*, hg.v. Bertelsmann-Stiftung (Gütersloh 2009), 17–52; vgl. auch: Hauschildt, Eberhard und Pohl-Patalong, Uta, *Kirche* (Gütersloh 2013), 75 ff. – Die Dimension der Handlungskonsequenzen hat Glock aufgrund der analytischen Unklarheit später aus dem Ensemble herausgenommen.
[138] Glock und Stark, *Religion and Society*, 20.
[139] Ausgeschieden sind damit aus der Untersuchung auch kommunikative Formen, die im Rahmen von explizit religiösem Ritualhandeln auftreten, z. B. als interaktive Gebetselemente bei Online-Gottesdiensten (freies Gebet etc.).

online. So untersuchten etwa Monika Taddicken und Kerstin Bund das Kommunikationsverhalten von Usern in der ZEIT-online-Community und fanden heraus, dass nur 30,4 % der untersuchten Kommentare Bezug auf andere User und deren Kommentare nehmen. Nur jeder vierte Kommentar eines Nutzers oder einer Nutzerin sei insofern an andere User gerichtet. Das führt die beiden Autorinnen zu dem Resümee, dass „[d]ie Mitglieder der ZEIT-Community [...] eher an einer einseitigen Meinungsäußerung als an einem interaktiven Dialog interessiert [scheinen]. Die dominanten Kommunikationsmotive der Mitglieder sind folglich weniger die Suche nach Beziehungen oder sozialer Unterstützung als vielmehr die Weitergabe von Informationen sowie das Bedürfnis nach Selbstbestätigung und Selbstdarstellung."[140]

Dieser Befund erstaunt umso mehr, als es sich bei der untersuchten Umgebung um ein Forum handelt, das der Diskussion dienen soll. Man könnte also zumindest einen partiellen Bezug der Beiträge vermuten. Ähnlich dürfte die Einschätzung von Marianne Kneuer mit Blick auf die Frage zu werten sein, inwieweit ‚das' Internet einen Beitrag zu gelingenden Prozessen politischer Deliberation zu leisten vermag: Man finde im Netz viele vorgetragene Meinungen, aber wenig informierten Dialog und vor allem wenige konsensorientierte Dialoge."[141] Zwei Aspekte sind in diesem Zusammenhang sicherlich wichtig festzuhalten: Zum einen, und darauf verweist auch Kneuer noch einmal ausdrücklich,

---

[140] Taddicken, Monika und Bund, Kerstin, „Ich kommentiere, also bin ich: Community Research am Beispiel des Diskussionsforums der ZEIT online", in *Die Online-Inhaltsanalyse: Forschungsobjekt Internet*, hg.v. Martin Welker und Carsten Wünsch (Köln 2010), 167–190: 182.

[141] Kneuer, Marianne, *Mehr Partizipation durch das Internet?* (Mainz 2013), 16. – Kneuer weist zusätzlich auf das Problem der sozialen Selektivität hin: „Die bislang vorliegenden Studien belegen, dass es eine kleine Gruppe einer gut informierten und politisch interessierten Informationselite von etwa zehn Prozent gibt (höhere Bildungs- und Einkommensschicht, überwiegend männlich, unter 30jährig), die das Internet als Chance für mehr demokratische Teilhabe begreifen und diese zu nutzen bereit und in der Lage sind [...]. Demgegenüber steht eine breite, wenig informierte Bevölkerungsmehrheit, bei denen diese Merkmale nicht zutreffen [...]. Somit besteht die Gefahr, dass das Internet bestimmte Nutzungsprofile verfestigt: die Herausbildung einer überlegenen politischen Informationselite [...], eine gleich bleibend breite Mehrheit an schlechter informierten Bürgern; zudem werden bestimmte Bevölkerungsteile ganz ausgeschlossen." (Kneuer, *Mehr Partizipation*, 17 f.) – Auch die Studie von Ricarda Drüeke zu politischen Kommunikationsräumen im Netz kommt u.a. zu dem Schluss, dass „eine größere zivilgesellschaftliche Beteiligung an der Herstellung von Öffentlichkeiten" im Netz integrativ im Sinne partizipativ-demokratischer Prozesse wirkte, vgl. Drüeke, Ricarda, *Politische Kommunikationsräume im Internet: Zum Verhältnis von Raum und Öffentlichkeit* (Bielefeld 2013), 263. Drüeke untersucht Kommunikationsräume über verschiedene Ebenen von Öffentlichkeit hinweg und identifiziert vor allem drei Akteure: Massenmedien, institutionell-staatliche Akteure und die Akteurinnen der einfachen Öffentlichkeiten.

ist ‚das' Internet an sich ein neutrales Medium; es ist weder demokratieförderlich noch demokratiehinderlich; die Möglichkeiten der Vernetzung, Partizipation und Mobilisierung können von unterschiedlichsten Gruppen zu unterschiedlichsten Zwecken genutzt werden[142], und auch den Individuen steht natürlich frei, auf welche Weise sie diese Möglichkeiten nutzen oder nicht. Zum anderen wären für die Bestimmung des ‚Erfolgs' internetgestützter Kommunikation – die dann auch Teilhabe, Entscheidung und Willensbildung fördert – die *Faktoren* zu identifizieren, die sich eben als förderlich erweisen: „Sollen digitale Medien eine demokratiebelebende Rolle spielen [...], müssen sie zugeschnitten sein auf das jeweilige politische Institutionensystem, den Stand der Kommunikationskultur sowie auf die Netzkompetenz der Gesellschaft."[143] Sicherlich wäre analog zu fragen, welche Räume und Kommunikationsmöglichkeiten religiöse Kommunikation benötigt, um sich entfalten zu können.[144]

Wenngleich durch den Ausweis, dass sich im von Taddicken und Bund untersuchten Forum nur 30,4 % der User direkt auf andere Kommentare beziehen, nicht die für Gespräche konstitutive „minimale Kohärenzanforderung" unterschritten ist (diese ist, etwa für Brinker und Sager, ja schon durch den thematischen Bezug gegeben), wäre die Bezogenheit der Kommentare mit Blick auf das Thema ‚Sterbehilfe' noch einmal genauer in den Blick zu nehmen.

Ein dritter Aspekt, den es im Vorfeld der empirischen Untersuchung unbedingt zu skizzieren gilt, ist das ‚Vorwissen' im Zusammenhang des Themas ‚Sterbehilfe'. Der folgende Exkurs mag – neben der Skizzierung des ‚Vorwissens' – dazu dienen, dass konventionalisierte kirchliche Deutungsmuster beschrieben werden; diese Deutungsmuster finden Eingang in die deduktive Kategorienbildung, so dass unter anderem über sie der Rekurs der Nutzer und Nutzerinnen auf konventionalisierte, religiös-institutionalisierte Deutungsmuster in den Online-Konversationen ausgewiesen werden kann. Die (Nicht-)Aufnahme der Deutungsmuster in den kommunikativen Praktiken der Akteure und Akteurinnen kann – freilich nur eingeschränkt, da bezogen auf das hier untersuchte Material –

---

[142] Vgl. Kneuer, Marianne, „Bereicherung oder Stressfaktor? Überlegungen zur Wirkung des Internets auf Demokratie", in *Das Internet: Bereicherung oder Stressfaktor für die Demokratie?*, hg.v. ders. (Baden-Baden 2013), 7–31: 25. – Mit Blick auf die Bedeutung des Internets in politischen Zusammenhängen schreibt Kneuer: „Ob also die Wirkung von elektronischen Elementen wie Volksentscheiden, Petitionen u. Ä. förderlich für Partizipation, Responsivität und Transparenz sein wird, ist von weiteren Faktoren abhängig wie etwa in welchen Kontexten, in welcher Form, mit welchen Botschaften und Zielen und von welchem Akteur solche Maßnahmen initiiert und durchgeführt werden." (Ebd.)
[143] Kneuer, „Bereicherung oder Stressfaktor", 31.
[144] Vgl. dazu auch Kapitel 5.

Aufschluss geben über die Resonanz, die konventionalisierte kirchliche Deutungsmuster in den alltäglichen Lebenswelten der Akteure entfalten.

Exkurs: Die Debatte um Sterbehilfe – Problemlagen und Argumentationsmuster[145]

Anlass für die Debatte um die gesetzliche Neuregelung der Sterbehilfe in Deutschland ist die Verbreitung von kommerziellen und nicht-kommerziellen Angeboten zur Sterbehilfe in Deutschland (beziehungsweise die Verbreitung der Inanspruchnahme entsprechender Angebote von Deutschen im Ausland)[146]. Gegenstand der Diskussion ist vor allem die Frage des assistierten Suizids, der in Deutschland grundsätzlich zwar nicht strafbar ist, von einigen Landesärztekammern allerdings verboten wird (angedrohte Sanktionen reichen bis zum Entzug der Approbation für Ärzte) und in bestimmten Situationen ein Problem darstellt (Garantenpflicht; Handeln gegen das Betäubungsmittelrecht). Strafbar sind grundsätzlich ebenfalls nicht die passive Sterbehilfe und die indirekte Sterbehilfe. Zu Beginn der Orientierungsdebatte im Bundestag[147] liegen bereits fünf Positionspapiere vor[148], von denen sich keines für die Legalisierung aktiver Sterbehilfe ausspricht. Trotz dieses im Grunde klar eingrenzbaren Diskussionsfeldes um die Beihilfe zum Suizid zeigt die Wahrnehmung öffentlicher Beiträge in der medialen Berichterstattung – und in Folge auch in Foren online, die von Nutzern und Nutzerinnen bespielt werden – eine Unschärfe, wenn immer wieder auch der Sachverhalt der aktiven Sterbehilfe eingebracht und verhandelt wird.[149]

---

145 Für die Ausführungen des Exkurses beziehe ich mich im Wesentlichen auf die folgende Monografie: Frieß, Michael, *Sterbehilfe: Zur theologischen Akzeptanz von assistiertem Suizid und aktiver Sterbehilfe* (Stuttgart 2010). Diesem Band sind auch die theologischen Argumentationsmuster entnommen.
146 Die Schweizer Sterbehilfeorganisation *Dignitas* verhalf 2010 29 Deutschen zum Tod, im Jahr 2013 92 Deutschen, vgl. ZDF Frontal21, *Manuskript des Beitrags: Bestellter Tod – Der Streit um Sterbehilfe* [07.10.2014]. http://docplayer.org/10617219-Beitrag-bestellter-tod-der-streit-um-sterbehilfe.html (01.03.2018).
147 Die gesamte Orientierungsdebatte am 13.11.2015 ist einzusehen unter http://www.bundestag.de/dokumente/textarchiv/2014/kw46_de_sterbebegleitung/339436 (01.03.2018)
148 Links zu den Positionspapieren finden sich unter http://www.aerzteblatt.de/nachrichten/60843/Vor-der-Sterbehilfedebatte-Fuenf-Positionspapiere-zur-Diskussion (01.03.2018).
149 Als Beispiel hierfür mag die Überschrift aus BILD „Soll aktive Sterbehilfe legalisiert werden?" dienen; auch die Forenanmoderation in der *Süddeutschen Zeitung* nimmt die debattierte Frage nicht scharf in den Blick, wenn formuliert wird: „Sollten Menschen das Recht bekommen, selbst über ihren Tod zu entscheiden?" (zu beiden Beispielen vgl. Kapitel 4.2.2.).

Allein dies zeigt schon, dass das Problem der Sterbehilfe ein äußerst diffiziles ist, das zudem emotional bewegt. Im Folgenden – weder in diesem Exkurs noch in der Arbeit insgesamt – wird es *nicht* darum gehen, unter Wahrnehmung der Diskussionslage eine eigene Position zum ethischen Problem zu entwerfen. Vielmehr sollen im Folgenden die Hintergründe stattfindender Diskurse skizziert werden, indem geklärt wird: (1) Welche Formen verbinden sich mit dem Oberbegriff ‚Sterbehilfe'? (2) Was sind herkömmliche Argumentationsmuster der Kirchen im Zusammenhang der Problemlage?

1 Formen der Sterbehilfe

In der internationalen Diskussion werden vor allem drei Formen der Sterbehilfe behandelt: die sogenannte ‚passive Sterbehilfe', die sogenannte ‚indirekte Sterbehilfe' und die sogenannte ‚aktive Sterbehilfe'. Michael Frieß ergänzt diese klassische Trias durch zwei weitere Formen, die mittlerweile aus der Behandlung des Themas nicht mehr wegzudenken sind: den sogenannten ‚assistierten Suizid' und die sogenannte ‚palliative Begleitung'.[150] Es ergeben sich also *fünf Formen der Sterbehilfe*:

a) Palliative Begleitung

Unter palliativer Begleitung versteht man eine Behandlung von zum Tod erkrankten Menschen, bei der das Therapieziel nicht mehr in der Heilung oder langfristigen Besserung der Erkrankung liegt, sondern in der Linderung der Beschwerden.[151] Sie kann also gefasst werden als „Bemühen [...], auf die psychischen, körperlichen, sozialen, juristischen, pflegerischen und medikamentösen Bedürfnisse des Patienten und seiner Angehörigen individuell einzugehen."[152]

---

150 Vgl. Frieß, *Sterbehilfe*, 13. Ich bleibe bei der Terminologie Frieß', der sich explizit mit kirchlichen Positionen auseinandersetzt, wenngleich andere sprachliche Regelungen vorgenommen werden können: Tötung auf Verlangen, Sterbenlassen, Therapien am Lebensende, Hilfe zur Selbsttötung, vgl. dazu auch die Klärungen des Nationalen Ethikrats: Nationaler Ethikrat, Hg., *Selbstbestimmung und Fürsorge am Lebensende: Stellungnahme* (Berlin 2006). http://www.ethikrat.org/dateien/pdf/selbstbestimmung-und-fuersorge-am-lebensende.pdf (01.03.2018). Vgl. zur Terminologie und Argumentation auch noch einmal: Kögel, Andreas, *Tod und Sterben als Risiken: Sterbehilfe und vorzeitige Lebensbeendigung im Spiegel persönlicher Erwartungen und religiöser Vorstellungen. Ergebnisse einer Umfrage unter Hausärzten* (Münster 2016), 66 ff.
151 Vgl. Binsack, Thomas, „Palliativmedizin aus der Sicht eines Arztes", in *Würdig leben bis zum letzten Augenblick: Idee und Praxis der Hospiz-Bewegung*, hg. v. Gustava Everding und Angelika Westrich (München ³2000), 17–22: 18.
152 Frieß, *Sterbehilfe*, 15.

Über die palliative Begleitung sind sich Befürworter und Gegner in der Sterbehilfedebatte einig; sie sollte Teil jeder Sterbebegleitung sein, sofern Anlass dazu besteht. Insofern sei eine argumentative Gegenüberstellung, so Frieß, von palliativer Begleitung und aktiver Sterbehilfe irreführend: Auch wer eine andere Form der Sterbehife in Anspruch nehme, müsse im Vorfeld des Todes ganzheitlich versorgt werden können.[153]

b) Passive Sterbehilfe
Der Begriff der passiven Sterbehilfe ist bezogen auf das Handeln als Unterlassen mit Blick auf die zum Tod führende Grunderkrankung. Ärzte verzichten auf den Beginn einer Therapie oder brechen eine entsprechende Behandlung ab. Etwas genauer müsste man formulieren: Mit dem Gedanken der passiven Sterbehilfe verbindet sich eine Passivität hinsichtlich der Behandlung einer zum Tod führenden Grunderkrankung bei gleichzeitiger Intensivierung von Grundpflege, psychischer Begleitung und Schmerztherapie.[154] Frieß führt als Beispiel die Unterlassung einer Behandlung durch Antibiotika bei Patienten im Wachkoma an, die an einer Lungenentzündung erkrankt sind. Auch die Beendigung lebensverlängernder Maßnahmen fällt unter den Terminus der ‚passiven Sterbehilfe' (künstliche Beatmung und Ernährung).

An dieser Stelle besteht bereits Diskussionsbedarf: Befürworter der ‚aktiven Sterbehilfe' fragen, warum eine solche Entscheidung getroffen werden kann, die – bei dem Nichtverabreichen von Nahrung innerhalb von spätestens zwei Wochen – zum Tod führt, nicht aber eine Entscheidung für eine Maßnahme, die den Eintritt des Todes beschleunigen würde.[155]

c) Indirekte Sterbehilfe
Indirekte Sterbehilfe geschieht dadurch, dass ein Arzt einer Patientin zur Krankheitsbehandlung ein Medikament verabreicht, das aufgrund seiner Ne-

---

153 Vgl. Frieß, *Sterbehilfe*, 16.
154 Vgl. Frieß, *Sterbehilfe*, 16 f.
155 Vgl. Frieß, *Sterbehilfe*, 18 f. Frieß verweist zudem auf die Debatte, ob eine künstliche Ernährung – etwa von Wachkomapatienten – überhaupt eingestellt werden darf, oder ob eine solche Behandlung nicht zur Grundversorgung gehört, die jedem/jeder zusteht und insofern moralisch verpflichtend ist. Darauf sei hier noch einmal explizit eingegangen, da an dieser Stelle in Deutschland die Unterscheidung getroffen wird zwischen einer passiven Sterbehilfe, die legal ist, und einer aktiven Sterbehilfe, die strafrechtlich verfolgt wird.

benwirkungen den Todeseintritt beschleunigen kann. [156] Das Diffizile der Klassifikation liegt im Erfassen der Intention der behandelnden Ärzte begründet: „Der definitorische Unterschied zur aktiven Sterbehilfe liegt in der Intention der Schmerzmittelgabe: Im Falle der aktiven Sterbehilfe ist es die Absicht des Arztes, den Tod gezielt herbeizuführen. Im Falle der indirekten Sterbehilfe ist es die Absicht, den Patienten schmerzfrei zu stellen und zur Ruhe kommen zu lassen."[157] Freilich stellt sich die Frage, inwieweit hier in der Realität in der Tat noch unterschieden werden kann zwischen einer illegalen und einer legalen Art der Sterbehilfe, wenn der Unterscheidungsgrund in der „Gewißheit des Tötungserfolges"[158] liegt.

d) Aktive Sterbehilfe

Aktive Sterbehilfe liegt dann vor, wenn Ärztin und Patient über das Herbeiführen des Todes übereingekommen sind und die Ärztin (oder ein anderer Sterbehelfer) geplant den Tod erwirkt. Der schwerst erkrankte Mensch muss dabei zum einen seine Absicht ausdrücklich und ernstlich zur Sprache gebracht und zum Zweiten einen Dritten zur Tat bestimmt haben (der Patient muss den Arzt ansprechen, eine andere Reihenfolge ist undenkbar). Das Ziel in der Verabreichung der tödlichen Dosis liegt nicht – wie etwa bei der indirekten Sterbehilfe – in der Schmerzlinderung, sondern in der Herbeiführung des Todes. Mit Blick auf die Niederlande weist Frieß darauf hin, dass – gegebenenfalls entgegen anderer Vorstellungen über eine gängige Praxis gerade aus deutscher Sicht – diese Form der Sterbehilfe

---

156 Vgl. Frieß, *Sterbehilfe*, 19. – In der Schweiz bezeichnet die juristische Diskussion diesen Fall als ‚indirekte' (aktive) Sterbehilfe. Die Zustimmung zu einer solchen Behandlung von Seiten der Ärzte liegt in Deutschland bei etwa 90%, mit Blick auf die Behandlung von finalen Patienten sogar bei 95,7%. (Vgl. ebd.)
157 Ebd.
158 Chatzikostas, Konstantinos, *Die Disponibilität des Rechtsgutes Leben in ihrer Bedeutung für die Probleme von Suizid und Euthanasie* (Frankfurt a.M. u. a. 2001), 74. (Zit. n. Frieß, *Sterbehilfe*, 20.) – Als Ausweis für die Komplexität der Materie, die ‚der Laie' in der Regel nicht überblickt, soll noch einmal ein Beispiel dienen, das Frieß anführt: „Hinsichtlich der Bewertung strittig ist die Frage, wie eine Kombination aus zwei legalen Formen der Sterbehilfe betrachtet werden soll: Ein Patient wird auf eigenen Wunsch hin soweit sediert, dass man von einem Komazustand sprechen kann (palliative Sedierung als indirekte Sterbehilfe). Wenn man dann auf Wunsch des Patienten von einer künstlichen Ernährung absieht (passive Sterbehilfe), tritt nach wenigen Tagen der Tod ein. Handelt es sich dabei um eine gezielte, aktive Sterbehilfe gem. § 216 StGB oder um eine legale Kombination von indirekter und passiver Sterbehilfe?" (Frieß, *Sterbehilfe*, 21.)

im Vergleich zu den drei bereits genannten „mit deutlichem Abstand die Ausnahme [bleibt]."[159]

e) Assistierter Suizid

Im Falle des assistierten Suizids stellt ein Helfer die notwendigen Utensilien bereit, die Handlung mit Todesfolge führt jedoch derjenige aus, der sterben möchte. Darin liegt der wesentliche Unterschied zur aktiven Sterbehilfe, dass die Tat mit Todesfolge nicht von einer anderen Person ausgeführt wird. Die Kontrolle über die Ausführung der Handlung mit Todesfolge liegt ausschließlich bei demjenigen, der sterben möchte.

Kern der aktuellen Debatte ist der Fall des assistierten Suizids beziehungsweise die Hilfe zur Selbsttötung – und hier insbesondere die Frage nach dem Begleiter als demjenigen, der den Tod eines Menschen mitverursacht.[160]

In Anlehnung an Peter Singer unterscheidet Frieß noch einmal *drei Arten der Sterbehilfe*, nämlich ‚freiwillig', ‚nicht-freiwillig' und ‚unfreiwillig'.[161] Als ‚freiwillig' werden die Fälle der (Inanspruchnahme der) Sterbehilfe bezeichnet, in denen der Sterbewillige den Wunsch zu sterben bei vollem Bewusstsein und ausdrücklich formuliert. Dabei ist die Rede von der ‚Freiwilligkeit' einer solchen Entscheidung ethisch nicht unproblematisch: Was bedeutet ‚freiwillig' für einen Patienten, der eine zum Tode führende Krankheit hat, und für den der anstehende Prozess des Sterbens unausweichlich ist, begleitet von unerträglichen Schmerzen?[162] Frieß geht davon aus, dass der medizinisch assistierte Suizid streng genommen eine Handlung darstellt, die der Mensch an sich nicht ‚freiwillig' wählt.

Als ‚nicht-freiwillige' Inanspruchnahme der Sterbehilfe werden solche Situationen klassifiziert, in denen der Patient im Moment der Entscheidung und der Handlung nicht (mehr) in der Lage ist, seine Meinung zu äußern. Das betrifft Personen, die durch Krankheit oder Unfall so versehrt sind, dass eine Willenskundgabe nicht mehr möglich ist. Dazu gezählt werden auch Menschen mit einem

---

159 Frieß, *Sterbehilfe*, 22.
160 Vgl. auch Bedford-Strohm, Heinrich, *Leben dürfen, sterben müssen: Argumente gegen die Sterbehilfe* (München 2015), 41 f.
161 Singer, Peter, *Praktische Ethik* (3., revidierte und erweiterte Aufl., Stuttgart 2013), 281 ff.
162 Dass das Problem nicht neu ist, zeigt Frieß' Verweis auf das Beispiel aus Aristoteles' *Nikomachische Ethik*, in dem die Frage behandelt wird, inwiefern es ein Akt der Freiwilligkeit ist, wenn ein Kapitän in Seenot Teile der Ladung über Bord werfen lässt, um die Besatzung zu retten, vgl. Frieß, *Sterbehilfe*, 23 f.; vgl. Aristoteles, *Nikomachische Ethik, Werke in deutscher Übersetzung*, Bd. 6, hg. v. Ernst Grumach (Berlin 1956), 44.

solchen mentalen Zustand, der es nicht mehr zulässt, dass das „Entscheidungsproblem", also „die Entscheidung zwischen Leben und Tod"[163] noch verstanden werden könnte. Weiterhin werden auch die Situationen zur ‚nicht-freiwilligen' Sterbehilfe gerechnet, in denen die Person aktuell ihren Willen nicht kundtun kann, wobei sie ihr Wollen mit Blick auf das Eintreten einer bestimmten Situation jedoch zu einem früheren Zeitpunkt bereits geäußert hat.[164] Entscheidend für die Klassifizierung ist also das Ausbleiben der Willensbekundung im Moment der Entscheidung und der Handlung.

Als ‚unfreiwillig' gilt die Inanspruchnahme der Sterbehilfe dann, wenn die Handlung mit Todesfolge mit Unwissenheit oder Zwang einhergeht, auch, wenn der Effekt des Todes von dem oder der Handelnden nicht gewollt gewesen ist. Diese Art einer Handlung mit Todesfolge kann als Mord oder Totschlag gelten und ist nicht mehr unter die Fälle einer medizinischen Sterbehilfe zu rechnen.[165]

Die *zwei zu unterscheidenden Situationen* der Sterbehilfe sind die Situation, in der der natürliche Tod eines Patienten unwiderruflich bevorsteht (akute Situation), und die Situation, in der die Person noch nicht sterbend ist, der Tod also noch nicht unmittelbar bevorsteht (nicht-akute Situation). Unter die letzte Situation wird etwa die Handlung mit Todesfolge bei einem Wachkoma-Patienten gerechnet, der mithilfe entsprechender medizinischer Behandlung problemlos einige Zeit weiter leben könnte sowie auch der Wunsch eines schwer psychisch Kranken nach Suizid, weil keine Heilungschancen bestehen.[166]

Die Unterscheidung der verschiedenen Formen der Sterbehilfe, die sich mit Frieß in Kombination mit den drei Arten und zwei Situationen zu einer Matrix von 30 Fällen ausdifferenzieren lassen[167], zeigt die Komplexität des Problems an. Das Wort der ‚Sterbehilfe' ist schnell im Mund geführt; mit dem Aufrufen des Begriffs ist allerdings noch lange nicht gesagt, worum es im jeweils zu diskutierenden Einzelfall geht. In der aktuellen deutschen parlamentarischen Diskussion zur

---

163 Singer, *Praktische Ethik*, 285.
164 Vgl. Frieß, *Sterbehilfe*, 24f. – Dieser letzte Fall wird bei Singer auch zur ‚freiwilligen' Sterbehilfe gerechnet; Frieß verweist demgegenüber auf das „someone else problem": Unter Umständen scheinen schwerst demente Personen in einem ausgewogenen, unter Umständen zufriedenen Zustand und äußern mitnichten den Wunsch zu sterben, wobei vorstellbar ist, dass diese Personen bereits vorab für den Fall einer solchen demenziellen Erkrankung den Wunsch der Inanspruchnahme von Sterbehilfe geäußert haben.
165 Vgl. Frieß, *Sterbehilfe*, 25.
166 In den Niederlanden steht etwa auch Patienten im Frühstadium der Demenzerkrankung der Weg zum assistierten Suizid offen. Vgl. Frieß, *Sterbehilfe*, 28f.
167 Vgl. Frieß, *Sterbehilfe*, 12.

gesetzlichen Neuregelung jedenfalls geht es um die Form des assistierten Suizids als Hilfe zur Selbsttötung. Diese Klarheit verwischt in der medialen Auseinandersetzung mit dem Thema an vielen Stellen.

Was sind nun – in Auseinandersetzung mit diesem komplexen Feld – herkömmliche Argumentationsmuster der Kirchen mit Blick auf das Thema ‚Sterbehilfe'?[168]

2 Kirchliche Argumentationsmuster

An dieser Stelle ist es vom Umfang her weder sinnvoll ausführbar noch intendiert, möglichst umfassend alle Positionen zur Sterbehilfe zu skizzieren, die auf evangelischer und römisch-katholischer Seite kirchenleitend in den letzten Jahren und Jahrzehnten in die Diskurse eingebracht worden sind.[169] Die aktuellen protestantischen Positionierungen unterscheiden sich zum Teil durch kleine, aber bedeutsame Nuancierungen; dies herauszuarbeiten, wäre selbst Teil einer diskursanalytischen Untersuchung. Während katholische Positionen zur Frage der Sterbebegleitung aufgrund der zentralistischen kirchlichen Organisationsstruktur eine eher einheitliche Gestalt aufweisen, stellt sich dies in protestantischer Perspektive vielschichtiger dar: ‚Die' evangelische Position zur Frage der Sterbehilfe existiert nicht, und aus einem Verständnis protestantischer Ethik, das eine Pluralität der Ansätze als Konsequenz notwendig subjektiv verantworteter Theologie und Ethik, gründend auf den reformatorischen Grundsätzen der Glaubens- und Gewissensfreiheit, in Kauf nimmt, wird es sie so auch nicht geben.[170] Gleichwohl lassen sich wiederkehrende Argumentationsmuster erkennen, die auch kirchen-

---

168 Auch im Folgenden orientiere ich mich an der Darstellung der Argumente bei Frieß, *Sterbehilfe*. Ergänzend kann zur Kenntnis genommen werden: Schardien, Stefanie, *Sterbehilfe als Herausforderung für die Kirchen: Eine ökumenisch-ethische Untersuchung konfessioneller Positionen* (Gütersloh 2007), 147 ff.
169 Heinrich Bedford-Strohm gibt einen kurzen Überblick: vgl. Bedford-Strohm, Heinrich, *Leben dürfen, sterben müssen: Argumente gegen die Sterbehilfe* (München 2015), 100 ff.
170 Mit einer solchen Form von Pluralität ist keine Beliebigkeit in der Gewinnung des Urteils gemeint. Ulrich Körtner schreibt etwa zum Problem des ‚Einheitsethos' und seinem notwendigen Fehlen im protestantischen Kontext: „Das entbindet Theologie und Kirche freilich nicht von der Aufgabe, die Verbindlichkeit des Glaubens für das individuelle Leben und die Gestaltung der Gesellschaft ernstzunehmen. Gerade weil der moderne Pluralismus prinzipiell ist, ist die ‚Wiedergewinnung des Positionellen' eine zentrale theologische und kirchliche Herausforderung." (Körtner, Ulrich H. J., *Wohin steuert die Ökumene? Vom Konsens- zum Differenzmodell* [Göttingen 2005], 109.)

leitenden protestantischen Äußerungen zum Thema die Gestalt ‚einer' Meinung in der öffentlichen Wahrnehmung verleihen.[171]

An dieser Stelle soll es also darum gehen, schlaglichtartig die *wichtigsten* und *oft wiederkehrenden Argumente* zu nennen, um sie im Zusammenhang der zu untersuchenden Userkommunikation gegebenenfalls leichter identifizieren zu können. Damit will, um Missverständnissen vorzubeugen, weder eine Position ausdifferenziert dargestellt werden, noch werden die Argumente in ihren Bezügen auf mögliche systematisch-theologische Arbeiten zum Thema hin transparent gemacht. Vielmehr geht es ganz bewusst um eine holzschnittartige Darstellung des Arguments – die freilich der in der Regel dahinter liegenden theologischen Tiefenschärfe nicht gerecht wird –, um das Argumentationsmuster an sich im gesellschaftlichen/intersubjektiven Diskurs aufzuweisen. Dass hier den kirchenleitenden Positionierungen zum Thema der Vorrang vor den Beiträgen universitärer Theologie eingeräumt wird, will dem Selbstverständnis der Kirchen nachgehen – als Herausforderung wie als Chance gleichermaßen verstanden –, als intermediäre Institutionen für einen Anschluss der Reflexionserträge auch der universitären Theologie an die Lebenswelt zu sorgen.[172] Mit diesem Selbstverständnis verbindet sich ein Grundanliegen Öffentlicher Theologie.[173]

Unterschieden wird in der folgenden Darstellung explizit zwischen Positionierungen der Katholischen Kirche und der Evangelischen Kirche in Deutschland nur, wenn eins der Argumente vorwiegend von einer der beiden Großkirchen betont wird.[174] Folgende Argumente werden im Zusammenhang der Sterbehilfedebatte eingebracht (der Fokus liegt nicht allein auf dem assistierten Suizid):

---

171 Vgl. dazu auch das im laufenden öffentlichen Diskurs publizierte Positionspapier des Rats der Evangelischen Kirche in Deutschland *Sterben in Würde – Beihilfe zum Suizid: Eine Stellungnahme des Rates der EKD* vom 10. Februar 2015. – Das Positionspapier spricht – neben der unbedingten Betonung einer allgemeinen Ablehnung der Möglichkeit organisierter Suizidbeihilfe – am Rande die Option der Gewissensentscheidung im Einzelfall an.
172 Vgl. Bedford-Strohm, *Leben dürfen*, 96.
173 Zu den Herausforderungen Öffentlicher Theologie vgl. Kapitel 5, insbesondere Kapitel 5.2.3.
174 Darüber hinaus sei verwiesen u. a. auf die Publikation der Gemeinschaft Evangelischer Kirchen in Europa (GEKE) *Leben hat seine Zeit, und Sterben hat seine Zeit: Eine Orientierungshilfe des Rates der GEKE zu lebensverkürzenden Maßnahmen und zur Sorge um Sterbende* (Wien 2011), von Bedford-Strohm als „die ausführlichste", „gründlichste aller Stellungnahmen" und „hervorragende Darlegung der evangelischen Position" bezeichnet (Bedford-Strohm, *Leben dürfen*, 117; 129, die Orientierungshilfe ist online verfügbar unter: http://www.leuenberg.net/de/stellungnahme/leben-hat-seine-zeit-und-sterben-hat-seine-zeit [01.03.2018]), auf die Gemeinsame Erklärung des Rates der EKD und der Deutschen Bischofskonferenz *Gott ist ein Freund des Lebens: Herausforderungen und Aufgaben beim Schutz des Lebens* aus dem Jahr 1989 (https://www.ekd.de/gottistfreund_1989_welcome.html [01.03.2018]), das Dokument *Sterbebegleitung statt aktiver Sterbehilfe: Eine Textsammlung kirchlicher Erklärungen*, 2003 herausgegeben vom Kirchenamt der

a) Stärkung der Palliativmedizin
Dieses Argument stellt den Orgelpunkt in den meisten kirchlichen Stellungnahmen dar. Verbunden mit dem Votum ist die Annahme, dass der Sterbewunsch von Menschen mit äußeren Umständen des Sterbens zusammenhängt, und dass der Sterbewunsch vermindert wird oder sich gar auflöst, wenn die Umstände eine Besserung erfahren. Vor allem die Angst vor unerträglichen Schmerzen führe Menschen zu dem Wunsch nach Sterbehilfe; wäre die palliative Versorgung optimiert, schwinde der entsprechende Wunsch. Darüber hinaus werden in diesem Zusammenhang weitere Aspekte diskutiert, die im Bereich der Umstände des Sterbens/des Lebens am Lebensende angesiedelt sind: Zum einen müsse die Situation von alten und kranken Menschen in Alten- und Pflegeheimen verbessert werden (soziale Versorgung und Pflege), damit nicht die aus ungenügenden Umständen resultierende empfundene Sinnlosigkeit zum Todeswunsch führe. Hinzugerechnet werden könne auch hier die Sorge, schlicht zum Objekt medizinischer Versorgung degradiert und darüber hinaus mit dem Sterben allein gelassen zu werden. In einem christlichen Sinne solle es um eine würdige Pflege und Begleitung im Sterbeprozess gehen: „Wer aktive Sterbehilfe nicht will, muß für eine optimale Sterbegleitung sorgen."[175] Gerade Christen sei diese Begleitung am Lebensende aufgegeben. Zum anderen müsse es darum gehen, dem gesamtgesellschaftlichen Trend nach Leistung, Machbarkeit und steter Optimierung ein christliches Menschenbild entgegen zu stellen, das um das Fragmentarische des Menschlichen wisse und sich für eine Proklamation des Angenommenseins durch Gott einsetze. So könne dem etwas entgegen gesetzt werden, dass alte und kranke Menschen sich als Last für andere und die Gesellschaft empfänden.[176] Auch der jetzige EKD-Ratsvorsitzende Heinrich Bedford-Strohm äußert sich in der Debatte entsprechend in Sinne eines Ausbaus der Palliativmedizin[177]; als diskussionsoffenere Variante kehrt das Argument in der Äußerung der Westfälischen Präses

---

EKD und vom Sekretariat der Deutschen Bischofskonferenz, und die Orientierungshilfe des Rates des EKD *Wenn Menschen sterben wollen: Eine Orientierungshilfe zum Problem der ärztlichen Beihilfe zur Selbsttötung* aus dem Jahr 2008 (http://www.ekd.de/EKD-Texte/ekdtext_97.html [01.03. 2018]). – In der Skizzierung der Positionierungen folge ich wiederum deutlich der Darstellung bei Michael Frieß.
175 Erzdiözese Bamberg und Kirchenkreise Bayreuth, Nürnberg, Ansbach, *Sterbende leben: Rast für die Seele: Ein Arbeitsbuch zum Umgang mit Sterben, Tod und Trauer für die Gemeindearbeit* (Bamberg 2002), 8; zit. n. Frieß, *Sterbehilfe*, 66.
176 Vgl. Frieß, *Sterbehilfe*, 67.
177 Evangelische Kirche in Deutschland, EKD-Ratsvorsitzender: *Gute Pflege verhindert Todeswunsch*. https://www.ekd.de/aktuell_presse/news_2014_12_29_1_pflege.html (01.03.2018).

Annette Kurschus wieder, dass die Stärkung der Palliativmedizin zwar wichtig sei, dass jedoch „Würde [...] sich nicht auf Schmerzfreiheit reduzieren"[178] lasse.

b) Die positive Bedeutung des Leidens

Dieses Argument wird vornehmlich von katholischer Seite geäußert. Leiden, das aus der kreatürlichen Gebrechlichkeit des Menschen resultiert, könne eine positive Bedeutung haben, so das Votum, und dies in zweifacher Hinsicht. Zum einen biete das Durchleben von Leiden die Möglichkeit der persönlichen Reifung; die letzte Lebensaufgabe sei das Sterben, und die könne dem Menschen auch niemand abnehmen (Sterbende wie Begleitende sollten bei dieser oft herausfordernden Aufgabe freilich unterstützt werden können). Darüber hinaus ist das Argument an den Gedanken geknüpft, dass (auch) das Leiden dem einzelnen Menschen die Teilhabe am Erlösungswerk Christi ermöglicht.[179] Das Leid könne, auch wenn es mit Übeln verbunden ist, zu einer Quelle des Guten werden.[180]

c) Gott als Herr über Tod und Leben/das Leben als Geschenk Gottes

An diese Figur ist einerseits die Vorstellung gebunden, dass menschliches Leben grundsätzlich als Geschenk Gottes zu verstehen ist. Der gleichzeitige Auftrag Gottes an den Menschen, über die Welt zu herrschen, impliziere, dies in einem bewahrenden Sinne zu tun mit Blick auf das Leben anderer Geschöpfe wie mit Blick auf das eigene Leben. Bereits aus diesem Umstand folge die Unmöglichkeit, (anderes) Leben zu töten.[181] Die Unantastbarkeit der Person wird andererseits

---

[178] Evangelische Kirche von Westfalen, *Grenzfälle dürfen nicht zum Normalfall werden*. https://www.evangelisch-in-westfalen.de/aktuelles/archiv/detailansicht/news/grenzfaelle-duerfen-nicht-zum-normalfall-werden/?tx_news_pi1%5Bcontroller%5D=News&tx_news_pi1%5Baction%5D=detail&cHash=3d294211c737e346f487d380836ae967 (01.03.2018).

[179] Entsprechend heißt es in der *Erklärung der Kongregation für die Glaubenslehre zur Euthanasie*: „Nach christlicher Lehre erhält der Schmerz jedoch, zumal in der Sterbestunde, eine besondere Bedeutung im Heilsplan Gottes. Er gibt Anteil am Leiden Christi und verbindet mit dem erlösenden Opfer, das Christus im Gehorsam gegen den Willen des Vaters dargebracht hat. Es darf deshalb nicht verwundern, wenn einzelne Christen schmerzstillende Mittel nur mäßig anwenden wollen, um wenigstens einen Teil ihrer Schmerzen freiwillig auf sich zu nehmen und sich so bewußt mit den Schmerzen des gekreuzigten Christus vereinigen zu können (vgl. Mt 27,34). Doch widerspricht es der Klugheit, eine heroische Haltung als allgemeine Norm zu fordern." (Kongregation für die Glaubenslehre, *Erklärung zur Euthanasie* (1980), 9f. https://www.dbk-shop.de/index.php?page=product&info=16348&dl_media=12169 [01.03.2018].)

[180] Papst Johannes Paul II, *Enzyklika Evangelium Vitae* (Bonn ⁶2005), 83. http://www.dbk.de/fileadmin/redaktion/veroeffentlichungen/verlautbarungen/VE_120.pdf

[181] Vgl. Frieß, *Sterbehilfe*, 69f.

nicht zuletzt mit der Gottebenbildlichkeit des Menschen begründet. Auch das Inkarnationsgeschehen zeuge von der Kostbarkeit und Größe menschlichen Lebens. Da die menschliche Erkenntnisfähigkeit begrenzt sei, stehe niemandem ein Werturteil zu, weder über das Leben anderer noch über das eigene Leben:

> Wert oder Unwert eines anderen Menschenlebens entziehen sich auch schlicht unserer Kenntnis. Nur der einzelne selbst kann im Blick auf sein Leben zu bestimmen suchen, was ihm sein Leben lebenswert, wesentlich und fruchtbar macht. Und doch ist jeder ungleich mehr und anderes, als er von sich weiß; er schöpft mit seinem Wissen von sich nie aus, was er für sich und für die anderen ist. Jeder Lebenstag hält Neues, noch Unbekanntes bereit. Folglich hat kein Mensch Recht und Kompetenz, inhaltlich definierend festzulegen, was das Leben eines anderen – oder sein eigenes Leben – ist und ausmacht.[182]

Weil die Würde des Menschen dem Menschen von Gott verliehen und nicht an bestimmte Eigenschaften und Fähigkeiten gebunden sei, könne der Mensch auch nichts dazu tun, dass diese Würde verloren gehe. Sie sei transzendent gegründet und entziehe sich der Verfügungsgewalt des Menschen.[183] Das Leben des Menschen sei ein Geschenk Gottes, schöpfungstheologisch wie rechtfertigungstheologisch begründet, über das allein der Geber zu verfügen habe: Er bestimme über Leben und Tod, auch die Festlegung des Todeszeitpunkts sei dem Menschen an sich entzogen.[184]

d) Das Tötungsverbot

Das Tötungsverbot wird aus der Bibel abgeleitet, vor allem vom 5. Gebot.[185] In den Problemkreis fallen der Suizid an sich, aber auch das Verbot der Abtreibung von katholischer Seite: Werde vom Tötungsverbot abgesehen, schädige der Täter das entsprechende soziale Umfeld und weise die Herrschaft Gottes über das Leben zurück; der Tötungsakt sei als „schweres sittliches Vergehen"[186] zu betrachten.

---

182 Kirchenamt der EKD und Sekretariat der Deutschen Bischofskonferenz, Hg., *Gott ist ein Freund des Lebens: Herausforderungen und Aufgaben beim Schutz des Lebens*, Gemeinsame Erklärung des Rates der EKD und der Deutschen Bischofskonferenz (Trier 1989), 41.
183 Vgl. Frieß, *Sterbehilfe*, 71.
184 Ähnlich äußerte sich der ehemalige EKD-Ratsvorsitzende Nikolaus Schneider im Sommer 2014, als er bekannt gab, im Ernstfall seine an Krebs erkrankte Frau bei der Inanspruchnahme von Maßnahmen der Sterbehilfe unterstützen zu wollen: „Der letzte Punkt des Todes muss unverfügbar sein." Vgl. Keller, Claudia, „EKD-Chef facht Debatte über Sterbehilfe an", *Der Tagesspiegel* (17.07. 2014). http://www.tagesspiegel.de/politik/entscheidung-ueber-leben-und-tod-ekd-chef-facht-debatte-ueber-sterbehilfe-an/10217212.html (01.03.2018).
185 Nach reformierter und jüdischer Zählung vom 6. Gebot.
186 Frieß, *Sterbehilfe*, 72.

Werde dieses nicht mehr als ein solches betrachtet, stünden Tür und Tor offen, Euthanasieprogramme für bestimmte Menschen (zum Beispiel für Kranke und Behinderte) zu diskutieren. Der Tat käme bei gesetzlicher Legitimierung von Tötungen Rechtscharakter zu, und sie verlöre im öffentlichen Bewusstsein ihren eigentlichen Verbrechenscharakter.[187]

Freilich gibt es in diesem Zusammenhang auf katholischer Seite auch Stimmen, die Verständnis für Gewissensnöte auf Seiten der Ärzte aufbringen, die in der Schwere der Krankheits- und Leidenszustände begründet sein mögen. Doch auch hier stelle der assistierte Suizid keine Möglichkeit dar: „Auftrag des Arztes ist es, dem Sterbenden die Annahme seines Todes zu erleichtern, nicht aber, an der Herbeiführung des Todes mitzuwirken. Sie ist Hilfe beim Sterben und nicht Hilfe zum Sterben."[188]

Eine Ausnahme vom Tötungsverbot begründet die Nederlandse Hervormde Kerk biblisch mit Jesu Kommentierungen des Sabbatgebots: Grundsätzlich sei an den Geboten festzuhalten, um des Lebens Willen, aber nicht um des Gebots Willen, wobei über allen Geboten das Liebesgebot stehe. Das bedeutet: Generell haben die Gebote Gültigkeit, es können aber begründete Ausnahmen existieren.[189]

e) *Freiheit und Verantwortung*

Vor allem in protestantischen Stellungnahmen ist immer auch von der Freiheit des (Christen-)Menschen die Rede.[190] Dieser Gedanke führe mitnichten zu einer einfachen Legitimierung des Suizids, vielmehr mache die Figur noch einmal die Verantwortung deutlich, in der der Mensch als Empfangender der Gaben von Schöpfung und Erlösung stehe. Hierin gründe die moralische Aufgabe, das Leben als zu gestaltende Aufgabe wahrzunehmen. Diese Aufgabe beziehe sich auf das Ganze des Lebens, einschließlich des Sterbens als Teil des Lebens. Die Freiheit verweise den Menschen, in einem christlichen Sinne, auf Gott und den Mitmen-

---

[187] Vgl. Papst Johannes Paul II, *Enzyklika Evangelium Vitae* (Bonn ⁶2005), 19.
[188] Gemeinsames Hirtenschreiben der Bischöfe von Freiburg, Strasbourg und Basel, *Die Herausforderung des Sterbens annehmen* (2006), 7. http://www.erzbistum-freiburg.de/html/media/dl.html?v=61460 (01.03.2018).
[189] Paraphrasiert nach Frieß, *Sterbehilfe*, 77; Frieß bezieht sich hier auf die Schrift *Euthanasie en pastoraat* aus dem Jahr 1988.
[190] So etwa auch: Gemeinschaft Evangelischer Kirchen in Europa (GEKE), *Leben hat seine Zeit*, 37 ff.

schen, sie sei also nicht in eins zu setzen mit solipsistischer Selbstbestimmung.[191] In den Verantwortungsbereich seinen Mitmenschen gegenüber falle auch die Gefahr, dass ein Sterbewilliger durch sein Gesuch auf Tötung andere in tiefe Gewissenskonflikte bringe, die dann zu (Mit-)Tätern würden.

Nach protestantischer Maßgabe kann keinem Menschen das Ergebnis einer Urteilsfindung vorgesetzt werden; jeder Mensch hat sein Urteil – auch mit Blick auf die Sterbehilfe – in Verantwortung vor Gott zu treffen und soll nicht durch Institutionen jedweder Art in seiner Urteilsfindung bevormundet werden. Nichtsdestotrotz hält auch die Gemeinschaft Evangelischer Kirchen in Europa (GEKE) daran fest, „dass sich ein Recht auf Suizid und Suizidbeihilfe ebensowenig wie ein Recht auf Tötung auf Verlangen christlich rechtfertigen lässt."[192]

f) Entsolidarisierung
Oft wird auch das Argument der Gefahr einsetzender Entsolidarisierungsprozesse angeführt. Damit ist die Sorge verbunden, dass – bei einer völligen Legalisierung des assistierten Suizids (oder gar der Legalisierung der aktiven Sterbehilfe) – alte und kranke Menschen unter Umständen rechenschaftspflichtig würden, wenn sie trotz schwerer Gebrechen keinen Tötungswunsch äußerten. Gesellschaftlicher Druck, der Wunsch, weder Angehörige noch das Gesellschafts- und Sozialsystem zu belasten, könnten alte und kranke Menschen dazu bringen, aus Schuldgefühlen heraus einen Tötungswunsch zu äußern, der im Grunde nicht empfunden werde. Entsprechend äußerte Heinrich Bedford-Strohm 2014 vor der Bayerischen Landessynode: „Ich möchte, dass jeder Mensch in Deutschland weiß, dass er sich jetzt und in der Zukunft nie dafür rechtfertigen muss, dass er noch lebt".[193]

Mit diesem Argument geht auch die Angst einher, dass die Rede vom ‚unwerten Leben' (wieder) gesellschaftsfähig wird, dass den ‚Wert des Lebens' letztlich Mehrheitsverhältnisse bestimmen, und dass in Folge das Problem der Euthanasie ungebrochen auch für andere Bevölkerungsgruppen diskutiert werden könnte, Schwache allgemein sowie Minderheiten.[194]

---

191 Vgl. hierzu auch: Körtner, Ulrich H.J., Vortrag vor der Landessynode der Evangelischen Kirche im Rheinland 2012: *Leben hat seine Zeit, Sterben hat seine Zeit: Einführung in die Orientierungshilfe des Rates der Gemeinschaft Evangelischer Kirchen in Europa*, 7. http://www.ekir.de/www/downloads/20110110_PT_Vortrag_Prof_Koertner.pdf (01.03.2018).
192 Körtner, *Leben hat seine Zeit*, 12.
193 http://aktuell.evangelisch.de/artikel/111314/bedford-strohm-kein-rechtfertigungsdruck-durch-sterbehilfe (01.03.2018).
194 Zur katholischen, naturrechtlich begründeten Position vgl. Frieß, *Sterbehilfe*, 81.

g) Organisierte Sterbehilfe

Die Frage der organisierten Sterbehilfe ist eine zentrale im Zusammenhang der Debatte um die gesetzliche Neuregelung der Sterbehilfe. Die Kirchen lehnen in ihren Stellungnahmen deutlich eine organisierte Sterbehilfe ab (wie dies etwa durch die Schweizer Vereine *DIGNITAS* und *exit* geschieht). Befürchtet wird, dass Organisationen den Sterbewunsch von Menschen wie die Sterbebegleitung kommerziellen Interessen unterwerfen.[195]

Es wird deutlich, dass vor allem die Aspekte b) bis e) auf einer (jüdisch-)christlichen Logik aufruhen und insofern als (jüdisch-)christliche Spezifika in der Debatte gelten können.

Heinrich Bedford-Strohm benennt in seinem parallel zur Debatte erschienenen Buch *Leben dürfen, Sterben müssen* fünf „ethische Leitlinien"[196] im Zusammenhang des Diskurses über Sterbebegleitung. Sie sind verstehbar als Versuch der Einübung in die „Zweisprachigkeit", die Bedford-Strohm einfordert: eine Teilnahme an gesellschaftlichen Diskursen erfordert die Übersetzung[197] genuin religiöser beziehungsweise theologischer Aspekte und Argumente in eine „Sprache der öffentlichen Vernunft"[198]. Auch diese ethischen Leitlinien seien kurz

---

[195] Die Skizze der Positionierungen abschließend, sei auf zwei Zusammenfassungen verwiesen, die sich bei Bedford-Strohm mit Blick auf römisch-katholische wie evangelische Stellungnahmen finden: (1) „Die römisch-katholischen Stellungnahmen geben eine klare Orientierung für die Sterbehilfedebatte: Sterbenlassen und die Behandlung am Lebensende, die klassischerweise als ‚indirekte Sterbehilfe' bezeichnet wird, werden als legitim gesehen. Tötung auf Verlangen sowie (assistierter) Suizid werden klar abgelehnt. Das Autonomieideal wird kritisch reflektiert und auf dieser Basis rückgebunden an ein Verständnis des Menschen, das die Beziehungen, in denen der Mensch lebt, ins Zentrum stellt. Akzente werden auch darin gesetzt, dass dem moralischen Verbot der aktiven Sterbehilfe deutlich die positive Alternative der palliativen Begleitung der Sterbenden zur Seite gestellt wird." (Bedford-Strohm, *Leben dürfen*, 112 f.) – (2) „Aus der Gottebenbildlichkeit des Menschen und dem daraus folgenden Respekt für die Würde jedes menschlichen Lebens leitet die evangelische Position die grundlegende Pflicht ab, menschliches Leben zu schützen. Freiheit darf nicht mit absoluter Selbstverfügung oder Eigenbesitz verwechselt werden, sondern ist untrennbar mit der Verantwortung für das eigene Leben vor sich selbst, vor anderen und letztlich vor Gott verbunden. Während passive und indirekte Sterbehilfe als ethisch legitim gesehen werden, stößt aktive Sterbehilfe und assistierter Suizid auf klare Ablehnung. Wenn moralische Prinzipien um ihrer Klarheit willen von der sensiblen Wahrnehmung konkreter Situationen des Leidens absehen, können sie auch eine Tendenz zur Unbarmherzigkeit entwickeln und den empathischen Umgang mit anderen Menschen verfehlen, den Jesus vorgelebt hat. Kontextsensibilität ist eine besondere Stärke der evangelischen Urteilsbildung." (143)

[196] Bedford-Strohm, *Leben dürfen*, 145 ff.

[197] Der Begriff der Übersetzung ist dem Habermas'schen Argumentationszusammenhang entlehnt, vgl. Habermas, Jürgen, *Glauben und Wissen* (Frankfurt a.M. 2001), 29.

[198] Bedford-Strohm, *Leben dürfen*, 95. Zur kirchlichen Diskursfähigkeit vgl. auch Kapitel 5.

benannt, da sie in den zu untersuchenden Konversationen einen Blick auf den ‚säkularen Gehalt' christlich-religiöser Argumentation ermöglichen. In diesem Sinne benennt Bedford-Strohm die Aspekte[199]: Dankbarkeit für das Leben/Unverfügbarkeit des Lebens (das Leben als Gabe), Bewusstsein der eigenen Endlichkeit/Grenzen der Gestaltbarkeit von Leben (es ist dem Menschen nicht gegeben, Gott zu sein); Selbstbestimmung und Verantwortung für mich, für andere, für die Gesellschaft stehen in einem unauflösbaren Zusammenhang (christliche Freiheit ist nicht Freiheit von etwas, sondern Freiheit zur Verantwortungsübernahme); Kontextsensibilität (Unvertretbarkeit des individuellen Gewissens); sozialkulturelle Verantwortung (Freiheit zur Verantwortungsübernahme gilt auch mit Blick auf die Moralökologie einer Gesellschaft; Arbeiten am Reich Gottes etc.).

Bei der 2014/2015 aktuellen politischen Debatte über Sterbehilfe steht die Frage einer *rechtlichen* Neuregelung im Zentrum. Das bedeutet, dass es bei vielen aktuellen Positionierungen weniger um eine allgemeine Beurteilung der Sterbehilfe geht – die wenigen Ausführungen mögen gezeigt haben, wie diffizil es ist, überhaupt von ‚der' Sterbehilfe zu sprechen –, dass vielmehr die Einschätzung von Grenzen und Möglichkeit einer rechtlichen Regelung im Fokus steht. Folglich sprechen sich Kirchenleitende dafür aus, Grenzfälle nicht gesetzlich zu regeln, um nicht den Grenzfall beziehungsweise die Extremsituation zum Normalfall zu erklären. Hier wird die Sorge sichtbar, dass eine – wie auch immer liberaler gestaltete – Gesetzesformulierung nicht mehr in der Lage sei „eine Aufweichung des Lebensschutzes und eine inflationäre Übertragung der Tötungserlaubnis auf viele andere Fälle effektiv [zu verhindern]."[200]

Interessant zu sehen ist die scheinbar offene Haltung großer Bevölkerungsteile der Sterbehilfe gegenüber. Im September 2014 befragte das *Institut für Demoskopie Allensbach* 1.530 Personen ab 16 Jahren zum Thema Sterbehilfe. Während sich knapp zwei Drittel der Personen (67%) für eine Zulassung der aktiven Sterbehilfe aussprechen, sind nur 13% explizit gegen eine solche Zulassung.[201] Auch für eine Zulassung privater Sterbehilfe-Organisationen votierte die Mehrheit: 60% der

---

[199] Die Begrifflichkeiten in Klammern stellen hier einen eigenen Versuch der Übersetzung dar.
[200] Mit Blick auf die Argumentation der Church of England: Frieß, *Sterbehilfe*, 76.
[201] 20% sind unentschieden. Die Frage lautete: „Zurzeit wird ja viel über aktive Sterbehilfe diskutiert. Das bedeutet, dass man das Leben schwerkranker Menschen, die keine Chance mehr zum Überleben haben, auf deren eigenen Wunsch hin beendet. Sind Sie für oder gegen die aktive Sterbehilfe?" (Institut für Demoskopie Allensbach, *Allensbacher Kurzbericht vom vom 6. Oktober 2014: Deutliche Mehrheit der Bevölkerung für aktive Sterbehilfe*, 2. http://www.ifd-allensbach.de/ uploads/tx_reportsndocs/KB_2014_02.pdf (01.03.2018).

Befragten sind für eine solche Zulassung, 20% dagegen.[202] Das *Institut für Demoskopie Allensbach* weist darauf hin, dass sich mit Blick auf die Zustimmung zur Sterbehilfe keine wesentlichen Unterschiede zwischen verschiedenen Bevölkerungsschichten ausmachen lassen (die Werte sind ähnlich bei Personen unterschiedlichen Alters, die Schulbildung spielt in der Bewertung nur eine geringe Rolle, Katholiken wie Protestanten äußern zu 66% ihre Zustimmung zur aktiven Sterbehilfe). Lediglich – und das ist für den vorliegenden Zusammenhang von Interesse – unter den (Nicht-)Kirchgängern (befragt wurden Protestanten und Katholiken) differenziert sich das Feld aus: Immer noch 39% der regelmäßigen Kirchgänger sprechen sich für eine Zulassung der aktiven Sterbehilfe aus, jedoch 33% lehnen sie ab. Von Personen, die angeben, ab und zu die Kirche zu besuchen, stimmen 64% für eine Zulassung, 14% sprechen sich dagegen aus. Diejenigen der befragten Personengruppe, die selten oder nie in die Kirche gehen, votieren zu 72% für eine Zustimmung zur aktiven Sterbehilfe, nur 9% sind dagegen.[203] Konstatiert werden kann also zumindest die Möglichkeit eines Wechselverhältnisses zwischen Kirchenbesuch und Einstellung zur Sterbehilfe (insofern ist der Zustimmungswert von 39% bei der im Grunde ablehnenden Haltung von Kirchenleitenden auf oberer Organisationsebene zumindest bemerkenswert. Angemerkt sei aber auch noch einmal, dass es in der Debatte um die Möglichkeiten und Gefahren einer rechtlichen Neuregelung geht; der rechtliche Aspekt wurde in den Fragestellungen nicht berücksichtigt). Konstant hoch bleibt seit Jahren die Zustimmung zur passiven Sterbehilfe (die Zahlen zur Zustimmung zur Zulassung von aktiver Sterbehilfe sind in den letzten Jahren gestiegen): Zum Zeitpunkt der Befragung votierten 78% für die passive Sterbehilfe, nur 7% sprachen sich dagegen aus.[204]

Allein diese Zahlen des *Instituts für Demoskopie Allensbach* unterstreichen die Bedeutung dialogischer Prozesse für die Meinungsbildung, wie sie auch die *Gemeinschaft Evangelischer Kirchen in Europa* nach der Darlegung ihrer theologisch-ethischen Argumente mit Blick auf die Sterbehilfe einfordert:

> Diese grundlegenden Beschreibungen moralischer Verantwortung, des einzigartigen Status und der Würde menschlichen Lebens sowie der Pflichten und Ideale von Fürsorge und Mitgefühl gegenüber Hilfsbedürftigen liefern einen Interpretationsrahmen, durch den spe-

---

[202] Vgl. *Allensbacher Kurzbericht*, 3; Die Frage lautet: „In der Schweiz ist es privaten Sterbehilfe-Organisationen erlaubt, unheilbar kranken Menschen dabei zu helfen, ihrem Leben ein Ende zu setzen. Wie sehen Sie das? Sollte man es auch in Deutschland privaten Sterbehilfe-Organisationen erlauben, unheilbar kranke Menschen bei der Selbsttötung zu unterstützen, oder sollte man das nicht tun?" (Ebd.)
[203] Zu allen Angaben vgl. 4.
[204] Vgl. *Allensbacher Kurzbericht*, 5.

zifischere Fragen des Lebensendes untersucht und diskutiert werden können. Dennoch erwachsen aus diesem Interpretationsrahmen nicht definitive und absolute Lösungen. Antworten auf spezifische Fragen werden besser in einem Dialogprozess entwickelt, in dem die konkrete Realität in ein gemeinsames Gespräch mit diesem Interpretationsrahmen gebracht wird.[205]

Nicht konkret an die Allensbacher Umfrage adressiert, sondern bezogen auf Umfragen zum Thema generell, schreibt Bedford-Strohm etwas lakonisch: „Wie diese Umfragen zustande kommen, ist in diesen Meldungen normalerweise nicht nachzulesen. Dabei liegt es gerade bei diesem Thema auf der Hand, wie fragwürdig Meinungsumfragen sein können."[206] Die Skepsis gegenüber Meinungsumfragen zum Thema Sterbehilfe kehrt wieder im von Bedford-Strohm gemeinsam mit Ulrich Lilie, dem Präsidenten der *Diakonie Deutschland*, verfassten Eingangswort zur Untersuchung *Die Angst vorm Sterben* wieder, erhoben vom *Sozialwissenschaftlichen Institut der EKD* (2015). Ein wesentliches Ergebnis dieser Umfrage besteht darin, dass „es in erster Linie die Ängste vor einem langen Sterbeprozess sind, die solche [einer Sterbehilfe eher positiv zugeneigten; KM] Entscheidungen tragen"[207]. Soweit es ein Einblick von außen erlaubt, sind hier allerdings zur Erfragung des Einschätzungshintergrunds mit Blick auf die eigene Person nur Ängste der Gesprächspartner abgefragt worden. Möglich bleibt die Interpretation, dass ein Absinken der Prozentwerte hinsichtlich der Zustimmung zur ‚Beihilfe zur Selbsttötung' (63 Prozent im Vergleich etwa zu 69 Prozent einer

---

205 Gemeinschaft Evangelischer Kirchen in Europa (GEKE), *Leben hat seine Zeit*, 46.
206 Bedford-Strohm, *Leben dürfen*, 162. – Bedford-Strohm schreibt weiter: „Wer ohne Vorwissen nach der Rückkehr aus dem Büro und vor der Zubereitung des Abendessens einen Anruf bekommt und gefragt wird, ob er im Falle unerträglichen Leidens und völliger Aussichtslosigkeit im Hinblick auf Heilung die Möglichkeit zur Beendigung seines Lebens haben möchte, wird anders antworten als wenn er sich vorher gründlich über die Optionen der Palliativmedizin und sonstigen Begleitung am Lebensende informiert hat." (Ebd.) Bedford-Strohm spricht damit einen wesentlichen Punkt an, der freilich für alle Meinungsumfragen gilt, insofern diese aus dem Stand Menschen zur ihren Ansichten und Einschätzungen befragen. Das gilt auch für die Umfrage *Die Angst vorm Sterben*, erhoben vom *Sozialwissenschaftlichen Institut der EKD*. Auch bei Letzterer handelt es sich um eine von TNS Emnid durchgeführte telefonische Umfrage. Dass gerade bei komplexen Themen Vorsicht geboten ist und hier nicht zu vorschnellen Verallgemeinerungen geraten werden sollte, versteht sich von selbst. Auch der Umgang mit solchen Daten erfordert eine Kontextsensibilität.
207 Ahrens, Petra-Angela und Wegner, Gerhard, *Die Angst vorm Sterben: Ergebnisse einer bundesweiten Umfrage zur Sterbehilfe* (Hannover 2015), 8.

von *Infratest dimap* durchgeführten Umfrage)[208] mit differenzierteren Fragestellungen im telefonischen Interview zusammenhängt.

Dieser Exkurs zum Thema Sterbehilfe konnte nur rudimentär ausgeführt werden[209], sofern es für die Zielsetzung – den Ausweis des ‚Vorwissens' und die Bildung deduktiver Kategorien – angemessen schien; der kleine Seitenblick auf aktuelle Meinungsumfragen zum Thema verdeutlicht noch einmal, wie sehr auch ‚die Bevölkerungsmeinung' ein umkämpftes Feld ist, dessen Erforschung (Erhebung von Einstellungen) den Diskurs auf eigene Weise beeinflusst.

Nun geht es darum, die Phasen des empirischen Teils der Studie in ihrem Prozess vorzustellen.

4.2.2 Phase 1: Materialgewinnung und inhaltlich strukturierende Inhaltsanalyse

Phase 1 besteht wesentlich aus *vier Schritten:* (1) Das zunächst erarbeitete Kategoriensystem wird mit erstem Material (Kommentare im Nachgang zu Zeitungsbeiträgen online) ins Gespräch gebracht und sukzessive angereichert. Neue Fälle werden im Prozess dazu gewählt, nach dem Prinzip des *Theoretical Samplings*. (2) In der Auseinandersetzung mit dem Material können erste thematische Verdichtungen und formale Charakteristika der zu analysierenden Online-Konversationen in medieninitiierten Alltagsöffentlichkeiten festgehalten werden; diese Charakteristika gilt es zu einem späteren Zeitpunkt der Untersuchung noch einmal zu vertiefen. (3) Es erfolgt eine Evaluation des bisherigen Kategoriensystems einschließlich einer Erhebung dessen, was mit den bisherigen Zugriffen vor allem zu den Fragen der thematischen Aufgliederung des Feldes und der religiös-weltanschaulichen Kommunikation des bisher untersuchten Materials gesagt werden kann. Plausibilisiert wird zum Schluss die Entscheidung für eine nachfolgende typenbildende Inhaltsanalyse und kommunikative Topik (Phase 2), die eine Umarbeitung des bisherigen Kategoriensystems implizieren und die die Grundlage für die weitere Untersuchung bilden.

---

208 Vgl. Ahrens und Wegner, *Angst vorm Sterben*, 16; vgl. Infratest dimap (Auftraggeber: Günther Jauch), *Mehrheit für ärztliche Sterbehilfe* (2014). http://www.infratest-dimap.de/umfragen-analysen/bundesweit/umfragen/aktuell/mehrheit-fuer-aerztlich-unterstuetzte-sterbehilfe/?cHash=03c6b9849b2dbb627e82473edfc59dab (01.03.2018).
209 Zur praktisch-theologischen Reflexion im Schweizer Kontext vgl. auch: Morgenthaler, Christoph, Plüss, David und Zeindler, Matthias, *Assistierter Suizid und kirchliches Handeln: Fallbeispiele – Kommentare – Reflexionen* (Zürich 2017).

Im Rahmen von Phase 1 sind sukzessive 7 Fälle untersucht worden[210]: 592 Kommentare (plus 813 Kontrollkommentare) erhielten 1701 Codierungen.

4.2.2.1 Ein erstes Kategoriensystem: thematische Orientierung

Da das Grundinteresse der vorliegenden Studie darin besteht zu untersuchen, wie sich religiöse Kommunikation als symbolisches Sinndeutungshandeln online vollzieht, wird über ein erstes Kategoriensystem versucht, Dimensionen religiöser Kommunikation in den Blick zu bekommen. Über den vorstrukturierten deduktiven Teil des Kategoriensystems wird einerseits auf Kontingenzerfahrung und -bewältigung rekurriert, dann werden auch ‚die' kirchlichen Deutungsmuster im Zusammenhang der Sterbehilfedebatte aufgenommen. Neben dem Bereich der religiösen Kommunikation – in Form von entsprechenden Emblematisierungen oder Bezügen mit letztinstanzlichem Charakter in der Argumentation (Normativität) – interessieren dann in diesem Schritt der Untersuchung auch die gesprächsanalytischen Elemente. Hier zeigt sich, wie es um Kohärenz und Interaktion bestellt ist; es wird aber auch deutlich, welche Subthemen die Interagierenden als ihre Interessen in die Konversationen eintragen. Entsprechend wird das erste Kategoriensystem aus einem Schema deduktiv gebildeter Kategorien bestehen, das an ersten Materialstücken erprobt und mit induktiv gewonnenen Kategorien angereichert wird. Die Liste der Kategorien ist notwendig vorläufig. Formuliert worden sind 12 Hauptkategorien (*kursiv*), die, entsprechend der Vorarbeiten, bereits Ausdifferenzierungen erhalten haben.

Gesprächsanalytische Elemente
    Kernthema
    Subthema
    thematische Entfaltung
        argumentativ
        deskriptiv
        explikativ
    Interaktion
        initiierend
        reaktivierend
        respondierend
    Kohärenz
        Referenzidentität/Zitat
        semantische Kontiguität
        Übernahme/Imitation syntaktischer Konstruktionen

---

[210] Eine Liste findet sich in Kapitel 4.2.2.3.

kommunikative Konstrukte
    Ausgangsproblem
    Konsens
kritische Momente
Religiöse Kommunikation
    Grenzerfahrung
    Reaktion auf Grenzerfahrung
        starke Normativität (semantisch nicht explizit religiös)
        kommunikative religiöse Rahmung
            Glaubensinhalt
            religiöse Sprache
            subjektive Erfahrung
            Funktion des religiösen Arguments
    Werte
    ethische Konsequenzen
    Kirchliche Argumentationsmuster
        Tötungsverbot
        Gott als Herr über Leben und Tod/Leben als Geschenk Gottes
        christliche Freiheit und Verantwortung
        positive Bedeutung des Leidens
        Verbesserung der Umstände, z. B. Palliativmedizin
        Entsolidarisierung
        gegen organisierte Sterbehilfe

Innerhalb der kirchlichen Argumentationsmuster sind diejenigen zuerst aufgeführt, die als christliche Spezifika in der Debatte gelten können (Tötungsverbot; Gott als Herr über Leben und Tod/das Leben als Geschenk Gottes; christliche Freiheit und Verantwortung; positive Bedeutung des Leidens). Die folgenden drei Aspekte (Verbesserung der Umstände, z. B. Palliativmedizin; Entsolidarisierung; gegen organisierte Sterbehilfe) sind in eine allgemeine Ethik eingewandert, so dass sich deren Markierung als spezifisch christlich als schwierig erweist.

4.2.2.2 Einstieg in das Material: drei Falldarstellungen

Im Folgenden sollen erste Materialdurchgänge exemplarisch vorgestellt und vorläufige Einsichten formuliert werden (Falldarstellungen). Dieses Vorgehen kann nicht für alle sechs Fälle (plus Probefall) der Nutzerkommentare zu Zeitungsbeiträgen ausgeführt werden. An dieser Stelle dient die Darstellung dreier Fälle dazu, die methodischen Schritte der empirischen Studie transparent und nachvollziehbar zu machen und auf erste inhaltlich interessante Aspekte aufmerksam zu machen. Über die drei Falldarstellungen hinaus wird eine Zusammenfassung der Zwischenergebnisse mit der Evaluation des Kategoriensystems verbunden.

Falldarstellung 1: „Der Einzige, der über mein Leben bzw. meinen Tod entscheidet, das bin ich."[211]

Als ‚Fall' werden hier alle Kommentare zusammengefasst, die im Nachgang zum am 13.11.2014 online veröffentlichten Artikel *Bundestag sucht Position zum assistierten Suizid* der Wochenzeitung *DIE ZEIT* erschienen sind. Insgesamt handelt es sich um 101 Kommentare unterschiedlicher Länge. Wenige User haben nur einfach kommentiert, die meisten mehrfach (mindestens zweimal), der User mit den meisten Kommentaren kommt auf 12 Beiträge. Der letzte Beitrag stammt vom 17.11.2014, 0:15 Uhr, die Kommentierung ist abgeschlossen (keine aktuellen Beiträge mehr möglich). Verschiedene Dinge fallen auf und überraschen im ersten Analyseschritt:

a) Die User interagieren zu großen Teilen.
Dieser Befund ist zunächst festzuhalten, da Vorüberlegungen einkalkuliert haben, dass nur etwa 30 % der Kommentare Bezug auf andere Kommentare nehmen.[212] Spontan lassen sich hier mit nicht weniger als 45 respondierenden Interaktionen 48 % der Kommentare finden, die sich explizit (Zitat, Antwortfunktion etc.) auf andere Kommentare beziehen. Sicherlich wäre hier noch einmal nachzuprüfen, in welcher Art und Weise sich die User im Gespräch aufeinander beziehen. Von den 48 % der in Fall 1 explizit respondierenden User bringen sich immerhin wiederum knapp die Hälfte reaktivierend ein, das heißt, an andere Gesprächsteilnehmer werden wiederum direkte Fragen (zum Beispiel „Und weil wir Angst vor dem haben, von dem wir nicht wissen ob es kommt. Auch wenn die Angst vielleicht nur unserer Phantasie entspringt. Halten wir an dem Ist-Zustand fest, egal wer, wann, wie, wo leidet. Habe ich sie so richtig verstanden?" [ZEIT, 44][213]) oder Redeaufforderungen (zum Beispiel „Reden Sie Tacheles!" [ZEIT, 55]) gestellt.

Vorwegnehmend sei an dieser Stelle bereits erwähnt, dass dieser Befund sich bestätigt und überboten findet mit Blick auf Fall 2, wo 54 % der User respondierend interagieren und in eine kommunikative Beziehung eintreten. Fast ein Drittel der Kommentare nimmt andere Kommentare in Zitatform auf, um sich direkt darauf zu beziehen. Insofern ist – immer noch abgesehen von semantischer Kontiguität und der Übernahme/Imitation syntaktischer Konstruktionen – Kohärenz vielfach zu verzeichnen.

---

211 Die Rechtschreibung der Nutzerkommentare ist korrigiert worden.
212 Vgl. Kapitel 4.2.1.
213 Die Zahl bezieht sich auf die Nummer des Kommentars (chronologische Reihenfolge).

b) Argumentationsmuster ‚der' Kirchen im Zusammenhang des Themas ‚Sterbehilfe' spielen in der Auseinandersetzung der Nutzer und Nutzerinnen keine Rolle.

Einzig in einem Beitrag wird das Argument, dass Gott Herr über Leben und Tod sei, angeführt: „Ich [...] bin gegen jede Form der Sterbehilfe. Gottes Geschenk (unser Leben) sollten wir genießen, wie es ist. Und sowohl der Prozess des Sterbens als auch dessen Ende, der Tod, gehören zum Leben dazu." Daran schließt sich ein Werturteil an: „Meiner Meinung nach treten Menschen, die Sterbehilfe in Anspruch nehmen oder anbieten, Gottes Geschenk mit Füßen." (ZEIT, 5) Die Reaktionen, die der User auf seinen Beitrag erhält, sind allesamt ablehnend: Entweder man wird sehr polemisch („Gottes Geschenk an die Opfer des Tsunami. Diese Geschichte [Link; KM] und ihr Kommentar [Zitat; KM] mal nebeneinander legen und staunen. Was geht Sie das eigentlich an?"), verweigert sich vollständig („Sorry. Vermutlich habe ich einen IQ von 100 – ggf. + x. Trotzdem verstehe ich Ihre Botschaft nicht. Bitte berücksichtigen Sie bei Ihren Kommentaren, daß die Botschaft auch beim Empfänger ankommen soll / verstanden werden soll." [ZEIT, 6]) oder distanziert sich gemäßigt aber deutlich („Haben Sie schon sterbende in den Tod begleitet? Häufig ist da nämlich nichts mehr von Gottes Geschenk und Leben genießen. [...] Und bedenken Sie bitte, Ihr Gott ist vermutlich nicht der Gott aller." [ZEIT, 22]). Insgesamt sechs entsprechende Reaktionen zieht der Kommentar nach sich. Der User meldet sich nach seinem Statement nicht mehr zu Wort, verweist in seinem Beitrag allerdings aufgrund der Zeichenbegrenzung im Kommentarbereich auf seine umfassenderen Ausführungen in seinem Blog. Abgesehen von diesem einen Votum spielen kirchliche Argumentationsmuster in allen weiteren Beiträgen keine Rolle.

c) ‚Religiös-weltanschauliche Standortbestimmung' und wiederkehrende Deutungsmuster

Im Laufe der ersten Materialdurchgänge wurde die Subkategorie ‚religiös-weltanschauliche Standortbestimmung' eingeführt, um die Stellen im Material markieren zu können, in denen die User sich ins Verhältnis zu religiösen beziehungsweise weltanschaulichen Deutungsansätzen setzen. Das kann in Form eines sich selbst in positiver beziehungsweise konstruktiver Weise ins Selbst- und Weltverhältnis einschreibende Subjekt mit explizitem Bezug auf religiöse Traditionen/Vorstellungen sein; das kann aber auch Kommentare umfassen, die sich in der Negation auf Positionen beziehen und daraus ihren weltanschaulichen Grund für die Argumentation beschreiben. Während in Fall 1 15 % der Kommentare Aussagen zu dieser Kategorie machen, sind es in Fall 2 immerhin 47 % der Kommentare.

Mit Blick auf Fall 1 fällt auf, dass unter diesen 15 % der Tenor vorherrscht, sich von Annahmen der christlichen Tradition als kulturprägender Religion distanzieren zu wollen. Dabei lassen sich noch einmal Unterscheidungen treffen: Es gibt unter den Usern in Fall 1 unter anderem den Gestus[214] des ‚aufgeklärten Naturwissenschaftlers', der Ideen und Anverwandlungen der christlichen Religion für überholt und vorwissenschaftlich hält. Ein Beispiel bietet folgender Kommentar: „Das Leben ist kein Geschenk, sondern schlicht das Resultat eines Hetero-Geschlechtsverkehrs oder in selteneren Fällen der Künste von Reproduktionsmedizinern. Das ist alles. Das Gerede von Geschenk ist nichts als kitschige Verklärung." (ZEIT, 45) – Davon zu unterscheiden sind Aussagen eines Typus', der ‚weltanschauliche Neutralität' (für die Gesetzgebung) einfordert: „Bitte keine Religion! Lasst das mal den Bundestag machen. Hauptsache, in diese politische Debatte mischen sich nicht wieder irgendwelche Sekten-Jünger und hauptamtliche Religionsverkünder ein, die der Gesellschaft die Ansichten ihrer Gruppierungen als allgemeines Gesetz aufzwingen wollen."[215] (ZEIT, 35) Oder aber: „‚Insbesondere in weiten Teilen der Union wird diese Form der Sterbehilfe kritisch gesehen'. [Zitat aus dem ZEIT-Artikel; KM] Ich finde es schlimm, wenn Deutschland im Nahen Osten die Kirche vom Staat trennen möchte aber in Deutschland es zuläßt, dass Bundestagsabgeordnete mit der Bibel im Rucksack Politik machen!" (ZEIT, 10) Schließlich lässt sich, nicht ganz trennscharf von diesem Gestus, noch ein Typus von Kommentaren vorläufig ausmachen, der hinter einer Anführung von Argumenten vor dem Hintergrund der christlichen Tradition eine Gefahr einer Einschränkung der Selbstbestimmung fürchtet: „Christen, die ihre Ethik auch Ungläubigen aufzwingen wollen." (ZEIT, 17) Oder: „Ich werde nicht zu Ehren eines ‚Schöpfers' oder zur sittlich-religiösen Erbauung eines C-Politikers elender verrecken als ein Hund!" (ZEIT, 48) Dieses Muster geht mit dem in Fall 1 sehr prominenten Thema der Selbstbestimmung Hand in Hand.

d) ‚Selbstbestimmung' wird als herausragendes Thema beschreibbar.

Das Kernthema der Sterbehilfe wird unter Bearbeitung verschiedener Subthemen (zum Beispiel: Aufgabe des Staates, soziale/gesellschaftliche Verantwortung,

---

214 die Typenbeschreibungen in Phase 2 nehmen die hier probeweise vorgestellten Deutungsmuster/Gestus systematisch auf und integrieren sie zum Teil.
215 Als Variante: „Sehr viele Menschen glauben aber nicht an Gott, für sie kann diese Argumentation nicht gelten. Darüber hinaus teilen auch sehr viele Christen Ihre Ansichten über die ‚Unverfügbarkeit' des Lebens nicht. Religiöse Überzeugungen, die nur von einem Teil der Bevölkerung geteilt werden, können in einer pluralistischen Demokratie aber unmöglich Grundlage der allgemeinen Gesetzgebung sein." (ZEIT, 26).

Rolle kommerzieller Anbieter, Selbstbestimmung und Bevormundung) behandelt.[216] Diese Subthemen erfahren unterschiedliche thematische Entfaltungen. Dabei kommt dem Themenfeld ‚Selbstbestimmung/Bevormundung' im Vergleich zu anderen Themen eine herausgehobene Stellung zu: 51 Markierungen des Themenfelds im Fall 1 stehen – beim nächstplatzierten Thema – 16 Vermerke zum Thema ‚Missbrauchsgefahr' gegenüber. Noch einmal anders formuliert: 37% der Kommentare setzen sich mit dem Themenfeld ‚Selbstbestimmung/Bevormundung' auseinander.

Schaut man sich nun an, wie das Thema entfaltet wird, zeigen sich im Wesentlichen drei Wege (das Thema wird hier ausführlich entfaltet, da es fallübergreifende Bedeutung hat, wie sich zeigen wird):

a) Zum einen wird – gegebenenfalls unter Annahme einer heteronomen Bestimmtheit gesellschaftlicher Existenz – die Autonomie des Selbst und die Legitimität eines Handelns (nur) orientiert am eigenen Wollen eingefordert. Diese Form könnte auch ‚*Gegen-Bevormundung*'-*Topos* genannt werden. Ausdruck findet eine solche Position etwa in folgender Formulierung: „Ich frage mich, welche Arroganz eigentlich dazu führt, dass irgendwelche Politiker glauben, andere Menschen leiden zu lassen, um sich selbst besser zu fühlen? Wer hat diese Leute zu Richtern über mein Lebensende eingesetzt? Der Einzige, der über mein Leben bzw. meinen Tod entscheidet, das bin ich. Die Gründe hierfür gehen niemanden ausser mir etwas an, sind mit Nichtbetroffenen auch nicht diskutierbar! Ich erwarte, dass unsere Politiker sich hier raushalten." (ZEIT, 48) Dieser und ähnliche Kommentare zeichnen sich meines Erachtens durch die Logik aus, dass der Eingriff gesetzlicher Regelungen in den Bereich des Sterbens hinein völlig abgelehnt wird – vor allem unter Rekurs auf die Argumente, dass zum ersten nur die über das Sterben entscheiden dürfen, die es situativ persönlich betrifft (die Ausweitung des Begriffs auf Angehörige ist hier allerdings nicht die Regel), zum Zweiten, dass die Möglichkeit einer positiven Funktion einer – gegebenenfalls einschränkenden – staatlichen Regelung über die Gesetzgebung überhaupt nicht gesehen wird. Drittens wird angeführt: Leben und Tod gehören zusammen – da der Mensch für seine Lebensführung verantwortlich ist, sollte er auch für sein Sterben und seinen Tod (ausschließlich selbst) verantwortlich sein (können). Im Grunde kann man in der Aussage „Der Einzige, der über mein Leben bzw. meinen Tod entscheidet, das bin ich" eine *Inversion des Gedankens der christlichen Tradition sehen, dass Gott der Herr über Leben und Tod* sei und es dem Menschen entsprechend entzogen sei, etwas zum eigenen Sterben dazuzutun. Ähnlichkeiten bestehen auch in der Normativität der Setzung und in der Unhintergehbarkeit des Arguments. Dass

---

216 Zur Aktualisierung des Kategoriensystems vgl. Kapitel 4.2.2.3.

mein Leben mir selbst gehört, ist der Ausgangspunkt für weitere Ableitungen, nicht etwa wird die Verantwortung für das eigene Leben und die Hoheit über die eigene Lebensführung im Rahmen weiterer argumentativer Muster kontextualisiert. In diesem Fall könnte man sich für eine Emblematisierung nicht-explizit religiöser Kommunikation als religiöse Kommunikation insofern aussprechen, als diese Argumentationsfigur die Funktion eines religiösen Arguments übernimmt, da sie eindeutig letztinstanzlich und voraussetzungslos in ihrer semantischen Auflading auftritt und sich erst von hier aus weitere Ableitungen ergeben, in diesem Fall unter anderem mit der verbundenen ethischen Konsequenz der (absoluten) Legalisierung der Sterbehilfe (in vielen Fällen wird hier argumentativ nicht mehr zwischen assistiertem Suizid und aktiver Sterbehilfe unterschieden). Etwa ein Drittel der codierten Textsegmente entspricht im Zusammenhang des verhandelten Themas ‚Selbstbestimmung/Bevormundung' diesem Typos, der *explizit institutionenkritisch* gestimmt ist.

b) Es gibt dann einen deutlich kleineren Kreis an Nutzern und Nutzerinnen, der versucht, die Grenzen der Selbstbestimmung mit Blick auf das Thema ‚Sterbehilfe' zu verdeutlichen: Der Ruf nach Selbstbestimmung und deren rechtlicher Legitimation in Form der völligen Legalisierung der Sterbehilfe zieht eine Schwächung institutioneller Handlungsmöglichkeiten nach sich, die jedoch allein den Bürger gegen Vereinnahmungen durch Dritte schützen können, so das zusammengefasste Argument (manche Beiträge spiegeln nicht alle Aspekte wider). Hier wird am ehesten noch die sozialethische Perspektive berührt, die nach den notwendig gesellschaftlichen Bedingungen – die eben nicht in reine Individualethik aufzulösen ist – für ein gutes (Zusammen-)Leben fragt. Während direkt im Kontext der Ausführungen zum Thema ‚Selbstbestimmung' diese Perspektive nur angespielt wird („Ich kann dieses absurde Wort nicht mehr hören. SBR schön und gut, aber irgendwann steht die Gemeinschaft drüber. Dieses Gesetz schadet der Allgemeinheit mehr, als es dem einzelnen nützt." [ZEIT, 30]; „Der Schwächere muss aus meiner Sicht geschützt werden, sonst ist dem Mißbrauch Tür und Tor geöffnet. Unter dem Deckmantel der sogenannten Selbstbestimmung kann man vieles fordern, ob es gut ist steht auf einem anderen Blatt." [ZEIT, 71]), zeigt sie sich jedoch mit Blick auf die Frage nach der Fürsorge des Staates deutlicher, wenn es heißt: „Die Politik muss sich auch der Frage stellen, darf der Staat durch Fortlassen von moralischen Grenzen und Schutzbedürfnissen womöglich einen Bürger in die sozial motivierte Euthanasie stossen? Um das moralische Dilemma kommen auch Sie nicht herum, ausser wenn Sie Nihilist sind. Was haben Sie also gegen Legitimität- und Moralspiralen? Auch Vermindern von Leid durch Sterbehilfe ist letztendlich eine Angelegenheit von Empathie und Moral. Und Verantwortung lässt sich nicht durch allgemeine Kriterien ablösen." (ZEIT, 37)

c) Eine dritte Perspektive auf das Thema der Selbstbestimmung wird durch die Einräumung einer möglicherweise gegebenen Einschränkung der Urteilsfähigkeit eröffnet. Zum einen wird thematisiert, inwiefern Personen ihr Sterben und Wollen im Prozess des Sterbens überhaupt (in einer früheren Lebensphase) antizipieren können. Zum anderen können sich auch Wünsche und Wollen im Akutzustand ändern, so dass die Verrechnung einer klaren Entscheidung, die womöglich noch einem abstrakten Prinzip (Selbstbestimmung) folgt, als Grundlage des Arguments für Selbstbestimmung Schwierigkeiten bereitet, so die Logik. Als Beispiel für diese Perspektive mag folgender Beitrag gelten[217]: „Sich auf das Selbstbestimmungsrecht zu berufen, kann nur aus dieser abstrakten Position herrühren. Eben dieses Selbstbestimmungsrecht ist häufig durch palliativ medizinisch Behandlung eingeschränkt, nur wenige können und wollen dies zuvor trotz schwerer Krankheit wahrnehmen. Bei den Fällen, die ich persönlich kenne, schwankte (auch in Abhängigkeit der medikamentösen Behandlung) der betroffene Mensch zwischen ‚Sterben wollen' und ‚Weiterleben', welches mehr ein Weiterleiden bedeutete. Den ‚Wunsch' des Betroffenen zu sehen, falls er überhaupt zu erkennen ist, ist in nur wenigen Fällen zu erkennen." (ZEIT, 12)

Mit diesen Notizen zu Fall 1 soll gleich Fall 2 in den Blick kommen.

Falldarstellung 2: „Wille Gottes? Haben sie mal was vom Goldenen Zeitalter gehört?"
Im Nachgang zum am 03.10.2014 online veröffentlichten Artikel *Sterbehilfe würde „auch Jesus sicher okay finden"* der Wochenzeitung *DIE WELT* werden 57 Kommentare[218] von Usern geschrieben. Die Datierung des letzten Beitrags kann nicht eindeutig vorgenommen werden (November 2014), die Kommentierung ist abgeschlossen.[219] Da das Thema ‚Sterbehilfe' im Vorfeld der konkreten Bundestagsdebatte in den Medien bereits breit diskutiert wurde, fiel die Entscheidung für ein Materialbeispiel aus dem Vormonat der Bundestagsdebatte. Die Überschrift des Artikels zitiert Peter Puppe, in Deutschland als ‚Sterbehelfer' tätig, der in der Talk-Show *Maybritt Illner* sein Tun mit dem Gleichnis vom barmherzigen Samariter plausibilisiert, den Topos der Nächstenliebe anführt und entsprechend kontextualisiert: „Wenn ein Todkranker darum fleht, dass ich sein Leiden beende, ist er

---

217 Ein weiteres Beispiel wäre das folgende: „Aber es wäre hochgradig fahrlässig, die Gefahr der Beeinträchtigung einer freien Entscheidung als ‚unbedeutend' herunterzuspielen, weil man dann genau in die Situation geraten kann, eine irreversible Handlung vorzunehmen, die der Betroffene in Wahrheit so nicht gewollt hat." (ZEIT, 40)
218 56 Kommentare nach Angabe bei WELT online, da ein Kommentar gelöscht wurde.
219 Mittlerweile (01.03.2018) sind die Kommentare entfernt bzw. gelöscht worden.

mein Nächster, und dann würde das auch Jesus sicher okay finden." Der Artikel fasst die Talkrunde zusammen, an der neben dem Journalisten Udo Reiter, dem Präsidenten der Bundesärztekammer Frank Ulrich Montgomery, dem Arzt und Hospizmitgründer Michael de Ridder, dem ehemaligen Bundestagsvizepräsidenten Peter Hintze (CDU) auch die ehemalige Ratsvorsitzende der EKD, Margot Käßmann teilnahm. Durch die – durchaus streitbare – Artikelüberschrift wird das Religionsthema platziert und präsent gehalten, auch für die Kommentierungsvorgänge. Man hat es hier mit einem guten Beispiel für die transmediale Verschränkung verschiedener Öffentlichkeiten zu tun.

Folgendes fällt auf: Anders als in Fall 1 ist das Thema ‚Religion' explizit bestimmendes Thema des Gesprächs. Das liegt sicherlich an der Überschrift des Artikels, die – nicht nur – christliche Internetnutzer zu einem Statement herausfordern mag. Auch hier kann man allerdings gleich zu Beginn festhalten: In der Konversation spielen die herauspräparierten ‚kirchlichen Argumentationsmuster' keine Rolle.[220] Das zu beschreibende Feld erscheint in diesem Fall 2 disparat, was vor allem – so ist anzunehmen – daran liegt, dass die Gruppe der ‚Weltanschauungsprotagonisten'[221] primär nicht an einer inhaltlichen Auseinandersetzung mit dem Thema ‚Sterbehilfe' interessiert ist. Das Feld wird durch verschiedene Koalitionen geprägt, die ihrem Kommunikationsverhalten entsprechend charakterisiert werden können:

In Erscheinung tritt zunächst (WELT, 1–4) die Gruppe derer, die sich bruchlos auf die christliche Tradition beziehen und bestimmte Topoi fraglos und ohne weitere Differenzierungen auf das Thema ‚Sterbehilfe' applizieren. Hier kommt es zu bemerkenswerten Annahmen: Uneinigkeit besteht darüber, ob Jesus, der alle heilen und daher Sterbehilfe ablehnen würde (WELT, 1), sich in seinem Handeln auf die Seele bezieht oder den Leib (WELT, 2), in welchem Verhältnis geistliches und fleischliches Leben zueinander stehen. Dies verbindet sich mit einer Kirchenschelte: „Trotzdem hat Jesus nicht nur das zoe Leben gegeben sondern auch dafür gesorgt, dass das bios Leben wieder gesunden konnte. Und das kann er auch heute noch. Nur wissen das unsere Kirchen heute nicht mehr und man kennt sich

---

[220] Allenfalls finden sich Anklänge in Formulierungen wie: „Wenn wir einen Sterbenden richtig begleiten würden, dann könnte er jede Minute auch im Leiden genießen [...]. Der Schrei nach dem Tod ist immer ein Schrei um Hilfe und LIEBE! Grüße von einem Bekehrten, der sich auch schon mal umbringen wollte, aber Gott hat ihn davor bewahrt;)" (WELT, 4) oder: „Gott kann sehr wohl entscheiden, wann er wen zu sich rufen will [...]". (WELT, 3)
[221] Diese Gesprächsteilnehmer seien an dieser Stelle versuchsweise mit dem Begriff ‚Weltanschauungsprotagonisten' bezeichnet, da es ihnen mehr um die religiös-weltanschauliche Standortbestimmung an sich geht und weniger um eine Verhandlung des Themas vor dem Hintergrund einer wie auch immer gearteten Weltanschauung.

dort eher mit Verwaltung und warmen Worten als mit dem Wort Gottes und seiner Macht aus. Das ist sehr Schade!"[222] (WELT, 3) Das Kommunikationsverhalten dieser Gruppe zeichnet sich dadurch aus, dass – durchaus mit Bezug aufeinander – eigene Glaubensinhalte geäußert werden, die nur ungefähr an das vorliegende Thema ‚Sterbehilfe' anknüpfen[223], die auch nicht in ein Gespräch mit Beiträgen von Usern verwoben werden, die offenkundig eine andere Weltanschauung besitzen (es erfolgt zum Beispiel keine Reaktion auf Fragen/Provokationen: WELT, 40 und 43).

Breiten Raum nimmt dann eine Auseinandersetzung zwischen jeweils zwei Protagonisten ein, wobei es in der Diskussion mittels vergleichsweise sehr ausführlicher Kommentare (WELT, 10 – 18) vorwiegend um die Frage geht, inwiefern es überhaupt gesichertes Wissen als Grundlage der Gesetzgebung geben kann. Den Auftakt macht, ohne Verbindung zum vorangegangenen Kommentar, ein User, den man wiederum dem Typus des ‚aufgeklärten Naturwissenschaftlers' zurechnen könnte („Durch die Erforschung der Welt wissen wir, dass der Mensch durch nicht zielgerichtete Selektionsprozesse aus der Ordnung der Primaten hervorgegangen ist […]." [WELT, 10]) Er beschwert sich, und wird darin von einem anderen Gesprächsteilnehmer unterstützt, dass „der zutiefst willkürliche Hokuspokus" Einfluss auf gesellschaftliche Diskurse wie die Gesetzgebung hat/haben könnte. Es geht dann unter Beteiligung zweier anderer Gesprächsteilnehmer um die Frage, inwiefern auch der Atheismus ein Glaube eigener Art ist.[224] Diese Protagonisten schalten sich nach kurzen Einwürfen anderer User („Es gibt viele Menschen, die wissen, dass es keinen Gott gibt. Hören sie bitte auf, immer mit Gott zu argumentieren." [WELT, 20]; „Natürlich gibt es Gott!" [WELT, 21]) wieder mit ähnlichen Einlassungen ein, teilweise bis mit zum Schluss eingestreuten Bemerkungen (WELT, 40; 43; 46; 50). Inwiefern ein direkter Bezug auf persönliche Glaubensinhalte und deren ‚unübersetzte' Kommunikation (hermetische Sprache) nicht kommunikationsförderlich ist (außer in der eigenen Peergroup), zeigt noch einmal ein Rekurs auf antike Mythologie: „Wille Gottes? Haben sie mal was

---

[222] Derselbe User kommentiert an anderer Stelle: „Oh Gott! – Was haben wir nur für einen Kirche! Jesus hätte jeden Todkranken sofort geheilt – weil Jesus den Tod besiegt hat und dieser in der Gegenwart Jesu keine Macht hat. Mögen unsere Kirchenfürsten die Bibel entdecken und darüber in eine Jesus-Beziehung kommen, die Ihnen Weisheit verleiht." (WELT, 41)

[223] Vgl. „Das irdische Leben muss mit dem Tod enden, denn auch Jesus musste sterben um dann vom Vater wieder auferweckt zu werden nach 3 Tagen;) Ein Mitbruder wurde von Krebs geheilt, dank Gottesgnade;) Nur können wir nicht bestimmen wann und wo es stattfindet!" (WELT, 42)

[224] Vgl. „Ihr Atheismus ist allerdings ebensowenig gesichertes WISSEN, sondern lediglich eine weitere, noch dazu von einer nur sehr kleinen Anzahl von Menschen geteilte Weltanschauung, die Ihrer eigenen Logik nach folglich ebensowenig ‚in der Legislative und Judikative und auch nichts in Talkshows mit politischen und rechtlichen Themen' zu suchen haben sollte." (WELT, 17)

vom Goldenen Zeitalter gehört? Zu der Zeit starben die Menschen einfach ohne Krankheiten und Quälerei. Nun sind wir aber im Eisernen Zeitalter, und in dem ist es auch erlaubt, dass Leiden vorzeitig zu beenden, damit niemand unnötig dahinvegetieren muss, so wie man es in Belgien, Schweiz und anderswo auch macht." (WELT, 45) Der Kommentar wird nicht weiter beachtet, vermutlich, weil ein inhaltliches Anknüpfen hier schwierig erscheint.

Will man in diesem disparat erscheinenden Feld noch thematisch nach Fokussierungen schauen, die das Thema ‚Sterbehilfe' unmittelbarer tangieren, kann doch auch noch einmal der ‚Gegen-Bevormundung'-Topos aufgefunden werden, wenngleich er sich nicht mit einer solchen Vehemenz wie in Fall 1 zeigt: Auch hier findet sich eine Melange aus einer Abwehr staatlicher Regelungen und Kirchenkritik: Es ist die Rede davon, dass „Menschenleben [nicht] Eigentum der Gesellschaft und der Politik" (WELT, 16) sein dürften, dass Deutschland ein „konservativer Obrigkeitsstaat" (WELT, 31) sei, dass der wissenschaftliche Fortschritt durch Stammzellenforschung durch „medizinisch komplett inkompetente Herrschaften aus der Kirche" (WELT, 34) verhindert werde, summa summarum: „Wir wollen nur über das Ende unseres Lebens selbst bestimmen und das nicht durch Politiker entscheiden lassen."[225] (WELT, 20)

Falldarstellung 3: „Nur eine kleine Anmerkung vielleicht, wenn Sie gestatten."
Die Online-Konversation ist dem Online-Auftritt der Wochenzeitung *der Freitag* entnommen. Das ist insofern gesondert zu erwähnen, als *der Freitag* als *Meinungsmedium* (so der Untertitel) Wert auf die Verknüpfung von Printausgabe und aktivem Online-Bereich legt, in welchem die Leser und Leserinnen die Möglichkeit haben, sich untereinander auszutauschen und Themen miteinander zu diskutieren. Entsprechend können User – wie bei anderen Online-Auftritten von großen Tages- oder Wochenzeitungen – nicht nur Beiträge ‚professioneller Journalisten' kommentieren beziehungsweise sich im Kommentarbereich mit anderen Usern ‚unterhalten'. Wer sich im Community-Bereich anmeldet, erhält zudem ein eigenes Blog, auf dem die User selbst Beiträge veröffentlichen können. „Beson-

---

[225] Vgl. auch die Kommentare 10 und 57. Moderat formuliert: „Und wenn der Wunsch eines Menschen das Sterben selbst ist, weil er die Qual des Lebens im Sterbeprozess nicht ertragen kann, dann ist es ein Akt der Selbstbestimmung und für den der Hilft ein Akt der Nächstenliebe. Die Aufgabe des Gesetzgebers ist einen solchen Akt der Nächstenliebe nicht unter Strafe zu stellen. Einfach indem er das Selbstbestimmungsrecht des Grundgesetzes ernst nimmt und sich an diese Regel hält." (WELT, 51) – Auch wird in diesem Zusammenhang der ‚Bevormundung' angemahnt, dass auch die „sozialdarwinistische Weltanschauung" (WELT, 9) nicht vorschreiben soll, was als menschenwürdig zu gelten hat und was nicht.

ders gelungene Beiträge" von Usern werden von der Redaktion hervorgehoben, gegebenenfalls auf der Startseite eingestellt und über Social Media-Kanäle beworben. Community-Mitglieder können sich mit anderen vernetzen und können andere Blogger innerhalb der Community abonnieren. Es dürfte dem Selbstverständnis der Zeitung entsprechen, dass Leserschaft und Community – sofern man mit diesen Begrifflichkeiten operieren möchte – dem linksliberalen, gebildeten Milieu angehören beziehungsweise ihm nahestehen.

In dem vorliegenden Beispiel handelt es sich um den Beitrag eines Users, der am 14.11.2014 einen Text mit dem Titel *Tod in eigener Verantwortung?* publizierte. Die an den Beitrag anschließende Konversation besteht aus 33 Kommentaren, der letzte der Kommentare wurde am 19.11.2014 geschrieben (weitere Kommentierungen wären möglich gewesen und sind nach wie vor möglich). Der Blogbeitrag des Users weist schon eine hohe Intertextualität auf: Der Einstieg wird mit einem Zitat aus dem 3. Kapitel des Buchs *Kohelet* gewählt, Hans Küng wird mit seinem Büchlein *Glücklich sterben?* als „Promotor der Sterbehilfe" bemüht, Max Frischs *Tagebuch 1966–1971* aufgerufen, Sloterdijk und Bloch werden zitiert, eine Auseinandersetzung mit Peter Greenaways Filminstallation *The Dance of Death/Der Tanz mit dem Tod* findet statt etc. Der Beitrag spricht sich für eine „würdevolle Sterbebegleitung" und eine Verbesserung der palliativmedizinischen Versorgung aus und kritisiert eine zunehmende Verabsolutierung des Autonomiedenkens. Diesem sei, so die Meinung des Beitrags, der (verinnerlichte) Zwang inhärent, auch Alter und Sterben aktiv und selbstbestimmt gestalten zu müssen.

Folgende Aspekte erscheinen bemerkenswert, schaut man sich den vorliegenden Fall genauer an:

a) Länge, Komplexitätsgrad, Inter-/Hypertextualität

Charakteristisch für den *Freitag* dürften die Länge und der durchschnittliche Komplexitätsgrad der Beträge – auch der Kommentare – sein: Während im Kommentarbereich der BILD-Zeitung Beiträge der User auf 400 Zeichen inklusive Leerzeichen beschränkt sind (unschwer liegt hier die Folgerung nahe, dass eine solche Beschränkung es nachgerade befördert, dass User nur ihre verkürzte Meinung zum Thema ohne weitergehende Begründung notieren[226]), liegt der längste Beitrag – neben dem eigentlichen Blogbeitrag – in der vorliegenden Konversation bei etwa 5.000 Zeichen inklusive Leerzeichen. Während bei anderen Online-Auftritten von großen Tages- oder Wochenzeitungen der Kommentarbe-

---

[226] Man könnte auch anders formulieren: Es scheint von der Redaktion der BILD-Zeitung gar nicht erwünscht, dass sich User und Userinnen substanziell zum Thema äußern.

reich eingeschränkt wird[227], bewährt sich für den *Freitag* offenbar das Vertrauen in die Selbstregulierungskraft unter den Nutzern. Die Gesprächsatmosphäre ist in den 33 Kommentierungen überwiegend freundlich und interessiert. Dies zeigen Kommentare wie „Sie haben ganz recht darin, dass das Sterben höchstpersönlich ist und daher von fremden Wertungen freibleiben sollte, ganz gleich, welche Überlegungen dabei eine Rolle spielen. Ihre Frau und Sie haben es richtig gemacht. Nur eine kleine Anmerkung vielleicht, wenn Sie gestatten [...]." (Freitag, 22) Oder: „Es gibt inzwischen mehrere Blogs parallel zum Thema. Ich finde diesen Blog zunächst in der Art und Weise der Diktion angemessen dem Thema [...]. Außerdem empfinde ich den Beitrag selbst und auch die Kommentare toleranter. Deshalb von mir noch ein zweiter persönlicherer Kommentar." (Freitag, 21)

Nahezu alle Beiträge sind um eine Begründung ihrer Meinung bemüht, nicht wenige führen dazu wiederum externe Referenzen an; die Hypertext-Struktur des WWW bietet Verlinkungsmöglichkeiten (zum Beispiel Freitag 5; 15), gemeint ist allerdings schon eine im Text auf erster Ebene ausgewiesene Intertextualität (Beitrag 16 zitiert etwa aus Wolfgang Herrndorfs *Arbeit und Struktur*; die Beiträge 22, 23, 24 paraphrasieren zum Beispiel Leseeindrücke zu Beiträgen aus anderen Printmedien). Die Kommentare besitzen also einen relativ hohen Grad an Komplexität, der sich in einer Mischung aus textuellen Bezügen und Argumentationsgefügen ausdrückt.

b) Kommunikative Bezüge der Beiträge untereinander

Stärker als in den anderen im Sample untersuchten Online-Konversationen im Nachgang zu einem Beitrag in einem massenmedialen Forum – die Online-Konversation des *Freitags* mag mit der Möglichkeit für User, selbst einen Blogbeitrag zu schreiben, eine Zwischenstellung zwischen Blog und klassischem Zeitungsforum darstellen – interagieren die User. Das folgende Schaubild (Abbildung 5) veranschaulicht die Referenzen[228]: Viele Verweise werden formal über die Kommentarfunktion ausgewiesen (als Kategorie „Referenzidentität/Zitat"), dann gibt es zahlreiche inhaltliche Anknüpfungen, die nicht als direkte Antwort auf einen anderen Kommentar ausgewiesen sind. User III schreibt über den Tod des Autors

---

[227] Ein gutes Beispiel ist hier die *Süddeutsche Zeitung:* Anfang 2014 wurde die Online-Kommentierung unter den Artikeln zugunsten eines Meinungsforums abgeschafft. Hier stellt die Redaktion gezielt einzelne Themen zur Debatte (z. B. „Ihr Forum Sterbehilfe: Sollten Menschen das Recht bekommen, selbst über ihren Tod zu entscheiden?"). Man erhoffte sich dadurch, Kommentierungen besser moderieren und Diskussionen versachlichen zu können.

[228] In Klammern wird bereits die in Phase 2 entwickelte Typologie notiert. Eine Erläuterung der Typen/Akteurpräsentationen erfolgt in Kapitel 4.2.3.2.

Wolfgang Herrndorf und zitiert aus dessen Blog, User IV schreibt fünf Kommentare weiter: „Das Schicksal von Wolfgang Herrndorf hat mich sehr berührt. Er ist an dem Gehirntumor Glioblastom IV Anfang 2010 erkrankt, an dem meine Frau im Juli desselben Jahres verstarb." (Freitag, 21)

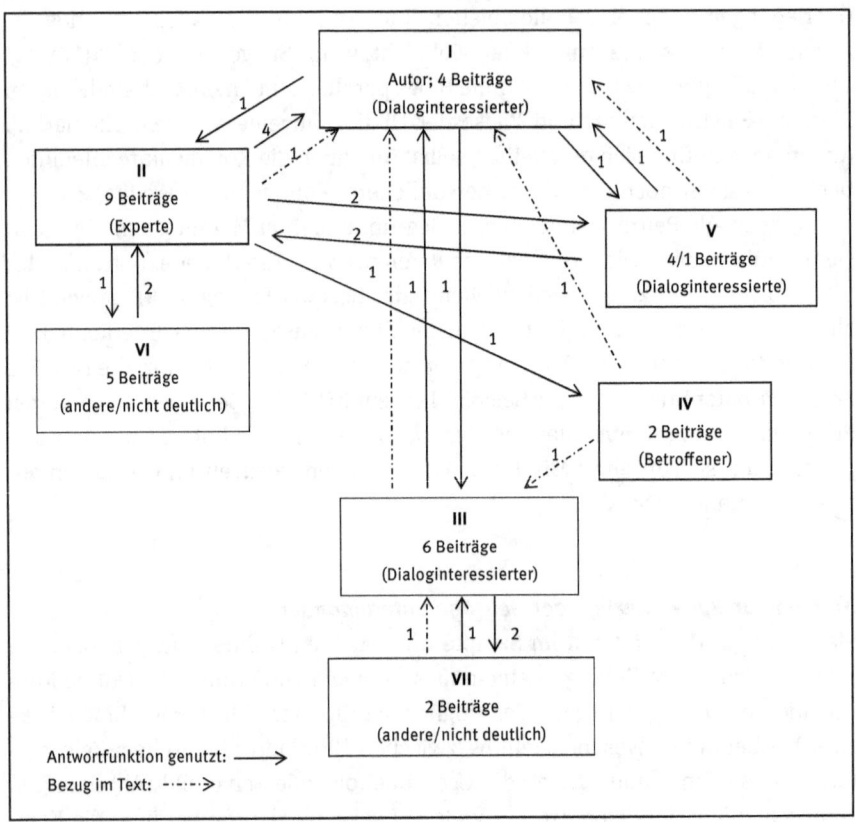

Abbildung 5: Referenzen der Kommentierenden untereinander (Beispiel: *der Freitag*)

Die stärkere Interaktion mag unter anderem darin gründen, dass mehrere der User sich bereits aus anderen Kommunikationszusammenhängen ‚kennen'. Das ist an sich nicht ungewöhnlich: User, die im Zusammenhang von Online-Auftritten regelmäßig kommentieren, dürften sich wiedererkennen. Allerdings ist anzunehmen, dass dies beim *Freitag* eine ausgeprägtere Form annimmt: Zum einen ist die Reichweite des *Freitags* geringer als etwa die der ZEIT[229], die *Freitag*-Com-

---

[229] Die verkaufte Auflage liegt bei der *ZEIT* aktuell bei etwas über 500.000 Exemplaren, *der*

munity' dürfte also kleiner sein; zum Zweiten nutzen sechs der sieben kommentierenden User die Funktion, selbst Blogbeiträge zu Themen ihrer Wahl zu schreiben. Damit dürfte eine gesteigerte Sensibilität dafür vorherrschen, dass die Verfertigung instruktiver Postings den Aufwand von Engagement und Mühe bedeutet, und dass die Güte der Diskussion wie die Wertschätzung des Postings durch sachliche und freundliche Gesprächsbeiträge ihren Ausdruck findet. So schreibt User I: „Liebe [r User V], auf Ihren Debattenbeitrag hatte ich bereits gehofft!" (Freitag, 24) User V und User II haben zum Beispiel an anderer Stelle im Zusammenhang eines anderen Themas bereits miteinander diskutiert, so dass das etwas angespannte Verhältnis in dem vorliegenden Gesprächszusammenhang nicht überraschen muss und mit einer gemeinsamen ‚Vorgeschichte' plausibilisiert werden kann.

Zwei Aspekte sind im Zusammenhang der konkreten Konversation noch zu erwähnen: Zum einen spielen bei vielen Beiträgen der gesellschaftliche Diskurs beziehungsweise Diskurselemente eine Rolle. Es wird auf Diskurselemente (zum Beispiel Beiträge in Zeitungen) hingewiesen, der aktuelle Diskurs wird mehrfach in einer Metaperspektive bewertet, zum Beispiel: „Persönlich empfinde ich die Debatte um ein Sterbehilfeverbot als paternalistisch und übergriffig." (Freitag, 8) „Was mich an der Debatte über ‚Sterbehilfe' stört ist die Behauptung, es gäbe einfache Lösungen." (14) „Gröhe hat zu einem Zeitpunkt eine Diskussion angestoßen, die ich problematisch finde." (23) „Meine Sorge sind solche Wendungen in der Presse und Öffentlichkeit ‚Ärzte sollen da mal helfen', also dass sich die Debatte auf einseitig die Ärzteschaft verschiebt." (Ebd.)

Zum anderen fällt im Vergleich auf, was in dieser Online-Konversation nicht vorkommt: Es finden sich keine Beiträge, die sich aus der jetzigen Situation das Ergehen in einer fernen Zukunft ausmalen.[230]; entsprechend finden sich keine Beiträge des Typs ‚vage Fiktive'[231]. Es gibt keine agitierten Beiträge von Usern, die

---

Freitag kommt auf etwa 19.000 Exemplare. Diese Zahlen sagen freilich nichts über den partiellen Online-Zugriff auf Zeitungsinhalte oder die Größe der Netz-Community aus, sie dürften aber eine klare Tendenz anzeigen.
230 Wie etwa: „[W]enn ich mein Leben selbst bestimmen darf (z. B. mir einen ‚nützen' Arzt suchen), dann darf ich auch darüber bestimmen, wenn ich dieses Leben nicht mehr für lebenswert erachte, wenn ich weiß, dass ich in geraumer Zeit nur noch durch künstliche Ernährung dahinsiechen werde und Schmerzen, die zwar gestillt werden durch Medikamente. Dass meine Lieben, meine Familie, meine Freunde, Menschen, die mir ans Herz gewachsen sind dafür monatelang überfordert an meinem Krankenbett stehen, mich beweinen, obwohl ich noch ‚lebe', nur weil mein Herz noch schlägt, ich mich ansonsten aber im Delirium befinde." (ZEIT, 87)
231 Ein Beispiel für einen Beitrag eines solches Typs wäre etwa folgende Aussage: „Und was, wenn der Betroffene alt und dement ist und die Angehörigen sein Millionenvermögen erben

ihre – wie auch immer geartete – Weltanschauung verbreiten wollen; es sind aber auch keine Beiträge vorhanden, denen es, sofern es ihnen überhaupt um eine allgemein verbindliche Übereinkunft geht, um die Relativität aller Positionen geht. Mit anderen Worten: Man hat in der vorliegenden Konversation den Eindruck, die User haben einen Standpunkt, für den sie – in vielen Fällen – sachlich begründet werben möchten.

Mit diesen drei Fallvorstellungen sind bereits einige charakteristische Aspekte mit Blick auf Online-Konversationen (zu diesem bestimmten Thema) zu Tage getreten. Die Evaluation des gesichteten Materials hinsichtlich der Frage nach der ‚religiösen Kommunikation' findet zu einem späteren Zeitpunkt statt. Zunächst ist für das weitere Verfahren wichtig, das bestehende Kategoriensystem noch einmal zu überprüfen und gegebenfalls nach Modifikationen zu fragen.

4.2.2.3 Zwischenfazit: Sample und erste Befunde einer kategorienbasierten Auswertung

Es ist nicht möglich, die einzelnen Analyseschritte en detail auszuführen. Daher soll an dieser Stelle exemplarisch – als abschließende Darstellung zu Phase 1 – das bisherige Verfahren anhand von Erläuterungen zum Sample und zur Evaluation des (bereits angepassten) Kategoriensystems veranschaulicht werden.

Es sind in einem ersten Durchgang am Material 1696 (+5)[232] Textstellen codiert worden. Das Material besteht zu diesem Zeitpunkt aus sechs Online-Konversationen im Nachgang zu Beiträgen in Online-Zeitungen, hierbei handelt es sich insgesamt um 592 Kommentare. Auf diese 592 Kommentare sind die erwähnten 1695 Codings verteilt. Hinzu kommt eine ‚Kontrolle' des bisherigen codierten Materials über die Sichtung von 813 Kommentaren im Nachgang zu einem *Spiegel Online*-Beitrag. Folgende Fälle sind bearbeitet worden:
– *DIE ZEIT*, Bundestag sucht Position zum assistierten Suizid (13.11.2014), 101 Kommentare (Kommentierungszeitraum genutzt: 13.11. bis 17.11.2014)[233]

---

werden? Sollen die das dann auch alle alleine entscheiden?" (ZEIT, 86) – Zur Typologie vgl. Kapitel 4.2.3.
232 Die Zahl in den Klammern bezieht sich auf 5 Codierungen in den Texten des Kontrollfalls (813 Kommentare), die keine neuen inhaltlichen Aspekte mehr eintragen, die aber für die Positionierung, die in den jeweiligen Kommentaren eingenommen wird, besonders sprechend sind.
233 http://www.zeit.de/politik/deutschland/2014-11/bundestag-sterbehilfe-debatte (archivierter Stand: 15.09.2016).

- *DIE WELT*, Sterbehilfe würde „auch Jesus sicher okay finden" (03.10.2014), 57 Kommentare (Kommentierungszeitraum genutzt: Oktober 2014, keine genauere Angabe möglich)[234]
- *DIE ZEIT*, Wem gehört mein Tod? (19.11.2014), 180 Kommentare (Kommentierungszeitraum genutzt: 19.11. bis 30.11.2014)[235]
- *BILD*, Soll aktive Sterbehilfe legalisiert werden? (13.11.2014), 147 Kommentare (Kommentierungszeitraum genutzt: November 2014, keine genauere Angabe möglich)[236]
- *der Freitag*, Tod in eigener Verantwortung? (14.11.2014), 33 Kommentare (Kommentierungszeitraum genutzt: 14.11. bis 19.11.2014)[237]
- *Süddeutsche Zeitung*, Ihr Forum Sterbehilfe: Sollten Menschen das Recht bekommen, selbst über ihren Tod zu entscheiden? (12.11.2014), 74 Kommentare (Kommentierungszeitraum genutzt: November 2014, keine genauere Angabe möglich)[238]
- *SPIEGEL ONLINE* – Im Zweifel links: Verschont den Tod! (13.11.2014), 813 Kommentare (Kommentierungszeitraum genutzt: 13.11. bis 19.12.2014) (Kontrollfall)[239]

Die Auswahl der Konversationen folgte dem Vorgehen des *Theoretical Samplings*, Fälle über minimale wie maximale Kontrastierung zusammen zu stellen. Diese Kontrastierung kann prinzipiell über verschiedene Merkmale hergestellt werden. Welche Merkmal spielten hier eine Rolle?

Die sukzessive Zusammenstellung der Online-Konversationen ist von drei Gesichtspunkten geleitet gewesen: Zunächst einmal war die Suche nach Konversationen (für die Anzahl der Gesprächsbeiträge pro ‚Fall' wurde eine *Untergrenze* von 25 Kommentaren festgelegt, um Foren mit einem gewissen Vitalitäts- und Interaktionscharakter in den Blick zu bekommen) auf den Bereich der

---

234 https://www.welt.de/vermischtes/article132882391/Sterbehilfe-wuerde-auch-Jesus-sicher-okay-finden.html (archivierter Stand: 15.09.2016; die Kommentare sind mittlerweile nicht mehr einsehbar bzw. gelöscht).
235 http://www.zeit.de/kultur/2014-11/sterbehilfe-macht-religion-essay (archivierter Stand: 15.09.2016).
236 http://www.bild.de/politik/inland/aktive-sterbehilfe/pro-contra-kommentar-zur-debatte-um-aktive-sterbehilfe-38557358.bild.html (archivierter Stand: 15.09.2016).
237 https://www.freitag.de/autoren/seifert/tod-in-eigener-verantwortung (archivierter Stand: 15.09.2016).
238 http://www.sueddeutsche.de/politik/ihr-forum-sterbehilfe-sollten-menschen-das-recht-bekommen-selbst-ueber-ihren-tod-zu-entscheiden-1.2216158 (archivierter Stand: 15.09.2016).
239 http://www.spiegel.de/politik/deutschland/sterbehilfe-jakob-augstein-ueber-die-wuerde-des-tods-a-1002693.html (archivierter Stand: 15.09.2016).

überregionalen Zeitungen und ihrer Online-Auftritte verwiesen: Im Zusammenhang von Onlineauftritten regionaler Zeitungen ließen sich eher selten User-Kommentare zum Thema auffinden; waren sie vorhanden, handelte es sich oft um Einzelkommentare (keine Konversationen).[240] Diese Beobachtung lässt den Schluss zu, dass vorwiegend die überregionalen Zeitungen mit ihren Online-Auftritten eine mittlerweile bekannte und gut genutzte Funktion haben, wenn es darum geht, dass sich ‚Publikum' an massenmediale Öffentlichkeiten angliedert, beziehungsweise hier angegliedert, temporäre Öffentlichkeiten aus sich heraus setzt. Die Konzentration auf überregionale Zeitungen stellte also eine Entscheidung aus pragmatischen Gründen der Verfügbarkeit dar.

Der zweite Gesichtspunkt bestand in der ungefähren Einordnung der Medien in das *politische Spektrum*, wobei nur Konversationen aus auflagenstarken, hinsichtlich ihrer politischen Ausrichtung moderaten Zeitungen ausgewählt wurden. Mit der Auswahl an auflagenstarken und politisch gemäßigten Medien kann man vermuten, ein Spektrum von Kommentaren in den Blick zu bekommen, die dem ‚bundesrepublikanischen Mainstream' entsprechen. Damit bilden sie eine gute Ausgangsposition für das weitere Sampling. Eine Zusammenstellung homogener Fälle bildet sich im Sampling der Konversationen der *ZEIT* vom 13.11., der *ZEIT* vom 19.11. und der *Süddeutschen Zeitung* vom 12.11. ab. Beide Zeitungen sind eher dem linksliberal-bürgerlichen Spektrum zuzuordnen. Kontrastierend hinzugenommen wurde (chronologisch als zweiter ‚Fall' nach der *ZEIT* vom 13.11.) eine Online-Konversation aus DIE WELT als bürgerlich-konservativer Wochenzeitung. Die nächste kontrastierende Auswahl bestand in der Aufnahme einer User-Diskussion aus der links-alternativen Wochenzeitung *der Freitag*, wiederum kontrastierend wurde hinzugenommen ein Zusammenhang von Kommentaren aus der *BILD*-Zeitung als konservativer Boulevardzeitung.[241] Der ‚Kontrollfall' wurde der (redaktionell gegenüber dem Printmagazin DER SPIEGEL eigenständigen) Website SPIEGEL ONLINE entnommen, die – ähnlich wie DER SPIEGEL – eher linksliberal getönt ist.

Der dritte Gesichtspunkt schließlich war der der *sukzessiven Sättigung:* Es kristallisierten sich dominante und weniger dominante Themen und Antwortreflexe heraus, die sich durch die Zuwahl der einzelnen Konversationen bestätigten.

---

[240] Ausnahmen bilden einzelne Konversationen, wie sie etwa nach der Bundestagsentscheidung im Onlineportal der regionalen Tageszeitung *Münchner Merkur* zu finden war: http://www.merkur.de/leben/gesundheit/sterbehilfe-debatte-ich-bestimme-schluss-ueber-mein-leben-5790499.html#idAnchComments (01.03.2018).

[241] Ziel der Untersuchung ist nicht die Behandlung des Themas ‚Sterbehilfe' in unterschiedlichen politischen Szenen; vielmehr geht es um die Suche nach ‚religiöser Kommunikation' in relativ unspezifischen Online-Umgebungen.

Nach dem Durchgang durch die 592 Beiträge stellte sich der starke Eindruck ein, dass mittlerweile die wesentlichen Aspekte in den Konversationen zum Thema genannt worden sind. Themen und Argumentationsmuster schienen sich zu wiederholen. Das Kategoriensystem war mittlerweile angepasst worden (siehe unten). Die Sichtung der 813 Kommentare im Nachgang zu einem SPIEGEL ON-LINE-Beitrag diente daher der Kontrolle: Kamen hier noch neue Themen und Meinungen in den Blick? Dies war nicht der Fall, insofern war an dieser Stelle eine Sättigung des Kategoriensystems zu verzeichnen.[242] Bei insgesamt 1405 gesichteten Kommentaren wird ein Zwischenfazit gezogen. Das Kategoriensystem ist im Laufe der Untersuchung deutlich angepasst worden.[243] Wesentliche Befunde einer ersten kategorienbasierten Auswertung seien genannt:

a) Gesprächsanalytische Elemente
Über 337 Codierungen zu Subthemen des Kernthemas ‚Sterbehilfe' haben sich *sieben Bereiche* herauskristallisiert, über die sich die Nutzer und Nutzerinnen verständigen (vgl. Abbildung 6): Aufgabe des Staates, soziale/gesellschaftliche Verantwortung, Selbstbestimmung vs. Bevormundung, rechtliche Regelung, Kommerzialisierung der Sterbehilfe/des Sterbens, Würde des Menschen, Kritik des gesellschaftlichen Diskurses (über Sterbehilfe). Mit Abstand den größten Raum nimmt das Thema ‚Selbstbestimmung vs. Bevormundung' ein. Bei diesem ersten Codierdurchgang entfallen in Relation 44 % der thematischen Einlassungen auf dieses Subthema; vergleichsweise groß sind in diesem Zusammenhang noch die thematischen Bereiche ‚Würde des Menschen' (15 %), ‚Kritik des gesellschaftlichen Diskurses' (12,5 %) und ‚rechtliche Regelung' (12,5 %).

Dass die übrigen drei Themen weniger Raum einnehmen, überrascht auf den zweiten Blick nicht: Sowohl die Aufgabe des Staates (wie auch immer sie benannt wird), als auch die soziale beziehungsweise gesellschaftliche Verantwortung werden vielfach – wenn überhaupt – vor dem Hintergrund der Frage nach der

---

242 Codiert worden sind unter den 813 Kommentaren nur 5 Textstellen als weitere illustrierende Belege für die Kategorie der sog. „religiös-weltanschaulichen Standortbestimmung". Von der Argumentationsstruktur her stellten sie nichts Neues dar.
243 Siehe Anhang. Die Anpassung liegt einerseits in den zahlreichen induktiv gewonnenen Kategorien begründet, andererseits aber auch in der Einsicht, dass sich – auf theoretischer Ebene zunächst als stimmig erscheinende – deduktive Kategorien im Prozess des Codierens nicht als ertragreich erwiesen und insofern gestrichen oder mit anderen Kategorien zusammengefasst werden mussten. Dazu gehört z. B., dass die Untergliederung der thematischen Entfaltungen in argumentativ, deskriptiv und explikativ zugunsten einer einfacheren Unterscheidung von argumentativ und illustrativ aufgehoben worden ist.

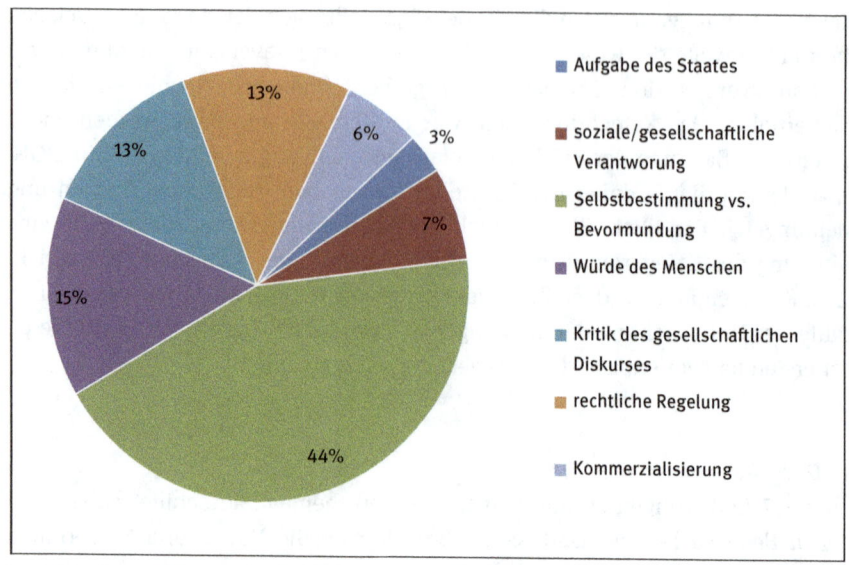

Abbildung 6: Themen der Sterbehilfedebatte (primäre Subthemen)

Selbstbestimmung diskutiert. Das heißt, das primäre Thema ist das der Selbstbestimmung; andere Themen stellen gewissermaßen ‚Folgethemen' dar (schematisch dargestellt sind die primären Subthemen). Interessanterweise spielt auch das Thema der Kommerzialisierung nur eine geringe Rolle in den Konversationen: Die Sorge um die Kommerzialisierung der Sterbehilfe ist immerhin der gewichtigste Anlass für die vom Bundestag initiierte Debatte.

Interessant ist weiterhin, wie die Subthemen entfaltet werden. Aufschlussreich ist dies freilich noch einmal mit Blick auf den Bereich ‚Selbstbestimmung vs. Bevormundung' (vgl. Abbildung 7). Über die Hälfte der codierten Stellen bezieht sich wiederum auf den Bereich der Bevormundung/der Selbstbestimmung/des Selbstbestimmungsrechts. Was in der Codierung beziehungsweise im Kategoriensystem tautologisch anmutet, bedeutet nichts anderes als das: In vielen der entsprechend codierten Textstellen findet der Topos der Selbstbestimmung keine andere Begründung außerhalb seiner selbst. Vielfach wird nur mit Vehemenz noch einmal auf die Notwendigkeit verwiesen, dass die Möglichkeit zur Selbstbestimmung (was im vorliegenden Diskussionszusammenhang mehr oder weniger gleichzusetzen ist mit dem Anspruch, über den eigenen Tod und das eigene Sterben selbst bestimmen zu können) einzuräumen sei (zum Beispiel „Ich bin auch dafür. Jeder Mensch sollte das Recht haben über sein Leben zu entscheiden." [BILD, 119], „Jeder Mensch sollte das Recht, haben über seinen Körper und auch über Leben und Tod selber zu entscheiden" [BILD, 117]).

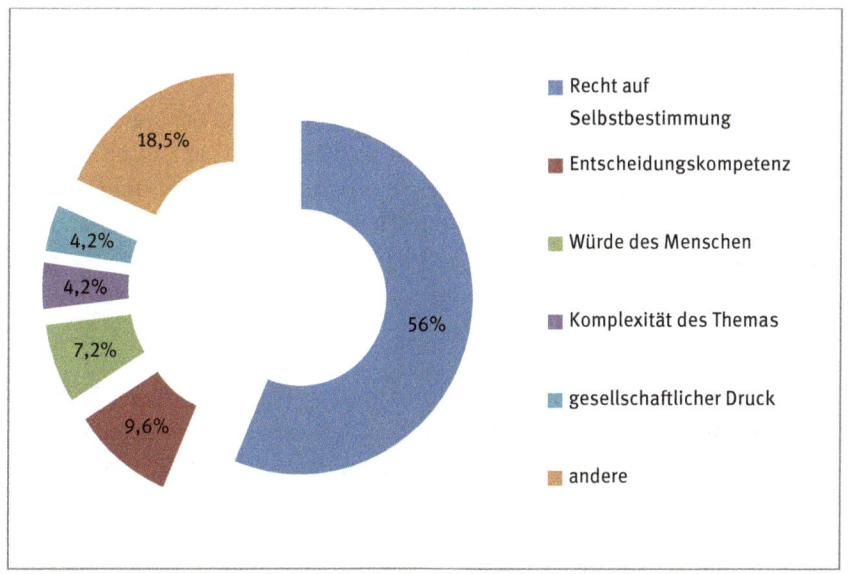

Abbildung 7: Selbstbestimmung vs. Bevormundung: Subthemen

Es zeigt sich, dass hier andere Themen neben dem der Selbstbestimmung kaum ins Gewicht fallen.[244] Die prozentuale Dominanz codierter Textstellen, bei denen die Forderung nach Selbstbestimmung eine herausragende Stellung hat, lässt eine (partielle, das vorliegende Sample betreffende) Verallgemeinerung des Befunds aus Falldarstellung 1 zu, dass erstens ‚Selbstbestimmung' in den Online-Konversationen das bestimmende Thema im Zusammenhang der Sterbehilfe-Debatte ist. Die offenkundige Voraussetzungslosigkeit, mit der das Thema vielfach behandelt wird, verweist erneut auf die mögliche Interpretation einer Inversion des Gedankens der christlichen Tradition, dass Gott Herr über Leben und Tod sei. Anders formuliert: Man kann vermuten, dass sich im dominanten Verweis sehr vieler Beiträge auf das Recht der Selbstbestimmung eben diese Idee der Selbstbestimmung als ein wesentlicher Bestandteil zur „gemeinsamen Konstruktion von Systemen ‚letzter' Bedeutung" (Luckmann) moderner Subjekte abbildet.

Auch ein weiterer früherer Befund kann im Rahmen des vorliegenden Materials verallgemeinert werden: Etwa ein Drittel der Beiträge enthält respondie-

---

[244] Bei der Interpretation der prozentualen Verteilung sind die Fallzahlen zu berücksichtigen: Hinter 9,6% codierter Textstellen, die im Zusammenhang des Themas ‚Selbstbestimmung/Bevormundung' das Problem der Entscheidungsfindung thematisieren, stehen 16 Codierungen usw.

rende[245] und/oder reaktivierende Elemente[246]; *Kohärenz* wird bei etwa einem Sechstel aller bisher untersuchten Beiträge durch direkte Zitation/Referenzidentität von Passagen aus anderen Kommentaren hergestellt. Insofern ist für die Online-Konversationen auf formaler Ebene Interaktivität wie Kohärenz in weiten Teilen zu konstatieren (aus pragmatischen Gründen sind semantisch zu erhebende Anschlüsse, die weder respondierende/reaktivierende Elemente noch Zitationen darstellen, gar nicht codiert worden, wie z. B. „Ich bin *auch* dafür. Jeder Mensch sollte das Recht haben über sein Leben zu entscheiden." [BILD, 65]).[247]

b) Religiöse Kommunikation

Im bisher untersuchten Sample sind 220 Textstellen (auch) dem Bereich der ‚religiösen Kommunikation' zugeordnet worden. Erinnert sei noch einmal daran, dass ‚religiöse Kommunikation' in einem weiten Sinne verstanden wird, für den jetzigen Codiervorgang vor allem als *weltanschauliche Kommunikation:* Hierunter fallen Beiträge, die von den Interaktanten selbst als religiös emblematisiert werden (durch Verwendung explizit christlicher Semantiken). Ebenso sind alle Textstellen markiert worden, die eine explizite weltanschauliche Aussage treffen (beispielsweise auch Ablehnung von Kirche, Religion, gelebtem Christentum). Zur Veranschaulichung seien einige Kommentare notiert:

> „Dennoch gibt es Personen die an die Existenz von Wassergeistern, Vampire, Feuerdjinns, Propheten, Schutzengeln und Seelen glauben und den übrigen Menschen per Gesetz vorschreiben wollen ihren persönlichen und zutiefst willkürlichen Hokuspokus für das eigene Leben wichtig zu nehmen. Es wird jenen Personenkreisen sogar eine Plattform in den Medien geboten. Und das im 21. Jahrhundert." (WELT, 10)

---

[245] Markiert wird dies in der Regel durch Antwortfunktion oder durch die Adressierung „@Benutzername".
[246] Aufnahme eines anderen Beitrags durch Formulierung einer Frage o.Ä.
[247] Es schien sinnvoll, die ‚initiierende' Interaktion als Unterkategorie zu streichen. Sicherlich wäre es für eine feingliedrige linguistische Untersuchung leicht, in der Interaktion auch Neueinsätze zu markieren; für das vorliegende Interesse scheint es zunächst ausreichend, zu konstatieren, dass alle Diskussionen mit einem Beitrag beginnen, dessen Inhalt themensetzend sein kann aber nicht muss. Weiterhin schien es mit Blick auf Interaktions- und Kommunikationsformen für den ersten Codiervorgang interessant, (mögliche) kritische Momente (Polemik, Ironie) in der Konversation zu markieren. Schwierig hingegen erschien es, kommunikative Konstrukte auf dieser Ebene fassen zu wollen; kommunikative Konstrukte lassen sich in ihrer Entwicklung in der Regel erst über mehrere Beiträge hinweg feststellen bzw. rekonstruieren. Die Kategorie wurde zwar gestrichen, das prinzipielle Anliegen, kommunikative Konstrukte in den Blick zu bekommen, wird jedoch in Form der Untersuchungen zu Typik und Topik wieder aufgegriffen.

> „Klare Ansage: Ich brauche keine Pfaffen am Krankenbett / Warum soll ich mir als Atheist die Anmaßung und Bevormundung des Christentums gefallen lassen? Ich bin nach der Konfirmation ausgestiegen, die Religion war mir geistig zu anspruchslos und unglaubwürdig." (ZEIT, Wem gehört mein Tod; 89)

> „Man sieht LEIDER mal wieder den Einfluss der Sekte nahmens Kirche! Ohne den Hokus-Pokus-Glauben wären die Debatten darüber um einiges einfacher und näher am Leben." (ZEIT, Wem gehört mein Tod, 22).

Weltanschauliche Äußerungen finden, wenngleich meistens, doch nicht nur als bezuglose Einzelaussagen statt, hin und wieder finden sie sich in kleine Interaktionen eingebettet:

> „Der Tod ist selbstverschuldet / Gott ist die Liebe. Er kann daher nicht töten. Töten kann nur der Mensch oder der Teufel. Beide haben den freien Willen, gegen die Gebote Gottes verstoßen zu dürfen. Der Tod hat den Ursprung in der Übertretung der Gebote Gottes. [...] Wer die Gebote Gottes, eine ewige Wahrheit, bekämpft, spricht sich in Wahrheit selbst sein Urteil. Denn wie beten die Heiligen gerne: Herr, hier schneide, Herr, hier brenne, aber schone uns in der Ewigkeit." (ZEIT, Wem gehört mein Tod, 157)

> „Masochistisches Märtyrertum / Zitat: ‚... Denn wie beten die Heiligen gerne: Herr, hier schneide, Herr, hier brenne, aber schone uns in der Ewigkeit.' Danke. Ihr Kommentar ist nötig und nützlich um zu zeigen, das religiöser Wahn in dieser Debatte sehr wohl noch eine Rolle spielt." (ZEIT, Wem gehört mein Tod, 165)

Letztinstanzliche Bezüge in der Argumentationsstruktur sind in den Überlegungen zum Topos der Selbstbestimmung bereits thematisiert worden; weitere Inhalte werden noch einmal über semantische Analysen im nächsten Untersuchungsschritt (Kapitel 4.2.3) anschaulich. Das Muster ‚transzendierungsoffener Kommunikation' kommt vor allem in Phase 2 in den Blick; jedoch lassen erste Beobachtungen der Interaktionsformen wie der kritischen Momente Vermutungen zu, dass ein verlautbarender oder agitierender Kommunikationsmodus mit manchen Kommunikationstypen und -topoi eher einhergeht als mit anderen. Auch diesem Zusammenhang wird in der folgenden Untersuchungsphase, die versuchen wird, die einzelnen Beobachtungsmerkmale zusammen zu gruppieren, nachzugehen sein.

Von 220 unter die Kategorie ‚religiöse Kommunikation' entfallenden Textstellen lassen sich noch einmal 122 Stellen hinsichtlich einer ‚religiös-weltanschaulichen Standortbeschreibung' markieren. Vor dem Hintergrund des Eindrucks, dass in den meisten Fällen bei den Kommentierenden nicht unterschieden wird zwischen Kirche, Religion und Christentum, sind die Aspekte zusammengefasst worden, um eine allgemeine Gestimmtheit einzufangen. Schaut man sich die Gestimmtheit der Kommentare an, ergibt sich folgendes Bild:

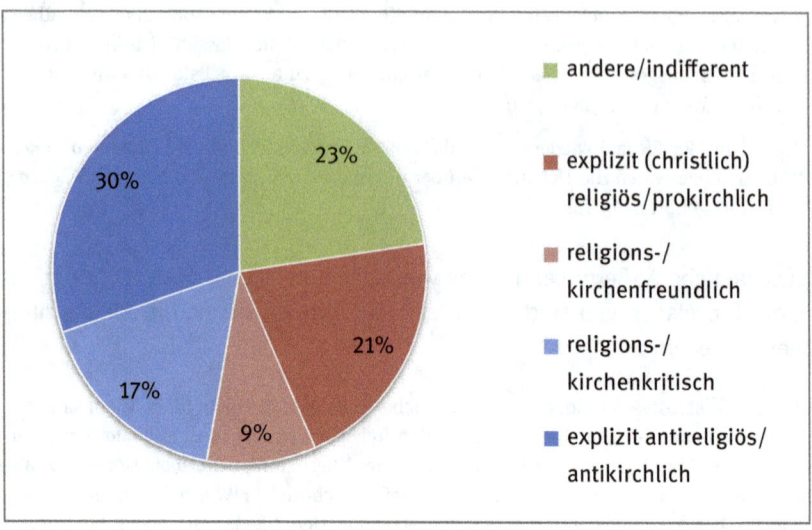

Abbildung 8: Religiös-weltanschauliche Standortbestimmung

Fast die Hälfte der Kommentare äußert sich (sehr) kritisch über Kirche und Religion/Christentum im Zusammenhang der Debatte zur Sterbehilfe, der größere Anteil der kritischen Kommentare entfällt sogar auf Kommentare mit gesteigerter Vehemenz. Das heißt im Gesamtzusammenhang: Erstens sind für die absolute Mehrheit der Beiträge Religion und Kirche kein expliziter Gegenstand im Diskurszusammenhang zur Sterbehilfe. Zweitens findet sich in den wenigen Beiträgen mehrheitlich eine kritische Gestimmtheit gegenüber Religion und Kirche (die letztendlich auf der Annahme beruht, von der Warte der Institution aus wolle man die Mündigkeit der Subjekte beschränken). Exemplarisch hierfür kann der folgende Kommentar gelten:

> „Der Staat oder die Kirchen haben nicht die Befugnis, mir vorzuschreiben wie ich mein Schicksal zu ertragen habe. Gerade was das Lebensende betrifft, ist der aufgebürdete Zwang zum Leben seitens der Kirchen menschenverachtend." (Süddeutsche, 3)

Schließlich soll der Blick darauf gerichtet werden, welche *Rolle kirchliche Argumentationsmuster in den Online-Konversationen* der User spielen. Bei 25 entsprechend markierten Textstellen kann man sagen, dass kirchliche Argumentationsmuster im Rahmen der Sterbehilfedebatte keine nennenswerte Rolle spielen.[248]

---

[248] Unterscheidet man bei den Codierungen noch zwischen inhaltlichen und formalen Codes

Dieser Befund überrascht in der Eindeutigkeit – wäre es doch denkbar gewesen, dass sich User in den Alltagsöffentlichkeiten im Kontext massenmedialer Angebote auch über diesen Diskursanteil verständigen, wenn nicht in Zustimmung, dann doch in Distanznahme. Beides ist mehr oder weniger ausgeblieben. Dies kann verschiedene Gründe haben, die an dieser Stelle nur vermutet werden können (die Art des Materials lässt keine eindeutigen Rückschlüsse über dahinterliegende Motivationen zu): Entweder sind die kirchlichen Argumentationsmuster irrelevant (sie sind unbekannt, oder sie sind bekannt und spielen im persönlichen Argumentationszusammenhang eine so geringe Rolle, dass es eine Referenz nicht auf die Ebene der Darstellung in den Online-Konversationen schafft), oder sie sind zwar für manche User relevant, ihre Referenz wird jedoch – entgegen ihrem subjektinternen Ranking – von Kommentierenden in der Außendarstellung unterdrückt, beziehungsweise beteiligen sich User mit abweichenden Meinungen erst gar nicht an der Interaktion. Der zweite Aspekt könnte unter anderem mit einer Dynamik in Verbindung gebracht werden, die Elisabeth Noelle-Neumann als „Schweigespirale" bezeichnet hat. Das Modell der Schweigespirale[249] geht, sehr einfach formuliert, davon aus, dass Menschen ihre Äußerungen davon abhängig machen, wie sie das allgemeine Meinungsklima einschätzen. Furcht vor Isolation, so Noelle-Neumann, führe dazu, sich der – als vorherrschend empfundenen – Meinung anzuschließen beziehungsweise die abweichende eigene Meinung in der Außendarstellung zu unterdrücken. Noelle-Neumann nimmt an, dass Massenmedien mit einer gegebenenfalls konsonanten Berichterstattung einen erheblichen Effekt auf diese Dynamik der Schweigespirale haben (und sie zu großen Teilen auch auslösen; Noelle-Neumann hat die Theorie in den 1970er-Jahren konzipiert, zu einer Zeit also, als die mediale Situation eine andere war als heute). Anne Schulz und Patrick Rössler greifen auf Noelle-Neumanns Ansatz zurück und untersuchen, inwiefern sich das Modell der

---

(markieren Kohärenz etc.), spiegeln sich in knapp 2,2% der Codierungen (nicht gleichbedeutend mit Beiträgen, da Beiträge mehrfach codiert werden können) kirchliche Argumentationsmuster.
249 Vgl. Noelle-Neumann, Elisabeth, *Die Schweigespirale: Öffentliche Meinung – unsere soziale Haut* (München u.a. 1980). – Die Theorie der Schweigespirale ist für eine unzureichende empirische Fundierung kritisiert worden, vgl. Deisenberg, Anna Maria, *Die Schweigespirale: Die Rezeption des Modells im In- und Ausland* (München 1986), v.a. 51ff. Gleichwohl wird sie in der kommunikationswissenschaftlichen Literatur, v.a. auch in der Medienwirkungsforschung, vielfach rezipiert und weiterentwickelt; Diana C. Mutz etwa verhandelt sie prominent im Zusammenhang ihrer Konzeptionen zu den sog. *Third-Person-Effects*, vgl. Mutz, Diana C., „The Influence of Perceptions of Media Influence: Third Person Effects and the Public Expression of Opinions", *International Journal of Public Opinion Research*, 1 (1989), 2–23. Auch die Befragung der Schweigespirale auf ihren heuristischen Wert mit Blick auf die veränderte mediale Situation heute zeigt ihre bleibende Attraktivität (siehe Anm. 249 und 251 in diesem Kapitel).

Schweigespirale auf Kommunikationen online übertragen lässt.[250] Schulz und Rössler kommen zu dem Schluss, dass ‚das' Internet Dynamiken, die zum Effekt der Schweigespirale führen könnten, prinzipiell abmildere: Die Pluralität der Kontexte, in denen Interaktion online stattfinde, lasse einen starken (gesamtgesellschaftlichen) Konsonanzeffekt nicht aufkommen (denkbar sind Ausnahmen entsprechender Dynamiken in einer der Teilöffentlichkeiten, die sich mit großer Macht zu einer gesamtgesellschaftlichen Dynamik entwickeln). Gleichzeitig verlagere sich die Meinungsbildung in Teilöffentlichkeiten, die sich konsensual nicht mehr integrieren ließen.[251]

2014 meinte wiederum eine Studie des *Pew Research Centers*, Dynamiken und Effekte der Schweigespirale auch für die Online-Kommunikation erheben zu können[252]: Befragt wurden 1081 Internetnutzer und -nutzerinnen, ob sie unter anderem im Social Web (via *twitter* und *facebook*) ihre – wie auch immer gestimmte – Meinung zum Fall ‚Edward Snowden' und dem NSA-Skandal äußern würden. Dabei zeigte sich, dass es doppelt so wahrscheinlich war, dass Personen an einer *facebook*-Debatte teilnehmen würden, wenn sie annahmen, dass das Umfeld ihre Meinung teilt.[253] Die Forscher und Forscherinnen sehen hierin einen deutlichen Hinweis dafür, dass die Theorie der Schweigespirale auch mit Blick auf Online-Konversationen ihre Gültigkeit hat. Hinsichtlich der Theorie von Öffentlichkeit sind mit solchen Prozessen, wie sie das *Pew Research Center* beschreibt, freilich Folgeprobleme verbunden: Nach dieser Logik homogenisieren sich Diskussionszusammenhänge zulasten von (vermeintlichen) Minderheitsmeinungen, die nicht mehr geäußert werden. In anderer Weise, als Eli Pariser dies für die algorithmenbasierte *filter bubble* oder *informational bubble* beschreibt[254], die von Webseiten erzeugt werden, fänden sich Social Media-Nutzer auch im Kontext homogenisierter Diskussionszusammenhänge in einer Art Filterblase vor. Damit erfüllte – sofern ‚das' Internet mit seiner Pluralität immer neu sich bildender Teilöffentlichkeiten Tendenzen zur Homogenisierung (und Segregierung) unter-

---

250 Vgl. Schulz, Anne und Rössler, Patrick, *Schweigespirale Online: Die Theorie der öffentlichen Meinung und das Internet* (Baden-Baden 2013).
251 Vgl. Schulz und Rössler, *Schweigespirale Online*, v. a. 212 ff.
252 Vgl. Hampton, Keith N., Rainie, Lee, Lu, Weixu, Dwyer, Maria, Shin, Inyoung und Purcell, Kristen, *Social Media and the ‚Spiral of Silence'* (Pew Research Center, Washington/ DC, 2014).
253 Gleichzeitig finden sich in der Studie starke Hinweise dafür – die Forscher und Forscherinnen konstatieren, dass die Daten die Erhebung einer Kausalität nicht eindeutig zulassen –, dass die Einschätzung der Meinungslage online das Verhalten von Social Media-Usern offline beeinflusst: Wer der Meinung ist, dass sein/ihr Umfeld bei *twitter* oder *facebook* anderer Meinung als er/sie selbst ist, äußert sich in offline-Zusammenhängen generell weniger zu entsprechenden Diskussionszusammenhängen. (Vgl. Hampton, Rainie u. a., *Social Media*, 9.)
254 Vgl. Pariser, Eli, *The Filter Bubble: What the Internet Is Hiding from You* (New York, 2011).

stützt²⁵⁵ – diese Art der Öffentlichkeiten nicht mehr eine wesentliche Funktion von Öffentlichkeit: den Austausch unterschiedlicher Meinungen, ein deliberatives Fortschreiten in der Auseinandersetzung mit gesellschaftlich (und im Zuge der Augmentierung von Öffentlichkeit wird man auch sagen können: alltagsweltlich) relevanten Themen und die ‚Integration' plural verfasster Kontexte.²⁵⁶

Bezieht man die vorgängigen Überlegungen noch einmal auf den Befund, dass kirchliche Argumentationsmuster im Rahmen der Sterbehilfedebatte keine nennenswerte Rolle spielen, ist auch folgende Interpretation möglich: Geht man davon aus, dass Anpassungsprozesse ein nicht unwesentlicher Faktor in der Ausgestaltung der Konversationen sind, kann man vermuten, dass eine explizite Distanznahme gegenüber kirchlichen Voten im Kontext des allgemeinen Meinungsklimas eher kein Problem dargestellt hätte. Insofern wäre die weitere Vermutung, dass der überwiegende Grund für die in der Regel ausbleibende Referenz auf kirchliche Argumentationsmuster eher in der Irrelevanz beziehungsweise Unkenntnis der kirchlichen Voten liegt. Unter den wenigen Kommentierungen scheint das Argument, dass Gott Herr über Leben und Tod sei beziehungsweise

---

255 Kritisch anmerken muss man dann auch, dass eine solche Tendenz zur Homogenisierung durch Kommentierungsformate wie die der BILD-Zeitung mit hervorgebracht werden: Die Zeichenbegrenzung lässt keine ausführlichen Darstellungen bzw. Begründungen zu, so dass User zu schlagwortartigen Meinungsäußerungen verführt werden, die sich in ihrer Undifferenziertheit gegenseitig verstärken. – Folgende fünf, in unmittelbarere Nähe stehende Kommentare, sind ein Beispiel für anzunehmende Homogenisierungstendenzen: „Ein ganz klares Ja. Warum? Da sag ich nur Brittany Maynard. Lieber in Würde sterben und nicht als ein Häufchen Elend jämmerlich verenden (BILD, 58)" / „Natürlich pro Sterbehilfe, wie ich bereits mehrfach kommentiert und auch begründet habe." (BILD, 59) / „Zu einem selbstbestimmten Leben gehört auch ein selbstbestimmter Tod! Ist jemand nicht mehr in der Lage ‚von einer Brücke zu springen' so darf er nicht schlechter gestellt sein als jemand der dazu in der Lage ist. Wenn jemand meint er will so nicht weiter leben so ist es unmenschlich ihm nicht zu helfen!" (BILD; 60) / „Das ist mal wieder typisch für die Politik! So ein Thema können nicht ein paar ‚Volksvertreter' (lol) entscheiden. Das wäre ein klassisches Thema für eine Volksbefragung! Wer maßt sich an über anderer Leute Leben, bzw. Ableben zu entscheiden!?" (BILD, 61) / „legalisieren!!!!!!!!!!!!!!!!!!! <<<<<<<<<<<<<<<<<<<sonst passiert der Suizid 1.) früher und 2.) eh. Ich lass mich nicht von der Politik aufhalten!!!!!!!!!!" (BILD, 63)

256 An dieser Stelle wird freilich am empirischen Material auch noch einmal die Schwierigkeit von normativen Öffentlichkeitsvorstellungen deutlich: Sie müssen in ihrer *Idealgestalt* kenntlich bleiben, sonst impliziert die Anwendung ihrer Idealkriterien auf den empirischen Fall nur den Eindruck des Abfalls. Dass aber auch zu Zeiten der ‚alten' Massenmedien Öffentlichkeiten beides prozessiert haben, „Palaver" und „Diskurs" – ebenso, wie es heute grundsätzlich auch für Online-Öffentlichkeiten erst einmal anzunehmen ist – zeigt die Untersuchung von Gerhards, Neidhardt und Rucht: Gerhards, Jürgen, Neidhardt, Friedhelm und Rucht, Dieter, *Zwischen Palaver und Diskurs: Strukturen öffentlicher Meinungsbildung am Beispiel der deutschen Diskussion zur Abtreibung* (Opladen 1998).

dass das Leben entsprechend ein Geschenk/eine Gabe sei, noch am anschlussfähigsten zu sein (9 Nennungen).

Ergänzend sei erwähnt, dass – ebenfalls nur in Ausnahmefällen (12 Codierungen) – auf Personen des öffentlichen Lebens in Theologie und Kirche rekurriert wird. Für die Gegenwart werden vor allem die ehemaligen EKD-Ratsvorsitzenden Nikolaus Schneider und Margot Käßmann genannt: Während Margot Käßmann zu der Talk-Runde, auf die sich der *WELT*-Beitrag bezieht, gehörte, hat Nikolaus Schneider im Zusammenhang der Sterbehilfediskussion öffentliches Interesse erregt, weil er die Ambivalenzen mit Blick auf eine private Entscheidungssituation zur Sterbebegleitung publik machte.

Fazit: Die Entwicklung eines ersten Kategoriensystems und die inhaltsanalytische Durcharbeitung der knapp 600 Kommentare (plus Kontrollmaterial) haben einen ersten Blick auf virulente Themen der Auseinandersetzung auf formaler wie inhaltlicher Ebene zutage treten lassen. Inhaltlich sind vor allem zwei Dinge bemerkenswert: Zum einen stellt die Auseinandersetzung rund um das Thema ‚Selbstbestimmung' das zentrale Thema der Äußerungen dar; zum anderen fällt das Quantum expliziter ‚religiösen Kommunikation' in den bisher untersuchten dispersen Öffentlichkeiten eher gering aus. Hieraus ergeben sich vor allem drei weitere Fragen:
- Wie setzt sich das Thema ‚Selbstbestimmung' ins Verhältnis zu anderen Topoi?
- Wo findet sich User-Kommunikation über das Thema mit explizit religiöser Konnotation?
- Lassen sich Zusammenhänge zwischen bestimmten Topoi, Kommunikationstypen und Kommunikationskontexten mit Blick auf die interessierende Frage nach der weltanschaulich-religiösen Kommunikation formulieren?

Aus diesen Fragen ergeben sich folgende *Desiderate:*
- Über eine inhaltsanalytische Aufschließung des Materials hinaus soll nach rekurrenten und verfestigten Topoi und entsprechenden Deutungsmustern gefragt werden. Dies soll in der Verhältnisbestimmung zu bevorzugten Interaktionsmodi, skizzierten Akteurpräsentationen und den Kommunikations-‚orten' unternommen werden. Damit lässt sich das im Rahmen dieser Studie untersuchte Feld clustern, so dass auch noch einmal die Aspekte der religiösen Aufladung von Deutungsmustern (Letztbegründungscharakter) und Formen transzendierungsoffener Kommunikation näher in den Blick kommen.
- Konkret bedeutet das für das weitere Vorgehen, die annähernd 600 Kommentare unter diesen nun interessierenden Gesichtspunkten – unter Auf-

nahme der bisherigen, für diesen nächsten Schritt notwendigen Einsichten – zu *recodieren*. Dies erfolgt anhand der Zuordnung von Typen, Topoi und Kommunikationsmodi.
– Entsprechend dem Anliegen, unterschiedliche Kommunikationsformate in den Blick zu nehmen, wird zudem neues Material in Form von Blog-Kommunikationen in das Sample aufgenommen. Bei dieser Zuwahl wird es auch darum gehen, Kontexte über das *Theoretical Sampling* zu erschließen, in denen über das Thema ‚Sterbehilfe' explizit im religiösen Bezugsrahmen gesprochen wird.

4.2.3 Phase 2: Diskursive Praktiken, Typik und Topik

Bereits im Zusammenhang des „kommunikativen Haushalts"[257] war die Rede von diskursiven Verfestigungen, über die in sozialen Formationen Themen verhandelt werden. Der Blick auf diese kommunikativen Verfestigungen ermöglicht es, dass Vergleiche hinsichtlich Verwendungsweisen, Ausgestaltungen und ‚Trägerprofilen' gezogen werden.[258] Dieser Spur wird weiter nachgegangen: Um dem Moment des Zusammenhangs zwischen bestimmten Topoi, Kommunikationstypen und Kommunikationskontexten mit Blick auf die interessierende Frage – wie konturieren sich Weltansichten als symbolisches Sinndeutungshandeln online, und welchen Part nehmen darin die Dimensionen der Religion und des Religiösen ein? – weiter nachgehen zu können, wird zunächst der Schritt der typisierenden Inhaltsanalyse skizziert. Auch das Anliegen einer kommunikativen Topik wird vorgestellt.

4.2.3.1 Typenbildende Inhaltsanalyse und kommunikative Topik
In Diskursen – und dies kann für die hier vorliegenden Diskursfragmente ebenso ausgesagt werden – werden Themen (hier also das Thema ‚Sterbehilfe') formatiert, und dies in der Regel unter Zuhilfenahme kommunikativer Routinen und „thematische[r] Kristallisationen im Verwendungszusammenhang von Kommunikationen"[259]. Oft sind kommunikative Routinen (oder sich prozesshaft stabilisierende kommunikative Muster) bestimmten ‚Trägerprofilen' zuzuordnen. Diesen

---

257 Vgl. Kapitel 4.1.2.2.
258 Vgl. Knoblauch, „Diskurs", 215.
259 Knoblauch, „Diskurs", 223.

‚Trägerprofilen' kann über eine typenbildende Inhaltsanalyse nachgegangen werden.

a) Die typenbildende Inhaltsanalyse

Die Frage nach den ‚Trägerprofilen' ist für den vorliegenden Fall keine einfache, da das Faktenwissen über die Kommunizierenden zunächst gegen Null tendiert: Man weiß in der Regel nichts über Größen wie Alter, Geschlecht, Einkommen, Beruf, Religionszugehörigkeit. User, die in ihren Kommentaren Angaben machen, aus denen sich Rückschlüsse ziehen lassen, sind eher die Ausnahme. Man hat also keine zuverlässige Möglichkeit, entsprechende Variablen mit Aussagen zu korrelieren. Trotzdem hat sich in Phase 1 der Untersuchung der Eindruck bestätigt, dass sich Nutzerkommentare hinsichtlich ihrer ‚Deutungshorizonte' voneinander unterscheiden, vor denen sie ihre Aussagen zum Thema formulieren. Man könnte auch sagen: Die konkrete Aussage zum Thema wird auf dem Boden einer – vielfach mit Blick auf das zu verhandelnde Thema – grundierenden prominenten Haltung oder Weltansicht formuliert.

Wenn im Folgenden versucht wird, solche ‚Typen' zu konturieren, muss das als eine *Konstruktionsleistung* aufgefasst werden. Gleichzeitig soll die Typenbeschreibung die Parameter der Konstruktion erläutern. Damit nicht das Missverständnis entsteht, hier würde von ‚realen Typen' oder ‚tatsächlichen Personen hinter den Kommentaren' gesprochen, verwende ich den Begriff der ‚*Akteurpräsentation*'. Der Begriff hält auch noch einmal im Bewusstsein, dass die Konversationen im Internet von ihrer eigenen Performativität und Inszenierung leben. Was öffentlich zu sehen ist, sind Fragmente, die jemand von sich sehen lässt. Es sind kleinteilige soziale Praktiken, durch die sich eine Akteurin (mehr oder weniger bewusst) *präsentiert*.

Die typenbildende Inhaltsanalyse verfährt synthetisierend: „Der eigentliche Kern der Typenbildung ist die Suche nach mehrdimensionalen Mustern, die das Verständnis eines komplexen Gegenstandsbereichs oder eines Handlungsfeldes ermöglichen."[260] Grundlage ist das stete Vergleichen und Kontrastieren der nach Merkmalen oder Kriterien durchgearbeiteten ‚Fälle' auf wiederkehrende Muster hin. So sind etwa Haltungstypen oder Kommunikationstypen beschreibbar. Typisierung ist dabei eine „anthropologische Basistechnik"[261], wie dies nicht zuletzt Alfred Schütz und Thomas Luckmann mit Blick auf den Erwerb und die Anwen-

---

260 Kuckartz, *Qualitative Inhaltsanalyse*, 115.
261 Kuckartz, *Qualitative Inhaltsanalyse*, 117.

dung von Wissen, der Konturierung von Sinn überhaupt, ausführten[262] Typisierung ist „Ziel sozialwissenschaftlicher Analyse, die [...] auf das Verstehen des Typischen und nicht im psychologischen Sinn auf das Verstehen des Seelenlebens des Einzelnen abzielt. [...] Typen sind eine Art Bindeglied zwischen einer hermeneutischen Methodik, die auf das Verstehen des Einzelfalls abzielt und einer auf gesetzesartige Zusammenhänge fixierten sozialwissenschaftlichen Statistik."[263]

Typen können über Ähnlichkeiten mit Blick auf einen bestimmten Merkmalsraum zusammengefasst und damit von anderen Typen unterschieden werden. Mithilfe von Typologien lassen sich, vor dem Hintergrund bestimmter und transparent zu machender Merkmalsdefinitionen, Phänomenbereiche kartografieren. Ein Merkmalsraum entsteht nun durch die Kombination von mindestens zwei Merkmalen; die einfachste Form des Merkmalsraums besteht also in einer zweidimensionalen Anlage. Im vorliegenden Fall sollen die Merkmale „Deutungsreferenz" und „Normativität" heißen, die den Merkmalsraum ‚aufspannen'. Diese Merkmale sind für die vorliegende Fragestellung bedeutsam, da für weltanschaulich-religiöse Kommunikation der Aspekt des ‚primären' Bezugspunkts vorgebrachter Meinungen/Argumentationen wesentlich und interessant ist. Entscheidend, in vielen Fällen auch für das kommunikative Auftreten, ist das Veranschlagen von Normativität mit Blick auf die Deutungsreferenz. Zieht man hier noch bei beiden Merkmalen ein evaluatives Moment ein, ergibt sich ein einfaches Schema:

		Normativität	
		hoch/ausgeprägter	weniger ausgeprägt/gering
Deutungsreferenz	deutlich		
	diffus		

Auf der Basis der Gruppierung der jeweils mit Blick auf die Merkmalskombination gleichen beziehungsweise ähnlichen Fälle werden die Bildung der Typologie und die Beschreibung der einzelnen Typen vorgenommen. Erst dann erfolgt die Zuordnung der ‚Fälle' (das sind mit Blick auf das bisherige Sample zunächst die User-Kommentare) zu den Typen.[264] Im Folgenden wird eine so genannte „na-

---
262 Vgl. etwa Schütz, Alfred und Luckmann, Thomas, *Strukturen der Lebenswelt* (Konstanz 2003), 313 ff.
263 Kuckartz, *Qualitative Inhaltsanalyse*, 117 f.
264 Vgl. Kuckartz, *Qualitative Inhaltsanalyse*, 118 f.

türliche Typologie" vorgenommen: „natürliche Typologien" werden induktiv gebildet, das heißt auf der Grundlage des empirischen Datenmaterials („künstliche" Typen sind schlicht aufgrund der Kombination vorab definierter Merkmale konstruiert, unabhängig davon, ob sich die einzelnen Typen auch im Material wiederfinden lassen)[265]. Das heißt für die „natürlichen" Typen, dass sie vor allem polythetisch sind, und dass die Typologie nach Ähnlichkeit hinsichtlich des Merkmalsraums gebildet wird (die ‚Fälle' sind nicht gleich, sondern ähneln sich mit Blick auf die vorab bestimmten Merkmale).[266]

Es scheint sinnvoll, die Typen über den Ausweis vorab erhobener Aspekte zu bilden. Damit sind noch nicht die Merkmale des Merkmalsraums gemeint, sondern eine nochmalige – mit dem Ziel einer möglichen Einpassung in den Merkmalsraum – Durchsicht des bisherigen Materials auf vorkommende Topoi und ihre Ausgestaltungen. Da Typologie und Topologie hier auf konstruktive Weise verschränkt werden, seien als nächster Schritt die Grundzüge der kommunikativen Topik vorgestellt. Mithilfe des Versuchs einer Topologie sollen, in Kombination mit der Eruierung von Kommunikationsmodi – „natürliche" Typen (Akteurpräsentationen) aus dem Material erhoben werden, um ihr kontextabhängiges Vorkommen zu bestimmen.

b) Kommunikative Topik

Themen sind keine Makrophänomene, sie unterliegen vielmehr den (Re-)Konstruktionsprozessen konkreter Interaktionen, indem Akteure Meinungen zu je spezifischen Themen äußern.[267] Im Folgenden soll nun nach der Verwendung von typisierten, rekurrenten Formen gefragt werden, wobei es nahe liegt, diese Sinneinheiten als ‚Topoi' zu bezeichnen. Wenngleich die Toposforschung wie die Bestimmung des Topos-Begriffs in den Wissenschaften uneinheitlich sind[268], soll

---

[265] Ein Beispiel gibt Kuckartz: Wenn zum Beispiel Typen nach den Bildungsabschlüssen der Eltern gebildet werden sollen, kann es Kombinationen geben, die sich im Material nicht wiederfinden (Kombinationsmöglichkeiten: kein Abschluss/Haupt-, Realschulabschluss/Abitur/FH, Universität). (Vgl. Kuckartz, *Qualitative Inhaltsanalyse*, 121.)

[266] Vgl. Kuckartz, *Qualitative Inhaltsanalyse*, 122. – Kuckartz weist darauf hin, dass die Bildung von Typen nicht durch ein standardisiertes Verfahren erfolgt, sondern in kreativen Akten (für die er im Idealfall Teamarbeit vorschlägt).

[267] Vgl. dazu auch: Luhmann, Niklas, „Öffentliche Meinung", in *Politische Planung: Aufsätze zur Soziologie von Politik und Verwaltung* (Opladen 1971), 9–34.

[268] Entsprechend schreibt Knoblauch: „Den Topik-Begriff gibt es eigentlich gar nicht." (Knoblauch, Hubert, „Topik und Soziologie: Von der sozialen zur kommunikativen Topik", in *Topik und Rhetorik: Ein interdisziplinäres Symposion*, hg.v. Thomas Schirren und Gert Ueding, [Tübingen

hier als Arbeitsbegriff das Topos-Verständnis von Hubert Knoblauch herangezogen werden, das sich auch noch einmal im Unterschied zum Begriff des Deutungsmusters konturiert:

> Topos soll [...] als Oberbegriff für die unterschiedlichen kommunikativen Formen – von Stereotypen, Formeln und Slogans bis zu ikonographischen Motiven oder rituell-performativen Mustern – gelten. Dadurch unterscheidet es sich auch vom Begriff des Deutungsmusters. Denn Topoi bilden keine ‚Tiefenstruktur'; vielmehr handelt es sich um kommunikative Ausdrucksformen, die in unterschiedlichen Gestalten verfestigt, ähnliche Inhalte aufweisen. Empirisch lassen sich Topoi deswegen als semantisch rekurrente Einheiten identifizieren, die unterschiedliche, aber verfestigte Formen annehmen.[269]

Topoi in einem allgemeineren Sinne zeichnen sich durch Habitualität, Sozialität und Historizität aus[270]; intuitiv verbindet man, das obige Zitat legt es nahe, mit einer solchen Bestimmung wohl vor allem Stereotype, Slogans, Redewendungen oder Sprichwörter, wie etwa „Frauen haben keinen Sinn für Technik" (Stereotyp) oder „Geht nicht, gibt's nicht" (Slogan) oder „Hochmut kommt vor dem Fall" (Sprichwort). In diesem Sinne transportieren Topoi übersituativ und übersubjektiv Erfahrungen und Wissen, aber auch Interessen und Einstellungen, die für eine soziale Gruppe relevant geworden sind. So sind Heinrich Popitz und Hanno Kesting unter Rekurs auf Ernst Robert Curtius' literaturwissenschaftliche Topik[271] einer sozialen Topik in empirischer Perspektive nachgegangen: In ihrer bekannten Untersuchung zum Gesellschaftsbild des Arbeiters in den 1950er-Jahren kommen sie zu dem Ergebnis, dass die Arbeiter in ihren Schilderungen auf einen bestimmten Bestand von Annahmen, Vorstellungen und Thesen zurückgreifen, welche allen offenbar gemeinsam zur Verfügung stehen, und die sich von anderen sozialgruppenspezifischen Konglomeraten unterscheiden (innerhalb eines Werkes greifen Angestellte etwa auf andere Muster in der Darstellung zurück als Arbeiter). So „lassen sich für jede soziale Gruppe ganze Kataloge von Topoi auf-

---

2000], 651–667: 652.) – Wenngleich die Topik in den Geisteswissenschaften, insbesondere in der Rhetorik, stark verwurzelt ist, so ist dem Begriff doch genuin eine soziale Dimension eigen.
269 Vgl. Knoblauch, „Diskurs", 222. – Knoblauch verweist darauf, dass der Vergleich die Grundlage der Erhebung ist: Topoi erhalten, je nach Kontext, unterschiedliche Gestalten und sie spielen in den unterschiedlichen Kontexten verschiedene Rollen. Als Beispiel rekurriert Knoblauch auf den Topos des Milleniums vor dem Jahrtausendwechsel. Die Untersuchung am empirischen Material zeigte, dass hauptsächlich die Medien die Träger eines Diskurses waren, der mutmaßliche apokalyptische Ängste der Bevölkerung als Topos ausstellte. Außerhalb der Medien war der Topos nur in geringem Maße auszumachen. (Vgl. 222f.)
270 Vgl. Knoblauch, „Diskurs", 223.
271 Vgl. Curtius, Ernst Robert, „Begriff einer historischen Topik", in *Toposforschung*, hg.v. Max L. Baeumer (Darmstadt 1973), 1–18.

stellen, die für diese Gruppe spezifisch sind."²⁷² Diesem Verständnis sozialer Topik sind zwei Merkmale eigen: Die Topoi sind an kollektive Erfahrungen angeschlossen, und sie drücken sich in Sprache aus, sind also nicht auf Denken und Fühlen begrenzt.²⁷³ Während Knoblauch einer vielfach mitgedachten tiefenstrukturellen Dimension solcher Konventionalisierungen (die die Akteure oft präreflexiv verwenden) im Sinne des zuhandenen Wissensvorrats sicherlich nicht entgegen argumentieren würde, liegt ihm im Zusammenhang der Topik daran, den eher dynamischen Charakter zu betonen. Eine *kommunikative Topik* nämlich fokussiert sehr viel stärker noch auf das interaktive Moment in der Herstellung von Sinn. Sprache soll, im Zuge des kommunikativen Paradigmas, nicht mehr als etwas verstanden werden, durch das hindurch sich Bedeutung mitteilt; Bedeutung und Sinn werden vielmehr permanent kommunikativ konstruiert: „Kommunikatives Handeln besteht demnach nicht aus einer Sprechhandlung, sondern aus einem wechselseitigen Handlungsvollzug. Im Zuge der wechselseitigen Handlungen bilden sich reziproke Typisierungen des Sinns aus, die ihren Ausdruck in objektivierten kommunikativen Formen finden."²⁷⁴

Insofern ist die Rhetorizität kommunikativen Handelns kaum zu überschätzen. Kommunikative Topoi besitzen die Merkmale ‚Interaktion', ‚Sozialität', ‚Zeichenhaftigkeit', ‚Typik' und ‚Habitualität', wobei Typik und Habitualität eng aufeinander verwiesen sind:

> Habitualität ist ein Merkmal der kommunikativen Praxis, das sich in Gestalt von Typik (empirisch in Rekurrenz) äußert. [...] Kommunikative Topoi [...] bilden sich überall dort aus, wo sich Handelnde immer wieder mit denselben kommunikativen Inhalten beschäftigen müssen. Um sich von der wiederholten Abgleichung unterschiedlicher Perspektiven zu entlasten, bilden die Handelnden interaktiv Topoi aus, die man gewissermaßen als die thematischen Routinen der Kommunikation bezeichnen könnte.²⁷⁵

Das Abstraktionsniveau beobachtbarer – rekonstruierter – Topoi kann unterschiedlich sein, auch können Differenzen zwischen materialen und formalen Topoi fließend sein.²⁷⁶ Topoi können also durchaus themenähnliche formale und

---

272 Kesting, Hanno, „Zur sozialen Topik", in *Das Gesellschaftsbild des Arbeiters: Soziologische Untersuchungen in der Hüttenindustrie*, hg.v. Heinrich Popitz, Hans Paul Bahrdt, Ernst August Jüres und Hanno Kesting (Tübingen ⁴1972), 81–88: 84.
273 Vgl. Knoblauch, „Topik und Soziologie", 656.
274 Knoblauch, „Topik und Soziologie", 658.
275 Knoblauch, „Topik und Soziologie", 659.
276 Dazu sei verwiesen einerseits auf Knoblauchs Analyse US-amerikanischer Hörertelefonate zum Golfkrieg (vgl. Knoblauch, „Topik und Soziologie", 660 ff.; ders., *Kommunikationskultur: Die kommunikative Konstruktion kultureller Kontexte* [Berlin u. a. 1995], 275 ff.), hier zeigen sich in-

kontextabstrakte Formen annehmen.²⁷⁷ Insgesamt könnte man vereinfacht sagen: Topoi existieren nie kontextunabhängig, sie gehen jedoch auch nicht in konkreten Formulierungen auf.

Die Verwendung bestimmter Topoi (,ideographische Topoi' zeigen die ideologische Position an) wie ihre Nicht-Verwendung ordnen performativ das soziale Feld. So weisen sich über die Verwendung von Topoi in Diskursen hegemonielle Ansprüche aus: Wer Topoi und ihre Ausgestaltung bestimmt, lenkt Diskurse.²⁷⁸ Zuschnitt und Framing des Topos bringen die Kommunikationsposition zum Ausdruck.²⁷⁹ Knoblauchs Einschätzung zur Veränderung der Kommunikationskultur trifft sicherlich auf Teile des bisher untersuchten Materials zu: „[D]er Zerfall an Traditionen und Selbstverständlichkeiten zwingt nicht unbedingt zur Argumentation. Er zwingt eher zur (häufiger narrativ und konversationell als argumentativ organisierter) Kommunikation, in der die Vielzahl der unterschiedlichen Perspektiven inszeniert, präsentiert und mehr abgeglichen als ausgehandelt wird."²⁸⁰ Ob die Bedeutung der kommunikativen Verständigung über Topoi im Zusammenhang von Pluralisierungs- und Enttraditionalisierungsprozessen dazu führen mag, dass diese kommunikativen Topoi im Sinne einer sekundären Tra-

---

haltlich verfestigte Muster wie z. B. der Vergleich zwischen Hitler und Hussein, aber auch formale Muster wie die so genannte ,Gerechtigkeitsregel' oder die zeitliche Dissoziation („Lieber zu früh als zu spät"). Anderseits wird die Funktion verschiedener ,logischer Hierarchien' von Topoi auch noch einmal deutlich in der linguistischen Untersuchung von Martin Wengeler zum Migrationsdiskurs (vgl. Wengeler, Martin, *Topos und Diskurs: Begründung einer argumentationsanalytischen Methode und ihre Anwendung auf den Migrationsdiskurs [1960–1985]* [Tübingen 2003], insbes. 300 ff.). Einsichten zur Rekonstruktion der Topoi sind hier auch online zu gewinnen unter: http://www.phil-fak.uni-duesseldorf.de/germ1/migration/toposdef.html (01.03.2018).
277 Knoblauch verweist hier auf Luhmanns Erläuterung zu ,Themen' (man sieht hier die Schwierigkeit, den Begriff des Topos disziplinübergreifend zu fassen), die als „bezeichnete, mehr oder weniger unbestimmte und entwicklungsfähige Sinnkomplexe [zu] verstehen [sind], über die man reden und gleiche, auch verschiedene Meinungen haben kann [...]. Solche Themen liegen als Struktur jeder Kommunikation zugrunde, die als Interaktion zwischen mehreren Partnern geführt wird. Sie ermöglichen ein gemeinsames Sichbeziehen auf identischen Sinn und verhindern das Aneinandervorbeireden." (Luhmann, „Öffentliche Meinung", 13.) – Das fraglose Sichbeziehen auf einen „identischen Sinn", von dem Luhmann hier spricht, müsste sicherlich hermeneutisch problematisiert werden, wesentlich scheint hier jedoch die Integrationsfunktion von Themen über ihre potenzielle semantische Anschlussfähigkeit zu sein.
278 Vgl. Knoblauch, „Diskurs", 223.
279 Vgl. Knoblauch, Hubert, „Der Topos der Spiritualität: Zum Verhältnis von Kommunikation, Diskurs und Subjektivität am Beispiel der Religion", in *Diskurs – Macht – Subjekt: Theorie und Empirie von Subjektivierung in der Diskursforschung*, hg.v. Reiner Keller, Werner Schneider und Willy Viehöver (Wiesbaden 2012), 247–264: 252.
280 Knoblauch, „Topik und Soziologie", 665 f.

ditionalisierung stabilisierend und entlastend gesellschaftlich nachwirken, sei dahingestellt.[281]

In jedem Fall haben die wenigen Ausführungen zur Topik gezeigt, inwiefern sich eine Topos-Analyse eignet, mehr über die Verteilung gesellschaftlichen Wissens, von Einstellungen und Erfahrungen über ein bestimmtes Thema zu einem vorab definierten Zeitpunkt herauszufinden. Sie ermöglicht das Kartografieren eines (durch die Materialauswahl disponierten) kommunikativen Feldes.

In diesem Sinne soll in dem Material der vorliegenden Studie auf die Verwendung von Topoi geschaut werden. In einem zweiten Schritt werden dann über den definierten Merkmalsraum Typen (Akteurpräsentationen) entworfen. Die inhaltlich strukturierende Inhaltsanalyse aus Phase 1 der Untersuchung hat die (probeweise) erste Formulierung von Topoi ermöglicht. Auf dieser Basis wird das Material recodiert.

4.2.3.2 Ein neues Kategoriensystem: Topoi, Kommunikationsmodi, Akteurpräsentationen

Nachdem die grundlegende Entscheidung getroffen war, das Material zu recodieren, sind Folgeentscheidungen mit Blick auf das neue Codierverfahren getroffen worden. Das neue Codesystem beruht auf einem höheren Abstraktionsgrad, der durch die induktive Durcharbeit des Materials in Phase 1 möglich wurde.

a) Topoi

Aus dem bisher codierten Material erschienen – neben den bereits verwendeten ‚kirchlichen Argumentationsmustern' und zwei unspezifischen Sammelkategorien – 15 Topoi sinnvoll zu extrahieren. Um die Anzahl der Codes handhabbar zu halten, wurde die Entscheidung getroffen, jeden Nutzerbeitrag mit *einem* kommunikativen Modus und *maximal drei* thematischen Codes (kommunikativ ‚verarbeitete'[282] Topoi) zu versehen. Das neue Kategoriensystem sieht für die Topoi und Kommunikationsmodi folgendermaßen aus:

---

[281] Vgl. Knoblauch, „Topik und Soziologie", 666.
[282] So schreibt Wengeler zur Verwendung von Topoi: „Es geht dabei also hier für einen thematischen Bereich um zwar inhaltlich bereits angereicherte Muster, die aber dennoch so allgemein sind, daß sie zu verschiedenen Zwecken gefüllt werden können, die also strategisch eingesetzt werden können, was nicht als bewußte Strategie verstanden werden muß, weil es sich um Muster handelt, die wir selbstverständlich beherrschen und uns wenig bewußt machen." (http://www.phil-fak.uni-duesseldorf.de/germ1/migration/toposdef.html).

Codesystem
    ANDERE (allgemein)
    GEGEN BEVORMUNDUNG
        Für Selbstbestimmung
        Gegen Institutionen
        Privatheit/persönliche Entscheidung
    VERANTWORTUNGSÜBERNAHME
        Differenzierung (diskursiv)
        für eine/n Andere/n (konkret intersubjektiv)
        Gegen Missbrauch/Schutz der Schwachen (gesellschaftlich)
    ERFAHRUNG
    AUFKLÄRUNG
        Sachverständige
        Spezial-/Sonderwissen (‚Verschwörung')
    FREIHEIT
        Entscheidungsfreiheit/freier Wille
            Freitod
        Dilemma
        Vorsorge
            Patientenverfügung
    HETERONOME MACHT
        sozialer Druck/Nötigung
        Ökonomisierung
    LEIDEN
        Leiden lassen (neg. Konnotation)
        Leiden beenden/vermindern
            Bedeutung der Palliativmedizin
        Tiervergleich
    WÜRDE
    WERT DES LEBENS
    EXISTENZIELLE DISSOZIATION
    EINS FOLGT AUFS ANDERE (Quasi-Logisches)
        (leer)
        ‚Dammbruch'
    BEKENNTNIS/christl.-rel. Rede (Binnensprache)
    ÜBERSETZUNG RELIGIÖSER GEHALTE
    GELTUNGSANSPRUCH RELIGIÖSER REDE
        im öffentlichen Raum/Ablehnung
        intersubjektiv (auf der persönl. Ebene)/Ablehnung
    KIRCHE ALS KULTURTRÄGERIN (Bed. für Kultur/Gesellsch.)
    ANDERE (Religion/Kirche als Thema)
    KIRCHLICHE VOTEN
        Tötungsverbot
        Gott als Herr über Leben und Tod/Leben als Geschenk Gottes
        Christliche Freiheit und Verantwortung
        Entsolidarisierung

gegen organisierte Sterbehilfe
positive Bedeutung des Leidens
Verbesserung der Umstände (Palliativmedizin etc.)
KOMMUNIKATIONSMODUS
Kommunikationsmodus: dialogisch
Kommunikationsmodus: agitierend
Kommunikationsmodus: verlautbarend

Dieses Kategoriensystem wird zur Grundlage der Recodierung bisherigen Materials sowie für die Codierung des Materials, das neu zum Sample hinzukommt. Es ist damit der Ausgangspunkt für die Kartografie des kommunikativen Feldes, das im Rahmen der vorliegenden Studie untersucht wird. Zum Kategoriensystem hinzu werden die ‚Akteurpräsentationen' kommen, die nach einer Recodierung durch die Topos-Kategorien unter Rekurs auf den bereits definierten Merkmalsraum gebildet werden. Der Eindruck zu den ‚Akteurpräsentationen' soll noch einmal durch den Ausweis von Kommunikationsmodi profiliert werden; unterschieden werden hier ganz klassisch dialogischer, agitierender und verlautbarender Kommunikationsmodus.[283]

Einen ausführlicheren *Überblick über die Topoi* gibt die Tabelle im Anhang, die neben den Topoi (teilweise mit Aufgliederung in über- und untergeordnete Toposelemente) Argumentationsmuster darstellt und Beispiele aus dem Material aufführt.

b) Akteurpräsentationen

Im Folgenden werden die Akteurpräsentationen nachgezeichnet, die sich über die Konstellierung des Merkmalsraums haben bilden lassen (zur Visualisierung der Akteurpräsentationen im Merkmalsraum vgl. Abbildung 11). Der Begriff des ‚Typs' ist durch den Begriff der ‚Akteurpräsentation' ersetzt worden, um einem Missverständnis vorzubeugen: Gerade mit Blick auf ‚Sichtbarkeit' von Nutzern und Nutzerinnen lässt das Netz weite Spielräume für Inszenierungen und changierende Darstellungen. In Verbindung mit der Tatsache, dass für diese Studie kein ‚Hintergrundwissen' über die User erhoben worden ist, und dass sich die einzelnen Kommunikationsbeiträge auf wenige Zeilen beschränken – der Raum der Selbstpräsentation ist also auch begrenzt –, wird die Schwierigkeit deutlich, etwas Regelgeleitetes über die Nutzer und Nutzerinnen sagen zu können. Der Begriff der

---

[283] Vgl. Neidhardt, Friedhelm, „Öffentlichkeit, öffentliche Meinung, soziale Bewegungen", in *Öffentlichkeit, öffentliche Meinung, soziale Bewegungen: Kölner Zeitschrift für Soziologie und Sozialpsychologie, Sonderheft 34*, hg. v. dems. (Opladen 1994), 20 ff.

‚Akteur*präsentationen*' lenkt den Blick also auf den performativen Akt. Die Kommunikationsbeiträge werden als das genommen, was sie sind: Momentaufnahmen, denen gegebenenfalls eine Steuerungsleistung mit Blick auf die Präsentation inhärent ist. Damit liegen die skizzierten Akteurpräsentationen auf einem hohen Abstraktionsniveau; sie versuchen, Charakteristika in den Meinungsäußerungen zu fassen und vorsichtig zu clustern. Leitend ist dabei die Frage, welche *Deutungsreferenz* als primäre, andere Bezüge überwölbende Referenz für den jeweiligen User beschreibbar wird; anders ausgedrückt: welche Referenz für die Ausgestaltung des Beitrags im Vordergrund steht. Der Merkmalsraum eröffnet sich mit der weiteren Frage nach der *Normativität* dieser Referenz: Wie sehr erscheint hier etwas im kommunikativen Vortrag, in der Argumentation unverhandelbar? Inwieweit wird signalisiert, dass man zwar eine (gegebenenfalls auch deutliche) eigene Meinung zum Thema hat, man aber am dialogischen Austausch interessiert ist (und diesem zutraut, unter Umständen auch die eigene Perspektive noch einmal auf die eigene Begründung und deren Horizont einer kritischen Sichtung zu unterwerfen)?

Nachdem das Material mit 1407 Codierungen über die Topoi (einschließlich der Kommunikationsmodi) recodiert worden ist, ist eine Typenbildung vorgenommen worden. Die Akteurpräsentationen sind nach ihrer Ähnlichkeit im Merkmalsraum gebildet worden; ihnen sind im Folgenden Fälle (Kommentare) zugewiesen worden. Auf die Akteurpräsentation entfallen zusätzlich zu den 1407 Codierungen 567 Codierungen (dabei ist einem User mit mehreren Konversationsbeiträgen konstant ein Typus zugewiesen worden).

Folgende Akteurpräsentationen (AP) lassen sich nachzeichnen:

AP 1: ‚Ich-Typus'
Als ‚Ich-Typus' wird hier eine Akteurpräsentation beschrieben, die bereits in Kapitel 4.2.2.2 unter *Falldarstellung 1* skizziert worden ist. Im Wesentlichen zeichnet sich diese AP dadurch aus, dass nicht nur als Maßstab des eigenen Urteilens die eigene Person gilt, sondern dass die Einschätzung durch die eigene Person auch das Maß des Urteils bestimmt. Anders formuliert: Das Ich wird zum letzten (hier kommunikativ angeführten) Bezugspunkt der Begründung und zum Horizont des Problembewusstseins. Wenngleich – wie eine Relation von Akteurpräsentationen und Topoi zeigt[284] – der ‚Gegen-Bevormundung'-Topos, der oft von AP 1 aufgerufen wird, viele Kommentare bestimmt und von mehreren AP bemüht wird, ist die Implementierung bei dem ‚Ich-Typus' besonders: Erwähnung

---

[284] Vgl. Abbildung 10.

finden neben dem Ich als Akteur in der Regel kaum Andere, weder Angehörige noch Freunde noch Ärzte. Als Beispiele dienen folgende Kommentare: „Ich hoffe nur (wenn ich so krank wäre), dass ich noch selber was unternehmen kann (schneller Zug, Brücke usw.). Dann muss ich NIEMANDEN um Erlaubnis zu sterben fragen, und keiner will mich stoppen." (BILD, 5) Und: „Ich allein will bestimmen, wann ich dieses Leben beenden will. Ganz so wie ich alle anderen Dinge des Lebens möglichst allein und in Freiheit selbst bestimmen will." (Süddeutsche, 25)

Abgesehen von der Sammelgruppe AP 8 mit 37 % bildet AP 1 eine der drei größten Gruppen (vgl. Abbildung 9; 12 % entsprechen 67 Codierungen). Man muss sicherlich immer die eingeschränkte Materialbasis bedenken und darauf hinweisen, dass es hier nicht um mehr gehen kann, als Tendenzen zu beschreiben. Der ‚Ich-Typus' kommt gehäuft in den Kommentaren der BILD-Zeitung vor, was sicherlich auch – das wurde bereits angemerkt – durch die technisch eingeschränkten Kommentarmöglichkeiten des BILD-Forums bedingt ist. Diese Einschränkung dürfte vehemente und unterkomplexe Äußerungen provozieren. Deutlich vertreten ist AP 1 aber auch in den Kommentaren zum ZEIT-Artikel *Bundestag sucht Position zur Sterbehilfe*.

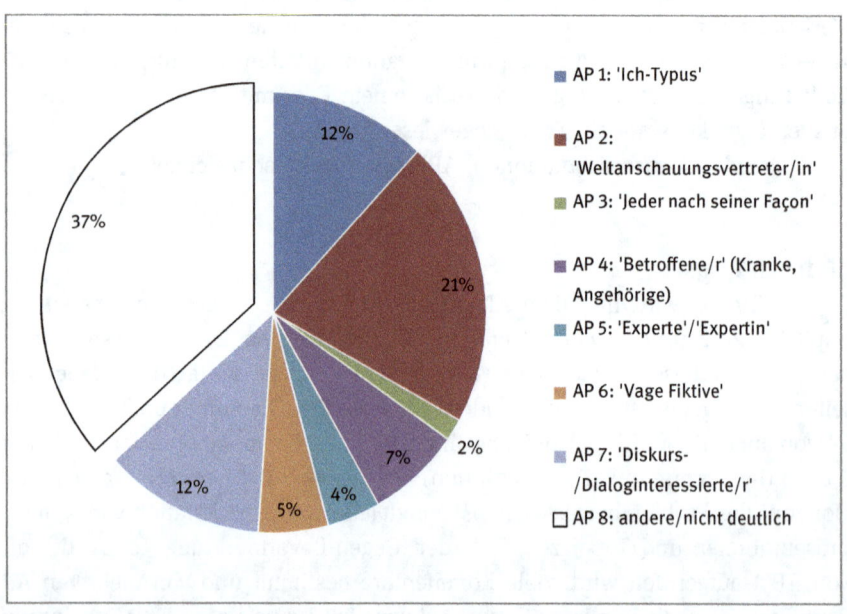

Abbildung 9: erhobene Akteurpräsentationen insgesamt
(medieninitiierte Alltagsöffentlichkeiten; öffentliche Online-Anschlusskommunikation)

AP 2: ‚Weltanschauungsvertreter/in'

Dieses Cluster wurde gebildet, weil bei der Untersuchung deutlich wurde, dass es Akteure gibt, denen es in ihren (vermeintlichen) Ausführungen zum Thema eher um eine weltanschauliche Auseinandersetzung und gegebenenfalls eine Verteidigung ihrer weltanschaulichen Position geht als um eine Auseinandersetzung mit dem Thema ‚Sterbehilfe' (bei der dann unter anderem auch die eigene Weltanschauung als Referenz herangezogen wird). AP 2 ist noch einmal in drei Gruppen 2a bis 2c ausdifferenziert worden, 2d bildet wiederum eine Sammelgruppe für Präsentationen, die sich 2a bis 2c nicht zuordnen lassen. Auf AP 2 entfallen insgesamt 21 %. AP 2 ist damit die größte Gruppe von merkmalsorientiert geclusterten Akteurpräsentationen (ohne die unspezifische Sammelgruppe T8). AP 2 gliedert sich auf in AP 2a ‚Säkularist/in' (32 %), AP 2b ‚Verschwörungstheoretiker/in' (31 %), AP 2c ‚Explizite/r Christ/in' (21 %) und die Sammelgruppe AP 2d ‚andere' (16 %). Die Untergruppen von AP 2 treten vor allem in den Kommentaren zu den Beiträgen in der WELT und der ZEIT (Beitrag *Wem gehört mein Tod?*) in Erscheinung; in beiden Beiträgen ist die Frage der Weltanschauung explizit thematisiert: in der WELT insbesondere durch den Titel *Sterbehilfe würde „auch Jesus sicher okay"* finden, in der ZEIT durch die – bereits im Untertitel ausgewiesene – Behauptung des Beitrags, bei der Debatte um die Sterbehilfe handele es sich um einen „der letzten Verteidigungskämpfe des politischen Christentums".

AP 2a: ‚Säkularist/in'

Präsentationen dieses Typs äußern sich vehement gegen jede Form von Religion in der Öffentlichkeit beziehungsweise sprechen sie sich dagegen aus, dass Kirche und Religion im öffentlichen Diskurs Raum erhalten. Nicht selten gehen diese Äußerungen mit einer deutlichen Abwertung des Religiösen und seinen Institutionalisierungen einher: „Bitte keine Religion! Lasst das mal den Bundestag machen. Hauptsache, in diese politische Debatte mischen sich nicht wieder irgend welche Sekten-Jünger und hauptamtliche Religionsverkünder ein, die der Gesellschaft die Ansichten ihrer Gruppierungen als allgemeines Gesetz aufzwingen wollen." (ZEIT, Position, 35) Und: „Genau darum geht es aktuell: um den Machtkampf zwischen dem paternalistischen Staat und dem freien Individuum sowie zwischen den hartnäckigen Überresten des christlichen Ethos und einer aufgeklärten Gesellschaft." (ZEIT, Tod, 102)

AP 2b: ‚Verschwörungstheoretiker/in'

Zu dieser Akteurpräsentation wurden solche Beiträge geclustert, die den Eindruck erwecken, ihnen läge an der Offenlegung beziehungsweise Unterstellung bestimmter Kausalitäten. Im Zusammenhang der Sterbehilfedebatte werden von Beiträgen dieses Typs Interessen von Akteurgruppen identifiziert, die sich in einem zielgerichteten Handeln manifestieren, dessen eigentlicher Sinn jedoch der Öffentlichkeit bewusst nicht preisgegeben wird. Beispiele für AP 2b sind: „Wir sollten uns einmal fragen, warum über dieses Thema überhaupt diskutiert wird. Sind es nicht die Ärzte, die uns nur noch als Einnahmequelle sehen, die wegfällt, wenn wir tot sind? Oder die Pharmaindustrie, die dann weniger Tabletten, Spritzen und ‚Treatments' verkauft?" (Süddeutsche, 122); „Der Tod ist schon sehr lange kommerzialisiert und nicht erst durch Sterbehilfevereine. Diese würden nur einen kleinen Teil des großen Kuchens Leben&Tod der Menschen, der derzeit alleine von der Sozialindustrie für sich reklamiert wird, abbekommen. Schon setzt sich eine große Lobbyisten-Maschinerie in Gang und wirft mit Begriffen, wie Würde des Menschen um sich, die ihnen in Wahrheit fremd sind." (ZEIT, Tod, 44); „Anhand von Einzelfällen soll uns ein Schauer über den Rücken laufen, um gezieltes Sterben (oder Töten?) möglich zu machen." (ZEIT, Position, 28)

Mitunter erscheinen beschriebene Kausalitäten auch als möglich, die sprachliche Gestaltung erschwert jedoch eine sachliche Auffassung des Szenarios (wenn etwa von der „Todespille" die Rede ist oder dem „Altar des Profits"; vgl. ZEIT, Position, 91 f.).

Die Zahl der Codierungen sagt, wie bei allen anderen Fällen/AP auch, nichts über die Zahl der Akteure aus, sie sagt etwas über die Dominanz einer thematischen Gestaltung aus. Gerade in der Gruppe AP 2b kommentieren dieselben Akteure mehrfach – wahrscheinlich aufgrund ihres missionarisch-aufklärerischen Anliegens.

AP 2c: ‚Explizite/r Christ/in'

Codiert wurden hier alle Beiträge, in denen das ‚Bekenntnis', Christ/in zu sein, das tragende Element darstellt; damit ist AP 2c eine Untergruppe der sogenannten ‚Weltanschauungsvertreter/innen'. Nicht codiert worden sind (wenige) Kommentare, in denen deutlich war: Hier schreibt ein Akteur, der/die Christ/in ist, das Kommunikationsanliegen ist jedoch primär ein anderes als das ‚Ausstellen' des eigenen Christseins. (Ein Beispiel für einen solchen Akteur, der *nicht* unter AP 2c gefasst worden ist, ist ein Seelsorger, vermutlich Pfarrer, dem an der diskursiven Auseinandersetzung über das Thema ‚Sterbehilfe' im Sinne eines zivilgesellschaftlichen Prozesses gelegen ist; er tritt hier deutlich als religiöser Experte auf, dem man anmerkt, dass er gewohnt ist, öffentlich für seine Position zu werben. Dieser User wurde zu AP 5 gruppiert.)

Bei dieser Untergruppe fällt auf, zumal das Interesse der Studie darin liegt, religiöse Kommunikation im Netz in den Blick zu nehmen, dass die meisten der

Kommentare sich einer christlich-religiösen Binnensprache (Topos T13) bedienen und auf andere Themen ausgreifen (T14), die Religion und Kirche betreffen. Weltanschauliche Exkurse von Nutzern aus AP 2a und vor allem AP 2c finden sich insbesondere im Nachgang zu dem Beitrag in der WELT – wahrscheinlich, weil hier das Thema mit der Überschrift bereits weltanschaulich-religiös (christlich) konnotiert ist. Beispiele für diese Akteurpräsentation sind folgende: „Jesus würde das nicht gut finden, er würde nämlich alle heilen." (WELT, 1); „Gott ist die Liebe. Er kann daher nicht töten. Töten kann nur der Mensch oder der Teufel. Beide haben den freien Willen, gegen die Gebote Gottes verstoßen zu dürfen." (ZEIT, Tod, 155)

AP 2d: andere (Sammelgruppe)
Bei AP 2d handelt es sich um eine Sammelgruppe von Akteurpräsentationen, die unspezifisch beziehungsweise so vereinzelt sind, dass sich nicht sinnvoll ein eigener Typus bilden lässt. Mit AP 2d werden so alle Kommentare codiert, die nicht zu AP 2a bis 2c gehören, und bei denen sich trotzdem der primäre Deutungshorizont der Beiträge im Bereich von Religion (allgemein) und/oder Kirche verorten lässt (in Zustimmung wie Ablehnung). Als Beispiele für die disparate Gruppe können folgende Beiträge dienen: „,Menschen, die wissen, dass es keinen Gott gibt' Die Existenz Gottes lässt sich weder beweisen noch widerlegen." (WELT, 24); „Hier wird – wieder einmal – nicht zur Kenntnis genommen, dass es in dieser Debatte überhaupt nicht um die Bewertung des Suizids geht. Niemand will ihn verbieten, und dass er eine Sünde sei, werden Sie in ernst zunehmenden theologisch-ethischen Texten heute kaum mehr lesen. Aber indem man einen Popanz aufbaut, kann man sich leicht um die eigentliche Diskussion drücken." (ZEIT, Tod, 54); „Wille Gottes? Haben Sie mal was vom Goldenen Zeitalter gehört? [...] Nun sind wir aber im Eisernen Zeitalter, und in dem ist es auch erlaubt, das Leiden vorzeitig zu beenden [...]." (WELT, 45)

AP 3: ‚Jeder nach seiner Façon'
Diese Gruppe bildet mit neun codierten Beiträgen im Grunde keine eigene Gruppe; sie sei an dieser Stelle jedoch trotzdem ausgewiesen, weil sie sich – als interessante Vergleichsgruppe zu AP 1 – trotz ihres starken Bezugs auf den ‚Gegen-Bevormundung-Topos' (T 1) – nicht AP 1 subsumieren lässt. Im Gegensatz zu AP 1 betont diese kleine Gruppe von Beiträgen die Wichtigkeit, dass jeder und jede selbst – eben nach seiner/ihrer Façon – über das eigene Sterben und den Tod entscheiden können sollte. Das mag für die individuelle Perspektive der ‚Sterbehilfebefürworter' keinen großen Unterschied machen, jedoch scheint die Toleranz gegenüber anderen Meinungen bei AP 3 größer als bei AP 1. Zwei Beispiele

veranschaulichen die Anlage der Kommentare: „So wie ein jeder das Recht hat, sein Leben nach seiner Façon zu gestalten, hat auch jeder das Recht, den Zeitpunkt und die Art und Weise seines Todes zu bestimmen, wenn er dies denn will – und das völlig unabhängig davon, ob die Gesellschaft seine Beweggründe gutheißt oder nicht." (Süddeutsche, 70) „Sie halten an Ihrer Ideologie fest, das ist ok. Dennoch sollten sie anderen Menschen Entscheidungen bezüglich ihres Lebens, das Sie nun einmal nichts angeht, selbst überlassen." (ZEIT, Position, 70) – Das Muster ‚jeder nach seiner Façon' dient in der Regel dazu, das eigene Votum für assistierten Suizid/Inanspruchnahme von Sterbehilfe zu veranschaulichen.

AP 4: ‚Betroffene/r'

AP 4 bildet mit 7 % keine große Gruppe. Nichtsdestotrotz sind die ‚Betroffenen' eine interessante Form der Akteurpräsentation, zumal auch noch einmal im Vergleich zu AP 6. Es sind Kommentare codiert worden, denen deutlich zu entnehmen ist, dass die kommentierenden Akteure ‚Betroffene' sind und biografische Erfahrungen mit schwerer Krankheit, Sterben und Tod haben – entweder als selbst Erkrankte oder als Angehörige/Freunde, die schwer Erkrankte in Krankheit und Sterben begleiten. Es ist freilich anzunehmen, dass die Anzahl der ‚Betroffenen' unter den Kommentierenden um einiges größer ist, als es sich ‚auf der Textoberfläche' darstellt. Da – das zeigt sich auch noch einmal deutlich bei den ‚Experten' AP 5 – bei dem ‚geteilten Wissen' der User oft jedoch nicht deutlich wird, ob es sich hier um biografisch gesättigtes Erfahrungswissen, Hörensagen oder Ähnliches handelt, sind hier nur die Kommentare markiert worden, bei denen sich klare Aussagen zur eigenen Betroffenheit finden lassen. In diesen Aussagen war diese Betroffenheit die primäre Deutungsreferenz für die Aussagen zum Thema ‚Sterbehilfe'.

Zwei Beispiele mögen wiederum die Gruppe veranschaulichen: „Im Mai ist meine Schwester gestorben. In einem Hospiz. Sie hatte Krebs mit Metastasen im ganzen Körper. [...] Meine Einstellung zur Sterbehilfe hat sich durch die Erfahrung mit meiner Schwester verändert. [...]" (Süddeutsche, 28); „Meine Frau und ich haben bereits vor Jahren und aufgrund der Erfahrungen mit den erwähnten Pflegefällen sinngemäß der aufgeführten Gründe unseren Willen gegen lebensverlängernde Maßnahmen notariell hinterlegt. [...] Es soll keiner zu solch einer Einstellung gezwungen werden. Wer alles, egal unter welchen Umständen auch immer durchmachen will, soll das tun. Ich möchte nur, dass auch ich mit meiner Einstellung akzeptiert werde, und [dass den]jenigen, die mir dann helfen, das rechtlich gestattet ist." (Süddeutsche, 46; 58)

AP 4 kommuniziert mehrheitlich dialogisch; thematisch kommt vielfach die Bedingtheit ‚freiheitlichen' Handelns in der Entscheidungssituation zur Sprache.

Unter und mit ‚Betroffenen' entstehen kleine Dialoge, in denen sich Solidarität und Mitgefühl mitteilen können („Danke für ihre offenen Worte, über die ich mich freue"; Süddeutsche, 33).

AP 5: ‚Experte/Expertin'
Mit den ‚Experten' verhält es sich ähnlich wie mit AP 4: Die Gruppe der (professionellen) Sachverständigen ist wahrscheinlich größer als hier ausgewiesen. Bekanntermaßen ist gerade im Netz oft nicht mehr zwischen Laien- und Expertenwissen zu unterscheiden. Entsprechend codiert wurden also nur die Beiträge, in denen Akteure explizit ihre Profession thematisieren oder starke Hinweise auf ihren Beruf geben. Dabei stellt sich freilich die Frage: Wer ist eigentlich ein Experte? Nach dem Votum eines ‚Betroffenen' sind die Sachverständigen, völlig nachvollziehbar, die Betroffenen: „Ich will damit natürlich nicht in Abrede stellen, dass politisch-gesellschaftlich interessierte und engagierte Menschen sich zu Recht veranlasst sehen, sich mit dem Thema Sterbehilfe zu befassen und mit zu diskutieren. Nur, echt kompetent sind letztlich nur jene, die direkt oder indirekt davon betroffen sind." (Freitag, 12) Direkt oder indirekt betroffen dürften dann jedoch auch diejenigen sein, die sich von Berufs wegen mit dem Thema beschäftigen, zum Beispiel Ärzte/Ärztinnen, Pfleger/innen, Juristen/Juristinnen, auch Pfarrer und Pfarrerinnen/Seelsorger und Seelsorgerinnen. Auch hier gilt: Die Typenbildung im Merkmalsraum ergibt sich durch die primäre Deutungsreferenz. Das heißt: Überschneidungen von Merkmalen gibt es immer, schaut man sich etwa das Beispiel des Seelsorgers/Pfarrers in der Skizze zu AP 2c an. Auch die ‚Experten' kommunizieren vorwiegend dialogisch. Hier erscheinen – hinsichtlich der Anzahl von vier Beiträgen im Grunde zu vernachlässigen – in der Thematisierung die ‚kirchlichen Voten' (T 18), eingebracht von dem Seelsorger.[285] Als Beispiele dienen folgende Textstellen: „Danke, Herr Markwardt, für diesen beachtlichen Beitrag, v.a. weil Sie realistischerweise den Machtaspekt berücksichtigen. Macht ist freilich ein Aspekt in allen Lebensvollzügen, wie Paul Tillich in ‚Liebe-Macht-Gerechtigkeit' darlegt. Schade nur, dass Sie die kirchlichen Voten nicht wirklich gelesen haben können. Denn sonst würden Sie namentlich im Blick auf die Protestantischen nicht behaupten, [...]" (ZEIT, Tod; 114); „Klar, sollten Spezialisten Gesetze machen und über solche Themen wachen. Als Krankenpfleger darf ich den überbezahlten, übergewichtigen Damen und Herren des

---

[285] T18 ist nur wegen des expliziten Interesses am Rekurs auf kirchliche Argumentationsmuster aufgeführt; T18 findet ansonsten noch bei AP 2c Erwähnung (n=3) und bei AP 2d (n=3) und einige wenige Male in der Sammelgruppe AP 8 (n=5).

Bundestages raten, mal ein 6–7-wöchiges Praktikum auf einer onkologischen, nicht privaten Station zu machen, anstatt emotionale Reden zu halten." (BILD, 30)

AP 6: ‚Vage Fiktive'

AP 6 bezeichnet eine (kleine) Gruppe von Beiträgen, deren Argumentationen sich im Wesentlichen auf Vorstellungen, Spekulationen und Ähnliches beziehen. Insofern bildet AP 6 wiederum eine interessante Vergleichsgruppe zu AP 4, den Betroffenen. Während die Beiträge aus AP 4 im Durchschnitt vorsichtiger mit der Äußerung eindeutiger ethischer Konsequenzen sind, fallen die Kommentare aus AP 6 deutlicher aus. Häufig zeigt sich hier der Topos der ‚existenziellen Dissoziation' (T10), womit eine Figur gemeint ist, bei der sich der Sprecher in eine imaginäre zukünftige Situation hineindenkt und fühlt; vage bleibt der argumentative Gehalt, da es sich hier um Spekulationen handelt. Die Grundfigur ist dabei: ‚Wenn ich mir vorstelle, dass ..., dann ...' AP 6 besitzt damit hinsichtlich der Erzeugung von Diffusion eine gewisse Ähnlichkeit mit AP 2b, den ‚Verschwörungstheoretikern'. Um drei Beispiele zu nennen: „Ich möchte auch nicht im Krankenhaus liegen und befürchten müssen, dass die Organmafia reges Interesse an diversen Teilen von mir hat und sich schon mal durchrechnet, was meine Nieren, Leber etc. auf dem Schwarzmarkt so wert sind." (ZEIT, Position, 51); „Jupp, ich bin nüchtern und gesund, und ich sage jetzt, dass ich nicht sinnlos dahinvegetieren will, ich will lieber eine Todesspritze bekommen, als den Rest des Lebens in irgendeinem Bett zu liegen, ohne irgendetwas mitzubekommen." (BILD, 8); „Ich denke, wenn Sie so leiden müßten, würden auch Sie sich die Erlösung mit der Spritze wünschen" (BILD, 128).

AP 7: ‚Diskurs-/Dialoginteressierte/r'

Akteurpräsentationen, die dieser Gruppe zugeordnet worden sind, zeichnen sich durch ein grundlegendes Interesse am dialogischen Austausch und an der (konstruktiven) argumentativen Auseinandersetzung aus. Überschneidungen zu anderen AP sind freilich vorhanden. AP 7 zeichnet sich durch die stärkste Verwendung des Verantwortungs-Topos (T2) aus, hier in der Wendung der diskursiven Verantwortung (eine unterkomplexe Behandlung ist dem Thema nicht angemessen). Mit AP 7 sind auch Beiträge solcher Akteure bezeichnet worden, in deren Kommunikationsverhalten einerseits für die Beobachterin ein starkes dialogisches Interesse deutlich wurde (Einbau respondierender und reaktivierender Elemente). Andererseits wurden auch solche Kommentare markiert, die sichtbar machten, dass die Akteurin die (damals) gegenwärtige gesellschaftliche Debatte verfolgt und hierzu eine Einschätzung abgibt. Zwei Beispiele veranschaulichen

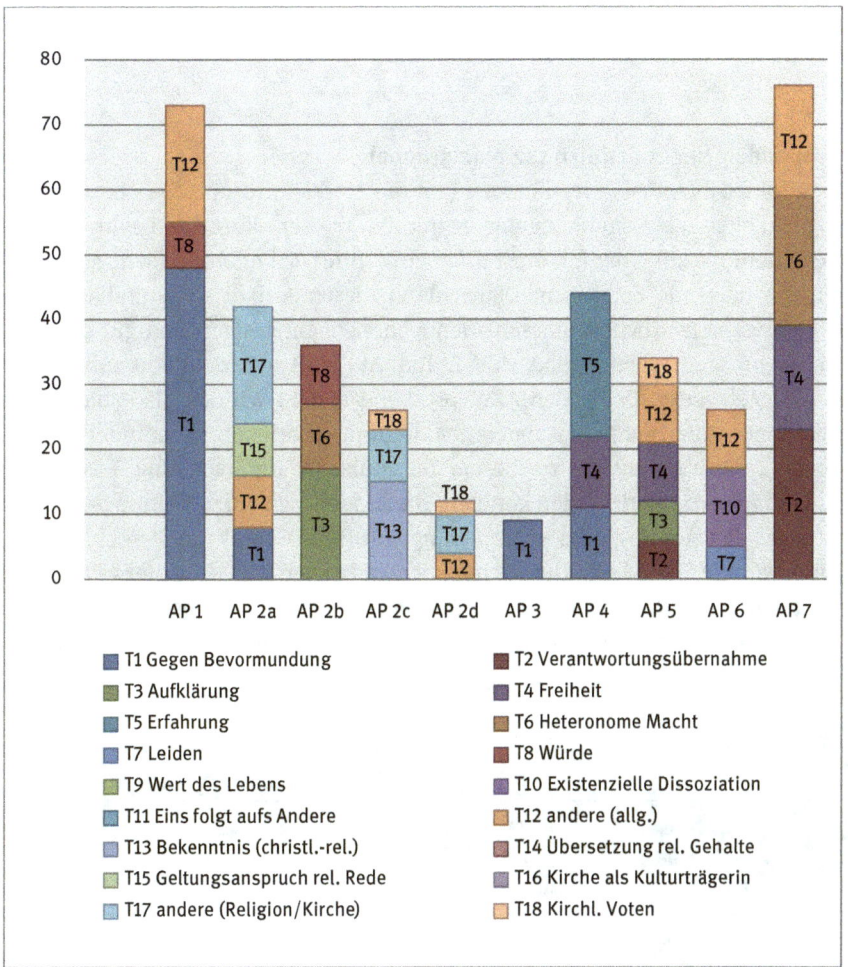

Abbildung 10: Zuordnung von Topoi und Akteurpräsentationen

AP 7: „Obwohl ich klarer Befürworter bin, dass jeder und jede das fundamentale Recht in Anspruch nehmen darf, über sein eigenes Leben und auch über sein eigenes Ableben entscheiden zu dürfen, halte ich den öffentlichen Diskurs für entscheidend. Geäußerte Widerstände, Ängste, Zweifel, wie am Beispiel des Abtreibungsparagrafen 216, 175, sowie die Gleichberechtigung homosexueller Partner, mußten und müssen kontrovers in einer Demokratie diskutiert werden." (ZEIT, Tod, 117) „Die Debatte halte ich aber vor allem für eine Scheindebatte, da die eigentliche Frage eine nach dem Leben sein sollte. Was tun wir, um Menschen ein menschenwürdiges Leben zu ermöglichen? Welche Hilfe bieten wir an, wo Unterstützung? Darum geht es doch." (Freitag, 9)

AP 8: andere/nicht deutlich (Sammelgruppe)

AP 8 bildet mit 37 % aller Kommentare die stärkste Gruppe. Das liegt in den Möglichkeiten des Kommentierens begründet, die sehr kurze und sehr unspezifische Beiträge zulassen ("Kannst du noch?" [BILD, 55] oder "Ich sehe schon vor mir, wie tausende Schüler in Deutschland diesen Artikel als Grundlage einer Schulaufgabe bearbeiten müssen! Dennoch, sehr interessant und gut geschrieben, wenn auch anstrengend" [ZEIT, Tod, 59] sind nur zwei von zahlreichen ähnlich gelagerten Beispielen). Entsprechend codiert wurden also solche Präsentationen, die nicht den anderen Akteurpräsentationen zugeordnet werden konnten, die aber auch – zu diesem Zeitpunkt der Untersuchung – zu keiner anderen AP geclustert werden konnten. Hier finden sich kurze Meinungseinwürfe auf journalistisch verkürzte Fragestellungen (BILD: "Soll aktive Sterbehilfe legalisiert werden?") wieder ("Klaro ... her mit dem Becher ..."; 136). Unter AP 8 finden sich auch Kommentare von Störern und Provokateuren (sogenannten ,Trollen').

Die *Verteilung der Akteurpräsentationen im Merkmalsraum* lässt sich in etwa folgendermaßen visualisieren:

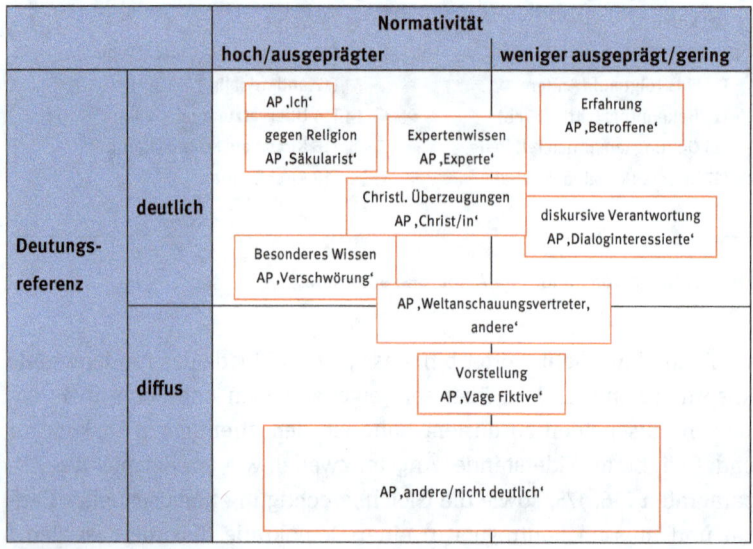

Abbildung 11: Verteilung der Akteurpräsentationen im Merkmalsraum (medieninitiierte Alltagsöffentlichkeiten)

Für die vorliegende Fragestellung nach den Dimensionen der Religion und des Religiösen in den Öffentlichkeiten des Netzes können an dieser Stelle noch einmal folgende Aspekte festgehalten werden:
- Bei der Untersuchung (religiöser) Kommunikation im Kontext von Zeitungskommentaren konnten verschiedene Akteurpräsentationen modelliert werden. Für die Belange der vorliegenden Arbeit erfordern folgende AP noch einmal besondere Aufmerksamkeit: Letztinstanzliche Züge in der Argumentation/Präsentation sind vor allem für die Gruppe AP 1 (‚Ich-Typus') zu verzeichnen, dann aber natürlich für AP 2 (‚Weltanschauungsvertreter/innen').
- Innerhalb von AP 2, eine der beiden größeren Gruppen von Akteurpräsentationen, spielt AP 2c, die ‚Expliziten Christen und Christinnen', eine geringere Rolle. AP 2c sieht sich in der Regel konfrontiert mit AP 2a (‚Säkularisten').
- Bleibend bemerkenswert ist, dass ‚Kirchliche Voten' in den medieninitiierten Alltagsöffentlichkeiten[286] (Kommentare im Nachgang zu Zeitungsbeiträgen online), sofern sie hier im Blick sind, keine nennenswerte Rolle spielen. Ihre Alltagsrelevanz scheint, so kann man daraus folgern, begrenzt zu sein. Ebenfalls auffallend ist, dass sich in der thematischen Auseinandersetzung mit dem Thema ‚Sterbehilfe' allenfalls untergeordnet christliche Argumentationsmuster und Semantiken finden lassen. Aber auch ‚Übersetzungsleistungen' derselben, wie etwa die Rede von der ‚Entzogenheit des Lebens', sucht man in der Regel vergebens.
- Mit AP 4 (‚Betroffene') und AP 7 (‚Diskurs-/Dialoginteressierte') treten zwei Gruppen von Akteurpräsentationen in Erscheinung, die aus einer weiteren Perspektive interessant für religionstheoretische Überlegungen sind: Die strukturelle Offenheit, die hier in vielen Fällen beschreibbar wird (und die, wie Abbildung 11 zeigt, nichts mit einer Diffusität der Deutungsreferenz zu tun hat), wäre noch einmal daraufhin zu betrachten, inwiefern sich hier Formen von transzendierungsoffener, resonanzsensibler Kommunikation aufweisen lassen. Auf solche Formen der Kommunikation soll in der Untersuchung weiteren Materials geachtet werden.

Um ‚christliche Perspektiven' – verstanden als von den Akteuren selbst religiös emblematisierte beziehungsweise kontextualisierte Kommunikation – noch einmal deutlicher in den Blick zu bekommen, werden in Phase 3 der Studie entsprechende *Blogs* untersucht. Mit den Blogs kommt eine weitere Kommunikationsform auf der

---

[286] Zum Begriff vgl. Kapitel 1.3.

Ebene einfacher Öffentlichkeit beziehungsweise auf ‚Encounterebene' in den Blick, die auch ‚persönliche Öffentlichkeiten'[287] genannt werden können.[288]

4.2.4 Phase 3: Untersuchung von Blog-Kommunikation

Eine regelgeleitete Untersuchung von Blogs steht freilich vor den gleichen Schwierigkeiten wie Online-Forschung generell: Prinzipiell ist das Material unüberschaubar, und das gilt auch für die ‚christliche Blogosphäre'. Trotzdem soll der Frage nachgegangen werden, welche Anhaltspunkte sich aus einer Sichtung von Blogs für die Frage nach religiöser Kommunikation im Netz gewinnen lassen, in Ergänzung zu den Formen medieninitiierter Alltagsöffentlichkeiten.

4.2.4.1 Auswahl von Blogs

Mit Blick auf die Auswahl der Blogs kommt – zu der prinzipiellen Unüberschaubarkeit des Materials – erschwerend hinzu, dass eine gezielte Suche von Blogs beziehungsweise Blogeinträgen zu bestimmten Themen aufgrund fehlender technischer Hilfsmittel (wie Blogsuchmaschinen) mühsam und zeitaufwendig ist. Im Folgenden beziehe ich mich auf ein *Blognetz* von *448 Blogs*, das Fabian Maysenhölder über ein Nachverfolgen der Blogverlinkungen (in Form des sogenannten ‚Schneeballverfahrens') über die *Blogrolls* abgebildet hat: *Kartografiert ist die aktive deutschsprachige christliche Blogosphäre zum Stichdatum 01.12. 2015.*[289] Aufgrund der Kriterien, die Maysenhölder an die Auswahl der Blogs stellt – es sind aktive und persönliche Blogs[290] (keine redaktionellen, institutio-

---

287 Vgl. dazu Kapitel 2.4.3.2.
288 Ricarda Drüeke spricht im Zusammenhang von Blogs und persönlichen Homepages auch vom „Internet als persönliche[m] Raum" als einem der beiden ‚Kommunikationsräume' einfacher Öffentlichkeiten (die zweite wird mit den medieninitiierten Formen von Alltagskommunikation anschaulich). Vgl. Drüeke, Ricarda, „Politische Kommunikationsräume im Internet", in *Öffentlichkeiten und gesellschaftliche Aushandlungsprozesse: Theoretische Perspektiven und empirische Befunde*, hg.v. ders. und Elisabeth Klaus (Bielefeld 2017), 39–60: 55f.
289 Fabian Maysenhölder hat das Blognetz im Zusammenhang der Arbeit an seiner Dissertationsschrift in Tübingen *Die hypermediale Rezeption biblischer Texte im Social Web am Beispiel der deutschsprachigen christlichen Blogosphäre* (Arbeitstitel) erstellt.
290 Als Kriterien gelten insgesamt: Die Blogs müssen uneingeschränkt öffentlich zugänglich, älter als drei Monate (Schmidt verweist darauf, dass nur 55% der Blogs drei Monate nach Gründung noch fortgeführt werden, vgl. Schmidt, Jan, *Weblogs: Eine kommunikationssoziologische Studie* [Konstanz 2006]: 18) aktiv (mindestens ein Blogpost muss in den letzten drei Monaten verfasst worden sein) und zum Großteil auf Deutsch verfasst sein. Es muss sich um einen per-

nellen oder kommerziellen Blogs) –, werden vor allem Blogs ins Verhältnis zueinander gesetzt, die *Personen privat schreiben*. Ins Blognetz aufgenommen sind also auch Blogs von Pfarrern, die nicht als Pfarrer ihrer Kirchengemeinde bloggen, sondern als Personen, die ihre persönliche Meinung wiedergeben, nicht etwa die ihrer Kirchengemeinde. In den Blick kommt hier für die Untersuchung also die *Mikroebene*; beobachtet werden kann hier aber auch, wie sich aufgrund der Vernetzungen untereinander Phänomene der Mesoebene bilden, die – und das ist typisch für das Social Web – organisational nicht präfiguriert sind. Mesoebenen bilden sich durch Akkumulation von eingehenden und ausgehenden Kommunikationen aus und werden gegebenenfalls strukturell gefestigt. Um zwei ganz unterschiedliche Beispiele zu nennen: Das Portal *Christliche Blogger Community* bündelt Texte angemeldeter evangelikaler Blogger und Bloggerinnen, die auf ihren jeweiligen Blogs Beiträge veröffentlichen (Updates werden zusätzlich über weitere Social-Media-Kanäle bekannt gegeben), und bietet den Nutzern verschiedene Möglichkeiten des Austauschs. Ein ganz anderes Beispiel ist das Internetforum *beziehungsweise ...*, das einerseits Autorinnen Raum geben will, philosophische Beiträge zu veröffentlichen, das andererseits explizit als Ort der Netzwerkarbeit für philosophisch-politisch engagierte Frauen aus ganz unterschiedlichen Ländern fungieren will.[291]

Was wird hier jedoch als ‚christlicher Blog' bezeichnet? Im vorliegenden Blog-Sample versammeln sich Blogs, wie sie – je nach Konstellation – unterschiedlicher nicht sein könnten. Zunächst einmal kann als ‚christlich' ein Blog gelten, dessen Betreiber/in sich explizit als Christ/in vorstellt und absichtsvoll Beiträge, nach eigener Aussage, in christlicher Perspektive veröffentlicht. In der bereits erwähnten *Christlichen Blogger Community* findet man zahlreiche Beispiele für solche Selbstverständnisse. Darunter zählen dann auch Blogs von Pfarrern und Pfarrerinnen, Theologiestudierenden und Absolventen/Absolventinnen eines Theologiestudiums, die ihren professionellen Zugang in der Selbstvorstellung des Blogs explizit ausweisen. Dann werden für die vorliegende Studie der Einfachheit halber alle diejenigen Blogs ebenfalls als ‚christlich' bezeichnet, die mit den explizit christlichen Blogs verlinkt sind, und die sich – immer wieder auf ihren Blogs – mit Themen aus christlich-religiöser Perspektive beschäftigen. In das Sample sind Blogs unabhängig von ihrer konfessionellen Prägung aufgenommen worden.

---

sönlichen Blog von einer Person oder mehreren Personen handeln, wobei der Blog einen christlichen Bezug erkennen lassen muss.
291 Vgl. http://www.bzw-weiterdenken.de/ (01.03.2018).

Die Sichtung der 448 Blogs führte für die vorliegende Studie zu einem *Sample von 22 Blogs*, das sich aus der Anwendung folgender Kriterien ergab: Es sollte sich um aktive und persönliche Blogs handeln, von denen man annehmen kann, dass der Autor/die Autorin in Deutschland lebt und insofern potenziell die Debatte um die gesetzliche Neuregelung der Sterbehilfe verfolgt. Mit dieser Entscheidung fielen Blogs aus Österreich oder der Schweiz aus dem Sample heraus.[292] Ebenfalls nicht ins Sample aufgenommen worden sind Blogs beziehungsweise Beiträge, die sich vorwiegend darauf beschränken, Kurzmeldungen oder Pressemitteilungen wiederzugeben oder zu verlinken, die Rezensionen Dritter veröffentlichen; wichtig für die Aufnahme in das Sample war die deutliche Erkennbarkeit eines eigenen Beitrags zum Thema. Ebenso nicht aufgenommen worden sind Blogs beziehungsweise Beiträge, in denen es um Unterrichtsmaterialien und Gestaltungsfragen zum Religionsunterricht und der Konfirmandenarbeit geht. Beiträge, die in ihrer Abfassung weiter zurückreichen als 2013, wurden nicht mehr berücksichtigt, geht es der vorliegenden Studie doch um eine Wahrnehmung der Kommunikation rund um die Debatte der Jahre 2014/2015. Die Persistenz des Materials online ermöglicht zwar eine potenziell komplexe (explizite oder implizite) Verlinkung von älteren und neueren Beiträgen und damit auch eine Re-Aktualisierung von älteren Beiträgen – forschungspragmatisch wurden Texte älter als 2013 ausgeschieden, weil sie nicht explizit die aktuelle Debatte beziehungsweise implizit deren Resonanzen zum Anlass hatten (aus dem Jahr 2013 sind jedoch auch nur drei Beiträge im Sample).

Die geringe Anzahl an Blogs, die sich mit dem Thema ‚Sterbehilfe' im Zeitraum der öffentlichen politischen Debatte auseinandersetzen, überrascht: Freilich ist die christliche Blogosphäre größer als das von Maysenhölder über die Blogrolls rekonstruierte Blognetz; trotzdem gibt es keinen Grund anzunehmen, dass der Durchschnittswert von (aktiven und persönlichen) Blogs der deutschsprachigen christlichen Blogosphäre, die sich mit dem Thema ‚Sterbehilfe' beschäftigen, wesentlich über den hier ermittelten (aufgerundeten) 5 % liegt. Auch dieser Befund wird später zu diskutieren sein.

---

292 Lediglich ein Blog ist im Sample, der von einer Schweizerin und einer Deutschen gemeinsam verantwortet wird; dies macht Sinn, da die Situation hinsichtlich des Themas ‚Sterbehilfe' in Österreich, vor allem aber in der Schweiz eine andere ist als in Deutschland, so dass Diskurse hier andere Gestalten annehmen.

4.2.4.2 Material und Akteurpräsentationen: Erste Überlegungen zur Auswertung

Schaut man sich das Sample von 22 Blogs (von 21 Autoren und Autorinnen) an, wird deutlich, dass das Material disparat ist. Die Blogs haben unterschiedliche Intentionen, ihre Autoren und Autorinnen gehören verschiedenen Konfessionen an, pflegen unterschiedliche Frömmigkeitsstile und besitzen – sofern es thematisiert wird – je eigene politische Ansichten.[293] Eine Auflistung der Blogs findet sich in Tabelle 3. Der Einfachheit halber werden für die Untersuchung die Blogs gekennzeichnet von B1 bis B21. Weist ein Blog mehrere Beiträge zum Thema ‚Sterbehilfe' auf, werden die Beiträge aufgenommen, sofern sie (im Vergleich zum aktuellsten Beitrag) neue Aspekte beinhalten. Der Auflistung sind die URLs und die Blognamen zu entnehmen; Zitate werden entsprechend belegt, sensible Zitate werden aus Gründen der möglichen Rückverfolgung gegebenenfalls paraphrasiert.[294]

---

[293] Insofern sei an dieser Stelle noch einmal angemerkt, dass die Untersuchung der Blogs keinen Anspruch erhebt auf die Formulierung repräsentativer Aussagen. Ihr liegt zudem daran, möglichst wenige Schlussfolgerungen zu ziehen, die sich nicht unmittelbar aus dem Material ergeben. Es kann also hier nur um ein Aufzeigen von Tendenzen gehen. Gleichzeitig ist es unerlässlich, bis zu einem gewissen Grad Abstraktionen und Verallgemeinerungen vorzunehmen. Andernfalls wäre es nicht möglich, Aussagen auch hier zu den Akteurpräsentationen zu formulieren und Brückenschläge zu den Zeitungskommentaren zu versuchen.

[294] Nicht bei allen Blogs war es möglich, Autoren und Autorinnen a) über die Aufnahme der Blogs in das Sample zu informieren und b) in Folge die Wünsche mit Blick auf mögliche Anonymisierungen abzufragen: Bei einem Blog war keine Kontaktmöglichkeit vorgesehen (jenseits der Möglichkeit zur Beitragskommentierung), bei einem anderen Blog antwortete der Autor/die Autorin gar nicht auf die Anfrage. Darüber hinaus ist der Einbezug des eigenen Blogs in das Forschungsvorhaben bei den verbleibenden 19 Autoren und Autorinnen positiv aufgenommen worden. Trotzdem werden – aus Rücksicht auf die beiden fehlenden Rückmeldungen – aus Gründen der Einheitlichkeit bei den Zitaten o. ä. nur die Chiffrierungen angegeben. Blogkommentare werden ebenfalls chiffriert. Weder wird hiermit das Urheberrecht verletzt (der Verlinkung und damit der Autorenschaft ist über die Tabelle nachzugehen), noch wird die Frage der Anonymisierung übergangen (wenngleich Anonymisierungen in der Online-Forschung immer nur partiell sein können). Auch die Frage der Anonymisierung der Zeitungskommentare in den Untersuchungsphasen 1 und 2 ist an dieser Stelle noch einmal überdacht worden: Unterstellt wird bei den Nutzern und Nutzerinnen das Bewusstsein, bei einem Massenmedium mit erheblicher Reichweite zu kommentieren. Darüber hinaus wäre das Einholen von Einwilligungen hier praktisch unmöglich; bei vermutlich sensiblen Informationen wird hier – wie bei den Blog-Kommentaren – paraphrasiert.

Tabelle 3: Die Blogs des Samples

	Name des Blogs	URL
B1_1	einwürfe. Kommentare zu aktuellen gesellschaftspolitischen Themen	https://einwuerfe.wordpress.com/2015/12/11/das-neue-verbot-der-geschaeftsmaessigen-foerderung-der-selbsttoetung/
B1_2		https://einwuerfe.wordpress.com/2015/06/09/suizidhilfe-gewerbsmasig-oder-geschaftsmasig/
B1_3		https://einwuerfe.wordpress.com/2015/05/08/sterbehilfe-was-wird-eigentlich-diskutiert/
B2a	Gott und Co. It's not about her_his existence	https://gottundco.wordpress.com/2014/03/19/die-unverfugbarkeit-des-lebens/
B2b	beziehungsweise weiterdenken. Forum für philosophie und politik	http://www.bzw-weiterdenken.de/2014/03/einige-gedanken-zum-selbstbestimmten-sterben/
B3	theologiestudierende.de	http://www.theologiestudierende.de/2015/06/20/wie-haeltst-du-es-mit-dem-sterben/
B4	Totenhemd-Blog. Übers Sterben reden	https://totenhemd.wordpress.com/2015/11/30/30-11-ist-selbstmord-ok/#more-2689
B5_1	Zur Freiheit berufen. Ein Krankenhauspfarrer über Theologie, Seelsorge, Ethik und mehr	http://krankenhauspfarrer.net/2015/08/03/keiner-ueberzeugt/
B5_2		http://krankenhauspfarrer.net/2014/11/30/zu_schnell/
B5_3		http://krankenhauspfarrer.net/2014/02/26/augenmass/
B6	Der schwache Glaube. Der christliche Glaube zwischen Moderne und Religion	http://www.der-schwache-glaube.de/?p=1458
B7_1	(evangelisch)	Beitrag 1
B7_2		Beitrag 2
B8	Auf'n Kaffee mit Rolf Krüger	http://www.aufnkaffee.net/2014/11/sterbehilfe-warum-brittany-maynard-selbstbestimmt-sterben-duerfen-durfte/
B9	gardinenpredigerin	https://gardinenpredigerin.wordpress.com/2014/11/10/der-bart-des-kaisers-auf-dem-totenbett/#comments

Tabelle 3: Die Blogs des Samples *(Fortsetzung)*

	Name des Blogs	URL
B10_1	durchgedacht. Gedanken über Gesellschaft. Ethik und Theologie	http://www.durchgedacht.net/2014/09/die-debatte-um-sterbehilfe-und-die.html
B10_2		http://www.durchgedacht.net/2014/08/die-debatte-um-sterbehilfe-eine.html
B11_1	Blog Ansichtssache	http://blog.wolfgangfenske.de/2015/07/05/sterbehilfe-8/
B11_2		http://blog.wolfgangfenske.de/2015/03/16/15-punkte-zum-thema-sterbehilfe/
B11_3		http://blog.wolfgangfenske.de/2014/06/30/sterbehilfears-vivendi-ars-moriendi/
B12_1	himmel und erde. leben und glauben mit allen möglichen facetten	https://himmelunderde.wordpress.com/2015/11/05/ambulanter-hospizdienst-ich-mach-hier-mal-ein-bisschen-werbung/
B12_2		https://himmelunderde.wordpress.com/category/christsein-und-glaube/
B13_1	Kalliopevorleserin	https://kalliopevorleserin.wordpress.com/2015/11/05/darf-man-sich-toeten-lassen/
B13_2		https://kalliopevorleserin.wordpress.com/2015/09/24/assistierter-selbstmord-und-was-ist-mit-dem-arzt/
B13_3		https://kalliopevorleserin.wordpress.com/2015/06/03/sterbehilfe-und-menschenwurde/
B13_4		https://kalliopevorleserin.wordpress.com/2014/12/13/ein-fall-von-sterbehilfe/
B13_5		https://kalliopevorleserin.wordpress.com/2014/10/17/geplanter-tod/
B13_6		https://kalliopevorleserin.wordpress.com/2014/10/11/das-recht-auf-guten-tod/
B13_7		https://kalliopevorleserin.wordpress.com/2013/01/19/schutzenswert/
B14_1	Provinzthomismus	https://eumloquatur.wordpress.com/2014/07/22/gedanken-zur-menschenwurde/
B14_2		https://eumloquatur.wordpress.com/2014/07/20/hat-das-leiden-einen-sinn-2/#comments

Tabelle 3: Die Blogs des Samples *(Fortsetzung)*

	Name des Blogs	URL
B14_3		https://eumloquatur.wordpress.com/2014/07/22/ein-bekenntnis-und-nachtrag-zur-sterbehilfe/
B15	Jobo72's Weblog	https://jobo72.wordpress.com/2015/10/23/von-der-selbstbestimmung-zur-fremdbestimmung-anmerkungen-zur-sterbehilfe/
B16_1	katholon	http://archiv.katholon.de/?p=9231
B16_2		http://archiv.katholon.de/?p=9078
B16_3		http://archiv.katholon.de/?p=8967
B16_4		http://archiv.katholon.de/?p=8466
B16_5		http://archiv.katholon.de/?p=7726
B16_6		http://archiv.katholon.de/?p=7569
B16_7		http://archiv.katholon.de/?p=7521
B17_1	PapsttreuerBlog. Katholisch, konservativ & libertär	http://papsttreuerblog.de/2015/10/30/sterbehilfe-um-himmels-willen-nein/
B17_2		http://papsttreuerblog.de/2014/10/07/sterbehilfe-gott-aussen-19516650/
B18_1	Conservo. Ein konservativer u. liberaler Blog	https://conservo.wordpress.com/2015/11/07/sterbehilfe-toetung-aus-barmherzigkeit-eine-unglaubliche-rede-im-deutschen-bundestag-zeigt-die-folgen/
B18_2		https://conservo.wordpress.com/2015/04/02/mord-oder-sterbehilfe/
B18_3		https://conservo.wordpress.com/2014/11/22/gedanken-zum-totensonntag-und-zur-sterbehilfe/
B19	NAMENSgedächtnis. Anmerkungen zur christlichen Lehre	https://jochenteuffel.wordpress.com/2014/11/10/2469/
B20	(katholisch)	Beitrag
B21	Frischer Wind. Einfach katholisch und was mich sonst noch so bewegt	http://www.blog-frischer-wind.de/2013/11/gefahrlich-der-priester-hans-kung-und.html

Auch Online-Forschung hat sich grundlegend mit Fragen der *Forschungsethik* und des *Datenschutzes* zu befassen[295]: Selbst bei der Untersuchung so genannter ‚offener sozialer Medien' – also solcher, die für jeden und jede frei einsehbar sind – ist aus forschungsethischer Perspektive ‚das' Netz nicht einfach als großer Material-Pool zu behandeln, aus dem sich einfach ohne jede weitere Überlegung heraus bedient werden sollte und könnte. Zumindest die Reflexion des Spannungsverhältnisses zwischen Verfügbarkeit und Fragen informationeller Selbstbestimmung sollte für die Forschung vorausgesetzt werden. Anders ausgedrückt: „‚Online stellen' ist nicht gleichbedeutend mit ‚öffentlich machen', so dass abgewogen werden muss, inwieweit man für die Online-Forschung auf bestimmte Informationen oder Daten zugreifen kann, die im Internet vorliegen."[296] Man kann sicherlich darüber debattieren, ob nicht in medienpädagogischer Perspektive ein wesentliches Ziel gerade darin liegen müsste, User dafür zu sensibilisieren, dass ‚online stellen' eben doch ‚öffentlich machen' bedeutet. Da jedoch Medien des Social Web von vielen Menschen immer noch unbedarft genutzt werden, scheint mir die Empfehlung von Nele Heise und Jan Schmidt sehr plausibel, für den Einzelfall aus dem Match von Zugänglichkeit (eingeschränkt/allgemein) und Sensibilität (hoch/gering) der Informationen den gebotenen Umgang mit dem konkreten Material abzuwägen.[297]

Ein Anliegen im Anschluss an die Untersuchungen der Konversationen in Phase 1 und 2 besteht für die Sichtung der Blogs darin, Näheres beziehungsweise Ergänzendes zur (religiösen) Kommunikation im Zusammenhang der Sterbehilfe-Debatte zu erfahren. Entsprechend diesem Interesse, mehr über (explizit) christ-

---

[295] Zum Datenschutz und zur Ethik in der Online-Forschung sind einzelne Beiträge publiziert, vgl. Pflüger, Almut und Dobel, Heiko, „Datenschutz in der Online-Forschung", in *Handbuch Online-Forschung: Sozialwissenschaftliche Datengewinnung und -auswertung in digitalen Netzen*, hg.v. Martin Welker, Monika Taddicken, Jan-Hinrik Schmidt und Nikolaus Jackob (Köln 2014), 485–518; vgl. Heise, Nele und Schmidt, Jan-Hinrik, „Ethik der Online-Forschung", in *Handbuch Online-Forschung*, hg.v. Welker, Taddicken, Schmidt und Jackob, 519–529. Die *Deutsche Gesellschaft für Online-Forschung (DGOF)* unterstellt ihre Arbeiten entsprechenden Standesregeln und Codices bzw. verpflichtet sich „an der Wahrung und Durchsetzung der Berufsgrundsätze, Qualitätsrichtlinien und Standesregeln mitzuwirken." Standesregeln und Codices sind einzusehen unter: http://www.dgof.de/standesregeln/ (01.03.2018), so etwa auch die so genannte *Soziale Medien Richtlinie* (aktueller Stand: März 2014). An dieser Stelle danke ich ausdrücklich Jan-Hinrik Schmidt, Hans-Bredow-Institut für Medienforschung an der Universität Hamburg, für seine Einschätzungen und Empfehlungen zu Anonymisierung und Datenschutz mit Blick auf das vorliegende Material.
[296] Heise und Schmidt, „Ethik der Online-Forschung", 523 f.
[297] Vgl. Heise und Schmidt, „Ethik der Online-Forschung", 526 ff.

lich-religiöse Kommunikation zu erfahren, soll daher die Akteurpräsentation ‚Explizite/r Christen/in' (im Zusammenhang der Untersuchung der Kommentare AP 2c) anhand des neuen Materials ausdifferenziert werden.

Auch hier gilt, was bereits für die Modellierung der Akteurpräsentationen in Phase 2 gegolten hat: Die skizzierten Akteurpräsentationen liegen auf einem hohen Abstraktionsniveau, sie versuchen, Charakteristika in den Meinungsäußerungen zu fassen und vorsichtig zu clustern. Folgende Differenz ist jedoch für die Formulierung der Akteurpräsentationen in dieser Phase festzuhalten: Wurde in Phase 2 noch nach der Deutlichkeit der Deutungsreferenz gefragt, unterstelle ich allen hier behandelten Blogs – und meine Sichtung bestätigt diese Unterstellung – dass diese *Deutungsreferenz* bei allen deutlich ist, insofern sie sich auf *Vorstellungen des christlichen Glaubens* beziehen. Indes kann zwischen typischen kommunikativen Konturierungen dieser Vorstellungen unterschieden werden und damit auch mit Blick auf die Ausprägung von Normativität.

Nachdem die 22 Blogs (48 Beiträge) mit 831 Codierungen versehen worden sind, ist eine Typenbildung vorgenommen worden. Wie in Phase 2 sind die Akteurpräsentationen nach ihrer Ähnlichkeit im Merkmalsraum gebildet worden (vgl. Abbildung 13); ihnen sind im Folgenden Fälle (Texte) zugewiesen worden. Auf die Zuweisung von jeweiligen Kommunikationsmodi ist verzichtet worden, da zumindest die Blogbeiträge aufgrund ihrer zunächst monologischen Gestalt oft verlautbarenden Charakter haben. Folgende Akteurpräsentationen (AP) lassen sich nachzeichnen[298]:

AP ‚Exklusive'
Die Akteurpräsentation der ‚Exklusiven' prägt die kleinste Gruppe mit 21 Codierungen aus. Sie soll hier jedoch am Anfang der Skizzen stehen, weil sie ein dominantes Charakteristikum hat, das auch andere AP der Tendenz nach besitzen. Die vorgestellte Typologie orientiert sich *nicht* an den von Fuchs und Dubach 2005 vorgestellten religiösen Typen in der Schweiz, gleichwohl ließe sich über die hier skizzierten ‚Exklusiven' sagen, was auch Fuchs und Dubach über ‚ihren' Typus des ‚exklusiven Christen' formulieren: „[Die exklusiven Christen] bevorzugen klare, verbindliche und eindeutige Aussagen zur Gottesfrage, zur Deutung des Todes und zur Zukunft der Menschheit aus dem christlichen Glauben. Im Christentum erkennen sie das unhinterfragbare Fundament ihrer Lebensführung. An der Existenz Gottes hegen sie keinen Zweifel. Ungewissheit über ein Leben nach dem

---

[298] Dabei sei erwähnt, dass die Übergänge zwischen den einzelnen Akteurpräsentationen fließend sein können; im Zweifelsfall ist für das dominantere Muster entschieden worden.

Tode plagt sie nicht"[299] – zumindest nicht, was das eigene Leben nach dem Tod anbelangt. So schreibt ein Kommentator über Brittany Maynard, die sich im November 2014 in Oregon aufgrund einer letalen Krebserkrankung (öffentlichkeitswirksam) das Leben nahm:

> „Manchmal sind solche Katastrophen auch ein Wink Gottes mit dem Zaunpfahl, zu Ihm umzukehren. Wir haben eben keine Kontrolle über unser Leben. Die Kontrolle hat allein Gott. Brittany Maynard ist meines Wissens nach dadurch nicht zu Gott umgekehrt, obwohl sie die Gelegenheit dazu gehabt hätte. Mehrere Christen haben sie von ihrer Entscheidung abbringen wollen und wollten sie zum Glauben an Gott führen. Sie hat jedoch nicht gewollt. Ich bezweifle, dass wir sie im Himmel sehen werden. So hart es auch klingt." (B8, Komm. 62–65)

Die Exklusivität bezieht sich nicht nur darauf, dass aus dem christlichen Glauben klare Maßstäbe für die Lebensführung aufgestellt werden; die Exklusivität beschreibt nicht nur den Umstand, dass für diese Christen ihre Weltanschauung „Kernbestand ihrer Identität"[300] ist. Ein Textbeispiel für diese beiden Aspekte wäre das folgende:

> „Gotteskinder leben nicht selbstbestimmt, sondern christusbestimmt. Gotteskinder werden nicht erwachsen, weil sie wider aller Biologie und Generationenfolge nicht der göttlichen Fürsorge entwachsen können. Kind sein heißt in einer Lebensbeziehung stehen, mehr noch unter der göttlichen Verheißung leben: ‚Wenn du aber Kind bist, dann bist du auch Erbe. Dazu hat Gott dich bestimmt.' (Galater 4,7 – BasisBibel) Die Gottesbestimmung für das eigene Leben überwiegt meine eigene hoffnungslose Selbstbestimmung. Als Kind Gottes gehöre ich mir nicht selbst und muss deswegen auch nicht über Tod und Leben entscheiden." (B19, 16 f.)

Die Exklusivität drückt – und hier geht die vorgenommene Skizze über die Ausführungen Fuchs und Dubachs meines Erachtens hinaus – vor allem auch ein Empfinden der eigenen Exklusivität im Unterschied ‚zur Welt' aus, das sich aus einem Leben in Gottesgemeinschaft speist. Im folgenden Beispiel wird der exklusive (ausschließende) Charakter explizit:

> „Hans Küng [Hans Küng vertritt in der Sterbehilfe-Debatte eine prominente Position; KM] glaubt zwar an ein Leben nach dem Tod und erwartet, auch nach Suizid in den Händen Gottes geborgen zu sein. Doch spricht er hier gewiss nicht von dem Gott, an den *wir Christen* glauben, denn dieser verbietet es dem Geschöpf streng, sich als Herr über Leben und Tod aufzuspielen und sich dadurch göttliche Rechte anzumaßen. [...] Wer wie Hans Küng die professionelle Suizidassistenz von Exit in Anspruch nehmen will, der verzichtet damit selbstredend auf die kirchlich-sakramentale Sterbebegleitung durch den Priester. Er schlägt

---

[299] Dubach, Alfred und Fuchs, Brigitte, *Ein neues Modell von Religion: Zweite Schweizer Sonderfallstudie – Herausforderung für die Kirchen* (Zürich 2005), 61.
[300] Dubach und Fuchs, *Ein neues Modell*, 64.

die Absolution nach reuiger Beichte aus, weist die aufrichtende, für den Todeskampf stärkende Gnade der heiligen Salbung zurück und lehnt die eucharistische Wegzehrung ab, diese letzte Kommunion auf Erden, die der ewigen Kommunion des Himmels vorausgehen soll. Das bedeutet: Ein solcher Mensch befindet sich *objektiv* in einem Zustand, der ihn *vom ewigen Heil ausschließt*." (B21, 12f.; Hervorhebungen von mir; KM)

Interessant ist noch einmal der Blick auf die behandelten Themen beziehungsweise auf die Topoi, die Verwendung finden. Generell ist hinsichtlich aller Akteurpräsentationen, wie sie sich bei den hier untersuchten Blogs zeigen, ein weitgehender Ausfall des ‚Gegen-Bevormundung'-Topos zu verzeichnen. Das bedeutet nicht, dass das Thema der Selbstbestimmung keine Rolle spielte, es wird allerdings auf andere Weise thematisiert (vgl. dazu auch die Ausführungen zur AP der ‚Kritisch-Philosophischen'). Für die AP der ‚Exklusiven' ist dieser Ausfall zuerst zu verzeichnen.

Thematisiert werden hingegen der Wert des Lebens beziehungsweise die Frage der Würde, in Abgrenzung die Ablehnung menschlicher Selbstbestimmung, auch der Topos der positiven Bedeutung des Leidens wird aufgerufen. Dabei ist die Verwendung christlicher Binnensprache im Verhältnis zu anderen Merkmalen ausgeprägt, einerseits durch allgemein symbolische Rede:

„In der Taufe sind wir in das Christusgedächtnis hineingenommen, und dieses göttliche Gedächtnis zählt für uns auf Ewigkeit: Der Gott behält uns und unser Leben im Gedächtnis – auch dann wenn wir uns wegen Demenz sich selbst und andere nicht länger im eigenen Gedächtnis behalten können. Der Gott behält uns und unser Leben im Gedächtnis – auch wenn wir selbst die Gebrechlichkeiten des eigenen Leibes nicht länger ertragen können. Der Gott behält uns und unser Leben im Gedächtnis – auch wenn wir für andere Menschen zum bettlägerigen Pflegefall werden. Was uns im Alter noch alles zugemutet wird, was alles beschwerlich, schmerzlich oder deprimierend sein wird, können wir nicht vorhersehen. Und doch enden Kinder [es geht hier um Gottes Kinder; KM] bei Gott nicht als Pflegefall." (B19, 22ff.)

Andererseits wird in vielen Fällen biblisch argumentiert. Übersetzungen des semantischen Gehalts werden nicht vorgenommen.

AP ‚Konservativ-Traditionale'

Grenzziehungen zwischen den AP sind mitunter nicht ganz einfach zu ziehen. Auch die AP der ‚Konservativ-Traditionalen' haben eine Tendenz zur Exklusivität der eigenen Weltanschauung; in ihren Texten geht es jedoch nicht primär um ein klares und gegebenenfalls hartes Fällen von Werturteilen, sondern vielfach um eine Auseinandersetzung mit der kirchlichen (und philosophischen) Tradition, die im Gespräch mit gegenwärtigen Einsichten und Erfahrungen größeres Gewicht als eben diese besitzt und die insofern in der Gesamtevaluation der Problemlage eine eindeutige Rolle spielt: Es wird von der Tradition her argumentiert, und es wird wieder auf die Tradition hin argumentiert. So wird die Tradition eher konserviert als transformiert.

Die ‚Konservativ-Traditionalen' weisen mit der Gruppe der ‚Kritisch-Philosophischen' die meisten Codierungen (n=52) auf – das allerdings sagt noch nichts aus über die Verteilung im Sample zwischen eher konservativen und eher liberalen AP. Profiliert tritt die AP der ‚Konservativ-Traditionalen' in den katholischen Blogs im Sample auf, wenn es um den tragenden Rekurs auf lehramtliche Verlautbarungen geht wie um ein Bekenntnis zur Institution der Römisch-Katholischen Kirche:

> „Daß ich dennoch generell gegen Sterbehilfe bin, hat außer der Gefahr des Mißbrauchs – die in der genannten Dokumentation nicht erwähnt wurde – zwei Gründe. Der eine ist meine katholische Religion. Ich bin überzeugt, daß ich meinen Tod nicht selbst in die Hand nehmen darf. Lebensverkürzende Nebenwirkungen von Schmerzmitteln sind hinzunehmen; über die Linderung von Angst und Schmerzen hinausgehender Gebrauch von Medikamenten ist nach katholischer Auffassung Sünde. [Zitiert werden dann die Katechismusartikel 2276 ff.; KM]" (B13_3, 16 ff.)

> „Ich gebe Recht: Es stimmt und ich versuche die Gelegenheit zu nutzen, nachzuholen, was gefehlt hat. Doch ein Wort vorab. Was immer ich hier schreibe, ist nicht mehr als meine Meinung. Ich würde mich natürlich freuen, wenn es die Lehre meiner Kirche skizziert, die ich liebe. Das kann ich aber nicht garantieren, weil ich nicht garantieren kann, sie hinreichend zu kennen." (B14_2, 6)

Sofern ein Blogbeitrag in der Zuordnung zur Verteilung der AP im Merkmalsraum changierte, wurden andere Beiträge desselben Blogs gesichtet, um die allgemeine Tendenz des Blogs zu eruieren. Dass eine Zuordnung der Blogs zu den AP nicht in der Lage ist, die gesamten gedanklichen Bewegungen abzubilden, zeigt ein Beispiel der evangelischen Blogs mit einer Affinität zur ‚kritisch-philosophischen' AP:

> „Das Thema ist für mich auch recht schwer zu lösen, weil ich es aus meiner christlichen Perspektive nicht lösen kann. Jesus Christus hat Menschen Leiden genommen, indem er sie geheilt hat. Er wollte das Reich Gottes schon soweit abbilden, dass Menschen das Leiden genommen wird. Wir Menschen haben normalerweise nicht die Fähigkeit, den Menschen das Leiden auf diese Art und Weise zu nehmen. Wenn wir den Maßstab ‚Reich Gottes' darauf hin anwenden, Menschen das Leiden zu nehmen, weil in der Welt Gottes kein Leiden herrscht, dann hieße das, dass man auch das Sterben ermöglicht, um dem irdischen Leiden ein Ende zu bereiten. Zumindest denke ich im Augenblick so." (B11_2, 20)

Schließlich ist der Übergang auch zur AP der ‚Konservativ-(Rechts-)Politischen' fließend. In diesen Graubereich gehören Beiträge – hiervon sind im Netz eine beträchtliche Anzahl auffindbar, die aufgrund des fehlenden Bezugs zum Thema ‚Sterbehilfe' keinen Eingang ins Sample gefunden haben –, die kompromisslos und ideologisch Themen wie Lebensschutz und Gender behandeln. Blogger, die hier der AP der ‚Konservativ-Traditionalen' zugeordnet worden sind, veröffentlichen ergänzend auf einschlägigen Webseiten wie *gloria.tv* oder *eigentümlich frei*. Als Beispiel für diesen Übergangsbereich mag folgender Kommentar dienen:

> „Meines Erachtens bedarf es eines aufrichtigen Mea culpas [von Seiten der Röm.-Kath. Kirche; KM], einer echten aufrichtigen Reue, dafür dass man vor lauter hipp und cool und moderne die Familie nicht unterstützt hat und Frauen in allem und jedem gefördert hat, auch als Kirche, nur nicht da wo man sie so richtig, richtig hingehören. Und jetzt bezahlt die Gesellschaft halt für die Verachtung der Mütter. Meine 5 Pfennig, auch wenn sie total pc unkorrekt sind." (B16_7, Komm. 51–53)[301]

Thematisch geht es den ‚Konservativ-Traditionellen' an vielen Stellen um die Frage nach dem Wert des Lebens und der Würde. Im Zusammenhang der vorliegenden Arbeit sind viele Texte von Akteuren gesichtet worden. Sie zeigen, dass die Fragen nach dem Wert des Lebens und der Würde (fast) niemandem egal sind. Insofern ist die Frage, *wie* hier auf die beiden Themen rekurriert wird. Das Muster ist (mit Variationen und Ergänzungen) folgendes: Die Würde des Menschen gilt absolut, unabhängig von der kontextuellen und subjektiven Einschätzung. Daraus ist ihre Unantastbarkeit abzuleiten (ihre Unantastbarkeit ergibt sich aus verschiedene Motiven, zum Beispiel der Gottebenbildlichkeit). Der Würde des Menschen entspricht es nicht, wenn in der Sicht auf den Menschen (und seine Situation) primär biologische Aspekte dominieren. Schließlich geht es auch um die Frage der ‚Entwürdigung' derer, die Unrecht tun (Personen, die beim Suizid assistieren). – Dieses Interpretationsmuster rechnet also damit, dass einerseits die Würde unantastbar ist, dass sie absolut gilt, rechnet aber doch mit Möglichkeiten ihrer Zerstörung beziehungsweise Herabsetzung. Der Würde des Menschen

---

[301] Dieselbe Userin schreibt an anderer Stelle: „Ist es nicht so, dass die wenigsten unserer Zeitgenossen wissen, warum sie leben und deshalb noch weniger wissen, wohin sie sterben? Ich glaube, das Problem ist, dass wir schon viel zulange dem lieben Gott im Handwerk herumpfuschen, oder anders gefragt: wie soll denn eine Gesellschaft die das Normale, das Menschliche, dass Sich-Sorgen um die Jungen, dass Sich-Opfern und Rumreissen für die Jungen, dass Sich-Verbrauchen im Kinderkriegen, verachtet: eine Gesellschaft die Befreiung der Frauen davon als Fortschritt feiert ... warum soll eine solche Gesellschaft sich plötzlich um die Alten kümmern? Ernten wir nicht, was wir gesät haben? Wo sind die Seelsorger, die lehren, das Leid anzunehmen, wo die Kirchenleute, die wie JPII vormachen, wie der Christ zu sterben hat?" (B16_7, Komm. 57–62)

entspricht es, sein *Leiden* durch die Verbesserung der Umstände (Palliativmedizin, zwischenmenschlicher Beistand) zu mildern.

Der Umgang mit ‚Kirchlichen Voten' verdeutlicht die Figur vieler Beiträge, von der Tradition her auf die Tradition hin zu interpretieren: Die Texte (vorwiegend in dieser AP lehramtliche Verlautbarungen) werden – sofern sie nicht nur als Bestätigung der eigenen Position herangezogen werden – exegesiert, ihre Folgerichtigkeit bestätigt, die eigene Position wird in Übereinstimmung entsprechend formuliert:

> „Warum? Ich spreche mich als Philosoph, als Christ und als Katholik gegen die Beihilfe zur Selbsttötung in jeder Form aus. Mein Gedankengang ist zunächst folgender. Wenn die Achtung und der Schutz der Würde im Mittelpunkt steht, ist Selbstbestimmung gebunden. Als Philosoph gehe ich dabei auf Kant zurück. Als Christ ist mir das schöpfungstheologisch begründete Bild des Menschen als Geschöpf Gottes wichtig, das seine Würde als Geschenk empfängt. Als Katholik lese ich in den wichtigsten Texten von der bedingten Achtung der Selbstbestimmung, die ihre Grenze in der Achtung der Menschenwürde, in der Unbedingtheit des Lebensrechts und insbesondere in der der Verantwortung vor Gott findet, wie sie sich durch den Glauben ausdrückt, darüber hinaus jedoch vor allem im Gewissen jedes Menschen zeigt. [...] Im Ergebnis steht, dass Selbstbestimmung auch auf die eigene Person bezogen Grenzen hat, und zwar dort, wo der Mensch als von Gott geschaffenes moralisches Subjekt so handelt, dass er die Moralität im Menschen vernichtet." (B15_105f.)

AP ‚Konservativ-(Rechts-)Politische'

Im Unterschied zu den ‚Konservativ-Traditionellen' geht es den ‚Konservativ-(Rechts-)Politischen' stark auch um Fragen der politischen Einflussnahme: „Politik ist Weltdienst der Laien! An uns ist es den politischen Kampf zu führen" (B16_7, 15), heißt es in einem der Blogbeiträge. Ein wenig zurückhaltender:

> „Wenn aber Gott nicht die, oder zumindest eine Hauptrolle spielt, wer sollte außer einem selbst beurteilen dürfen, ob ein Todeswunsch berechtigt ist, wer sollte dann noch entscheiden, ob eine Unterstützung bei einem Selbstmord rechtens sein sollte oder nicht? Bleibt Gott außen vor, bleibt nur noch die Frage des Vermeidens von Leiden und ein persönliches und volkswirtschaftliches Nutzenkalkül. Ich fürchte, dieser Weg ist fast vorgezeichnet und unser Auftrag als Christen ist es, die Rolle Gottes gegen alle Widerstände wieder ins Spiel zu bringen!" (B17_2, 13f.)[302]

---

[302] Oder noch einmal anders (der Beitrag äußert sich kritisch zur Debatte im Bundestag): „Gründlich darüber nachdenken und laut aufschreien! Ein bedrückender Tag für den Schutz vieler durch Krankheit, Leiden oder Depression gefährdeter Menschen in Deutschland. Sie müssen in Zukunft damit rechnen, daß ihnen ‚geholfen' wird – im Dienst der Mitmenschlichkeit, versteht sich. Bitter!" (B18_1, 63); „Wenn wir nicht kämpfen, dann haben [wir] schon jetzt verloren." (B16_7, Komm. 56)

Auffallend häufen sich in den dieser AP zugeordneten Beiträgen polemische Passagen[303] – auch noch einmal in Differenz zur den ‚Konservativ-Traditionellen'. – Ferner werden Pauschalisierungen oft verwendet. Wie bei einigen der Beiträge der ‚Konservativ-Traditionellen' finden sich freilich klare Aussagen darüber, was ‚ein Christ' (beziehungsweise ‚ein Katholik') zu tun und zu glauben hat, und was nicht:

> „Christen treiben nicht ab. Christen geben ihren Angehörigen keine Hilfe zum Suizid. Christen leisten keine aktive Sterbehilfe, in dem Sinne, daß sie einen Menschen aktiv töten. Für Christen ist die Ehe eine auf Dauer angelegte, bei Katholiken und Orthodoxen sakramentale Verbindung zwischen Mann und Frau. Die Familie steht für Christen als Keimzelle der Gesellschaft auf der Basis der Ehe. Diese Beispiele mögen reichen. Mit all diesen Handlungsmaximen, das wird niemand bestreiten können, steht man auf der Basis des Grundgesetzes." (B16_3, 20)

Daraus folgt: „Christen sind gerufen, den Gegenentwurf zu leben. Sie sollen ihn auch dann leben, wenn die Gesellschaft sie dafür verleumdet, beschimpft, verfolgt oder sogar tötet."[304] (B16_4, 15) – Auch für diese AP sei noch einmal darauf verwiesen, dass einerseits Überschneidungen mit anderen AP gegeben sind, dass andererseits auch innerhalb der hier entsprechend codierten Texte und Passagen eine gewisse Spannbreite gegeben ist. Während einerseits eine konservative Haltung, die man im üblichen politischen Spektrum rechts einordnen würde, in der Blogroll mit marktradikal-sozialdarwinistischen Ideen (*eigentümlich frei*) sympathisiert, finden sich in anderen Fällen deutlich rechtspopulistische Aussagen mit extremen Tendenzen. Der Terminus „konservativ" in der Selbstbezeichnung der Protagonisten und Protagonistinnen führt zu einer (freilich nur oberflächlich wirksamen) Verdeckung extremer Positionen. Wird der rechtspopulistische und islamfeindliche Blog *PI-News* etwa als „zeitkritische Internetplattform" bezeichnet (B18_2, 25), wird die Verschiebung deutlich.

In der Gruppe der ‚Konservativ-(Rechts-)Politischen' findet sich vielfach eine deutliche Kritik des linkspolitischen Spektrums; unterstellt wird Politik und Medien, von Linken ‚unterwandert' und ‚infiltriert' zu sein:

> „In der Aufbauphase unseres Landes nach dem II. Weltkrieg hatten Linke in unserem Land allenfalls die Salons, aber nicht die praktisch- politische Handlungsplattform und bei wei-

---

303 Ein Beispiel dazu: „Aktuell verlangt ja besonders der nackte Genderkaiser eines Akzeptanzbildungsaktionsplanes in BaWü oder anderswo seine Weihrauchopfer. Die sind zu verweigern. Da ist Widerstand nötig und geboten." (B16_3, 21)
304 Zum Topos der ‚Christenverfolgung' vgl. auch Kapitel 4.3.3.1.

tem nicht die gesellschaftliche Deutungshoheit. Erst das Scheitern der 68er Revolte und der gelungene Marsch durch die Institutionen verändert die Republik nachhaltig." (B16_3, 6)[305]

Das Thema des so genannten ‚Lebensschutzes' gruppiert sich um die Auseinandersetzung mit dem Problem der Sterbehilfe; der gesellschaftliche Umgang mit der Frage zur Abtreibung wird als Beispiel für den fragwürdigen Zustand des gegenwärtigen Bewusstseins angeführt. („Eine [...] Folge ist auch die Unkultur des Todes, die ein Geschöpf der Liebe, jeder Mensch ist zumindest ein Geschöpf der Liebe Gottes, der giftigen Abtreibungspille oder dem tödlichen Absaugrohr preisgibt." [B16_4, 8]) In zwei Beispielen, die hier der AP der „Konservativ-Traditionalen" zugeordnet worden sind, zeigt sich auch die thematische Affinität zu einem Propagieren eines traditionellen Familienverständnisses (zum Beispiel Ablehnung von Gleichberechtigung).[306] Es geht in der Regel um Markierungen der Differenz (die sich etwa in einer Inversion eigener konstruierter Feindbilder im Aufrufen des Topos der ‚Christenverfolgung' zeigt, vgl. das Zitat B16_4, 15), nicht um eine Bemühung der Verständigung mit Andersdenkenden.

Entsprechend wird aus den ‚Kirchlichen Voten' auch der bereits erwähnte „Gegenentwurf" abgeleitet, der für Christen beziehungsweise Katholiken zu gelten hat: „Schauen wir noch mal auf den Katechismus, dessen diesbezügliche Abschnitte es sich in Gänze zu lesen lohnt, sieht man auch aus dieser Sicht, welche Konsequenzen für einen Katholiken zu ziehen sind [...]." (B17_1, 17) Das Konstrukt des Gegenentwurfs wird plausibilisiert durch Begrifflichkeiten, die

---

305 Vgl. auch folgenden Beitrag: „„Die Tatsache, daß die CDU immer noch Wahlen gewinnt, zeigt, wie widerstandsfähig die Meinungen der Menschen gegenüber Indoktrination dann doch immer noch ist.' Gründlicher kann eine Fehleinschätzung nicht gelingen. In den Kernfragen des Lebens ist die ‚CDU' nicht weniger sozialistisch, als alle anderen Bundestagsparteien (geworden). Die Wahlen werden deshalb gewonnen, weil eine Gegnerschaft zum Sozialismus in Grundfragen schlicht nicht mehr erkennbar ist, bzw. weggesäuselt wird. Für einen Christen ist die CDU ebensowenig wählbar, wie andere Sozialisten (rot, grün) auch. Das ‚C' kommt einer Verhöhnung gleich. Insbesondere dann, wenn immer mehr mohammedanische Mandatsträger und -Bewerber unter dieser Flagge auftreten." (B16_3, Komm. 28 f.)
306 Das Problem der neurechten Vernetzung und des rechtsextremen Gedankenguts in sich christlich verstehenden Medien verdiente eine genauere Analyse; vgl. Strube, Sonja Angelika, Hg., *Rechtsextremismus als Herausforderung für die Theologie* (Freiburg i.Br. 2015); zur grundsätzlichen Problematik vgl. dies., „Problemanzeige: Rechtsextreme Tendenzen in sich christlich verstehenden Medien", in *Rechtsextremismus als Herausforderung für die Theologie* (Freiburg i.Br. 2015), 18–33.

Oppositionen erzeugen, wenn etwa von einer „Welt ohne Gott" (B17_2, 13) die Rede ist oder von einer „entsolidarisierten Gesellschaft" (B18_1, 15).[307]

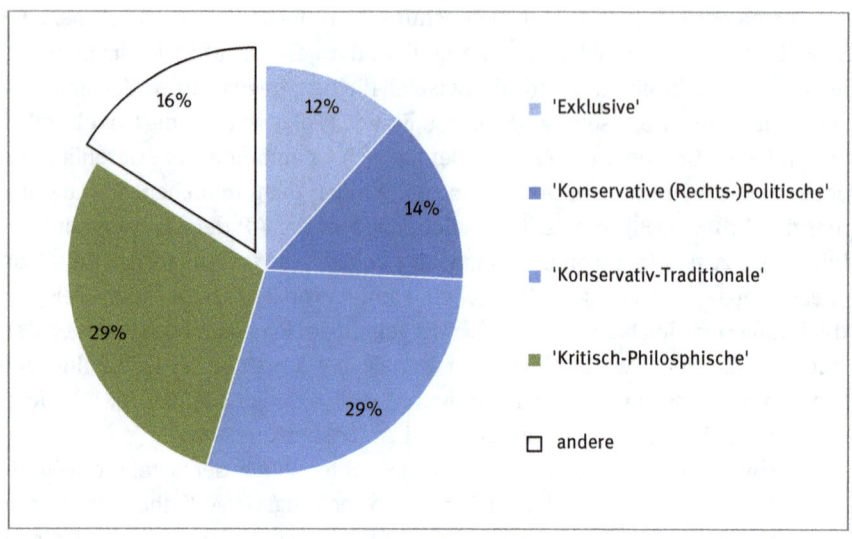

Abbildung 12: Akteurpräsentation ‚Christen/Christinnen' (Blogs)

AP ‚Kritisch-Philosophische'

Mit der AP der ‚Kritisch-Philosophischen' betritt man einen, wenn man das so verallgemeinernd sagen kann, veränderten ‚Zugangsmodus' zur Problembetrachtung. Die AP der ‚Kritisch-Philosophischen' bildet zwar hinsichtlich der Codierungen eine der beiden größten Gruppen. Der allgemeinen Tendenz nach bleibt jedoch festzuhalten, dass konservative Blogs und Beiträge die absolute Mehrheit darstellen.

Während sich die AP der ‚Konservativ-Traditionalen' eher durch einen Zug zur Konservierung der Tradition auszeichnet, geht es den Vertretern und Vertreterinnen der AP der ‚Kritisch-Philosophischen' eher um ein Prüfen des Bestehenden, um eine (Re-)Aktualisierung von Denktraditionen im Gespräch mit gegen-

---

307 In der AP der ‚Konservativ-(Rechts-)Politischen' entfallen viele Codierungen auf die Sammelkategorien ‚andere (allgemein)' und ‚andere (Religion/Kirche als Thema). Die Texte sind disparat. Ein wiederkehrendes Thema ist jedoch die Kritik an medialen Darstellungen, die vermeintliche Stilisierung von Menschen, die den eigenen Tod wählen (vgl. Gunter Sachs, Udo Reiter), als „Helden", die Inszenierung des eigenen Todes als „Happening" etc. (z. B. B16_5; B16_6; B17_2).

wärtigen Einsichten und Erfahrungen.[308] Das Prüfen oder Ringen geht dabei in der Regel durch die selbst empfundene Plausibilität der Akteure hindurch:

„Bisher hielt ich einen begleiteten Selbstmord in ausserordentlichen Fällen für ‚ok': Wenn das Leiden grösser ist als der Lebenswille ... welche andere Lösung kann es da noch geben? Doch nach der Begleitung dieser Frau bin ich mir da nicht mehr so sicher." (B4, 6)[309]

Geprüft werden auch ‚Kirchliche Voten' auf ihre Stimmigkeit hin:

„Die Kirchen sind, aus meiner Sicht zu Recht, sehr restriktiv in ihrer Position zur Sterbehilfe. Dennoch bin ich persönlich der Meinung, dass wir heute mit den Möglichkeiten der modernen Medizin dermaßen in den natürlichen Verlauf des Lebens und Sterbens eingreifen, dass wir nicht daran vorbei kommen, in dem einen oder anderen Fall auch über den Tod zu entscheiden." (B7_2, 6 f.)

Oder:

„Die christliche (religiöse) Überzeugung, dass das Leben unverfügbar ist und in Gottes Hand liegt, verweist nicht etwa auf eine moralische Norm (im Sinne von: Du sollst nicht über das Leben verfügen), sondern auf eine Tatsache (im Sinne von: Ganz egal, was du tust, du *kannst* nicht über das Leben verfügen). Aus der *Tatsache* des Unverfügbaren, auf die der christliche Glaube eine Antwort ist, eine *Forderung* zu machen, ist aus verschiedenen Gründen problematisch." (B2a, 7 f.)

Im vorliegenden Sample finden sich in der Gruppe dieser AP überproportional viele (protestantische) ‚Professionelle', das heißt Pfarrer/innen oder Theologiestudierende. Man könnte insofern anmerken, dass ‚das eigene Theologisieren', also das eigenverantwortete Abwägen theologischer Argumente, zum Kerngeschäft vieler Akteure dieser AP gehört. So kommt es auch, dass neben einer Betonung von Verantwortung gegenüber Hilfebedürftigen (auf gesellschaftlicher Ebene in Gestalt des Schutzes vor Missbrauch, aber auch in konkret intersubjektiver Perspektive) die Figur der Verantwortung durch diskursive Differenzierung präsent ist.[310] – Ein Merkmal dieser AP ist sicherlich auch die Auseinan-

---

308 Hinzugenommen worden zu dieser AP sind auch Texte, die zwar streng biblisch argumentieren, die jedoch einerseits nicht literalistisch verfahren, und die andererseits konstitutiv im Gespräch mit der Erfahrung entstehen, welche sich wiederum kritisch auf die biblischen Texte bezieht.
309 Es handelt sich hier um die Aussage einer Schweizerin, der rechtlich-politische Kontext ist insofern ein anderer als in Deutschland.
310 „Im Blick darauf, was da eigentlich diskutiert wird, kursieren in den Medien und in der öffentlichen Diskussion allerdings reichlich viele Missverständnisse und auch manche absurde Behauptung [...]. Das Thema macht es notwendig, zunächst einmal ein paar grundlegende Un-

dersetzung mit dem Topos der Freiheit: Was hat es mit der (Entscheidungs-) Freiheit auf sich, und wie verhält sie sich auch noch einmal zum (allgemein diskursiv verwendeten) Topos der Selbstbestimmung?[311]

> „Vieles aber, was die Kirche und die Sterbehilfegegner fordern, zielt drauf ab, dass das eigene Sterben gar nicht Gegenstand individueller Entscheidungsgewalt sein darf. Nein, sie leugnen schlicht weg, dass es das überhaupt ist. Sprich: ihr eigentliches Ziel ist es, den Fall ‚Sterben' aus der menschlichen Entscheidungsgewalt wieder herauszunehmen.
> Man verstehe mich nicht falsch: natürlich dürfen sie das ruhig. Aber ich billige dem nur eine äußerst geringe Erfolgschance zu, besonders wegen ihres Mittels: wenn ich etwas verbiete, dann nehme ich es damit nicht aus dem Pool der Handlungsalternativen. Ich kann mich ja auch jederzeit frei entscheiden zu klauen oder es zu unterlassen." (B9, 11 f.)

Besonders im Gegensatz zu gesteigerten Formen von Konservatismus, für die Dialoge auf Augenhöhe mit Andersdenkenden und Andersglaubenden aufgrund ihrer exklusiven Haltung ein kaum zu leistendes Unterfangen sind, werden hier Konversationen ansichtig, in denen es konstruktiv um ein gemeinsames Fortschreiten im Denken und Beschreiben geht. Kann man mit Blick auf die ‚Konservativ- (Rechts-)Politischen' eine klare Tendenz zur Pauschalisierung erkennen, vollzieht sich in den Texten der ‚Kritisch-Philosophischen' eher eine Differenzierung in der Problematisierung des Gegenstands. Um zu veranschaulichen, was mit dem gemeinsamen Fortschreiten im Denken und Beschreiben gemeint ist, sei (auszugsweise) ein längerer Gesprächsgang zwischen zwei Akteurinnen wiedergegeben (B2a, Komm. 35–69; 118–132. Im Original hervorgehoben):

---

terscheidungen zu klären, weil bereits an dieser Stelle leider vieles in der Diskussion durcheinander geht." (B1_3, 5 ff.) – Man müsste sicherlich auch hier noch einmal in einer anderen Studie untersuchen, ob damit eine allgemeine Tendenz beschrieben werden kann; ob (vorwiegend protestantische) ‚Professionelle' sich eher auf die Freiheit zum (eigenen Gewissens-)Urteil verstehen als (möglicherweise katholische) ‚Laien', mag dahingestellt bleiben. Ich würde im vorliegenden Fall zunächst für eine Interpretation der *zufälligen Häufung* plädieren.

[311] Paradigmatisch: „Dass mir die Freiheit wichtig ist, dafür steht dieses Blog. Und sein Leben zu beenden, wenn es dauerhaft als unerträglich erlebt wird, gehört für mich zu dieser Freiheit dazu. Zugleich ist mir bewusst, dass ein Suizid ein Akt der Verzweiflung und darin der Unfreiheit ist und immer auch ein aggressiver Akt mir und oft auch anderen gegenüber. Das führt in einen spannungsreichen Raum: Einerseits denke ich, das Konflikthafte an einem Suizid sollte auch im Vollzug deutlich werden, also darin, dass ich Anstrengungen aufbringen muss, um mir das Leben zu nehmen; andererseits mag ich dies auch nicht verallgemeinern und Menschen, die dazu nicht (mehr) in der Lage sind, nicht grundsätzlich von der Möglichkeit, selbstbestimmt aus dem Leben zu scheiden, abschneiden. Ich sehe da keine wirklich ‚sauberen' befriedigenden Lösungen, diesen Konflikt zu lösen. Deshalb sollten wir es lernen, Spannungen auszuhalten, Auswege für den Einzelfall offen zu lassen und mit unterschiedlichen Positionen konstruktiv umzugehen. Denn das schafft Freiräume." (B5_3, 39)

„A: Was Du zur Unverfügbarkeit von Tod und Leben schreibst, finde ich gut nachvollziehbar. [...] Forderungen (bzw. Einwände und Kritik) zum Thema Sterbehilfe aus religiöser Richtung haben in meinen Ohren tatsächlich manchmal eine gewisse ‚abgehobene' Komponente, wenn sie auf Gottes Gebote oder Anweisungen verweisen, die wir Menschen nicht brechen dürfen.
Als gäbe es eine Art ‚göttlicher Justiz' die derjenigen überstellt ist, die wir Menschen untereinander verabredet haben. [...]
Mir kommt es auch manchmal so vor, als bestünde eine Befürchtung von kirchlich-religiöser Seite, dass Menschen, liesse man sie diese Entscheidungen (alles rund um Leben und Sterben meine ich) ohne ‚Gott' treffen, automatisch leichtfertiger, unmoralischer oder egoistischer vorgehen würden. Wie siehst Du das?

B@A – Ja, das sehe ich genauso. ‚Als gäbe es eine Art ‚göttlicher Justiz' die derjenigen überstellt ist, die wir Menschen untereinander verabredet haben.' – Diese ‚göttliche Justiz' gibt es meiner Ansicht nach, aber der Witz daran ist ja gerade, dass sie nicht für Menschen verfügbar ist, also kann sie auch nicht in Disputen unter Menschen als Argument ins Spiel gebracht werden. Höchstens kann sie eine Motivation für Menschen sein, sich selbst und ihre Gewissheiten in Frage zu stellen.

A: Ok, dann erkenne ich hier möglicherweise tatsächlich so etwas wie eine Differenz ;-) Zum einen zwischen unseren jeweiligen Ideen/Ansichten, zum anderen aber auch in Deiner eigenen Argumentation. Du hast an verschiedenen Stellen zur UVL geschrieben/gesagt, dass es Dir dabei genau nicht um etwas Konkretes, mit Inhalten Füllbarem geht. Du möchtest es nicht auf nicht-erklärbare (Natur-)Phänomene bezogen beschränkt wissen (dann hätten wir den Lückenfüller-Gott), und Du betonst auch, dass Du die UVL als etwas ‚Ausserweltliches' verstehst – und ich glaube, an der Stelle komme ich nicht richtig mit.
Wir kennen die Grenzen unserer Welt ja gar nicht ...
Ich versuche tatsächlich, Deine Gottes-Vorstellung zu begreifen (weil ich sie so ‚un-göttlich' finde wahrscheinlich ;-), aber vielleicht komme ich hier an eine Grenze, wo ich es nicht schaffe oder der Gedankenspagat zu groß wird?
Wenn Du so etwas schreibst wie:
‚... diese ‚göttliche Justiz' gibt es meiner Ansicht nach, aber der Witz daran ist ja gerade, dass sie nicht für Menschen verfügbar ist...'
Dann steht das für mich in einem Widerspruch zu dem, wie Du sonst die Unverfügbarkeit beschreibst. Wenn ich so etwas lese wie ‚göttliche Justiz' dann impliziert das für mich, dass es auch so etwas wie ‚göttliche Strafe' oder ‚Belohnung' gibt – wogegen Du Dich, wenn ich Dich richtig verstanden habe, sonst immer wehrst, weil Dir das viel zu konkret und ‚weltlich' ist. Wenn diese ‚göttliche Justiz' dann ausserdem für uns unverfügbar ist – worin oder woran offenbart sie sich (Dir)? [...]

B@A – solche begriffe wie ‚Justiz' sind natürlich nie ganz treffend, was ich damit meine ist, dass ich schon glaube, dass ich meine Handlungen nicht nur vor mir selbst und anderen Menschen oder dem Verlauf der Geschichte rechtfertigen muss, sondern auch vor Gott. Ohne dass ich ihren Willen hundertprozentig kennen kann. Das ist natürlich tricky, so wie wenn man in einem Land ist, wo man die Gesetze nicht kennt, aber trotzdem eingeknastet wird, wenn man sich nicht dran hält. Zum Glück bin ich evangelisch, da glauben wir nämlich, dass wir vor Gott schon gerechtfertigt sind. Vorausgesetzt, wir glauben dran :)

A@B: „... solche begriffe wie ‚Justiz' sind natürlich nie ganz treffend, was ich damit meine ist, dass ich schon glaube, dass ich meine Handlungen nicht nur vor mir selbst und anderen Menschen oder dem Verlauf der Geschichte rechtfertigen muss, sondern auch vor Gott. Ohne dass ich ihren Willen hundertprozentig kennen kann.'
Lustig. Das klingt aber sehr konkret nach etwas/jemandem/einer Kraft, die einen tatsächlichen Willen hat, die mit etwas wie Bewusstsein über uns ‚richtet' und ‚bewertet', was wir tun.
Aber wenn es/sie/er doch unverfügbar ist – wie ‚funktioniert' dann dieses ‚vor Gott rechtfertigen'?
Finde ich immer noch widersprüchlich zu Deinen bisherigen Beschreibungen des Göttlichen. Dein Beispiel mit der unbekannten Justiz in einem anderen Land, die für mich Gültigkeit hat, auch wenn ich sie nicht kenne, finde ich nicht ganz treffend als Verdeutlichung. [...] Macht ja nix, vielleicht ‚klickt' es irgendwann ja doch noch. ;-)"

Eine fachkundige (medizin-)ethische Auseinandersetzung verzichtet bisweilen ganz auf theologische Argumentationen (zum Beispiel B1). Gleichzeitig ist der Gruppe dieser AP das Bekenntnishafte nicht fremd (auch hier finden sich symbolhafte Aussagen, die sich einem ‚Außenstehenden' nicht unmittelbar erschließen).[312]

Die ‚Anfechtung' diskursiver Differenzierung beziehungsweise die Herausforderung, die in der Aufgabe der eigenen Positionsbildung liegt, veranschaulicht folgender Kommentar: „Das widerspricht sich ja alles???!!! Wer hat denn jetzt Recht? Ich bin verwirrt!! :(" (B2a, Komm. 197)

AP andere (Sammelgruppe)

Diese Gruppe der Akteurpräsentationen ist, wie bisher in der Studie gehandhabt, eine Sammelgruppe: Hier finden alle Texte Eingang, die sich nicht zu den anderen vier AP zuordnen lassen. Dies betrifft nur Kommentare zu Blogbeiträgen. Abgesehen wurde davon, die Kommentare entsprechend dem Kontext zu codieren, in dem kommentiert wird (zum Beispiel ist ein Kommentar nicht automatisch als ‚konservativ-traditional' zu codieren, wenn er im Zusammenhang von Texten zur AP ‚Konservative Traditionale' veröffentlicht worden ist). Die Kommentare sind dabei sehr unterschiedlich in Länge und Ausführung. Unter anderem finden sich hier Schilderungen eigener Erfahrungen und kurze Kommentierungen des Blogbeitrags, zum Beispiel:

---

[312] Z. B. „Gott kommt dabei insofern ins Spiel, dass wir das Vertrauen haben (und bestenfalls auch Verbreiten), dass selbst die Mächtigsten am Ende nichts gegen Gott ausrichten können." (B2a, 22)

„Ein guter Artikel. Es ist genau so: Wurzel des Übels ist Feindschaft gegenüber allem, was nicht nett, hübsch und leicht ist. Es ist bestürzend. Mich würde Ihre Meinung über Peter Singer und seine Philosophie interessieren, wäre es Ihnen möglicherweise einen Beitrag wert? In jedem Fall – danke für den Denkanstoß." (B13_7, 18 f.)

Die *Verteilung der Akteurpräsentationen im Merkmalsraum* lässt sich folgendermaßen visualisieren:

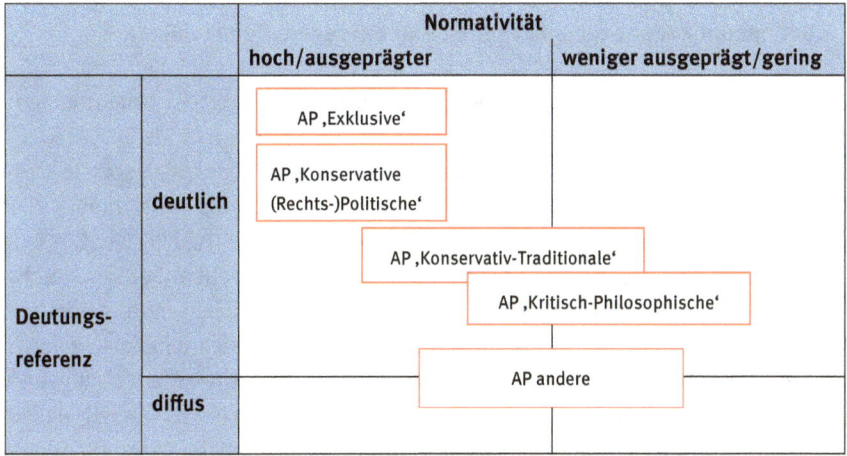

Abbildung 13: Verteilung der Akteurpräsentationen im Merkmalsraum (Blogs)

4.3 Diskussion der Ergebnisse

Wie lassen sich in Kommunikationsgemeinschaften online Dimensionen der Religion und des Religiösen beschreiben? Wie konturieren sich Weltansichten als symbolisches Sinndeutungshandeln online? Welche charakteristischen Aspekte lassen sich nach dem Durchgang durch das Material festhalten? Werden hier allgemeine Aussagen getroffen, dann immer im Bewusstsein, dass die Beschränkung der Untersuchung auf Zeitungskommentare und Blogs im Zusammenhang einer bestimmten thematischen Eingrenzung (Anlass ist die Debatte um die gesetzliche Neuregelung der Sterbehilfe in Deutschland in den Jahren 2014 und 2015) methodisch kontrolliert nur Aussagen über eben diesen Ausschnitt zulässt. Die erarbeitete Typologie lädt jedoch zur weiteren Validierung im Kontext von Anschlussforschungen ein.

Eine der Annahmen der Studie besteht darin, dass sich aus der Beobachtung kommunikativen Handelns am Ort der Subjekte Postulate für die (medial vermittelte) Kommunikation von Institutionen und Organisationen, das heißt: Postulate für die (medial vermittelte, für sich Alltagsrelevanz beanspruchende) Kommunikation der Kirche in der Öffentlichkeit, auffinden und formulieren lassen. Bevor das letzte Kapitel der Arbeit, Kapitel 5, zu diesen Überlegungen übergeht, seien an dieser Stelle noch einmal zentrale Einsichten des empirischen Teils der Studie festgehalten.

4.3.1 Kommunikationsgemeinschaften und passagere Kommunikation

Es liegt nahe, von den untersuchten Sozialformen im Netz als ‚Kommunikationsgemeinschaften' zu sprechen, nicht zuletzt, da der Kontext als Träger kommunikativer Handlungen erst performativ erzeugt wird. Dass hier soziale Ordnungen über Kommunikation entstehen, zeigt sich in dreierlei Hinsichten.

– Erstens wird dies auf der Ordnungsebene des Netzwerkes ersichtlich: Das von Fabian Maysenhölder (nach-)gezeichnete Blog-Netz macht auf eindrückliche Weise sichtbar, wie sich Verbindungen zwischen Menschen mittels Kommunikation im virtuellen Raum bilden. Zwar konturieren sich innerhalb solcher Netzwerke (das Blog-Netz Maysenhölders ist ja ein konstruiertes aufgrund bestimmter Merkmale, das heißt, andere Parameter führten zu einem Netz mit anderer Gestalt) homophile kleinere Verbindungen, doch dürfte deutlich sein, dass Kommunikationsgemeinschaften im Netz *prinzipiell unabgeschlossen* sind, und dass sie weit ausgreifen können: Wer möchte, gliedert sich an das bestehende – und sich gleichsam immer transformierende – Kommunikationsnetz an. Über verschiedene Knoten sind rechtspolitische und linkspolitische, konservative und liberale Blogs/Foren, Blogs/Foren mit unterschiedlichen thematischen Schwerpunkten miteinander verbunden.

– Kommunikationsgemeinschaften werden zweitens anschaulich, wenn sich innerhalb dieser vieldimensionalen Kommunikationsnetze kleinere Gruppierungen ausbilden, die sich in der Regel in ihren Weltansichten ähneln. Diese Verbindungen können über Verlinkungen (prominent die Blogrolls) stabilisiert werden, sind aber kommunikativ ebenfalls immer wieder zu aktualisieren. Die ‚Gesinnungsgemeinschaften', die hier vielfach entstehen, existieren unabhängig von der Ventilierung konkreter Themen; entscheidender dürfte hier der allgemeine Zugriff sein, wie mit Themen umgegangen wird (etwa in politisch-konservativer, katholischer, feministischer Perspektive), die Zuschreibung persönlicher Kompetenz und sicherlich auch Sympathie.

– Drittens scheint mir auch für den Fall der Zeitungskommentare zu gelten, dass hier Kommunikationsgemeinschaften entstehen. Das Setting ist freilich ein anderes: Hier bildet sich eine soziale Formation um ein konkretes Thema herum aus. Die Kommunikation ist anonymer als bei der Blogkommunikation; Hauptbeiträge werden nicht etwa von Nutzern und Nutzerinnen geschrieben (im Sample bildet der *Freitag* die Ausnahme), sondern von professionellen Journalisten und Journalistinnen, die für Massenmedien mit großer Reichweite schreiben. Während die User-Kommunikation hier an ein Massenmedium angegliedert ist, organisiert sich die Kommunikation in der Blogosphäre frei: Jede/r kann zur Autorin und zum Publizisten werden. Dafür partizipieren die Akteure, die bei Massenmedien kommentieren, prinzipiell an der Reichweite der Massenmedien. Die Kommunikationsgemeinschaften hier sind in der Regel sehr flüchtig. Zwar lässt sich die Kommunikation noch lange nach der ‚eigentlichen' Konversation nachlesen, doch besteht die soziale Formation ‚dahinter' in vielen Fällen nicht mehr, und sie hat oft auch nur für den Moment bestanden. Die Kommunikationsformen entstehen *in actu*, und sie haben oft keinen weiteren Anspruch als eben jenen, einen passageren Beitrag zu einem bestimmten Thema zu liefern. Gleichwohl haben diese Formen passagerer Kommunikation potenziell die Funktion alltagsweltlicher Stabilisierung: Der kommunikative Austausch mit anderen involviert die Subjekte in individuelle wie intersubjektive Prozesse der Sinnarbeit. Auch für die passageren Formen der Vergemeinschaftung kann eine Reziprozität vieler Kommunikationsbeziehungen nachgewiesen werden.

4.3.2 Religiöse Kommunikation in den (einfachen) Öffentlichkeiten ‚des' Netzes

Was ist anhand des untersuchten Materials über Perspektivierungen des Religiösen in den Kommunikationen online zu sagen? Im Folgenden soll noch einmal auf die drei unterschiedenen Perspektiven auf religiöse Kommunikation rekurriert und die wichtigsten Aspekte der gewonnenen Einsichten festgehalten werden.

4.3.2.1 Explizit (christlich-)religiöse Kommunikation
a) Die sicherlich überraschendste Einsicht in diesem Fall besteht darin, dass sich religiöse Kommunikation als explizit religiöse Kommunikation unter Einbeziehung christlich-religiöser Semantiken in den untersuchten medieninitiierten Alltagsöffentlichkeiten wenig findet. Auch mit ‚Übersetzungsleistungen' (wie etwa der ‚Unverfügbarkeit' oder ‚Entzogenheit des Lebens') wird kaum operiert.
Dies mag verschiedene Gründe haben: Zunächst einmal geschieht das Kom-

mentieren im Nachgang zu Zeitungsbeiträgen online bei vielen Nutzern und Nutzerinnen auf *passagere* Weise, also nebenbei und schnell. Es gibt allerdings auch Ausnahmen, Postings, denen anzumerken ist, dass sich Nutzer und Nutzerinnen Zeit für die Formulierungen genommen haben. Zahlreiche Postings beschäftigen sich intensiv mit Sachthematiken, und Akteure äußern sich differenziert. Wo oberflächlich und eilig kommentiert wird, kann vermutet werden, dass sich jemand weniger in Gesprächsmöglichkeiten hineingibt und eher schreibt, was bei ihm oder ihr ‚obenauf' liegt. Das ist in der Regel die – nur mäßig bis gar nicht begründete – eigene Meinung. Diese Praxis sagt derweil noch nichts über religiöse Valenzen aus: Sie sind in Form christlicher Semantik entweder nicht vorhanden, oder sie sind nicht schnell abrufbar – oder: Das Interesse ist gering, in den inhomogenen Alltagsöffentlichkeiten explizit christliche Semantiken zu verwenden. Für Letzteres mag es dann verschiedene Gründe geben. Betrachtet man den Befund genauer, mutet er schon nicht mehr völlig überraschend an. Hinzu kommt: Handelt es sich bei dem Thema ‚Sterbehilfe' durchaus um ein Thema, das – wie die Blogkommunikation zeigt – Affinitäten zur religiösen Betrachtung hat, wird vorrangig auf den Aspekt der Praxis ausgegriffen. Die Begründung ethischer Postulate fällt im schnellen Akt des Kommentierens oft aus.

b) Wo sich explizit christlich-religiöse Kommunikation in den medieninitiierten Alltagsöffentlichkeiten zeigt, sind die Akteure – wenn man den Befund verallgemeinert – entweder Professionelle oder Christen und Christinnen, die (kommunikativ oft in nicht unproblematischer Weise) konfessorisch auftreten. Schwierig ist dieses konfessorische Auftreten, wenn sich die Meinungsäußerungen einer Sprache bedienen, die in den Alltagsöffentlichkeiten (mit ganz unterschiedlichen Gesprächsteilnehmerinnen) eine Distanzierung bewirkt: Als christliche Binnensprache – und man kann in vielen Fällen, auch mit Blick auf die Blogs, noch hinzufügen: als Sprache einer christlichen Szene – kann diese nicht von allgemeiner Verständlichkeit ausgehen. Idiosynkratisches Sprechen wird aufgrund der Unerschließbarkeit des semantischen Gehalts zum kommunikativen Problemfall.

Während sich in den Blogs zahlreiche ‚Professionelle' (vor allem Pfarrer und Theologiestudierende) zu Wort melden, gibt es unter den Zeitungskommentaren im vorliegenden Sample nur einen Fall, der sich explizit als ‚Professioneller' zu erkennen gibt. Insofern sei hier kommunikativ eine weitere Schwierigkeit aufgezeigt, die zumindest in diesem Fall sichtbar wird: Der religiös Professionelle kann seinen Habitus als Professioneller nicht abstreifen, und auch das erzeugt offensichtlich Distanzierungen. Der entsprechende Konversationsteilnehmer versorgt die Debatte im Rahmen von neun relativ langen und elaborierten (offenbar nicht im Modus des Passageren verfassten) Postings mit vielen Sachinformationen (über kirchliche Voten, theologische Denkfiguren und anderes), emotionalen Angeboten („Großartig, wenn Sie diesen Dienst ausgeübt haben oder noch ausüben."; ZEIT, Tod, 136), Rekursen auf den eigenen Erfahrungsschatz („[ich weiß], was es bedeutet, Leichenteile von Bahnschienen aufsammeln zu müssen", ZEIT, Tod, 132) und nicht zu vergessen: einigen Übersetzungsleistungen des Religiösen: „Das ist (mir) nur möglich, wenn ich in dem geschundenen, abgerissenen Teil den ganzen Menschen, zu dem dieser Teil gehört (hat), in seiner vollen Würde erkenne – im Fragment also immer noch oder zukünftig-transzendent ein Ganzes (genau das ist die an Jesu Lebenshingabe haftende christliche Botschaft von ‚Kreuz und Auferstehung' – Letztere bedeutet: Wer auch immer wie auch immer, die Würde bleibt)." (ZEIT, Tod, 132) – So begrüßenswert solche differenzierten Einlassungen sind, lassen sie doch die Rückfrage nach der in Kapitel 2.3.2. thematisierten ‚einfach strukturierten Rationalität' entstehen, die für Öffentlichkeit als ‚offenes Laiensystem' kennzeichnend ist. Das freilich stellt grundsätzliche Anfragen an theologische Rede in der Öffentlichkeit.

c) Nachdem in den untersuchten medieninitiierten Alltagsöffentlichkeiten wenig explizit (christlich-)religiöse Kommunikation gefunden werden konnte, ist gezielt nach explizit christlich-religiöser Kommunikation im Netz gesucht worden. Dazu hat die vorliegende Studie auf die Blogosphäre ausgegriffen. Untersucht wurden 448 Blogs der ‚christlichen Blogosphäre' auf ihre Beschäftigung mit dem Thema ‚Sterbehilfe' hin. Allein 5% der 448 Blogs thematisieren überhaupt das Thema im definierten Zeitraum. Auch dieser Befund ist zunächst erstaunlich, und über die Gründe dieses geringen Interesses an einem (auf politischer Ebene initiierten) öffentlich aktuell diskutierten Thema können an dieser Stelle nur Vermutungen angestellt werden.

Schaut man sich die Blogs der so genannten ‚christlichen Blogosphäre' an, geht es in vielen (inbesondere evangelikalen) Blogs um persönliche Widerfahrnisse und die Frage, wie Leben aus dem Glauben heraus verstanden und gestaltet werden kann. Man kann vermuten, dass die Debatte um die gesetzliche Neuregelung der Sterbehilfe als gesellschaftliche wie politische Debatte oft nicht mit dieser Motivation, einen christlichen Blog zu betreiben, zusammenstimmt: Mit der Thematisierung der Sterbehilfe geht es in vielen Fällen, zumal im hier untersuchten Kontext, um Politik, politische Partizipation im weitesten Sinne und Meinungsbildung zu einem zivilgesellschaftlich relevanten Thema; es geht – nicht unwesentlich, aber dann doch: – erst in zweiter Linie um Fragen der Innerlichkeit und Frömmigkeit. Soll heißen: Wie wichtig auch immer Fragen des persönlichen Glaubens sind, in der Regel unverzichtbar für die Thematisierung der Sterbehilfe, zumal zum Zeitpunkt gegenwärtiger Debatten, ist ein zivilgesellschaftliches beziehungsweise gesellschaftspolitisches Interesse. Diese Überlegungen stimmen zusammen mit Untersuchungen zu Nutzungspraktiken und -motiven von Bloggern, dass beim Schreiben von Blogs vielfach persönliche Relevanzen eine große Rolle spielen, dass die Motive also eher selbstbezogener Natur sind.[313] Auf den Kontext der vorliegenden Studie bezogen, hieße, deutlicher formuliert, die Vermutung, der weiter nachzugehen wäre: Die persönliche Aneignung der christlich verstandenen Erlösung hat für viele Autoren und Autorinnen der ‚christlichen Blogosphäre' thematische Priorität vor gesellschaftspolitischen Fragen. Anders gewendet, bedeutet das möglicherweise auch: Äußert man sich zu politisch virulenten Themen, dann nicht selten in der Binnenperspektive der eigenen weltanschaulichen Logik verbleibend, weniger aufgrund eines Interesses an einer diskursiven Verhandlung gesellschaftlicher Pluralität motiviert.

d) Von wem und wie wird das Thema nun in den Blogs kommentiert? Allgemein wird man sagen können: Das Thema ‚Sterbehilfe' wird in den ‚christlichen' Blogs eher konservativ diskutiert. Dabei fallen verschiedene Dinge auf: Unter den Akteurpräsentationen der ‚Konservativ-Traditionellen' wie der ‚Konservativ-(Rechts-)Politischen' befinden sich mehrheitlich katholische Beiträge, in der Gruppe der AP ‚Kritisch-Philosophische' sind mehrheitlich evangelische Beiträge versammelt. Es ist fraglich, ob damit etwas Allgemeines ausgesagt werden kann, da die Fallzahlen klein sind. Eine Rolle mag spielen, dass ‚die' Katholische Kirche klare Aussagen zum Thema ‚Sterbehilfe' bereithält; viele Akteure zitieren einschlägige Katechismusstellen.

Ebenso mit Vorsicht zu genießen ist der Befund – er ist aber eben auch festzuhalten –, dass unter den ‚Kritisch-Philosophischen' auffallend viele (protestantische) ‚Professionelle' sind, Pfarrer und Pfarrerinnen oder Theologiestudierende. Wie bereits erwähnt, könnte dies seinen Grund darin haben, dass ‚das eigene Theologisieren', also das eigenverantwortete Abwägen theologischer Argumente, zum Kerngeschäft vieler Akteure dieser AP gehört. In jedem Fall wird man sagen können, dass das Thema ‚Sterbehilfe' von Kirchenaffinen kommentiert wird, seien es ‚professionelle' Protestanten oder kirchen- und traditionstreue Katholikinnen.

Während auf ‚der' konservativen Seite vielfach Fragen *des zu schützenden Werts des Lebens und der zu schützenden Würde* eine besondere Rolle spielen, so dass daraus die Möglichkeit der Inanspruchnahme wie der Durchführung

---

313 Vgl. hierzu: Katzenbach, Christian, „Von kleinen Gesprächen zu großen Öffentlichkeiten? Zur Dynamik und Theorie von Öffentlichkeiten in sozialen Medien", in *Öffentlichkeiten und gesellschaftliche Aushandlungsprozesse: Theoretische Perspektiven und empirische Befunde*, hg.v. Elisabeth Klaus und Ricarda Drüeke (Bielefeld: transcript, 2017), 151–174: 159.

einer Suizidassistenz ausgeschlossen wird, rechnen die Akteure in der Gruppe der ‚Kritisch-Philosophischen' eher mit einer von Gott dem Menschen gegebenen *Freiheit*, mit der *verantwortungsvoll* umgegangen werden will – nach Maßgabe des eigenen *Gewissens*. Interessant ist zudem, dass auch auf kommunikativer Ebene ein deutlicher Unterschied vorhanden ist: Während die kritisch-philosophische Haltung viel mehr auf ein gemeinsames Fortschreiten im Erkennen und Beschreiben aus ist[314], sind insbesondere gesteigerte Formen des Konservatismus aufgrund ihrer exklusiven Haltung wenig geeignet, auf Augenhöhe mit Andersdenkenden und Andersglaubenden ins Gespräch zu kommen.

Eine solche Auseinandersetzung muss dann auch nicht unbedingt geführt werden: Ausgeschaltete Kommentarfunktionen und homophile Verlinkungen (diese finden sich bei allen Blogs) unterstützen den Effekt, den Eli Pariser vor einigen Jahren *filter bubble* genannt hat. Man könnte es auch noch einmal anders formulieren: Während sich die diskursive Praxis der kritisch-philosophischen Nutzer und Nutzerinnen am ehesten durch ein *produktives Durcharbeiten von Differenzen* beschreiben ließe, wäre die diskursive Praxis gesteigerter Formen des Konservatismus als *affirmative* zu bestimmen.

4.3.2.2 Themen letztinstanzlicher Bedeutung

a) Als großes Thema dieser Debatte fällt das Thema der *Selbstbestimmung* ins Auge. Bereits Luckmann verortete die Angelegenheit der Autonomie des Subjekts als modernes religiöses Thema im ‚Heiligen Kosmos' gegenwärtiger Gesellschaften.[315] Der ‚Gegen-Bevormundung'-Topos wird vor allem in den medieninitiierten Alltagsöffentlichkeiten der Zeitungskommentare aufgerufen – während er im Zusammenhang der ‚christlichen' Blogs kaum eine Rolle spielt (beziehungsweise anders gefasst in der Verwendung des ‚Freiheit'-Topos).

Insbesondere in der Gruppe des ‚Ich-Typs' (AP 1) wird der Topos der ‚Gegen-Bevormundung' sehr oft aufgerufen, das Ich wird zum letzten (hier kommunikativ angeführten) Bezugspunkt der Begründung und zum Horizont des Problembewusstseins. Der Topos wird dann auch noch einmal verwendet von den so genannten ‚Säkularisten' (AP 2a) in einem antiinstitutionellen Reflex[316], naheliegenderweise von den ‚Betroffenen' (AP 4) sowie von der

---

314 Vgl. dazu auch Kapitel 4.1.2.3.
315 Vgl. Kapitel 3.2.1.2.
316 Vgl. Kapitel 4.3.3.

Gruppe AP 3 ‚Jeder nach seiner Façon'. Dabei gründet die antiinstitutionelle Stoßrichtung in der Verwendung des ‚Gegen-Bevormundung'-Topos in der Annahme, die Mündigkeit der Subjekte werde von der Warte der Institution beschnitten (wofür die Institutionen freilich keine wirkliche Legitimation hätten). Die Vehemenz im Einfordern der Selbstbestimmung ist deutlich und lässt in ihrer Emotionalisierung schnell die Frage aufkommen, in welcher Erfahrung diese Vehemenz gründet. Wie an anderer Stelle thematisiert, besitzen Kommentierungen in Foren mitunter eigene Dynamiken: Nachfolgende Postings schließen sich bereits stabilisierten Stimmungen an (gut zu beobachten im BILD-Forum). Dieser sozialpsychologische Grund erklärt jedoch nicht die allgemein verbreitete Vehemenz, die in den medieninitiierten Alltagsöffentlichkeiten sichtbar wird. Viel eher muss doch angenommen werden, dass dem Reflex, ein selbstbestimmtes Sterben für sich – unter Umständen mit antiinstitutionellem Impetus – zu reklamieren, ein institutionelles Auftreten entspricht, das diese Reflexe auslöst. In der Tat kritisieren etwa beide Großkirchen in Gestalt ihrer verschiedenen Vertreter und Vertreterinnen in unterschiedlicher Weise, dann aber doch gemeinsam in der Sache, eine Legalisierung des assistierten Suizids und damit die Möglichkeit, das eigene Sterben und den eigenen Tod ein Stückweit selbst mitbestimmen zu können. Die theologischen Begründungen mögen hier differieren, die Haltung vieler Kirchenvertreter und Kirchenvertreterinnen ist jedoch eindeutig: Der Mensch darf nicht über sein Leben verfügen, und einer falsch verstandenen Autonomie[317] kann nur das Eintreten für ein menschenwürdiges Sterben in liebevoller Begleitung bis zum Schluss entgegengesetzt werden. Man muss nicht Kirchenkritiker der ersten Stunde sein, um bei einer Verbindung aus Vorgaben, Unterstellungen (zum Beispiel: die Befürworter der Suizidassistenz hätten den Gedanken der Autonomie nicht richtig verstanden; assistierter Suizid könne nicht menschenwürdig vollzogen werden etc.) und moralischer Aufladung das Bedürfnis zu verspüren, sich hiervon zu distanzieren – sofern man selbst dem Gedanken des selbstbestimmten Sterbens etwas abgewinnen kann. Der Rekurs auf die Ausführungen zur gesellschaftsstrukturellen Heraussetzung des ‚autonomen' Subjekts von Luckmann und Beck in Kapitel 3.2.1 verweist auf eine offenkundige Sollbruchstelle, und *am Umgang mit dieser Sollbruchstelle wird sich auch die Glaubwürdigkeit der Kirchen beweisen müssen:* Ist es nicht schwierig, dem Menschen gesellschaftlich in nahezu je-

---

[317] Vgl. hierzu etwa das Interview mit Kardinal Reinhard Marx in der Frankfurter Allgemeinen Zeitung „Gebt uns die Sterbenden" vom 05.09.2014. http://www.faz.net/aktuell/politik/inland/im-interview-spricht-kardinal-marx-ueber-die-sterbehilfe-13135655.html (01.03.2018). Vgl. dazu aber auch: Rat der Evangelischen Kirche in Deutschland, *Sterben in Würde*.

der Lebenslage Entscheidungen zuzumuten, ihm bei Erfolg wie Misserfolg das Ergebnis individuell zuzurechnen – dann aber am Ende des Lebens ihm die Entscheidungsgewalt (wieder) aus den Händen nehmen zu wollen? An diesem Beispiel zeigt sich exemplarisch die Bedeutung einer Frage, die freilich auch an anderen Orten und in anderen Diskursen permanent mitverhandelt wird: Wie ernst nehmen ‚die' Kirchen Menschen in ihren realen Lebenssituationen? Wie stimmt das zusammen mit einem Anspruch auf Alltagsrelevanz[318] (Stichwort ‚Lebensdienlichkeit') dessen, was gesagt werden will? Und wie groß ist das Zutrauen in Menschen, dass diese selbst verantwortungsvoll ihr Leben (und ihr Sterben) gestalten? – Die ‚kritisch-philosophischen' Blogautoren und Blogautorinnen zeigen, dass man sich in guter theologischer Tradition wahlweise mit dem Topos der Freiheit in diesem thematischen Zusammenhang auseinandersetzen und so, theologisch verantwortet, Freiheitsgewinne für die (religiösen) Subjekte erzielen kann.

b) Letztinstanzliche Züge in der Argumentation/Präsentation sind strukturell, wie bereits erwähnt, für die AP der ‚Weltanschauungsvertreter/in' zu verzeichnen. Da die AP ‚Explizite/r Christ/in' in dieser Arbeit schwerpunktmäßig in den Blick kommt, seien an dieser Stelle noch einmal die AP der ‚Verschwörungstheoretiker/in' (AP 2b) und der ‚Säkularisten' (AP 2a) angesprochen. Die Verwendung des Begriffs ‚Verschwörungstheoretiker' als ein Begriff, dem bereits eine Stigmatisierung anhaftet, erweist sich als ambivalent, da das Verhältnis zwischen orthodoxen (kulturell anerkannten) und heterodoxen Wissensbeständen faktisch erst diskursiv, in der Regel (massen-)medial vermittelt, ausgehandelt wird. Verschwörungstheorien sind insofern zunächst schlicht „heterodoxe Wissensbestände, die im Widerspruch zu jenen anerkannten (eben orthodoxen) Wissensbeständen der Gesellschaft stehen"[319]; über ihren Wahrheitsgehalt ist damit noch wenig ausgesagt.[320] Auch mit Blick auf die Zeitungskommentare ist bereits erwähnt worden, dass hier ein Urteil über den Wahrheitsgehalt kaum zu fällen ist, die ‚emotionale

---

[318] Zur begrifflichen Kontur und zu Voraussetzungen von Alltagsrelevanz vgl. Merle, *Alltagsrelevanz*.

[319] Schetsche, Michael, „Die ergooglete Wirklichkeit: Verschwörungstheorien und das Internet", in *Die Google-Gesellschaft: Vom digitalen Wandel des Wissens*, hg.v. dems. und Kai Lehmann (Bielefeld ²2007), 113–120: 118.

[320] Vgl. zum Problem der Delegitimation von Wissensbeständen und der Definitionsmacht über soziale Wirklichkeiten auch: Anton, Andreas, Schetsche, Michael und Walter, Michael K., „Einleitung: Wirklichkeitskonstruktion zwischen Orthodoxie und Heterodoxie – zur Wissenssoziologie von Verschwörungstheorien", in *Konspiration: Soziologie des Verschwörungsdenkens*, hg.v. dens. (Wiesbaden 2014), 9–25.

Temperatur' der Beiträge lässt jedoch Rückschlüsse auf die hohe Bedeutung des vermeintlichen Sonderwissens für die Akteure zu. Dies leuchtet noch einmal ein, versteht man wissenssoziologisch Verschwörungstheorien als „spezielle Formkategorie sozialen Wissens"[321], die die Aufgabe erfüllen, „Ereignisse oder Prozesse, die sich ansonsten nur schwer einordnen ließen, sinnhaft zu deuten, so dass sie sich in bestehende Weltbilder, Sinnstrukturen oder ein bestimmtes Hintergrundwissen integrieren lassen."[322] Es wäre sicherlich ein Fehler, darauf verweisen Andreas Anton, Michael Schetsche und Michael Walter, Akteure, die Verschwörungstheorien im Sinne eines Sonderwissens pflegen, vorschnell zu pathologisieren. Abgesehen von der prinzipiellen Ergebnisoffenheit der Aushandlung orthodoxen Wissens sind immer auch graduelle Unterschiede zu erkennen: Wer weiß nicht hin und wieder mehr und anderes als ‚eigentlich gewusst werden darf'? – In den Bereich der letztinstanzlichen Bedeutungen rücken Verschwörungstheorien sicherlich erst dann ein, wenn sie alltagsweltlich eine so hohe Priorität haben, so dass die entsprechende Theorie die Weltwahrnehmung der Subjekte in besonderer Weise strukturiert. Mit dieser Bedeutung sind sie dann auch interessant für die Religionsforschung; relevant sind sie für die Theologie(geschichte), wenn es um die Beobachtung geht, wie Fragen der Legitimität religiösen Wissens verhandelt werden.

Es liegt auf der Hand, dass die Internet-Medien die Verbreitung auch heterodoxer Überzeugungen fördern: freilich nicht, weil es hier inhaltliche Valenzen gäbe, sondern weil die Technik für jedermann die Verbreitung und Rezeption auch gesellschaftlich nicht akzeptierter Wissensbestände ermöglicht und die Verlinkung untereinander anregt. Im vorliegenden Sample können als Beispiele für Verschwörungstheorien unter anderem die Blogbeiträge mit rechtspolitischem Einschlag gelten, die von einer Unterwanderung von Politik und Medien durch ‚die Linken' ausgehen.[323]

---

[321] Anton, Andreas, *Unwirkliche Wirklichkeiten: Zur Wissenssoziologie von Verschwörungstheorien* (Berlin 2011), 119.
[322] Anton, Schetsche und Walter, *Konspiration*, 15. Im Original hervorgehoben.
[323] Vgl. dazu auch noch einmal Kapitel 4.2.1.2 und 4.3.3.2. – Allein aufgrund der Kriterien für die Auswahl der Blogs ist ein Link zu einem prototypischen Beispiel von Verschwörungstheorie herausgefallen: In konservativ-traditionalen katholischen Kreisen wird immer wieder die Position des Sedisvakantismus ventiliert: Der päpstliche Stuhl sei vakant, da der amtierende Papst nicht rechtmäßiger Papst sei. Der Blog *P. O. Schenker* bietet entsprechenden Diskussionen Raum („Ist es nicht plausibel, daß die ‚progressiven' Modernisten bei der Durchführung ihres Coups, die Strukturen der röm.-kath. Kirche zu unterwandern und eine schein-‚katholische' Antikirche zu errichten, auch sogleich einen ‚traditionellen Arm' konstruierten, um jene Katholiken wieder einzufangen und aufzusaugen, die den Bruch erkannten und sich von der V2-‚Kirche' abgewendet

Die ‚Säkularisten' wiederum bilden eine deutlich wahrnehmbare weltanschauliche Gruppe, deren Auftreten in den Vorannahmen der Arbeit so nicht erwartet worden ist. Wie die Relationen der Topoi-Verwendung zu den Akteurpräsentationen gezeigt hat, ist es ein Anliegen dieser AP, sich gegen Bevormundung jeglicher Art auszusprechen; dann geht es aber wesentlich um eine Verneinung des Geltungsanspruchs religiöser Rede im öffentlichen Raum und um eine in der Regel polemische, negative Evaluation von Religion (und Kirche) überhaupt. Gerade die Art der Kommentierung macht stutzig: Stehe es jedem frei, sich zu Religion und Kirche nach eigenem Ermessen zu verhalten, wirkt die Aggressivität in vielen Kommentaren nahezu verstörend. Sucht man nach Ursachen für das Auftreten dieser Gesinnung, mag man – ähnlich wie bei dem vehementen Rekurrieren auf den ‚Gegen-Bevormundung'-Topos – von einem Widerhall negativer Erfahrungen ausgehen, die Einzelne mit der Institution gemacht haben. In den Kommentaren lassen sich dann aber auch Ansätze finden, wie sie von der *Giordano Bruno Stiftung*, dem *Internationalen Bund der Konfessionslosen und Atheisten e.V.* oder dem *Humanistischen Verband Deutschlands* oder den so genannten *Brights* vertreten werden: Das Eintreten für ‚humanistische' Werte und für eine staatliche ‚Nicht-Diskriminierung' ‚Religionsloser' bleibt konstitutiv bezogen auf eine Anklage (vermeintlich) bestehender Verhältnisse, nach der den Kirchen in der Gestaltung des öffentlichen Lebens zu viele Privilegien eingeräumt würden. Paradoxerweise will man sich auch hier wieder organisieren – als weltanschauliche Gegenmacht.[324] – In den meisten Kommentaren findet sich freilich der Geist, weniger die argumentative Ausführung dieser Positionen wieder:

---

haben bzw. daran dachten, sich von ihr abzuwenden?", https://poschenker.wordpress.com/2014/08/11/allgemeine-diskussion/ [01.03.2018]). – Auch im Bereich der Evangelischen Kirche wird man freilich schnell fündig, wenn es um Verschwörungstheorien geht. Leider schon gewöhnt hat man sich an die evangelikale, rechtskonservative Rede von der „Homo-Lobby", der an der Zersetzung überkommener Werte liege; Hartmut Steeb, Generalsekretär der *Deutschen Evangelischen Allianz*, sprach auch von einem „Homofundamentalismus", http://www.theeuropean.de/hartmut-steeb/7866-aufruhr-im-laendle (01.03.2018).

324 Dass sich hier thematische Überschneidungen mit den Verschwörungstheoretikern ergeben, liegt auf der Hand. So heißt es etwa auf der internationalen Webseite der *Brights:* „Currently, the naturalistic worldview is insufficiently expressed within most cultures – even politically and socially repressed." (http://www.the-brights.net/ [01.03.2018]). – Wie wenig kreativ der permanente Bezug auf die Kirchen ist, zeigt die unmittelbare Bewerbung des Kirchenaustritts auf den Seiten des *Internationalen Bunds der Konfessionslosen und Atheisten e.V.:* Ganz oben in der Sidebar findet man FAQs zum Thema ‚Kirchenaustritt'. https://www.ibka.org/infos/FAQKA.html (01.03.2018).

Die weltanschauliche Oberflächen-Struktur ist jedoch deutlich in ihrer Vehemenz.

4.3.2.3 Resonanzsensible Kommunikation

Während es bei den bisherigen Überlegungen um Akteure gegangen ist, die sich explizit weltanschaulich-religiös äußern, beziehungsweise die bestimmte Aspekte deutlich in den Rang der Letztbegründung einrücken, soll es an dieser Stelle noch einmal um Kommunikationsformen gehen, die ich ‚transzendierungsoffene Kommunikation' beziehungsweise ‚resonanzsensible Kommunikation' nenne. Erinnert sei an die Begriffsbestimmung[325]: Als ‚transzendierungsoffene', ‚resonanzsensible Kommunikation' soll eine solche Kommunikation aufgefasst werden, die mittels des Gebrauchs von Zeichen und Symbolen als eine solche erkennbar wird, in der der Eine eine Bereitschaft signalisiert, durch die Kommunikation mit dem Anderen in einen kommunikativen Austausch involviert zu werden, der gegebenenfalls den eigenen Standpunkt beziehungsweise die eigene Perspektive auf Etwas verändert. Anders ausgedrückt: Die Auseinandersetzung mit dem Anderen, die mich selbst involviert, führt in eine Bewegung des Transzendierens hinein, deren Ausgang noch offen ist. Die Identifikation ‚resonanzsensibler Kommunikation' wäre dann nicht bezogen auf Inhalte oder (selbst-)immanente Begründungsmuster, sondern auf die Form der kommunikativen Praxis und fände ihren Ausdruck in Aspekten der Dialogizität im Unterschied zu Mustern von (argumentativer) Selbstbeharrung. Eine solche Kommunikation kann freilich Religion explizit zum Thema haben. Der interessierende Punkt an dieser Stelle ist jedoch der Blick auf die strukturelle Anlage der Kommunikation.

a) Es ist naheliegend, zwei bereits ausführlicher betrachtete Fälle als Beispiele für eine solche ‚transzendierungsoffene Kommunikation' anzuführen: (in großen Teilen) die Konversation im *Freitag*[326] und die Sequenz aus dem Kommentarbereich des Blogs B2a[327]. Das gemeinsame Fortschreiten im Denken und Beschreiben ist dabei wesentlicher Ausweis einer transzendierungsoffenen Kommunikation. Im Sample finden sich zahlreiche kleinere Interaktionen, die sich ähnlich einordnen lassen. Da die beiden genannten Beispiele bereits ihren Raum in der Darstellung erhalten haben, sei eine andere kleine Konversation aus den zahlreichen Interaktionen in den Zei-

---

325 Vgl. Kapitel 3.2.3.1.
326 Vgl. Kapitel 4.2.2.2, Falldarstellung 3.
327 Vgl. Kapitel 4.2.4.2.

tungskommentaren hervorgehoben, die noch einmal das Charakteristische der hier vorgeschlagenen Klassifikation deutlich macht.
Es handelt sich um eine Interaktion zwischen zwei Akteuren, die insgesamt sechs Beiträge umfasst. M hat bereits einen Beitrag vorab formuliert, in dem er seine persönlichen Erfahrungen mit dem Thema ‚Sterbehilfe', seine Anfragen und seine Position formuliert hat. N steigt nach einem Kommentar einer dritten Person in die Auseinandersetzungen im Forum ein, bezieht sich allerdings nicht direkt auf M und formuliert wiederum ihre Position. Daraufhin entspinnt sich die Konversation zwischen M und N. Auffallend für das Gespräch sind folgende Dinge: Beide Akteure stellen *offene Fragen* (keine rhetorischen), wahrscheinlich eins der deutlichsten Merkmale transzendierungsoffener Kommunikation, zum Beispiel: „Gibt es wirklich Menschen, die sterben wollen? Ist es nicht so, das Menschen so nicht mehr weiter leben möchten? Wird es wirklich immer der freie Wille sein, sich selbst zu töten?" (Süddeutsche Zeitung, 31), „Was ist wenn Angehörige täglich heulend am Bett des sterbenden sitzen?", „Kann das ein Gesetz regeln?" (Süddeutsche Zeitung, 35)
Das *(Mit-)Teilen von Erfahrungen* fällt auf: „Vor drei Wochen habe ich meinen Hund einschläfern lassen. [...] Im Mai ist meine Schwester gestorben. [...]" (Süddeutsche Zeitung, 28) „Ich kann dazu meinen Vater und eine meiner Katzen (beide Krebs) mit ihren Geschichten beisteuern." (Süddeutsche Zeitung, 34) Unter anderem mit der Schilderung dieser Erfahrungen wird einander der innere Weg zum potenziellen Nachvollzug zur Verfügung gestellt, der den eigenen Standpunkt als *subjektiv gewordenen Standpunkt* ausweist, zum Beispiel: „Meine Einstellung zur Sterbehilfe hat sich durch die Erfahrung mit meiner Schwester verändert." (Süddeutsche Zeitung, 28)
Den subjektiv gewordenen Standpunkt will man dem Anderen/der Anderen nicht aufdrängen, es bleiben *Formulierungen in der Ich-Perspektive* als Mittel der Wahl: „Ich glaube, die Wahl der Ich-Perspektive ist hier immer die beste! Was wäre, wenn mir ... passiert / wenn ich an ... erkranke? Wie lange halte ich aus, bis zu welchem Zustand halte ich aus, bis ich mich für ein Ende entscheide? Wahrscheinlich ist es leichter, über andere ein Urteil zu fällen. Sollte so aber nicht sein." (Süddeutsche Zeitung, 32)
Trotz differenter Ausgangspositionen ist eine *Solidarität der Fragenden* zu beobachten („Ich kenne die Fragen." [Süddeutsche Zeitung, 33]), die – über die Aufnahme von Aspekten, die dem Anderen argumentativ wichtig zu sein scheinen („Der ‚freie Wille' ist natürlich durch Schmerzen und Siechtum getrieben." [Süddeutsche Zeitung, 32]) zu Formulierungen bedingter Zustimmung führt, ohne die Differenzen zu vernachlässigen. („Ich kenne die Fragen. Aber auch die Gegenfragen." [Süddeutsche Zeitung, 34])

Dass diese kleinen Interaktionen für die Akteure selbst subjektiv bedeutsam sein können, sieht man ebenfalls sehr schön an diesem Beispiel, weil es explizit gemacht wird: Die Interaktion vollzieht sich in Form einer *persönlich wertschätzenden Ansprache und Entgegnung, positive Emotionen* werden verbalisiert, für den Moment der Interaktion sind die Akteure *in eine Beziehung zueinander getreten*: „Lieber M [anonymisiert; KM], Ihnen wünsche ich alles Gute – vor allem viele positive Gedanken und Erlebnisse (ich hoffe, Sie legen mir das jetzt nicht falsch aus). Und mit Sicherheit sind Sie kein ‚Kostenfaktor'. Diese Bezeichnung ist einfach nur dumm und zynisch." (Süddeutsche Zeitung, 32) – „Danke für ihre offenen Worte, über die ich mich freue." (Süddeutsche Zeitung, 33)[328]

Es liegt auf der Hand, dass sich solche kleinen Begegnungen nur über regelrechte Interaktionen (nicht nur das womöglich einmalige Posten der eigenen Meinung) ergeben. Insofern sind solche Interaktionen nicht die Regel in den zahlreichen Netz-Kommunikationen, sie spielen aber auch keine untergeordnete Rolle – zumal, wenn man Kommunikationen in Community-Foren und auch in der Blogosphäre anschaut. Resonanzsensible Kommunikation ist etwa auch im Blog B8 zu beobachten, wo allein der Blogbeitrag etliche der oben genannten Merkmale trägt: Offene Fragen, Ich-Perspektive, Absehen von allgemeinen Werturteilen etc. führen in der Rezeption eines Beitrags potenziell in eine Transzendierungsbewegung hinein.

b) Daraus kann aber noch etwas anderes geschlossen werden: Apodiktisches Sprechen, das von argumentativer Selbstbeharrung zeugt, führt potenziell eben nicht in die Transzendierungsbewegung hinein – wenn damit gesagt sein will: Die Gesprächspartnerin zieht in Erwägung, ihren eigenen Standpunkt zu verändern. Apodiktisches Sprechen affiziert vorwiegend ‚Gleichgesinnte' und führt zu einer Reduplizierung des Vorhandenen. Übertragen auf religiöse Kommunikation bedeutet das: Nicht nur, weil religiöse Semantiken bemüht werden, handelt es sich um religiöse Kommunikation, die in der Lage wäre, den Anderen zu involvieren und in Momente der Selbsttranszendenz zu führen. Religiöse Kommunikation in dieser Perspektive wäre weder ansprechend noch einladend. Verstärkt werden solche Effekte, wenn eine christliche Binnensprache gepflegt wird. Ein Kommentar wie „Achja – und die ganzen Heilungswunder in der Bibel sind nur Heilungen der Seele? Gott kann sehr wohl entscheiden, wann er wen zu sich rufen will, und wenn er stirbt und sich

---

328 Dass gerade Akteure, die der AP ‚Betroffene' zugeordnet worden sind, sehr oft dialogisch interagieren, darauf ist bereits hingewiesen worden. Eine interessante Referenzgruppe bei den Zeitungskommentaren ist in diesem Zusammenhang die AP ‚Diskurs-/Dialoginteressierte'.

zu Lebzeiten für Jesus entschieden hat, dann wird sein geistliches Leben [...] weiterleben auch wenn sein fleischliches Leben [...] ein Ende hat" (WELT; 3) bekommt zwar 13 ‚Gefällt mir' – wahrscheinlich vielfach auch von Mitlesenden, die selbst nicht kommentieren – argumentativ geht niemand darauf ein. Unter Umständen, weil sie sich selbst kaum in den untersuchten Öffentlichkeiten zu anderen Beiträgen ins Verhältnis setzen, bleiben solche Kommentare in kommunikativer Perspektive isoliert. Das Wiederholen des eigenen Standpunkts führt zwar zu quantitativer Präsenz, Verständigung entsteht dadurch nicht. Sätze wie „Gotteskinder leben nicht selbstbestimmt, sondern christusbestimmt." (B19, 16) oder die Wiederholung von Lehrtexten, was ein Christ/Katholik darf und was nicht, erreichen allenfalls diejenigen, die verstehen, wovon hier die Rede ist, und die bereits der gleichen Meinung sind. Argumentativ einladend für Andere, die eigene Weltanschauung probehalber sich anzuverwandeln (um den Anderen gegebenenfalls auch wieder in andere Ansichten zu entlassen), sind sie nicht. Apodiktisches Sprechen impliziert logische Probleme und damit erhebliche Probleme für Diskursivität.

4.3.3 Konfliktlinien im Feld öffentlicher religiöser Kommunikation

Neben den vielen positiven Interaktionen, die in den Online-Konversationen sichtbar werden, kann die vorliegende Studie Beobachtungen festhalten, die als Konfliktlinien im Feld öffentlicher religiöser Kommunikation einzuschätzen sind. Auf drei Aspekte soll hier insbesondere hingewiesen werden: auf die Frage der Geltung religiöser Rede im öffentlichen Raum, auf die problematische Nähe christlicher Akteure/Positionen zu Formen des Rechtsextremismus und auf die Tendenz zur Nischenkommunikation. Alle drei Phänomene können durch Online-Kommunikation verstärkt werden, da sich auch problematische Kommunikationen schnell verdichten können; das Internet fungiert so auch als Resonanzraum für zweifelhafte Ansichten – freilich mit Folgewirkung für öffentliche Kommunikation überhaupt.

4.3.3.1 Säkularismus

Mit diesem Punkt sei noch einmal das aufgegriffen, was unter der Problematisierung des Auftretens der so genannten ‚Säkularisten' bereits Kontur gewonnen hat: die massive Ablehnung von Religion/religiöser Rede im öffentlichen Raum.[329]

---

[329] In Kap. 4.3.2.2 dürfte deutlich geworden sein, dass ich die Kommunikationen, die eine solche

Besonders bemerkenswert ist die Vehemenz, mit der die Ansichten vorgebracht werden: Akteuren geht es nicht nur darum, die eigene Meinung kund zu tun, sondern verfolgt wird wesentlich ein Propagieren des Ziels, den Wirkungsbereich der Religion auf das Private zu reduzieren und den Raum öffentlicher Wirksamkeit einzuschränken. Für Formen des ‚antiklerikalen Atheismus' gibt es profilierte Gründe[330], und es gilt, die unterschiedlichen Argumente diskursiv in die Waagschale zu werfen und nach tragfähigen Grundlagen für die Gestaltung des demokratischen Gemeinwohls zu suchen. Was hier vor allem als – am Material beobachtetes – Problem festgehalten werden soll, ist der agitierte Gestus in der Äußerung der eigenen Meinung, der wenig sachlich und kompromissfähig erscheint. Es ist anzunehmen, dass diese antikirchliche beziehungsweise antireligiöse Oberflächen-Struktur, wie sie sich deutlich unter den Zeitungskommentaren findet, Teil einer nicht unpopulären Gesinnung ist.[331] Die Konfliktlinie verläuft dabei primär – schaut man sich die massenmediale Aufarbeitung beziehungsweise die in der Öffentlichkeit auftretenden Akteure an – zwischen Akteuren dieser antikirchlichen beziehungsweise antireligiösen Weltanschauung und Akteuren aus dem konservativen religiösen beziehungsweise kirchlichen Milieu.

Michael Schmidt-Salomon, Vorstandssprecher der *Giordano-Bruno-Stiftung*, schreibt im *Manifest des evolutionären Humanismus:*

> Wer heute ein *logisch konsistentes* (= widerspruchsfreies), *mit empirischen Erkenntnissen übereinstimmendes* (= unserem systematischen Erfahrungswissen entsprechendes) und auch *ethisch tragfähiges Menschen- und Weltbild* entwickeln möchte, muss notwendigerweise auf die Ergebnisse der wissenschaftlichen Forschung zurückgreifen. Die traditionellen Religionen, die bislang das menschliche Selbstverständnis prägen, können diese Aufgabe nicht mehr erfüllen. Sie sind nicht nur hinreichend *theoretisch widerlegt*, sie haben sich auch

---

Position vertreten, selbst als Weltanschauung klassifiziere und ihr attestiere – unter den hier vorgenommenen Bestimmungen religiöser Kommunikation – religiöse Kommunikation zu sein.

330 Vgl. exemplarisch: Rorty, Richard, *Philosophy and Social Hope* (London 1999), 168 ff.; vgl. ders. und Vattimo, Gianni, *Die Zukunft der Religion* (Frankfurt a.M. 2009), 36 ff.

331 Man muss freilich differenzieren und kann nicht eine antireligiöse bzw. antikirchliche Haltung mit Konfessionslosigkeit in eins setzen. Gleichwohl interessant ist der Befund, dass Konfessionslosigkeit in Westdeutschland eher mit einem konfessorischen Charakter einhergeht als in Ostdeutschland; vgl. Weyel, Birgit, „Konfirmation und Jugendweihe: Eine Verhältnisbestimmung aus praktisch-theologischer Perspektive", *Zeitschrift für Theologie und Kirche* 102 (2005), 488–503: 497; vgl. Wohlrab-Sahr, Monika, „Religionslosigkeit als Thema der Religionssoziologie", *Pastoraltheologie* 90 (2001), 152–167; Pollack, Detlef und Pickel, Gert, Hg., *Religiöser und kirchlicher Wandel in Ostdeutschland 1989–1999* (Opladen 2000).

in ihrer *Praxis als schlechte Ratgeber für die Menschheit* erwiesen, wie nicht zuletzt der islamische Fundamentalismus oder die ‚Kriminalgeschichte' des Christentums belegen.³³²

An anderer Stelle spricht Schmidt-Salomon von dem „kleinkarierten, anthropozentrischen Weltbild"³³³, das die „meisten Religionsvertreter" besitzen, und scheut sich nicht vor weiteren Pauschalisierungen: „Religionen sind seit jeher die wohl mächtigsten Agenten kultureller Gewalt, denn die Herabwürdigung von Andersdenkenden und Andersgläubigen gehört gewissermaßen zum religiösen Kerngeschäft"³³⁴; Schmidt-Salomon begrüßt jedoch Prozesse der „Selbstsäkularisierung der christlichen Theologie"³³⁵ durch die „liberale Theologie", die dem kritisch-rationalen Denken gegen die „Anti-Säkularisten"³³⁶ zuarbeite. Das freilich ist ein Argument, das ein aufgeklärtes Christentum sich schon längst aus konservativ-traditionalen und „exklusiven" Kreisen als Kritik anhören muss: Durch ihren ‚Relativismus' und ihre ‚Verweltlichung' sei die (Evangelische) Kirche selbst ihr größter Gegner.³³⁷ Dass sich die Akteure gegenseitig wahrnehmen, zeigt im Sample die Verlinkung eines antikirchlich gestimmten Beitrags des publizistischen Netzwerks *Achse des Guten* in einem der ‚exklusiven' Blogs, wobei wie-

---

332 Schmidt-Salomon, Michael, *Manifest des evolutionären Humanismus: Plädoyer für eine zeitgemäße Leitkultur* (Aschaffenburg 2005), 8. Im Original hervorgehoben.
333 Schmidt-Salomon, Michael, „Säkularismus ist die Lösung! Über Religion und Gewalt", Vortrag auf der Internationalen Konferenz *Give Peace A Chance: Säkularismus und globale Konflikte* (Köln, 22.–24.5.2015), 2.
334 Schmidt-Salomon, „Säkularismus ist die Lösung", 2f. – Auf andere Weise zeigt sich die gesteigerte Polemik Schmidt-Salomons in dem ‚Kinderbuch' *Wo bitte geht's zu Gott?*, gegen das das Bundesministerium für Familie, Senioren, Frauen und Jugend einen Indizierungsantrag bei der Bundesprüfstelle für jugendgefährdende Medien wegen Verächtlichmachung von Judentum, Islam und Christentum stellte, vgl. Schmidt-Salomon, Michael und Nyncke, Helge, *Wo bitte geht's zu Gott? fragte das kleine Ferkel: Ein Buch für alle, die sich nichts vormachen lassen* (Aschaffenburg 2007).
335 Schmidt-Salomon, „Säkularismus ist die Lösung!", 8.
336 Schmidt-Salomon, „Säkularismus ist die Lösung!", 7. – Schmidt-Salomon selbst greift immer wieder in seinen Schriften religiöse Metaphorik auf, vgl. dazu auch: Kahl, Joachim, „Zwischen Reduktionismus und Heilshoffnungen", *Materialdienst der Evangelischen Zentralstelle für Weltanschauungsfragen* 77 (2014), 386–389.
337 Insofern ist hier auch noch einmal eine innerkirchliche Konfliktlinie benannt; vgl. die Stellungnahme von Ulrich Rüß zum „Zustand des deutschen Protestantismus" unter: https://charismatismus.wordpress.com/tag/pastor-ulrich-rus/ (01.03.2018). – Dass Rüß die „Stellungnahme" in der Zeitung *Junge Freiheit* publizierte, verweist auf eine weitere Konfliktlinie (vgl. Kapitel 4.3.3.2); vgl. auch den Beitrag von Jochen Teuffel mit einer Replik von Margot Käßmann in der Zeitschrift *Christ in der Gegenwart*: Teuffel, Jochen, „Protestantische Selbstsäkularisierung", *Christ in der Gegenwart* 68 (2016).

derum der Autor/die Autorin des Blogs B20 unter dem entsprechenden Beitrag von Gideon Böss *Freitod ist ein Menschenrecht*[338] kommentiert.

Auf der anderen (‚christlichen') Seite hingegen ist der Verweis auf „Christenverfolgungen" zum Stilmittel einer reaktionären Rhetorik geworden, die ein Durchgreifen der Intoleranz gegenüber Christen und Christinnen auf dem Vormarsch sehen – um vor diesem Hintergrund umso mehr einen Widerstand gegen diese ‚antichristlichen' Tendenzen einzufordern. ‚Belege' für „Christenverfolgungen", die in Europa nicht zuletzt einem radikalen Säkularismus zugeschrieben werden, liefern Berichte der mit dem Verein *Europa für Christus! e.V.* in Verbindung stehenden Organisation *Dokumentationsarchiv der Intoleranz gegen Christen*[339], das evangelikale Hilfswerk *Open Doors Deutschland e.V.* operiert in internationaler i.e. europaübergreifender Perspektive[340]. Schaut man sich, ganz willkürlich, in der Blogszene um, findet man spontan – sehr viel schneller als zur ‚Sterbehilfe' – etliche Beiträge zum Thema „Christenverfolgung" aus dem evangelikalen, konservativ-traditionalen und konservativ-(rechts-)politischen Spektrum.[341] Man kann also annehmen, dass sich der Topos der ‚Christenverfolgung'

---

338 Vgl. http://www.achgut.com/dadgdx/index.php/dadgd/article/freitod_ist_ein_menschenrecht (01.03.2018). Böss schreibt: „Der heftigste Widerstand kommt natürlich von Institutionen, die generell gerne Menschen bevormunden und kontrollieren. Deswegen ist es kein Wunder, dass die Kirchen dagegen sind, Menschen das Recht zu lassen, zu einem selbstgewählten Zeitpunkt aus dem Leben zu treten. Es ist zu hoffen, dass die Kirchen auch an dieser Stelle weiter an gesellschaftlichem Halt verlieren. Zumal es ohnehin erstaunlich ist, warum das Christentum als moralische Instanz gilt."

339 Vgl. Observatory on Intolerance and Discrimination against Christians und Kugler, Gudrun, Hg., *Europe: The Problem of Intolerant Equality Laws: Report 2014* (Wien 2015). Kugler hat in der Vergangenheit auch von einer „‚unblutigen Verfolgung' von Christen" gesprochen, vgl. http://www.ead.de/nachrichten/nachrichten/einzelansicht/article/europa-intoleranz-gegen-christen-waechst.html (01.03.2018).

340 *Open Doors* steht der Deutschen Evangelischen Allianz nahe; vgl. zur „Christenverfolgung" den aktuellen *Weltverfolgungsindex*, https://www.opendoors.de/christenverfolgung/weltverfolgungsindex (01.03.2018); *Open Doors* steht immer wieder in der Kritik, weil die Datenerhebung Fragen offen lässt, vgl. etwa Sekretariat der Deutschen Bischofskonferenz und Kirchenamt der Evangelischen Kirche in Deutschland, Hg., *Ökumenischer Bericht zur Religionsfreiheit von Christen weltweit 2013* (Bonn/Hannover 2013), 59. *Open Doors* reagierte auf die Kritik mit Erläuterungen zur Methodik, vgl. https://www.opendoors.de/christenverfolgung/weltverfolgungsindex/wie-wird-der-index-erstellt (01.03.2018).

341 Vgl. http://theoblog.de/tag/christenverfolgung/; http://christenverfolgung.blogspot.de/; http://papsttreuerblog.de/2015/10/02/christenverfolgung-in-deutschland-asyl-fuer-verfolger/; https://www.soulsaver.de/blog/abdul-christenverfolgung-durch-den-islam-isis/; http://ichthys-consulting.de/blog/?p=1581; http://beiboot-petri.blogspot.de/2016/01/das-ausma-der-weltweiten.html etc. (alle 01.03.2018).

popularisiert hat und als identifikatorisches Element in bestimmte christliche Kreise eingewandert ist.

4.3.3.2 Nähe christlicher Akteure zum Rechtspopulismus/Rechtsextremismus

Das Spektrum des politischen (Neo-)Konservatismus, des Rechtsextremismus und der so genannten ‚neuen Rechten' ist nicht einfach zu beschreiben. Es soll an dieser Stelle auch kein Versuch gemacht werden, eine angemessene Beschreibung vorzunehmen, zu komplex sind die Interdependenzen, die positionellen Unterschiede, die (zum Teil kleinteiligen) Organisationsformen.[342] Vielmehr soll es hier nur darum gehen, auf problematische Tendenzen allgemein aufmerksam zu machen.

Es dürfte ein Klischee sein, dass Christen und Christinnen zum ‚rechten Rand' nur insofern Kontakt haben, als sie gegebenenfalls gegen Formen von Rechtsextremismus und Menschenfeindlichkeit demonstrieren. Das ist ein Irrtum, wie nicht nur Texte aus dem untersuchten Sample dieser Arbeit zeigen, sondern auch andere Untersuchungen auf breiterer Datenbasis[343]: Natürlich sympathisieren auch Christen und Christinnen mit rechten Gesinnungen – entweder explizit in Form offener Po-

---

342 Es sei an dieser Stelle nur exemplarisch auf weiterführende Literatur verwiesen: Vgl. Decker, Frank, *Der neue Rechtspopulismus* (2., überarb. Aufl., Opladen 2004); ders., Henningsen, Bernd und Jakobsen, Kjetil, Hg., *Rechtspopulismus und Rechtsextremismus in Europa: Die Herausforderung der Zivilgesellschaft durch alte Ideologien und neue Medien* (Baden-Baden 2015); Gessenharter, Wolfgang, „Die ‚Neue Rechte' als Scharnier zwischen Neokonservatismus und Rechtsextremismus in der Bundesrepublik", in *Gegen Barbarei: Essays Robert M.W. Kempner zu Ehren*, hg.v. Rainer Eisfeld und Ingo Müller (Frankfurt a.M. 1989), 424–452; Stöss, Richard, *Rechtsextremismus im Wandel* (3., aktual. Aufl., Berlin 2010).

343 Vgl. die unter dem Titel *Deutsche Zustände* publizierten Ergebnisse der Langzeitstudie 2002–2011 zur Gruppenbezogenen Menschenfeindlichkeit des Instituts für interdisziplinäre Konflikt- und Gewaltforschung der Universität Bielefeld; vgl. die auf die GMF-Studie aufbauenden Studien *Fragile Mitte – Feindselige Zustände* (2014) und *Gespaltene Mitte – Feindselige Zustände* (2016) sowie die Erhebung zur Gruppenbezogenen Menschenfeindlichkeit in Europa aus dem Jahr 2008 *Die Abwertung der Anderen. Eine europäische Zustandsbeschreibung zu Intoleranz, Vorurteilen und Diskriminierung*; zur Auswertung der Daten unter besonderer Berücksichtigung des Themas Religion/Religiosität: Küpper, Beate und Zick, Andreas, „Religion und Menschenfeindlichkeit", in *Religiosität: die dunkle Seite. Beiträge zur empirischen Religionsforschung*, hg.v. Christian Zwingmann, Constantin Klein und Florian Jeserich (Münster 2017), 117–135; Küpper, Beate und Zick, Andreas, *Religion and Prejudice in Europe: New Empirical Findings. Dossier for the Network of European Foundations – Initiative for Religion and Democracy in Europe* (London 2010); dies., „Schützt Religiosität vor Menschenfeindlichkeit oder befördert sie sie?", in *Was heißt hier Toleranz? Interdisziplinäre Zugänge*, hg.v. Andrea Bieler und Henning Wrogemann (Neukirchen-Vluyn 2014), 146–163.

sitionierungen im rechten Spektrum oder aber, was häufiger der Fall sein dürfte, indirekt und gegebenenfalls wenig reflektierend, dass eigene Meinungen in Teilen mit Ansichten aus dem rechtspopulistischen, gar rechtsextremen Spektrum übereinstimmen (sicherlich muss man hier graduell unterscheiden, es geht jedoch um den Aufweis einer allgemein problematischen Verbindung). Diese Art der Unbekümmertheit scheint freilich ganzen Bevölkerungsteilen eigen zu sein: Wie die Studie *Fragile Mitte – Feindselige Zustände*[344] aus dem Jahr 2014 zeigt, stimmten etwa 37 % der deutschen Bevölkerung dem Item „Es leben zu viele Ausländer in Deutschland" eher oder voll und ganz zu, 38 % sind der Meinung, „Sinti und Roma neigen zur Kriminalität", 18 % votierten dafür, „Muslimen soll die Zuwanderung nach Deutschland untersagt werden".[345]

Die Forschungsgruppe des *Instituts für interdisziplinäre Konflikt- und Gewaltforschung* der Universität Bielefeld um Wilhelm Heitmeyer arbeitet in ihrer Langzeitstudie 2002–2011 mit dem Konzept der ‚Gruppenbezogenen Menschenfeindlichkeit' (GMF). GMF macht keine Aussagen über intersubjektive Verhältnisse, sondern beschreibt gruppenbezogene Einstellungen.[346] Das heißt: GMF basiert auf der Annahme, dass es Unterschiede in der Wahrnehmung von Wertigkeit von Gruppen gibt; die Ungleichwertigkeit von Gruppen ist Teil der Ordnung einer Gesellschaft. GMF bezieht sich auf Vorurteile und Stereotypien – und damit einhergehend die Abwertung bestimmter Gruppen beziehungsweise die Diskriminierung von Gruppen. Dem Begriff eignet also eine große Spannbreite – und das macht ihn auch im Zusammenhang der hier skizzierten Konfliktlinie interessant: GMF ist ein (in vielen Fällen unbewusstes) weit verbreitetes Meinungsmuster, was ihr freilich nicht die Problematik nimmt. GMF wird dabei als ‚Syndrom' betrachtet: Personen, die dazu neigen, eine Gruppe abzuwerten, neigen mit einer signifikant höheren Wahrscheinlichkeit auch dazu, andere Gruppen abzuwerten. Folgende Elemente beinhaltet GMF: Fremdenfeindlichkeit, Rassismus, Antisemitismus, Antiziganismus, Abwertung von Asylbewerbern, Homophobie,

---

344 Zick, Andreas und Klein, Anna, *Fragile Mitte – Feindselige Zustände: Rechtsextreme Einstellungen in Deutschland 2014*, hg.v. Ralf Melzer für die Friedrich-Ebert-Stiftung (Bonn 2014).
345 Vgl. Küpper, Beate und Zick, Andreas, „Religiosität und Gruppenbezogene Menschenfeindlichkeit – Ergebnisse der GMF-Studien", in *Rechtsextremismus als Herausforderung für die Theologie*, hg.v. Sonja Angelika Strube (Freiburg i.Br. 2015), 48–63: 53 f. – Diese Zahlen stammen aus einer Zeit, in der die Einwanderung von Geflüchteten im Leben der Bundesrepublik und im öffentlichen Diskurs noch keine bedeutende Rolle gespielt hat und in der die AfD noch keine allzu großen Zuwächse verzeichnen konnte.
346 Vgl. zum Folgenden auch: Groß, Eva, Zick, Andreas und Krause, Daniela, „Von der Ungleichwertigkeit zur Ungleichheit: Gruppenbezogene Menschenfeindlichkeit", *Aus Politik und Zeitgeschichte* 16/17 (2012), 11–18.

4.3 Diskussion der Ergebnisse — 371

Herabsetzung von Obdachlosen, Herabsetzung von Arbeitslosen, Abwertung von Behinderten, Sexismus, Etabliertenvorrechte.

Schaut man auf den Einfluss von Religion beziehungsweise Religiosität auf die Einstellung von Menschen, kann man differenzierte Aspekte formulieren: Während es unter Religiösen offensichtlich nach der GMF-Studie häufiger zur Abwertung von Frauen und nicht-heterosexuellen Menschen (dies trifft nach anderen Studien auch auf Angehörige anderer Religionen zu, zum Beispiel Muslime)[347] und zu ethnischem Rassismus kommt, neigen Christen nicht häufiger als andere zu Fremdenfeindlichkeit, Einforderung von Etabliertenvorrechten, Antisemitismus, Abwertung von behinderten Menschen und Abwertung von Muslimen. Etwas positivere Einstellungen finden sich bei Christen zu Sinti und Roma, langzeitarbeitslosen und Asyl suchenden Menschen.[348] Zusammenfassend kommen aber Küpper und Zick zu folgendem Ergebnis:

> „Insgesamt und trotz einiger kleinerer Abweichungen im Detail, findet sich auch in der GMF-Studie und der Studie zur fragilen Mitte das bekannte Muster bestätigt, nach dem Religion und Religiosität wenn, dann Vorurteile eher befördert als vor ihnen schützt. Dies gilt im Übrigen auch, wenn demographische Faktoren wie Alter, Bildung und Geschlecht statistisch kontrolliert werden."[349]

Küpper und Zick gehen auch der Frage nach, warum Christen/Religiöse offenbar besonders zu Vorurteilen neigen, und nennen folgende Aspekte: die Affinität unter Christen/Religiösen zur Unterscheidung von Gut/Böse, den Wunsch nach Eindeutigkeit, Hang zum Autoritarismus[350], die Bedeutsamkeit von Konventionen. Natürlich wäre der Einfluss dieser Faktoren auf Mechanismen der Exklusion und der Abwertung noch einmal näher zu betrachten; Abhängigkeiten sind jedoch vielfach beobachtet worden: So zeigt – und darin kann etwa ein Hinweis auf den Faktor des Autoritarismus gesehen werden – eine Studie aus den USA das

---

347 Vgl. Simon, Bernd, „Einstellungen zur Homosexualität: Ausprägungen und psychologische Korrelate bei Jugendlichen mit und ohne Migrationshintergrund (ehemalige UdSSR und Türkei)", *Zeitschrift für Entwicklungspsychologie und Pädagogische Psychologie* 40 (2009), 87–99.
348 Vgl. Küpper und Zick, „Religiosität und Gruppenbezogene Menschenfeindlichkeit", 58.
349 Küpper und Zick, „Religiosität und Gruppenbezogene Menschenfeindlichkeit", 58.
350 Küpper / Zick schreiben: „In der GMF-Studie (wie auch in anderen Studien) erweist sich Autoritarismus tatsächlich empirisch als ein wesentlicher Faktor, der hinter dem Einfluss der Religiosität auf Vorurteile steht, auch wenn er nicht alles zu erklären vermag. Gerade fundamentalistische Überzeugungen und eine Haltung zur Orthodoxie im religionspsychologischen Sinne hängen eng mit der Neigung zum Autoritarismus zusammen." (Küpper und Zick, „Religiosität und Gruppenbezogene Menschenfeindlichkeit", 59.)

Schwächerwerden des Zusammenhangs zwischen extrinsischer[351] Religiosität und (offenem) Rassismus, je weniger offener Rassismus sozial anerkannt ist.

Nicht neu ist die Erkenntnis, dass Akteure aus dem rechten Spektrum versuchen, Anknüpfungspunkte für die gesellschaftliche ‚Mitte' zu schaffen. Insofern existieren – mit Blick auf die hier skizzierte Konfliktlinie – zwei Bewegungsrichtungen zwischen sich als christlich verstehenden Gruppierungen und politisch rechten Gruppierungen[352]: Zum einen gehen Akteure aus dem rechten Spektrum gezielt auf (konservative) Christen und Christinnen zu, um für ihre Deutungsmuster zu werben und so Einfluss auch in der bürgerlichen Mitte der Gesellschaft zu gewinnen.[353] In Publikationsorganen der rechten Szene werden gezielt Themen verhandelt, die potenziell von Interesse für Christen und Christinnen sind (Berichte zum Beispiel über Persönlichkeiten des öffentlichen Lebens, Lebensschutz, Gleichstellung, Islam‚kritik'). Die Wochenzeitung *Junge Freiheit* etwa, Medium der intellektuellen neuen Rechten und Scharnierorgan zwischen der rechten Szene und Wertkonservativen, arbeitet mit ‚personellen Überschneidungen': Für die *Junge Freiheit* schreiben Autoren aus dem traditionalistischen katholischen Spektrum ebenso wie Redakteure der Nachrichtenagentur *idea e.V.*, die wiederum der *Deutschen Evangelischen Allianz* nahesteht.[354]

Zum anderen werden die Verbindungen zur rechten Szene durch christlich sich verstehende Akteure geschaffen, durch Verlinkungen, durch Einstellen entsprechender Beiträge oder Übernahme von Textbausteinen aus einschlägigen

---

351 Die Unterscheidung zwischen intrinsischer und extrinsischer Religiosität geht auf Gordon Allport zurück: Die intrinsische Religiosität bezeichnet eine tiefere, persönlichen Überzeugungen entsprechende Religiosität, während die extrinsische Religiosität eher außengerichtet und konformistisch auftritt, vgl. Allport, Gordon W., *The Individual and His Religion: A Psychological Interpretation* (New York 1950); vgl. Ders. und Ross, J. Michael, „Personal Religious Orientation and Prejudice", *Journal of Personality and Social Psychology* 5 (1967), 432–443.
352 Vgl. Strube, Sonja Angelika, „Problemanzeige: Rechtsextreme Tendenzen in sich christlich verstehenden Medien", in *Rechtsextremismus als Herausforderung für die Theologie*, hg.v. ders. (Freiburg i.Br. 2015), 18–33: 19. – Freilich gibt es schlicht und ergreifend auch Überschneidungen.
353 Vgl. Bundesamt für Verfassungsschutz, Hg., *Rechtsextremisten und ihr Auftreten im Internet* (Köln 2013), 16. https://www.verfassungsschutz.de/de/oeffentlichkeitsarbeit/publikationen/pb-rechtsextremismus/broschuere-2013-08-rechtsextremisten-im-internet (01.03.2018).
354 Vgl. Strube, „Problemanzeige", 20. Vgl. dazu auch die Forschungsergebnisse der (unveröffentlichten) Studie von Christian Uhrig, *Die Darstellung von Christentum und Islam in der Wochenzeitung Junge Freiheit*, http://www.remid.de/blog/2012/11/studie-ueber-junge-freiheit-christentum-und-islamfeindlichkeit-statt-heidentum/ (01.03.2018). – Ein verstörendes und gleichzeitig sehr aufschlussreiches Beispiel für den Versuch, traditionale, wertkonservative Christen durch einen vermeintlich ‚christlichen' Anstrich eigentlich rechtsextremer Ansichten anzuziehen, stellt der anonym betriebene Blog *Kopten ohne Grenzen. Durch Gebet und Wort für verfolgte Kopten* dar (vgl. https://koptisch.wordpress.com/ [01.03.2018]).

Quellen, überhaupt durch positive beziehungsweise ‚neutrale' Berichterstattung über Medien aus dem rechten Spektrum (so titelt das „Web-Magazin" *Christliches Forum des Christopherusworks e.V.:* „Erfolgsgeschichte. Die JUNGE FREIHEIT erscheint zum tausendsten Mal"[355]).[356] Eine weitergehende Praxis besteht freilich im freimütigen Propagieren rechtsextremer Positionen, Portale wie *kreuz.net* (mittlerweile vom Netz gegangen) oder *gloria.tv* sind Beispiele dafür.[357]

Als *Brückenthemen* zwischen konservativen Christen und Christinnen und dem rechten Spektrum fungieren vor allem drei Themen einschließlich verschiedener Begleitthemen:

- Islam‚kritik', die die Gestalt antimuslimischen Rassismus' annehmen kann – dieses Thema ist oft verbunden mit dem bereits erwähnten, aus einer bestimmten Perspektive komplementär erscheinenden Thema „Christenverfolgung";
- Eintreten für ein traditionelles Familienverständnis: damit geht thematisch oft die Abwertung anderer Lebensformen einher, besonderer Exponent ist das Thema ‚Homosexualität';
- Kampf gegen den so genannten ‚Zeitgeist'[358], der als ‚säkular', je nach Kontext auch als ‚links' bewertet wird.[359]

---

355 https://charismatismus.wordpress.com/2012/10/10/konservative-erfolgsgeschichte-die-junge-freiheit-erscheint-jetzt-zum-tausendsten-mal/ (01.03.2018).
356 Verschiedentlich wird das Online-Portal der *Deutschen Evangelischen Allianz* (DEA) im Zusammenhang solcher problematischer Annäherungen genannt, vgl. u.a. Strube, „Problemanzeige", 22; vgl. Pieck, Elke, „Die Deutsche Evangelische Allianz und ihre ‚rechte' Identitätssuche – eine stigmatheoretische Analyse", in *Rechtsextremismus als Herausforderung für die Theologie*, hg.v. Sonja Angelika Strube (Freiburg i.Br. 2015), 145–162. Verständlicherweise distanziert sich die DEA von den Befunden und äußert, sich „nicht in die rechte Ecke drängen lassen" zu wollen (vgl. http://www.ead.de/index.php?id=36&tx_ttnews[tt_news]=13948&cHash=3c2fb0f9e588808f933c86-c2525aa767 [01.03.2018]). Gleichwohl finden sich Jahre nach dem Eklat zwischen der DEA und Strube (zu den Stellungnahmen der DEA und Strubes unter: http://www.interkulturellewoche.de/content/stellungnahme-der-deutschen-evangelischen-allianz [01.03.2018]) immer noch einschlägige Querverweise auf der Homepage der DEA. Selbst der rechtsextreme Blog *Kopten ohne Grenzen* wird freimütig zitiert, vgl. u.a. http://www.ead.de/index.php?id=36&tx_ttnews[swords]=&tx_ttnews[tt_news]=9105&cHash=d1d6aa5831b324e4df32872dc70baea5 (01.03.2018). – Pieck (s.o.) geht in ihrem Beitrag der interessanten Frage nach, inwiefern „die Verbindungen nach Rechts" einem „Stigmamanagement" christlicher Gruppierungen geschuldet sind.
357 Der Pressesprecher des Erzbistums Essen, Ulrich Lota, nannte solche Portale „Echoraum" für Gesinnungsgenossen: „Wir dürfen nicht zuzulassen, dass solche Leute das Bild der katholischen Kirche in der Öffentlichkeit bestimmen." Vgl. http://www.domradio.de/nachrichten/2014-07-04/katholische-kirche-befasst-sich-mit-rechtsextremistischen-raeumen (01.03.2018).
358 Bemerkenswert ist, dass insbesondere evangelikale Christen und Christinnen häufig gegen ‚den Zeitgeist' eingestellt sind, jedoch die Rede vom Wachstum zum Leitbegriff ihrer ekklesiologischen Vorstellungen machen. Oliver Decker und Johannes Kiess zeigen, dass der Glaube an

Die Herausforderung für christliche Akteure, insbesondere auch für die Großkirchen, besteht darin, legitime konservative Einstellungen von Christen und Christinnen (Religion ist das Konservative inhärent) diskursiv in ihrer Unterschiedenheit zu Anliegen und Interessen der rechten Szene zu markieren; gleichzeitig sind Christen und Christinnen zu sensibilisieren, dass auch ihre christliche Religiosität „entgegen ihren Idealen extremismusgefährdet ist."[360]

4.3.3.3 Echokammern und inhaltsorientierte Fragmentierung

Bei der letzten der hier skizzierten Konfliktlinien geht es um das Problem der Vernischung religiöser Kommunikation im Netz. Bestimmte Dynamiken, die in den medieninitiierten Alltagsöffentlichkeiten in der Vielfalt der Akteure zu beobachten sind – zum Beispiel die weltanschaulichen Auseinandersetzungen zwischen ‚Säkularisten' und ‚Exklusiven Christen' – kommen in den Kommunikationen der Blogosphäre eher in abgedämpfter Form vor, wenn überhaupt. Zu unterscheiden sind hier sicherlich noch einmal private Blogs und (semi-)professionelle, oft kollektiv betriebene Blogs. Während bei letzteren oft auch Personen mit unterschiedlichen Ansichten kommentieren[361], homogenisiert sich das Feld deutlich in der Sphäre privater Blogs (dies hat freilich mit der Reichweite privater Blogs zu tun). Das heißt für das konkrete Beispiel: ‚Säkularisten' und ‚exklusive Christen' vergemeinschaften sich in jeweils segregierten Öffentlichkeiten.[362]

Durch diesen Effekt, den das Social Web erheblich befördert, entstehen so genannte Echokammern[363], Kommunikationsräume, in denen sich Gleichgesinnte

---

ein (permanentes) Wachstum insofern moderne Alltagsreligion ist, als er die *säkularisierte Form* der mittelalterlichen – hier auf ein transzendentes Jenseitiges bezogene – Heilserwartung darstellt. Vgl. Decker, Oliver und Kiess, Johannes, „Wachstum und Beschleunigung als Alltagsreligion", in *Rechtsextremismus als Herausforderung für die Theologie*, hg.v. Sonja Angelika Strube (Freiburg i.Br. 2015), 64–94.

359 Vgl. Strube, „Problemanzeige", 14; vgl. Pieck, „Die Deutsche Evangelische Allianz", 147.
360 Strube, „Problemanzeige", 28.
361 Vgl. etwa https://www.fischundfleisch.com/anje-schrupp/die-gewalt-von-koeln-und-was-jetzt-zu-tun-ist-14437 (01.03.2018).
362 Vgl. dazu: http://www.dittmar-online.net/ziele.html, https://skydaddy.wordpress.com/, https://ketzerpodcast.wordpress.com/; https://blasphemieblog2.wordpress.com/ u. a. und z. B. http://www.gemeinsamfuergott.de/; http://www.es-gibt-eine-ewige-hoelle.de/; http://jesuszeit.de/ u.v.m., die letzten Blogs sind alle unter http://christlblogger.com/ zu finden (alle Links 01.03.2018).
363 Vgl. Bieber, Christoph, „Die digitale Kluft: Summe digitaler Spaltungen? Technische und ethische Aspekte netzpolitischer Debatten", in *Ethische Herausforderungen im Web 2.0*, hg.v. Martin Dabrowski, Judith Wolf und Karlies Abmeier (Paderborn 2014), 87–102: 91.

ihrer Meinung gegenseitig versichern.[364] Die Motivation für das Entstehen solcher homogenen Kommunikationsumgebungen ist dabei nicht neu: Während der ‚Stammtisch' (Encounter-Ebene) Gleichgesinnte vereint, von dessen Gesprächen am Ende eines Abends die Erinnerung der Gesprächspartner übrig bleibt, bietet das Social Web neue Möglichkeiten der Vergemeinschaftung und der visuellen Konservierung der Kommunikationsinhalte: Auch Akteure problematischer Meinungen, die gegebenenfalls konventionell erst einmal sozial sanktioniert würden, finden im Netz Mitstreiter, wo auch immer auf der Welt. Diese Homogenisierungstendenz beschreibt Jan-Hinrik Schmidt als charakteristisch überhaupt für ‚persönliche Öffentlichkeiten'[365]: „Die Kommunikation richtet sich [...] nicht an das disperse, unbekannte und unverbundene Massenpublikum, sondern an ein intendiertes Publikum, das sich aus dem eigenen sozialen Netzwerk zusammensetzt, also aus Personen besteht, zu denen in der Regel eine (wie auch immer geartete) Beziehung besteht."[366] Diese Beobachtung mag insbesondere für private Blogs, aber auch für die Teilöffentlichkeiten gelten, die über SNS entstehen.[367] Produktiv für die diskursive Verhandlung gesellschaftlich relevanter Fragen ist das Entstehen von Echokammern nicht: „Die Folge dieser sehr selektiven Nutzung digitaler Kommunikationsangebote [ist] auf lange Sicht einerseits die Zunahme von Verständigungsschwierigkeiten zwischen Menschen beziehungsweise Gruppen mit unterschiedlichen politischen Ansichten, andererseits die Verschärfung des inner-gesellschaftlichen Kommunikationsklimas."[368]

Wesentlich unterstützt wird die Bildung von homogenen Kommunikationsräumen durch code-basierte ‚Angebote' der virtuellen Umgebungen: Suchmaschinen, Soziale Netzwerke etc. bieten den Nutzern und Nutzerinnen neue Informationen entsprechend des maschinell analysierten bisherigen Nutzungsverhaltens an, der

---

364 An dieser Stelle sei auf eine repräsentative Studie in Großbritannien hingewiesen, die zu dem Ergebnis kommt, dass nur wenige Mediennutzer in einer ‚Echokammer' gefangen seien (etwa 8%): Wer politisch interessiert sei und verschiedene Medien nutze (das täten die meisten Menschen), entginge dem Echokammer-Effekt. Vgl. Dubois, Elizabeth und Blank, Grant, „The Echo Chamber is Overstated: the Moderating Effect of Political Interest and Diverse Media", *Information, Communication & Society* 21 (2018), 729–745.
365 Vgl. Kapitel 2.4.3.2.
366 Schmidt, Jan-Hinrik, „Persönliche Öffentlichkeiten und Privatsphäre im Social Web", in *Privatheit: Strategien und Transformationen*, hg. v. Stefan Halft und Hans Krah (Passau 2013), 121–138: 126.
367 *facebook* wirbt treffend mit dem Slogan: „Mach Facebook zu deinem Facebook. Mit mehr von dem, was dir gefällt. Und weniger von allem anderen."
368 Bieber, Christoph, „Die digitale Kluft", 92. Bieber bezieht sich hier v. a. auf die demokratietheoretischen Arbeiten von Cass Sunstein, vgl. Sunstein, Cass R., *Republic.com 2.0* (Princeton/NJ 2007).

personalisierte Newsfeed bei *facebook* etwa spiegelt durch algorythmenbasierte Auswertung die kommunizierten Interessen (Likes, verfasste Kommentare, aufgerufene Beiträge) des Nutzers. Der Prozess ist dabei fundamental konservativ: Es wird nur das – in Variation – angeboten, was in der Vergangenheit von der Nutzerin bereits kommuniziert worden ist. Parisers *filter bubble*[369] ist die technologische Kehrseite einer allgemeinen sozialen Homophilie[370], die dem Menschen eigen ist. Zu Recht weist Christoph Bieber darauf hin, dass „sich über die Beschaffenheit der ‚digitalen Kluft' längst nicht allein durch den Verweis auf ‚Onliner' und ‚Offliner' diskutieren lässt."[371] Vielmehr käme dem ‚digital divide' „eine recht facettenreiche Topografie mit unterschiedlichen Verwerfungslinien"[372] zu. Die inhaltsorientierte Fragmentierung ist dabei ein Element neben qualitativen Technikkriterien und der Frage der Internet-Nutzung überhaupt.

Pepe Strathoff und Christoph Lutz schlagen vor, anhand der Tönnies'schen Soziallehre[373] das so genannte *Privacy Paradox*[374] zu deuten[375]: Während User im ‚sozialen Nahraum' – also in Sozialen Netzwerken – eher für sie attraktive Aspekte der Gemeinschaft (emotionale Anbindung, gegenseitiges Vertrauen, Homogenität) als ursprüngliche soziale Form wiederfinden und insofern gerne bereit sind, viele Informationen über sich preiszugeben, ist man abstrakteren Formen der sozialen Organisation im Netz gegenüber eher indifferent. Da es Strathoff und Lutz um die Behandlung des *Privacy Paradox* geht, fokussieren sie hier auf das Phänomen des freimütigen Umgangs mit Datenschutz und Datensicherheit bei gleichzeitiger Präferierung ‚privater Umgebungen'. Das User-Verhältnis zu dieser

---

369 Vgl. Pariser, Eli, *The Filter Bubble: What the Internet is Hiding from You* (New York 2011). Vgl. Kapitel 2.4.2.2. – Die Alternative zur Nutzung vorformatierter Technologien bestünde dann in der Anwendung eigener Programmierkenntnisse als einer Form der aktiven Medienkompetenz; vgl. Bieber, „Die digitale Kluft", 91. – Vgl. Rushkoff, Douglas, *Program or be Programmed: Ten Commands for a Digital Age* (New York 2010).
370 Vgl. hierzu auch: McPherson, Miller, Smith-Lovin, Lynn und Cook, James M., „Birds of a Feather: Homophily in Social Networks", *Annual Review of Sociology*, 27 (2001), 415–444.
371 Bieber, „Die digitale Kluft", 92.
372 Ebd.
373 Vgl. Tönnies, Ferdinand, *Gemeinschaft und Gesellschaft: Grundbegriffe der reinen Soziologie* (Nachdr. der 8. Aufl. [Leipzig, 1935], Darmstadt 2010 [1. Auf. 1887]).
374 Vgl. zum Phänomen: Barnes, Susan B., „A Privacy Paradox: Social Networking in the United States", *First Monday* 11 (2006). http://firstmonday.org/article/view/1394/1312_2 (01.03. 2018); Taddicken, Monika, „The ‚Privacy Paradox' in the Social Web: The Impact of Privacy Concerns, Individual Characteristics, and the Perceived Social Relevance on Different Forms of Self-Disclosure", *Journal of Computer-Mediated Communication* 19 (2014), 248–273.
375 Vgl. Strathoff, Pepe und Lutz, Christoph, „Gemeinschaft schlägt Gesellschaft – Die vermeintliche Paradoxie des Privaten", in *Digitale Öffentlichkeit(en)*, hg.v. Oliver Hahn, Ralf Hohlfeld und Thomas Knieper (Konstanz 2015), 203–216.

Abstraktions-Ebene, die die genannten Probleme des Datenschutzes und der Datensicherheit für viele Nutzer zu haben scheinen, setzen Strathoff und Lutz in Analogie zu dem Verhältnis, das der Einzelne zur ‚Gesellschaft' nach Tönnies hat: Es ist ein vor allem instrumentelles Verhältnis, das sich eben auch als instrumentelles Verhältnis zwischen Einzelnen als über (Tausch-)Leistungen vermittelte Relation darstellt. Die ‚Gesellschaft' – und Dinge, die auf dieser Abstraktionsebene verhandelt werden – ist einem fremd (bei Tönnies handelt es sich gar um ein Verhältnis konkurrenzbasierter potenzieller Feindseligkeit). Es sei an dieser Stelle dahingestellt, ob dieser Deutungsversuch für die Frage des *Privacy Paradox* gelungen ist. Die Deutung regt allerdings zu folgenden Überlegungen für die vorliegende Studie an: a) Wenn man davon ausgeht, dass die von den Massenmedien adressierten dispersen (und diversen) Öffentlichkeiten, über die die gesellschaftspolitisch relevanten Themen gesetzt und verhandelt werden, eher mit der rational organisierten ‚kalten' Gesellschaft als Abstraktum identifiziert werden, könnte hier eine Erklärung dafür liegen, warum gerade einmal annähernd 5 % der untersuchten privaten Blogs das Thema ‚Sterbehilfe' aufgreifen, obwohl es aktuell im Bundestag debattiert wird. Das Thema gehört offenbar nicht in den persönlichen Nahbereich (sofern nicht jemand selbst betroffen ist; die Betroffenheit ist natürlich auch auf Professionelle zu beziehen). b) Anders herum wird in dieser Perspektive auch noch einmal die Attraktion deutlich, die der soziale Nahraum der Kommunikationsgemeinschaften online für die Akteure hat. Gerade in der Blogosphäre sind Routinen, Konventionalisierungen und Habitualisierungen zu beobachten und – sofern es sich um homogene Kommunikationsumgebungen handelt – der (für andere dann exkludierend wirkende) Rekurs auf ein gemeinsames Wissen, auf gemeinsame Sprachformen. Homogene Kommunikationsumgebungen bieten dann ‚Nestwärme', die durch eine Ritualisierung von aktualisierten Beziehungen (zum Beispiel durch gegenseitiges Verlinken und Kommentieren, Einrichten von Newslettern) auf Dauer gestellt wird. c) Vor allem aber wird – und das ist für die Skizzierung dieser Konfliktlinie interessant – eine Distanz zwischen den kollektiven Gruppierungen ‚Gemeinschaft' und ‚Gesellschaft', aber auch zwischen ‚Gemeinschaften' plausibel, die Dynamiken der Segregation als Resultat psychischer Prozesse beschreibbar machen (damit will auch die Anleihe bei Tönnies nichts weiter sein als eine Analogie für die psychischen Ausdifferenzierungsprozesse am Ort der Individuen). Tönnies geht davon aus, dass sich das (Handlungs-)Interesse des einzelnen Akteurs aus einem eigennützigen Einzelwillen speist, mit dem er der Gesellschaft als Tauschgesellschaft in einem vor allem instrumentellen Sinne gegenübertritt. Das gesellschaftliche Verhältnis zwischen Einzelnen ist insofern, wie bereits erwähnt, auch ein über Tauschleistungen vermitteltes, instrumentelles. Was mit der Analogie zur Tönnies'schen Unterscheidung noch einmal anschaulich wird: Nicht nur wird plausibel, warum eine Stärkung homogener Kommunikationsräume durch das Social Web mehr Konfliktpotenzial im Aufeinandertreffen kontroverser Meinungen bedeutet (Meinungen laden sich in homogenen Kommunikationszusammenhängen normativ auf). Auch die möglicherweise fehlende Motivation zu Deliberations- und Übersetzungsvorgängen von Akteuren könnte hier ein Bild der Erklärung finden. Jenseits des homogenen Kommunikationszusammenhangs ist die unmittelbar affektive positive Bindung der Akteure deutlich reduziert. Und jeder konstruktive Bezug auf plural verfasste gesellschaftliche Öffentlichkeiten bedarf einer anderen – wie auch immer vermittelten – Motivation als der der ‚Nestwärme'. Genau dieser konstruktive Bezug ist aber der Kitt einer pluralen Gesellschaft, die (auch) aus ihrer Mitte heraus, von den Bürgern und Bürgerinnen, partizipativ gestaltet werden will. – Natürlich ist längst bekannt, dass auch die Massenmedien in gewisser Weise Echokammern erzeugen, indem Berichterstattungen aufeinander abgestimmt werden. Die gesellschaftliche wie kirchliche Herausforderung besteht darin, *Räume für Deliberationsprozesse zu öffnen*, die unterschiedliche Meinungen (und Frömmigkeiten) in einen produktiven Austausch miteinander bringen.[376]

---

[376] Zur Analyse von Prozessen diskursiver Partizipation online vgl. weiterhin: Zimmermann, Tobias, *Digitale Diskussionen: Über politische Partizipation mittels Online-Leserkommentaren* (Bielefeld 2017); Thimm, Caja, Anastasiadis, Mario und Einspänner-Pflock, Jessica, „Deliberation im Netz – Formen und Funktionen des digitalen Diskurses am Beispiel des Microbloggingsystems Twitter", in *Mediatisierung als Metaprozess: Transformationen, Formen der Entwicklung und die Generierung von Neuem* (Wiesbaden 2017), 259–280.

5 Kirche und Öffentlichkeit: die medialen Transformationsprozesse und die Kommunikationskulturen der Kirche

Die empirische Untersuchung und die bisherigen Reflexionen lassen noch einmal danach fragen, worin – entsprechend dem hier Erarbeiteten – die Effekte der Digitalisierung von Kommunikation auf religiöse Kommunikation bestehen. Bevor in diesem Kapitel Konsequenzen für die Kommunikationskulturen von Kirche skizziert werden, sollen – unter der Bedingung der Analyse thematisch eingegrenzten und anlassbezogenen Materials – die wesentlichen Aspekte festgehalten werden. Für die Untersuchung der Mediatisierung des Religiösen und der Religion lassen sich im Ergebnis drei Dimensionen beschreiben, die miteinander verwoben und aufeinander bezogen sind und bleiben.

(1) Zum Ersten macht internetmediale Kommunikation Phänomene der Transformation der Religion und des Religiösen in den öffentlichen Kommunikationen verstärkt sichtbar, es bleibt aber nicht bei der Sichtbarmachung: Die beschriebenen Transformationsgestalten der Individualisierung, Pluralisierung, Synkretisierung, Popularisierung, Spiritualisierung[1] werden durch die Entprivatisierung des Religiösen nicht nur öffentlich sichtbar, sie werden eben durch diese Entprivatisierung rezipierbar und ‚referenzialisierbar' für alle Interessierten. Das bedeutet: Die Digitalisierung von Kommunikation verstärkt und beschleunigt, sie potenziert die Transformationen.[2]

(2) Zum Zweiten sind diese (potenzierten) Prozesse nicht auf den Bereich digitaler Kommunikation beschränkt. Sie durchdringen die Kultur einer Gesellschaft als Ganze, wobei anzunehmen ist, dass sich die alltagsweltlichen Bereiche

---

1 Vgl. Kapitel 3.2.
2 Gleichzeitig kann man die These aufstellen, dass das vielfache Nicht-Thematisch-Werden des Religiösen in den medieninitiierten, pluraler verfassten Alltagsöffentlichkeiten seinen Grund in einer nachhaltigen Privatisierung des Religiösen findet. Beides – Privatisierung und Entprivatisierung – muss nicht einander widersprechen, sondern kann sich in Co-Existenz vorfinden. Dass kirchliche Argumentationsmuster in den pluraler verfassten Alltagsöffentlichkeiten keine nennenswerte Rolle spielen, mag – sofern die Argumentationsmuster überhaupt bekannt sind – daran liegen, dass die Argumentationskraft nicht so weit in die kommunikativen Handlungsroutinen der Akteure eindringt, dass sie sich hier bedeutungskonstitutiv (im positiven Sinne, nicht im Sinne antiinstitutioneller Reflexe) im Zusammenhang passagerer Kommunikation niederschlüge. Die Alltagsrelevanz scheint begrenzt zu sein. – Was sich in den Kommentaren zeigt, ist vielfach ein Widerhall von Diskursen, der argumentativ von den Akteuren selbst nicht explizit wird. Man könnte auch sagen: Hier finden sich diskursive Oberflächen-Elemente vor, die allerdings Auskunft geben können über weltanschauliche Gestimmtheiten.

wechselseitig imprägnieren – so eine der wesentlichen Annahmen der Mediatisierung. Die Rede von der „Kultur der Digitalität" hebt insofern im Kontext dieser Arbeit im wesentlichen darauf ab, dass die Effekte der Digitalisierung als nicht auf den Bereich der Technologien beziehungsweise den Raum, den die Technologien zur Kommunikation eröffnen, beschränkt verstanden werden wollen. Technik besitzt – und dies wird im Zusammenhang der Digitalisierung besonders deutlich – kulturstiftende Leistung.[3]

(3) Zum Dritten geht es um die Frage, welche Effekte der Transformation des Religiösen in einer besonders engen Wechselwirkung mit der Digitalisierung stehen, pointierter formuliert: Welche Effekte erwirkt – neben einer allgemeinen Verstärkung und Potenzierung transformatorischer Prozesse – die Digitalisierung von Kommunikation? Die Beantwortung dieser Frage benötigt sicherlich einige weitere Untersuchungen. Vor dem Hintergrund des eingegrenzten empirischen Fokus' der vorliegenden Arbeit können fünf Effekte genannt werden[4]:

(a) Indem onlinebasierte Kommunikation Akteuren in bisher nicht bekanntem Umfang Foren öffentlichen Auftretens und öffentlicher Rede bietet, ermöglicht sie Individuen nicht nur über die vermittelte Partizipation an Öffentlichkeiten Bewusstsein und Erkenntnis ihrer selbst.[5] Vielmehr treten die Subjekte selbst in Prozesse öffentlicher Artikulation und Aushandlung darüber ein, wie gesellschaftliches Handeln mit Blick auf welche Ziele verstanden sein will. Der Prozess selbst ist es, der *in der Artikulation des je Erkannten und in der Reziprozität des Austauschs auch das religiöse Bewusstsein der Einzelnen affiziert* als Bewusstsein für beziehungsweise Verlangen nach Sinn und Bedeutung der eigenen Existenz. Strukturell angelegt sind solche Prozesse in Kommunikationen, die in dieser Arbeit ‚transzendierungsoffen' beziehungsweise ‚resonanzsensibel' genannt worden sind, das heißt, sie gründen in Kommunikationen, die eine performative Anverwandlung von Weltpositionen durch Partizipation an Resonanzbeziehungen erlauben. Internetmediale Kommunikation ermöglicht prinzipiell neue Räume freier Geselligkeit, wie sie als identitätskonstitutiv und religions-

---

[3] Vgl. dazu auch: Gerhardt, Volker, *Licht und Schatten der Öffentlichkeit: Voraussetzungen und Folgen digitaler Innovation* (Wien 2014), 54.
[4] Damit will nicht gemeint sein, dass diese Effekte in allen untersuchten Kommunikationen aufzufinden sind. Sie scheinen jedoch an Interaktionen als Effekte auf, die auf der Basis der Operationalisierung des Begriffs der religiösen Kommunikation als solche ausgewiesen worden sind.
[5] Die epistemische Funktion von Öffentlichkeit hat in den letzten Jahren Volker Gerhardt auch noch einmal herausgestellt, vgl. dazu auch Kapitel 5.2.2. Öffentlichkeit ist für Gerhardt die „politische Form des Bewusstseins überhaupt", vgl. Gerhardt, *Licht und Schatten*, 41; als grundlegende Darstellung: Ders., *Öffentlichkeit: die politische Form des Bewusstseins* (München 2012).

produktiv für die Einzelnen wie für Kommunikationsgemeinschaften auch von Schleiermacher beschrieben worden sind.[6] Die internetmediale Kommunikation eröffnet den Subjekten ein „historisch einzigartiges, allen zugängliches *Resonanzsystem*"[7] für die Artikulation der Auseinandersetzung auch mit Fragen, die auf einen letzten Sinn ausgreifen (entsprechend kommentiert faktisch, wenngleich in unterschiedlicher Weise, eine große Anzahl von Menschen das Thema ‚Sterbebegleitung' im Netz).

(b) In Online-Konversationen manifestiert sich eine *praxeomorphe Religiosität:* Nicht nur zeigt sich in den Texten ein standardmäßiger Rückgriff in der Darstellung der eigenen Position auf alltagsweltlich generiertes (Meinungs-)Wissen beziehungsweise eigene Erfahrungen, sondern in den Begegnungen online werden Angelegenheiten der Selbst- und Weltdeutung über verschiedene Strategien prozessiert.[8]

(c) Die Aushandlung von Konsensen, sofern sie sich ereignet, geschieht im Rahmen eines flüchtigen Kommunikationskontextes. Es handelt sich also um temporäre Konsense, die in Formen des *Passageren* unter Personen mit sehr unterschiedlichen Nähegraden unter dem Vorzeichen der *Reversibilität* erzielt werden.

(d) Deutlich geworden ist ebenfalls, dass internetmediale Kommunikation als Medium einer *institutionenunabhängigen religiös-weltanschaulichen Selbstbestimmung* fungiert. Zwei Aspekte zeigen sich deutlich am Material dieser Arbeit: Das Thema der Selbstbestimmung (einschließlich eines antiinstitutionellen Reflexes) ist einerseits inhaltlich präsentes Thema, vielfach im Modus letztinstanzlicher Wertigkeit. Andererseits wird in der Weise der Kommunikation deutlich, dass viele Akteure und Akteurinnen den eigenen Referenzrahmen in den öffentlichen Kommunikationen anerkannt sehen möchten. Es geht also um eine Praxis

---

6 Dieser Zusammenhang wäre freilich noch näher zu untersuchen. Vgl. Schleiermacher, Friedrich Daniel Ernst, „Versuch einer Theorie des geselligen Betragens", in *Schriften aus der Berliner Zeit 1796–1799*, Kritische Gesamtausgabe I/2 (Berlin u. a. 1984), 163–184. – Schleiermacher unterscheidet mit Blick auf die Geselligkeit drei Gesetze: das formale Gesetz (alles ist Wechselwirkung); das materiale Gesetz (das freie Gedankenspiel basiert auf der Mitteilung der Individuen), das quantitative Gesetz (der Stoff findet seine Grenze an der gemeinschaftlichen Sphäre aller), vgl. Schleiermacher, „Theorie des geselligen Betragens", 170. Vgl. zu Schleiermachers Theorie des geselligen Betragens auch: Merle, Kristin, *Alltagsrelevanz: Zur Frage nach dem Sinn in der Seelsorge* (Göttingen 2011), 293 ff.
7 Altmeyer, Martin, *Auf der Suche nach Resonanz: Wie sich das Seelenleben in der digitalen Moderne verändert* (Göttingen 2016), 10. Hervorhebung von mir; KM.
8 Dieses ‚Prozessieren' ist freilich nur im Verlauf und im Kontext von konkreten Interaktionen nachzuvollziehen. Insofern bedürfte es hier noch genauerer Untersuchungen, als dies im Kontext dieser Studie geleistet werden konnte. Vgl. zu den Beobachtungen Kapitel 4.3.

der Legitimierung institutionenunabhängiger religiös-weltanschaulicher Selbstbestimmung.⁹ Für die Kirchen verdichtet sich diese Praxis zur Erfahrung eines kommunikativen Kontrollverlusts.¹⁰

(e) Die Situation religiöser Kommunikation ist prinzipiell niedrigschwellig. Kommentare und Einlassungen werden gegebenenfalls – etwa von der Bloginhaberin – vor der Publikation geprüft; grundsätzlich ist es jedem möglich, an ein bestehendes *Netzwerk an Beziehungen* anzuknüpfen und sich material und bedeutungsgenerierend in die Kontexte einzuschreiben. Die sozialen *virtuellen* und *translokalen*, unter Umständen auch *transmedialen* Formationen, die hier bestehen, wandeln sich und stellen sich als vielfach flüchtig dar (Letzteres gilt insbesondere mit Blick auf die öffentliche Online-Anschlusskommunikation der Nutzerkommentare). Auch die flüchtigen Kommunikationsgemeinschaften haben, wie am Material sichtbar geworden ist, Potenzial zur lebensweltlichen Stabilisierung.¹¹ Der ‚Zugriff' auf diese sinngenerierenden Formen lebensweltlicher Stabilisierung erfolgt individuell flexibel aufgrund einer subjektiven Auswahl von Optionen.

Fragt man nun im Folgenden nach Reflexionsimpulsen der vorangegangenen Untersuchungen für ein disponierendes Handeln¹² der Kirchen als kommunikativ verfasste Sozialgestalt, das wesentlich auf Öffentlichkeit bezogen ist, ist zunächst noch einmal an die empirisch-phänomenale Gestalt von Öffentlichkeit zu erinnern, wie sie im Zusammenhang der gegenwärtigen medialen Transformationen nachgezeichnet worden ist. Kirche in ihrem kommunikativen Handeln bezieht sich nicht etwa auf ein Abstraktum von Öffentlichkeit, sondern sie kommuniziert auf Öffentlichkeit hin, vernetzt sich mit konkreten Öffentlichkeiten und schafft durch ihr kommunikativen Handeln selbst Öffentlichkeiten. Die gesellschaftliche

---

9 Symbolisierungen dieser Praxis mögen sich an anderen Orten im Netz noch einmal anschaulicher darstellen, zum Beispiel im Kontext virtueller Friedhöfe (vgl. https://www.strassederbesten.de/), in den untersuchten Online-Konversationen zeigt sich das Postulat sprachlich vielfach explizit.
10 Vgl. dazu auch: Schrupp, Antje, „Bloggen über den Glauben?", *Deutsches Pfarrerblatt* 113 (2013), 414–417: 414.
11 Diesen Befund unterstützen andere Studien, unter anderem Christina Schachtner verweist darauf, dass das Schreiben im Netz Merkmale aufweise, „die dafür sprechen, dass die Kultur der Sorge neu belebt und mit der Maxime der Selbsterkenntnis verknüpft wird." (Schachtner, Christina, „Das Soziale im Kontext digitaler Netzwerke: Auf den Spuren von Bruno Latour", in *Vernetzung als soziales und technisches Paradigma*, hg.v. Hajo Greif und Matthias Werner [Wiesbaden 2012], 79–99: 87.)
12 Vgl. Preul, Reiner, *Kirchentheorie: Wesen, Gestalt und Funktionen der Evangelischen Kirche* (Berlin 1997).

Netzwerköffentlichkeit manifestiert sich in Teilen in der sehr dynamischen, integrierten und intermediären Netzwerköffentlichkeit ‚des' Internets. Diese komplexe Formation von Öffentlichkeit zeichnet sich durch ein Ineinander verschiedener (auch transnationaler) Öffentlichkeiten und Öffentlichkeitsebenen aus, deren Ordnung zwar immer noch stark durch die ‚klassischen' Massenmedien mitbestimmt wird. Gleichzeitig integriert ‚das' Internet verschiedene Ebenen von Öffentlichkeit, sorgt so für größere ‚Themendurchlässigkeit' zugunsten potenzieller Relevanzmaximierung auch nicht-professioneller Kommunikate und organisiert sich über die integrierte Netzwerkstruktur (und den ihr wesentlich eigenen Faktor ‚Popularität').[13] Wie auch immer man im Einzelfall – man wird hier keine allgemeine Aussage treffen können, auch das zeigen die sehr unterschiedlichen Konversationen im Sample[14] – den deliberativen Charakter der Konversationen einschätzt: Die Netzwerköffentlichkeit ermöglicht den Anschluss des ‚Laienpublikums' an die Diskurse deliberativer Öffentlichkeit. Man hat es also mit der Vernetzung kleinerer und größerer Öffentlichkeiten zu tun, die die Digitalisierung von Kommunikation ermöglicht, und die in ihrem Aufmerksamkeitsverlangen nicht nur die Subjekte adressieren, sondern auch Institutionen und Organisationen. Die Kultur öffentlicher Kommunikation wandelt sich unter den Bedingungen der medialen Transformationsprozesse „von einer sozial selektiven, linearen und einseitigen zu einer *partizipativen, netzartigen und interaktiven Kommunikation*"[15], die sich als Kultur wiederum in den Erwartungshaltungen der Akteure an öffentliche Kommunikation niederschlägt.

Für ein disponierendes Handeln der Kirchen als kommunikativ verfasste Sozialgestalt werden im folgenden Impulse konturiert, die zum einen eine grundlegende Form kommunikativer Beziehungsgestaltung zwischen Organisation und Netzwerköffentlichkeit betreffen: *Public Relations* sollen dabei nicht nur als ein

---

13 Vgl. Kapitel 2.4.3.1.
14 Man wird hier zum Beispiel zu sehr unterschiedlichen Einschätzungen mit Blick auf die untersuchten Konversationen im *Freitag* und in der *BILD*-Zeitung kommen, was hinsichtlich der *BILD*-Zeitung nicht zuletzt den Bedingungen zuzuschreiben ist, unter denen die User kommentieren müssen (Beschränkung auf 400 Zeichen). Zum *Freitag* vgl. auch: Reimer, Julius, Heise, Nele, Loosen, Wibke, Schmidt, Jan-Hinrik, Klein, Jonas, Attrodt, Ariane und Quader, Anne, „Publikumsinklusion beim ‚Freitag': Fallstudienbericht aus dem DFG-Projekt ‚Die (Wieder-)Entdeckung des Publikums'", Arbeitspapiere des Hans-Bredow-Instituts Nr. 36 (Hamburg 2015). https://www.hans-bredow-institut.de/webfm_send/1115 (01.03.2018).
15 Neuberger, Christoph, „Internet, Journalismus und Öffentlichkeit: Analyse des Medienumbruchs", in *Journalismus im Internet: Profession – Partizipation – Technisierung*, hg.v. dems., Christian Nuernbergk und Melanie Rischke (Wiesbaden 2008), 19–105: 39. Im Original hervorgehoben.

spezieller Bereich kommunikativen Handelns der Kirche verstanden werden, sondern – in einem weiten Sinne – als kybernetische Dimension, die in die Reflexion kommunikativen Handelns anderer Handlungsfelder[16] mit eingeht: Mit dem Begriff soll die *Bedeutung der Gestaltung kommunikativer Beziehungen allgemein* angezeigt werden. Er bringt in Anschlag, dass *Kirche untrennbar verbunden ist mit sozialer Wahrnehmung und sozialer wie religiöser Kommunikation.*[17] Zum Zweiten werden die Erträge der bisherigen Untersuchung ins Gespräch gebracht mit Überlegungen zum Begriff der *Volkskirche* als *praktisch-ekklesiologischem Konzeptbegriff*[18]*:* Zunächst stellen die Ergebnisse zur religiös-weltanschaulichen kommunikativen Praxis, in denen sich die (zum Teil vehement postulierte) Verantwortungsübernahme der Subjekte mit Blick auf die Bearbeitung ihrer Lebensfragen manifestiert, noch einmal neu die Frage nach der Pluralitätsfähigkeit der Kirche, die, von ihrem eigenen Anspruch her, auf Öffentlichkeit bezogen sein will. Vor dem Hintergrund der Frage nach der Pluralitätsfähigkeit werden dann noch einmal eigens Bedingungen und Herausforderungen einer Öffentlichen Theologie benannt, die einen Beitrag zur gesell-

---

16 Ausführungen zu den einzelnen Handlungsfeldern können im Anschluss an diese Studie formuliert werden. Zweifelsohne wäre es sehr interessant, etwa ‚die' Predigt in empirischer Perspektive auf ihre konkreten intermediären, öffentlichkeitsrelevanten und sozial- wie sinnintegrativen Potenziale hin zu befragen. Das muss an anderer Stelle geleistet werden, zur Intermediarität an sich vgl. Kapitel 5.2.2.
17 Daher wird hier auch im Unterschied zur klassischen Öffentlichkeitsarbeit der Begriff der *Public Relations* verwendet. Das weite Verständnis von *Public Relations* ist insofern jenseits einer ekklesiologischen Kritik an einer Selbstdarstellung der Kirche (vgl. exemplarisch: Barth, Karl, „Quosque tandem ...?", *Zeichen der Zeit* 8 [1930], 1–6), aber auch jenseits einer missionarischen Verzweckung anzusiedeln. Vielmehr bringt es in Anschlag (s.o.), dass Kirche untrennbar verbunden ist mit sozialer Wahrnehmung und sozialer wie religiöser Kommunikation (vgl. Seibert, Horst, „Das Bild der Diakonie und diakonische Öffentlichkeitsarbeit: Problemanzeigen, Spannungsfelder und eine theologiegestützte Theorie diakonischer Öffentlichkeitsarbeit", in *Öffentlichkeitsarbeit der Kirche*, hg.v. Holger Tremel [Stuttgart u.a. ²1990], 85–96: 95f.). Es ist insofern auch nicht mit einer Publizistik im engeren Sinne zu verwechseln, die ihre Aufgabe in „Zeugnis und Dienst" (Tremel, Holger, Art. „Öffentlichkeitsarbeit", in *Theologische Realenzyklopädie* Bd. 25 (Berlin u.a. 1995), 26–29: 28) sieht (vgl. dazu auch: Evangelische Kirche in Deutschland, Hg., *Mandat und Markt: Perspektiven evangelischer Publizistik: Publizistisches Gesamtkonzept* [Frankfurt a.M. 1997], 16ff.). Zum Verhältnis von *Public Relations* und Publizistik vgl. auch: Blanke, Eberhard, *Kommunikationskampagnen: Ansätze und Kriterien einer praktisch-theologischen Kampagnentheorie* (Stuttgart 2010), 166ff. Der Begriff *Public Relations* gewährleistet zudem eher einen internationalen wie interdisziplinären Anschluss, vgl. Blanke, *Kommunikationskampagnen*, 165f.
18 Vgl. Weyel, Birgit, Art. „Volkskirche", in *Evangelisches Soziallexikon* (9. überarb. Aufl., Stuttgart 2016), 1656–1658: 1657.

schaftlichen Verständigung darüber leisten möchte, wie und woraufhin wir Menschen zusammen leben wollen.

5.1 *Public Relations* der Kirchen[19]

Public Relations besitzen – in einem weit verstandenen Sinne als Gestaltung kommunikativer Beziehungen allgemein – eine zentrale Rolle in der Gestaltung und Evaluation der Kommunikation zwischen der Kirche und denen, die sie ansprechen will. Durch die Digitalisierung von Kommunikation ändern sich die Herausforderungen für öffentliche kommunikative Beziehungsgestaltung. Gleichzeitig bieten sich neue Möglichkeiten des kommunikativen Kontakts mit religiös Interessierten[20], sofern sich Kirche auf die neuen Kommunikationsbedingungen beziehungsweise die Bedingungen, unter denen sich Sinndeutungsarbeit in praxeomorpher Weise öffentlich ereignet, einlässt.

5.1.1 *Public Relations* als Kommunikationsfunktion der Kirchen und die Besonderheit von Non-Profit-PR

Die Berücksichtigung der *Public Relations* als Dimension kommunikativen Handelns und insofern als kybernetische Dimension wird umso plausibler, je mehr von der medialen Durchdringung der alltäglichen Lebenswelten ausgegangen wird.[21] Tatsächlich scheint es immer weniger zutreffend, von einem – womöglich

---

19 Der Kirchenbegriff als Grundbegriff der Praktischen Theologie ist in seiner Bedeutung vielschichtig und führt durch seine multiplen Valenzen in der Verwendung zahlreiche Assoziations- und Reflexionsebenen parallel. In der Regel – vgl. hierzu auch Anm. 4 in Kapitel 1 – ist in der Verwendung in diesem Kapitel die empirische Kirche als sozial verfasste Größe gemeint. In diesem Sinne fungiert auch der Begriff ‚der' Kirche als Abstraktum. Der Plural verweist (mindestens) auf die Pluriformität der Verfasstheit ‚der' Evangelischen Kirche, die durch die landeskirchlichen Strukturen bedingt ist. Wo es in der Darstellung notwendig erscheint, werden Ebenen der Rede von Kirche differenziert.
20 Der Begriff der ‚Interessierten' ist bewusst gewählt, bezieht sich doch Kirche in ihren Kommunikationskulturen wesentlich auf ihre Mitglieder, dann aber, ihrem Anspruch nach, auf eine größere Öffentlichkeit, die nicht in der Versammlung der konkreten Subjekte vor Ort aufgeht. Der Begriff der (religiös) Interessierten scheint mir in diesem Fall die Perspektive anzuzeigen.
21 Auf die zu bearbeitenden Interferenzprobleme religiöser Kommunikationsprozesse insbesondere unter den Bedingungen der Mediengesellschaft hat Reiner Preul hingewiesen, vgl. Preul, Reiner, „Kirchliche Publizistik und Kirchentheorie: Kirche als Kommunikationsgemeinschaft in der Mediengesellschaft", *Praktische Theologie* 34 (1999), 36–44. Vgl. dazu auch Kap. 5.2.2.

mit fixen Grenzen und bekannten Akteuren – Mediensystem zu sprechen, in dem sich die Kirchen ‚zu behaupten' hätten.[22] Die Aufgabe einer ‚christlichen Publizistik' durch den praktischen Bezug auf die massenmediale Vermittlung der christlichen Botschaft zu bestimmen[23], stellt sich insofern als *revisionsbedürftig* dar, und das in zweierlei Hinsichten: zum einen mit Blick auf die veränderte mediale Situation der Gegenwart, zum anderen mit Blick auf den anvisierten Kommunikationsmodus überhaupt. Werden Positionen publiziert und nicht im Austausch mit konkreten Anderen plausibilisiert, vermittelt sich nur noch wenig im Alleingang an die Mediennutzer und Mediennutzerinnen von heute (ein sprechendes Beispiel dafür ist das fast völlige Fehlen einer Resonanz kirchlicher Argumentationsmuster zur Sterbehilfe in den Online-Konversationen der medieninitiierten, plural verfassten Alltagsöffentlichkeiten).

Will man allgemein den Begriff ‚*Public Relations*' definieren[24], steht man bald vor einem ähnlichen Problem wie bei der Fassung des Begriffs der Öffentlichkeit: Es existieren zahlreiche, miteinander konkurrierende Definitionen, die sich nicht zu einer allgemeingültigen Form zusammenbringen lassen.[25] Gerade der

---

[22] Zur kirchentheoretischen Relevanz der *Public Relations* (Reiner Preul spricht von ‚Publizistik') allerdings vgl. Preul, „Kirchliche Publizistik", 37 ff.

[23] Man findet diesen Gestus immer noch in Bestimmungen zur christlichen Publizistik, sie verbessere „die Kommunikation des Evangeliums in der Medienwelt, um Inhalte und Traditionen im Kontext der Mediengesellschaft verständlich zu machen [...]." (Uden, Ronald, „Zwischen Theologie und Medienwelt: Christliche Publizistik als interdisziplinäre Wissenschaft", in *Kompendium Christliche Publizistik*, hg. v. Johanna Haberer und Friedrich Kraft (Erlangen 2014), 305–324: 319). – Vgl. dazu auch Johanna Haberers Ausführungen zum „Christentum als Medienreligion": „Die Frage nach der christlichen Wahrheit in ihren unterschiedlichen Auslegungen, Traditionen und Diskursen gehört sozusagen zum ‚Gencode' der christlichen Religion sowie zugleich die Frage nach der medialen Vermittlung der Wahrheit und ihrer nachhaltigen Konservierung im Gedächtnis der Menschen." (Haberer, Johanna, „Handlungsfelder der christlichen Publizistik", in *Kompendium Christliche Publizistik*, hg. v. ders. und Friedrich Kraft (Erlangen 2014), 11–29: 12. – Demgegenüber kritisch äußern sich in demselben Band: Zeilinger, Thomas und Feldrapp, Margitta, „Vom weltweiten Netz und Menschenfischern: Die Kirche und das Internet", in *Kompendium Christliche Publizistik*, hg. v. Johanna Haberer und Friedrich Kraft (Erlangen 2014), 229–239: 234 f. Zeilinger/Feldrapp sprechen richtigerweise von einem „instrumentellen Missverständnis" (234).

[24] Auch dazu vgl. noch einmal ausführlicher: Blanke, *Kommunikationskampagnen*, 155 ff.

[25] Für die Öffentlichkeitsarbeit der Kirchen unterscheidet Hilmar Gattwinkel drei Ebenen, die zur Reflexion des eigenen Tuns dienlich sein können: „1. Zur Öffentlichkeitsarbeit gehört das Verständnis für die grundsätzlich öffentliche Dimension des Glaubens und der Kirche (‚Bewusstsein'); 2. zur Öffentlichkeitsarbeit gehört die Zusammenschau aller Kommunikationsinhalte, -wege und -mittel, die Kirche absichtsvoll oder absichtslos verwendet (‚Konzept'); 3. zur Öffentlichkeitsarbeit gehören Wissen und Können, um die einzelnen Felder sachgerecht und zielführend einzusetzen (‚Handwerk'). Diese drei Ebenen sind aufeinander bezogen und können nicht

deutschsprachige Bereich zur Öffentlichkeitsarbeit hat sich lange an – organisationsbezogenen – US-amerikanischen Forschungen und Publikationen orientiert, *Public Relations* als wissenschaftliche Disziplin hat sich im deutschsprachigen Bereich vor allem erst in den letzten 25 Jahren ausdifferenzieren und konsolidieren können.[26] Die Praxis der ‚klassischen' Öffentlichkeitsarbeit hat sich also lange Zeit ohne fundierte wissenschaftliche Begleitung entwickelt – das spiegelt sich im Gebrauch und in der Auseinandersetzung mit praxisgenerierten Terminologien in den wissenschaftlichen Disziplinen wider.[27] *Public Relations* – als „management of communication between an organization and its publics"[28] – ist, professionell verstanden, *Teil des organisationalen Leitungshandelns*, der die Reputation von Organisation (mit-)prägt. Insofern kommt ihnen in der öffentlichen Wahrnehmung eine zentrale Rolle zu, sie werden jedoch eigentümlicherweise im kirchlichen Kontext oft unterschätzt und als Teilphänomen einer ‚Publizistik' in einem instrumentellen Sinne missverstanden.

Im Folgenden soll nun eine Definition des Begriffs ‚*Public Relations*' verwendet werden, die ebenso eingängig wie dienlich für das vorliegende Unterfangen ist – dabei geht es um die allgemeine Reflexion der Faktoren öffentlicher Kommunikation, nicht um eine ausdifferenzierte fachspezifische Bestimmung[29] des Terminus. Naheliegend vor dem Hintergrund des kommunikationstheoretischen Interesses der vorliegenden Arbeit ist eine kommunikationstheoretisch grundierte Bestimmung[30] von ‚*Public Relations*' (auch: PR), weniger eine dezidiert betriebswirtschaftlich orientierte Auffassung:

---

voneinander isoliert werden." (Gattwinkel, Hilmar, „Das Tun denken: Auf der Suche nach einer Theologie der Öffentlichkeitsarbeit", *Deutsches Pfarrerblatt* 114 [2014], 197–201: 197.)

26 Vgl. Fröhlich, Romy, Szyszka, Peter und Bentele, Günter, „Einführung: Forschungsfeld Public Relations", in *Handbuch der Public Relations: Wissenschaftliche Grundlagen und berufliches Handeln*, hg. v. dens. (3., überarb. u. erw. Aufl., Wiesbaden 2015), 19–23: 19 f.

27 Dieser Sachverhalt bildet sich aber auch in der immer noch gängigen Einstellung ab, Öffentlichkeitsarbeit sei prinzipiell von jedem und auch ‚nebenbei' zu erledigen (es gehört ja zum Tagesgeschäft von Pfarrerinnen und Sekretären, Gemeindebriefe oder Plakate für die Schaukästen zu entwerfen).

28 Grunig, James E. und Hunt, Todd, *Managing Public Relations* (Belmont/CA 1984), 6.

29 Zu den verschiedenen fachspezifischen Perspektiven auf das Feld der Öffentlichkeitsarbeit/ Public Relations vgl. Fröhlich, Romy, Szyszka, Peter und Bentele, Günter, „Disziplinäre Perspektiven – Intro", in *Handbuch der Public Relations: Wissenschaftliche Grundlagen und berufliches Handeln*, hg. v. dens. (3. überarb. u. erw. Aufl., Wiesbaden 2015), 27 f.

30 Allein für den Bereich der Kommunikationswissenschaft notieren Jarren und Röttger: „Eine allgemeine PR-Theorie existiert nicht [...]. Mit den unterschiedlichen wissenschaftlichen Perspektiven auf den Forschungsgegenstand PR sind also jeweils differierende Fragestellungen und Begriffsverständnisse verbunden. Und so führt die Multidisziplinarität des Forschungsbereichs zu einer fast babylonischen Sprachverwirrung, bei der identische Begriffe nicht das Gleiche be-

Im Folgenden wird *Public Relations* als gemanagte Kommunikation nach innen und außen verstanden, die das Ziel verfolgt, organisationale Interessen zu vertreten und Organisationen gesellschaftlich zu legitimieren. PR wird hierbei als Teilbereich der Organisationskommunikation [...] angesehen, mittels derer die Kommunikationsbeziehungen zwischen Organisation und Umwelt hergestellt, gestaltet und auf Dauer gestellt werden sollen. Dabei spielen sowohl interne wie externe Stakeholder, d.h. Personen oder Gruppen, die das Organisationshandeln beeinflussen können oder von diesem tangiert werden [...], eine Rolle. Die externe PR-Kommunikation richtet sich insbesondere an das gesellschaftspolitische Umfeld der Organisation.[31]

Die übergeordneten Interessen sind freilich zu bestimmen und können – mit Blick auf die Kirche – auch darin bestehen, Kommunikation über Lebenssinnfragen zu unterhalten und wach zu halten.

Es liegt auf der Hand, dass die *Public Relations*-Arbeit sich mit anderen Formen organisationaler öffentlicher Kommunikation überschneidet, wie zum Beispiel journalistischer Kommunikation oder – im Fall von Unternehmen – Marketing. Die Zielperspektive von *Public Relations* kann nun für verschiedene Ebenen entworfen werden: Von Interesse kann die individuelle Handlungsebene sein (Mikroebene), der Bezug zu Organisationen (Mesoebene), oder aber die Funktion für die Gesellschaft ist im Blick (Makroebene).[32] Die zentrale Funktion der *Public Relations* besteht in der Legitimierung der Organisationsinteressen beziehungsweise des Organisationshandelns gegenüber der Umwelt, und das bedeutet wiederum: Die Voraussetzung dafür gewährleisten Interaktions- und Beobachtungsprozesse zwischen der Organisation und der Umwelt. Der *Public-Relations*-Arbeit geht es um die Stabilisierung von Kommunikationsbeziehungen durch (gezielte) Kommunikationsangebote.

Während Franz Ronneberger und Manfred Rühl von einer für die Demokratie konstitutiven Bedeutung von *Public Relations* ausgehen[33] – *Public Relations*

---

zeichnen müssen. Dies erschwert die Vergleichbarkeit oder auch Integration unterschiedlicher Modelle und theoretischer Ansätze erheblich." (Jarren, Otfried und Röttger, Ulrike, „Public Relations aus kommunikationswissenschaftlicher Sicht", in *Handbuch der Public Relations: Wissenschaftliche Grundlagen und berufliches Handeln*, hg.v. Romy Fröhlich, Peter Szyszka und Günter Bentele [3., überarb. u. erw. Aufl., Wiesbaden 2015], 29–46: 30.)

31 Röttger, Ulrike, Preusse, Joachim und Schmitt, Jana, „Public Relations als Forschungsgegenstand", in *Grundlagen der Public Relations: Eine kommunikationswissenschaftliche Einführung*, hg.v. dens., (Wiesbaden ²2014), 17–64, 27.

32 Vgl. Röttger, Preusse und Schmitt, „Public Relations als Forschungsgegenstand", 22.

33 Vgl. Ronneberger, Franz und Rühl, Manfred, *Theorie der Public Relations: Ein Entwurf* (Opladen 1992); Ronneberger, Franz, „Legitimation durch Information: Ein kommunikationswissenschaftlicher Ansatz zur Theorie der PR", in *Öffentlichkeitsarbeit: Theoretische Ansätze, empirische Befunde und Berufspraxis der Public Relations*, hg.v. Johanna Dorer und Klaus Lojka (Wien

stärkten primär, als eigenes gesellschaftlich ausdifferenziertes System, durch Anschlusskommunikation öffentliche Interessen und soziales Vertrauen und verhinderten das Auseinanderstreben von Partikularinteressen –, weisen Ulrike Röttger, Joachim Preusse und Jana Schmitt doch in plausibler Weise darauf hin, dass die primäre Wirkungsabsicht von *Public Relations* weniger die Stärkung des öffentlichen Interesses als vielmehr das Vertreten und die Platzierung partikularer Interessen ist (die aber freilich gemeinwohlorientiert sein können, wie die Ausführung zur Non-Profit-PR zeigen werden). Als öffentliche Kommunikation können *Public Relations* freilich dann in einem zweiten Schritt, als nachgeordnete Wirkung, zur Stärkung des Gemeinwohls beitragen beziehungsweise gesellschaftliche Interessen ausgleichen.

Begreift man die Kirchen als religiöse beziehungsweise soziokulturelle Non-Profit-Organisationen (auch: NPOs), kann hier noch einmal nach möglichen Besonderheiten der *Public Relations*-Arbeit von Non-Profit-Organisationen (auch: NPO-PR) gefragt werden[34]. Romy Fröhlich und Sonja Peters weisen darauf hin, dass NPOs nicht grundsätzlich die Orientierung an Gewinnzielen abgesprochen werden kann. Richtig ist, dass die Sachziele im Verhältnis mindestens gleichgewichtig (oder übergewichtig) sind.[35] Für die Kirchen ist das Verhältnis zwischen Sach- und Gewinnzielen nicht leicht zu beschreiben. Dass das Thema ‚Gewinnziele' nicht unwichtig ist, zeigt sich an den Auseinandersetzungen über (sinkende) Kirchensteuereinnahmen, wobei Entwürfe korrigierender Maßnahmen in komplexer Weise diskursiv mit bestimmten Theologumena wie etwa dem des so genannten ‚Tauf-' oder ‚Missionsbefehls' verquickt werden können.

Fröhlich und Peters definieren NPO-PR schlicht als „Gestaltung (und Evaluation) der Kommunikationsbeziehungen einer Non-Profit-Organisation mit ihren Bezugsgruppen".[36] Nehmen die Autorinnen bewusst keine Differenzierung zwischen Unternehmen und NPOs mit Blick auf die Bestimmung der PR vor, tritt die Besonderheit zu Tage, wenn man auf die Legitimationsfunktion schaut, die für die PR der NPOs – also auch für die Kirchen – von besonderer Bedeutung ist: Die Legitimationsfunktion hat auch für die Kirchen einen entscheidenden Stellen-

---

1991), 8–19; vgl. dazu auch: Röttger, Ulrike, Preusse, Joachim und Schmitt, Jana, „Public Relations als Forschungsgegenstand", 39 f.
34 Vgl. dazu grundständig auch: Gemeinschaftswerk der Evangelischen Publizistik e.V., Hg., *Öffentlichkeitsarbeit für Nonprofit-Organisationen* (Wiesbaden 2004).
35 Zur Systematisierung anhand von Zielschwerpunkten vgl. Fröhlich, Romy und Peters, Sonja B., „Non-Profit-PR", in *Handbuch der Public Relations: Wissenschaftliche Grundlagen und berufliches Handeln*, hg. v. Romy Fröhlich, Peter Szyszka und Günter Bentele (3., überarb. u. erw. Aufl., Wiesbaden 2015), 631–649: 632.
36 Fröhlich und Peters, „Non-Profit-PR", 637.

wert. NPOs sind darauf angewiesen, durch den Aufbau von Glaubwürdigkeit und Vertrauen Menschen für ihre Kommunikationsinhalte zu gewinnen. Das mag für ‚kirchliche Ohren' in der Verhältnisbeschreibung zwischen Kirchen und Öffentlichkeit ökonomisiert klingen. Die Sachzielorientierung der Kirchen hegt jedoch den berechtigten Anspruch, eine wesentliche Aufgabe für das Gemeinwohl zu erfüllen.[37] Dazu müssen die Bedingungen ernst genommen werden, unter denen gegenwärtig öffentliche Kommunikation stattfindet. Die Kirchen partizipieren an einer ambivalenten Kommunikationssituation: Es werden besondere Ansprüche an Integrität und Authentizität an die NPO-PR-Akteure gestellt[38], gleichzeitig befördert die angenommene Gemeinwohlorientierung einen Vertrauensvorschuss (der sich zum Beispiel im Verhältnis zum Journalismus immer noch positiv bemerkbar macht).

Geht es um den kommunikativen Beitrag der Kirche zur Befähigung von Akteuren, zu einem eigenen moralischen und religiösen Urteil zu kommen, ist eine Evaluation der Kommunikationsleistungen kaum zu erbringen – nach theologischem Verständnis bleiben sie auch jeglicher Überprüfung entzogen. Informativ ist jedoch eine kontinuierliche Etablierung von *Public Relations* im Wortsinne, eine *beständige Kommunikation zwischen den Kirchen und ihren Gesprächspartnerinnen, um die Leistung der Organisation für das Gemeinwohl einschätzen (und nicht nur postulieren) zu können*. Damit rückt die kontinuierliche PR-Arbeit in eine zentrale Rolle ein: *Public Relations* vermitteln zwischen Kirchen und Öffentlichkeit, das heißt zwischen unterschiedlichen Bezugsgruppen (auf Makro-, Meso- und Mikroebene).[39] Stehen *Partizipation* und *Reziprozität* für eine an den medialen Transformationsprozessen orientierte *Public Relations*-Arbeit[40], reicht es

---

37 Vgl. dazu auch Kapitel 5.2.
38 Fröhlich und Peters schreiben: „Hieraus ergibt sich für NPOs unter professionellen Gesichtspunkten eine *ganz besonders große* Verantwortung, bei ihrer internen und externen Organisationskommunikation wahrhaftig, transparent, offen, umfassend usw. zu agieren. Denn in der Regel schöpfen NPOs für ihre Legitimation aus dem Vertrauen, das ihre Stakeholder in sie setzen, und aus dem Grad an Glaubwürdigkeit, den Stakeholder ihr zusprechen." (Fröhlich und Peters, „Non-Profit-PR", 638. Im Original hervorgehoben.)
39 Fröhlich und Peters weisen auf für NPOs typische Merkmale hin, wie etwa die große Beteiligung von Ehrenamtlichen an der PR-Arbeit und die Einstellung, dass PR eigentlich nicht so wichtig sei, „weil die Dienstleistung bzw. das Produkt ohnehin für sich spreche" (Fröhlich und Peters, „Non-Profit-PR", 641); diese Haltung ist auch im kirchlichen Kontext vertraut und erinnert an die Vorbehalte, die etwa die Homiletik im Kontext der so genannten Dialektischen Theologie gegenüber der Rhetorik pflegte. In beiden Fällen liegt ein Missverständnis vor: Geht es sicherlich nicht darum, den Glauben zu ‚vermarkten', so müssen doch die Bedingungen bedacht werden, die menschliches Reden vorfindet, und Gestalten müssen bedacht werden, in die sich menschliches Reden kleidet.
40 Vgl. dazu auch: Fröhlich und Peters, „Non-Profit-PR", 647.

auf jeden Fall nicht, die Umwelt über eigene Angebote nur zu informieren und Positionen monologartig zu entfalten. Wie sich zeigen wird, entspricht es gerade dem Charakter der Volkskirche, die eigene plurale Verfasstheit als Spiegel der gesellschaftlichen Pluralität im Dialog mit denjenigen zu erhalten, die sich von ihr einen Betrag zur eigenen Selbst- und Weltdeutungsarbeit erwünschen.

5.1.2 *Public Relations*-Arbeit und Online-Kommunikation

Aus den bisherigen Ausführungen ist deutlich geworden, dass ‚das' Internet nicht einfach einen weiteren Kommunikationskanal darstellt, über den *Public Relations* einen fixen Inhalt publik machen beziehungsweise ‚bewerben'. Vielmehr verändert Online-Kommunikation die Kommunikation einer Organisation. Denn über eine Veränderung der Kommunikationsformen ändern sich auch Kommunikationsinhalte. Der kommunikative Wandel manifestiert sich, wie in dieser Arbeit dargestellt, unter anderem in der Herausbildung neuer Öffentlichkeiten, das heißt einer sehr viel komplexeren Öffentlichkeit als dies bis vor wenigen Jahrzehnten noch mit der durch die Massenmedien (wesentlich mit-)generierten Öffentlichkeit gegeben war. Insgesamt haben sich, basierend auf technologischen Innovationen, neue Mechanismen öffentlicher Kommunikation herausgebildet, die Rezipienten zu Kommunikationspartnern und -partnerinnen machen, welche wiederum – von ihrem Selbstverständnis her – auch entsprechend adressiert werden wollen. Die User, untereinander oft netzwerkartig organisiert und insofern mit einem nicht unerheblichen Selbstorganisationspotenzial ausgestattet, sind zu einem Gegenüber geworden, das für Organisationen potenziell sichtbar wird mit Ansprüchen an Transparenz und Dialogfähigkeit.[41]

Public Relations online können nun verschiedene Kommunikationsbeziehungen eröffnen: one-to-many-, one-to-one- und many-to-many-Kommunikation ist ebenso möglich wie die Option, sich an Dialogen zu beteiligen, die Dritte bereits führen.[42] Eine der wesentlichen Herausforderungen für organisationale Kommunikation besteht sicherlich darin, der Dynamik des Netzes zu folgen. Das betrifft die fortlaufend stattfindende und im Grunde unüberschaubare Kommu-

---

41 Vgl. Pleil, Thomas, „Online-PR: Vom kommunikativen Dienstleister zum Katalysator für ein neues Kommunikationsmanagement", in *Handbuch der Public Relations: Wissenschaftliche Grundlagen und berufliches Handeln*, hg. v. Romy Fröhlich, Peter Szyszka und Günter Bentele (3., überarb. u. erw. Aufl., Wiesbaden 2015), 1018–1038: 1035.
42 Vgl. Neuberger, Christoph und Pleil, Thomas, *Online-Public Relations: Forschungsbilanz nach einem Jahrzehnt* (2006). http://www.scribd.com/doc/100124234/Neuberger-Christoph-Pleil-Thomas-2006-Online-Public-Relations-Forschungsbilanz-nach-einem-Jahrzehnt (01.03.2018).

nikation in quantitativer Hinsicht, dann aber auch die inhaltliche Entwicklung von Themen. Die mindestens ebenso große Herausforderung für organisationales Handeln besteht jedoch darin, dass die Struktur des Netzes reziproke Kommunikationsbeziehungen nahezu einfordert. Chance und Herausforderung zugleich ist das Social Web für die Online-PR also vor allem *jenseits der herkömmlichen Distributionskommunikation*.

Thomas Pleil unterscheidet, in Anlehnung an das *Public Relations*-Modell von James Grunig und Todd Hunt, nun *drei Fälle der Online-PR:* Die so genannte ,*digitalisierte* PR' einerseits und die so genannte ,*Internet*-PR' andererseits sind beide vor allem der monologischen Kommunikation verpflichtet; während das typische Beispiel für ,digitalisierte PR' die mehr oder weniger statische Website ist, beinhaltet ,Internet-PR' zumindest einige Formen des Rückkanals wie Kontaktformulare oder Besucherbefragungen. An den neuen Kommunikationsmöglichkeiten hingehen orientiert ist die so genannte ,*Cluetrain-PR*'[43]. Sie arbeitet netzwerkorientiert, Onlinedialoge sind Mittel der Kommunikation, auch die Beteiligung an laufenden Dialogen stellt eine Handlungsoption dar. Pleil weist darauf hin, dass Online-Monitoring („organisationales Zuhören") unverzichtbar ist, will eine Organisation an dialogischen Kommunikationsformen partizipieren.[44] Besondere Herausforderungen der ,Cluetrain-PR' sind dabei, über kontinuierliche Gesprächsangebote eine Vernetzung zwischen der Organisation und Interessenten zuzulassen; grundsätzlich gilt eben: „Im Gegensatz zu den anderen Typen der Online-PR wird der Onliner in der Cluetrain-PR als Kommunikationspartner verstanden, der sich in (sozialen) Netzwerken organisiert"[45]. – Diese Form der PR kann dann auch zu Managementzwecken dienen, wenn es etwa um das *Issues Management* geht. Je mehr Interessenten mit der Organisation vernetzt sind, desto eher rückt die PR in die *Moderatorenrolle* ein. Zweifelsohne ist die ,Cluetrain-PR' im Vergleich zu den beiden anderen Formen die ressourcenaufwändigste: Die relevanten Arenen und Kanäle müssen identifiziert werden, je mehr Anwendungen und Kommunikationskanäle ,bedient' werden, umso höher ist der Koordinations- und Betreuungsaufwand, und schließlich muss die Ziel- und Zweckorientierung präsent gehalten beziehungsweise bewusst nachjustiert

---

[43] Der Name leitet sich ab durch den Bezug auf die 95 Thesen zum Verhältnis von Kunden und Unternehmen in Zeiten des Internets (und der New Economy) mit dem Titel *The Cluetrain Manifesto. The End of Business as Usual*, veröffentlicht 1999 von Rick Levine, Christopher Locke, Doc Searls und David Weinberger. Ein kurzer Text vor den 95 Thesen beschreibt den Perspektivwechsel: „We are not seats or eyeballs or end users or consumers. We are human beings – and our reach exceeds your grasp." (www.cluetrain.com [01.03.2018].)
[44] Vgl. dazu auch: Pleil, „Online-PR", 1033.
[45] Vgl. Pleil, „Online-PR", 1034.

werden.⁴⁶ Pleil weist darauf hin, dass sich „die kommunikationsökonomische Frage nach der Wahl des Kommunikationstyps [stellt]. Das Modell ist situativ gedacht und lässt eine strategische Entscheidung zu."⁴⁷ Onlinemaßnahmen und Kulturen einer Organisation müssen freilich zusammengebracht werden. Die Entscheidung kann auch darin bestehen, nicht allzu viel in Online-PR zu investieren. Das allerdings sollte eine bewusste, reflexiv getroffene Entscheidung sein, die in eine allgemeine Kommunikationsstrategie eingebunden ist.

Summa summarum wird an diesen wenigen Ausführungen zur (Online-)PR deutlich, dass ein Wandel in der organisationalen Kommunikation der Kirchen potenziell zu neuen Kommunikations- und Kontaktmöglichkeiten führt – und damit auch zu neuen Bindungsmöglichkeiten, die in der Unverbindlichkeit passagerer Kommunikation eigene, partikulare Formen von Verbindlichkeit heraussetzen können. Gerald Kretzschmar hat anschaulich gemacht, dass distanzierte Kirchlichkeit (wobei man mit Blick auf Onliner auch schlicht von ‚möglicherweise distanziert religiös Interessierten' sprechen könnte) – unter den modernen Bedingungen mediatisierter Kommunikation – beziehungsweise soziale Distanz „Voraussetzung [sein kann], ein je individuelles Verhältnis zur Kirche gestalten zu können."⁴⁸ Das „je individuelle Verhältnis zur Kirche" wird dabei von den Subjekten selbst austariert. Die Chancen und Möglichkeiten ‚unverbindlicher' Online-Interaktion sind also nicht zu unterschätzen.

Im Folgenden soll in ganz praktischer Hinsicht Formen möglichen kirchlichen Engagements mit Blick auf internetmediale Kommunikation nachgegangen werden. Diese Formen sind sicherlich ergänzungsbedürftig und bedürften einer Reflexion im Zusammenhang eines kommunikativen Gesamtkonzepts. Damit

---

46 Vgl. Keding, Ole, *Online-Kommunikation von Organisationen: Strategisches Handeln unter komplexen Bedingungen* (Wiesbaden 2015), 16.
47 Pleil, „Online-PR", 1034. – Pleil und Zerfaß stellen hier ein Entscheidungsmodell vor, vgl. dazu Pleil, „Online-PR", 1034f.; Pleil, Thomas und Zerfaß, Ansgar, „Strategische Kommunikation in Internet und Social Web", in *Handbuch Online-PR: Strategische Kommunikation in Internet und Social Web*, hg.v. dens. (Konstanz 2012), 39–83: 62ff.
48 Kretzschmar, Gerald, *Kirchenbindung: Praktische Theologie der mediatisierten Kommunikation* (Göttingen 2007), 334. Dort heißt es weiter: „Auf der Basis eines durch *Variabilität* gekennzeichneten Koordinationsmechanismus ist soziale Distanz geradezu Voraussetzung, von sozialer Distanz auf soziale Nähe – und umgekehrt – umzuschalten." (Ebd., Hervorhebung im Original.) Die Möglichkeit zur sozialen Distanz gewährt Stabilität: „Es gibt gute Gründe dafür anzunehmen, dass gerade die solchermaßen mediatisierte Kommunikation innerhalb der gesellschaftlichen Großorganisation Kirche die Voraussetzung dafür ist, dass so viele Menschen in einem konfliktfreien und stabilen, den eigenen Lebensumständen entsprechenden Verhältnis zur Kirche stehen können." (363) – Kretzschmar rekurriert in seinen Arbeiten auf die Theorie mediatisierter Kommunikation, wie sie Uwe Sander unter dem Eindruck ‚klassischer' massenmedialer Kommunikation vorgestellt hat.

wird deutlich, dass an dieser Stelle ein angemessenes Engagement der Kirche angesichts der medialen Transformationsprozesse mindestens dreierlei bedeuten würde: Zum einen wäre die Tiefenschärfe des Mediendiskurses in Kooperation mit der akademischen Theologie wie mit anderen Wissenschaften auszuloten. Dann bedürfte es einer reflexiven Entscheidung, mit welchem Ressourcenaufwand man – etwa auf der Ebene der EKD-Kirchenleitung – den Wandel begleiten möchte, um gebührend und informiert handlungsfähig zu bleiben.[49] Schließlich wären konkrete Schritte einer Online-PR-Arbeit zu konzeptionalisieren, für die die folgenden Überlegungen Impulse darstellen könnten.

5.1.3 Konkretionen

Ein wesentliches Desiderat besteht darin, dass Kirchen – Personen im direkten kommunikativen Kontakt – sich die Netzstrukturen anverwandeln, um neue kommunikative Räume auch für das eigene Handeln zu erschließen. Spontane und persönliche Kommunikation, die weitgehend unkontrolliert und dezentral aber öffentlich geschieht, stellt an die Kirchen freilich die Frage ihrer Integrationsfähigkeit von unterschiedlichen, gegebenenfalls divergierenden Meinungen, Performances, Haltungen. Was Anfang des neuen Jahrtausends Arnd Götzelmann überhaupt über die kirchliche Nutzung ‚des' Internets schrieb, gilt heute für die Nutzung der Social Media: Die medialen Transformationsprozesse stellten die Kirche nicht eigentlich vor die Wahl, die neuen Medien zu nutzen, oder sie nicht zu nutzen, denn „würde sie sich von diesen medialen Entwicklungen abkoppeln, könnte sie dem Öffentlichkeitsanspruch des Evangeliums zukünftig ebenso wenig gerecht werden wie den neuen Kommunikationsgepflogenheiten der Menschen. Der volkskirchliche Anspruch, die Gesellschaft mit christlichen Traditionen und Werten in Dialog zu bringen, wäre ohne kirchliche Lebensäußerungen im Internet

---

49 Der Synode der EKD hat 2017 die Erarbeitung einer „digitalen ‚Road Map'" als „Strategievorschlag für die Kirche im Digitalen Wandel" beschlossen. Auf die Richtungsentscheidungen darf man gespannt sein. Auf landeskirchlicher Ebene haben Social-Media-Verantwortliche bereits Einiges in praktischer Absicht auf den Weg gebracht, vgl. beispielsweise: Werner, Mechthild und Reimann, Ralf Peter, *Social Media in der Gemeinde* (Düsseldorf 2013). Auch die *Evangelisch-Lutherische Kirche in Bayern* hat das Thema ‚Medienwandel' seit Jahren auf der Agenda. Damit sich nicht wiederholt, was die Öffentlichkeitsarbeit lange Zeit ausgezeichnet hat – dass ihr nämlich die (kritisch-)reflexive Kontextuierung weitgehend fehlte – sind Praxis und Theorie konstruktiv über kommunikative Desiderate des Medienwandels ins Gespräch zu bringen.

immer schwerer umzusetzen."⁵⁰ – Wie könnte also eine solche Nutzung des Netzes praktisch aussehen?⁵¹

In der Öffentlichkeit persönlich kommunizieren
Engagement im Netz lebt wesentlich davon, dass Organisationen strukturell entsprechend den ‚Regeln' des Netzes kommunizieren. Im Social Web wird persönlich kommuniziert, das heißt es sprechen Personen miteinander, nicht eine (in ihrem Auftritt anonym gehaltene) Organisation mit Einzelpersonen, nicht Organisationen miteinander. Für Alexander Ebel, Wolfgang Lünenbürger-Reidenbach und Ralf Peter Reimann heißt das: „Um die Präsenz der Kirche in den Sozialen Netzwerken sichtbar werden zu lassen, muss sie auf Einzelpersonen setzen, die als Individuen für die Organisation kommunizieren."⁵² Persönliche Kommunikation in der Öffentlichkeit stellt freilich eine Herausforderung dar, für die Organisation wie für diejenigen, die für die Organisation kommunizieren, insbesondere weil im Netz vielfach spontan und mit emotionaler Beteiligung kommuniziert wird. Für die Organisation gehen ein Abgeben von Kontrolle und ein Zutrauen in Personen Hand in Hand, dass diese sich im ‚Deutungshorizont' der Organisation bewegen. Darin hat die Evangelische Kirche längst Routinen ausgebildet, zumindest wenn es im Gemeindeleben um Professionelle wie Pfarrer und Pfarrerinnen geht, die auf die Heilige Schrift, die Bekenntnisschriften und die Ordnungen der jeweiligen Landeskirchen hin ordiniert werden.⁵³ Die Frage ist, wie

---

50 Götzelmann, Arnd, „Kirche im Internet: Chancen und Risiken der Kommunikation in der Informations- und Mediengesellschaft", in *Diakonische Kirche: Anstöße zur Gemeindeentwicklung und Kirchenreform*, hg.v. dems. (Heidelberg 2003), 243–256: 255f.
51 Zu den kirchentheoretischen Implikationen vgl. auch Kapitel 5.2.
52 Ebel, Alexander, Lünenbürger-Reidenbach, Wolfgang und Reimann, Ralf Peter, „Jenseits der Parochie: Kirche und Social Media", *Deutsches Pfarrerblatt* 113 (2013), 105–110: 105. Entsprechend pflegt der EKD-Ratsvorsitzende Heinrich Bedford-Strohm ein Profil auf *facebook*.
53 Thomas Schlag weist zu Recht darauf hin, dass auch die Denkschrift der EKD zum Öffentlichkeitsauftrag der Kirche *Das rechte Wort zur rechten Zeit* die Bedeutung amtlicher Repräsentanten und Repräsentantinnen als Exponenten institutionalisierter Verantwortung für die öffentliche Artikulation herausstellt, im Gegenüber zur „persönlichen Verantwortung Einzelner". (Vgl. Rat der Evangelischen Kirchen in Deutschland [Hg.], *Das rechte Wort zur rechten Zeit: Eine Denkschrift des Rates der Evangelischen Kirche in Deutschland zum Öffentlichkeitsauftrag der Kirche* [Gütersloh 2008], 25f.) Schlag notiert: „Durch diese Unterscheidung zwischen persönlicher und institutionalisierter Verantwortung wird aber dann gerade die Trennung von Verantwortungssphären befördert – um nicht sogar zu sagen: Die freie und kreative Energie jenseits der gebundenen Formen wird weder kirchentheoretisch noch praxisbezogen als eigene Gestaltungs- und Verantwortungsgröße mit in den Blick genommen." (Schlag, Thomas, *Öffentliche Kirche: Grunddimensionen einer praktisch-theologischen Kirchentheorie* [Zürich 2012], 38.)

gut sich hier – im Sinne des Priestertums aller Gläubigen – Routinen ausbilden können mit Blick auf ehrenamtliche Mitarbeiter und Mitarbeiterinnen. Im Exemplarischen des persönlichen Auftritts liegt jedenfalls das Identifikationspotenzial. Als exemplarische Persönlichkeit können Akteure zeigen, was Glaube und Religion für sie bedeuten und deshalb womöglich auch für die Interaktionspartner und -partnerinnen bedeuten könnten.[54] An persönliche Kommunikation im Netz wird in der Regel die Erwartung der Authentizität gestellt, zumal wenn es um persönliche Themen wie Religion geht.[55] Authentizität kann im professionellen Sinne aber immer nur (online wie offline) eine reflektierte authentische Selbstpräsentation sein[56], wenn sie sich vor ein ‚Publikum' gestellt weiß. Da das Internet eine „permanente Publikumssituation"[57] herstellt, ist diese Verhältnisbestimmung umso mehr zu reflektieren.

Die Gestaltung dialogischer Kommunikationsbeziehungen ist sicherlich eine der größten Herausforderungen internetmedialer Kommunikation für die Organisation. Daneben existieren jedoch eine Reihe anderer Möglichkeiten, die die Organisation eher in eine moderierende Rolle entlassen (wobei das Moment der persönlichen Kommunikation grundsätzlich unverzichtbar erscheint), und die eine Vernetzung von Akteuren ins Zentrum stellen.

---

54 Vgl. Panzer, Lucie, *Den Glaubens ins Gespräch bringen: Verkündigung im Rundfunk als Mitteilung von Erfahrungen* (Freiburg i.Br. 2012), 311 f.
55 Authentizität ist auch ein Schlüsselkriterium in den Reflexionen des medienethischen Impulspapiers der Deutschen Bischofskonferenz zu einer „zukunftsfähigen digitalen Mediengesellschaft", vgl. Sekretariat der Deutschen Bischofskonferenz, Hg., *Virtualität und Inszenierung: Unterwegs in der digitalen Mediengesellschaft: Ein medienethisches Impulspapier* (Bonn 2011), 36 ff.
56 Sascha Lobo hat in diesem Zusammenhang vor einigen Jahren auch von der „Scheinauthentizität" als Produkt bewusster Inszenierung gesprochen, das der hyperventilierte Diskurs der Massenmedien über Authentizität erst hervorgebracht hätte (vgl. Lobo, Sascha, *Schafft den Authentizitätswahn im Internet ab!* http://www.spiegel.de/netzwelt/web/sascha-lobo-schafft-den-authentizitaetswahn-im-internet-ab-a-852453.html [01.03.2018]). Der Topos der Authentizität ist denn auch einer, der zu seiner Klärung in größere sozialphilosophische Kontexte eingebettet gehört. Seine Ambivalenz zeigt sich auf ganz andere Weise in einer essayistischen Betrachtung von Carolin Emcke: „Der Mythos des Authentischen, den manche in guter Absicht behauptet haben, erweist sich als Falle, indem er die Vieldeutigkeit des Sehens negiert und die Verschiedenartigkeit innerhalb aller Identitäten reduziert auf die eine, ‚echte', ‚wahre' Form, die uns nun einengt. Und was heißt denn schon ‚echt'?" (Emcke, Carolin, *Wie wir begehren* [Frankfurt a.M. 2013], 182.)
57 Vgl. Lobo, *Authentizitätswahn*.

Community-Building und Community-Management

Auch *Community-Building* impliziert Vernetzung von Akteuren online. 2009 bis 2011 bildete sich zum Beispiel auf *evangelisch.de* über Chatandachten eine Community; und die *London Internet Church* als Teil der anglikanischen Diözese London richtet sich mit ihren Angeboten (zum Beispiel Andachten, Feier der Eucharistie) an weltweit Interessierte online.[58] Die Community von *evangelisch.de*, der Plattform, mit der die EKD bewusst eine Alternative zur institutionellen Webseite *ekd.de* schaffen wollte, ist 2012 eingestellt worden. Die Bedeutung allerdings solcher Communities beschreibt ein damaliger Nutzer:

> Für mich ist evangelisch.de eine wichtige Alternative zu meiner Ortsgemeinde. Hier kann ich mich mit einer breit gestreuten Anzahl von Leuten unterschiedlichster Auffassungen unterhalten. In meiner Ortsgemeinde kann ich das nicht, da bleiben mir im Prinzip ‚nur' das passive Zuhören im sonntäglichen Gottesdienst oder aber ein evangelikaler Bibelkreis. Über meinen Glauben wissen hier [bei evangelisch.de; KM] mehr Menschen Bescheid als in meiner Gemeinde, im Prinzip ist das hier meine Gemeinde, in der ich aktiv bin, in der Ortsgemeinde bin ich passiv.[59]

Wenngleich ein funktionierendes Forum einer „am Dialog orientierte[n] plurale[n] evangelische[n] Plattform"[60] abgeschafft worden ist, in dem sich selbstorganisiert religiös Interessierte treffen und austauschen können, so ist die Einrichtung und Stabilisierung solcher ‚Resonanzräume' bleibend wichtig: Im Netz kommen Menschen über frei entstehende Formen von Sozialität miteinander ins Gespräch. Die religionswissenschaftliche Forschung hat diese Formen von Gemeinschaftsbildungen von Anfang an mit Interesse verfolgt.[61] Christopher Helland bezeichnet den Typ von Religiosität, der organisational

---

[58] Zu beiden Beispielen vgl. auch: Reimann, Ralf Peter, *~o~ heißt: „Friede sei mit dir" – Gottesdienste im Internet*, verfügbar unter: http://theonet.de/2012/12/13/gottesdienste-im-internet (01.03.2018). Vgl. zur *London Internet Church* auch http://londoninternetchurch.org.uk/ (01.03.2018).

[59] Zit.n.: Reimann, Ralf Peter, „evangelisch.de: Internet-Community oder Online-Kirche?", *Praktische Theologie* 47 (2012), 95–99: 99. – Vgl. hierzu auch noch einmal: Neumaier, Anna, *religion@home? Religionsbezogene Online-Plattformen und ihre Nutzung: Eine Untersuchung zu neuen Formen gegenwärtiger Religiosität* (Würzburg 2016), inbes. 335 ff.

[60] Ebel, Lünenbürger-Reidenbach und Reimann, „Jenseits der Parochie", 105.

[61] Vgl. zum Folgenden auch: Merle, Kristin, „Religiöse Sinndeutung in translokalen Horizonten: Chancen und Herausforderungen medienbasierter Kommunikation für Prozesse der Selbstvergewisserung moderner Menschen", *Informationes Theologiae Europae: Internationales ökumenisches Jahrbuch für Theologie* 18 (2014), (Frankfurt a.M. u. a. 2015), 11–25.

keine Entsprechung offline hat, als „online religion"[62], die Präsentation religiöser (kirchlicher) Offline-Angebote nennt Helland hingegen „religion-online". Zu dieser Differenzierung, die in der Dualität kritisiert und von Helland selbst mittlerweile reformuliert worden ist[63], die jedoch heuristisch nach wie vor viel austrägt[64], weil sie auf Unterschiede mit Blick auf die Organisationsform des Religiösen im Kontext fortschreitender Mediatisierung verweist, kommt eine weitere Dimension hinzu. Diese hat auch Heidi Campbell im Sinn, wenn sie den Terminus der „digital religion" ausweist: „‚[D]igital religion' describes the technolocial and cultural space that is evoked when we talk about how online and offline religious spheres have become blended and blurred. We can think of digital religion as a bridge that connects and extends online religious practices and spaces into offline religious contexts, and vice versa."[65] Campbell verweist ganz richtig auf die gegenseitige Imprägnierung der religiösen Praktiken und Traditionen offline und online. Stewart Hoover und Nabil Echchaibi befürworteten hier die Verwendung der Redeweise eines *„third space"*[66], welcher sich in der Begegnung von gelebter religiöser Praxis und digitaler Kultur ausprägt.[67]

Im Fall der Kirchen stellen sich neue Herausforderungen auch theologischer Natur, wie Gemeinschaften online zu benennen und zu ‚klassifizieren' sind: Sollen sie, je nachdem, als religiöse Gemeinschaften im Netz ‚Gemeinden' genannt

---

62 Vgl. Helland, Christopher, „Religion Online/Online Religion and Virtual Communitas", in *Religion on the Internet: Research Prospects and Promises*, hg.v. Jeffrey K. Hadden und Douglas E. Cowan (New York/NY u.a. 2000), 205–224.
63 Vgl. Helland, Christopher, „Diaspora on the Electronic Frontier: Developing Virtual Connections with Sacred Homelands", *Journal of Computer Mediated Communication* 12 (2007), 956–976.
64 Vgl. dazu auch: Campbell, Heidi, „Introduction: The Rise of the Study of Digital Religion", in *Digital Religion. Understanding Religious Practice in New Media Worlds*, hg.v. ders. (New York/NY 2013), 1–21: 3.
65 Campbell, „Introduction", 3f.
66 Vgl. Hoover, Stewart M. und Echchaibi, Nabil, *Media Theory and the „Third Spaces of Digital Religion"* (Boulder/CO 2014). https://thirdspacesblog.files.wordpress.com/2014/05/third-spaces-and-media-theory-essay-2-0.pdf (01.03.2018). Zum Gedanken eines dritten, hybriden Raumes, der im Zusammenwirken von Online- und Offline-Aktivitäten entsteht, vgl. auch noch einmal: Castells, Manuel, *Networks of Outrage and Hope: Social Movements in the Internet Age* (Cambridge/UK 2012).
67 Vgl. hierzu auch noch einmal: Helland, Christopher, „Digital Religion", in *Handbook of Religion and Society*, hg.v. David Yamane (Cham 2016), 177–196; Campbell, Heidi A. und Garner, Stephen, *Networked Theology: Negotiating Faith in Digital Culture* (Grand Rapids/MI 2016).

werden, besonders, wenn sie eigene Rituale ausprägen und/oder sich um die Partizipation an Online-Gottesdiensten herausbilden?[68]

Community-Management, wenn es denn erfolgreich sein soll, ist auf *Moderation* angewiesen.[69] Moderation dürfte auch eine Antwort sein auf das gegenwärtig

---

68 Diskutiert werden in diesem Zusammenhang immer auch die *notae externae:* Von der Kirche heißt es in CA VII: „Item docent, quod una sancta Ecclesia perpetuo mansura sit. Est autem Ecclesia congregatio sanctorum, in qua Evangelium recte docetur et *recte administrantur Sacramenta*. Et ad veram unitatem Ecclesiae satis est *consentire* de doctrina Evangelii et administratione Sacramentorum." (*Die Bekenntnisschriften der Evangelisch-Lutherischen Kirche*, herausgegeben von Irene Dingel im Auftrag der Evangelischen Kirche in Deutschland [vollständige Neuedition, Göttingen 2014], 103. Hervorhebungen von mir; KM.) Theologisch besteht eine Zurückhaltung (vgl. Mikoski, Gordon S., „Bringing the Body to the Table", *Theology Today* 67 [2010], 255–259; Kampf, Anne, „Der Avatar beim Abendmahl", in *Kommunikation des Evangeliums in der digitalen Gesellschaft: Lesebuch zur Tagung der EKD-Synode vom 9. bis 12. November 2014 in Dresden*, hg.v. Kirchenamt der evangelischen Kirche in Deutschland [Frankfurt a.M. 2015], 90 ff.), Online-Gemeinschaften in diesem Sinne als Gemeinden zu verstehen (ggf. mit kirchenrechtlichen Implikationen). Das Impulspapier *Kirche der Freiheit* spricht dann auch von „Medien-Gemeinden" und führt weiter aus: „Einen besonderen Bereich bilden die *Medien-Gemeinden*, die sich durch die öffentlichen Äußerungen leitender Geistlicher, durch Fernsehübertragungen von Gottesdiensten oder durch das ‚Wort zum Sonntag', durch Radiogottesdienste und Radioandachten oder andere Formen sowie durch das Internet bilden. In diesem Zusammenhang das Wort Gemeinde zu verwenden, ist besonders kühn; denn Zugehörigkeit und Beteiligung sind hier besonders schwer zu greifen. Dass sich Gemeinde bildet, ohne dass Menschen sich an einem Ort zusammenfinden, ist den gewohnten Vorstellungen von Gemeinde fremd. Die Grenze, die einer solchen Vorstellung gesetzt ist, zeigt sich am deutlichsten daran, dass nur bei leibhaftem Beisammensein gemeinsam das Abendmahl gefeiert oder die Taufe vollzogen werden kann." (Kirchenamt der EKD [Hg.], *Kirche der Freiheit: Perspektiven für die Evangelische Kirche im 21. Jahrhundert: Ein Impulspapier des Rates der EKD* [Hannover 2006], 56.) Man hat es hier mit einer noch offenen Frage zu tun, die bisher selten durch die Praxis herausgefordert wird. Gibt es mittlerweile viele Gottesdienste online (in unterschiedlichen Gestalten, sei es eine gemeinsame Feier von Gottesdienstteilnehmenden online wie offline, sei es als Gottesdienst, der ‚nur' unter Onlinern stattfindet), sind onlinebasierte Abendmahlsfeiern selten. Nicht zuletzt, weil das Abendmahl – und mit ihm auch das Abendmahls*verständnis* – zentralen, konstituierenden Charakter hat, wären hier theologische Verständigungen weiterführend (vgl. Reimann, Ralf Peter, *Abendmahl online? Wollen wir das?* https://theonet.de/2012/09/07/abendmahl-online-wollen-wir-das/ [01.03. 2018]; Reimann, Ralf Peter und Brok, Tom O., *Gottesdienst und Gemeinde im Internet?* https://www.ekd.de/internet/vortraege/070610_brok_reimann.html [01.03.2018]). Vgl. zur neueren kritischen Einschätzung auch noch einmal: Mikoski, Gordon S., „On the Mediation of Mediation of Mediation: The (Im)possibility of Online Communion and the Limits of Online Worship", *Liturgie und Kultur* 8 (2018), 6–11.

69 Man muss hier differenzieren zwischen der Moderation von Diskursen und der eigenen Teilnahme an Diskursen (sowie dem Kuratieren von Themen). So intuitiv Bernd-Michael Haese zuzustimmen sein mag, wenn er schreibt: „[m]ehr denn je muss der Diskurs moderiert werden,

vielfach diskutierte Problem der Hass-Kommentare. Im Sinne von Interaktion und Partizipation bedeutet *Community-Management*, aktiv für eine konstruktive Gesprächskultur zu sorgen – damit Interessierte in einen guten Austausch miteinander kommen. Dies könnte eine Form sein, *öffentliche, resonanzfähige Deliberationsräume* zu öffnen und zu gestalten.[70] The Guardian führte etwa mit den Usern öffentlich ein Gespräch darüber, wie Debattenkultur und Community aussehen sollen (und analysierte 70 Millionen Kommentare auf der eigenen Webseite seit 2006 mit Blick auf das Thema *online harassment*)[71]. „The web we want" als selbst diskursiver Ansatz ist ein produktiver Ausgangspunkt im Umgang mit Herausforderungen der Online-Konversationen. Freilich können dann auch noch einmal technologische Konfigurationen zum Einsatz kommen: Transparenz der Nutzer untereinander kann befördert werden durch Klarnamen, Profilbilder und ein Auflisten aller bisher verfassten Kommentare auf der eigenen Profilseite im Community-Bereich.

Für den kirchlichen Bereich dominieren immer noch klassische Webseiten, die in der Regel keine Kommentierungsmöglichkeiten bieten (siehe ‚digitalisierte PR'). Informationen werden distribuiert, Rückkanäle nicht eingerichtet, Ebel, Lünenbürger-Reidenbach und Reimann resümieren: „Für Social Media stehen in der Regel (noch) keine Ressourcen zur Verfügung, als Notlösung lässt beispielsweise die EKD ihre Pressemitteilungen auf ihrer Facebook-Seite einlaufen. So wird selbst im Sozialen Netz als Institution kommuniziert."[72]

Auch *digitales Kuratieren* stellt sich als eine Form der Moderation dar. Der für Nutzer wie Organisationen „kaum begrenzte Zugang zur Öffentlichkeit"[73] bringt Informationsüberflutung wie Konkurrenz um Aufmerksamkeit mit sich. Orientierung schaffen hier technische Optionen wie Suchmaschinen oder die Arbeit digitaler Kuratoren.[74] Digitales Kuratieren, das heißt das Zusammenstellen the-

---

müssen bewährte und traditionelle Muster in das gemeinsame Konstrukt eingebracht werden" (Haese, Bernd-Michael, *Hinter den Spiegeln – Kirche im virtuellen Zeitalter des Internet* [Stuttgart 2006], 312), Rollendiffusionen sind online wie offline nicht empfehlenswert.
70 Vgl. dazu auch Kapitel 4.3.3.3.
71 Vgl. Gardiner, Becky, Mansfield, Mahana, Anderson, Ian, Holder, Josh, Louter, Daan und Ulmanu, Monica, *The Web We Want: The Dark Side of Guardian Comments*. https://www.theguardian.com/technology/2016/apr/12/the-dark-side-of-guardian-comments (01.03.2018); Mansfield, Mahana, *How We Analysed 70 m Comments on the Guardian Website*. https://www.theguardian.com/technology/2016/apr/12/how-we-analysed-70 m-comments-guardian-website (01.03.2018).
72 Ebel, Lünenbürger-Reidenbach und Reimann, „Jenseits der Parochie", 106. – An dieser Praxis ändert sich seit Langem nichts. Selbst die EKD diffamierende Beiträge bleiben in Reihe unkommentiert unter den Postings stehen.
73 Vgl. Neuberger und Pleil, *Online-Public Relations*.
74 Vgl. Pleil, „Online-PR", 1021.

menspezifischer Informationen oder Fundstücke, erfordert sowohl eine hohe Themenkompetenz wie auch eine hohe Kommunikationskompetenz. Gleichzeitig liegt hier die Möglichkeit, Themen über die Arbeit des Kuratierens mitzugestalten.[75]

Online Monitoring
Themen machen in Zeiten digitaler Kommunikation andere Karrieren als zu Zeiten, als ‚die' Massenmedien Themen ‚setzen' konnten. Zwar sind ‚die' Massenmedien immer noch starke Player im Zusammenhang des medialen Agenda-Settings[76], Themen können jedoch über ihre Ventilierung in den Netzöffentlichkeiten noch einmal ganz andere Dynamiken bekommen. Thomas Pleil spricht hier von dem „vormedialen Raum" des Social Web, der als Katalysator „für ein verändertes Sozialverhalten sowie für die [...] neuen Mechanismen in der Entstehung öffentlicher Meinung"[77] fungiert. Die Generierung von Inhalten wie die Bearbeitung von Themen, die bereits im Umlauf sind (zum Beispiel durch massenmediale Verbreitung), haben Teil an den Optionen der Nutzer und Nutzerinnen im Social Web: Publizieren, Teilen, Zusammenarbeit, Vernetzung sowie Bewerten und Filtern stellen wesentliche Funktionen dar, von denen in den verschiedenen Anwendungen des Social Web zumindest immer eine (in vielen Fällen mehrere) zur Verwendung vorgesehen ist. Für Organisationen kann es – und das zeigt die Präsenz des Selbstbestimmungsthemas in den hier untersuchten Online-Konversationen deutlich – zur Wahrnehmung der Umwelt dienlich sein, Themen, die diskutiert werden, zu identifizieren. Das so genannte ‚Online-Monitoring' ist insofern wichtig für den Erwerb von Kontextsensibilität, dann aber auch für die Informiertheit eigener Kommunikation[78]: Wichtig ist es für Organisationen, die

---

75 Vernetzung und Akzeptanz von Akteuren über die Ausgestaltung einer Moderatorenrolle sind zudem wesentliche Momente von Onlinereputation. (Vgl. Pleil, „Online-PR", 1021.)
76 Vgl. Kapitel 2.3.3.
77 Pleil, „Online-PR", 1022. – Es ist nicht ganz einsichtig, warum der „Raum", der ja nicht mehr als eine metaphorische Größe in der Beschreibung des Sachverhalts ist, als „vormedial" bestimmt wird, zeichnet er sich doch vor allem dadurch aus, dass hier ausschließlich technologisch-medial kommuniziert wird. Allenfalls in Relation zum Bereich der ‚klassischen Massenmedien' ließe sich eine solche Terminologie erklären.
78 Online-Monitoring ist – mittelbar – reputationsfördernd: „Entscheidend ist, dass sich die Onlinestrategien und -maßnahmen an den allgemeinen Kommunikationszielen orientieren, auf die Reputation einzahlen soll [...]. Jede Organisation muss in ihrer Kommunikation mit der Begrenztheit ihrer Ressourcen zurechtkommen. Es ist entsprechend notwendig, [...] beispielsweise die Präsenz der Organisation oder ihrer Akteure auf die jeweils relevanten Arenen zu konzentrieren. Es gilt also zunächst, diese für eine Organisation relevanten Arenen, also Orte, an denen

Kommunikationsdynamiken im Blick behalten und an der Aushandlung von gesellschaftsrelevanten Themen partizipieren wollen.[79] Wie die Untersuchungen der Online-Konversationen zur Sterbehilfe gezeigt haben, bedeutet ein Nicht-Wahrnehmen von zirkulierenden (und in diesem Fall dominant vorkommenden) Themen, dass die Mitteilung des eigenen, ‚kirchlichen' Standpunkts (der zunehmend auf den persönlichen Gehalt der Sprechenden befragt wird) in den analysierten medieninitiierten, plural verfassten Alltagsöffentlichkeiten beziehungsweise den öffentlichen Anschlusskommunikationen kaum Resonanz in der Auseinandersetzung der Akteure mit dem Thema findet.

Crowdsourcing und Audience Engagement
Crowdsourcing meint an dieser Stelle weniger das Auslagern von Leistungen durch die Organisation, sondern vor allem das Sammeln von Informationen, Ideen und Rückmeldungen durch Nutzer und Nutzerinnen und das Engagement in einem gemeinsamen Projekt. Die Beteiligung an einem gemeinsamen Projekt erhöht freilich auch wiederum das Gesamtinteresse an der Arbeit einer Organisation. Grundsätzlich geht es darum, mit Blick auf ein *fokussiertes Thema* Wissen und Erfahrungen abzufragen beziehungsweise die spezielle Expertise der Interessierten zu nutzen. Je nach Thema kann sich das Engagement, neben der möglichen (temporären) Bindung an die Organisation, auch als Partizipation an zivilgesellschaftlich relevanten Fragen äußern.[80]

Stakeholder entsprechende Themen diskutieren, zu identifizieren. Hierzu leistet das Online-Monitoring einen sehr wichtigen Dienst. Es leistet einen Beitrag zur kontinuierlichen Optimierung der Kommunikationsstrategie online und offline." (Pleil, „Online-PR", 1024.)
79 Zum Online-Monitoring vgl. weiterhin: Pleil, „Online-PR", 1025 ff.
80 Ein erfolgreiches und gleichermaßen bedrückendes Beispiel bietet *The Guardian* mit dem Projekt *The Counted:* Interessierte melden dem Portal Berichte zu Personen, die von der Polizei in den USA getötet worden sind (die Berichte werden freilich nachfolgend überprüft). Offenbar motivieren nicht zuletzt die politischen Implikationen viele Nutzer und Nutzerinnen zur Teilnahme. (Über eine Maske auf der Homepage können die relevanten Informationen eingetragen werden, der Aufruf formuliert explizit die Bitte um Mithilfe: „The US government has no comprehensive record of the number of people killed by law enforcement. So the Guardian has embarked on a special project – to work from an inaccurate standard toward a more perfect accounting, and tell the stories of people killed by police. But we need your help" (http://www.theguardian.com/us-news/ng-interactive/2015/jun/01/us-police-killings-tips [01.03.2018]) Wie eine solche Beteiligung von Nutzern und Nutzerinnen spielerisch funktioniert, kann man bei verschiedenen Aktionen der *facebook*-Gruppe *Evangelisch* sehen: Ende Dezember 2015 zum Beispiel haben unter dem Motto „Meine #Krippe ist die Schönste" User und Userinnen Krippen-Fotos publiziert. (https://www.facebook.com/Evangelisch/posts/1106375709373895 [01.03.2018])

Datenschutz und Datensouveränität

Zum Schluss sei an dieser Stelle ein Punkt aufgegriffen, der an Überlegungen aus den Kapiteln 2.4.2 und 3.1.3 anschließt und auf das Thema ‚Datenschutz' eingeht. Fragen des Datenschutzes und der Datensouveränität sind *prioritär* zu behandeln (Datenschutz und Datensouveränität dürfen aber auch kein ‚Totschlagargument' gegen ein verstärktes Engagement im Netz sein). Gleichzeitig sind Datenschutz und Datensouveränität gesamtgesellschaftlich relevante Themen, für die sich die Kirchen als zivilgesellschaftlicher Player engagiert einsetzen können – im Sinne eines Gemeinwesens, dem Freiheit und Würde für das Zusammenleben unverzichtbar erscheinen.

Es ließe sich viel zu den entsprechenden ethischen Implikationen des Medienwandels sagen. Im Gesamtzusammenhang der vorliegenden Studie ist der Platz dafür nicht vorhanden.[81] Allerdings kann es darum gehen, noch einmal wesentliche Eckpunkte mit Blick auf einen möglichen kirchlichen Gestaltungsauftrag zu benennen. Auch auf kirchlicher Seite sind Akteure gefordert, die, sachlich kompetent, die neuen Technologien so zu gestalten und zu nutzen wissen, dass die Freiheitspotenziale des Lebens durch die medialen Transformationen nicht eingeschränkt werden. Um an einem konstruktiven Umgang mit den sich schnell entwickelnden Technologien zu partizipieren, empfiehlt es sich für die Kirchen, sich mit anderen gesellschaftlichen Akteuren zu vernetzen. In dieser Hinsicht ist es begrüßenswert, wenn die Bayerische Landeskirche in dem 2015 erschienenen Impulspapier *Das Netz als digitaler Raum* notiert: „Die ELKB [Evangelisch-Lutherische Kirche in Bayern; KM] unterstützt politische Initiativen, die eine digitale Zivilgesellschaft etablieren wollen [...]. Die ELKB verbündet sich mit allen, die für Netzneutralität und IT-Sicherheit einstehen."[82] Zivilgesellschaftliches Engagement kann hier nicht national begrenzt sein: Der Einsatz für digitale Grundrechte und die Option gegen die zunehmende Einhegung der alltäglichen Lebenswelt durch den Informationskapitalimus sind erfolgreich nur in transnationaler, internationaler Perspektive zu bewältigen. Kirchen können hier wichtige Gesprächspartnerinnen mit klaren Anliegen sein (wichtige Themen derzeit sind Netzneutralität, Überwachung, Vorratsdatenspeicherung, Monopolisierung, Urheberrecht). Digitalisierung und Vernetzung werden weiter voranschreiten. Notwendig ist, inmitten dieser Entwicklungen an einem Technikethos

---

81 Exemplarisch verwiesen sei auf: Dabrowski, Martin, Wolf, Judith und Abmeier, Karlies, Hg., *Ethische Herausforderungen im Web 2.0* (Paderborn 2014).
82 Landeskirchenrat der Evangelisch-Lutherischen Kirche in Bayern, Hg., *Das Netz als sozialer Raum: Kommunikation und Gemeinschaft im digitalen Zeitalter: Ein Impuls* (München 2015), 35.

zu arbeiten[83], für das der Humanismus, die Freiheit und die Würde des Menschen zentral und bestimmend sind.[84] Produktiv erscheint, sich das Feld anzuverwandeln, es (kritisch) zu sichten, sich dialogisch zu engagieren, eine eigene Expertise auszubilden und Experten Gestaltungsraum zu geben, damit Kirche auf Augenhöhe mit anderen gesellschaftlichen Akteuren, die die Digitalisierung kritisch begleiten, in einen Diskurs eintreten[85] und auf dieser Basis zu einem Player im Kräftefeld werden kann. Wie wollen wir unter den Bedingungen der Digitalisierung leben?[86] Die Kirche ist nachgerade aufgerufen, hier einen gesellschaftlichen Beitrag zu leisten. Unbedingt ist eine kritische Haltung einzunehmen, wie sie unter anderem Johanna Haberer formuliert hat: „Eine Reaktion aus reformatorischem Geist wäre es, die Machtstrukturen dieser neuen Weltmächte in Gestalt von Global Playern und Aktiengesellschaften durchschaubar zu machen, die Kompetenzhierarchie zu hinterfragen: Denn Kompetenz muss in christlicher Perspektive – Gabe genannt oder Charisma – der Allgemeinheit dienstbar gemacht werden und darf nicht die Grundlage von Machtausübung über andere wer-

---

[83] Technologisch geht es um die Entwicklung *besserer* Technologien als diejenigen, mit denen wir es bisher zu tun haben. Im Design der Dinge ist etwa bereits dafür zu sorgen, dass Sicherheit und Privatsphäre gewahrt sind. Eine Kontrolle der Algorithmen ist wesentlich, nicht zuletzt, um der Diskriminierung durch Personalisierungsverfahren zu wehren. Auch die Entwürfe im Bereich des *Transhumanismus* sind kritisch zu begleiten, wenngleich sich Reichweite und Nachhaltigkeit der Mensch-Maschine-Hybrid-Entwicklungen noch nicht absehen lassen. Vgl. zu Letzterem auch die ‚Visionen' von Ray Kurzweil, Director of Engineering bei *Google:* Kurzweil, Raymond, *The Singularity Is Near: When Humans Transcend Biology* (New York/NY 2005).

[84] Irritierend erscheinen hingegen Zielformulierungen, die nicht der eigenen Potenz entsprechen. So liest man in derselben Publikation der Bayerischen Landeskirche *Das Netz als sozialer Raum* von einem „Auftrag an die Kirchen und jeden einzelnen Christen […], die *Zivilisierung der digitalen Gesellschaft* aktiv und kritisch mitzugestalten" (3), und man muss nur wenige Seiten weiter blättern, um den Impetus der Idee des ‚Wächteramts' zu finden: „Im Hybridmedium Internet sind Institutionen notwendig, die Orientierung geben im Nebel der Informations- und Bilderfülle." (19) – Auch Johanna Haberer hat im Zusammenhang der „digitalen Welt" noch einmal das „öffentliche Wächteramt" der Kirchen betont: Haberer, „Handlungsfelder", 18. Zur Kritik vgl. Zeilinger, Thomas, *netz.macht.kirche: Möglichkeiten institutioneller Kommunikation des Glaubens im Internet* (Erlangen 2011), 267 ff.

[85] Thomas Zeilinger spricht in diesem Zusammenhang im Anschluss an Hans G. Ulrich auch von einer „explorativen Ethik", vgl. Zeilinger, Thomas, „Gemeinschaft online: Ethische und ekklesiologische Perspektiven zu Social Media", in *Kompendium Christliche Publizistik*, hg.v. Johanna Haberer und Friedrich Kraft (Erlangen 2014), 213–228: 227.

[86] Heiko Maas äußerte sich entsprechend zu einer Internet-Charta: „Wir müssen daher schleunigst eine Grundfrage beantworten: Wie wollen wir leben? Und dann müssen wir handeln. Eine Politik, die Relevanz haben will, kann auf die Gestaltung der Digitalisierung – national und transnational – nicht länger verzichten." (Maas, Heiko, „Unsere digitalen Grundrechte", *DIE ZEIT* Nr. 50/2015. http://www.zeit.de/2015/50/internet-charta-grundrechte-datensicherheit [01.03.2018]).

den"[87]. – Solche berechtigten Einstellungen sollten nur nicht unter der Hand in Pastoralmacht umschlagen, die sich letztlich wieder aus der Gesellschaft diskursiv verabschiedet. Das Thema der Digitalisierung bietet für die Kirchen die große Chance, die gesellschaftliche Verständigung darüber, wie ein Zusammenleben aussehen soll, mit zu gestalten. Man sollte hier nicht zu zögerlich sein (und auch nicht zu lange warten), um fachliche – das heißt in Ergänzung zur medienethischen Kompetenz – technologische Expertisen auszubilden (auch die ethische Expertise kommt an ihre Grenzen, wenn ihr relevante Sachinformationen fehlen). Freilich geht es, unabhängig von der Mitgestaltung des öffentlichen Diskurses, in der kirchlichen Arbeit auch darum, Interessierte und Mitarbeiterinnen im Erwerb ihrer Medienkompetenz zu unterstützen, über Big Data-Probleme sachkundig zu informieren und gegebenenfalls auch zur Datensparsamkeit zu raten.[88]

All diese Überlegungen zu Konkretionen sind vorläufig und ergänzungsbedürftig. Ein wichtiges Ziel bestünde darin, die Relevanz der medialen Transformationen – im Gespräch mit der Wissenschaft – auf EKD-Ebene wie auf den landeskirchlichen Ebenen[89] durchzuarbeiten und in Folge Konsequenzen für das eigene organisationale Handeln auszuarbeiten.

---

[87] Haberer, Johanna, „Die Reformation und die Medienrevolution", *epd-Dokumentation* 35/2015, 4–10: 9.

[88] In diesem Zusammenhang ist es mindestens ambivalent einzuschätzen, Pfarrern und Pfarrerinnen für die Gemeindearbeit *facebook* anzudienen. Ebel, Lünenbürger-Reidenbach und Reimann schreiben: „Kern einer evangelischen Social-Media-Strategie ist die Ermutigung von Pfarrerinnen und Pfarrern im Gemeindedienst, ein persönliches Profil auf Facebook zu führen. Dies folgt der Tradition der öffentlichen Verkündigung und der einfachen Erreichbarkeit, denn ein Ziel pastoraler Arbeit in den Gemeinden wird weiterhin sein, für die Menschen erreichbar und ansprechbar zu sein [...]. [Es ist] nur für wenige Pfarrerinnen und Pfarrer eine ernsthafte Option, diesen Kanal nicht für die Kommunikation mit ihrer Gemeinde zu nutzen – so wie es heute im Pfarrdienst niemanden mehr geben wird, der nicht das Telefon nutzt, und nur sehr wenige, die nicht per e-Mail angesprochen werden können." (Ebel, Lünenbürger-Reidenbach und Reimann, „Jenseits der Parochie", 106.) Das Telefon hat herkömmlich nicht mit Datenschutzproblemen dieses Ausmaßes zu tun. Angezeigt wäre, dass sich Kirchen für die Entwicklung dezentraler offener Plattformen engagieren (*Diaspora** und *Friendica* sind Beispiele mit allerdings erheblich eingeschränkter Reichweite im Vergleich zu *facebook*) und in keinem Fall durch das Inaugurieren sozialer Dynamiken dafür sorgen, dass Menschen sich (etwa über *facebook*) digital vernetzen müssen, um für sie relevante Informationen zu erhalten. Ebel, Lünenbürger-Reidenbach und Reimann haben das freilich auch kritisch im Blick. Darüber hinaus gilt natürlich: Wenn einerseits die digitale Spaltung grundsätzlich als zu Überwindendes gilt (jeder hat das Recht auf einen Internetzugang und die Möglichkeit, online zu sein), darf niemand diskriminiert werden, der nicht digitale Dienstleistungen/Kommunikation nutzt. – Zu aktuellen netzpolitischen Fragestellungen vgl. auch: https://netzpolitik.org/

[89] Vgl. Anm. 49 in diesem Kapitel.

5.2 Die Pluralität der Volkskirche und ihre Öffentlichkeitsrelevanz

Von den eher auf die organisatorische Gestalt der Kirche bezogenen Überlegungen zu *Public Relations* auf Fragen der Institution zu sprechen zu kommen, erscheint als notwendiger Schritt: Mit Blick auf die Institution erschließt sich das auf Öffentlichkeit bezogene organisationale Handeln als konzeptuelles wie theologisches Desiderat gleichermaßen. Wie sich zeigen wird, kann hier vor allem das Verständnis von Volkskirche als integrative wie auf Öffentlichkeit bezogene Institution fruchtbar gemacht werden. Die verschiedenen Perspektiven auf Kirche werden dabei nicht als konkurrent zueinander gedacht. Im Sinne des von Eberhard Hauschildt und Uta Pohl-Patalong skizzierten Modells von Kirche als Hybrid wird einerseits versucht, die verschiedenen Perspektiven auf Kirche – im Modell des Hybrids die der Institution, der Gruppe/Bewegung und der Organisation – transparent zueinander zu halten. Entsprechend wird auch der Netzwerkcharakter von Kirche noch einmal in den Blick kommen. Andererseits werden die Überlegungen in der Logik des im Zusammenhang der vorliegenden Arbeit insbesondere ertragreich erscheinenden Konzeptbegriffs der Volkskirche zusammengeführt: Damit wird eine positionelle Gewichtung vorgenommen, die vor dem Hintergrund einer zu erhaltenden wie weiter zu fördernden Pluralität der Volkskirche und ihrer Integrativkraft auch mit Blick auf die sich in der Netzwerköffentlichkeit zeigenden praxeomorphen Religiosität plausibel erscheint.

Im Folgenden wird zunächst überlegt, welche Implikationen die Gestalt der Netzwerköffentlichkeit und die Erwartungen der Akteure an partizipative, interaktive und netzartige Kommunikation kirchentheoretisch besitzen. Daran schließt sich eine Skizze zum Begriff der Volkskirche an, die den Öffentlichkeitsbezug als Bedingung der Prozessierung des religiösen Bewusstseins als konstitutives Moment des Konzepts ausweist. Das letzte Unterkapitel schlägt einen Bogen zur Konkretisierung des Öffentlichkeitsauftrags der Kirche in Form öffentlichen ‚Redens' als Öffentliche Theologie: Prozessual-kommunikativ verfasste Intermediarität und reflexiv gestalteter Pluralismus werden als unverzichtbare Elemente auch für eine Öffentliche Theologie plausibel, die im zivilgesellschaftlichen Diskurs Resonanzen erzeugen möchte.

5.2.1 Kirche in alltagsweltlichen Kontexten: zur sozialen Praxis von Akteuren in der Netzwerköffentlichkeit

In ihrer Kirchentheorie stellen Eberhard Hauschildt und Uta Pohl-Patalong das Bild des Hybrids als ein Denkmodell für Kirche vor. Mit diesem Denkmodell sollen interpretatorische Konkurrenzen überwunden werden, welches Kirchenbild einschließlich der entsprechenden beschreibbaren Sozialgestalt zu präferieren sei.[90] Ist Kirche vorrangig – und unter den je aktuell vorherrschenden Desideraten – unter dem Aspekt der Institution, der Organisation, der Bewegung/aktiven Gruppe zu verstehen? Hauschildt und Pohl-Patalong plädieren für eine Zusammenschau der Eigenlogiken – nicht, um die konzeptionellen Divergenzen zwangsweise zu harmonisieren, sondern um eine Perspektive zu ermöglichen, die ausgleicht, statt interpretatorische Konkurrenzen zu verschärfen[91]:

> In allen Einzelfragen des besten Handelns der Gemeinden und Kirchen ist in concreto *auszutarieren, wie die Logiken produktiv nebeneinander existieren können, anstatt sich gegenseitig zu schwächen.* Das Nebeneinander der drei Logiken ist nicht das eines stabilen, sondern eines dynamischen Gleichgewichts, bei dem sich von Fall zu Fall und im Laufe der Zeit Gewichtsverschiebungen ergeben können. [...] In einer konziliaren Kirche geht es darum, hier gerade nicht zu dramatisieren und eine strategische Gesamtentscheidung zwischen Kirchenbildern und Kirchenpraktiken zu stärken.[92]

Die verschiedenen Dimensionen von Kirche nicht in (unnötige) Konkurrenz zueinander zu bringen – sei es durch die Herausstellung der Ortsgemeinden als normative Größe der Volkskirche, sei es durch betriebswirtschaftlich-organisationale Perspektivierungen von Kirche[93], wie es das Positionspapier *Kirche der*

---

90 Vgl. Hauschildt, Eberhard und Pohl-Patalong, Uta, *Kirche* (Gütersloh 2013), 216 ff.; den Begriff des Hybrids verwendet auch Thomas Schlag, vgl. Schlag, *Öffentliche Kirche*, 62; 74.
91 Hauschildt und Pohl-Patalong wählen zur Veranschaulichung des Verhältnisses der unterschiedlichen Dimensionen das Bild vom Hybridauto. Die Begrenztheit der Metapher ist mittlerweile deutlich geworden (vgl. Nord, Ilona, „Ein Lehrbuch in kirchensoziologischer Perspektive", in *Kirchentheorie: Praktisch-theologische Perspektiven auf die Kirche*, hg.v. Peter Bubmann und Birgit Weyel [Leipzig 2014], 232–238: 236 ff.; Hauschildt, Eberhard und Pohl-Patalong, Uta, „Antwort", in *Kirchentheorie: Praktisch-theologische Perspektiven auf die Kirche*, hg.v. Peter Bubmann und Birgit Weyel [Leipzig 2014], 239–246: 243 f.), nicht zuletzt, weil das Bild der Hybridmotorik eine systemische Abgeschlossenheit gegenüber Umweltphänomenen suggeriert. Christian Grethlein fragt mit Blick auf die Metapher des Hybrids, ob diese nicht Entwicklungsprozesse verdecke: Der Institutions-Charakter von Kirche sei im Schwinden begriffen (vgl. Grethlein, Christian, *Kirchentheorie: Kommunikation des Evangeliums im Kontext* (Berlin/Boston: De Gruyter, 2018), 15 f. – Eingedenk der Anfragen an das Bild scheint mir das Denkmodell des Hybrids hilfreich zu sein, weil es Konkurrenzen minimiert und potenziell offen ist für weitere Sozialformen des Religiösen, die nach eigensinnigen Mustern und Typen und Regeln manifest werden.
92 Hauschildt und Pohl-Patalong, *Kirche*, 218. Im Original hervorgehoben.
93 Zur Kritik eines betriebswirtschaftlich engeführten Verständnisses von Kirche als Organisation im Kontext der Rede von Kirche als Hybrid vgl. Weyel, Birgit, „Reflektierte Praxis dyna-

Freiheit unternommen hat – kann die Debattenlage verändern. An der Zusammenschau wird deutlich: Die öffentliche Dimension von Kirche vollzieht sich gleichsam auf unterschiedlichen Ebenen und in unterschiedlichen Gestalten. Und in dieser Differenzierung wie Interdependenz ist die Frage der öffentlichen kirchlich-religiösen Kommunikation zu reflektieren und konzeptionell zu bearbeiten. Hauschildt und Pohl-Patalong thematisieren allerdings das Phänomen digitaler Kommunikation einschließlich der dazugehörigen Herausbildung eigensinniger Sozialformen an keiner Stelle. Es ist zu vermuten, dass dieses dominante gesellschaftliche Thema, nicht nur bei Hauschildt und Pohl-Patalong, aus den praktisch-theologischen Reflexionen herausgenommen bleibt, weil es sich nicht unter bisher konventionalisierte Deutungsmuster subsumieren beziehungsweise diesen Deutungsmustern relational zuordnen lässt. Mit den auf Aktualisierung angewiesenen, tendenziell eher flüchtigen Kommunikationsgemeinschaften mit ihrer passageren Form religiöser Kommunikation, wie sie in dieser Studie beschrieben werden, eröffnet sich jedoch ein weites Feld: Die beschriebenen Phänomene lassen sich allerdings nicht, wie die Ausführungen zum Gemeinschaftsbegriff in Kapitel 3.2.4 gezeigt haben, selbstverständlich (zumindest nicht in ihren vielfältigen flüchtigen Formen) an Konzeptionalisierungen von Gruppen, Gemeinschaften oder Bewegungen anschließen.[94] Sie liegen strukturell *vor* institutionalisierten Formen und kommen insofern auch mit der ‚Sehhilfe' des Hybrids kaum in den Blick.

Die freien Kommunikationsgemeinschaften kommen jedoch in *netzwerkanalytischer Perspektive* in den Blick, die als konstitutiven Ort religiöser Kom-

---

mischer Selbststeuerung: Kirche als Organisation", in *Reflektierte Kirche: Beiträge zur Kirchentheorie*, hg.v. Konrad Merzyn, Ricarda Schnelle und Christian Stäblein (Leipzig 2018), 15 – 29: 21 ff.

94 Das Netz bietet freilich die Offenheit, dass aus flüchtigen Kommunikationsgemeinschaften Bewegungen entstehen, doch sind die primären Kommunikationsgemeinschaften im Netz weder im ursprünglichen Sinne eine Gruppe noch eine Bewegung. (Zur Diskussion des Begriffs der Bewegung vgl. auch: Kern, Thomas [Hg.], *Soziale Bewegungen: Ursachen, Wirkungen, Mechanismen* [Wiesbaden 2008.]) Zur Unterscheidung vgl. die Beschreibung nicht-organisierter Kollektive im Netz bei Dolata und Schrape: Dolata, Ulrich und Schrape, Jan-Felix, „Zwischen Ermöglichung und Kontrolle: Kollektive Formationen im Netz", *Forschungsjournal Soziale Bewegungen* 28 (2015), 17–25. Die Übergänge zwischen einer nichtorganisierten Masse, einer „Crowd", die bestimmte Themen fokussiert und der Entstehung einer „volatilen Teilöffentlichkeit" (18), in der Onliner sich offensiv in einer Angelegenheit investieren und Positionen formulieren, sind fließend. Es gehört zur strukturellen Anlage des Netzes, dass sich solche Teilöffentlichkeiten, die sich um „Diskussionsfelder zu viral verdichteten Themenstellungen" (ebd.) bilden, auch wieder verflüchtigen. (Vgl. ebd.) – Dolata und Schrape notieren: „Alle drei Varianten kollektiven Verhaltens zeichnen sich im Gegensatz zu stabileren Phänomenen kollektiven Handelns durch das Fehlen distinkter Koordinations- und Identitätsstrukturen aus, die über den konkreten Moment hinausgehen." (Ebd.)

munikation die Interaktion zwischen den Akteuren (seien sie Kirchenmitglieder oder nicht) sichtbar machen.[95] Insofern wäre zu fragen, ob das *Modell des Hybrids* – versteht man die Perspektivierungen auf Institution, Organisation und Gruppe/Bewegung als komplementär, wobei die gewählte Perspektivierung je besondere Gestalten des Sehens und Interpretierens impliziert, aber auch Phänomene sichtbar werden lässt, die unter einer anderen Perspektivierung nicht sichtbar werden – nicht sinnvollerweise *um die Perspektivierung der Netzwerke zu ergänzen* wäre. Erst diese Perspektivierung kann auch die flüchtigen religionsproduktiven Interaktionen ‚sehen' und in ihrer Bedeutung für die alltägliche Sinnarbeit der Subjekte wertschätzen.[96] Sie ist zudem in der Lage, auch die Interdependenzen der anderen Sozialformen in den Blick zu bekommen.[97] Bezöge man die Perspektivierung der Netzwerke in das Modell des Hybrids ein, erweiterte sich die „hohe Raumkompetenz bei gleichzeitiger Anerkennung verschiedener Sozialformen"[98] erheblich. Vor diesem Hintergrund gewinnt auch der Begriff der Kirchenmitgliedschaft eine neue Dimension hinzu, indem sie als „eigentümliche soziale Praxis" verstanden wird, „die nicht primär als Reaktion auf inhaltliche oder organisatorische Vorgaben der Kirche, sondern aus den lebensweltlichen Kontexten der Einzelnen und ihren sozialen Beziehungen selbst"[99] aufzufassen

---

95 Vgl. hierzu auch: Stegbauer, Christian und Rausch, Alexander, *Strukturalistische Internetforschung: Netzwerkanalysen internetbasierter Kommunikationsräume* (Wiesbaden 2006).
96 Zum Konstitutionszusammenhang von sozialen und subjektivem Sinn vgl. auch: Merle, Kristin und Weyel, Birgit, „Sozialer und subjektiver Sinn: Das Netzwerk als ‚Modell' zur Abbildung inter- und transsubjektiver Vorgänge der Bedeutungskonstitution in der Seelsorge", in *Modellhaftes Denken in der Praktischen Theologie*, hg.v. Andreas von Heyl und Konstanze Evangelia Kemnitzer (Leipzig 2014), 137–146.
97 In dieser Richtung können m.E. auch die neueren Ausführungen Eberhard Hauschildts interpretiert werden, vgl. Hauschildt, Eberhard, „Was die Praktische Theologie der Gemeinde von der Netzwerkforschung lernen kann: 14 Thesen aus einer kirchentheoretischen Perspektive", *Pastoraltheologie* 107 (2018), 82–89: 84ff.
98 Nord, „Lehrbuch", 237.
99 Weyel, Birgit, „Kirchenmitgliedschaft als soziale Praxis: Die V. EKD-Kirchenmitgliedschaftsuntersuchung in kirchentheoretischer Perspektive", in *Kirche und Gesellschaft: Kommunikation – Institution – Organisation*, hg.v. Christof Landmesser und Enno Edzard Popkes (Leipzig 2016), 13–26: 22. – Weyel notiert weiter: „[Die Wahrnehmungsinstrumente und Interpretationsansätze, die aus der Relationalen Soziologie stammen] erscheinen gerade deshalb vielversprechend für Kirchenmitgliedschaft als sie nicht bei der Organisation ansetzen, die Kirche nicht als ein Unternehmen mit starken Steuerungsmöglichkeiten verstehen, sondern bei den Kirchenmitgliedern und ihrer religiösen Praxis ansetzen, die durch institutionelle Kontexte abgestützt wird, sich aber nicht in religiösen Praxen erschöpft, die im Raum der Organisation Kirche stattfinden." (23)

ist. Was die Online-Konversationen zeigen: Nicht nur Kirchenmitglieder[100] gestalten als autonome Subjekte in unterschiedlichen alltagsweltlichen Kontexten „ihr je eigenes Verhältnis zu den inhaltlichen Überzeugungen wie zur Praxis der verfassten Kirche selbstverantwortlich"[101].

Die Leistung der empirischen Erforschung von Netzwerken, im kirchlichen Kontext und darüber hinaus, hat in besonderer Weise die V. EKD-Erhebung über Kirchenmitgliedschaft gezeigt. Die Gesamtnetzwerkerhebung in einer durchschnittstypischen evangelischen Kirchengemeinde macht kommunikative Verbindungen und Verdichtungen transparent, die weder mit der ‚Brille' der Organisation, noch mit der ‚Brille' der Institution sichtbar werden[102]: „Theorie und Empirie des Netzwerks bieten neue Perspektiven auf Kirche und Gemeinde [...], die bislang in Hinweisen etwa auf die Dezentralität von Strukturen oder im Konzept der Kirche an vielen Orten angedeutet wurden [...], sich in der empirische Analyse von Gemeinde als Netzwerk allerdings anschaulich zeigen und in der Referenz auf die Relationale Soziologie kirchentheoretisch prägnant beschreiben lassen."[103]

Kirche in einem evangelischen Sinne findet sich also auch jenseits von Institution und Organisation vor, in „lebensweltlichen Kontexten [...], in denen sie durch das Priestertum aller Gläubigen konstituiert [und ergänzend wird man

---

[100] Über die Frage der Kirchenmitgliedschaft kann bei den meisten Usern keine Aussage getroffen werden. Gemäß der statistischen Verteilung werden sich unter den Beiträgern und Beiträgerinnen Kirchenmitglieder und Nicht-Kirchenmitglieder finden.
[101] Hermelink, Jan und Weyel, Birgit, „Vernetzte Vielfalt: Eine Einführung in den theoretischen Ansatz, die methodischen Grundentscheidungen und zentrale Ergebnisse der V. KMU", in *Vernetzte Vielfalt: Kirche angesichts von Individualisierung und Säkularisierung. Die fünfte EKD-Erhebung über Kirchenmitgliedschaft*, hg.v. Heinrich Bedford-Strohm und Volker Jung (Gütersloh 2015), 16–32: 22.
[102] Vgl. Stegbauer, Christian, Grubauer, Franz und Weyel, Birgit, „Gemeinde in netzwerkanalytischer Perspektive: Drei Beispielauswertungen", in *Vernetzte Vielfalt: Kirche angesichts von Individualisierung und Säkularisierung: Die fünfte EKD-Erhebung über Kirchenmitgliedschaft*, hg.v. Heinrich Bedford-Strohm und Volker Jung (Gütersloh 2015), 400–434: 429 ff.; vgl. Weyel, „Reflektierte Praxis", 23 ff. – Damit wird plausibel auch einem Desiderat nachgekommen, das Hauschild und Pohl-Patalong mit Blick auf notwendige Präzisierungen der (Umwelt-)Anschlussfähigkeit des Hybrid-Modells formulieren: „Es müsste noch deutlicher gemacht werden, wie das Wechselverhältnis zu sonstigen Gruppen und gesellschaftlichen Bewegungen aussieht. Es müsste deutlicher werden, wie genau die Kirche im Gefüge konkurrierender Organisationen involviert ist" (Hauschildt und Pohl-Patalong, „Antwort", 244).
[103] Stegbauer, Grubauer und Weyel, „Gemeinde", 434. – Zur weiteren Auswertung der Gesamtnetzwerkerhebung der V. Kirchenmitgliedschaftsuntersuchung vgl.: Felix Roleder und Birgit Weyel, *Kirchengemeinde als Netzwerk: Die Gesamtnetzwerkerhebung der 5. Kirchenmitgliedschaftsuntersuchung* (Leipzig 2018).

sagen können: repräsentiert; KM] wird."¹⁰⁴ Die Konsequenz ist, Kirchenmitglieder mit Blick auf ihre religiöse Selbst- und Weltdeutung als souveräne und eigenständige Akteure zu verstehen. Denn hierin liegt eine wesentliche Dimension öffentlicher Wirksamkeit der Kirchen begründet: Kirchenmitglieder sind immer schon eingebettet in vielfältige soziale Bezüge, sie bringen säkulare und kirchliche Institutionen in einen Kulturaustausch¹⁰⁵ und vernetzen in actu verschiedene Teilöffentlichkeiten, das wird insbesondere im Verständnis von Öffentlichkeit als Netzwerköffentlichkeit anschaulich.¹⁰⁶ Unter diesem Blickwinkel hat Kirche als Institution vor allem der religiösen Kommunikation zwischen den Akteuren gegenüber dienenden Charakter.¹⁰⁷ Sofern sie sich als ‚Kirche für alle' in einem weiten Sinne versteht, enden ihr Blick und ihr Interesse nicht an organisationaler Zugehörigkeit: „Kirche und Gemeinde sind für die Kirchenmitglieder – [...] für alle anderen erst recht – insbesondere dann bedeutsam, wenn sie an die in der Lebens- und Alltagswelt aufkommenden und dort von den Individuen auch selbsttätig artikulierten Lebenssinnfragen anschließen."¹⁰⁸

Auch im Sinne der von Wolfgang Steck vor einigen Jahren skizzierten Aufgabe einer „*Alltagsdogmatik*"¹⁰⁹ kann von der unbedingten Geltung der gelebten Reli-

---

104 Weyel, Birgit, „Einführende Hinweise zur Lektüre des Kapitels zur Netzwerkerhebung", in *Vernetzte Vielfalt: Kirche angesichts von Individualisierung und Säkularisierung. Die fünfte EKD-Erhebung über Kirchenmitgliedschaft*, hg. v. Heinrich Bedford-Strohm und Volker Jung (Gütersloh 2015), 339–343: 339. Vgl. ähnlich auch: Grethlein, *Kirchentheorie*, VIX.
105 Vgl. dazu auch: Stegbauer, Christian, „Gemeinde, Netzwerk, Kultur: Die Bedeutung von kirchlichen und kirchennahen Institutionen", *Pastoraltheologie* 107 (2018), 70–81: 75 ff.; vgl. auch: Swidler, Ann, „Culture in Action: Symbols and Strategies", *American Sociological Review* 51 (1986), 273–286.
106 Hier kommt noch einmal eine ganz andere Öffentlichkeitsdimension auf der Mikroebene in den Blick, als sie Thomas Schlag mit der lokalen Kirchengemeinde im Blick hat, vgl. Schlag, *Öffentliche Kirche*, 72 f.; 97 ff.
107 Vgl. Weyel, „Kirchenmitgliedschaft als soziale Praxis", 26; Christian Grethlein spricht auch von Kirche als „Assistenzsystem" für alltagsweltlich sich ereignende Kommunikationen, vgl. Grethlein, *Kirchentheorie*, 297 f.
108 Gräb, Wilhelm, „Lebenssinndeutung als Aufgabe der Theologie", *Zeitschrift für Theologie und Kirche* 113 (2016), 366–383: 375. – In diesem Sinne kann auch von „Kirche mit anderen" gesprochen werden, vgl. Schieder, Rolf, „Spiritualität, Glaube und die Kirchen: Empirische Befunde und ihre Deutung", in *Öffentliche Religion – religiöse Öffentlichkeit*, hg. v. Karlies Abmeier und Michael Borchard (Paderborn 2014), 29–41: 41.
109 Vgl. Steck, Wolfgang, „Alltagsdogmatik: Ein unvollendetes Projekt", *Pastoraltheologie* 94 (2005), 287–307. Vgl. dazu auch: Weyel, Birgit, „Den Sinn ausdrücklich machen: Skizzen zum unabschließbaren Projekt der Alltagsdogmatik", in *Der verborgene Sinn: Religiöse Dimensionen des Alltags*, hg. v. Dietrich Korsch und Lars Charbonnier (Göttingen 2008), 399–405.

gion als berechtige Ausdrucksgestalt existenzieller Fragen der Auftrag an Theologie und Kirche formuliert werden, religiös-weltanschauliche Sinndeutungen von Menschen als souverän zu verstehen und sich solchermaßen mit ihnen auseinanderzusetzen. Damit ist zuallererst eine *religionshermeneutische* Aufgabe verbunden, dann aber auch eine *religionsmäeutische:* In ihrer existenziellen Antwortbedürftigkeit wählen mehr und mehr Individuen – aus christlich-traditioneller Perspektive – formfremd erscheinende Ausdrucksgestalten für ihre religiösen Bedürfnisse. Am untersuchten Gegenstand der Sterbehilfediskussion hat sich zeigen lassen, dass für eine große Anzahl von Menschen[110] ‚Selbstbestimmung' ein für sie wichtiges Thema darstellt. Befremdlich nehmen sich vor diesem Hintergrund kirchenamtliche Verlautbarungen aus, umgehend nach der Abstimmung im Bundestag über die gesetzliche Neuregelung der Sterbehilfe am 06. November 2015 veröffentlicht. Die Katholische und die Evangelische Kirche in Deutschland begrüßten die Entscheidung in einer gemeinsamen Erklärung zum Bundestagsbeschluss und stellten fest: „Das ist eine Entscheidung für das Leben und für ein Sterben in Würde."[111] Schwierig erscheint hier nicht die Publikation einer umgehenden Erklärung, sondern das öffentliche Nicht-Eingehen auf Anliegen und Perspektivierungen vieler Bürger und Bürgerinnen[112] (zumindest in den Öffentlichkeiten, die für die Publizierung der Stellungnahmen genutzt wird, findet keine diskursive Auseinandersetzung statt).[113] Demgegenüber ist eine

---

[110] Wie mehrfach erwähnt, ist in der Online-Kommunikation oftmals nicht zu unterscheiden, wer Kirchenmitglied ist und wer nicht. Sind laut Umfrage von TNS Emnid für FOCUS nur 17 % der Befragten gegen ärztlich assistierten Suizid im Falle tödlicher Erkrankung, kann davon ausgegangen werden, dass sich auch eine Mehrheit der Kirchenmitglieder für einen „selbstbestimmten Tod" ausspricht, was auch immer das konkret heißen mag (vgl. Graf, Friedrich Wilhelm, „Apodiktische Ethik mit Lügen: Die deutschen Kirchen und der ärztlich assistierte Suizid", *Merkur* 69 [2015], 5–17: 7. – Vgl. http://m.aerzteblatt.de/news/60810.htm [01.03.2018]).
[111] https://www.ekd.de/presse/pm208_2015_erklaerung_sterben_in_wuerde.html (01.03.2018).
[112] Ein ähnliche Ratlosigkeit stellt sich bei der Lektüre der *Gemeinsamen Stellungnahme* von Kardinal Marx und dem EKD-Ratsvorsitzenden Bedford-Strohm zur (laufenden) parlamentarischen Beratung ein, wenn – freilich ohne auf das Thema der Selbstbestimmung einzugehen – insinuiert wird, die Bürger und Bürgerinnen müssten erst einmal „aufgeklärt" werden „über die bereits bestehenden und vielfältigen Möglichkeiten der palliativen und hospizlichen Begleitung und Unterstützung", um verantwortlich ihr Lebensende gestalten zu können, vgl. „Parlamentarische Beratungen zur Neuregelung der Suizidbeihilfe im Deutschen Bundestag: Gemeinsame Stellungnahme von Kardinal Marx und Landesbischof Bedfort-Strohm", *epd-Dokumentation* 29/2015, 55 f.
[113] Werner Ritter hat genau in diesem Zusammenhang darauf hingewiesen, dass Pluralität protestantisches Markenzeichen ist und stellt die Frage, ob nicht die Praxis, *una voce* und für alle geltende verbindliche ‚Wahrheiten' zu formulieren, in Zeiten des gesteigerten Pluralismus definitiv an ihr Ende gekommen sei. (Vgl. Ritter, Werner H., „Sterben dürfen: Eine protestantische

Haltung zu präferieren, die sympathisch mit einer besonders in den letzten Dekaden gewachsenen Souveränität der Institution gegenüber – dies auch als Reaktion auf einen kirchlich-theologischen Gestus des ‚besseren Wissens' (und insofern auch einem Gestus der Diskursvermeidung) – im Gespräch zu bleiben weiß. An der untersuchten internetmedialen Kommunikation wird sichtbar, dass die praxeomorphe (institutionenunabhängige) religiös-weltanschauliche Selbstbestimmung einen anderen Kommunikationsmodus einfordert als den der Verlautbarung. Zunächst einmal fordert sie allerdings eine Sensibilität für die religiösen Gehalte, die sich in den alltagsweltlichen Zusammenhängen der Akteure – und das heißt mit Blick auf Online-Kommunikation vielfach: im Modus der passageren Kommunikation – autonom artikulieren.

Die Netzwerköffentlichkeit veranschaulicht, dass kommunikative Anschlüsse auf den verschiedenen Ebenen öffentlichen Handelns[114] möglich sind, auch in Form internetmedialer Kommunikation. Die von Akteuren erwartete (potenzielle) Reziprozität der Kommunikationsbeziehung entspricht dabei im Grunde einem wesentlichen Aspekt der theologischen Vorstellung von Volkskirche.

5.2.2 Reflexiv gestalteter Pluralismus und Öffentlichkeit der Volkskirche

Der Begriff der Volkskirche stellt einen unverzichtbaren Konzeptbegriff in praktisch-ekklesiologischer Perspektive dar, nicht zuletzt, weil er auf die notwendig plurale Verfasstheit der Kirche hinweist und damit ihren Öffentlichkeitsbezug

---

Erinnerung", *Deutsches Pfarrerblatt* 116 [2016], 211–214: 213.) – Manfred Alberti beschreibt in einer umsichtigen Skizze, in welcher Weise die Diskurse zwischen Bevölkerung und Entscheidungsträgern auseinandergelaufen sind: Während große Teile der Bevölkerung mit der Frage beschäftigt waren, ob es sich noch um ein würdiges Leben handelt, wenn Menschen todkrank mit medizinischer Hilfe (und womöglich gegen ihren Willen) am Leben gehalten werden, ging es bei der Diskussion im Bundestag v. a. um die Beschneidung des Einflusses von Sterbehilfevereinen und die rechtliche Klärung ärztlicher Handlungsbefugnisse. Mit Recht resümiert Alberti: „Weder die Kirchen noch andere einflussreiche Verbände haben auf diesen deutlichen Zwiespalt zwischen den Interessen der Bevölkerung und den Interessen der Mitglieder des Bundestages aufmerksam gemacht. Im Gegenteil, die Kirchenleitungen haben sich den Gedankengebäuden des Bundestages angeschlossen und die Diskussion über die Grenzen zwischen Sterben und Töten mit geführt." (Alberti, Manfred, „Sterbehilfe – Das Volk verliert und die Kirche jubelt: Wie die EKD immer mehr das Gespür für die Basis verliert", *Deutsches Pfarrerblatt* 116 [2016], 207–211: 208.)
114 Das bedeutet, dass das Medium der kirchlichen Stellungnahme nicht grundsätzlich angefragt ist. Allerdings ginge es um flankierende partizipativ gestaltete Kommunikationen auch online, sowie um ein Prüfen des kirchlich-theologischen Gestus, der aus den Texten der Stellungnahmen spricht.

voraussetzt. Öffentlichkeit und Pluralismus der Volkskirche sind aufs engste miteinander verwoben.

Der Begriff der Volkskirche einschließlich seiner kirchentheoretischen Valenzen ist freilich weder eindeutig noch unumstritten[115]: Insbesondere die Frage, ob Begriff und Programm mit den religiösen Verhältnissen der Realität (noch) übereinstimmten, bringt dem Begriff der Volkskirche und denen, die ihm Bedeutung zumessen, kritische Repliken ein.[116] Die Kritik führt jedoch das Verständnis von Kirche eng, wenn sie die Frage nach dem Wesen der Kirche auf die empirische, sichtbare Kirche reduziert. An der Spannung zwischen sichtbarer und verborgener Kirche ist aus theologischen Gründen unbedingt festzuhalten.[117] Zudem ist dem Begriff der Volkskirche bereits in historischer Perspektive aufgrund gesellschaftlicher (und das bedeutet auch: religiöser) Differenzierungsprozesse die faktische Nicht-Identität zwischen Bevölkerung und Kirche von Anfang an inhärent – wenngleich bei Schleiermacher zunächst verwendet in einem emanzipatorischen Sinne und gegen eine bevormundende (kirchliche) Obrigkeit verstanden (Kirche des Volkes statt Kirche für das Volk).[118] Es mag also sein, dass der Begriff der Volkskirche mit Blick auf seine empirische Evidenz immer wieder problematisiert werden kann; hinsichtlich der Frage nach einem reformatorischen Verständnis von Kirche weist das Konzept der Volkskirche jedoch unverzichtbare Wahrheitsmomente auf, wie sie sich im Interesse an Offenheit, Freiheit und Öffentlichkeit zeigen.[119] Entsprechend notiert Reiner Preul: „[E]s ist die *Aktualität* des in der Rechtfertigungslehre zusammengefassten christlichen Wirklichkeitsverständnisses, es ist die diesem Wirklichkeitsverständnis eigene *Reichweite*, welche sich in der Interpretation jeder Gestaltung der Praxissituation endlicher Freiheit und aller Lebensbereiche bewährt, die den eigentlichen Rechtfertigungsgrund dafür ab-

---

[115] Vgl. hierzu ausführlicher: Schröer, Henning, Art. „Kirche IX. Praktisch-theologisch", in *Theologische Realenzyklopädie*, Bd. 18 (Berlin u.a. 1989), 334–344: 340 f.

[116] Vgl. hierzu auch die kleine Skizze des ‚Abgesangs' bei Schlag: Schlag, *Öffentliche Kirche*, 11 f. – Zu Begriff und Konzept der Volkskirche in veränderten gesellschaftlichen Kontexten vgl. auch: Fechtner, Kristian, *Späte Zeit der Volkskirche: Praktisch-theologische Erkundungen* (Stuttgart 2010).

[117] Vgl. Preul, Reiner, *Kirchentheorie: Wesen, Gestalt und Funktionen der Evangelischen Kirche* (Berlin u.a. 1997), 192.

[118] Vgl. Drehsen, Volker, *Wie religionsfähig ist die Volkskirche? Sozialisationstheoretische Erkundungen neuzeitlicher Christentumspraxis* (Gütersloh 1994), 259: „Volkskirche wird [...] dadurch zu einem Programm der Überwindung und Vermittlung".

[119] Vgl. Schröer, „Art. Kirche IX", 340 f.

gibt, daß die diesem Wirklichkeitsverständnis zugeordnete Institution sich als Kirche für alle verstehen muss."[120]

Vor allem im Anschluss an Artikel VII der *Confessio Augustana* sind Voraussetzungen für ein reformatorisches Verständnis von Kirche wesentlich, das Pluralität als (volks-)kirchliches Merkmal evoziert[121]: Für Zustandekommen, Bestand und Ausgestaltung der Kirche bestehen keine anderen Bedingungen als die reine Wortverkündigung und die rechte Sakramentsverwaltung. Damit verbindet sich die Vorstellung, dass Kirchenmitgliedschaft zugesprochen wird und nicht erworben werden muss; im *corpus permixtum* ist der einzelne Christ herausgerufen, „in ein eigenes und mitverantwortliches Verhältnis zu seiner Kirchen zu treten."[122] Das Amt der Kirche ist hierauf funktional bezogen, eben jene Subjektivität der Glaubenden zu unterstützen und zu fördern. Kirche kann somit als Kommunikationsgemeinschaft[123] verstanden werden, die den unterschiedlichen Glaubensidentitäten – in je konkret zu gestaltender Nähe und Distanz zur Institution – einen Resonanzraum gibt: „Konsequent zu Ende gedacht, muß ein solches Verständnis von Kirche eine außerordentliche Elastizität hinsichtlich ihrer eigenen Ausdrucksgestalten und Durchordnungstypen ermöglichen."[124] CA VII bindet die Einheit der Kirchen nicht an eine äußere Gestalt: „Einheit im Blick auf die allein wesentliche Kirche bleibt von äußerer Verschiedenheit unberührt."[125] Die Katholizität der Kirche bleibt dem menschlichen Handeln entzogen und fungiert als regulative Idee, die sich auch in der Vorstellung der Konziliarität ausdrückt, und die auf die Stärkung von Gemeinsamkeit unter Christen und Christinnen abzielt:

> Konziliarität meint die Konstitution des gemeinsamen religiösen Lebens, an dem teilzunehmen möglich ist, ohne in Glaubensfragen überstimmt werden zu können (itio in partes) oder die eigene Glaubensüberzeugung als allgemein verbindliche durchsetzen zu müssen. Einheit in der Vielfalt bedeutet dann letztlich: sich auch unter den Bedingungen des Plu-

---

120 Preul, *Kirchentheorie*, 190. Im Original hervorgehoben.
121 Vgl. hierzu: Drehsen, *Volkskirche*, 268 ff.
122 Rössler, Dietrich, *Grundriß der Praktischen Theologie* (2., erw. Aufl., Berlin u. a. 1994), 276.
123 Sie ist dies freilich bezogen auf ihren Grund und ihren Auftrag, die es in ihrem Handeln transparent zu halten gilt; zur Sozialgestalt der Kirche u. a. als Kommunikations- und Interpretationsgemeinschaft vgl. auch: Schwöbel, Christoph, „Kirche als Communio", in *Marburger Jahrbuch Theologie*, Bd. 8, hg. v. Wilfried Härle und Reiner Preul (Marburg 1996), 11–46: 42 ff.
124 Drehsen, *Volkskirche*, 271. – Vgl. hierzu auch: Weyel, Birgit, „Gibt es eine Wiederkehr der Religion? Überlegungen zur Kirche als Kommunikationsraum", in *Zum Glauben reizen: Mission und Glaubensvermittlung in der postsäkularen Gesellschaft*, hg. v. Tim Unger (Hannover 2011), 11–26: 24 ff. Weyel notiert: „Eine Konzentration auf die elementare Funktion der evangelischen Kirche, nämlich einen religiösen Kommunikationsraum zu bilden, wäre gegenüber Tendenzen zu favorisieren, sich strategisch stärker auf das kirchliche Beteiligungsverhalten zu fixieren." (24)
125 Rössler, *Grundriß*, 299.

ralismus mit denen verbunden wissen zu können, die sich mit mir zwar der gleichen Glaubensgrundlage verdanken, hinsichtlich der Auffassung und des Verständnisses seiner Ausdeutung aber durchaus auch anderer Überzeugung zu sein vermögen.[126]

Volkskirche als ‚Dienstgestalt' subjektiv verantworteten Glaubens benötigt die diskursive Prozessierung der Differenzen in einem produktiven Sinne: An ihnen bildet sich die Unvertretbarkeit des eigenen religiösen Bewusstseins. Insofern ist Volkskirche zum einen auf partizipationsorientierte Öffentlichkeiten angewiesen, da sich die Lebensdienlichkeit des christlichen Glaubens nur subjektiv, in der Interaktion mit anderen und unter Rekurs auf je eigene Lebenserfahrungen erschließt. Der sich in Wort und Sakrament manifestierende Rechtfertigungsglaube will insofern auf Öffentlichkeit bezogen sein. Gleichzeitig dient eine offene und öffentliche Kirche dem Anspruch nach der Überzeugung, dass Prozesse der Willens- und Meinungsbildung und die Beteiligung an Interessenverwirklichungen als Basis auch einer „konsensstiftenden, innerkirchlich öffentlichen Meinung"[127] fungieren, in aller Pluralität. Insofern volkskirchliche Verhältnisse einen „Querschnitt eines umfassenden Geschichtsverlaufs"[128] darstellen, partizipiert kirchliche Öffentlichkeit an Voraussetzungen und Implikationen gesellschaftlicher Öffentlichkeit. Indem sich Volkskirche wesentlich durch Pluralität auszeichnet, muss ihr an der Gestaltung diskursiver Räume gelegen sein, die unterschiedliche Akteure beziehungsweise Gruppen von Akteuren in einem kommunikativen Kontakt halten.

Die grundlegende Einsicht in die Bedeutung von Öffentlichkeit für Bewusstsein und Erkenntnis, die auch kirchentheoretisch unhintergehbar ist, hat im philosophischen Diskurs unter anderem Hannah Arendt wesentlich mitgeprägt.[129] Aufgrund der Relevanz dieser strukturellen Zusammenhänge sei hier noch einmal das Öffentlichkeitsverständnis Arendts, so weit es das Interesse der vorliegenden Studie betrifft, skizziert.

Hannah Arendt hat in ihren Arbeiten zur Öffentlichkeit immer wieder darauf hingewiesen, dass Öffentlichkeit Pluralität impliziert, und dass im Gegenzug dazu Weltlosigkeit (im Sinne einer Abkehr von beziehungsweise eines Desinteresses an der gemeinsamen Welt) Preisgabe des Öffentlichen und des Wirklichen bedeutet.

---

126 Drehsen, *Volkskirche*, 272.
127 Drehsen, *Volkskirche*, 262.
128 Rössler, Dietrich, „Theologiestudenten auf dem Weg zur volkskirchlichen Gemeinde", *Zeitschrift für Theologie und Kirche* 72 (1975), 480–484: 481.
129 Auf die neueren Arbeiten Volker Gerhardts zum Thema ist verschiedentlich hingewiesen worden. Zum epistemischen Charakter von Öffentlichkeit, auch bei Arendt, vgl. ebenfalls: Benhabib, Seyla, *Hannah Arendt: Die melancholische Denkerin der Moderne* (Hamburg ²1998), 310 ff.

5.2 Die Pluralität der Volkskirche und ihre Öffentlichkeitsrelevanz — 417

Differenziert man das Arendt'sche Verständnis politischer Öffentlichkeit und unterscheidet zwischen einer spontan emergenten, eigentlich politischen und uneigentlichen Dimension von Öffentlichkeit[130], fehlt letzterer der Bezug auf die gemeinsam geteilte Welt, das Handeln als Strukturprinzip und insofern auch die gestaltete und zu gestaltende Pluralität.[131] Öffentlichkeit hat für Arendt eine politische Funktion, sie besitzt aber auch eine *epistemologische* Funktion.[132] ,Politisch' ist bei Arendt in einem weiten Sinne zu verstehen, als „Formen des Zusammenseins, in denen man sich untereinander bespricht, um dann in Übereinstimmung miteinander zu handeln."[133] Grundlegend beschreibt Arendt die politische Öffentlichkeit in ihrer Schrift *Vita activa*. Auch hier klingt der epistemologische Aspekt an:

> Das Wort ,öffentlich' [...] bedeutet *erstens*, daß alles, was vor der Allgemeinheit erscheint, für jedermann sichtbar und hörbar ist, wodurch ihm die größtmögliche Öffentlichkeit zukommt. Daß etwas erscheint und von anderen genau wie von uns selbst als solches wahrgenommen werden kann, bedeutet innerhalb der Menschenwelt, daß ihm Wirklichkeit zukommt.[134]
> Der Begriff des Öffentlichen bezeichnet *zweitens* die Welt selbst, insofern sie das uns Gemeinsame ist und als solches sich von dem unterscheidet, was uns privat zu eigen ist, also dem Ort, den wir unser Privateigentum nennen.[135]

Öffentlichkeit kommt dem zu, was intersubjektiv wahrnehmbar ist, und Öffentlichkeit konstituiert Wirklichkeit beziehungsweise bestätigt Erkennen. Arendts Denken ist stark auf das Modell der griechischen Polis bezogen, und so kann sie von der politischen Öffentlichkeit im eigentlichen Sinne sagen, dass sie räumlich-konkret und institutionalisiert ist. Sie kennt dann jedoch auch die Emergenz von Handlungsräumen, die öffentlich und machtvoll, wenngleich flüchtig sind. Arendt nennt sie auch „Erscheinungsräume":

---

130 Vgl. Bajohr, Hannes, *Dimensionen der Öffentlichkeit: Politik und Erkenntnis bei Hannah Arendt* (Berlin 2011), 60 ff. – Bajohr unternimmt diesen Versuch, da er auffindbare „Spuren" (79) jenseits eines rein politisch verstandenen Öffentlichkeitsbegriffs in Arendts Œuvre verdeutlichen möchte: Öffentlichkeit und Politik sind bei Arendt nicht in eins zu setzen.
131 Die Öffentlichkeit des Tauschmarktes etwa ist in diesem Sinne keine ,richtige' Öffentlichkeit; die mit der Weltlosigkeit verbundenen Probleme betreffen aber auch Gemeinschaften, die sich intentional nicht mehr auf das Gemeinsame der Welt beziehen. Vgl. dazu auch: Arendt, Hannah, *Vita activa oder Vom tätigen Leben* (München ^{9}2010), 66–67.
132 Vgl. dazu auch die Aufgabe der Publizität bei Kant, vgl. Kapitel 2.2.1.2.
133 Arendt, *Vita activa*, 193.
134 Arendt, *Vita activa*, 62.
135 Arendt, *Vita activa*, 65.

> Ein Erscheinungsraum entsteht, wo immer Menschen handelnd und sprechend miteinander umgehen; als solcher liegt er vor allem ausdrücklichen Staatsgründungen und Staatsformen, in die er jeweils gestaltet und organisiert wird. Ihn unterscheidet von den anderen Räumen, die wir durch Eingrenzungen aller Art herstellen können, daß er die Aktualität der Vorgänge, in denen er entstand, nicht überdauert, sondern verschwindet, sich gleichsam in nichts auflöst, und zwar nicht erst, wenn die Menschen verschwunden sind, die sich in ihm bewegten [...], sondern bereits, wenn die Tätigkeiten, in denen er entstand, verschwunden oder zum Stillstand gekommen sind. Er liegt in jeder Ansammlung von Menschen potentiell vor aber eben nur potentiell; er ist in ihr weder notwendigerweise aktualisiert, noch für immer oder auch nur für eine bestimmte Zeitspanne gesichert.[136]

Für das theologische Interesse ist nun insbesondere der epistemologische Aspekt von Öffentlichkeit interessant. Für Arendt besteht ein enger Zusammenhang zwischen Denken und Öffentlichkeit, sind Selbst- und Welterkenntnis notwendig an eine Mitteilung der Gedanken wie einen Austausch über die jeweiligen Gedanken gebunden: „Da die Vernunft nicht unfehlbar ist, kann sie nur funktionieren, wenn die Freiheit besteht, von ihr ‚in allen Stücken *öffentlichen Gebrauch* zu machen' und ihre Resultate ‚vor dem ganzen Publikum der *Leserwelt*' bekanntzugeben."[137] Das bedeutet aber, „daß der Wahrheitsgehalt der Denkenden selbst Schaden nimmt, wenn die Vielfalt der unterschiedlichen Perspektiven der an der öffentlichen Diskussion Beteiligten negiert [wird]."[138] – Schon das Denken ist auf den *sensus communis* bezogen[139] und in der Vorstellung auf die Anwesenheit gleichberechtigter Anderer ausgerichtet.[140] In *Vita activa* verwendet Arendt das Bild vom Tisch, um den öffentlichkeits- und gemeinwesenkonstituierenden Charakter des diskursiven Aufeinanderbezogenseins Verschiedener zu veranschaulichen:

> In der Welt zusammenleben heißt wesentlich, daß eine Welt von Dingen zwischen denen liegt, deren gemeinsamer Wohnort sie ist, und zwar in dem gleichen Sinne, in dem etwa ein Tisch zwischen denen steht, die um ihn herum sitzen; wie jedes Zwischen verbindet und

---

136 Arendt, *Vita activa*, 251.
137 Arendt, Hannah, „Wahrheit und Politik", in *Zwischen Vergangenheit und Zukunft: Übungen im politischen Denken I*, hg.v. Ursula Ludz (München u. a. 1994), 327–370: 334.
138 Meints, Waltraud, „Die gleichberechtigen Anderen und die ‚erweiterte Denkungsart'", in *Perspektiven politischen Denkens: zum 100. Geburtstag von Hannah Arendt*, hg.v. ders., Antonia Grunenberg, Oliver Bruns und Christine Harckensee (Frankfurt a.M. u. a. 2008), 71–92: 85.
139 Vgl. dazu auch: Bajohr, *Dimensionen der Öffentlichkeit*, 99f.
140 Volker Gerhardt notiert: „Das *forum internum* des Denkens ist implizit auf das *forum externum* öffentlicher Prüfung bezogen." (Gerhardt, Volker, „Mensch und Politik: Anthropologie und Politische Philosophie bei Hannah Arendt", in *Hannah Arendt: Verborgene Tradition – unzeitgemäße Aktualität?*, hg.v. Heinrich-Böll-Stiftung (Berlin 2007), 215–228: 226. Im Original hervorgehoben.

trennt die Welt diejenigen, denen sie jeweils gemeinsam ist. Der öffentliche Raum wie die uns gemeinsame Welt versammelt Menschen und verhindert gleichzeitig, daß sie gleichsam über- und ineinanderfallen.¹⁴¹

Insofern das diskursive Aufeinanderbezogensein Verschiedener nicht nur die Existenz eines (demokratischen) Gemeinwesens sichert, sondern auch grundlegend ist für Prozesse individueller Selbst- und Welterkenntnis, ist ein reflexiv gestalteter Pluralismus in kirchentheoretischer Perspektive grundlegende Leitidee für zivilgesellschaftliches Engagement wie für eine Kirche, die konziliare Kirche sein möchte.¹⁴²

Die für die Online-Konversationen nachgezeichnete (partielle) Vernischung (vor allem in der Blogosphäre) unterliefe hingegen mit Blick auf die Gestaltung kirchlicher Praxis den Anspruch der Volkskirche auf gelebte Pluralität, die konstruktiv verstanden nur eine Pluralität im diskursiven Kontakt sein kann. Insofern

---

141 Arendt, *Vita activa*, 66.
142 Demgegenüber trifft die EKD-Denkschrift *Das rechte Wort zur rechten Zeit* eine Unterscheidung, die nicht unproblematisch ist: Während man gesellschaftlich mit einem gestaltbaren und zu gestaltenden Pluralismus der Weltanschauungen rechnet, will man ‚innerkirchlich' mit einer „legitime[n], sachgemäße[n] Pluralität in Kirchen und Theologie" umgehen, die „in der Vielfalt [gründet], wie sie im biblischen Zeugnis als einer Mehrzahl von Perspektiven auf das Heilshandeln Gottes angelegt ist." (Rat der Evangelischen Kirche in Deutschland [Hg.], *Das rechte Wort zur rechten Zeit: Eine Denkschrift des Rates der Evangelischen Kirche in Deutschland zum Öffentlichkeitsauftrag der Kirche* [Gütersloh 2008], 45.) – An dieser Unterscheidung wird festgehalten, wenn es weiter heißt: „Dabei handelt es sich nicht um einen religiösen oder weltanschaulichen *Pluralismus*, im Sinne eines Nebeneinanders *unvereinbarer* Positionen, die nicht aus einer höheren Gemeinsamkeit abgeleitet oder in ihr aufgehoben werden können. Deshalb wäre die Rede von einem legitimen *Pluralismus innerhalb* der evangelischen Kirche und auch der evangelischen Theologie ganz unangemessen, weil damit die durch den gemeinsamen Glaubensinhalt gegebene Einheit der evangelischen Kirche und Theologie in Frage gestellt würde." (45; Hervorhebungen im Original.) Diese Äußerungen sind insofern irritierend, als es sich bei dem Verständnis von Pluralismus als „Organisation von Differenz" (Stuckrad, Kocku von, „Die Rede vom ‚Christlichen Abendland': Hintergründe und Einfluss einer Meistererzählung", in *Religiöser Pluralismus und Toleranz in Europa*, hg.v. Christian Augustin, Johannes Wienand und Christiane Winkler [Wiesbaden 2006], 235–247: 243) um eine konzise Beschreibung der Aufgabe kirchlichen Handelns auch ‚nach innen' handelt: Es geht um die reflektierte Gestaltung von Vielfalt und Differenz, die auch im Innenverhältnis von Kirche auf eine hermeneutische wie kommunikative Aushandlung von Eigenem und Fremdem, Vertrautem und Unvertrautem prozessual – und das mit offenem Ergebnis für die einzelnen Akteure – angewiesen bleibt. (Vgl. dazu auch: Wabel, Thomas, *Die nahe ferne Kirche: Studien zu einer protestantischen Ekklesiologie in kulturhermeneutischer Perspektive* [Tübingen 2010], 455 ff. – Die hermeneutischen Aushandlungsprozesse haben prinzipiell infiniten Charakter, vgl. dazu auch: Merle, Kristin, „Fremdheit und Verstehen", in *Kulturwelten: Zum Problem des Fremdverstehens in der Seelsorge*, hg.v. ders. [Münster u. a. 2013], 15–34.)

ist auch das Thema des Rechtspopulismus[143], das sich als virulentes Thema in der empirischen Untersuchung gezeigt hat, im diskursiven Kontakt zu halten[144] – nämlich als ein Thema, das auch kirchliche Realitäten betrifft, nicht zuletzt in Form von entsprechend in der Öffentlichkeit agierenden Personen, die darauf Wert legen, als ‚Christen' und ‚Christinnen' wahrgenommen zu werden.

Reiner Preul weist nun auf ein „beständiges Problem der Volkskirche" hin, das an dieser Stelle auf die Frage der Intermediarität von Kirche bezogen werden kann. Jenes „beständige Problem" ist auch im Zusammenhang der vorliegenden Studie anschaulich geworden, nämlich das Erfordernis für die Volkskirche, „die öffentliche Plausibilität ihres Konzepts zu erhalten bzw. neu zu befestigen. Sie muss sich selbst als Volkskirche verständlich machen, sowohl ihren eigenen Mitgliedern wie gegenüber einer breiteren gesellschaftlichen Öffentlichkeit." Preul führt weiter aus: „Will die Kirche mit ihrem Sinnangebot für das Bewusstsein ihrer distanzierten Mitglieder präsent bleiben und als ‚religiöser und kultureller Hintergrund' weiterhin geschätzt werden, dann muß sie ihre öffentliche Relevanz immer neu unter Beweis stellen."[145] Wird die Antwort im Konzept einer *„öffentlichen Kirche als zivilgesellschaftlich relevanter, intermediärer Institution"*[146], so Thomas Schlag, gesehen, wäre zu fragen, wie eine solche Intermediarität ver-

---

143 Dass in der Bearbeitung des Themas eine wichtige kirchliche Aufgabe besteht, merkt auch Schlag an, vgl. Schlag, *Öffentliche Kirche*, 65f.
144 Zur Moderation von Diskursen als kirchenleitende Aufgabe vgl. auch: Rössler, Dietrich, „Moderation der Diskurse: Praktisch-theologische Erwägungen zu Art und Aufgabe der evangelischen Kirchenleitung", in *Sine vi, sed verbo: Die Leitung der Kirche durch das Wort Gottes*, hg.v. Friedrich Hauschildt (Leipzig 2005), 157–172. – Vgl. zum konkreten Problem des Rechtspopulismus bzw. der Gruppenbezogenen Menschenfeindlichkeit auch: Strube, Sonja Angelika, Hg., *Das Fremde akzeptieren: Gruppenbezogener Menschenfeindlichkeit entgegenwirken – Theologische Ansätze* (Freiburg i.Br. 2017).
145 Dass religiöse Sinnarbeit prinzipiell immer noch zu den Erwartungen gehört, die große Teile der Bevölkerung an die Kirchen stellen, scheint unter anderem in Krisenerfahrungen auf, wenn den Kirchen zugetraut wird, öffentlich mit Ritualen und Worten „die existentielle Not Einzelner *und* die Anteilnahme vieler und schließlich auch die Erschütterung eines Gemeinwesens angesichts der Fragilität seiner selbst und seiner Voraussetzungen verbindlich-verbindend zur Sprache zu bringen." (Kurschus, Annette, „Von Gott reden sollen und zu Gott rufen können: Homiletisch-liturgische Erfahrungen und Erwägungen im Horizont des Gedenkgottesdienstes für die Insassen von Flug 4U 9525", *Praktische Theologie* 51 [2016], 208–214: 209; vgl. zum Thema auch: Fechtner, Kristian und Klie, Thomas [Hg.], *Riskante Liturgien: Gottesdienste in der gesellschaftlichen Öffentlichkeit* [Stuttgart 2011]; vgl. Benz, Brigitte und Kranemann, Benedikt [Hg.], *Trauerfeiern nach Großkatastrophen: Theologische und sozialwissenschaftliche Zugänge* [Neukirchen-Vluyn u.a. 2016]).
146 Schlag, *Öffentliche Kirche*, 13. Im Original hervorgehoben.

standen werden will (eine Studie zur faktisch gelebten und diskursiv erzeugten Intermediarität stünde noch aus). Intermediäre Institutionen leisten, so das Postulat, eine Vermittlung gesellschaftlich etablierter Erfahrungs- und Handlungsmuster an die Subjekte, sowie eine Vermittlung von Erfahrungs- und Handlungsmustern der einer Institution ‚zugehörigen' Subjekte ‚in die Gesellschaft hinein'[147] und schaffen so Kohäsion. Ist Schlag darin zuzustimmen, dass sicherlich auch die Mesoebene kirchlicher Organisation „so etwas wie ein intermediärer Transmissionsriemen zwischen den unterschiedlichen überregionalen, regionalen und lokalen Ebenen"[148] sein kann, wäre doch vor dem Hintergrund der Reflexionen der vorliegenden Studie *Öffentlichkeit* selbst *als Intermediär* sehr viel stärker in den Blick zu nehmen: Öffentlichkeit ist als intermediäre und integrierte Netzwerköffentlichkeit konzeptionalisiert worden, die zudem dynamischen Charakter hat: Öffentlichkeit „is not a pre-existing entity but rather a product of social circulation through various forms of media."[149] Freilich müssen kirchliche Strukturen so angelegt sein, dass sie Anschlüsse der Kommunikation über verschiedene Ebenen hinweg gewährleisten. Entscheidend für die Öffentlichkeitsresonanz von Kirche ist dann jedoch, die Intermediarität von Öffentlichkeit in differenzierter Weise anzuerkennen, denn über diese vermitteln sich erst Themen, Sinndeutungsangebote und Positionierungen an die verschiedenen Akteure. Damit wäre noch einmal plausibilisiert, dass Kirche auf Öffentlichkeit angewiesen ist, will sie an ihrem Anspruch auf gesellschaftliche Relevanz und die Gestaltung des Lebens festhalten; zugleich wird damit deutlich, dass Kirche in der Anerkennung ihres Öffentlichkeitsauftrags fraglos auf die Reflexion der Bedingungen der Konstitution von Öffentlichkeit – und das bedeutet heute mehr denn je: unter Berücksichtigung der medialen Bedingungen von Kommunikation – angewiesen ist. Intermediär ist dann eine Kirche, die sich die Netzwerköffentlichkeit auf den unterschiedlichen Ebenen und in den verschiedenen Bezügen ihres Handelns (im ‚Innen-' wie im ‚Außenverhältnis') ‚nutzbar' macht[150] und darüber dem Partizipationsbedürfnis der Menschen entspricht. Dass Kommunikation und Engage-

---

147 Für Berger und Luckmann haben intermediäre Institutionen eine besondere Bedeutung, da „die Person selbst zur Erstellung und Bearbeitung des gesellschaftlichen Sinnvorrats bei[trägt]." (Berger, Peter L. und Luckmann, Thomas, *Modernität, Pluralismus und Sinnkrise: Die Orientierung des modernen Menschen* [Gütersloh 1995].)
148 Schlag, *Öffentliche Kirche*, 70.
149 Lövheim, Mia und Axner, Marta, „Mediatised Religion and Public Spheres: Current Approaches and New Questions", in *Religion, Media, and Social Change*, hg.v. Kennet Granholm, Marcus Moberg und Sofia Sjö (New York/NY 2015), 38–53: 44.
150 In diesem Sinne können sicherlich auch die Ausführungen Schlags zur „Ebenenvielfalt der öffentlichen Kirche" gelesen werden, vgl. Schlag, *Öffentliche Kirche*, 62ff.

ment auch unter den Vorzeichen des Passageren und der Reversibiliät stattfindet, mag eine Signatur kultureller Transformationen sein; die Vorstellung partizipativer, interaktiver und netzartiger – und in all dem auch öffentlicher – Kommunikation grundiert jedochs zunehmend den Erwartungshorizont der Akteure.[151]

---

151 Für ein erhöhtes Bedürfnis nach Partizipation an kulturellen Aushandlungsprozessen sind sicherlich ebenfalls neue Formen zu erproben. Auch politisch interessiert die Frage neuer Formen der Bürgerbeteiligung, etwa über das Internet. Eine solche Form ist mit dem Begriff der *Liquid Democracy* verbunden. Dabei impliziert die Idee der E-Partizipation, des *Open Governments*, einen Kulturwechsel in der Ausübung von Macht und der Gestaltung von Hierarchie und stellt eine noch junge Entwicklung dar. Insofern soll an dieser Stelle auch nicht mehr erfolgen als der Verweis auf einen möglicherweise interessanten Impuls für eine Kirche, der die Eigenschaft der Konziliarität wichtig ist. Der Theorieimport aus der Politologie in die Theologie ist freilich bisher noch an keiner Stelle erfolgt. Im (deutschen) politikwissenschaftlichen Kontext werden Modelle der ‚liquiden Demokratie' engagiert diskutiert. (Vgl. Bieber, Christoph, *Digital diskutieren und online entscheiden – Liquid Democracy als neues Politikmodell*, Vortrag online verfügbar unter: https://www.uni-due.de/kleine-form/bieber.php [01.03.2018]). *Liquid Democracy* wird oft als „Mischform zwischen repräsentativer und direkter Demokratie" (Adler, Anja, „Liquid Democracy als Social Software für Parteien", *Forschungsjournal Soziale Bewegungen* 26 [2013], 71–83: 72.) verstanden, kann aber, wie etwa Christoph Bieber das auf instruktive Weise tut, um eine weitere demokratietheoretische Referenz ergänzt werden, die der deliberativen Demokratie. Zum oft diskutierten Moment des *Delegated Voting*, im Zuge dessen Teilnehmende in jedem Entscheidungsprozess bestimmen können, ob sie ihre Stimme direktdemokratisch abgeben oder einem Repräsentanten übertragen, kommt hier die Möglichkeit in den Blick, Verfahren zur Vorbereitung von Beratungen und Entscheidungen „zur Verbesserung der Entscheidungsqualität" (Bieber, *Digital diskutieren*) zu entwickeln. Der *Diskurs* wird so zum entscheidenden Moment der *Liquid Democracy*. Prinzipiell ist das Konzept nicht (weder in der Theorie noch in der Praxis) an das Netz oder an die Nutzung von Software gebunden. (Software wird aktuell im Kontext der Vereine *Liquid Democracy e.V. [Adhocracy]* und *Public Software Group e.V./Interaktive Demokratie e.V. [LiquidFeedback]* entwickelt. Zum Vergleich von *Adhocracy* und *LiquidFeedback* vgl. Adler, „Liquid Democracy", 74 ff.) Befürworter sehen allerdings deutlich die Vorteile der neuen Technologien – der Software wie der Social Media-Technologien – für die Partizipations- und Kollaborationsverfahren. (Vgl. Adler, „Liquid Democracy", 73.) Freilich müssen vor aller Nutzung leitende Implikationen (in kirchlicher Perspektive auch theologisch) reflektiert werden; gleichzeitig sind Schwachstellen zu bedenken und kritisch zu bearbeiten, wie etwa die Fragen des Datenschutzes bei Beteiligungsprozessen, der technischen Hürden von Verfahren und des Problems der so genannten digitalen Spaltung. – Vorstellbar sind kirchliche Implementierungen solcher Verfahren mit Blick auf die Vorbereitung von Synoden, oder um allgemein Meinungsbildungsprozesse zu bestimmten Themen zu initiieren. In der Innenkommunikation könnten offene, flexible und transparente Prozesse zu mehr Mitgliederbeteiligung führen; und in der Außenkommunikation könnten sich ebenfalls entsprechende Verfahren bewähren: Auch Interessierte, die nicht der Evangelischen Kirche angehören, könnten sich an kirchlicher Arbeit beteiligen. Der Reiz der Beteiligung wird dabei umso höher sein, je gesellschaftsrelevanter die Themen sind. Sehr wahrscheinlich würde – in der Innen- wie in der Außenkommunikation – die Einführung solcher Prozesse die Identifikation mit den Kirchen erhöhen. Das Moment der Konziliarität (zur Berei-

Die Frage des kommunikativen Umgangs mit der Pluralität lebensweltlich verankerter religiös-weltanschaulicher Einstellungen beziehungsweise mit plural verfassten Formen der Auseinandersetzung mit Fragen, die Leben und Sein in existenzieller Weise betreffen, stellt sich zentral auch für eine Öffentliche Theologie, die gesellschaftliche Relevanz für sich in Anspruch nehmen möchte. Auf diesen Reflexionsbereich sei am Schluss dieser Arbeit noch einmal besonders geschaut, nicht zuletzt aufgrund des Fokus' der empirischen Untersuchungen, der die kommunikative Verhandlung des Themas der gesetzlichen Neuregelung der Sterbehilfe in Deutschland unter Berücksichtigung ‚kirchlicher Argumentationsmuster' in den Blick genommen hat.

5.2.3 Herausforderungen Öffentlicher Theologie

Reflexionen zur Öffentlichen Theologie hat im deutschsprachigen Raum maßgeblich Wolfgang Huber mitgestaltet und in seiner Anfang der 1970er-Jahre erschienenen Habilitationsschrift *Kirche und Öffentlichkeit* grundgelegt (auch, wenn der Begriff ‚Öffentliche Theologie' hier noch nicht fällt).[152] Huber beschreibt die

---

cherung des Gedankens der Konziliarität durch das Bild des Netzwerks vgl. auch noch einmal: Zeilinger, *netz.macht.kirche*, 185 ff.) zeigt sich, auf verschiedenen Ebenen, im Gespräch und im diskursiven Austausch, wesenhaft nach innen und im Sinne eines symbolischen Ausdrucks transzendent gegründeter (die verfasste Kirche übergreifende) Gemeinschaft nach außen. – Karl Gabriel hat erst kürzlich auf eine mögliche Vereinbarkeit der Vorstellung einer „*Liquid Church*" mit der Vorstellung einer intermediären Organisation hingewiesen. (Gabriel, Karl, „Liquid Church? Organisationssoziologische Anmerkungen", *Pastoraltheologische Informationen* 34 [2014], 45–56. http://nbn-resolving.de/urn:nbn:de:hbz:6:3-pthi-2014–13200 [01.03.2018].) – Der Begriff der *Liquid Church* geht auf Reflexionen Pete Wards zu netzwerkartigen, spontan sich bildenden Kirchenformen (im Gegenüber zur *solid church*) zurück, vgl. Ward, Pete, *Liquid Church* (Eugene/OR ²2013 [1. Aufl. 2002]). Auch Michael Schüßler verwendet den Begriff der *Liquid Church* im Zusammenhang kirchentheoretischer Reflexionen, u. a. zur „Ereignisbasiertheit heutiger Kirchenbindung", vgl. Schüßler, Michael, *Mit Gott neu beginnen: Die Zeitdimensionen von Theologie und Kirche in ereignisbasierter Gesellschaft* (Stuttgart 2013), 268 ff. Der Begriff der Liquidität ist freilich von Zygmunt Bauman prominent in den kulturtheoretischen Diskurs eingetragen worden, vgl. Bauman, Zygmunt, *Liquid Modernity* (Malden/MA 2000).
152 Dirk J. Smit entfaltet anschaulich, dass die Geschichte der Öffentlichen Theologie im globalen Zusammenhang unterschiedliche Narrative bereit hält, in der Regel abhängig von nationalen Bedingungen (die ganz spezifisch das Verhältnis etwa von Staat und Kirche präfigurieren); die (wissenschaftshistorische) Genese Öffentlicher Theologie wird im nordamerikanischen Kontext anders erzählt als im deutschsprachigen. Integraler Bestandteil Öffentlicher Theologie in globaler Perspektive bleibt die „radikale und komplexe Kontextualität" ihrer Gesamtgeschichte, vgl. Smit, Dirk J., „Das Paradigma Öffentlicher Theologie: Entstehung und Entwicklung", in *Grundtexte Öffentliche Theologie*, hg.v. Florian Höhne und Frederike van Oorschot (Leipzig 2015),

Aufgabe der Kirche im Kontext gesteigerter Pluralisierung[153] in einer Öffentlichen Theologie als Beitrag zur „Deutung der Wirklichkeit und des menschlichen Lebens im Licht der Gottesbeziehung"[154], zur Nächstenliebe und einer Praxis der Gerechtigkeit als Gestalten verantworteten Christseins.[155] Kirche, um öffentlich handlungsfähig zu sein, sei auf entsprechende theologische Reflexionen angewiesen, und so fasst er Öffentliche Theologie als „die kritische Reflexion über das Wirken und die Wirkungen des Christentums in die gesellschaftliche Öffentlichkeit hinein sowie die dialogische Teilnahme am Nachdenken über die Identität und die Krisen, die Ziele und Aufgaben der Gesellschaft."[156] Vor allem drei Aspekte sind es nach Huber, die im Gespräch mit der Öffentlichkeit eine Grundtendenz kirchlicher Anliegen markieren sollen: die „Deutung der Wirklichkeit und des menschlichen Lebens im Licht der Gottesbeziehung"[157], gelebte Solidarität und wechselseitige Anerkennung. Öffentliche Theologie zielt also auf die Mitgestaltung von Gesellschaft ab, verstanden vor allem mit Blick auf sozialethisch virulente Problemlagen. Dann aber fragt Öffentliche Theologie auch nach der handlungsleitenden Bedeutung überhaupt von Religion für die Gesellschaft beziehungsweise die gesellschaftliche Öffentlichkeit.[158]

Wolfgang Vögele hat eine Definition von Öffentlicher Theologie vorgeschlagen, die für den deutschsprachigen Diskurs immer wieder aufgerufen wird – und die sich eng an die Formulierungen Hubers anschließt. Sie expliziert eigens das bürgerschaftliche Engagement, ‚leidet' jedoch – wie die Definition Hubers – unter der Unklarheit, *wer Subjekt* der Öffentlichen Theologie ist[159] (die Herausforderungen Öffentlicher Theologie werden noch einmal im Verlauf der folgenden Überlegungen zusammengeführt):

> Öffentliche Theologie ist die Reflexion des Wirkens und der Wirkung des Christentums in die Öffentlichkeiten der Gesellschaft hinein; das schließt ein sowohl die Kritik und die kon-

---

127–141. (Zitat: 133.) – Es liegt im Zusammenhang dieser Arbeit nahe, sich in den Überlegungen v. a. auf den deutschsprachigen Diskurshorizont zu beziehen.
153 Die gesteigerte Pluralisierung hat drei Erscheinungsformen: gesellschaftlicher Pluralismus i.S. eines Pluralismus von Überzeugungen, innerkirchlicher Pluralismus und Pluralismus der Kirchen untereinander.
154 Huber, Wolfgang, *Kirche in der Zeitenwende* (Gütersloh 1998), 116.
155 Vgl. Huber, *Zeitenwende*, 116.
156 Huber, *Zeitenwende*, 117.
157 Huber, *Zeitenwende*, 118.
158 Vgl. Bedford-Strohm, Heinrich, „Öffentliche Theologie in der Zivilgesellschaft", in *Politik und Theologie in Europa: Perspektiven ökumenischer Sozialethik*, hg.v. Ingeborg Gabriel (Ostfildern 2008), 340–366: 345.
159 Vgl. dazu auch: Höhne, Florian, *Öffentliche Theologie: Begriffsgeschichte und Grundfragen* (Leipzig 2015), 36.

struktive Mitwirkung an allen Bemühungen der Kirchen, der Christen und Christinnen, dem eigenen Öffentlichkeitsauftrag gerecht zu werden, als auch die orientierend-dialogische Partizipation an öffentlichen Debatten, die unter Bürgerinnen und Bürgern über Identitäten, Ziele, Aufgaben und Krisen dieser Gesellschaft geführt werden.[160]

Öffentliche Theologie gründet auf dem Selbstverständnis, dass die jüdisch-christliche Tradition einen wesentlichen Beitrag im Diskurs der Gesellschaft über deren „Identität, Ziele und Aufgaben" leisten kann und soll. Das Interesse, „sich mit inhaltlichen und wertnormativen Positionen und Haltungen in den öffentlichen Diskurs einzubringen"[161], überhaupt im eigenen Handeln auf Öffentlichkeit ausgerichtet zu sein, speist sich in theologischer Sicht aus der Tradition prophetischer Rede (als Parteinahme für die Armen und Unterdrückten), dem öffentlichen Wirken Jesu und seiner Jünger und der eschatologischen Perspektive einer geglaubten und für alle Menschen gültigen Heils- und Befreiungszusage[162]:

> Ein wesentliches Movens [des] Engagements der Kirchen in der gesellschaftlichen Öffentlichkeit war und ist die den materialen Gehalten des Christentums inne liegende Solidaritätspraxis, die sich sowohl in einer Solidarität und diakonischen Praxis mit den Nahestehenden, aber auch mit den Fernstehenden zeigt, und in der so genannten Option für die Armen als einer genuin politischen Option ihren klassischen Ausdruck findet.[163]

---

160 Vögele, Wolfgang, *Zivilreligion in der Bundesrepublik Deutschland* (Gütersloh 1994), 421 f.
161 Könemann, Judith, „Theologie, Kirche und Öffentlichkeit: Zum Öffentlichkeitscharakter von Religionspädagogik und religiöser Bildung", in *Religion – Öffentlichkeit – Moderne: Transdisziplinäre Perspektiven*, hg. v. ders. und Saskia Wendel (Bielefeld 2016), 129–152: 130.
162 Für die Begründung des Öffentlichkeitsauftrags werden klassischerweise bestimmte Bibelstellen und Begründungsfiguren angeführt: Zum einen wird immer wieder auf den Verkündigungsauftrag (vgl. auch Mt 10,7) rekurriert bzw. auf den Gedanken, dass es Ausdruck christlicher Existenz ist, Verantwortung für das Gemeinwesen zu übernehmen, ergo „zu Grundfragen des politischen und gesellschaftlichen Lebens Stellung zu nehmen." (Rat der Evangelischen Kirche in Deutschland [Hg.], *Das rechte Wort zur rechten Zeit: Eine Denkschrift des Rates der Evangelischen Kirche in Deutschland zum Öffentlichkeitsauftrag der Kirche* [Gütersloh 2008], 7.) Zum anderen ist das Moment der kritischen Äußerungen zu Fragen des Gemeinwohls auch in die (Ez 33,1–9 entlehnten) Figur des ‚Wächteramts' der Kirchen, „das ausgeübt wird, um Schaden vom Gesellschaftsganzen abzuwenden" (Preul, *Kirchentheorie*, 348), gegossen worden. Weiterhin dient das so genannte ‚Sendungswort des Auferstandenen' (Mt 28,18 ff) als Grundlage kirchlichen Engagements in der Öffentlichkeit. Für alle Begründungsfiguren ist kritisch zu überprüfen, inwieweit sie von einem Hierarchiegefälle zwischen Kirche/Christentum und Gesellschaft ausgehen. Es mag etwa fraglich sein, ob die Kirchen in Zeiten verschärfter Pluralisierung noch – gesellschaftlich anschlussfähig – von einem ‚Wächteramt' sprechen können, das sie im Gegenüber (!) zur Gesellschaft innehätten. – Zum Öffentlichkeitsauftrag der Kirche vgl. auch: Honecker, Martin, Art. „Öffentlichkeit", in *Theologische Realenzyklopädie*, Bd. 25 (Berlin u. a. 1995), 18–26: 21 f.
163 Könemann, Judith, „Theologie, Kirche und Öffentlichkeit", 130.

Über die Verhältnisbestimmung zwischen Religion und Öffentlichkeit und die Bedeutung und Funktion religiös motivierter Argumente für den allgemeinen gesellschaftlichen gemeinwohlbezogenen Diskurs konkurrieren Ansichten freilich nicht nur in theologischer, sondern auch in soziologischer, philosophischer und politischer Perspektive.[164] Wenngleich es eine der zukünftigen Aufgaben auch Öffentlicher Theologie sein wird, die verschiedenen Positionen im globalen Horizont miteinander ins Gespräch zu bringen, kann ein wesentliches Thema in der Frage identifiziert werden, inwieweit Religion als expliziter Religion ein konstitutives Moment im öffentlichen Raum zukommen soll, oder ob Religion nicht vor allem eine Angelegenheit des Privaten darstellen soll und insofern im voröffentlichen Raum zu verbleiben hat (diese Segregierung mutet freilich zu undifferenziert auch mit Blick auf die verschiedenen Sphären von Öffentlichkeit an; zudem lebt sie von der bemerkenswerten Vorstellung, als könne deutlich unterschieden werden zwischen ‚Religiösen' und ‚Unreligiösen', metaphysischer und ‚weltlicher' Logik etc.). Im deutschsprachigen Raum findet sich eine Variante dieser Frage in der Behandlung des Problems der Geltung religiöser Gründe im öffentlichen Diskurs. Dieses Thema wird auch von den Akteuren und Akteurinnen in den untersuchten Konversationen der vorliegenden Arbeit behandelt.

Immer wieder wird, zum Beispiel auch von Heinrich Bedford-Strohm, mit Blick auf die Situation in Deutschland zur Verhältnisbestimmung von Religion und Öffentlichkeit auf das so genannte ‚Böckenförde-Diktum' hingewiesen, nach dem „[d]er freiheitliche, säkularisierte Staat [...] von Voraussetzungen [lebt], die er selbst nicht garantieren kann"[165]. Die säkulare Demokratie sei, so die Annahme, zur Aufrechterhaltung sozialer Kohäsion auf vorpolitische Grundlagen und Kräfte angewiesen. Religion, sofern sie nicht dem Wesen der Demokratie widerspreche, sei daher eine unter mehreren Ressourcen[166], die es zu stützen und zu schützen gelte:

---

[164] In diesem Zusammenhang werden freilich auch Fragen der Zivilreligion und des Religionspolitischen erörtert, vgl. exemplarisch: Schieder, Rolf, *Wieviel Religion verträgt Deutschland?* (Frankfurt a.M. 2001).

[165] Böckenförde, Ernst-Wolfgang, *Staat, Gesellschaft, Freiheit: Studien zur Staatstheorie und zum Verfassungsrecht* (Frankfurt 1976), 60. Vgl. u.a. Bedford-Strohm, „Öffentliche Theologie in der Zivilgesellschaft", 346.

[166] Man darf nun nicht vergessen, dass das ‚Böckenförde-Diktum' aus dem Jahr 1964 stammt, also aus einer Zeit, in der die religiöse und religionspolitische Lage in Deutschland noch eine andere war, in der dem Christentum sehr viel leichter noch eine sozial verbindende und ethisch prägende Kraft zugeschrieben werden konnte. Vgl. hierzu auch: Munsonius, Hendrik, „Kirche und Staat: Grundlagen und aktuelle Entwicklungen", in *Öffentliche Religion im säkularen Staat*, hg. v. dems. (Tübingen 2016), 73–98: 92ff.

Was an Kräften, die eine freiheitliche Ordnung tragen – ethisch-sittliche Grundhaltungen, ethosgeprägte Lebensformen, kulturellen Traditionen –, verkümmert oder wegbricht, vermag der freiheitliche Staat nicht aufs neue zu erschaffen. Kommt etwa religiöser Glaube in der Gesellschaft weithin abhanden, fällt auch das, was er der freiheitlichen Ordnung an tragender Kraft zu geben vermag, aus; der Staat kann Religion nicht neu instituieren. In diesem Sinn zieht er einen Wechsel auf seine Bürger, den sie selbst einlösen müssen.[167]

Die ‚Pflege' der Religionen – in der Situation gesteigerter Pluralisierung gilt das freilich für andere große Religionen neben dem Christentum auch – dient, so die Grundannahme, der Stabilisierung der Demokratie im Zusammenspiel unterschiedlicher gesellschaftlicher Akteure.[168] Öffentliche Theologie, so Bedford-Strohm, werde so zu einer der Lebensquellen der demokratischen Gesellschaft.[169] Wird gefragt, wie sich Religionen und das Religiöse öffentlich artikulieren können und sollen, damit sie zum Wohl des Gemeinwesens beitragen, bilden die Diskursethik Habermas' und Habermas' neuere religionsphilosophischen Überlegungen immer noch einen konstanten Bezugspunkt der Reflexionen. Habermas reformuliert gewissermaßen das ‚Böckenförde-Theorem'.[170] Religiöse Semantiken, so Habermas, bedürften einer Übersetzung, einer „Entbindung religiös verkapselter Bedeutungspotentiale"[171] in eine öffentlich zugängliche Sprache.[172]

---

167 Böckenförde, Ernst-Wolfgang, „Der freiheitliche säkularisierte Staat...", in *„Um der Freiheit willen...": Kirche und Staat im 21. Jahrhundert*, hg.v. Susanna Schmidt und Michael Wedell (Freiburg i.Br. u.a. 2002), 19–23: 21.
168 Zur Rezeption des ‚Böckenförde-Diktums' vgl. auch: Ingenfeld, Martin, *Das Wagnis der Freiheit: Das Böckenförde-Diktum und seine Implikationen für eine moderne Demokratie* (2009). http://www.gsi.uni-muenchen.de/forschung/forsch_zentr/voegelin/publikationen/studierendensymposium/ingenfeld_b__ckenf__rde.pdf (01.03.2018).
169 Vgl. Bedford-Strohm, „Öffentliche Theologie", 346. – Auch hier muss man sicherlich noch einmal fragen, ob Öffentliche Theologie zu einer Lebensquelle wird, oder ob es nicht vielmehr die soziale Praxis einzelner, vernetzter Akteure ist, die die (öffentliche) Religion bzw. das Religiöse zu vorpolitischen, Kohäsion erzeugenden Grundlagen werden lassen. In jedem Fall werden beide Perspektiven zu verschränken sein.
170 Vgl. Honnacker, Anna, „Die Legitimität des Exzessiven: Überlegungen zur Inklusion partikularer Traditionen in den öffentlichen Diskurs", in *Religion – Öffentlichkeit – Moderne: Transdisziplinäre Perspektiven*, hg.v. Judith Könemann und Saskia Wendel (Bielefeld 2016), 209–224: 214.
171 Habermas, Jürgen und Ratzinger, Joseph, *Dialektik der Säkularisierung: Über Vernunft und Religion* (Freiburg i.Br. 2005), 32.
172 Dass Religion für den weltanschaulichen Staat von Interesse sein kann, hat auch John Rawls in seinen späten Schriften skizziert: Die „reasonable comprehensive doctrines" bilden für den gesellschaftlichen Diskurs eine „vital social basis" (vgl. Rawls, John, *Collected Papers* [Cambridge/MA u.a. 1999], 592), sind aber auf Übersetzungsleistungen (in politisch vernünftige Gründe) angewiesen, um zur Geltung kommen zu können. (Zur Kritik Rawls' vgl. Junker-Kenny, Maureen, „Mitbegründer des öffentlichen Raums? Religion und öffentliche Vernunft in den So-

‚Säkulare' Gründe seien, zumindest potenziell, von allen Bürgern und Bürgerinnen gleichermaßen kognitiv einsehbar und akzeptabel. Nun gibt es Einwände gegen die Separierung eines ‚säkularen Raumes', die mit einer strukturellen Bevorzugung entsprechender (‚nicht-religiöser') Weltzugänge und Ethiken einhergeht. Charles Taylor etwa, der gar von einer „Fetischisierung überkommener säkularer Ordnungen"[173] spricht, zweifelt die Unterscheidung zwischen nicht-religiösem und religiösem Diskurs hinsichtlich einer zu differenzierenden rationalen Glaubwürdigkeit im öffentlichen Diskurs an. Wenngleich also Habermas an der Notwendigkeit der Übersetzung des religiösen in ein ‚vernünftiges' Argument festhält, konzediert er der christlich-jüdischen Tradition doch eine Kraft zur Entfaltung der praktischen Vernunft im Sinne eines „universalistisch angelegten Kommunitarismus", der der säkularen Moral mangele: Die säkulare Moral sei nicht in der Lage, „in profanen Gemütern ein Bewußtsein [zu schaffen] für die weltweit verletzte Solidarität, ein Bewußtsein von dem, was fehlt, von dem, was zum Himmel schreit, zu wecken und wachzuhalten."[174] Glaube und Wissen bleiben für Habermas aufeinander bezogen als „komplementäre Gestalten des Geistes"; sie haben einen gemeinsamen Ursprung in der von Karl Jaspers so genannten ‚Achsenzeit', und sie partizipieren beide an der Entwicklung der säku-

---

zialphilosophien von John Rawls, Jürgen Habermas und Paul Ricœur", in *Religion – Öffentlichkeit – Moderne: Transdisziplinäre Perspektiven*, hg.v. Judith Könemann und Saskia Wendel [Bielefeld 2016], 189–208: 190 ff.) Diesen Vorbehalt, das *proviso* Rawls, teilt Habermas in der Schärfe nicht (damit sei eine einseitige ‚Bringschuld' religiöser Akteure gegeben).

173 Taylor, Charles, „Für eine grundlegende Neubestimmung des Säkularismus", in *Religion und Öffentlichkeit*, hg.v. Eduardo Mendieta und Jonathan VanAntwerpen, Übers. Michael Adrian (Berlin 2012), 53–88: 65. – Es versteht sich von selbst, dass der Begriff des ‚Säkularen'/der ‚Säkularisierung' in seiner Verwendung voraussetzungsreich wie vielgestaltig ist; vgl. auch dazu: Casanova, José, *Europas Angst vor der Religion* (3., durchges. Aufl., Berlin 2015). Vgl. zum Begriff der Säkularisierung als Interpretament in historischer Perspektive auch: Taylor, Charles, *Ein säkulares Zeitalter* (Frankfurt a.M. 2009).

174 Habermas, Jürgen, „Ein Bewußtsein von dem, was fehlt", in *Ein Bewußtsein von dem, was fehlt: Eine Diskussion mit Jürgen Habermas*, hg.v. Michael Reder und Josef Schmidt (Frankfurt a.M. 2008), 26–36: 30 f. – Der säkularen Moral fehlt, allein auf sich selbst verwiesen, die Potenz, da sie „an der motivierenden Kraft ihrer guten Gründe verzweifelt, weil die Tendenzen einer entgleisenden Modernisierung den Geboten der Gerechtigkeitsmoral weniger entgegenkommen als entgegenarbeiten." (30) – In dieser Richtung kann, aus theologischer Perspektive, auch das Votum Thomas Wabels verstanden werden, dass „[d]ie Öffentlichkeit, in die hinein sich Kirche äußert, [sich] in dieser Äußerung selbst [konstituiert], indem die Kirche ihre spezifisch theologische Begründungs- und Urteilspraxis nach außen transparent macht und die Zumutungen, die sich aus ihrem Selbstverständnis als *creatura verbi divini* ergeben, nach außen hin auch für diejenigen nachvollziehbar macht, die diese Selbstdeutung nicht vollziehen." (Wabel, *Die nahe ferne Kirche*, 433.)

laren Vernunft. Die säkulare Vernunft schneide sich insofern von einer ihrer Wurzeln ab, wenn sie Religion als zu Überwindendes abtue.[175] Religion hat somit ein eigenes semantisches Potenzial und stellt eine lebensweltliche Ressource dar, die von Bedeutung auch für die kommunikative Vernunft ist.[176] Habermas' Verständnis wird kontrovers diskutiert. Während auf der einen Seite der Sinn einer „institutionellen Schwelle" gesehen wird – für den Bereich der allgemeinen Gesetzgebung könnten nur Argumente der Vernunft gelten, jenseits dessen existierten auch für Habermas in der Zivilgesellschaft keine „Sprachverbote"[177] – wird die Problematik der Übersetzung thematisiert: Das Verhältnis zwischen religiösem und säkularem Sinn sei nach wie vor bei Habermas asymmetrisch konstruiert, die säkulare Sprache sei die Zielsprache[178], Habermas konzediere dem religiösen Sinn einen opaken – und damit im Grunde semantisch für die säkulare Vernunft nicht erschließbaren – Charakter.[179] Saskia Wendel plädiert demgegenüber – mit Blick auf die Frage Politischer Theologie – für eine vermittelnde Position: Religiöse Überzeugungen sollten als *Motivationshorizont* von Positionen eingebracht werden; sie dienen damit nicht als rechtfertigende Gründe, können jedoch als „handlungsleitende Gründe [...] öffentlich artikuliert werden [...] und

---

[175] Habermas spricht von der „über sich selbst unaufgeklärten Aufklärung, die der Religion jeden vernünftigen Gehalt abstreitet" (Habermas, Jürgen, „Bewußtsein", 29.)
[176] Vgl. Arens, Edmund, *Gottesverständigung: Eine kommunikative Religionstheologie* (Freiburg i.Br. u.a. 2007), 51. Zum Verhältnis von Religion und Öffentlichkeit bei Habermas s. auch: Irlenborn, Bernd, „Religion und öffentliche Vernunft: Zur Bedeutung des christlichen Glaubens bei Jürgen Habermas", *Freiburger Zeitschrift für Philosophie und Theologie* 55 (2008), 334–344.
[177] Honnacker, „Legitimität", 221.
[178] Habermas verweist dann noch darauf, dass sich säkularisierte Bürger und Bürgerinnen an der Übersetzung religiöser Gehalte in eine öffentlich zugängliche Sprache beteiligen sollten. Dieses Ansinnen erscheint jedoch fraglich, zumal, wenn die religiösen Semantiken von ‚säkularisierten' Bürgern und Bürgerinnen aufgrund kultureller Fremdheit nicht (mehr) in ihren Sinngehalten erfasst werden können. – Es verbindet sich freilich noch ein anderer Aspekt mit der Frage der Übersetzung, der mit dem Selbstverständnis Öffentlicher Theologie zusammenhängt: Was soll genau übersetzt werden? Geht es allgemein um ein Verständlichmachen religiöser Semantiken oder gar um die Übersetzung ‚klarer' Inhalte (von denen allerdings wieder zu fragen wäre, wie sie in einer Situation auch innerkirchlicher Pluralität zustande gekommen sind)?
[179] Vgl. u.a. Schmidt, Thomas M., „Religiöser Glaube und öffentliche Vernunft: Reflexive Säkularisierung und Differenzbewusstsein", in *Religion – Öffentlichkeit – Moderne: Transdisziplinäre Perspektiven*, hg.v. Judith Könemann und Saskia Wendel (Bielefeld 2016), 155–171: 164ff.; Junker-Kenny, Maureen, „Mitbegründer des öffentlichen Raums? Religion und öffentliche Vernunft in den Sozialphilosophien von John Rawls, Jürgen Habermas und Paul Ricœur", in *Religion – Öffentlichkeit – Moderne: Transdisziplinäre Perspektiven*, hg.v. Judith Könemann und Saskia Wendel (Bielefeld 2016), 189–208: 203.

[bedürfen] somit auch keiner Übersetzung"¹⁸⁰. Damit könnten religiöse Überzeugungen auch in politischen (und nicht ‚nur' in nicht-politisch-gesellschaftlichen) Öffentlichkeiten relevant sein, sie hätten die Funktion der motivationalen Erhellung für die Formulierung einer der säkularen Vernunft zugänglichen Position beziehungsweise Argumentation. Ähnlich fordert auch Bedford-Strohm von der Öffentlichen Theologie ein, dass sie „zweisprachig"¹⁸¹ agiere, legt ihr jedoch gewissermaßen noch eine ‚Beweislast' auf: Öffentliche Theologie müsse „zeigen, dass biblische Perspektiven auch für Nichtchristen nachvollziehbar sind und hilfreiche Orientierung jenseits religiöser Traditionen zu geben vermögen."¹⁸²

An diese nur kurze Skizze zum Verständnis Öffentlicher Theologie und ihres Horizonts seien vor dem Hintergrund der vorliegenden Arbeit drei Anfragen gestellt, die auf die Notwendigkeit verweisen, der Situation gesellschaftlicher (und damit auch kirchlicher) Pluralität entgegenzukommen und der Erwartung einer die Bedürfnisse der Akteure nach Partizipation und Interaktion aufgreifenden Kommunikationshaltung zu entsprechen.

Zum *Ersten*, und dieser Aspekt ist bereits angeklungen: Wer ist das Subjekt Öffentlicher Theologie? Schaut man auf die Bestimmungen Wolfgang Hubers und Wolfgang Vögeles – beide Bestimmungen sind nach wie vor maßgeblich für eine Öffentliche Theologie, wie sie auch von Heinrich Bedford-Strohm vorgestellt wird –, ist diese Frage nicht eindeutig zu beantworten: Subjekt Öffentlicher Theologie scheint zunächst die Theologie als Wissenschaft zu sein, dann aber auch all diejenigen, die „orientierend-dialogisch" an öffentlichen Debatten teilnehmen. Eine solche Unschärfe kann der Theorieperspektive abträglich sein, die notwendigerweise auf die Praxis öffentlicher Diskursbeteiligung religiöser Akteure reflexiv bezogen bleiben muss, soll die Kritik der Praxis gewährleistet bleiben. Für die Auseinandersetzung darüber, was Öffentliche Theologie ist, und wo sie sich findet und vollzieht, wären in der Konzeption Öffentlicher Theologie die verschiedenen Akteure – Christen und Christinnen allgemein, Pfarrer und Pfarrerinnen in ihren verschiedenen Handlungsbezügen, die akademischen Theologien, die Kirchen¹⁸³ – mit ihren kommunikativen Praktiken und Diskurs-

---

180 Wendel, Saskia, „Religiös motiviert – autonom legitimiert – politisch engagiert: Zur Zukunftsfähigkeit Politischer Theologie angesichts der Debatte um den öffentlichen Status religiöser Überzeugungen", in *Religion – Öffentlichkeit – Moderne: Transdisziplinäre Perspektiven*, hg.v. ders. und Judith Könemann (Bielefeld 2016), 289–306: 300.
181 Bedford-Strohm, „Öffentliche Theologie", 349.
182 Ebd.
183 Vgl. zu dieser Differenzierung auch: Könemann, Judith, „Theologie, Kirche und Öffentlichkeit", 141ff.

bezügen zu differenzieren und konstruktiv zueinander ins Verhältnis zu setzen. Zudem könnte gefragt werden, inwiefern nicht *Öffentliche Religion* als Praxis religiöser Kommunikation in der Öffentlichkeit und *Öffentliche Theologie* als Reflexion Öffentlicher Religion sinnvoll zu unterscheiden wären. Vor dem Hintergrund der Reflexionen zu den flüchtigen Kommunikationsgemeinschaften und der Konturierung von Öffentlichkeit als Netzwerköffentlichkeit wäre eben auch noch einmal der Blick darauf zu richten, dass Öffentliche Theologie (beziehungsweise Öffentliche Religion) nicht nur Kirchenleitende (in massenmedial hergestellten Öffentlichkeiten) gestalten, sondern an vielen verschiedenen Stellen Christen und Christinnen[184] (auch Nicht-Kirchenmitglieder), in dezentralen Netzwerken (auch online). Angesichts gesteigerter Pluralität wird umso mehr zu fragen sein, wie öffentliche Stellungnahmen von Einzelnen ins Verhältnis zu setzen sind zu öffentlichen Stellungnahmen der Kirche etwa auf EKD-Ebene. Was ekklesiologisch stimmen mag, dass – so paraphrasiert Florian Höhne die Verhältnisbestimmung zwischen Individuum und Gemeinschaft unter anderem bei Wolfgang Huber – „[d]as öffentliche Zeugnis des Einzelnen […] Teil des öffentlichen Zeugnisses der Kirche [ist], weil das öffentliche Zeugnis der Kirche nur aus öffentlichen Zeugnissen ihrer Glieder besteht"[185], wirft in der Praxis öffentlicher Kommunikation offenbar erhebliche Probleme auf. Unter anderem darin mag der defensiv wirkende Umgang kirchlicherseits mit internetmedialer Kommunikation begründet liegen.

Zum *Zweiten:* Was wäre zu einem Verständnis Öffentlicher Theologie zu sagen, die die Verhältnisse „gesteigerter Pluralisierung" wie die religiös-weltanschauliche Selbstbestimmung der Subjekte in die Entwürfe ihres kommunikativen Handelns einbindet? Am Material der vorliegenden Studie konnte beobachtet werden, wie Subjekte in Prozesse öffentlicher Artikulation und Aushandlung darüber eintreten, was gesellschaftlich gelten soll. Die reziproken Prozesse selbst können, sofern ihnen entsprechende Valenzen eigen sind, auch als (in vielen Fällen institutionenunabhängige) praxeomorphe Religiosität interpretiert werden. Vor diesem Hintergrund müsste Öffentliche Theologie daraufhin befragt

---

184 Die Denkschrift *Das rechte Wort zur rechten Zeit* führt in einem Abschnitt explizit aus: „Auch wenn das Reden der evangelischen Kirche in der Öffentlichkeit vornehmlich durch ihre Amtsträger und Organe geschieht, hat doch jedes einzelne Kirchenmitglied Teil an der Verkündigung und damit am Öffentlichkeitsauftrag der Kirche." (Rat der Evangelischen Kirche in Deutschland [Hg.], *Das rechte Wort zur rechten Zeit: Eine Denkschrift des Rates der Evangelischen Kirche in Deutschland zum Öffentlichkeitsauftrag der Kirche* [Gütersloh 2008], 25.) Breites Gewicht wird im Folgenden auf die Darstellung der verschiedenen Möglichkeiten kirchlicher Verlautbarungen gelegt.
185 Höhne, *Öffentliche Theologie*, 121.

werden, inwiefern es ihr gelingt, die gesellschaftliche (und damit will immer auch gesagt sein: kirchliche) Pluralität von Sinndeutungen und ihre notwendige Prozesshaftigkeit in ihr Handeln einzubeziehen.

Das Verhältnis zwischen religiösen Akteuren und Öffentlichkeit ist in jedem Fall auf der reflexiven wie auf der praktischen Ebene nicht kontrastiv, sondern komplementär und solidarisch zu verstehen und auszugestalten: Gerade weil eine solche solidarisch-kritische Haltung wichtig und unverzichtbar ist, darf sie sich, weder rhetorisch noch programmatisch, mumifizieren und zu einer leeren ‚Differenz-Geste' werden, die intentional immer auf eine von sich selbst unterschiedene ‚Welt' bezogen ist.[186] Für die Theologin mag es im ersten Moment schmeichelhaft sein, wenn Hartmut Rosa den Kirchen attestiert, „Gegenpole zur Steigerungs- und Dynamisierungslogik der Moderne"[187] zu sein, und auch theologisch wie kirchlicherseits wird Kirche gerne als „Kontrastmoment"[188] gesehen. Grundsätzlich, und das gilt freilich auch für die diskursiven Zusammenhänge in den verschiedenen Öffentlichkeiten online wie offline, lebt Kirche jedoch nicht aus dem Kontrast zum Anderen, sondern durch die Solidarität mit konkreten Anderen unter den Bedingungen dieser Welt, bei der zum einen Fragen der institutionellen Zugehörigkeit sekundär sind, und in deren Realisierung sich eher Formen gemeinsamer Suche nach tragfähigen Antworten auf existenzielle Fragen konturieren als Formen der Stellungnahme zu gesellschaftlich virulenten Problemen, deren diskursives Potenzial bereits durch die kommunikative Gestalt

---

[186] Vgl. dazu auch: Wabel, *Die nahe ferne Kirche*, 428 f. Wabel weist noch einmal auf die Verwurzelung der Differenz zwischen ‚Kirche' und ‚Gesellschaft' in Tönnies Unterscheidung zwischen ‚Gemeinschaft' und ‚Gesellschaft' hin. Vgl. dazu auch: Pfleiderer, Georg, „Die Gemeinschaft der Gesellschaft: Ekklesiologie als Sozialontologie in den zwanziger Jahren", in *Protestantische Kirche und moderne Gesellschaft: Zur Interdependenz von Ekklesiologie und Gesellschaftstheorie in der Neuzeit*, hg.v. dems., Albrecht Grözinger und Georg Vischer (Zürich 2003), 207–239.

[187] Rosa, Hartmut, *Resonanz: Eine Soziologie der Weltbeziehung* (Berlin 2016), 688. Hervorhebung im Original. – Beschleunigung, Innovation und Wachstum bilden, so Rosa, „kein inhärentes Strukturerfordernis" (689) etwa für die Kirchen; stabilisierend wirke die Orientierung an Tradition und Überlieferung. Gegenüber anderen Ordnungen der Moderne (Wissen, Recht, Wirtschaft) seien die Momente religiösen Glaubens nicht dynamisiert, „ja vielleicht nicht einmal dynamisierbar": „Die Idee einer ‚Heiligen Schrift', die Konzeption eines Heilsgeschehens und einer Heils- und Sakralzeit, der Verlauf des Kirchenjahres – sie alle erweisen sich als resistent gegenüber den Imperativen der Innovation, der Beschleunigung oder der Steigerung." (688)

[188] Schlag, *Öffentliche Kirche*, 61. – Schlag notiert die Ambivalenz: „Auch hier ist insofern die Spannung zwischen einer der Welt prinzipiell zugewandten Kirche und zugleich einer Kirche als Kontrastmoment zu eben jener Gesellschaft produktiv aufzunehmen und aufrechtzuerhalten. Ganz im reformatorischen Ursinn geht es im Ernstfall tatsächlich immer auch darum, notwendige Gegenöffentlichkeiten gegen die etablierten Öffentlichkeiten herzustellen und wirkmächtig zu etablieren." (61)

eingegrenzt ist.[189] Es ginge dann weniger darum, dass Kirche „das, was öffentliche Theologie erarbeitet, nicht nur in den Köpfen, sondern auch in den Herzen der Menschen [verankert]"[190], sondern vor allem darum, Menschen in der Erarbeitung eines eigenen ethischen und religiösen Urteils zu dienen. Damit dies gelingen kann, die Subjekte in ihren eigenen alltagsweltlichen Vollzügen der Selbst- und Weltdeutung zu unterstützen, dann auch den theologisch-reflexiven Horizont in der Auseinandersetzung mit der Gegenwart möglichst offen zu halten, „bräuchte es […] eine Theologie, die die Lebenssinnfragen bei der Auslegung der biblischen, kirchlichen und theologischen Überlieferung im Blick behält."[191] Theologie, so verstanden, „gibt keine direkten Antworten auf die Sinnfrage, sondern versucht Menschen, die in den Erfahrungen ihres Lebens vor diese Frage geraten, zu hel-

---

189 Es besteht eine große Zuneigung gerade der Evangelischen Kirche – auch der Öffentlichen Theologie – zu ihren Stellungnahmen, seien es Denkschriften oder Orientierungshilfen. (Vgl. dazu exemplarisch: Bedford-Strohm, „Öffentliche Theologie", 352 ff.; vgl. Rat der Evangelischen Kirche in Deutschland [Hg.], *Das rechte Wort zur rechten Zeit*, 54 ff.) Zweifelsohne hat diese Publikationsform eine wichtige Rolle im Gesamt kirchlicher Lebensäußerungen. Die vorliegende Studie hat jedoch gezeigt, dass Argumentationsmuster kirchlicher Stellungnahmen in den Beiträgen von Bürgern und Bürgerinnen, die sich online mit dem Thema ‚Sterbehilfe' beschäftigen, kaum Resonanzen erzeugen. Das gibt auch einer Öffentlichen Theologie zu denken. Materialisiert sich hier nach wie vor – trotz zahlreicher Stellungnahmen, und gleichzeitig durch die Pluralisierung verstärkt – ein unproduktives, sich in der wiederholenden (auch Öffentliche Theologie operiert ja konzeptionell mit dieser Unterscheidung) Hypostasierung von ‚Kirche' und ‚Welt' i.e. ‚Gesellschaft' abbildendes Selbstverständnis der Kirchen, das Joachim Matthes bereits in den 1960er Jahren mit der „Emigration der Kirche aus der Gesellschaft" (Matthes, Joachim, *Die Emigration der Kirche aus der Gesellschaft* [Hamburg 1964].) bezeichnet hat?
190 Bedford-Strohm, Heinrich, *Öffentliche Theologie und Kirche: Abschiedsvorlesung an der Universität Bamberg am 26. Juli 2011*, 15. http://landesbischof.bayern-evangelisch.de/downloads/Abschiedsvorlesung_Bedford_Strohm.pdf (01.03.2018).
191 Gräb, „Lebenssinndeutung", 375. – In Rosas Resonanztheorie findet sich interessanterweise ein Interpretament, das auf das Erfordernis einer ‚Verlebensweltlichung' der Theologie verweist. In seinen Überlegungen zu so genannten ‚Resonanzoasen' (Rosa, *Resonanz*, 705.), konzipiert als Orte ‚reiner Begegnung' (im Gegensatz zu Sphären instrumentellen Umgangs mit der Welt) und damit vielfach auf das Erleben des Pathischen ausgerichtet, verweist Rosa auf die Notwendigkeit der alltagspraktischen Materialisierung: Das eigentliche Ziel bestehe darin, von den resonanten Oasen – von der Dichotomie „zwischen den dominanten institutionellen Verdinglichungssphären und den symbolisch-kulturellen Resonanzoasen als außeralltäglichen Gegensphären" (734) – zu einem resonanten Alltag zu kommen: „Dabei geht es darum, horizontale, diagonale und vielleicht auch vertikale Resonanzbeziehungen aus den (kommodifizierten) Sonderzonen herauszuholen und in die reproduktiven Alltagspraktiken zu integrieren." (734) – Freilich ist in diesem Zusammenhang auch an Ernst Langes Bild der Gemeinde in der Diaspora zu denken, vgl. Lange, Ernst, *Chancen des Alltags: Überlegungen zur Funktion des christlichen Gottesdienstes in der Gegenwart* (Gelnhausen/ Stuttgart 1965), 147–148.

fen, besser mit ihr umgehen zu können."¹⁹² Das tut sie freilich nicht konturlos, sondern auf dem Boden ihrer Einsichten in die christlichen Überlieferungen vermögen Theologie und Kirche unter Umständen „auf die in ihr repräsentierte und und sie umgebende Lebenswelt so einzugehen, ‚wie diese auf sich selbst schlechterdings nicht einzugehen vermag'"¹⁹³ – allerdings im Modus des Dialogs und damit rechnend, dass Menschen die eingebrachten Sinndeutungsangebote für sich selbst nach Maßgabe alltagsweltlicher Plausibilitäten wiegen und werten.

Der weltanschauliche Dissens bleibt dabei in die Bedingungen des Diskurses über „Identitäten, Ziele, Aufgaben und Krisen dieser Gesellschaft" eingetragen, und darin besteht eine weitere Herausforderung für Öffentliche Theologie auf unterschiedlichen Ebenen: Wie kann das Differente zum produktiven Ausgangspunkt von Anerkennung werden?¹⁹⁴ So sehr freilich der Wunsch danach besteht, dass Diskurspartner die eigene Position (und den eigenen Motivationshorizont) nachvollziehen können, die angemessene Haltung im Sinne eines demokratischen, gemeinwohlbezogenen Miteinanders liegt „in der wechselseitigen Anerkennung als Freie und einander Gleiche", in der „Anerkennung auch anderer Überzeugungen und Praktiken als ethisch wertvoll, auch dann wenn ich sie selbst nicht teile."¹⁹⁵ Eine *praktische Anerkennung des Anderen* gehörte also zur Grundhaltung Öffentlicher Theologie¹⁹⁶, und sicherlich gehörte auch ein Eintreten für eine solche allgemeine Haltung¹⁹⁷ im öffentlichen Diskurs zur Aufgabe Öf-

---

192 Gräb, „Lebenssinndeutung", 378.
193 Drehsen, *Volkskirche*, 280. Drehsen zitiert hier Eberhard Jüngel, vgl. Jüngel, Eberhard, „Die Bedeutung der Predigt angesichts unserer volkskirchlichen Existenz", in *Anfechtung und Gewissheit des Glaubens oder wie die Kirche wieder zu ihrer Sache kommt*, hg.v. dems. (München 1976), 47–71: 49.
194 Während Habermas stark auf den Aspekt des Konsensuellen abhebt, notiert Judith Butler im Zusammenhang des Problems der Übersetzung: „[D]as Nichtgemeinsame oder das, was nicht Teil des Gemeinsamen ist und nie gemeinsam werden kann, ist es womöglich, was wirklich spezifische Unterschiede schafft und auch zur Grundlage eines ethischen Verhältnisses wird, mit dem die Andersheit und die das Gemeinsame als Grundlage der Sittlichkeit festgeschrieben wird. Ich glaube, wir können kein Mitgefühl empfinden, wir können kein Verhältnis zum Leiden anderer gewinnen, wenn wir diesen konstitutiven Unterschied nicht vor Augen haben." (Butler, Judith, Habermas, Jürgen, Taylor, Charles und West, Cornel, „Abschlussdiskussion", in *Religion und Öffentlichkeit*, hg.v. Eduardo Mendieta und Jonathan VanAntwerpen [Berlin 2012], 158–169: 163.)
195 Wendel, „Religiös motiviert", 306. Wendel bezieht sich hier auf die Arbeiten zum Toleranzbegriff von Rainer Forst, vgl. Forst, Rainer, *Toleranz im Konflikt: Geschichte, Gehalt und Gegenwart eines umstrittenen Begriffs* (Frankfurt a.M. 2003).
196 Vgl. Arens, *Gottesverständigung*, 265.
197 Insofern wäre es ebenfalls ihre Aufgabe, auf Diskriminierungen religiöser Akteure (verschiedener Religionen) im öffentlichen Diskurs aufmerksam zu machen. Entsprechend notiert auch Habermas: „Die weltanschauliche Neutralität der Staatsgewalt, die gleiche ethische Frei-

fentlicher Theologie. Dass in dieser Hinsicht auch Selbstkritik angebracht ist, zeigen die in dieser Studie untersuchten Beiträge und Konversationen zum Thema ‚Sterbehilfe' mit ihrem starken Verweis auf das Thema ‚Selbstbestimmung'. Von einer Anerkennung dieses Themas als ein relevantes für eine erhebliche Anzahl von Bürgern und Bürgerinnen kann, so weit das in kirchenleitenden Äußerungen ersichtlich wurde, kaum die Rede sein.

Zum *Dritten:* Neben die Frage nach dem Subjekt Öffentlicher Theologie und den Aspekt des Selbstverständnisses kirchlicher ‚Rede' im Verhältnis zur Öffentlichkeit tritt nicht zuletzt das Problem der Bedingung öffentlicher Artikulation von Positionen in einem weiteren Sinne: In jüngerer Zeit hat Johannes Fischer darauf hingewiesen, dass es Kirche selbst unter erheblichen Druck setzt, „ihr kirchliches Profil auf ethischem Gebiet auszuweisen"[198]. Fischer notiert[199]:

> „Vor allem zeigt sich dies [der Wille zum Ausweisen eines kirchlichen Profils; KM] in der Vorstellung, in ethisch kontroversen Fragen müsse es genau einen, ‚den' christlichen Standpunkt geben, den die Kirche in der öffentlichen Debatte zur Geltung bringen muss. Aber wenn in derartigen Fragen unter Christinnen und Christen mit guten Gründen ein ebenso großes Spektrum unterschiedlicher Auffassungen vertreten werden kann, wie in der Gesellschaft, wie kann die Kirche dann der Gesellschaft ethische Orientierung vermitteln? In diesem Zwang zur Eindeutigkeit kann [...] eine Quelle von Unduldsamkeit liegen."[200]

Insofern wäre zu fragen, ob den Selbstverständigungsprozessen moderner Subjekte – zumindest ergänzend zur Publikation kirchlicher Stellungnahmen, die, je nach Gestus, die Gefahr bergen, als autoritär empfunden zu werden – (auch auf der Ebene der ‚klassischen' Medienöffentlichkeit) nicht ein wesentlicher Dienst geleistet würde, fänden sich die religiösen Valenzen alltagsweltlich sich artikulierender Themen und Werturteile wahr- und öffentlich diskursiv aufgenommen. Es ist anzunehmen, dass durch Anschlusskommunikation an die sich alltagsweltlich artikulierenden (und in den unterschiedlichen Foren der Netzwerköffentlichkeit sich zeigenden) Themen Öffentliche Theologie auf diese Weise „eine

---

heiten für jeden Bürger garantiert, ist unvereinbar mit der politischen Verallgemeinerung einer säkularistischen Weltsicht. Säkularisierte Bürger dürfen, soweit sie in ihrer Rolle als Staatsbürger auftreten, weder religiösen Weltbildern grundsätzlich ein Wahrheitspotential absprechen, noch den gläubigen Mitbürgern das Recht bestreiten, in religiöser Sprache Beiträge zu öffentlichen Diskussionen zu machen." (Habermas, Jürgen und Ratzinger, Joseph, *Dialektik der Säkularisierung: Über Vernunft und Religion* [Freiburg i.Br. 2005], 36.)
198 Fischer, Johannes, „Gefahr der Unduldsamkeit: Die ‚Öffentliche Theologie' der EKD ist problematisch", *Zeitzeichen* 5/2016, 43–45: 45.
199 Vgl. hierzu auch Anm. 142 in diesem Kapitel.
200 Fischer, „Unduldsamkeit", 45.

aufklärerische Funktion" haben könnte, „weil sie die ethischen Tiefendimensionen sichtbar und dadurch diskutierbar macht"[201]. So ginge es, über die Wahrnehmung öffentlicher Anschlusskommunikation, immer auch um einen „religiös vertiefenden Kommentar zu Lage"[202].

Schaffte es Kirche, je nach den Möglichkeiten ihrer verschiedenen Handlungsebenen, in einen Modus der partizipativen und interaktiven Kommunikation einzutreten, zu hören und zu antworten, mit je eigener Stimme zu sprechen, aber auch ‚die Anderen' mit eigener Stimme sprechen und zur Geltung kommen zu lassen, Subjekte in ihrer eigenen Sinntätigkeit zu fördern, erhöhte das sicherlich die Öffentlichkeitsrelevanz kirchlicher Kommunikation auch im Sinne einer Öffentlichen Theologie. Die intermediäre Struktur der Netzwerköffentlichkeit hielte dazu vielfältige Formen und Anschlüsse vor.

---

[201] Bedford-Strohm, Heinrich, „Fromm und politisch: Warum die evangelische Kirche die Öffentliche Theologie braucht", *Zeitzeichen* 7/2016, 8–11: 10.
[202] Gräb, Wilhelm, *Sinn fürs Unendliche: Religion in der Mediengesellschaft* (Gütersloh 2002), 175.

6 Epilog

Die Studie hat einen weiten Bogen geschlagen. Sie ist von dem Wunsch getragen, aus praktisch-theologischer Perspektive reflexive Ansatzpunkte für die Auseinandersetzung mit den gesellschaftlich virulenten Prozessen der Digitalisierung zu erarbeiten. Dabei konnte der Zugriff nur eingeschränkt sein. Die beschriebenen Phänomene werden sich, sofern es sich um gegenwärtig aktuelle technologische Konkretisierungen handelt, bald überholt haben. Indes ist zu hoffen, dass die Perspektiven und Problemhorizonte, die die Studie aufgezeigt hat, weiter reichen.

Es ist anschaulich geworden, dass Kirche – mehr denn je – auf die Reflexionen der medialen Bedingungen von Kommunikation angewiesen ist, um ihrem Öffentlichkeitsauftrag nachzukommen. Versteht man die Konturierung der Kommunikationsgemeinschaft Kirche als eng verwoben in vielfältige gesellschaftliche Kommunikations- und Vermittlungsprozesse sowie die Konstitution von Kirche als grundgelegt durch religiöse Kommunikation, liegt die Einsicht auf der Hand, dass ein Wandel gesellschaftlicher Kommunikationskulturen Veränderungen für kirchliche Kommunikationskulturen mit ihren kybernetischen Relevanzen mit sich bringt. Dass die Kirchen Transformationsprozessen unterliegen, ist in den letzten Jahrzehnten verstärkt zu beobachten – das *ecclesia semper reformanda* kann jedoch für das Vertrauen einer evangelischen Kirche stehen, die in Transformationsprozessen zu jeder Zeit eine „kritische Revalidierung eigener Traditionen und Grundsätze"[1] im eigenen Interesse vorantreibt und nicht fürchten muss. Ihr Grund bleibt ihr erhalten, wenngleich – und man muss wohl sagen: gerade weil – er ihr entzogen bleibt.

Kirchen sind „Narrationsgemeinschaften, die über ein gemeinsames, Resonanzen erzeugendes und steuerndes Geschichtenrepertoire verfügen"[2], wie es Hartmut Rosa ausdrückt. Kirchen partizipieren an einmaligen Resonanzräumen. Kirchen haben sich schon immer durch den Anspruch ausgezeichnet, dass die Performanzen, die sie vorstellen, potenziell in eine Begegnung mit dem transzendierenden beziehungsweise transzendenten Anderen (wie auch immer konkret sprachlich gefasst) in Hören und Antworten hineinführen. Die Grundform hat Martin Luther mit Blick auf den Gottesdienst mit der bekannten ‚Torgauer Formel' beschrieben, soll doch im Gottesdienst nichts anderes geschehen, als „dass unser

---

1 Haese, Bernd-Michael, *Hinter den Spiegeln – Kirche im virtuellen Zeitalter des Internet* (Stuttgart 2006), 276.
2 Rosa, Hartmut, *Resonanz: Eine Soziologie der Weltbeziehung* (Berlin 2016), 267. Im Original hervorgehoben.

lieber Herr selbst mit uns rede durch sein heiliges Wort und wir umgekehrt mit ihm reden durch Gebet und Lobgesang." Ist der Theologie von früh auf klar, dass sich solche Wechselwirkungen nicht erzwingen lassen, dass ihr Charakter wesenhaft unverfügbar ist, kommt Kirche zumindest nicht um die Frage herum, wie sich solche Resonanzerfahrungen *vorbereiten* lassen, wie sich Dispositionen entsprechend gestalten lassen. Resonanzerfahrungen sind dabei in theologischer Perspektive wesentlich Begegnung mit dem „ewigen Du" (Martin Buber), sie sind jedoch auch entscheidend für eine interpersonale Kommunikation, die in einer transzendierungsoffenen Form Erfahrungen des Anderen ermöglichen möchte. In diesem Sinne hat die Studie auch von religiöser Kommunikation als Gestalt performativer Anverwandlung von Weltpositionen durch Partizipation an Resonanzbeziehungen gesprochen. Dass auch internetmediale Kommunikation Potenzial zu solch einer resonanzsensiblen Kommunikation hat, hat der empirische Teil der vorliegenden Studie gezeigt. Dass Zivilgesellschaft, so Jürgen Habermas, auf das Vorhandensein von resonanzfähigen Öffentlichkeiten[3] angewiesen ist, kann auch für die Kirchen eine Ermunterung sein, sich einerseits mit ihrem Resonanzpotenzial an der Aushandlung zeitgenössischer Fragen diskursiv zu beteiligen. Andererseits entspräche es auch ihrem Verständnis als Volkskirche, wenn Kirche selbst kommunikative Räume öffentlicher Deliberation eröffnete und stärkte. Die Bedingungen für solche kommunikativen Prozesse sind in der vorliegenden Studie unter besonderer Berücksichtigung der gegenwärtigen medialen Transformationsprozesse und des damit einhergehenden Stukturwandels der Öffentlichkeit dargelegt worden.

Die Studie hat zudem das Anliegen, mit ihrem empirischen Teil einen Beitrag zur Integration von Methoden der Online-Forschung in das Methodenensemble theologisch-empirischer Religionsforschung zu leisten. Die Typologie religiöser Kommunikation, die herausgearbeitet worden ist, verspricht anschlussfähig für weitere Forschungen zu sein; über noch folgende Untersuchungen anlassbezogener religiöser Kommunikation einschließlich der sich manifestierenden Typen und ihrer Verteilung (auch auf unterschiedlichen Ebenen öffentlichen Sprechens) kann an einer Kartografie religiöser Kommunikation in ‚der' Öffentlichkeit fortgeschrieben werden. Für die vorliegenden Ergebnisse sei noch einmal festgehalten, dass sie der Beschränkung auf ein exemplarisches Themenfeld (Online-Konversationen im Zusammenhang der Debatte um die gesetzliche Neuregelung der Sterbehilfe in Deutschland in den Jahren 2014 und 2015) unterliegen. Wenn

---

3 Vgl. Habermas, Jürgen, *Faktizität und Geltung: Beiträge zur Diskurstheorie des Rechts und des demokratischen Rechtsstaats* (Frankfurt a.M. [5]2014), 400.

also in der Arbeit von Einsichten gesprochen worden ist, die in Online-Konversationen zu Dimensionen der Religion und des Religiösen gewonnen worden sind, dann mit dieser Einschränkung.

Der Fortgang der Geschichte wird zeigen, wie die technologischen Innovationen einschließlich der Heraussetzung neuer sozialer Praktiken (und psychischer Strukturwandel) letztlich zu beurteilen sein werden. Unverzichtbar ist, in der theologischen Begleitung der Prozesse einen differenzierten Blick zu behalten – und, wenn nötig, einzufordern. Das Thema der Digitalisierung bietet für die Kirchen eine große Chance, die gesellschaftliche Verständigung darüber, wie wir unter den Vorzeichen gegenwärtig stattfindender Transformationsprozesse leben wollen, mit zu gestalten. Seien wir nicht zu zögerlich, fachliche Expertisen und Kooperationen auszubilden – als Grundlage eines Engagements für ein freiheitliches Gemeinwesen zum Wohle aller.

Anhang

1 Kategoriensystem (Phase 1)

Codesystem [1701][1]
    Gesprächsanalytische Elemente [0][2]
        Kernthema: Sterbehilfe [0]
        Subthemen [0]
            soziale/gesellschaftliche Verantwortung [24]
            Selbstbestimmung vs. Bevormundung [148]
            rechtliche Regelung [43]
            Kommerzialisierung der Sterbehilfe/des Sterbens [20]
            Würde des Menschen [49]
            gesellschaftlicher Diskurs über Sterbehilfe (Kritik) [43]
        thematische Entfaltung [0]
            Rolle der Palliativmedizin/Abhängigkeit von Umständen [37]
            Ländervergleich [27]
            „Der Tod ist ein Freund – und er gehört zum Leben" [12]
            Missbrauchsgefahr [54]
            Dilemmasituation/Komplexität des Themas [23]
            Entscheidungskompetenz [32]
            Trennung Kirche und Religion/Staat und Öffentlichkeit [9]
            Fürsorgepflicht des Staates [8]
            Belastung/Kriminalisierung anderer [38]
            Bevormundung/Selbstbestimmungsrecht [151]
                besondere Emphase: Autonomie! [14]
                Patientenverfügung [12]
            Ich weiß, wie es um die Betroffenen steht! [45]
            gesellschaftliche Solidarität/gesellschaftlicher Druck [22]
        ethische Konsequenz [1]
            Ich treffe selbst Vorkehrungen [6]
                ‚Beratung' zu den Vorkehrungen [5]
            explizit: für (Legalisierung der) Sterbehilfe [77]
            explizit: gegen (Legalisierung der) Sterbehilfe [19]

---

[1] Die Zahl 1701 bezieht sich auf das gesamte Codesystem. Zur Interpretation der Zahlen hinter den Kategorien/Codes: Die Anzahl der Stellen, die mit einem entsprechenden Code versehen worden sind, sind in eckigen Klammern hinter dem Code notiert. In den meisten Fällen dienen die Codes auf der ersten Ebene als ‚Überschrift' und sind nicht selbst in die materiale Codierung einbezogen worden, z.B. ‚Subthemen [0]', ‚thematische Entfaltung [0]'. Es entspricht der Darstellungsweise des Programms MAXQDA, dass, sofern die unteren Ebenen ausgeblendet werden, die Codierungen in Summe auf der nächsthöheren Ebene angezeigt werden, z.B. ‚Subthemen [337]'. In Einzelfällen sind auch die Codes auf erster Ebene verwendet worden, wenn zu codierende Textstellen nicht zu den Subcodes zu passen schienen, z.B. ‚kritische Momente [5]'.
[2] Insgesamt 1481 Codierungen.

Interaktion [0]
    reaktivierend [53]
    respondierend [229]
    Thematisierung der Interaktion auf Metaebene [22]
    Link/Referenz über den Kreis der Diskutanten hinaus [55]
Kohärenz [0]
    Referenzidentität/Zitat [103]
kritische Momente [5]
    stark polemisch [51]
    ironisch, schwach polemisch [34]

Religiöse Kommunikation [0][3]
  religiös-weltanschauliche Standortbestimmung [67]
  explizit (christlich) religiös/prokirchlich [21]
    explizit antireligiös/antikirchlich [34]
  Werte-Diskurs (Metaebene) [7]
  Grenzerfahrung [11]
  Reaktion auf (antizipierte) Grenzerfahrung [0]
    kommunikative religiöse Rahmung [3]
      religiöse Sprache [5]
        eher geprägt [12]
        eher frei [4]
        Kontextualisierung des eigenen Urteils, dialogisch [2]
      ethische Konsequenzen [1]
        sorgfältige Abwägung [3]
        Sterbehilfe als Akt der Nächstenliebe [5]
        keine unnötigen lebensverlängernden Maßnahmen [1]
        Hilfe zur „Lebensfreude" auch im Sterben [1]
        für Christen nicht zu rechtfertigender Tabubruch [1]
  Kirchliche Argumentationsmuster [5]
    Tötungsverbot [2]
    Gott als Herr über Leben und Tod/Leben als Geschenk Gottes [9]
    christliche Freiheit und Verantwortung [4]
    positive Bedeutung des Leidens [1]
    Verbesserung der Umstände, z. B. Palliativmedizin [3]
    Entsolidarisierung [1]
    Gegen organisierte Sterbehilfe [0]
  andere „institutionelle" Bezüge [0]
    Personen des öffentlichen Lebens [13]
    biblische Texte [4]

---

3 Insgesamt 220 Codierungen.

2 Topoi, Argumentationsmuster, Beispiele (Phase 2)

2 Topoi, Argumentationsmuster, Beispiele (Phase 2) — 443

TOPOS		UNTERGEORDNETES TOPOSELEMENT	ARGUMENTATIONSMUSTER	BEISPIELE[1]
1 GEGEN BEVORMUN-DUNG	1a	FÜR SELBSTBESTIMMUNG	Ich bestimme über mein Leben, ich bestimme über meinen Tod. Niemand hat mir hier hereinzureden.	„Ich bin für absolute Selbstbestimmung, und dazu gehört, dass ich, verdammt noch mal, über meinen eigenen Tod bestimmen kann. WANN und WIE und WO ich sterben will, muss doch mir überlassen bleiben! Und auch der Grund ist meine Sache!" (BILD, 54)
	1b	GEGEN INSTITUTIONEN (v. a. gegen Staat und Kirche)	Weil Staat/Regierung und Kirche (und Ärzteschaft) den Bürgern vorschreiben wollen, wie zu leben (und zu sterben ist), ist die Einflussnahme von Institutionen auf das Leben der Bürger abzulehnen.	„Wir müssen weg von der Bevormundung durch den Staat, die Kirche und die Ärzteschaft." (Süddeutsche, Forum, 69) „Genau darum geht es aktuell: um den Machtkampf zwischen dem paternalistischem Staat und dem freien Individuum sowie zwischen den hartnäckigen Überresten des christlichen Ethos und einer aufgeklärten Gesellschaft. [...]Es gilt also, die Macht der Kirche und des Staates und in diesem Fall auch der Ärzteschaft schnellstens zu brechen." (ZEIT, Tod, 102)
	1c	PRIVATHEIT / PERSÖNLICHE ENTSCHEIDUNG	Weil Sterben die persönlichste Angelegenheit des Menschen ist, muss das konkrete Sterben jedem Menschen selbst überlassen werden.	„Der Staat hat meiner Meinung nach kein Recht, sich in meine allerpersönlichsten Angelegenheiten einzumischen und mein Leben bzw. Sterben ‚zu verwalten'. Ich möchte mich hiergegen sogar dringend verwahren. Es gibt kaum etwas, das mehr Privatsache ist." (Süddeutsche, Forum, 30)

Fortsetzung

TOPOS		UNTERGEORDNETES TOPOSELEMENT	ARGUMENTATIONSMUSTER	BEISPIELE
				„Der eigene Tod ist das Privateste, nichts ist so unmittelbar und allein mit dem Ich verbunden. Das Leben mag ein Geschenk sein, der Tod ist sein letzter Preis. Man kann sich sterbend anvertrauen, einer höheren Macht, einem nahen Menschen. Muß es aber nicht, denn es gibt für nichts und niemand ein Mitspracherecht. Ich bleibe, so lang ichs ertrage und gehe, wann ich will." (ZEIT, Tod, 37)
2 VERANTWORTUNGS- ÜBERNAHME	2a	DIFFERENZIERUNG (diskursiv)	Weil der Sachverhalt komplex ist, erfordert er eine differenzierte diskursive Auseinandersetzung.	*„Wir sind doch verpflichtet, die möglichen Folgen unserer Handlungen, d. h. auch unserer Gesetze, in den Blick zu nehmen und uns diskursiv und deliberativ, wie es sich für eine Demokratie gehört, darüber Rechenschaft zu geben, so gut es geht."* (ZEIT, Tod, 137)
	2b	FÜR EINE/N ANDERE/N (konkret intersubjektiv)	Weil Sterben betroffen macht, sind konkrete Andere in die Situation der Verantwortung hinein gerufen.	*„Wir müssen wieder ein gesundes Maß an Verantwortlichkeit übernehmen, auch für unsere von uns gehenden Angehörigen."* (ZEIT, Tod, 109)
	2c	GEGEN MISSBRAUCH / SCHUTZ DER SCHWACHEN (gesellschaftlich)	Weil die Schwachen u. U. nicht mehr in der Lage sind, sich selbst zu schützen, muss die Gesellschaft sie (vor missbräuchlichen	*„Der Schwächere muss aus meiner Sicht geschützt werden, sonst ist dem Mißbrauch Tür und Tor geöffnet. Unter dem Deckman-*

2 Topoi, Argumentationsmuster, Beispiele (Phase 2) — 445

Fortsetzung

	TOPOS	UNTERGEORDNETES TOPOSELEMENT	ARGUMENTATIONSMUSTER	BEISPIELE
			Regelungen und Anwendungen von Sterbehilfe) schützen.	tel der sogenannten Selbstbestimmung kann man vieles fordern, ob es gut ist, steht auf einem anderen Blatt." (ZEIT, Position, 71)
3	AUFKLÄRUNG			
		3a SACHVERSTÄNDIGE	Weil ich eine entsprechende berufliche Qualifikation besitze, kann ich mich sachkundig und weiterführend zum Thema äußern.	„Während meiner 20jährigen ärztlichen Tätigkeit ist mir kein einziger Patient begegnet, der mir gegenüber den Wunsch nach Sterbehilfe geäußert hat." (ZEIT, Tod, 164) „Ich bitte um eine etwas vorsichtigere Diskussion. Da ich die NOTFALL-SEELSORGE mit aufgebaut habe (in den 1990er-Jahren), weiß ich, was es bedeutet, Leichenteile von Bahnschienen aufsammeln zu müssen." (ZEIT, Tod, 132)
		3b SPEZIAL-/SONDERWISSEN (‚Verschwörung')	Weil die Ideologie (die Propaganda der Mächtigen) die Wahrheit verdunkelt, muss das Wahre endlich gesagt werden.	„Auch bei der sogenannten Sterbehilfe geht es nicht um Hilfe für Notleidende und schwer Kranke. Sie gehen in die gesamtwirtschaftliche Kalkulation ein als Negativposten, der beseitigt werden soll." (ZEIT, Position, 96)
4	FREIHEIT			
		4a ENTSCHEIDUNGSFREIHEIT / FREIER WILLE	Weil die Freiheit der Wahl der Inbegriff von Freiheit und Individualität ist, muss diese Freiheit der Wahl verteidigt werden.	„Ich für meinen Teil bin der Überzeugung, daß die einzige Freiheit, die man sich im Leben erhoffen kann, die Freiheit der Wahl

Fortsetzung

TOPOS	UNTERGEORDNETES TOPOSELEMENT	ARGUMENTATIONSMUSTER	BEISPIELE
		Oder: Weil der ‚freie Wille' immer relational verstanden werden will, kommt auch die Entscheidungsfreiheit (als Wurzelgrund von Freiheit und Individualität [s. o.]) an ihre Grenzen.	*ist. Eine entwickelte Gesellschaft muß ihren Mitgliedern ermöglichen, über diesen letzten, persönlichsten Termin, den man im Leben haben kann, frei zu verfügen. Alles andere ist Heuchelei unter dem Deckmantel irgendeiner Fürsorge." (ZEIT, Tod, 31)*
4aa	FREITOD	Wer partout nicht mehr leben möchte, kann (schon jetzt) den Freitod wählen.	*„Auch den Begriff ‚Würde' sollte man nicht für politische Debatten missbrauchen. Das Dahinsiechen und der Freitod sind weder würdevoll noch würdelos. [...] Wer meint, nicht mehr leben zu können, findet auch einen Weg zum Freitod. Es muss nicht alles gesetzlich geregelt oder von Vereinen bzw. von kommerziellen Firmen organisiert werden." (WELT, 9)*
4b	DILEMMA / Schwierigkeit der Entscheidungsfindung als Folge der Entscheidungsfreiheit	Weil sich in der konkreten Situation unterschiedliche Interessen und Bedürfnisse bündeln, provoziert der Wunsch nach Sterbehilfe prinzipielle Dilemmata.	*„Der Schutz der Schwachen ist das wichtigste Gebot, in jeder Situation. Dies impliziert nicht, dass man Sterbehilfe verbieten soll, aber auch nicht, dass man [...] durch einen Kriterienkatalog dieser Verantwortung begegnen kann. Aus dem moralischen Dilemma kommt keiner heraus." (ZEIT, Position, 12)*

Fortsetzung

TOPOS	UNTERGEORDNETES TOPOSELEMENT	ARGUMENTATIONSMUSTER	BEISPIELE
4c	VORSORGE	Weil ich für mein eigenes Sterben und meinen eigenen Tod Verfügungssicherheit haben wollte, habe ich persönlich Vorkehrungen getroffen.	„Ich habe mich vor ein paar Jahren dazu entschieden, selbst Verantwortung für meinen Tod zu übernehmen. [...] In meinem Kühlschrank befindet sich nun eine Exit-Box mit detaillierten Hinweisen für meine Angehörigen und Ärzte. Seitdem ich das getan habe, geht es mir viel besser [...]." (Süddeutsche, 42)
4ca	PATIENTENVERFÜGUNG	Weil Patientenverfügungen viel Klarheit im Entscheidungsfall schaffen, sollte eine solche Verfügung (frühzeitig) abgeschlossen werden.	„Verfassen Sie eine Patientenverfügung und zwar so, dass diese juristisch greift. Wohlfahrtsverbände, Notare beraten in der Angelegenheit." (Freitag, 31)
5	ERFAHRUNG	Weil ich entsprechende Erfahrungen mit dem Thema gesammelt habe, kann ich erzählen, wie es (meiner Erfahrung nach) wirklich (gewesen) ist.	„Mein Vater redet schon seit Jahren, dass er sterben möchte. Er lebt in einem Pflegeheim und ist nicht mehr Herr seiner Sinne. Er würde mich gar nicht als seine Tochter erkennen. Doch wie schrecklich das auch für mich ist, ich könnte ihm nicht helfen, dabei zu sterben. Denn, was sich so einfach anhört, ist für mich sehr schwer. Denn würde ich seinen Wunsch erfüllen und ihm beim Sterben helfen, dann würde das auch einen Gewissenskonflikt in mir auslösen. Dass er sterben könnte, ist für mich schon

Fortsetzung

	TOPOS	UNTERGEORDNETES TOPOSELEMENT	ARGUMENTATIONSMUSTER	BEISPIELE
				schwer genug, aber so ist nun mal das Leben. Doch es würde mich, glaube ich, noch mehr belasten, wenn es durch meine Hand geschieht. Ich weiß nicht, aber das wäre für mich verflucht schwer. Das ist meine persönliche Ansicht." (BILD, 101 ff.)
6	HETERONOME MACHT	6a SOZIALER DRUCK / NÖTIGUNG	Wenn Sterben eine Angelegenheit der individuellen Entscheidung wird, erhöht sich ggf. der soziale Druck auf den Einzelnen, eine solche Entscheidung zum Tode auch zu treffen.	*„Ja, ja erlaubt es. Dann bekommen alle, die schwer krank sind (aber eigentlich noch leben wollen), schwer depressiv (die wollen ja eh' nicht mehr leben) den gesellschaftlichen Druck, endlich ‚human' handeln ‚zu lassen' – a little help from my friends."* (ZEIT, Position, 99) *„Wir sollten den Sterbenden zur Seite stehen und nicht noch den Druck erhöhen, dass sie sterben wollen!"* (WELT, 4)
		6b ÖKONOMISIERUNG	Weil die Gewinnmaximierung (der Kapitalismus) unser ganzes Leben bestimmt, steht in Gefahr, dass sie auch bald das Sterben und seine Umstände (gänzlich) beherrschen wird.	*„[M].M. sollte das jeder Mensch für sich bestimmen können. Die Gefahr der Entstehung eines Dienstleistungszweiges ‚Sterbehilfe', der sich ‚selbständig' macht, ist eine nicht zu unterschätzende Gefahr. Bisher wurde alles kommerzialisiert."* (BILD, 130)

Fortsetzung

TOPOS		UNTERGEORDNETES TOPOSELEMENT	ARGUMENTATIONSMUSTER	BEISPIELE
7 LEIDEN				„Welche Hilfe bieten wir an, wo Unterstützung? Darum geht es doch. Und die Antwort darauf ist eben ‚Nicht viel‘, oft gar keine. ‚Jeder ist seines/ihres Glückes Schmied, und der Bessere gewinnt.‘ Derweil wird die Ökonomisierung aller Lebensbereiche gnadenlos vorangetrieben. Kein Pardon, für niemanden. Mildernde Umstände? Schutzräume? Schonfristen? Die gibt es nicht. Interessiert kaum einen." (Freitag, 9)
	7a	LEIDEN LASSEN (neg. Konnotation)	Leiden lassen heißt: jemanden (willentlich) quälen.	„Katrin Göring-Eckardt und Kathrin Vogler sagten, der Tod dürfe keine leicht erreichbare Dienstleistung werden.' Also gut, dann weiter unmenschlich leiden lassen oder zu Verzweiflungstaten bringen?" (ZEIT, Position, 63)
	7b	LEIDEN BEENDEN / VERMINDERN	Wenn jeder über sein Leben und seinen Tod entscheiden könnte, könnte auch unnötiges Leiden beendet/vermindert werden.	„Jeder sollte das Recht haben, selbst über sein Leben zu entscheiden, und unnötiges Leid muss vermieden werden!" (BILD, 53) „[W]enn einer nur noch mit Opiaten die Schmerzen genommen werden und man selber nicht mehr schlucken kann, das heißt es muß immer der schleim abgesaugt werden. Warum soll man einen Menschen

Fortsetzung

TOPOS	UNTERGEORDNETES TOPOSELEMENT	ARGUMENTATIONSMUSTER	BEISPIELE
			so quälen? Es ist für den Kranken und auch für die Angehörigen besser, wenn man das so genannte Leben beendet." (BILD, 89)
7bc	BEDEUTUNG DER PALLIATIVMEDIZIN	Wenn die Möglichkeiten der Palliativmedizin genutzt werden, wird sich die Situation der Sterbenden sehr verbessern / so sehr verbessern, dass der Wunsch zu sterben in den Hintergrund tritt.	„Auf jeden Fall brauchen wir eine deutliche Ausweitung der Palliativmedizin, und was wir wirklich nicht brauchen, ist eine Ausweitung der Qualitätssicherung in dem Bereich, sondern ethisch statt marktwirtschaftlich (ich will keinen ISO 9000ff-Tod sterben, wenn es so weit ist!) handelnde Mediziner!" (Süddeutsche, 15) „Die Palliativmedizin kann den allermeisten Todkranken helfen, schmerzfrei zu sterben, ohne Selbstmord begehen zu müssen." (Süddeutsche, 28)
7d	TIERVERGLEICH	Wenn man Tiere von ihrem Leid erlösen und einschläfern darf, sollte man entsprechend auch Menschen von ihrem Leid erlösen dürfen, wenn sie leiden.	„Ja jedem Tier kann man sein Leid lindern durch Sterbehilfe, nur bei uns Menschen soll das nicht möglich sein?????" (BILD, 1) „[V]or zweieinhalb Jahren mußte ich meine kleine Juna (Katze, 11einhalb Jahre) einschläfern lassen, sie war todkrank (das Knochenmark bildete kein Blut mehr). Sie lag in meinen Armen und schaute mich mit ihren großen Kulleraugen an, als die Tier-

Fortsetzung

TOPOS	UNTERGEORDNETES TOPOSELEMENT	ARGUMENTATIONSMUSTER	BEISPIELE
			ärztin ihr die zwei Spritzen gab. Mir liefen die Tränen herab, aber ich wußte, mein Mäuschen brauchte nicht mehr zu leiden. So wünsche ich mir auch meinen Tod." (BILD, 111)
8 WÜRDE		Weil die Würde des Menschen ein hohes (unantastbares) Gut ist, können auch die Umstände des Sterbens den Menschen seiner Würde nicht berauben. Oder: Weil die Würde des Menschen unantastbar sein sollte, müssen die Bedingungen vermieden werden, die zu ihrem Verlust führen.	„Ein ganz klares Ja. Warum? Da sag ich nur Brittany Maynard. Lieber in Würde sterben und nicht als ein Häufchen Elend jämmerlich verenden." (BILD, 59) „Der Todgeweihte muss also – wenn er noch empfinden kann – in schwerster Lebenslage erfahren, dass ihm von anderen vorgeschrieben wird, was für ihn das Beste ist, obwohl er selbst darüber ganz anders denkt. Diese Bevormundung ist es, die seiner Würde abträglich ist." (der Freitag, 2)
9 WERT DES LEBENS		Wenn die Bedingungen für Sterbehilfe verhandelt werden, wird implizit immer auch die Frage nach dem Wert des Lebens und seinen Grenzen mitgestellt.	„Rawls und Dworkin argumentieren zur Sterbehilfe lt. Artikel: ‚Entsprechenden Patienten diese Option zu verweigern, wäre nurmehr in Rekurs auf eine religiöse oder ethische Überzeugung möglich, die dem Leben einen Wert an sich (value or meaning of life itself) beimisst.' Wer wie die beiden

Fortsetzung

TOPOS	UNTERGEORDNETES TOPOSELEMENT	ARGUMENTATIONSMUSTER	BEISPIELE
			dem Leben keinen Wert an sich beimessen möchte, sollte mal erklären, woraus sich der Wert des Lebens dann ergibt. Und schon sind wir bei subjektiven Bewertungen anhand verschiedener Wertesysteme (oder wer soll ein allgemeingültiges setzen?), aus denen sich zwangsläufig verschieden wertige Leben ergeben." (ZEIT, Tod, 62)
10 EXISTENZIELLE DISSOZIATION (formaler Topos)		Wenn ich mir vorstelle, dass ich ..., dann ...	*„Stellen Sie sich einfach vor, Ihr Partner ist unheilbar krank, und die Ärzte können auch nichts mehr gegen die Schmerzen tun. Ihr Partner windet sich vor Schmerzen und fleht Sie an, endlich sterben zu dürfen. Aber man lässt ihn/sie nicht. Ich stelle mir das gruselig vor, das halten Sie nicht lange durch. Dafür verfolgt das langsame Sterben Sie für den Rest Ihres Lebens." (BILD, 109)*
11 EINS FOLGT AUFS ANDERE (Quasi-Logisches) (formaler Topos)	11a *(leer)*	Wenn das eintritt, wird auch jenes eintreten ...	*„Wegen des fehlenden Bewußtseins und der fehlenden Kenntnis für das Ererbte und Entwickelte wird das alte Europa mal abdanken müssen. Dann kommt die Staatsräson. China, Rußland und eine neoliberale*

Fortsetzung

TOPOS	UNTERGEORDNETES TOPOSELEMENT	ARGUMENTATIONSMUSTER	BEISPIELE
			USA mit Gefolge Deutschland. Da werden Se geholfen, wenn Sie nicht mehr zu gebrauchen sind." (ZEIT, Tod, 64) *„Wenn man sich die hohe Anzahl nichtnatürlicher, unerkannter Todesfälle anschaut, wird einem vor einer lockeren Sterbehilferegelung Angst und Bange. Da kommt schnell eine Win-Win-Situation zustande:* *- Der Patient leidet,* *- die Betreuung macht viel Arbeit,* *- es gibt ein Erbe* *(und volkswirtschaftlich rechnet es sich auch).* *Und schon reift ein Plan!"* (ZEIT, Position, 36)
	11b ‚DAMMBRUCH'	Würde Suizidassistenz erleichtert/Sterbehilfe legalisiert, würden Menschen in hohem/unkontrollierbarem Ausmaß von dieser Möglichkeit Gebrauch machen.	*„In unserem Gesundheitssystem findet auch heute schon ein sehr sparsamer Umgang mit dem Leben statt. Würde man aktive Hilfe bei der Selbsttötung einmal zulassen, würde danach der Flashmob des Todes folgen."* (ZEIT, Tod, 105)
12 ANDERE Kein Topos;			*„Legalisieren! Die Argumente des zweiten Mannes sind sinnlos."* (BILD, 7)

Fortsetzung

TOPOS	UNTERGEORDNETES TOPOSELEMENT	ARGUMENTATIONSMUSTER	BEISPIELE
Sammelkategorie (nicht einheitlich)			
13 BEKENNTNIS / christlich-religiöse Rede (Binnensprache) (formaler Topos)		z.B. Ich glaube an ... Daraus folgt ...	„Das irdische Leben muss mit dem Tod enden, denn auch Jesus musste sterben um dann vom Vater wieder auferweckt zu werden (nach 3 Tagen;). Ein Mitbruder wurde von Krebs geheilt, dank Gottesgnade;), nur können wir nicht bestimmen, wann und wo es stattfindet!" (WELT, 42)
14 ÜBERSETZUNG RELIGIÖSER GEHALTE (formaler Topos)		Wenn Christen von ... sprechen, geht es um ...	„Das Leben anzunehmen, wie es gegeben ist (was Leidverhinderung und -linderung einschließt), ist eine gute Lebensmöglichkeit (aus Gottes Hand)." (ZEIT, Tod, 114) „Oder empfinde ich mich als ein Wesen, das als ein Teil des Universums ist (biblisch auch Schöpfung genannt)? Dieses wiederum hat zur Folge, dass ich mir nicht nur selbst gegenüber verantwortlich bin sondern auch dieser Schöpfung." (Süddeutsche, 47)
15 GELTUNGSANSPRUCH RELIGIÖSER REDE	14a im öffentlichen Raum / Ablehnung	Weil religiöse Argumente nur von einer Gruppe der Bevölkerung anerkannt werden, können sie in der Debatte zur Sterbehilfe keine tragende Rolle spielen (haben	„Religiöse Überzeugungen, die nur von einem Teil der Bevölkerung geteilt werden, können in einer pluralistischen Demokratie aber unmöglich Grundlage der allgemei-

Fortsetzung

TOPOS	UNTERGEORDNETES TOPOSELEMENT	ARGUMENTATIONSMUSTER	BEISPIELE
		sie keinen Niederschlag in der gesetzlichen Regelung zu finden).	nen Gesetzgebung sein." (ZEIT, Position, 26)
			„Dennoch gibt es Personen, die an die Existenz von Wassergeistern, Vampiren, Feuerdjischinns, Propheten, Schutzengeln und Seelen glauben und den übrigen Menschen per Gesetz vorschreiben wollen, ihren persönlichen und zutiefst willkürlichen Hokuspokus für das eigene Leben wichtig zu nehmen. Es wird jenen Personenkreisen sogar eine Plattform in den Medien geboten. Und das im 21. Jahrhundert." (WELT, 10)
	14b intersubjektiv (auf der persönl. Ebene) / Ablehnung	Weil religiöse Argumente nur von einer Gruppe der Bevölkerung anerkannt werden, haben sie (auch) auf intersubjektiver Ebene keine notwendige Argumentationskraft.	„Es gibt viele Menchen, die wissen, dass es keinen Gott gibt. Hören sie bitte auf immer mit Gott zu argumentieren. Wir wollen nur über das Ende unseres Lebens selbst bestimmen [...]." (WELT, 20)
16 KIRCHE ALS KULTURTRÄGERIN (Bedeutung für Kultur und Gesellschaft)		Weil Kirche und Christentum eine bedeutende Rolle für unsere Kultur gespielt haben und spielen, sollte auch die christliche Einschätzung nicht marginalisiert werden.	„Vergleichen Sie die Gesellschaften vor dem Christentum und die Parallelen dazu. Sie werden immer das segensreiche Wirken der christlichen Kirchen, und des Islam übrigens auch, bemerken. Erst recht, was Kultur und Bildung anbetrifft, die vorher

Fortsetzung

TOPOS	UNTERGEORDNETES TOPOSELEMENT	ARGUMENTATIONSMUSTER	BEISPIELE
			und während nur den Launen der Herrscher ausgeliefert war." (ZEIT, Tod, 64)
17 ANDERE (Religion / Kirche als Thema) *Kein Topos; Sammelkategorie (nicht einheitlich)*			*„Von mir aus können Sie gerne Ihrem Atheismus frönen, ist schließlich auch eine Form von Gläubigkeit. Aber beleidigen Sie deshalb bitte nicht diejenigen, die es anders sehen. ‚Vampire' etwa auf eine Stufe zu stellen mit ‚Seelen' ist eine solche Beleidigung, und zwar gleich für eine ganze Reihe religiöser Weltanschauungen."* (WELT, 11)
18 KIRCHLICHE VOTEN (Topoi vorgegeben)	18a TÖTUNGSVERBOT	s. Exkurs Kap. 4.2.	*„Soweit ich weiß, stehen die 10 Gebote im AT, sind also (proto)jüdisch und nicht christlich. Des weiteren steht da ‚du sollst nicht morden'. Also wird von unlegitimierter Tötung gesprochen und nicht Tötung allgemein [...]."* (ZEIT, Tod, 92)
	18b GOTT ALS HERR ÜBER LEBEN UND TOD / LEBEN ALS GOTTES GESCHENK	s. Exkurs Kap. 4.2.	*„Gottes Geschenk (unser Leben) sollten wir genießen, wie es ist."* (ZEIT, Position, 5) *„Auf der anderen Seite die Erkenntnis, dass das eigene Leben Geschenk eines Schöpfers ist, das einen tieferen Sinn verfolgt und vor allem auf ein Ziel gerichtet ist."* (ZEIT, Tod, 115)

Fortsetzung

TOPOS	UNTERGEORDNETES TOPOSELEMENT	ARGUMENTATIONSMUSTER	BEISPIELE
	18c CHRISTLICHE FREIHEIT UND VERANTWORTUNG	s. Exkurs Kap. 4.2.	„Protestantischer Pluralität und Freiheit entsprechend, gehen die durchaus unterschiedlichen Voten aus dem Bereich der EKD davon aus, dass absolute Freiheit unmöglich ist, weil sie a) endlich ist, da wir sterblich sind, und b) zum Menschsein konstitutiv gehört, aufeinander angewiesen zu sein; das kann ein Einfallstor für unangebrachte Machtausübung sein." (ZEIT, Tod, 114)
	18d ENTSOLIDARISIERUNG	s. Exkurs Kap. 4.2.	„Das entscheidende Argument, das von kirchlicher Seite vorgebracht wird, ist die Sorge, dass mit dem Angebot einer aktiven Sterbehilfe der Druck auf Menschen wächst, ihren Angehörigen und anderen nicht länger zur Last zu fallen, wenn sie in der Leistungsgesellschaft nicht mehr mithalten können." (ZEIT, Tod, 54)
	18e GEGEN ORGANISIERTE STERBEHILFE	s. Exkurs Kap. 4.2.	
	18f POSITIVE BEDEUTUNG DES LEIDENS	s. Exkurs Kap. 4.2.	„Leid ist nicht Selbstzweck, aber heilsnotwendig." (ZEIT, Tod, 171)

Fortsetzung

TOPOS	UNTERGEORDNETES TOPOSELEMENT	ARGUMENTATIONSMUSTER	BEISPIELE
18 g	VERBESSERUNG DER UMSTÄNDE (z. B. Palliativmedizin)	s. Exkurs Kap. 4.2.	

[1] Die Zitate sind sprachlich geglättet und hinsichtlich der Rechtschreibung korrigiert worden.

Literaturverzeichnis

Ackerman, Bruce und Fishkin, James S., *Deliberation Day*, New Haven/CT: Yale University Press, 2004.
Adler, Anja, „Liquid Democracy als Social Software für Parteien". *Forschungsjournal Soziale Bewegungen* 26 (2013), 71–83.
Ahrens, Petra-Angela und Wegner, Gerhard, *Die Angst vorm Sterben: Ergebnisse einer bundesweiten Umfrage zur Sterbehilfe*, Hannover: creo-media, 2015.
Alberti, Manfred, „Sterbehilfe – Das Volk verliert und die Kirche jubelt: Wie die EKD immer mehr das Gespür für die Basis verliert". *Deutsches Pfarrerblatt* 116 (2016), 207–211.
Allport, Gordon W., *The Individual and His Religion: A Psychological Interpretation*, New York/NY: Macmillan, 1950.
Allport, Gordon und Ross, J. Michael, „Personal Religious Orientation and Prejudice". *Journal of Personality and Social Psychology* 5 (1967), 432–443.
Althaus, Scott L. und Tewksbury, David, „Agenda Setting and the ‚New' News: Patterns of Issue Importance on the Paper and Online Versions of the New York Times". *Communication Research* 29 (2002), 180–207.
Altman, Irwin, *The Environment and Social Behavior: Privacy – Personal Space – Territory – Crowding*, Monterey/CA: Brooks-Cole Publ. Comp., 1975.
Altmeyer, Martin, *Auf der Suche nach Resonanz: Wie sich das Seelenleben in der digitalen Moderne verändert*, Göttingen: Vandenhoeck & Ruprecht, 2016.
Anastasiadis, Mario und Thimm, Caja, „Social Media – Wandelprozesse sozialer Kommunikation". In *Social Media: Theorie und Praxis digitaler Sozialität*, hg. v. dens., Frankfurt a.M. u.a.: Lang, 2011, 9–19.
Anderson, Chris, *The Long Tail: Why the Future of Business is Selling Less of More*, New York/NY: Hachette Books, 2006.
Androutsopoulos, Jannis, „Neue Medien – neue Schriftlichkeit?". *Mitteilungen des Deutschen Germanistenverbandes* 54 (2007), 72–97.
Anton, Andreas, *Unwirkliche Wirklichkeiten: Zur Wissenssoziologie von Verschwörungstheorien*, Berlin: Logos, 2011.
Anton, Andreas, Schetsche, Michael und Walter, Michael K., „Einleitung: Wirklichkeitskonstruktion zwischen Orthodoxie und Heterodoxie – zur Wissenssoziologie von Verschwörungstheorien". In *Konspiration: Soziologie des Verschwörungsdenkens*, hg. v. dens., Wiesbaden: Springer VS, 2014, 9–25.
Arendt, Hannah, *Vita activa oder Vom tätigen Leben*, München: Piper, ^{9}2010.
Arendt, Hannah, „Wahrheit und Politik". In *Zwischen Vergangenheit und Zukunft: Übungen im politischen Denken I*, hg. v. Ursula Ludz, München u.a.: Piper, 1994, 327–370.
Arens, Edmund, *Gottesverständigung: Eine kommunikative Religionstheologie*, Freiburg i.Br. u.a.: Herder, 2007.
Aristoteles, *Nikomachische Ethik, Werke in deutscher Übersetzung*, Bd. 6, hg. v. Ernst Grumach, Berlin: Akademie-Verlag, 1956.
Bachmann-Medick, Doris, *Cultural Turns: Neuorientierungen in den Kulturwissenschaften*, Hamburg: Rowohlt, 3., neu bearb. Aufl., 2009.
Back, Kurt W. und Polisar, Donna, „Salons und Kaffeehäuser". *Kölner Zeitschrift für Soziologie und Sozialpsychologie*, Sonderheft 26: *Gruppensoziologie: Perspektiven und Materialien*, hg. v. Friedhelm Neidhardt, Opladen: Westdeutscher Verlag, 1983, 276–286.

Bajohr, Hannes, *Dimensionen der Öffentlichkeit: Politik und Erkenntnis bei Hannah Arendt*, Berlin: Lukas-Verlag, 2011.
Barber, Benjamin R., *Strong Democracy: Participatory Politics for a New Age*, Oakland/CA: Univ. of California Press, 1984.
Barber, Benjamin, „Which Technology and Which Democracy?" In *Democracy and New Media*, hg. v. Henry Jenkins und David Thorburn, Cambridge/MA u. a.: MIT Press, 2003, 33 – 47.
Barlow, John Perry, *A Declaration of the Independence of Cyberspace*, 1996. https://www.eff.org/cyberspace-independence (01. 03. 2018).
Barnes, Susan B., „A Privacy Paradox: Social Networking in the United States". *First Monday* 11 (2006). http://firstmonday.org/article/view/1394/1312_2 (01. 03. 2018).
Barth, Karl, „Quosque tandem …?". *Zeichen der Zeit* 8 (1930), 1– 6.
Barth, Ulrich, *Religion in der Moderne*, Tübingen: Mohr Siebeck, 2003.
Bateman, John, Wildfeuer, Janina und Hiippala, Tuomo, *Multimodality: Foundations, Research and Analysis: A Problem-Oriented Introduction*, Berlin u. a.: de Gruyter Mouton, 2017.
Bauman, Zygmunt, *Ansichten der Postmoderne*, übers. v. Nora Räthzel, Hamburg u. a.: Argument-Verlag, 1995.
Bauman, Zygmunt, *Liquid Modernity*, Cambridge/UK: Polity Press, 2000.
Bauman, Zygmunt, *Flüchtige Moderne*, übers. v. Reinhard Kreissl, Frankfurt a.M.: Suhrkamp, 2003.
Bauman, Zygmunt, *Moderne und Ambivalenz: Das Ende der Eindeutigkeit*, übers. v. Martin Suhr, Hamburg: Hamburger Ed., 2005.
Beck, Ulrich, *Risikogesellschaft: Auf dem Weg in eine andere Moderne*, Frankfurt a.M.: Suhrkamp, 1986.
Beckedahl, Markus, „Aktuelle Netzpolitik: Problemanalyse und Lösungsansätze". *epd-Dokumentation* 35/2015, 11–19.
Bedford-Strohm, Heinrich, „Öffentliche Theologie in der Zivilgesellschaft". In *Politik und Theologie in Europa: Perspektiven ökumenischer Sozialethik*, hg. v. Ingeborg Gabriel, Ostfildern: Matthias Grünewald Verlag, 2008, 340 – 366.
Bedford-Strohm, Heinrich, *Öffentliche Theologie und Kirche: Abschiedsvorlesung an der Universität Bamberg am 26. Juli 2011*. http://landesbischof.bayern-evangelisch.de/downloads/Abschiedsvorlesung_Bedford_Strohm.pdf (01. 03. 2018).
Bedford-Strohm, Heinrich, *Leben dürfen, sterben müssen: Argumente gegen die Sterbehilfe*, München: Kösel, 2015.
Bedford-Strohm, Heinrich, „Fromm und politisch: Warum die evangelische Kirche die Öffentliche Theologie braucht". *Zeitzeichen* 7/2016, 8–11.
Bedford-Strohm, Heinrich und Jung, Volker, Hg., *Vernetzte Vielfalt: Kirche angesichts von Individualisierung und Säkularisierung. Die fünfte EKD-Erhebung über Kirchenmitgliedschaft*, Gütersloh: Gütersloher Verlagshaus, 2015.
Beierwaltes, Andreas, *Demokratie und Medien: Der Begriff der Öffentlichkeit und seine Bedeutung für die Demokratien in Europa*, Baden-Baden: Nomos, 2000.
Die Bekenntnisschriften der Evangelisch-Lutherischen Kirche, hg. v. Irene Dingel im Auftrag der Evangelischen Kirche in Deutschland, Göttingen: Vandenhoeck & Ruprecht, vollst. Neuedition 2014.
Bell, Daniel, *Die nachindustrielle Gesellschaft*, übers. v. Siglinde Summerer und Gerda Kurz, Frankfurt a.M. u. a.: Campus, 1975.

Bellah, Robert, Madsen, Richard, Sullivan, William M., Swidler, Ann und Tipton, Steven M., *Habits of the Heart: Individualism and Commitment in American Life*, Berkeley: University of California Press, 1985.
Benhabib, Seyla, „Modelle des öffentlichen Raums: Hannah Arendt, die liberale Tradition und Jürgen Habermas". *Soziale Welt* 42 (1991), 147–165.
Benhabib, Seyla, *Hannah Arendt: Die melancholische Denkerin der Moderne*, übers. v. Karin Wördemann, Hamburg: Rotbuch-Verlag, 1998.
Benkler, Yochai, *The Wealth of Networks: How Social Production Transforms Markets and Freedom*, New Haven/CT: Yale University Press, 2006.
Benkler, Yochai, „Coase's Penguin, or, Linux and The Nature of the Firm." *The Yale Law Journal* 112 (2002). http://www.yalelawjournal.org/article/coases-penguin-or-linux-and-the-nature-of-the-firm (01.03.2018).
Benz, Brigitte und Kranemann, Benedikt, Hg., *Trauerfeiern nach Großkatastrophen: Theologische und sozialwissenschaftliche Zugänge*, Neukirchen-Vluyn: Neukirchener Verlagsgesellschaft und Würzburg: Echter, 2016.
Berger, Peter A. und Hitzler, Ronald, Hg., *Individualisierungen: Ein Vierteljahrhundert „jenseits von Stand und Klasse"?*, Wiesbaden: VS Verlag für Sozialwissenschaften, 2010.
Berger, Peter, Hock, Klaus und Klie, Thomas, Hg., *Religionshybride: Religion in posttraditionalen Kontexten*, Wiesbaden: Springer VS, 2013.
Berger, Peter, Hock, Klaus und Klie, Thomas, Hg., *Hybride Religiosität – posttraditionale Gemeinschaft: Kirchbauvereine, Gutshausvereine und alternative Gemeinschaften in Mecklenburg-Vorpommern*, Münster u.a.: Lit, 2014.
Berger, Peter L., *Zur Dialektik von Religion und Gesellschaft: Elemente einer soziologischen Theorie*, übers. v. Monika Plessner, Frankfurt a.M.: S. Fischer, 1973.
Berger, Peter L., „Further Thoughts on Religion and Modernity". *Society* 49 (2012), 313–316.
Berger, Peter L., *Altäre der Moderne: Religion in pluralistischen Gesellschaften*, übers. v. Ruth Pauli, Frankfurt a.M.: Campus, 2015.
Berger, Peter L. und Luckmann, Thomas, *Die gesellschaftliche Konstruktion der Wirklichkeit: Eine Theorie der Wissenssoziologie*, übers. v. Monika Plessner, Frankfurt a.M.: Fischer, [18]2001.
Berger, Peter L. und Luckmann, Thomas, *Modernität, Pluralismus und Sinnkrise: Die Orientierung des modernen Menschen*, Gütersloh: Verlag Bertelsmann-Stiftung, 1995.
Bernard, H. Russell und Ryan, Gery W., *Analyzing Qualitative Data: Systematic Approaches*, Thousand Oakes/CA: Sage, 2010.
Bieber, Christoph, „Digitaler Strukturwandel der Öffentlichkeit? Zur Re-Konfiguration politischer Akteure durch Neue Medien". In *Politische Akteure in der Mediendemokratie*, hg. v. Heribert Schatz, Patrick Rössler und Jörg-Uwe Nieland, Wiesbaden: Westdeutscher Verlag, 2002, 113–127.
Bieber, Christoph, „Die digitale Kluft: Summe digitaler Spaltungen? Technische und ethische Aspekte netzpolitischer Debatten". In *Ethische Herausforderungen im Web 2.0*, hg. v. Martin Dabrowski, Judith Wolf und Karlies Abmeier, Paderborn: Schöningh, 2014, 87–102.
Bieber, Christoph, *Digital diskutieren und online entscheiden – Liquid Democracy als neues Politikmodell*. Vortrag online: https://www.uni-due.de/kleine-form/bieber.php (01.03.2018).

Bieswanger, Markus, „Micro-Linguistic Structural Features of Computer-mediated Communication". In *Pragmatics of Computer-Mediated Communication*, hg. v. Susan C. Herring, Dieter Stein und Tuija Virtanen, Berlin u. a.: de Gruyter Mouton, 2013, 463–485.

Binsack, Thomas, „Palliativmedizin aus der Sicht eines Arztes". In *Würdig leben bis zum letzten Augenblick: Idee und Praxis der Hospiz-Bewegung*, hg. v. Gustava Everding und Angelika Westrich, München: Beck, 2000, 17–22.

Blanke, Eberhard, *Kommunikationskampagnen: Ansätze und Kriterien einer praktisch-theologischen Kampagnentheorie*, Stuttgart: Kohlhammer, 2010.

Böckenförde, Ernst-Wolfgang, *Staat, Gesellschaft, Freiheit: Studien zur Staatstheorie und zum Verfassungsrecht*, Frankfurt a.M.: Suhrkamp, 1976.

Böckenförde, Ernst-Wolfgang, „Der freiheitliche säkularisierte Staat...". In *„Um der Freiheit willen..": Kirche und Staat im 21. Jahrhundert*, hg. v. Susanna Schmidt und Michael Wedell, Freiburg i.Br. u. a.: Herder, 2002, 19–23.

Bödecker, Hans Erich, Hofmeister, Andrea und Hinrichs, Ernst, Hg., *Alphabetisierung und Literalisierung in Deutschland in der Frühen Neuzeit*, Tübingen: Niemeyer, 1999.

Böhm, Thomas H., *Religion durch Medien – Kirche in den Medien und die „Medienreligion": Eine problemorientierte Analyse und Leitlinien einer theologischen Hermeneutik*, Stuttgart u. a.: Kohlhammer, 2005.

Böhme, Gernot, *Atmosphäre: Essays zur neuen Ästhetik*, Berlin: Suhrkamp, 7., erw. u. überarb. Aufl., 2013.

Böntert, Stefan, *Gottesdienste im Internet: Perspektiven eines Dialogs zwischen Internet und Liturgie,* Stuttgart: Kohlhammer, 2005.

Bolter, Jay D. und Grusin, Richard, *Remediation: Understanding New Media*, Cambridge/MA: MIT Press, 1999.

Bowman, Shayne und Willis, Chris, *We Media: How Audiences are Shaping the Future of News and Information*, 2003. http://www.hypergene.net/wemedia/download/we_media.pdf (01.03.2018).

Brecht, Bertolt, „Der Rundfunk als Kommunikationsapparat: Rede über die Funktion des Rundfunks". In *Gesammelte Werke*, Bd. 18: Schriften zur Literatur und Kunst 1, hg. v. Elisabeth Hauptmann, Frankfurt a.M.: Suhrkamp, 1967, 127–134.

Brettschneider, Frank, „Agenda-Setting: Forschungsstand und politische Konsequenzen". In *Politik und Medien: Analysen zur Entwicklung der politischen Kommunikation*, hg. v. Michael Jäckel und Peter Winterhoff-Spurk, Berlin: Vistas, 1994, 211–229.

Brinker, Klaus und Sager, Sven F., *Linguistische Gesprächsanalyse: Eine Einführung*, Berlin: Erich Schmidt, 5., neu bearb. Aufl., 2010.

Bröckling, Ulrich, *Das unternehmerische Selbst: Soziologie einer Subjektivierungsform*, Frankfurt a.M.: Suhrkamp, 2007.

Brosius, Hans-Bernd, „Agenda-Setting nach einem Vierteljahrhundert Forschung: Methodischer und theoretischer Stillstand?". *Publizistik* 33 (1994), 269–288.

Brosius, Hans-Bernd, „Neue Medienumgebungen: Theoretische und methodische Herausforderungen". In *Theorieanpassungen in der digitalen Medienwelt*, hg. v. Olaf Jandura, Andreas Fahr und Hans-Bernd Brosius, Baden-Baden: Nomos, 2013, 13–29.

Bruns, Axel, *Gatewatching: Collaborative Online News Production*, New York u. a.: Lang, 2005.

Buckingham, David, „Introducing Identity". In *Youth, Identity and Digital Media*, hg. v. dems., Cambridge/MA: MIT Press, 2008, 1–22.

Bulkow, Kristin und Schweiger, Wolfgang, „Agenda-Setting – zwischen gesellschaftlichem Phänomen und individuellem Prozess". In *Handbuch Medienwirkungsforschung*, hg. v. dems. und Andreas Fahr, Wiesbaden: Springer VS, 2013, 171–190.

Bulkow, Kristin und Schweiger, Wolfgang, „Agenda-Setting und Dual Processing: Varianten der Nachrichtenrezeption als Determinante im Agenda-Setting". In *Theorieanpassungen in der digitalen Medienwelt*, hg. v. Olaf Jandura, Andreas Fahr und Hans-Bernd Brosius, Baden-Baden: Nomos, 2013, 207–224.

Bundesamt für Verfassungsschutz, Hg., *Rechtsextremisten und ihr Auftreten im Internet*, Köln 2013. https://www.verfassungsschutz.de/de/oeffentlichkeitsarbeit/publikationen/pb-rechtsextremismus/broschuere-2013-08-rechtsextremisten-im-internet (01.03.2018).

Butler, Judith, Habermas, Jürgen, Taylor, Charles und West, Cornel, „Abschlussdiskussion". In *Religion und Öffentlichkeit*, hg. v. Eduardo Mendieta und Jonathan VanAntwerpen, übers. v. Michael Adrian, Berlin: Suhrkamp, 2012, 158–169.

Campbell, Heidi A., Hg., *Digital Religion: Understanding Religious Practice in New Media Worlds*, London u. a.: Routledge, 2013.

Campbell, Heidi A., „Introduction: The Rise of the Study of Digital Religion". In *Digital Religion: Understanding Religious Practice in New Media Worlds*, hg. v. ders., London u. a.: Routledge, 2013, 1–21.

Campbell, Heidi A. und Garner, Stephen, *Networked Theology: Negotiating Faith in Digital Culture*, Grand Rapids/MI: Baker Academic, 2016.

Casanova, José, *Public Religions in the Modern World*, Chicago/IL: University of Chicago Press, 1994.

Casanova, José, *Europas Angst vor der Religion*, übers. v. Rolf Schieder, Berlin: Berlin University Press, 3., durchges. Auflage, 2015.

Castells, Manuel, *Das Informationszeitalter I: Die Netzwerkgesellschaft*, Opladen: Leske + Budrich, 2001.

Castells, Manuel, *Das Informationszeitalter II: Die Macht der Identität*, Opladen: Leske + Budrich, 2002.

Castells, Manuel, *Networks of Outrage and Hope: Social Movements in the Internet Age*, Cambridge/UK u. a.: Blackwell Publishing, 2012.

Castro Varela, María do Mar und Dhawan, Nikita, *Postkoloniale Theorie: eine kritische Einführung*, Bielefeld: transcript, 2., komplett überarb. Aufl., 2015.

Chatzikostas, Konstantinos, *Die Disponibilität des Rechtsgutes Leben in ihrer Bedeutung für die Probleme von Suizid und Euthanasie*, Frankfurt a.M. u. a.: Lang, 2001.

Cheong, Pauline H., Fischer-Nielsen, Peter, Gelfgren, Stefan und Ess, Charles, Hg., *Digital Religion, Social Media and Culture: Perspectives, Practices and Futures*, New York/NY u. a.: Lang, 2012.

Cohen, Bernhard C., *The Press and Foreign Policy*, Princeton/NJ: Princenton University Press, 1963.

Cohen, Jean L. und Arato, Andrew, *Civil Society and Political Theory*, Cambridge/MA. u. a.: MIT Press, 1992.

Cohen, Joshua, „Deliberation and Democratic Legitimacy". In *The Good Polity: Normative Analysis of the State*, hg. v. Alan Hamlin und Philip Pettit, Oxford/UK u. a.: Blackwell, 1989, 12–34.

Constanza, Christina und Ernst, Christina, Hg., *Personen im Web 2.0: Kommunikationswissenschaftliche, ethische und anthropologische Zugänge zu einer Theologie der Social Media*, Göttingen: Edition Ruprecht, 2012.
Couldry, Nick und Hepp, Andreas, *The Mediated Construction of Reality*, Cambridge/UK: Polity Press, 2017.
Cramer, Florian, „What is ‚Post-digital'?". *A Peer-Reviewed Journal About (APRJA)* 3 (2014). http://www.aprja.net/?p=1318 (01.03.2018).
Crouch, Colin, *Post-Democracy*, Oxford/UK: Polity Press, 2004.
Curtius, Ernst Robert, „Begriff einer historischen Topik". In *Toposforschung*, hg. v. Max L. Baeumer, Darmstadt: Wissenschaftliche Buchgesellschaft, 1973, 1–18.
Dabrowski, Martin, Wolf, Judith und Abmeier, Karlies, Hg., *Ethische Herausforderungen im Web 2.0*, Paderborn: Schöningh, 2014.
Decker, Frank, *Der neue Rechtspopulismus*, Opladen: Leske + Budrich, 2., überarb. Aufl., 2004.
Decker, Frank, Henningsen, Bernd und Jakobsen, Kjetil, Hg., *Rechtspopulismus und Rechtsextremismus in Europa: Die Herausforderung der Zivilgesellschaft durch alte Ideologien und neue Medien*, Baden-Baden: Nomos, 2015.
Decker, Oliver und Kiess, Johannes, „Wachstum und Beschleunigung als Alltagsreligion". In *Rechtsextremismus als Herausforderung für die Theologie*, hg v. Sonja Angelika Strube, Freiburg i.Br.: Herder, 2015, 64–94.
Deisenberg, Anna Maria, *Die Schweigespirale: Die Rezeption des Modells im In- und Ausland*, München: Minerva-Publikation, 1986.
Deterding, Sebastian, „Virtual Communities". In *Posttraditionale Gemeinschaften: Theoretische und ethnografische Erkundungen*, hg. v. Ronald Hitzler, Anne Honer und Michaela Pfadenhauer, Wiesbaden: VS Verlag für Sozialwissenschaften, 2009, 115–131.
Diekmann, Andreas, *Empirische Sozialforschung: Grundlagen, Methoden, Anwendungen*, Reinbek b. Hamburg: Rowohlt, [18]2007.
Dinter, Astrid, *Adoleszenz und Computer: Von Bildungsprozessen und religiöser Valenz*, Göttingen: V&R unipress, 2007.
Döring, Nicola, *Sozialpsychologie des Internet: Die Bedeutung des Internet für Kommunikationsprozesse, Identitäten, soziale Beziehungen und Gruppen*, 2., vollst. überarb. u. erw. Aufl., Göttingen: Hogrefe, 2003.
Dolata, Ulrich und Schrape, Jan-Felix, „Zwischen Ermöglichung und Kontrolle: Kollektive Formationen im Netz". *Forschungsjournal Soziale Bewegungen* 28 (2015), 17–25.
Dornes, Martin, *Die Modernisierung der Seele: Kind – Familie – Gesellschaft*, Frankfurt a.M.: Fischer, 2012.
Donges, Patrick und Jarren, Otfried, „Öffentlichkeit und öffentliche Meinung". In *Einführung in die Publizistikwissenschaft: Eine Textsammlung*, hg. v. Heinz Bonfadelli und Walter Hättenschwiler, Zürich: Seminar für Publizistikwissenschaft, 1998, 95–110.
Donges, Patrick und Jarren, Otfried, „Politische Öffentlichkeit durch Netzkommunikation?". In *Elektronische Demokratie? Perspektiven politischer Partizipation*, hg. v. Klaus Kamps, Opladen u. a.: Westdeutscher Verlag, 1999, 85–108.
Downs, Anthony, *An Economic Theory of Democracy*, New York/NY: Harper, 1957.
Downs, Anthony, „Up and Down with Ecology – the ‚Issue-Attention-Cycle'". *The Public Interest* 28 (1972), 38–50.
Drehsen, Volker, *Wie religionsfähig ist die Volkskirche? Sozialisationstheoretische Erkundungen neuzeitlicher Christentumspraxis*, Gütersloh: Kaiser, 1994.

Drüeke, Ricarda, *Politische Kommunikationsräume im Internet: Zum Verhältnis von Raum und Öffentlichkeit*, Bielefeld: transcript, 2013.
Drüeke, Ricarda, „Politische Kommunikationsräume im Internet". In *Öffentlichkeiten und gesellschaftliche Aushandlungsprozesse: Theoretische Perspektiven und empirische Befunde*, hg. v. ders. und Elisabeth Klaus, Bielefeld: transcript, 2017, 39–60.
Dubach, Alfred und Fuchs, Brigitte, *Ein neues Modell von Religion: Zweite Schweizer Sonderfallstudie – Herausforderung für die Kirchen*, Zürich: TVZ, 2005.
Dubois, Elizabeth und Blank, Grant, „The Echo Chamber is Overstated: the Moderating Effect of Political Interest and Diverse Media". *Information, Communication & Society* 21 (2018), 729–745.
Dürscheid, Christa, „Private, nicht-öffentliche und öffentliche Kommunikation im Internet". *Neue Beiträge zur Germanistik*, Bd. 6 (2007), Heft 4, 22–41.
Dürscheid, Christa, Wagner, Franc und Brommer, Sarah, *Wie Jugendliche schreiben: Schreibkompetenz und neue Medien*, Berlin u. a.: de Gruyter, 2010.
Dürscheid, Christa und Frick, Karina, „Keybord-to-Screen-Kommunikation gestern und heute: SMS und WhatsApp im Vergleich". In *Sprachen? Vielfalt! Sprache und Kommunikation in der Gesellschaft und den Medien: Eine Online-Festschrift zum Jubiläum von Peter Schlobinski*, hg. v. Alexa Mathias, Jens Runkehl und Torsten Siever, networx 64 (2014), Hannover: Universität Hannover, 2014, 149–181. http://www.mediensprache.net/networx/networx-64.pdf (01.03.2018).
Dürscheid, Christa und Frick, Karina, *Schreiben digital: Wie das Internet unsere Alltagskommunikation verändert*, Stuttgart: Alfred Körner Verlag, 2016.
Durkheim, Émile, *Die elementaren Formen des religiösen Lebens*, Frankfurt a.M.: Suhrkamp, 1981 (1. Aufl. Paris 1912).
Ebel, Alexander, Lünenbürger-Reidenbach, Wolfgang und Reimann, Ralf Peter, „Jenseits der Parochie: Kirche und Social Media". *Deutsches Pfarrerblatt* 113 (2013), 105–110.
Ebersbach, Anja, Glaser, Markus und Heigl, Richard, *Social Web*, 2., überarb. Aufl., Konstanz: UVK, 2011.
Eggers, Dave, *The Circle: a Novel*, New York/NY: Alfred A. Knopf, 2013.
Eisenstein, Elizabeth L., *Die Druckerpresse: Kulturrevolutionen im frühen modernen Europa*, Wien u. a.: Springer, 1997.
Elias, Norbert, *Studien über die Deutschen: Machtkämpfe und Habitusentwicklung im 19. und 20. Jahrhundert*, hg. v. Michael Schröter, Frankfurt a.M.: Suhrkamp, 1989.
Elias, Norbert, *Was ist Soziologie?* Weinheim: Juventa, ⁷1993.
Emcke, Carolin, *Wie wir begehren*, Frankfurt a.M.: Fischer, 2013.
Ernst, Christina, *Mein Gesicht zeig ich nicht auf Facebook: Social Media als Herausforderung theologischer Anthropologie*, Göttingen: Edition Ruprecht, 2015.
Erzdiözese Bamberg und Kirchenkreise Bayreuth, Nürnberg, Ansbach, *Sterbende leben: Rast für die Seele. Ein Arbeitsbuch zum Umgang mit Sterben, Tod und Trauer für die Gemeindearbeit*, Bamberg 2002.
Eskjær, Mikkel Fugl, Hjarvard, Stig und Mortensen, Mette, Hg., *The Dynamics of Mediatized Conflicts*, New York/NY u. a.: Lang, 2015.
Etzioni, Amitai, *The new Golden Rule: Community and Morality in a Democratic Society*, New York/ NY: BasicBooks, 1997.

Evangelische Kirche in Deutschland, Hg., *Mandat und Markt: Perspektiven evangelischer Publizistik: Publizistisches Gesamtkonzept*, Frankfurt a.M.: Gemeinschaftswerk der Evangelischen Publizistik, 1997.
Faulstich, Werner, *Medien und Öffentlichkeiten im Mittelalter: 800–1400*, Göttingen: Vandenhoeck und Ruprecht, 1996.
Faulstich, Werner, *Das Medium als Kult: Von den Anfängen bis zur Spätantike (8. Jahrhundert)*, Göttingen: Vandenhoeck & Ruprecht, 1997.
Faulstich, Werner, *Medien zwischen Herrschaft und Revolte: die Medienkultur der frühen Neuzeit (1400–1700)*, Göttingen: Vandenhoeck & Ruprecht, 1998.
Faulstich, Werner, *Die bürgerliche Mediengesellschaft: 1700–1830*, Göttingen: Vandenhoeck & Ruprecht, 2002.
Fechtner, Kristian, *Späte Zeit der Volkskirche: Praktisch-theologische Erkundungen*, Stuttgart: Kohlhammer, 2010.
Fechtner, Kristian und Haese, Bernd-Michael, Hg., „Neue Medienwirklichkeiten". *Praktische Theologie* 47 (2012), Heft 2.
Fechtner, Kristian und Klie, Thomas, Hg., *Riskante Liturgien: Gottesdienste in der gesellschaftlichen Öffentlichkeit*, Stuttgart: Kohlhammer, 2011.
Filipović, Alexander, *Öffentliche Kommunikation in der Wissensgesellschaft: Sozialethische Analysen*, Bielefeld: Bertelsmann, 2007.
Filipović, Alexander, „Das Netz als sozialer Raum: Kommunikation und Gemeinschaft im digitalen Zeitalter – ein ethisches Impulspapier der Evangelischen Kirche in Bayern". *Communicatio Socialis* 48 (2015), 350–353.
Fischer, Johannes, „Gefahr der Unduldsamkeit: Die ‚Öffentliche Theologie' der EKD ist problematisch". *Zeitzeichen* 5/2016, 43–45.
Flick, Uwe, *Qualitative Sozialforschung: Eine Einführung*, Reinbek b. Hamburg: Rowohlt, vollst. überarb. u. erw. Neuausgabe, 2007.
Flick, Uwe, Kardorff, Ernst von und Steinke, Ines, Hg., *Qualitative Forschung: Ein Handbuch*, Reinbek b. Hamburg: Rowohlt, 2005.
Forst, Rainer, *Toleranz im Konflikt: Geschichte, Gehalt und Gegenwart eines umstrittenen Begriffs*, Frankfurt a.M.: Suhrkamp, 2003.
Foucault, Michel, *Die Ordnung des Diskurses: Inauguralvorlesung am Collège de France – 2. Dezember 1970*, übers. v. Walter Seitter, München: Hanser, 1974.
Foucault, Michel, *Die Ordnung der Dinge: eine Archäologie der Humanwissenschaften*, übers. v. Ulrich Köppen, Frankfurt a.M.: Suhrkamp, 1974 (frz. *Les mots et les choses*, 1966).
Foucault, Michel, *Wahnsinn und Gesellschaft: Eine Geschichte des Wahns im Zeitalter der Vernunft*, übers. v. Ulrich Köppen, Frankfurt a.M.: Suhrkamp, 1973 (frz. *Histoire de la folie*, 1961).
Foucault, Michel, *Archäologie des Wissens*, übers. v. Ulrich Köppen, Frankfurt a.M.: Suhrkamp, 1973 (frz. *L'Archéologie du savoir*, 1969).
Foucault, Michel, *Überwachen und Strafen: Die Geburt des Gefängnisses*, übers. v. Walter Seitter, Frankfurt a.M.: Suhrkamp, 1977 (frz. *Surveiller et punir*, 1975).
Förster-Beuthan, Yvonne, *Zeiterfahrung und Ontologie: Perspektiven moderner Zeitphilosophie*, Paderborn: Fink, 2012.
Fraas, Claudia, Meier, Stefan und Pentzold, Christian, *Online-Kommunikation: Grundlagen, Praxisfelder und Methoden*, München: Oldenbourg, 2012.

Fraas, Claudia, Meier, Stefan und Pentzold, Christian, „Zur Einführung: Perspektiven einer interdisziplinären transmedialen Diskursforschung". In *Online-Diskurse: Theorien und Methoden transmedialer Online-Diskursforschung*, hg. v. dens., Köln: Herbert von Halem, 2013, 7–34.

Fraas, Claudia, Meier, Stefan, Pentzold, Christian und Sommer, Vivien, „Diskursmuster – Diskurspraktiken: Ein Methodeninstrumentarium qualitativer Diskursforschung". In *Online-Diskurse: Theorien und Methoden transmedialer Online-Diskursforschung*, hg. v. Claudia Fraas, Stefan Meier und Christian Pentzold, Köln: Herbert von Halem, 2013, 102–135.

Fraenkel, Ernst, *Reformismus und Pluralismus: Materialien zu einer ungeschriebenen politischen Autobiographie*, zusammengestellt und herausgegeben v. Falk Esche und Frank Grube, Hamburg: Hoffmann und Campe, 1973.

Fraser, Nancy, „Rethinking the Public Sphere: A Contribution to the Critique of Actually Existing Democracy". In *Habermas and the Public Sphere*, hg. v. Craig Calhoun, Cambridge/MA: MIT Press, 1992, 109–142. (Dt.: „Öffentlichkeit neu denken: Ein Beitrag zur Kritik real existierender Demokratie". In *Vermittelte Weiblichkeit: Feministische Wissenschafts- und Gesellschaftstheorie*, hg. v. Elvira Scheich, Hamburg: Hamburger Ed., 1996, 151–182.)

Fraser, Nancy, „Öffentliche Sphären, Genealogien und symbolische Ordnungen". In *Die halbierte Gerechtigkeit: Schlüsselbegriffe des postindustriellen Sozialstaats*, übers. v. Karin Wördemann, Frankfurt a.M.: Suhrkamp, 2001, 107–250.

Fraser, Nancy, „Kritische Theorie im neuen Strukturwandel der Öffentlichkeit". *Forschungsjournal Neue Soziale Bewegungen* 23 (2010), 18–25.

Fraser, Nancy, „Transnationalizing the Public Sphere: On the Legitimacy and Efficacy of Public Opinion in a Post-Westphalian World". *Theory, Culture & Society* 24 (2007) 7–30.

Fraser, Nancy, „Transnationalizing the Public Sphere: On the Legitimacy and Efficacy of Public Opinion in a Post-Westphalian World". In *Transnationalizing the Public Sphere*, hg. v. Kate Nash, Cambridge/UK u. a.: Polity Press, 2014, 8–42.

Frees, Beate und Fisch, Martin, „Veränderte Mediennutzung durch Communitys?". *Media-Perspektiven* 2011, 154–164. http://www.ard-werbung.de/fileadmin/user_upload/media-perspektiven/pdf/2011/03-2011_Frees_Fisch.pdf (01.03.2018).

Frieß, Michael, *Sterbehilfe: Zur theologischen Akzeptanz von assistiertem Suizid und aktiver Sterbehilfe*, Stuttgart: Kohlhammer, 2010.

Fritz, Gerd und Jucker, Andreas H., *Kommunikationsformen im Wandel der Zeit: Vom mittelalterlichen Heldenepos zum elektronischen Hypertext*, Tübingen: Niemeyer, 2000.

Fröhlich, Romy, Szyszka, Peter und Bentele, Günter, Hg., *Handbuch der Public Relations: Wissenschaftliche Grundlagen und berufliches Handeln*, Wiesbaden: Springer VS, 3., überarb. u. erw. Aufl., 2015.

Fröhlich, Romy, Szyszka, Peter und Bentele, Günter, „Einführung: Forschungsfeld Public Relations". In *Handbuch der Public Relations: Wissenschaftliche Grundlagen und berufliches Handeln*, hg. v. dens., Wiesbaden: Springer VS, 3., überarb. u. erw. Aufl., 2015, 19–23.

Fröhlich, Romy, Szyszka, Peter und Bentele, Günter, „Disziplinäre Perspektiven – Intro". In *Handbuch der Public Relations: Wissenschaftliche Grundlagen und berufliches Handeln*, hg. v. dens., Wiesbaden: Springer VS, 3., überarb. u. erw. Aufl., 2015, 27–28.

Fröhlich, Romy und Peters, Sonja B., „Non-Profit-PR". In *Handbuch der Public Relations: Wissenschaftliche Grundlagen und berufliches Handeln*, hg. v. Romy Fröhlich, Peter

Szyszka und Günter Bentele, Wiesbaden: Springer VS, 3., überarb. u. erw. Aufl., 2015, 631–649.

Früh, Werner, *Inhaltsanalyse: Theorie und Praxis*, Konstanz u. a.: UVK, 7., überarb. Aufl., 2011.

Fuchs, Dieter, „Wohin geht der Wandel der demokratischen Institutionen in Deutschland? Die Entwicklung der Demokratievorstellung der Deutschen seit ihrer Vereinigung". In *Leviathan: Sonderheft 16: Institutionenwandel*, hg. v. Gerhard Göhler, Opladen: Westdeutscher Verlag, 1997, 253–284.

Fürst, Kornelius, „Social Media – Glaube in der digitalen Welt". *Tà katoptrizómena* 2015. http://www.theomag.de/94/kf1.htm (01.03.2018).

Fuhs, Burkhard, Lampert, Claudia und Rosenstock, Roland, Hg., *Mit der Welt vernetzt: Kinder und Jugendliche in virtuellen Erfahrungsräumen*, München: kopaed, 2010.

Funkhouser, G. Ray, „The Issues of the Sixties: an Exploratory Study in the Dynamics of Public Opinion". *The Public Opinion Quarterly* 37 (1973), 62–75.

Gabriel, Karl, „Liquid Church? Organisationssoziologische Anmerkungen". *Pastoraltheologische Informationen* 34 (2014), 45–56. http://nbn-resolving.de/urn:nbn:de:hbz:6:3-pthi-2014–13200 (01.03.2018).

García Leguizamón, Fernando Mauricio, *Vom klassischen zum virtuellen öffentlichen Raum: Das Konzept der Öffentlichkeit und ihr Wandel im Zeitalter des Internet*, Berlin 2010. https://refubium.fu-berlin.de/handle/fub188/7505 (01.03.2018).

Gattwinkel, Hilmar, „Das Tun denken: Auf der Suche nach einer Theologie der Öffentlichkeitsarbeit". *Deutsches Pfarrerblatt* 114 (2014), 197–201.

Gebhardt, Winfried, „Die Transformation der Religion: Signaturen der religiösen Gegenwartskultur". *Salzburger Theologische Zeitschrift* 11 (2007), 4–19.

Gebhardt, Winfried, „Gemeinschaften ohne Gemeinschaft: Über situative Event-Vergemeinschaftung". In *Posttraditionale Gemeinschaften: Theoretische und ethnografische Erkundungen*, hg. v. Ronald Hitzler, Anne Honer und Michaela Pfadenhauer, Wiesbaden: Verlag für Sozialwissenschaft, 2008, 202–213.

Gebhardt, Winfried, „Die Selbstermächtigung des religiösen Subjekts und die Entkonturierung der religiösen Landschaft". In *Religionshybride: Religion in posttraditionalen Kontexten*, hg. v. Peter A. Berger, Klaus Hock und Thomas Klie, Wiesbaden: Springer VS, 2013, 89–105.

Gebhardt, Winfried, Engelbrecht, Martin und Bochinger, Christoph, „Die Selbstermächtigung des religiösen Subjekts: Der ‚spirituelle Wanderer' als Idealtypus spätmoderner Religiosität". *Zeitschrift für Religionswissenschaft* 13 (2005), 133–151.

Gebhardt, Winfried, Hitzler, Ronald und Pfadenhauer, Michaela, „Einleitung". In *Events: Soziologie des Außergewöhnlichen*, hg. v. dens., Opladen: Leske + Budrich, 2000, 9–13.

Gee, James P., *An Introduction to Discourse Analysis: Theory and Method*, London u. a.: Routledge, ²2005.

Gehring, Hans-Ulrich, *Seelsorge in der Mediengesellschaft: Theologische Aspekte medialer Praxis*, Neukirchen-Vluyn: Neukirchener, 2002.

Gemeinsames Hirtenschreiben der Bischöfe von Freiburg, Strasbourg und Basel, *Die Herausforderung des Sterbens annehmen*, 2006. http://www.erzbistum-freiburg.de/html/media/dl.html?v=61460 (01.03.2018).

Gemeinschaftswerk der Evangelischen Publizistik e.V., Hg., *Öffentlichkeitsarbeit für Nonprofit-Organisationen*, Wiesbaden: Gabler Verlag, 2004.

Gemeinschaft Evangelischer Kirchen in Europa (GEKE), *Leben hat seine Zeit, und Sterben hat seine Zeit: Eine Orientierungshilfe des Rates der GEKE zu lebensverkürzenden Maßnahmen und zur Sorge um Sterbende*, Wien 2011. http://www.leuenberg.net/de/stellungnahme/leben-hat-seine-zeit-und-sterben-hat-seine-zeit (01.03.2018).

Gerhards, Jürgen und Neidhardt, Friedhelm, *Strukturen und Funktionen moderner Öffentlichkeit: Fragestellungen und Ansätze*, Berlin: WZB, 1990.

Gerhards, Jürgens und Neidhardt, Friedhelm, „Strukturen und Funktionen moderner Öffentlichkeit: Fragestellungen und Ansätze". In *Politische Kommunikation: Grundlagen – Strukturen – Prozesse*, hg. v. Wolfgang Langenbucher, Wien: Braumüller, 2., überarb. Aufl., 1993, 52–88.

Gerhards, Jürgen, Neidhardt, Friedhelm und Rucht, Dieter, *Zwischen Palaver und Diskurs: Strukturen öffentlicher Meinungsbildung am Beispiel der deutschen Diskussion zur Abtreibung*, Opladen: Westdeutscher Verlag, 1998.

Gerhardt, Volker, „Mensch und Politik: Anthropologie und Politische Philosophie bei Hannah Arendt". In *Hannah Arendt: Verborgene Tradition – unzeitgemäße Aktualität?*, hg. v. der Heinrich-Böll-Stiftung, Berlin: Akademie Verlag, 2007, 215–228.

Gerhardt, Volker, *Öffentlichkeit: Die politische Form des Bewusstseins*, München: Beck, 2012.

Gerhardt, Volker, *Licht und Schatten der Öffentlichkeit: Voraussetzungen und Folgen digitaler Innovation*, Wien: Picus, 2014.

Gessenharter, Wolfgang, „Die ‚Neue Rechte' als Scharnier zwischen Neokonservatismus und Rechtsextremismus in der Bundesrepublik". In *Gegen Barbarei: Essays Robert M. W. Kempner zu Ehren*, hg. v. Rainer Eisfeld und Ingo Müller, Frankfurt a.M.: Athenäum, 1989, 424–452.

Gläser, Jochen, „Neue Begriffe, alte Schwächen: Virtuelle Gemeinschaft". In *Online-Vergesellschaftung? Mediensoziologische Perspektiven auf neue Kommunikationstechnologien*, hg. v. Michael Jäckel und Manfred Mai, Wiesbaden: Verlag für Sozialwissenschaften, 2005, 51–72.

Gläser, Jochen und Laudel, Grit, *Experteninterviews und qualitative Inhaltsanalyse als Instrumente rekonstruierender Untersuchungen*, Wiesbaden: VS Verlag für Sozialwissenschaften, ⁴2010.

Glock, Charles Y. und Stark, Rodney, *Religion and Society in Tension*, Chicago/IL: Rand McNally, ⁴1970.

Götzelmann, Arnd, „Kirche im Internet: Chancen und Risiken der Kommunikation in der Informations- und Mediengesellschaft". In *Diakonische Kirche: Anstöße zur Gemeindeentwicklung und Kirchenreform*, hg. v. dems., Heidelberg: Winter, 2003, 243–256.

Goffman, Erving, *Encounters: Two Studies in the Sociology of Interaction*, Indianapolis/IN: Bobbs-Merrill, 1961.

Gott googeln? Multimedia und Religion, Jahrbuch der Religionspädagogik, Bd. 28, hg. v. Rudolf Englert u. a., Neukirchen-Vluyn: Neukirchener Verlagsgesellschaft, 2012.

„Gott im Netz". Eine Präsentation der KONPRESS-Medien eG (Frankfurt a.M.: Konpress-Medien eG 2014). http://konpress.de/wp-content/uploads/Pr%C3%A4sentation_-KONPRESS_Gott-im-Netz.pdf (01.03.2018).

Gräb, Wilhelm, *Sinn fürs Unendliche: Religion in der Mediengesellschaft*, Gütersloh: Chr. Kaiser/Gütersloher Verlagshaus, 2002.

Gräb, Wilhelm, „Lebenssinndeutung als Aufgabe der Theologie". *Zeitschrift für Theologie und Kirche* 113 (2016), 366–383.

Gräb, Wilhelm, Herrmann, Jörg, Merle, Kristin, Metelmann, Jörg und Nottmeier, Christian, *„Irgendwie fühl ich mich wie Frodo …!": Eine empirische Studie zum Phänomen der Medienreligion*, Münster u. a.: Lang, 2006.

Graf, Friedrich Wilhelm, „Apodiktische Ethik mit Lügen: Die deutschen Kirchen und der ärztlich assistierte Suizid". *Merkur* 69 (2015), 5–17.

Greenwald, Glenn, *Die globale Überwachung: Der Fall Snowden, die amerikanischen Geheimdienste und die Folgen*, übers. v. Gabriele Gockel, München: Droemer, 2014.

Grethlein, Christian, Art. „Medien II". In *Religion in Geschichte und Gegenwart*. Bd. 5, Tübingen: Mohr Siebeck, ⁴2002, 957–958.

Grethlein, Christian, *Kommunikation des Evangeliums in der Mediengesellschaft*, Leipzig: Evangelische Verlagsanstalt, 2003.

Grethlein, Christian, „Mediengesellschaft: Eine Herausforderung für die Praktische Theologie". *Evangelische Theologie* 63 (2003), 421–434.

Grehtlein, Christian, „Kommunikation des Evangeliums in der digitalisierten Gesellschaft: Kirchentheoretische Überlegungen". *Theologische Literaturzeitung* 140 (2015), 598–611.

Grethlein, Christian, *Kirchentheorie: Kommunikation des Evangeliums im Kontext*, Berlin u. a.: de Gruyter, 2018.

Grimm, Petra und Neef, Karla, „Privatsphäre 2.0? Wandel des Privatheitsverständnisses und die Herausforderungen für Gesellschaft und Individuen". In *Schöne neue Kommunikationswelt oder Ende der Privatheit? Die Veröffentlichung des Privaten in Social Media und populären Medienformaten*, hg. v. Petra Grimm und Oliver Zöllner, Stuttgart: Steiner, 2012, 41–81.

Grimme-Institut, Hg., *Im Blickpunkt: Informationelle Selbstbestimmung*, Marl 2012, 2; imblickpunkt.grimme-institut.de/wp/wp-content/uploads/2014/12/IB-Informationelle-Selbstbestimmung.pdf (01.03.2018).

Grözinger, Albrecht, Art. „Pluralismus, III. Praktisch-theologisch". In *Theologische Realenzyklopädie*, Bd. 26, Berlin u. a.: de Gruyter, 1996, 739–742.

Gromov, Gregory, *Roads and Crossroads of the Internet History*. http://www.netvalley.com/cgi-bin/intval/net_history.pl?chapter=1 (01.03.2018).

Groß, Eva, Zick, Andreas und Krause, Daniela, „Von der Ungleichwertigkeit zur Ungleichheit: Gruppenbezogene Menschenfeindlichkeit". *Aus Politik und Zeitgeschichte* 16/17 (2012), 11–18.

Grunenberg, Heiko, *Die Qualität qualitativer Forschung: Eine Metaanalyse erziehungs- und sozialwissenschaftlicher Forschungsarbeiten*, 2001. http://www.maxqda.de/download/grunenberg.pdf (01.03.2018).

Grunig, James E. und Hunt, Todd, *Managing Public Relations*, Belmont/CA: Holt, Rinehart and Winston, 1984.

Gurevitch, Michael und Blumler, Jay G., „Political Communication Systems and Democratic Values". In *Democracy and the Mass Media*, hg. v. Judith Lichtenberg, Cambridge/MA: Cambridge University Press, 1990, 269–289.

Haberer, Johanna, *Gottes Korrespondenten: Geistliche Rede in der Mediengesellschaft*, Stuttgart: Kohlhammer, 2004.

Haberer, Johanna, „Handlungsfelder der christlichen Publizistik". In *Kompendium Christliche Publizistik*, hg. v. ders. und Friedrich Kraft, Erlangen: CPV, 2014, 11–29.

Haberer, Johanna, *Digitale Theologie: Gott und die Medienrevolution der Gegenwart*, München: Kösel, 2015.

Haberer, Johanna, „Die Reformation und die Medienrevolution". *epd-Dokumentation* 35/2015, 4–10.

Haberer, Johanna und Kraft, Friedrich, Hg., *Kompendium Christliche Publizistik*, Erlangen: CPV, 2014.

Habermas, Jürgen, *Theorie des kommunikativen Handelns, Bd. 1: Handlungsrationalität und gesellschaftliche Rationalisierung*, Frankfurt a.M.: Suhrkamp, 1981.

Habermas, Jürgen, *Theorie des kommunikativen Handelns, Bd. 2: Zur Kritik der funktionalistischen Vernunft*, Frankfurt a.M.: Suhrkamp, 1981.

Habermas, Jürgen, „Volkssouveränität als Verfahren: ein normativer Begriff von Öffentlichkeit". *Merkur* 6 (1989), 465–477.

Habermas, Jürgen, *Strukturwandel der Öffentlichkeit: Untersuchungen zu einer Kategorie der bürgerlichen Gesellschaft*, Frankfurt a.M.: Suhrkamp, 1990 (1. Aufl. 1962).

Habermas, Jürgen, „Drei normative Modelle der Demokratie: Zum Begriff deliberativer Politik". In *Die Chancen der Freiheit: Grundprobleme der Demokratie*, hg.v. Herfried Münckler, München u.a.: Piper, 1992, 11–24.

Habermas, Jürgen, *Glauben und Wissen*, Frankfurt a.M.: Suhrkamp, 2001.

Habermas, Jürgen, „Hat die Demokratie noch eine epistemische Dimension? Empirische Forschung und normative Theorie". In *Ach, Europa: Kleine Politische Schriften XI*, hg.v. dems., Frankfurt a.M.: Suhrkamp, 2008, 138–191.

Habermas, Jürgen, „Ein Bewußtsein von dem, was fehlt". In *Ein Bewußtsein von dem, was fehlt: Eine Diskussion mit Jürgen Habermas*, hg.v. Michael Reder und Josef Schmidt, Frankfurt a.M.: Suhrkamp, 2008, 26–36.

Habermas, Jürgen, *Faktizität und Geltung: Beiträge zur Diskurstheorie des Rechts und des demokratischen Rechtsstaats*, Frankfurt a.M.: Suhrkamp, ^{5}2014.

Habermas, Jürgen und Ratzinger, Joseph, *Dialektik der Säkularisierung: Über Vernunft und Religion*, Freiburg i.Br.: Herder, 2005.

Häder, Michael, *Empirische Sozialforschung: Eine Einführung*, Wiesbaden: VS Verlag für Sozialwissenschaften, 2., überarb. Aufl., 2010.

Haese, Bernd-Michael, *Hinter den Spiegeln – Kirche im virtuellen Zeitalter des Internet*, Stuttgart u.a.: Kohlhammer, 2006.

Häußling, Roger und Stegbauer, Christian, Hg., *Handbuch Netzwerkforschung*, Wiesbaden: VS Verlag für Sozialwissenschaften, 2010.

Hammersley, Martyn, *Reading Ethnographic Research*, New York/NY: Longman, 1990.

Hammersley, Martyn, *What's Wrong With Ethnography? Methodological Explorations*, London: Routledge, 1992.

Hampton, Keith N., Rainie, Lee, Lu, Weixu, Dwyer, Maria, Shin, Inyoung und Purcell, Kristen, *Social Media and the ‚Spiral of Silence'*, Washington, D.C.: Pew Research Center, 2014. http://www.pewinternet.org/files/2014/08/PI_Social-networks-and-debate_082614.pdf (01.03.2018).

Han, Byung-Chul, *Transparenzgesellschaft*, Berlin: Matthes und Seitz, 2012.

Han, Byung-Chul, *Im Schwarm: Ansichten des Digitalen*, Berlin: Matthes und Seitz, 2013.

Han, Byung-Chul, *Psychopolitik: Neoliberalismus und die neuen Machttechniken*, Frankfurt a.M.: S. Fischer, 2015.

Hasse, Raimund und Wehner, Josef, „Vernetzte Kommunikation: Zum Wandel strukturierter Öffentlichkeit". In *Virtualisierung des Sozialen: Die Informationsgesellschaft zwischen Fragmentierung und Globalisierung*, hg. v. Barbara Becker und Michael Paetau, Frankfurt a. M. u. a.: Campus, 1997, 53 – 80.

Hauschildt, Eberhard, „Was die Praktische Theologie der Gemeinde von der Netzwerkforschung lernen kann: 14 Thesen aus einer kirchentheoretischen Perspektive". *Pastoraltheologie* 107 (2018), 82 – 89.

Hauschildt, Eberhard und Pohl-Patalong, Uta, *Kirche*, Gütersloh: Gütersloher Verlagshaus, 2013.

Hauschildt, Eberhard und Pohl-Patalong, Uta, „Antwort". In *Kirchentheorie: Praktisch-theologische Perspektiven auf die Kirche*, hg. v. Peter Bubmann und Birgit Weyel, Leipzig: Evangelische Verlagsanstalt, 2014, 239 – 246.

Heckscher, Eli F., *Der Merkantilismus*, Bd. I, Jena: Fischer, 1932.

Heibach, Christiane, *Literatur im elektronischen Raum*, Frankfurt a.M.: Suhrkamp, 2003.

Heise, Nele und Schmidt, Jan-Hinrik, „Ethik der Online-Forschung". In *Handbuch Online-Forschung: Sozialwissenschaftliche Datengewinnung und -auswertung in digitalen Netzen*, hg. v. Martin Welker, Monika Taddicken, Jan-Hinrik Schmidt und Nikolaus Jackob, Köln: Herbert von Halem, 2014, 519 – 529.

Heitmeyer, Wilhelm, Hg., *Deutsche Zustände*, Bde. 1 – 10, Berlin: Suhrkamp, 2002 – 2011.

Helfrich, Silke, Bollier, David und Heinrich-Böll-Stiftung, Hg., *Die Welt der Commons: Muster gemeinsamen Handelns*, Bielefeld: transcript, 2015.

Helland, Christopher, „Religion Online/Online Religion and Virtual Communities". In *Religion on the Internet: Research Prospects and Promises*, hg. v. Jeffrey K. Hadden und Douglas E. Cowan, New York/NY u. a.: JAI, 2000, 205 – 224.

Helland, Christopher, „Diaspora on the Electronic Frontier: Developing Virtual Connections with Sacred Homelands". *Journal of Computer Mediated Communication* 12 (2007), 956 – 976.

Helland, Christopher, „Digital Religion". In *Handbook of Religion and Society*, hg. v. David Yamane, Cham: Springer International Publishing, 2016, 177 – 196.

Heller, Christian, *Post-Privacy: Prima leben ohne Privatsphäre*, München: Beck, 2011.

Hepp, Andreas, „Transkulturalität als Perspektive: Überlegungen zu einer vergleichenden empirischen Erforschung von Medienkulturen" [37 Absätze]. In: *Forum Qualitative Sozialforschung / Forum: Qualitative Social Research* 10 (2009), Art. 26. http://nbn-resolving.de/urn:nbn:de:0114-fqs0901267 (01. 03. 2018).

Hepp, Andreas, *Medienkultur: Die Kultur mediatisierter Welten*, Wiesbaden: VS Verlag für Sozialwissenschaften, 2011.

Hepp, Andreas, Krönert, Veronika und Vogelgesang, Waldemar, „Mediatisierte Religion: Die Mediatisierung des Religiösen am Beispiel des XX. Weltjugendtags". In *Theatralisierung der Gesellschaft, Bd. 2: Medientheatralität und Medientheatralisierung*, hg. v. Herbert Willems, Wiesbaden: VS Verlag für Sozialwissenschaften, 2009, 117 – 136.

Hepp, Andreas, Höhn, Marco und Wimmer, Jeffrey, „Medienkultur im Wandel". In: *Medienkultur im Wandel*, hg. von dens., Konstanz: UVK, 2010, 9 – 37.

Hepp, Andreas, Hjarvard, Stig und Lundby, Knut, „Mediatization – Empirical Perspectives: An Introduction to a Special Issue". *Communications* 35 (2010): 223 – 228.

Hepp, Andreas, Berg, Matthias und Roitsch, Cindy, *Mediatisierte Welten der Vergemeinschaftung: Kommunikative Vernetzung und das Gemeinschaftsleben junger Menschen*, Wiesbaden: Springer VS, 2014.

Hepp, Andreas, Hjarvard, Stig und Lundby, Knut, „Mediatization: Theorizing the Interplay between Media, Culture and Society". *Media, Culture & Society* 37 (2015): 314–325.

Hermelink, Jan und Weyel, Birgit, „Vernetzte Vielfalt: Eine Einführung in den theoretischen Ansatz, die methodischen Grundentscheidungen und zentrale Ergebnisse der V. KMU". In *Vernetzte Vielfalt: Kirche angesichts von Individualisierung und Säkularisierung. Die fünfte EKD-Erhebung über Kirchenmitgliedschaft*, hg. v. Heinrich Bedford-Strohm und Volker Jung, Gütersloh: Gütersloher Verlagshaus, 2015, 16–32.

Hero, Markus, *Die neuen Formen des religiösen Lebens: Eine institutionentheoretische Analyse neuer Religiosität*, Würzburg: Ergon, 2010.

Herrmann, Jörg, *Sinnmaschine Kino: Sinndeutung und Religion im populären Film*, Gütersloh: Chr. Kaiser/Gütersloher Verlagshaus, 2001.

Herrmann, Jörg, *Medienerfahrung und Religion: Eine empirisch-qualitative Studie zur Medienreligion*, Göttingen: Vandenhoeck & Ruprecht, 2007.

Hilgartner, Stephen und Bosk, Charles L., „The Rise and Fall of Social Problems: A Public Arenas Model". *American Journal of Sociology* 94 (1988), 53–78.

Hipfl, Brigitte, „Mediale Identitätsräume: Skizzen zu einem ‚spatial turn' in der Medien- und Kommunikationswissenschaft". In *Identitätsräume: Nation, Körper, Geschlecht in den Medien: Eine Topografie*, hg. v. ders., Elisabeth Klaus und Uta Scheer, Bielefeld: transcript, 2004, 16–50.

Hirst, Paul, *Associative Democracy: New Forms of Economic and Social Governance*, Cambridge/MA: Polity Press, 1994.

Hitzler, Ronald, „Von der Lebenswelt zu den Erlebniswelten: Ein phänomenologischer Weg in soziologische Gegenwartsfragen". In *Phänomenologie und Soziologie: Theoretische Positionen, aktuelle Problemfelder und empirische Umsetzungen*, hg. v. Jürgen Raab, Michaela Pfadenhauer, Peter Stegmaier, Jochen Dreher und Bernt Schnettler, Wiesbaden: VS Verlag für Sozialwissenschaften, 2008, 131–140.

Hitzler, Ronald, „Brutstätten posttraditionaler Vergemeinschaftung". In *Posttraditionale Gemeinschaften: Theoretische und ethnografische Erkundungen*, hg. v. dems., Anne Honer und Michaela Pfadenhauer, Wiesbaden: Verlag für Sozialwissenschaften, 2008, 55–72.

Hitzler, Ronald, „Einleitung: Event und Eventisierung". In *Eventisierung: Drei Fallstudien zum marktstrategischen Massenspaß*, Wiesbaden: VS Verlag, 2011, 11–21.

Hitzler, Ronald, Honer, Anne und Pfadenhauer, Michaela, „Zur Einleitung: ‚Ärgerliche' Gesellungsgebilde?" In *Posttraditionale Gemeinschaften: Theoretische und ethnografische Erkundungen*, hg. v. dens., Wiesbaden: Verlag für Sozialwissenschaften, 2008, 9–31.

Hjarvard, Stig, „The Mediatisation of Religion: Theorising Religion, Media and Social Change". *Culture and Religion* 12 (2011), 119–135.

Hjarvard, Stig, *The Mediatization of Culture and Society*, London u. a.: Routledge, 2013.

Hjarvard, Stig und Lövheim, Mia, Hg., *Mediatization and Religion: Nordic Perspectives*, Göteborg: Nordicom, 2012.

Hochschild, Michael, „Wo liegt die Zukunft der Kirche? Vom Milieu zum Netzwerk". *Antonianum* LXXIV (1999), 697–724.

Höhne, Florian, *Öffentliche Theologie: Begriffsgeschichte und Grundfragen*, Leipzig: Evangelische Verlagsanstalt, 2015.

Hofstetter, Yvonne, *Sie wissen alles: Wie intelligente Maschinen in unser Leben eindringen und warum wir für unsere Freiheit kämpfen müssen*, München: Penguin, [4]2014.

Hohendahl, Peter Uwe, „Einleitung". In *Öffentlichkeit: Geschichte eines kritischen Begriffs*, hg. v. dems., Stuttgart u. a.: Metzler, 2000.

Honecker, Martin, Art. „Öffentlichkeit". In *Theologische Realenzyklopädie*, Bd. 25, Berlin u. a.: de Gruyter, 1995, 18–26.

Honer, Anne, *Kleine Leiblichkeiten: Erkundungen in Lebenswelten*, Wiesbaden: VS Verlag für Sozialwissenschaften, 2011.

Honnacker, Anna, „Die Legitimität des Exzessiven: Überlegungen zur Inklusion partikularer Traditionen in den öffentlichen Diskurs". In *Religion – Öffentlichkeit – Moderne: Transdisziplinäre Perspektiven*, hg. v. Judith Könemann und Saskia Wendel, Bielefeld: transcript, 2016, 209–224.

Hoover, Stewart M., „Complexities: The Case of Religious Cultures". In *Mediatization: Concept, Changes, Consequences*, hg. v. Knut Lundby, New York/NY u. a.: Lang, 2009, 123–138.

Hoover, Stewart M., Hg., *The Media and Religious Authority*, Philadelphia/PA: Penn State University Press, 2016.

Hoover, Stewart M. und Echchaibi, Nabil, *The „Third Spaces" of Digital Religion: A Discussion Paper*, Boulder/CO 2012. https://thirdspacesblog.files.wordpress.com/2014/05/third-spaces-and-media-theory-essay-2–0.pdf (01.03.2018).

Horkheimer, Max und Adorno, Theodor W., *Dialektik der Aufklärung: Philosophische Fragmente*, Frankfurt a.M.: Fischer, 2012 (1. Aufl. 1944).

Horsfield, Peter, *From Jesus to the Internet: A History of Christianity and Media*, New York/NY: John Wiley and Sons, 2015.

Huber, Stefan, „Aufbau und strukturierende Prinzipien des Religionsmonitors". In *Religionsmonitor 2008*, hg. v. Bertelsmann-Stiftung, Gütersloh: Gütersloher Verlagshaus, 2007, 19–29.

Huber, Stefan, „Der Religionsmonitor 2008: Strukturierende Prinzipien, operationale Konstrukte, Auswertungsstrategien". In *Woran glaubt die Welt? Analysen und Kommentare zum Religionsmonitor 2008*, hg. v. Bertelsmann-Stiftung, Gütersloh: Verlag Bertelsmann-Stiftung, 2009, 17–52.

Huber, Wolfgang, *Kirche und Öffentlichkeit*, Stuttgart: Klett, 1973.

Huber, Wolfgang, *Kirche in der Zeitenwende*, Gütersloh: Verlag Bertelsmann-Stiftung, 1998.

Hügel, Rolf, Degenhardt, Werner und Weiss, Hans-Jürgen, „Strukturgleichungsmodelle für die Analyse des Agenda-Setting Prozesses". In *Medienwirkungen: Einflüsse von Presse, Radio und Fernsehen auf Individuum und Gesellschaft*, hg. v. Winfried Schulz, Weinheim u. a.: VCH, Acta Humaniora, 1992, 144–159.

Hügel, Rolf, Degenhardt, Werner und Weiss, Hans-Jürgen, „Structural Equation Models for the Analysis of the Agenda-Setting Process". *European Journal of Communication* 4 (1989), 191–210.

Huffaker, David und Calvert, Sandra, „Gender, Identity and Language Use in Teenage Blogs". *Journal of Computer-Mediated Communication* 10 (2005). https://onlinelibrary.wiley.com/doi/full/10.1111/j.1083–6101.2005.tb00238.x (01.03.2018).

Imhof, Kurt, „Der Austritt der Kommunikationswissenschaft aus der selbstverschuldeten Unmündigkeit". In *Mediengesellschaft: Strukturen, Merkmale, Entwicklungsdynamiken*, hg. v. dems., Roger Blum, Heinz Bonfadelli und Otfried Jarren, Wiesbaden: Verlag für Sozialwissenschaften, 2004, 19–30.

Imhof, Kurt, *Die Krise der Öffentlichkeit: Kommunikation und Medien als Faktoren des sozialen Wandels*, Frankfurt a.M.: Campus, 2011.

Ingenfeld, Martin, *Das Wagnis der Freiheit: Das Böckenförde-Diktum und seine Implikationen für eine moderne Demokratie*, 2009. https://vdocuments.site/das-wagnis-der-freiheit-das-boeckenfoerde-diktum-und-seine-.html (01.03.2018).
Innis, Harold A., *Kreuzwege der Kommunikation: Ausgewählte Texte*, hg. v. Karlheinz Barck, Wien u. a.: Springer, 1997.
Institut für Demoskopie Allensbach, *Allensbacher Kurzbericht vom 6. Oktober 2014: Deutliche Mehrheit der Bevölkerung für aktive Sterbehilfe*, online verfügbar unter: http://www.ifd-allensbach.de/uploads/tx_reportsndocs/KB_2014_02.pdf (01.03.2018).
Irlenborn, Bernd, „Religion und öffentliche Vernunft: Zur Bedeutung des christlichen Glaubens bei Jürgen Habermas". *Freiburger Zeitschrift für Philosophie und Theologie* 55 (2008), 334–344.
Jäckel, Michael, *Medienwirkungen: Ein Studienbuch zur Einführung*, 5. vollst. überarb. u. erw. Aufl., Wiesbaden: Verlag für Sozialwissenschaften, 2011.
Jäckel, Michael und Mai, Manfred, Hg., *Online-Vergesellschaftung? Mediensoziologische Perspektiven auf neue Kommunikationstechnologien*, Wiesbaden: Verlag für Sozialwissenschaften, 2005.
Jäckle, Monika, *Schule M(m)acht Geschlechter: Eine Auseinandersetzung mit Schule und Geschlecht unter diskurstheoretischer Perspektive*, Wiesbaden: VS Verlag für Sozialwissenschaften, 2008.
Jäger, Dieter, *Grundwissen Eventmanagement*, Konstanz u. a.: UVK, 2015.
Jäger, Siegfried, *Kritische Diskursanalyse: Eine Einführung*, Münster: Unrast, 7., vollst. überarb. Aufl., 2015.
Jandura, Olaf, Fahr, Andreas und Brosius, Hans-Bernd, Hg., *Theorieanpassungen in der digitalen Medienwelt*, Baden-Baden: Nomos, 2013.
Jarren, Otfried, „Massenmedien als Intermediäre: Zur anhaltenden Relevanz der Massenmedien für die öffentliche Kommunikation". *Medien und Kommunikationswissenschaft* 56 (2008), 329–346.
Jarren, Otfried und Röttger, Ulrike, „Public Relations aus kommunikationswissenschaftlicher Sicht". In *Handbuch der Public Relations: Wissenschaftliche Grundlagen und berufliches Handeln*, hg. v. Romy Fröhlich, Peter Szyszka und Günter Bentele, Wiesbaden: Springer Fachmedien Wiesbaden, 3. überarb. u. erw. Aufl., 2015, 29–46.
Jarren, Otfried und Donges, Patrick, *Politische Kommunikation in der Mediengesellschaft: Bd. 1: Verständnis, Rahmen und Strukturen*, Wiesbaden: Westdeutscher Verlag, 2002.
Joas, Hans, *Braucht der Mensch Religion? Über Erfahrungen der Selbsttranszendenz*, Freiburg i.Br. u. a.: Herder, 2004.
Johnson, Thomas J., Hg., *Agenda Setting in a 2.0 World: New Agendas in Communication*, New York u. a.: Routledge, 2014.
Jones, Steve, Millermaier, Sarah, Goya-Martinez, Mariana und Schuler, Jessica, „Whose Space is MySpace? A Content Analysis of MySpace Profiles". *First Monday* 13 (2008). http://firstmonday.org/article/view/2202/2024 (01.03.2018).
Jucker, Andreas H. und Dürscheid, Christa, „The Linguistics of Keyboard-to-Screen Communication: A New Terminological Framework". *Linguistik online* 56, Nr. 6 (2012), 39–64: 46. https://bop.unibe.ch/linguistik-online/article/view/255 (01.03.2018).
Jüngel, Eberhard, „Die Bedeutung der Predigt angesichts unserer volkskirchlichen Existenz". In *Anfechtung und Gewissheit des Glaubens oder wie die Kirche wieder zu ihrer Sache kommt*, hg. v. dems., München: Kaiser, 1976, 47–71.

Junker-Kenny, Maureen, „Mitbegründer des öffentlichen Raums? Religion und öffentliche Vernunft in den Sozialphilosophien von John Rawls, Jürgen Habermas und Paul Ricœur". In *Religion – Öffentlichkeit – Moderne. Transdisziplinäre Perspektiven*, hg. v. Judith Könemann und Saskia Wendel, Bielefeld: transcript, 2016, 189–208.

Kahl, Joachim, „Zwischen Reduktionismus und Heilshoffnungen". *Materialdienst der Evangelischen Zentralstelle für Weltanschauungsfragen* 77 (2014), 386–389.

Kampf, Anne, „Der Avatar beim Abendmahl". In *Kommunikation des Evangeliums in der digitalen Gesellschaft. Lesebuch zur Tagung der EKD-Synode vom 9. bis 12. November 2014 in Dresden*, hg. v. Kirchenamt der Evangelischen Kirche in Deutschland, Frankfurt a.M.: Gemeinschaftswerk der Evangelischen Publizistik, 2015, 90–92.

Kant, Immanuel, *Prolegomena zu einer jeden künftigen Metaphysik, die als Wissenschaft wird auftreten können* (1783), *Immanuel Kants Werke, Bd. IV: Schriften von 1783–1788*, hg. v. Artur Buchenau und Ernst Cassirer, Berlin: Cassirer, 1922.

Kant, Immanuel, *Kritik der reinen Vernunft, Immanuel Kants Werke, Bd. III*, hg. v. Albert Görland und Ernst Cassirer, Berlin: Cassirer, 1923 (2., hin und wieder verb. Aufl. 1787).

Karle, Isolde, *Liebe in der Moderne: Körperlichkeit, Sexualität, Ehe*, Gütersloh: Gütersloher Verlagshaus, 2014.

Kaschuba, Wolfgang, „Ritual und Fest: Das Volk auf der Straße". In *Dynamik der Tradition, Studien zur historischen Kulturforschung, Teil 4*, hg. v. Richard van Dülmen, Frankfurt a.M.: Fischer, 1992, 240–267.

Kaschuba, Wolfgang, „Vom Tahrir-Platz in Kairo zum Hermannplatz in Berlin: Urbane Räume als ‚Claims' und ‚Commons'? Raumanthropologische Betrachtungen". In *Kontrolle öffentlicher Räume: Unterstützen, unterdrücken, unterhalten, unterwandern*, hg. v. Eliza Bertuzzo, Eszter Gantner, Jörg Niewöhner und Heike Oevermann, Münster u. a.: Lit, 2013, 20–56. http://www.kaschuba.com/bild/pdf/Vom%20Tahrir_Platz%20in%20Kairo%20zum%20Hermannplatz%20in%20Berlin.pdf (01.03.2018).

Katzenbach, Christian, *Weblogs und ihre Öffentlichkeiten: Motive und Strukturen der Kommunikation im Web 2.0*, Baden-Baden: Nomos, 2008.

Katzenbach, Christian, „Von kleinen Gesprächen zu großen Öffentlichkeiten? Zur Dynamik und Theorie von Öffentlichkeiten in sozialen Medien". In *Öffentlichkeiten und gesellschaftliche Aushandlungsprozesse: Theoretische Perspektiven und empirische Befunde*, hg. v. Elisabeth Klaus und Ricarda Drüeke, Bielefeld: transcript, 2017, 151–174.

Keding, Ole, *Online-Kommunikation von Organisationen: Strategisches Handeln unter komplexen Bedingungen*, Wiesbaden: Springer VS, 2015.

Kelle, Udo, *Die Integration qualitativer und quantitativer Methoden in der empirischen Sozialforschung: Theoretische Grundlagen und methodologische Konzepte*, Wiesbaden: VS Verlag für Sozialwissenschaft, 2007.

Keller, Reiner, *Wissenssoziologische Diskursanalyse: Grundlegung eines Forschungsprogramms*, Wiesbaden: VS Verlag für Sozialwissenschaften, ^{3}2010.

Keller, Reiner, *Diskursforschung: Eine Einführung für SozialwissenschaftlerInnen*, Wiesbaden: VS Verlag für Sozialwissenschaften, ^{4}2011.

Keller, Reiner und Truschkat, Inga, *Methodologie und Praxis der Wissenssoziologischen Diskursanalyse, Bd. 1: Interdisziplinäre Perspektiven*, Wiesbaden: Springer VS, 2013.

Kepplinger, Hans Mathias, *Ereignismanagement: Wirklichkeit und Massenmedien*, Zürich u.a.: Ed. Interfrom, 1992.

Kepplinger, Hans Mathias und Martin, Verena, „Die Funktion der Massenmedien in der Alltagskommunikation". *Publizistik* 31 (1986), 118–128.

Kern, Thomas, Hg., *Soziale Bewegungen: Ursachen, Wirkungen, Mechanismen*, Wiesbaden: VS Verlag für Sozialwissenschaften, 2008.

Kersting, Wolfgang, „Demokratie und öffentlicher Vernunftgebrauch: Kant und Habermas über Publizität und Diskurs". In *Politik als Wissenschaft*, hg. v. Michael Take, Berlin: Duncker & Humblot, 2006, 63–96.

Kesting, Hanno, „Zur sozialen Topik". In *Das Gesellschaftsbild des Arbeiters: Soziologische Untersuchungen in der Hüttenindustrie*, hg. v. Heinrich Popitz, Hans Paul Bahrdt, Ernst August Jüres und Hanno Kesting, Tübingen: Mohr, ^{4}1972, 81–88.

Kinnebrock, Susanne, Schwarzenegger, Christian und Birkner, Thomas, Hg., *Theorien des Medienwandels*, Köln: Herbert von Halem, 2015.

Kirchenamt der EKD, Hg., *Kirche der Freiheit: Perspektiven für die Evangelische Kirche im 21. Jahrhundert: Ein Impulspapier des Rates der EKD*, Hannover 2006.

Kirchenamt der EKD, Hg., *Wenn Menschen sterben wollen: Eine Orientierungshilfe zum Problem der ärztlichen Beihilfe zur Selbsttötung: Ein Beitrag des Rates der Evangelischen Kirche in Deutschland*, Hannover: Kirchenamt der EKD, 2008. http://www.ekd.de/EKD-Texte/ekdtext_97.html (01. 03. 2018).

Kirchenamt der Evangelischen Kirche in Deutschland und Sekretariat der Deutschen Bischofskonferenz, Hg., *Gott ist ein Freund des Lebens: Herausforderungen und Aufgaben beim Schutz des Lebens*, Gemeinsame Erklärung des Rates der EKD und der Deutschen Bischofskonferenz, Trier: Paulinus-Verlag, 1989. https://www.ekd.de/gottistfreund_1989_welcome.html (01. 03. 2018).

Kirchenamt der Evangelischen Kirche in Deutschland und Sekretariat der Deutschen Bischofskonferenz, Hg., *Chancen und Risiken der Mediengesellschaft*, Gemeinsame Erklärung der Deutschen Bischofskonferenz und des Rates der Evangelischen Kirche in Deutschland, Hannover/Bonn: Kirchenamt der Ev. Kirche in Deutschland/Sekretariat der Deutschen Bischofskonferenz, 1997.

Kirchenamt der Evangelischen Kirche in Deutschland und Sekretariat der Deutschen Bischofskonferenz, Hg., *Sterbebegleitung statt aktiver Sterbehilfe: Eine Textsammlung kirchlicher Erklärungen*, Hannover/Bonn: Kirchenamt der Ev. Kirche in Deutschland/ Sekretariat der Deutschen Bischofskonferenz, 2003.

Kirsner, Inge, *Erlösung im Film: Praktisch-theologische Analysen und Interpretationen*, Stuttgart u. a.: Kohlhammer, 1996.

Klaus, Elisabeth, *Kommunikationswissenschaftliche Geschlechterforschung: Zur Bedeutung der Frauen in den Massenmedien und im Journalismus*, Opladen u. a.: Westdeutscher Verlag, 1998.

Klaus, Elisabeth, „Öffentlichkeit als gesellschaftlicher Selbstverständigungsprozess". In *Kommunikation und Revolution*, hg. v. Kurt Imhof und Peter Schulz, Zürich: Seismo, 1998, 131–149.

Klaus, Elisabeth, „Öffentlichkeit als gesellschaftlicher Selbstverständigungsprozess und das Drei-Ebenen-Modell von Öffentlichkeit: Rückblick und Ausblick". In *Öffentlichkeiten und gesellschaftliche Aushandlungsprozesse: Theoretische Perspektiven und empirische Befunde*, hg. v. ders. und Ricarda Drüeke, Bielefeld: transcript, 2017, 17–37.

Klaus, Elisabeth, Hipfl, Brigitte und Scheer, Uta, „Einleitung: Mediale Identitätsräume". In *Identitätsräume: Nation, Körper und Geschlecht in den Medien: Eine Topografie*, hg. v. dens., Bielefeld: transcript, 2004, 9 – 15.

Knatz, Birgit, *Handbuch Internetseelsorge: Grundlagen, Formen, Praxis*, Gütersloh: Gütersloher Verlagshaus, 2013.

Kneuer, Marianne, *Mehr Partizipation durch das Internet?*, Mainz: LpB, 2013.

Kneuer, Marianne, „Bereicherung oder Stressfaktor? Überlegungen zur Wirkung des Internets auf Demokratie". In *Das Internet: Bereicherung oder Stressfaktor für die Demokratie?*, hg. v. ders., Baden-Baden: Nomos, 2013, 7 – 31.

Knoblauch, Hubert, „Die Verflüchtigung der Religion ins Religiöse: Thomas Luckmanns Unsichtbare Religion". In *Die unsichtbare Religion*, hg. v. Thomas Luckmann, Frankfurt a.M.: Suhrkamp, 1991, 7 – 41.

Knoblauch, Hubert, *Kommunikationskultur: Die kommunikative Konstruktion kultureller Kontexte*, Berlin u.a.: de Gruyter, 1995.

Knoblauch, Hubert, „Einleitung: Kommunikative Lebenswelten und die Ethnographie einer geschwätzigen Gesellschaft". In *Kommunikative Lebenswelten: Zur Ethnographie einer geschwätzigen Gesellschaft*, hg. v. dems., Konstanz: UVK, 1996, 7 – 24.

Knoblauch, Hubert, „Transzendenzerfahrung und symbolische Kommunikation: Die phänomenologisch orientierte Soziologie und die kommunikative Konstruktion der Religion". In *Religion als Kommunikation*, hg. v. dems., Hartmann Tyrell und Volkhard Krech, Würzburg: Ergon, 1998, 147 – 186.

Knoblauch, Hubert, „Topik und Soziologie: Von der sozialen zur kommunikativen Topik". In *Topik und Rhetorik: Ein interdisziplinäres Symposion*, hg. v. Thomas Schirren und Gert Ueding, Tübingen: Niemeyer, 2000, 651 – 667.

Knoblauch, Hubert, „Diskurs, Kommunikation und Wissenssoziologie". In *Handbuch Sozialwissenschaftliche Diskursanalyse, Bd. 1: Theorien und Methoden*, hg. v. Reiner Keller, Andreas Hierseland, Werner Schneider und Willy Viehöver, Wiesbaden: VS Verlag für Sozialwissenschaften, 2., aktual. u. erw. Aufl., 2006, 209 – 226.

Knoblauch, Hubert, *Populäre Religion: Auf dem Weg in eine spirituelle Gesellschaft*, Frankfurt a.M. u.a.: Campus, 2009.

Knoblauch, Hubert, „Kommunikationsgemeinschaften: Überlegungen zur kommunikativen Konstruktion einer Sozialform". In *Posttraditionale Gemeinschaften: Theoretische und ethnografische Erkundungen*, hg. v. Ronald Hitzler, Anne Honer und Michaela Pfadenhauer, Wiesbaden: Verlag für Sozialwissenschaften, 2008, 73 – 88.

Knoblauch, Hubert, „Der Topos der Spiritualität: Zum Verhältnis von Kommunikation, Diskurs und Subjektivität am Beispiel der Religion". In *Diskurs – Macht – Subjekt: Theorie und Empirie in der Diskursforschung*, hg. v. Reiner Keller, Werner Schneider und Willy Viehöver, Wiesbaden: VS Verlag für Sozialwissenschaften, 2012, 247 – 264.

Koch, Peter, „Sprachgeschichte zwischen Nähe und Distanz: Latein – Französisch – Deutsch". In *Nähe und Distanz im Kontext variationslinguistischer Forschung*, hg. v. Vilmos Ágel und Mathilde Hennig, Berlin u.a.: de Gruyter, 2010, 155 – 206.

Koch, Peter und Oesterreicher, Wulf, „Schriftlichkeit und Sprache". In *Schrift und Schriftlichkeit: Ein interdisziplinäres Handbuch internationaler Forschung*, Bd. 1, hg. v. Hartmut Günther und Otto Ludwig, Berlin u.a.: de Gruyter, 1994, 587 – 604.

Koch, Peter und Oesterreicher, Wulf, „Schriftlichkeit und kommunikative Distanz". *Zeitschrift für germanistische Linguistik* 35 (2007), 346 – 375.

Koch, Wolfgang und Schröter, Christian, „Audio, Musik und Radio bei Onlinern im Aufwind". *Media Perspektiven* 2015, 392–396. http://www.ard-zdf-onlinestudie.de/fileadmin/Onlinestudie_2015/0915_Koch_Schroeter.pdf (01.03.2018).

Koch, Wolfgang und Frees, Beate, „Internetnutzung: Frequenz und Vielfalt nehmen in allen Altersgruppen zu. Ergebnisse der ARD/ZDF-Onlinestudie 2015". *Media Perspektiven* (2016), 9, 366–377. http://www.ard-zdf-onlinestudie.de/fileadmin/Onlinestudie_2015/0915_Frees_Koch.pdf (01.03.2018).

Koch, Wolfgang und Frees, Beate, „ARD/ZDF-Onlinestudie 2017: Neun von zehn Deutschen online. Ergebnisse aus der Studienreihe ‚Medien und ihr Publikum [MiP]'". *Media Perspektiven* (2017), 9, 434–446. http://www.ard-zdf-onlinestudie.de/ardzdf-onlinestudie-2017/onlinenutzung/ (01.03.2018).

Kögel, Andreas, *Tod und Sterben als Risiken: Sterbehilfe und vorzeitige Lebensbeendigung im Spiegel persönlicher Erwartungen und religiöser Vorstellungen. Ergebnisse einer Umfrage unter Hausärzten*, Münster: Verlagshaus Monsenstein und Vannerdat, 2016.

Könemann, Judith, „Theologie, Kirche und Öffentlichkeit: Zum Öffentlichkeitscharakter von Religionspädagogik und religiöser Bildung". In *Religion – Öffentlichkeit – Moderne: Transdisziplinäre Perspektiven*, hg.v. ders. und Saskia Wendel, Bielefeld: transcript, 2016, 129–152.

Könneker, Carsten, Hg., *Fake oder Fakt? Wissenschaft, Wahrheit und Vertrauen*, Wiesbaden: Springer, 2018.

Körtner, Ulrich H. J., *Wohin steuert die Ökumene? Vom Konsens- zum Differenzmodell*, Göttingen: Vandenhoeck & Ruprecht, 2005.

Körtner, Ulrich H. J., *Wiederkehr der Religion? Das Christentum zwischen neuer Spiritualität und Gottvergessenheit*, Gütersloh: Gütersloher Verlagshaus, 2006.

Körtner, Ulrich H. J., *Vortrag vor der Landessynode der Evangelischen Kirche im Rheinland 2012: Leben hat seine Zeit, Sterben hat seine Zeit: Einführung in die Orientierungshilfe des Rates der Gemeinschaft Evangelischer Kirchen in Europa*. http://www.ekir.de/www/downloads/20110110_PT_Vortrag_Prof_Koertner.pdf (01.03.2018).

Koidl, Roman Maria, *WebAttack. Der Staat als Stalker*, München: Goldmann, 2013.

Kongregation für die Glaubenslehre, *Erklärung zur Euthanasie*, 1980. https://www.dbk-shop.de/index.php?page=product&info=16348&dl_media=12169 (01.03.2018).

Kopjar, Karsten, *Kommunikation des Evangeliums für die Web 2.0-Generation: Virtuelle Realität als Reale Virtualität*, Münster u. a.: Lit, 2013.

Krämer, Nicole C. und Winter, Stefan, „Impression Management 2.0: The Relationship of Self-Esteem, Extraversion, Self-Efficacy, and Self-Presentation within Social Networking Sites". *Journal of Media Psychology*, 20 (2008), 106–116.

Kracauer, Siegfried, „The Challenge of Qualitative Content Analysis". *Public Opinion Quarterly* 16 (1952), 631–642.

Krech, Volkhard, Schlamelcher, Jens und Hero, Markus, „Typen religiöser Sozialformen und ihre Bedeutung für die Analyse des religiösen Wandels in Deutschland". *Kölner Zeitschrift für Soziologie und Sozialpsychologie* 65 (2013), Heft 1, 51–71.

Kretzschmar, Gerald, *Kirchenbindung: Praktische Theologie der mediatisierten Kommunikation*, Göttingen: Vandenhoeck & Ruprecht, 2007.

Krotz, Friedrich, *Mediatisierung: Fallstudien zum Wandel von Kommunikation*, Wiesbaden: VS Verlag für Sozialwissenschaften, 2007.

Krotz, Friedrich, „Stichwort ‚Gegenöffentlichkeit'". In *Politische Kommunikation in der demokratischen Gesellschaft. Ein Handbuch mit Lexikonteil*, hg. v. Otfried Jarren, Ulrich Sarcinelli und Ulrich Saxer, Opladen u. a.: Westdeutscher Verlag, 1998.

Krotz, Friedrich, „Mediatization as a Mover in Modernity: Social and Cultural Change in the Context of Media Change". In *Mediatization of Communication*, hg. v. Knut Lundby, Berlin u. a.: de Gruyter, 2014, 131–161.

Krotz, Friedrich, „Pfade der Mediatisierung: Bedingungsgeflechte für die Transformation von Medien, Alltag, Kultur und Gesellschaft". In *Mediatisierung als Metaprozess: Transformationen, Formen der Entwicklung und die Generierung von Neuem*, hg. v. dems., Cathrin Despotović und Merle-Marie Kruse, Wiesbaden: Springer VS, 2017, 347–364.

Krüger, Oliver, *Die mediale Religion: Probleme und Perspektiven religionswissenschaftlicher und wissenssoziologischer Medienforschung*, Bielefeld: transcript, 2012.

Kruse, Jan, „Indexikalität und Fremdverstehen: Problemfelder kommunikativer Verstehensprozesse aus einer empirisch-praktischen Perspektive". In *Verstehen*, hg. v. Boike Rehbein und Gernot Saalmann, Konstanz: UVK, 2009, 133–149.

Kuckartz, Udo, *Qualitative Inhaltsanalyse: Methode, Praxis, Computerunterstützung*, Weinheim u. a.: Beltz Juventa, 2012.

Küpper, Beate und Zick, Andreas, *Religion and Prejudice in Europe: New Empirical Findings: Dossier for the Network of European Foundations – Initiative for Religion and Democracy in Europe*, London: Alliance Publishing Trust, 2010.

Küpper, Beate und Zick, Andreas, „Schützt Religiosität vor Menschenfeindlichkeit oder befördert sie sie?" In *Was heißt hier Toleranz? Interdisziplinäre Zugänge*, hg. v. Andrea Bieler und Henning Wrogemann, Neukirchen-Vluyn: Neukirchener Verlagsgesellschaft, 2014, 146–163.

Küpper, Beate und Zick, Andreas, „Religiosität und Gruppenbezogene Menschenfeindlichkeit – Ergebnisse der GMF-Studien". In *Rechtsextremismus als Herausforderung für die Theologie*, hg. v. Sonja Angelika Strube, Freiburg i.Br.: Herder, 2015, 48–63.

Küpper, Beate und Zick, Andreas, „Religion und Menschenfeindlichkeit". In *Religiosität: die dunkle Seite. Beiträge zur empirischen Religionsforschung*, hg. v. Christian Zwingmann, Constantin Klein und Florian Jeserich, Münster: Waxmann, 2017, 117–135.

Kuhlen, Rainer, *Informationsethik*, Konstanz: UVK, 2004.

Kuhlmann, Christoph, *Kommunikation als Weltbezug*, Köln: Herbert von Halem, 2016.

Kupferschmitt, Thomas, „Bewegtbildnutzung nimmt weiter zu – Habitualisierung bei 14–29-Jährigen". *Media Perspektiven* 2015, 383–391. http://www.ard-zdf-onlinestudie.de/fileadmin/Onlinestudie_2015/0915_Kupferschmitt.pdf (01.03.2018).

Kurschus, Annette, „Von Gott reden sollen und zu Gott rufen können: Homiletisch-liturgische Erfahrungen und Erwägungen im Horizont des Gedenkgottesdienstes für die Insassen von Flug 4U 9525". *Praktische Theologie* 51 (2016), 208–214.

Kurzweil, Raymond, *The Singularity Is Near: When Humans Transcend Biology*, New York/NY: Viking, 2005.

Landeskirchenrat der Evangelisch-Lutherischen Kirche in Bayern, Hg., *Das Netz als sozialer Raum: Kommunikation und Gemeinschaft im digitalen Zeitalter. Ein Impuls*, München, 2015. https://www.bayern-evangelisch.de/epaper/das-netz-als-sozialer-raum/ (01.03.2018).

Lange, Ernst, *Chancen des Alltags: Überlegungen zur Funktion des christlichen Gottesdienstes in der Gegenwart*, Gelnhausen: Burckhardthaus-Verlag und Stuttgart: Kreuz-Verlag, 1965.

Lanier, Jaron, *Who Owns the Future?*, New York/NY: Simon & Schuster, 2013.
Lanier, Jaron, *Wenn Träume erwachsen werden: Ein Blick auf das digitale Zeitalter*, übers. v. Friedrich Pflüger, Hamburg: Hoffmann und Campe, 2015.
Lanier, Jaron, „Der ‚Hightech-Frieden' braucht eine neue Art des Humanismus: Dankesrede zur Verleihung des Friedenspreises des Deutschen Buchhandels". In *Wenn Träume erwachsen werden: Ein Blick auf das digitale Zeitalter*, Hamburg: Hoffmann und Campe, 2015, 13–36.
Laski, Harold J., *Studies in the Problem of Sovereignty*, New Haven/CT: Yale University Press, 1917.
Latour, Bruno, *Eine neue Soziologie für eine neue Gesellschaft: Eine Einführung in die Akteur-Netzwerk-Theorie*, Berlin: Suhrkamp, 2010.
Lefebvre, Henri, „Die Produktion des Raums". In *Raumtheorie: Grundlagentexte aus Philosophie und Kulturwissenschaften*, hg. v. Jörg Dünne und Stephan Günzel, Frankfurt a.M.: Suhrkamp, 2006, 330–342.
Lehnert, Gertrud, „Raum und Gefühl". In *Raum und Gefühl: Der Spatial Turn und die neue Emotionsforschung*, hg. v. ders., Bielefeld: transcript, 2011, 9–25.
Lerg, Winfried B., „Verdrängen oder ergänzen Medien einander? Innovation und Wandel in Kommunikationssystemen". *Publizistik* 26 (1981): 193–201.
Levine, Rick, Locke, Christopher, Searls, Doc und Weinberger, David, *The Cluetrain Manifesto: The End of Business as Usual*, 1999. http://www.cluetrain.com/ (01.03.2018).
Liebert, Mary Ann, „‚You Know, Who's the Thinnest?' Combating Surveillance and Creating Safety in Coping with Eating Disorders Online". *CyberPsychology* 3 (2000), 761–783.
Lienau, Anna-Katharina, *Gebete im Internet: Eine praktisch-theologische Untersuchung*, Erlangen: CPV, 2009.
Lingenberg, Swantje, „Öffentlich(keit) und Privat(heit)". In *Handbuch Cultural Studies und Medienanalyse*, hg. v. ders., Andreas Hepp, Friedrich Krotz und Jeffrey Wimmer, Wiesbaden: Springer VS, 2015, 169–179.
Lippmann, Walter, *The Phantom Public*, New York/NY: Harcourt, Brace and Co., 1925.
Lippmann, Walter, *Public Opinion*, New York/NY: The Macmillan Company, 1949.
Lövheim, Mia, „Identity". In *Digital Religion: Understanding Religious Practice in New Media Worlds*, hg. v. Heidi Campbell, London u. a.: Routledge, 2013, 41–56.
Lövheim, Mia, „Mediatization and Religion". In *Mediatization of Communication*, hg. v. Knut Lundby, Berlin u. a.: de Gruyter Mouton, 2014, 547–570.
Lövheim, Mia und Axner, Marta, „Mediatised Religion and Public Spheres: Current Approaches and New Questions". In *Religion, Media, and Social Change*, hg. v. Kennet Granholm, Marcus Moberg und Sofia Sjö, New York/NY: Routledge, 2015, 38–53.
Löw, Martina, *Raumsoziologie*, Frankfurt a.M.: Suhrkamp, 2001.
Lowery, Shearon und DeFleur, Melvin L., *Milestones in Mass Communication Research: Media Effects*, White Plains/NY u. a.: Longman, ^{3}1995.
Luckmann, Thomas, *Die unsichtbare Religion*, Frankfurt a.M.: Suhrkamp, 1991 (The Invisible Religion, 1967).
Luckmann, Thomas, „Persönliche Identität als evolutionäres und historisches Problem". In *Lebenswelt und Gesellschaft*, hg. v. dems., Paderborn u. a.: Schöningh, 1980, 123–141.
Luckmann, Thomas, „Grundformen der gesellschaftlichen Vermittlung des Wissens: Kommunikative Gattungen". In *Kultur und Gesellschaft: Sonderheft 27 der Kölner Zeitschrift für Soziologie und Sozialpsychologie*, hg. v. Friedhelm Neidhardt und Mario Rainer Lepsius, Opladen: Westdeutscher Verlag, 1986, 191–211.

Luckmann, Thomas, „Kommunikative Gattungen im kommunikativen ‚Haushalt' einer Gesellschaft". In *Der Ursprung der Literatur*, hg. v. Gisela Smolka-Koerdt, München: Fink, 1988, 279–288.
Ludwig, Johannes, „Öffentlichkeitswandel durch ‚Gegenöffentlichkeit'? Zur Bedeutung computervermittelter Kommunikation für gesellschaftliche Emanzipationsprozesse". In *Computervermittelte Kommunikation: Öffentlichkeit im Wandel*, hg. v. Elizabeth Prommer und Gerhard Vowe, Konstanz: UVK, 1998, 177–209.
Lück, Anne-Kathrin, *Der gläserne Mensch im Internet: Ethische Reflexionen zur Sichtbarkeit, Leiblichkeit und Personalität in der Online-Kommunikation*, Stuttgart: Kohlhammer, 2013.
Luhmann, Niklas, „Öffentliche Meinung". In *Politische Planung: Aufsätze zur Soziologie von Politik und Verwaltung*, Opladen: Westdeutscher Verlag, 1971, 9–34.
Luhmann, Niklas, „Veränderungen im System gesellschaftlicher Kommunikation und die Massenmedien". In *Soziologische Aufklärung 3: Soziales System, Gesellschaft, Organisation*, hg. v. dems., Opladen: Westdeutscher Verlag, 1981, 309–320.
Luhmann, Niklas, *Die Realität der Massenmedien*, Wiesbaden: Verlag für Sozialwissenschaften, ³2004.
Lundby, Knut, Hg., *Religion Across Media: From Early Antiquity to Late Modernity*, New York/NY u. a.: Lang, 2013.
Lundby, Knut, „Mediatization of Communication". In *Mediatization of Communication*, hg. v. dems., Berlin u. a.: de Gruyter, 2014, 3–35.
Lundby, Knut, Hg., *Mediatization of Communication*, Berlin u. a.: de Gruyter, 2014.
Luthe, Swantje, „Trauerarbeit online: Facebook als Generator für Erinnerungen". In *Tod und Trauer im Netz: Mediale Kommunikationen in der Bestattungskultur*, hg. v. Thomas Klie und Ilona Nord, Stuttgart: Kohlhammer, 2016, 63–74.
Machlup, Fritz, *The Production and Distribution of Knowledge in the United States*, Princeton/NJ: Princeton University Press, 1962.
Maffesoli, Michel, *Le temps des tribus: Le déclin de l'individualisme dans les societés de masse*, Paris: Méridiens Klincksieck, 1988.
Maj, Anna, Hg., *Post-Privacy Culture: Gaining Social Power in Cyber-Democracy*, Witney/UK: Inter-Disciplinary Press, 2014.
Maresch, Rudolf, „Die Militarisierung der Öffentlichkeit". In *Elektronische Demokratie? Perspektiven politischer Partizipation*, hg. v. Klaus Kamps, Opladen u. a.: Westdeutscher Verlag, 1999, 127–150.
Marschall, Stefan, „Alte und neue Öffentlichkeiten: Strukturmerkmale politischer Öffentlichkeit im Internet". In *Elektronische Demokratie? Perspektiven politischer Partizipation*, hg. v. Klaus Kamps, Opladen u. a.: Westdeutscher Verlag, 1999, 109–126.
Massey, Doreen, *Space, Place and Gender*, Minneapolis/MN: University of Minnesota Press, 1994.
Matthes, Joachim, *Die Emigration der Kirche aus der Gesellschaft*, Hamburg: Furche-Verlag, 1964.
Maurer, Marcus, *Agenda-Setting*, Baden-Baden: Nomos, 2010.
Mayring, Philipp, *Qualitative Inhaltsanalyse*, Weinheim: Beltz, 1983.
Mayring, Philipp, *Qualitative Inhaltsanalyse: Grundlagen und Techniken*, Weinheim u. a.: Beltz, Neuausgabe, 12., überarb. Aufl., 2015.

McCombs, Maxwell E. und Shaw, Donald L., „The Agenda-Setting Function of Mass Media". *The Public Opinion Quarterly* 36 (1972), 176–187. http://www.unc.edu/~fbaum/teaching/PLSC541_Fall06/McCombs%20and%20Shaw%20POQ%201972.pdf (01.03.2018).

McLuhan, Marshall, *Gutenberg Galaxy: The Making of Typographic Man*, Toronto: University Press, 1962.

McNair, Brian, *Fake News: Falsehood, Fabrication and Fantasy in Journalism*, London: Routledge, 2017.

McQuail, Denis, *Mass Communication Theory*, London u.a.: Sage, ³1994.

McPherson, Miller, Smith-Lovin, Lynn und Cook, James M., „Birds of a Feather: Homophily in Social Networks". *Annual Review of Sociology*, 27 (2001), 415–444.

Meier, Stefan, Wünsch, Carsten, Pentzold, Christian und Welker, Martin, „Auswahlverfahren für Online-Inhalte". In *Die Online-Inhaltsanalyse: Forschungsobjekt Internet*, hg.v. Martin Welker und Carsten Wünsch, Köln: Herbert von Halem, 2010, 103–123.

Meier, Stefan und Pentzold, Christian, „Theoretical Sampling als Auswahlstrategie für Online-Inhaltsanalysen". In *Die Online-Inhaltsanalyse: Forschungsobjekt Internet*, hg.v. Martin Welker und Carsten Wünsch, Köln: Herbert von Halem, 2010, 124–143.

Meints, Waltraud, „Die gleichberechtigen Anderen und die ‚erweiterte Denkungsart'". In *Perspektiven politischen Denkens: zum 100. Geburtstag von Hannah Arendt*, hg.v. ders., Antonia Grunenberg, Oliver Bruns und Christine Harckensee, Frankfurt a.M. u.a.: Lang, 2008, 71–92.

Merle, Kristin, *Alltagsrelevanz: Zur Frage nach dem Sinn in der Seelsorge*, Göttingen: Vandenhoeck & Ruprecht, 2011.

Merle, Kristin, „Virtual and real: Gefühle im Cyberspace". In *Religion und Gefühl*, hg.v. Lars Charbonnier, Matthias Mader und Birgit Weyel, Göttingen: Vandenhoeck & Ruprecht, 2013, 249–263.

Merle, Kristin, „Fremdheit und Verstehen". In *Kulturwelten: Zum Problem des Fremdverstehens in der Seelsorge*, hg.v. ders., Münster u.a.: LIT, 2013, 15–34.

Merle, Kristin, „Die Seelsorge vor der Sinnfrage: Relevanz als hermeneutische Schlüsselkategorie für die seelsorgliche Interaktion". *Praktische Theologie* 48 (2013), 102–109.

Merle, Kristin, „Sinn: Empirische Religionsforschung und Alltagsphänomenologie". In *Praktische Theologie und empirische Religionsforschung*, hg.v. Birgit Weyel, Wilhelm Gräb und Hans-Günter Heimbrock, Leipzig: Evangelische Verlagsanstalt, 2013, 193–206.

Merle, Kristin, „Religion im Internet: von neuen Erfahrungsräumen und Hybrid-Identitäten". In *Social Media, christliche Religiosität und Kirche: Studien zur Praktischen Theologie mit religionspädagogischem Schwerpunkt*, hg.v. Ilona Nord und Swantje Luthe, Jena: Garamond, 2014, 115–142.

Merle, Kristin, „Öffentlichkeit und Kirche: Der mediale Wandel als Herausforderung für kirchliche Kommunikationskulturen". *Deutsches Pfarrerblatt* 114 (2014), 206–209.

Merle, Kristin, „Vernetzt: Sinnwelten und soziale Kontexte moderner Subjekte". *Wege zum Menschen* 66 (2014), 452–463.

Merle, Kristin, „Religiöse Sinndeutung in translokalen Horizonten: Chancen und Herausforderungen medienbasierter Kommunikation für Prozesse der Selbstvergewisserung moderner Menschen". *Informationes Theologiae Europae. Internationales ökumenisches Jahrbuch für Theologie* 18 (2014), Frankfurt a.M. u.a.: Lang, 2015, 11–25.

Merle, Kristin und Meier, Stefan, „Art. Diskursanalyse". In *Das Wissenschaftlich-Religionspädagogische Lexikon* (www.wirelex.de), 2018. https://www.bibelwissenschaft.de/stichwort/200264/ (01.03.2018).

Merle, Kristin und Weyel, Birgit, „Sozialer und subjektiver Sinn: Das Netzwerk als ‚Modell' zur Abbildung inter- und transsubjektiver Vorgänge der Bedeutungskonstitution in der Seelsorge". In *Modellhaftes Denken in der Praktischen Theologie*, hg. v. Andreas von Heyl und Konstanze Evangelia Kemnitzer, Leipzig: Evangelische Verlagsanstalt, 2014, 137–146.

Merten, Klaus, *Kommunikation: Eine Begriffs- und Prozessanalyse*, Opladen: Westdeutscher Verlag, 1977.

Meuser, Michael, „Inhaltsanalyse". In *Hauptbegriffe Qualitativer Sozialforschung*, hg. v. dems., Ralf Bohnsack und Winfried Marotzki, Opladen: Budrich, 3., durchges. Aufl., 2010, 89 f.

Meyrowitz, Joshua, *No Sense of Place: The Impace of Electronic Media on Social Behavior*, New York/NY: Oxford University Press, 1985.

Meyrowitz, Joshua, „Medium Theory". In *Communication Theory Today*, hg. v. David Crowley und David Mitchell, Stanford/CA: Stanford University Press, 1994, 50–77.

Miczek, Nadja, *Biographie, Ritual und Medien: Zu den diskursiven Konstruktionen gegenwärtiger Religiosität*, Bielefeld: transcript, 2013.

Mikos, Lothar und Wegener, Claudia, Hg., *Qualitative Medienforschung: Ein Handbuch*, Konstanz: UVK u. a., 2., völlig überarb. u. erw. Aufl., 2017.

Mikoski, Gordon S., „Bringing the Body to the Table". *Theology Today* 67 (2010), 255–259.

Mikoski, Gordon S., „On the Mediation of Mediation of Mediation: The (Im)possibility of Online Communion and the Limits of Online Worship". *Liturgie und Kultur* 8 (2018), 6–11.

Morgenthaler, Christoph, Plüss, David und Zeindler, Matthias, *Assistierter Suizid und kirchliches Handeln: Fallbeispiele – Kommentare – Reflexionen*, Zürich: TVZ, 2017.

Müller, Johannes, Reder, Michael und Karcher, Tobias, *Religionen und Globalisierung*, Stuttgart: 2007.

Münker, Stefan, *Emergenz digitaler Öffentlichkeiten: Die Sozialen Medien im Web 2.0*, Frankfurt a. M.: Suhrkamp, 2009.

Münst, Agnes Senganata, „Lesbenbewegung: Feministische Räume positiver Selbstverortung und gesellschaftlicher Kritik". In *Handbuch Frauen- und Geschlechterforschung: Theorie, Methoden, Empirie*, hg. v. Ruth Becker und Beate Kortendiek, Wiesbaden: VS Verlag für Sozialwissenschaften, 3., erw. u. durchges. Aufl., 2010, 904–909.

Munsonius, Hendrik, „Kirche und Staat: Grundlagen und aktuelle Entwicklungen". In *Öffentliche Religion im säkularen Staat*, hg. v. dems., Tübingen: Mohr Siebeck, 2016, 73–98.

Mutz, Diana C., „The Influence of Perceptions of Media Influence: Third Person Effects and the Public Expression of Opinions". *International Journal of Public Opinion Research*, 1 (1989), 2–23.

Nationaler Ethikrat, Hg., *Selbstbestimmung und Fürsorge am Lebensende: Stellungnahme*, Berlin: Nationaler Ethikrat, 2006.

Negt, Oskar und Kluge, Alexander, *Öffentlichkeit und Erfahrung*, Frankfurt a.M.: Suhrkamp, 1972.

Neidhardt, Friedhelm, „Öffentlichkeit, öffentliche Meinung, soziale Bewegungen". In *Öffentlichkeit, öffentliche Meinung, soziale Bewegungen: Kölner Zeitschrift für Soziologie und Sozialpsychologie, Sonderheft 34*, hg. v. dems., Opladen: Westdeutscher Verlag, 1994.

Nethöfel, Wolfgang, *Ethik zwischen Medien und Mächten: Theologische Orientierung im Übergang zur Dienstleistungs- und Informationsgesellschaft*, Neukirchen-Vluyn: Neukirchener, 1999.

Nethöfel, Wolfgang, *Christliche Orientierung in einer vernetzten Welt*, Neukirchen-Vluyn: Neukirchener, 2001.

Neuberger, Christoph, „Internet, Journalismus und Öffentlichkeit: Analyse des Medienumbruchs". In *Journalismus im Internet: Profession – Partizipation – Technisierung*, hg. v. dems., Christian Nuernbergk und Melanie Rischke, Wiesbaden: VS Verlag für Sozialwissenschaften, 2008, 19–105.

Neuberger, Christoph, „Journalismus in der Netzwerköffentlichkeit: Zum Verhältnis zwischen Profession, Partizipation und Technik". In *Journalismus im Internet: Profession – Partizipation – Technisierung*, hg. v. dems. und Christian Nuernbergk, 2., aktual. u. ern. Aufl., Wiesbaden: Springer VS, 2018, 11–80.

Neuberger, Christoph und Pleil, Thomas, *Online-Public Relations: Forschungsbilanz nach einem Jahrzehnt*. 2006. http://www.scribd.com/doc/100124234/Neuberger-Christoph-Pleil-Thomas-2006-Online-Public-Relations-Forschungsbilanz-nach-einem-Jahrzehnt (01.03.2018).

Neuberger, Christoph und Wendelin, Manuel, *Strukturwandel 2.0*. http://www.goethe.de/wis/bib/prj/hmb/the/157/de9527384.htm (01.03.2018).

Neumaier, Anna, *religion@home? Religionsbezogene Online-Plattformen und ihre Nutzung: Eine Untersuchung zu neuen Formen gegenwärtiger Religiosität*, Würzburg: Ergon, 2016.

Nida-Rümelin, Julian, „Zivilisierung der digitalen Gesellschaft". *epd-Dokumentation* 35/2015, 20–24.

Niekrenz, Yvonne, „Die (Wieder-) Erfindung von Traditionen in posttraditionalen Vergemeinschaftungen". In *Religionshybride: Religion in posttraditionalen Kontexten*, hg. v. Peter A. Berger, Klaus Hock und Thomas Klie, Wiesbaden: Springer VS, 2013, 231–242.

Nitschke, Peter, Hg., *Globaler Terrorismus und Europa: Stellungnahmen zur Internationalisierung des Terrors*, Wiesbaden: VS, Verlag für Sozialwissenschaften, 2008.

Noelle-Neumann, Elisabeth, *Die Schweigespirale: Öffentliche Meinung – unsere soziale Haut*, München u. a.: Piper, 1980.

Nollert, Michael, „Kreuzung sozialer Kreise: Auswirkungen und Wirkungsgeschichte". In *Handbuch Netzwerkforschung*, hg. v. Christian Stegbauer und Roger Häußling, Wiesbaden: VS Verlag für Sozialwissenschaften, 2010, 157–165.

Nora, Simon und Minc, Alain, *Die Informatisierung der Gesellschaft*, Frankfurt a.M. u. a.: Campus, 1979.

Nord, Ilona, *Realitäten des Glaubens: Zur virtuellen Dimension christlicher Religiosität*, Berlin u. a.: de Gruyter, 2008.

Nord, Ilona, „Sinnstiftung zwischen Individuum und Organisation: Kirche als Netzwerkorganisation für eine nachhaltige Welt". *Deutsches Pfarrerblatt* 113 (2013), 432–437.

Nord, Ilona, „Gemeinde in Netzwerken". In *Handbuch für Kirchen- und Gemeindeentwicklung*, hg. v. Ralph Kunz und Thomas Schlag, Neukirchen-Vluyn: Neukirchener Verlagsgesellschaft, 2014, 409–415.

Nord, Ilona, „Ein Lehrbuch in kirchensoziologischer Perspektive". In *Kirchentheorie: Praktisch-theologische Perspektiven auf die Kirche*, hg. v. Peter Bubmann und Birgit Weyel, Leipzig: Evangelische Verlagsanstalt, 2014, 232 – 238.

Nord, Ilona und Zipernovszky, Hanna, Hg., *Religionspädagogik in einer mediatisierten Welt*, Stuttgart: Kohlhammer, 2017.

Nord, Ilona und Luthe, Swantje, Hg., *Social Media, christliche Religiosität und Kirche: Studien zur Praktischen Theologie mit religionspädagogischem Schwerpunkt*, Jena: Garamond, 2014.

Observatory on Intolerance and Discrimination against Christians und Kugler, Gudrun, Hg., *Europe: The Problem of Intolerant Equality Laws: Report 2014*, Wien: 2015.

Ong, Walter J., *Orality and Literacy: The Technologizing of the Word*, London u. a.: Methnen, 1982.

Ornella, Alexander D., *Das vernetzte Subjekt: Eine theologische Annäherung an das Verständnis von Subjektivität unter den Bedingungen der Informations- und Kommunikationstechnologien*, Münster u. a.: Lit, 2010.

Ostrom, Elinor, *Die Verfassung der Allmende: Jenseits von Staat und Markt*, Tübingen: Mohr Siebeck, 1999.

Oswald, Hans, „Was heißt qualitativ forschen? Warnungen, Fehlerquellen, Möglichkeiten". In *Handbuch qualitative Forschungsmethoden in der Erziehungswissenschaft*, hg. v. Barbara Friebertshäuser, Antje Langer und Annedore Prengel, Weinheim u. a.: Beltz Juventa, 4., durchgesehene Aufl., 2013, 183 – 201.

Panzer, Lucie, *Den Glauben ins Gespräch bringen: Verkündigung im Rundfunk als Mitteilung von Erfahrungen*, Freiburg i.Br.: Kreuz, 2012.

Papacharissi, Zizi A., „A Private Sphere: Democracy in a Digital Age", Cam-bridge/UK u. a.: Polity Press, 2010.

Papst Johannes Paul II, *Enzyklika Evangelium Vitae*, Bonn ^{6}2005 (1. Aufl. 1995). http://www.dbk.de/fileadmin/redaktion/veroeffentlichungen/verlautbarungen/VE_120.pdf (01. 03. 2018).

Pareto, Vilfredo F., *Trattato di Sociologia Generale*, Florenz: G. Barbèra, 1916.

Pariser, Eli, *The Filter Bubble: What the Internet is Hiding from You*, New York/NY: Viking, 2011.

Parlamentarische Beratungen zur Neuregelung der Suizidbeihilfe im Deutschen Bundestag: Gemeinsame Stellungnahme von Kardinal Marx und Landesbischof Bedford-Strohm, *epd-Dokumentation* 29/2015, 55 f.

Pêcheux, Michel, „Sur les contextes épistémologiques de l'analyse de discours". *Mots 9* (1983), 7 – 17.

Perkmann, Markus, „The Two Network Societies". *Economy and Society 28* (1999), 615 – 628.

Pfadenhauer, Michaela und Grenz, Tilo, Hg., *De-Mediatisierung: Diskontinuitäten, Non-Linearitäten und Ambivalenzen im Mediatisierungsprozess*, Wiesbaden: Springer VS, 2017.

Pfleiderer, Georg, „Die Gemeinschaft der Gesellschaft: Ekklesiologie als Sozialontologie in den zwanziger Jahren". In *Protestantische Kirche und moderne Gesellschaft: Zur Interdependenz von Ekklesiologie und Gesellschaftstheorie in der Neuzeit*, hg. v. dems., Albrecht Grözinger und Georg Vischer, Zürich: TVZ, 2003, 207 – 239.

Pflüger, Almut und Dobel, Heiko, „Datenschutz in der Online-Forschung". In *Handbuch Online-Forschung: Sozialwissenschaftliche Datengewinnung und -auswertung in digitalen*

Netzen, hg. v. Martin Welker, Monika Taddicken, Jan-Hinrik Schmidt und Nikolaus Jackob, Köln: Herbert von Halem, 2014, 485–518.

Pickel, Gert, „Jugendliche und junge Erwachsene: Stabil im Bindungsverlust zur Kirche". In *Engagement und Indifferenz: Kirchenmitgliedschaft als soziale Praxis: V. EKD-Erhebung über Kirchenmitgliedschaft*, hg. v. Kirchenamt der EKD, Hannover: Evangelische Kirche in Deutschland, 2014, 60–72.

Pickel, Gert, Jaeckel, Yvonne und Yendell, Alexander, *Der Deutsche Evangelische Kirchentag – Religiöses Bekenntnis, politische Veranstaltung oder einfach nur ein Event? Eine empirische Studie zum Kirchentagsbesuch in Dresden und Hamburg*, Baden-Baden: Nomos, 2015.

Pieck, Elke, „Die Deutsche Evangelische Allianz und ihre ‚rechte' Identitätssuche – eine stigmatheoretische Analyse". In *Rechtsextremismus als Herausforderung für die Theologie*, hg. v. Sonja Angelika Strube, Freiburg i.Br.: Herder, 2015, 145–162.

Pirner, Manfred L., *Religiöse Mediensozialisation: Empirische Studien zu Zusammenhängen zwischen Mediennutzung und Religiosität bei SchülerInnen und deren Wahrnehmung durch LehrerInnen*, München: kopaed, 2004.

Pirner, Manfred L. und Rath, Matthias, Hg., *Homo medialis: Perspektiven und Probleme einer Anthropologie der Medien*, München: kopaed, 2003.

Plake, Klaus, Jansen, Daniel und Schuhmacher, Birgit, *Öffentlichkeit und Gegenöffentlichkeit im Internet: Politische Potenziale der Medienentwicklung*, Wiesbaden: Westdeutscher Verlag, 2001.

Pleil, Thomas, „Online-PR: Vom kommunikativen Dienstleister zum Katalysator für ein neues Kommunikationsmanagement". In *Handbuch der Public Relations: Wissenschaftliche Grundlagen und berufliches Handeln*, hg. v. Romy Fröhlich, Peter Szyszka und Günter Bentele, Wiesbaden: Springer VS, 3., überarb. u. erw. Aufl., 2015, 1018–1038.

Pleil, Thomas und Zerfaß, Ansgar, „Strategische Kommunikation in Internet und Social Web". In: *Handbuch Online-PR: Strategische Kommunikation in Internet und Social Web*, hg. v. dens., Konstanz: UVK, 2012, 39–83.

Plessner, Helmut, „Lachen und Weinen: Eine Untersuchung der Grenzen menschlichen Verhaltens" (1941). In *Ausdruck und menschliche Natur, Gesammelte Schriften, Bd. 7*, Darmstadt: Wissenschaftliche Buchgesellschaft, 2003, 201–388.

Pörksen, Bernhard und Detel, Hanne, *Der entfesselte Skandal: Das Ende der Kontrolle im digitalen Zeitalter*, Köln: Herbert von Halem, 2012.

Pöttker, Horst, „Stichwort ‚Öffentlichkeit/öffentliche Meinung'". In *Handbuch Journalismus und Medien*, hg. v. Siegfried Weischenberg, Konstanz: UVK, 2005, 329–333.

Pollack, Detlef und Pickel, Gert, Hg., *Religiöser und kirchlicher Wandel in Ostdeutschland 1989–1999*, Opladen: Leske + Budrich, 2000.

Postman, Neil, *Amusing Ourselves to Death: Public Discourse in the Age of Show Business*, New York/NY: Viking, 1985.

Preul, Reiner, *Kirchentheorie: Wesen, Gestalt und Funktionen der Evangelischen Kirche*, Berlin u. a.: de Gruyter, 1997.

Preul, Reiner, „Kirchliche Publizistik und Kirchentheorie: Kirche als Kommunikationsgemeinschaft in der Mediengesellschaft". *Praktische Theologie* 34 (1999): 36–44.

Preul, Reiner und Schmidt-Rost, Reinhard, „Vorwort". In: *Kirche und Medien*, hg. v. dens., 7–8, Gütersloh: Chr. Kaiser/Gütersloher Verlagshaus, 2000.

Prinz, Wolfgang, „Awareness". In *CSCW-Kompendium: Lehr- und Handbuch zum computergestützten kooperativen Arbeiten*, hg. v. Gerhard Schwabe, Norbert Streitz und Rainer Unland, Berlin u. a.: Springer, 2001, 335–350.

Protestantse Kerk in Nederland, *Euthanasie en Pastoraat*, Den Haag: Uitg. Boekencentrum, 1988.

Radde-Antweiler, Kerstin, *Ritual-Design im rezenten Hexendiskurs: Transferprozesse und Konstruktionsformen von Ritualen auf Persönlichen Homepages*, Saarbrücken: Südwestdeutscher Verlag für Hochschulschriften, 2011.

Rancière, Jacques, *Das Unvernehmen: Politik und Philosophie*, über. v. Richard Steurer, Frankfurt a.M.: Suhrkamp, 2002.

Rat der Evangelischen Kirche in Deutschland, Hg., *Das rechte Wort zur rechten Zeit: Eine Denkschrift des Rates der Evangelischen Kirche in Deutschland zum Öffentlichkeitsauftrag der Kirche*, Gütersloh: Gütersloher Verlagshaus, 2008.

Rat der Evangelischen Kirche in Deutschland, Hg., *Sterben in Würde – Beihilfe zum Suizid: Eine Stellungnahme des Rates der EKD*, 2015. https://www.ekd.de/download/sterben_in_wuerde_beihilfe_suizid_17_21.pdf (01.03.2018).

Rat der Evangelischen Kirche in Deutschland, Hg., *Wenn Menschen sterben wollen: Eine Orientierungshilfe zum Problem der ärztlichen Beihilfe zur Selbsttötung*, 2008. http://www.ekd.de/EKD-Texte/ekdtext_97.html (01.03.2018).

Rawls, John, *Collected Papers*, Cambridge/MA u. a.: Harvard University Press, 1999.

Reichert, Ramón, *Die Macht der Vielen: Über den neuen Kult der digitalen Vernetzung*, Bielefeld: transcript, 2013.

Reimann, Ralf Peter, „evangelisch.de: Internet-Community oder Online-Kirche?". *Praktische Theologie* 47 (2012), 95–99.

Reimer, Julius, Heise, Nele, Loosen, Wibke, Schmidt, Jan-Hinrik, Klein, Jonas, Attrodt, Ariane und Quader, Anne, „Publikumsinklusion beim ‚Freitag': Fallstudienbericht aus dem DFG-Projekt ‚Die (Wieder-)Entdeckung des Publikums'". *Arbeitspapiere des Hans-Bredow-Instituts* Nr. 36, Hamburg: Hans-Bredow-Institut für Medienforschung an der Universität Hamburg, 2015. https://www.hans-bredow-institut.de/webfm_send/1115 (01.03.2018).

Rheingold, Howard, *The Virtual Community: Homesteading at the Electronic Frontier*, Reading/MA: Addison Wesley, 1993.

Riepl, Wolfgang, *Das Nachrichtenwesen des Altertums*, Leipzig u. a.: Teubner, 1913.

Riesebrodt, Martin, *Die Rückkehr der Religionen: Fundamentalismus und der ‚Kampf der Kulturen'*, München: Beck, 2001.

Ritter, Werner H., „Sterben dürfen: Eine protestantische Erinnerung". *Deutsches Pfarrerblatt* 116 (2016), 211–214.

Rössler, Beate, „Der Wert des Privaten". In *Privat! Kontrollierte Freiheit in einer vernetzten Welt*, hg. v. Ralf Grötker, Hannover: Heise, 2003, 15–32.

Rössler, Dietrich, „Theologiestudenten auf dem Weg zur volkskirchlichen Gemeinde". *Zeitschrift für Theologie und Kirche* 72 (1975), 480–484.

Rössler, Dietrich, *Grundriß der Praktischen Theologie*, Berlin u. a.: de Gruyter, 2., erw. Aufl., 1994.

Rössler, Dietrich, „Moderation der Diskurse: Praktisch-theologische Erwägungen zu Art und Aufgabe der evangelischen Kirchenleitung". In *Sine vi, sed verbo: Die Leitung der Kirche durch das Wort Gottes*, hg. v. Friedrich Hauschildt, Leipzig: Evangelische Verlagsanstalt, 2005, 157–172.

Rössler, Patrick, „Die Definitionsmacht für Themen des politischen Diskurses in einer veränderten Kommunikationswelt: Agenda-Setting und die Individualisierungstendenzen im Online-Zeitalter – ein Szenario". In *Machtkonzentration in der Multimediagesellschaft? Beiträge zu einer Neubestimmung des Verhältnisses von politischer und medialer Macht*, hg. v. Heribert Schatz, Otfried Jarren und Bettina Knaup, Opladen: Westdeutscher Verlag, 1997, 78–97.

Rössler, Patrick, *Inhaltsanalyse*, Konstanz: UVK, 2., überarb. Aufl., 2010.

Rössler, Patrick, „Das Medium ist nicht die Botschaft". In *Die Online-Inhaltsanalyse: Forschungsobjekt Internet*, hg. v. Martin Welker und Carsten Wünsch, Köln: Herbert von Halem, 2010, 31–42.

Rössler, Patrick und Eichhorn, Wolfgang, „WebCanal – ein Instrument zur Beschreibung von Angeboten im World Wide Web". In *Online Research: Methoden, Anwendungen, Ergebnisse*, hg. v. Bernad Batinic, Wolfgang Bandilla, Lorenz Gräf und Andreas Werner, Göttingen: Hogrefe, 1999, 263–276.

Rössler, Patrick, Hautzer, Lena und Lünich, Marco, „Online-Inhaltsanalyse". In *Handbuch Online-Forschung: Sozialwissenschaftliche Datengewinnung und -auswertung in digitalen Netzen*, hg. v. Martin Welker, Monika Taddicken, Jan-Hinrick Schmidt und Nikolaus Jackob, Köln: Herbert von Halem, 2014, 214–232.

Röttger, Ulrike, Preusse, Joachim und Schmitt, Jana, „Public Relations als Forschungsgegenstand". In *Grundlagen der Public Relations: Eine kommunikationswissenschaftliche Einführung*, hg. v. dens., Wiesbaden: Springer VS, ²2014, 17–64.

Rogers, Everett M., „Mass Media and Interpersonal Communication". In *Handbook of Communication*, hg. v. Wilbur Schramm, Ithiel de Sola Pool, Frederick W. Frey, Nathan Maccoby und Edwin B. Parker, Chicago/IL: Rand McNally College Pub. Co., 1973, 290–310.

Rogers, Everett M. und Dearing, James W., „Agenda-Setting-Research: Where has it been, where is it going?". *Communication Yearbook 11* (1988), hg. v. James A. Anderson, 555–594.

Roleder, Felix und Weyel, Birgit, *Kirchengemeinde als Netzwerk: Die Gesamtnetzwerkerhebung der 5. Kirchenmitgliedschaftsuntersuchung*, Leipzig: Evangelische Verlagsanstalt, 2018.

Ronneberger, Franz, „Legitimation durch Information: Ein kommunikationswissenschaftlicher Ansatz zur Theorie der PR". In *Öffentlichkeitsarbeit: Theoretische Ansätze, empirische Befunde und Berufspraxis der Public Relations*, hg. v. Johanna Dorer und Klaus Lojka, Wien: Braumüller, 1991, 8–19.

Ronneberger, Franz und Rühl, Manfred, *Theorie der Public Relations: Ein Entwurf*, Opladen: Westdeutscher Verlag, 1992.

Rorty, Richard, *Philosophy and Social Hope*, London: Penguin, 1999.

Rorty, Richard und Vattimo, Gianni, *Die Zukunft der Religion*, übers. v. Michael Adrian und Nora Fröhder, Frankfurt a.M.: Suhrkamp, 2009.

Rosa, Hartmut, *Beschleunigung: Die Veränderung der Zeitstrukturen in der Moderne*, Frankfurt a.M.: Suhrkamp, ¹⁰2014.

Rosa, Hartmut, *Beschleunigung und Entfremdung: Entwurf einer Kritischen Theorie spätmoderner Zeitlichkeit*, Berlin: Suhrkamp, 2013.

Rosa, Hartmut, *Resonanz: Eine Soziologie der Weltbeziehung*, Berlin: Suhrkamp, 2016.
Rosenbach, Marcel und Stark, Holger, *Der NSA-Komplex: Edward Snowden und der Weg in die totale Überwachung*, München: Dt. Verlags-Anstalt, 2014.
Rosenstock, Roland, „Computerspiele und Soziale Netzwerke: Perspektiven einer Mediennutzerethik aus medienpädagogischer Sicht". *Zeitschrift für Evangelische Ethik* 58 (2014), 273–282.
Roßnagel, Alexander und Nebel, Maxi, *Die neue Datenschutz-Grundverordnung: Ist das Datenschutzrecht nun für heutige Herausforderungen gerüstet? Policy Paper des Forums Privatheit und Selbstbestimmtes Leben in der digitalen Welt*, Fraunhofer-Institut für System- und Innovationsforschung ISI, Karlsruhe 2016. https://www.forum-privatheit.de/forum-privatheit-de/publikationen-und-downloads/veroeffentlichungen-des-forums/positionspapiere-policy-paper/PolicyPaper-5-Die-neue-DSGVO_1.-Auflage_Mai_2016.pdf (01.03.2018).
Rüf, François, Böking, Saskia und Kummer, Stefan, „Automatisierte Inhaltsanalysen im Internet: Möglichkeiten und Grenzen am Beispiel des SINDBAD- Knowledge-Generators". In *Die Online-Inhaltsanalyse: Forschungsobjekt Internet*, hg. v. Martin Welker und Carsten Wünsch, Köln: Herbert von Halem, 2010, 313–339.
Rühl, Manfred, „Kommunikation und Öffentlichkeit: Schlüsselbegriffe zur kommunikationswissenschaftlichen Rekonstruktion der Publizistik". In *Theorien öffentlicher Kommunikation: Problemfelder, Positionen, Perspektiven*, hg. v. dems. und Günter Bentele, München: Ölschläger, 1993, 77–102.
Runkehl, Jens, „Vernetzt – Die Evolution von Kommunikation & Interaktion in der Gegenwart". In *Sprachen? Vielfalt! Sprache und Kommunikation in der Gesellschaft und den Medien: Eine Online-Festschrift zum Jubiläum von Peter Schlobinski*, hg. v. Mathias Alexa, Jens Runkehl und Torsten Siever, Hannover: Universität Hannover, 2014, 235–260. http://www.mediensprache.net/networx/networx-64.pdf (01.03.2018).
Rusch, Gebhard, „Mediendynamik: Explorationen zur Theorie des Medienwandels". *Navigationen* 7 (2007), 13–93.
Rushkoff, Douglas, *Program or be Programmed: Ten Commands for a Digital Age*, New York/NY: OR Books, 2010.
Rutigliano, Lou W., *Emergent Weblogs as Civic Journalism: Paper presented at the International Communication Association's 55th Annual Conference, May 2005*, New York, 2005. http://citation.allacademic.com//meta/p_mla_apa_research_citation/0/1/4/5/3/pages14537/p14537–1.php (01.03.2018).
Sauter, Theresa, „Öffentlichmachung privater Subjekte im Web 2.0: Eine Genealogie des Schreibens als Selbsttechnik". In *Subjektivierung 2.0: Machtverhältnisse digitaler Öffentlichkeiten: Österreichische Zeitschrift für Soziologie*, Sonderheft 13, hg. v. Tanja Paulitz und Tanja Carstensen, Wiesbaden: Springer VS, 2014, 23–40.
Schaar, Peter, *Das Ende der Privatsphäre: Der Weg in die Überwachungsgesellschaft*, München: Goldmann, 2009.
Schachtner, Christina, „Das Soziale im Kontext digitaler Netzwerke: Auf den Spuren von Bruno Latour". In *Vernetzung als soziales und technisches Paradigma*, hg. v. Hajo Greif und Matthias Werner, Wiesbaden: VS Verlag für Sozialwissenschaften, 2012, 79–99.
Schachtner, Christina und Duller, Nicole, „Praktiken des Managements von Privatheit und Öffentlichkeit im Cyberspace: Performative Akte im Kontext des Zeigens und Nicht-Zeigens". In *Subjektivierung 2.0: Machtverhältnisse digitaler Öffentlichkeiten:*

Österreichische Zeitschrift für Soziologie, Sonderheft 13, hg. v. Tanja Paulitz und Tanja Carstensen, Wiesbaden: Springer VS, 2014, 61–81.

Schardien, Stefanie, *Sterbehilfe als Herausforderung für die Kirchen: Eine ökumenisch-ethische Untersuchung konfessioneller Positionen*, Gütersloh: Gütersloher Verlagshaus, 2007.

Scharkow, Michael, „Lesen und lesen lassen – Zum State oft the Art automatischer Textanalyse". In *Die Online-Inhaltsanalyse: Forschungsobjekt Internet*, hg. v. Martin Welker und Carsten Wünsch, Köln: Herbert von Halem, 2010, 340–364.

Schemer, Christian, „Priming, Framing, Stereotype". In *Handbuch Medienwirkungsforschung*, hg. v. Wolfgang Schweiger und Andreas Fahr, Wiesbaden: Springer VS, 2013, 153–169.

Schenk, Michael, *Soziale Netzwerke und Massenmedien*, Tübingen: Mohr, 1995.

Schenk, Michael, *Medienwirkungsforschung*, Tübingen: Mohr Siebeck, 3., vollst. überarb. Aufl., 2007.

Schetsche, Michael, „Die ergoogelte Wirklichkeit: Verschwörungstheorien und das Internet". In *Die Google-Gesellschaft: Vom digitalen Wandel des Wissens*, hg. v. dems. und Kai Lehmann, Bielefeld: transcript, ²2007, 113–120.

Schibilsky, Michael, „Kirche in der Mediengesellschaft". In *Kirche und Medien*, hg. v. Reiner Preul und Reinhard Schmidt-Rost, Gütersloh: Chr. Kaiser/Gütersloher Verlagshaus, 2000, 51–71.

Schieder, Rolf, *Wieviel Religion verträgt Deutschland?*, Frankfurt a.M.: Suhrkamp, 2001.

Schieder, Rolf, „Spiritualität, Glaube und die Kirchen: Empirische Befunde und ihre Deutung". In *Öffentliche Religion – religiöse Öffentlichkeit*, hg. v. Karlies Abmeier und Michael Borchard, Paderborn: Schöningh, 2014, 29–41.

Schlag, Thomas, *Öffentliche Kirche: Grunddimensionen einer praktisch-theologischen Kirchentheorie*, Zürich: TVZ, 2012.

Schleiermacher, Friedrich Daniel Ernst, „Über die Religion. Reden an die Gebildeten unter ihren Verächtern". In *Schriften aus der Berliner Zeit 1796–1799*, Kritische Gesamtausgabe I/2, hg. v. Günter Meckenstock, Berlin u. a.: de Gruyter 1984, 185–326.

Schleiermacher, Friedrich Daniel Ernst, *Über die Religion (2.–) 4. Auflage. Monologen (2.–) 4. Auflage*, Kritische Gesamtausgabe I/12, Berlin u. a.: de Gruyter, 1995.

Schleiermacher, Friedrich Daniel Ernst, „Versuch einer Theorie des geselligen Betragens". In: *Schriften aus der Berliner Zeit 1796–1799*, Kritische Gesamtausgabe I/2, Berlin u. a.: de Gruyter, 1984, 163–184.

Schmidt, Axel, Binder, Jana und Deppermann, Arnulf, „Wie ein Event zum Event wird: Ein Snowboard-Contest im Erleben und in der kommunikativen Vergegenwärtigung Jugendlicher". In *Events: Soziologie des Außergewöhnlichen*, hg. v. Winfried Gebhardt, Ronald Hitzler und Michaela Pfadenhauer, Opladen: Leske + Budrich, 2000, 115–133.

Schmidt, Jan, *Weblogs: Eine kommunikationssoziologische Studie*, Konstanz: UVK, 2006.

Schmidt, Jan, *Das neue Netz: Merkmale, Praktiken und Folgen des Web 2.0*, Konstanz: UVK, 2009.

Schmidt, Jan, *Das neue Netz: Merkmale, Praktiken und Folgen des Web 2.0*, Konstanz: UVK, 2., überarb. Aufl., 2011.

Schmidt, Jan, *Social Media*, Wiesbaden: Springer VS, 2013.

Schmidt, Jan-Hinrik, „Persönliche Öffentlichkeiten und Privatsphäre im Social Web". In *Privatheit: Strategien und Transformationen*, hg. v. Stefan Halft und Hans Krah, Passau: Stutz, 2013, 121–138.

Schmidt, Thomas M., "Religiöser Glaube und öffentliche Vernunft: Reflexive Säkularisierung und Differenzbewusstsein". In *Religion – Öffentlichkeit – Moderne: Transdisziplinäre Perspektiven*, hg. v. Judith Könemann und Saskia Wendel, Bielefeld: transcript, 2016, 155–171.

Schmidt-Salomon, Michael, *Manifest des evolutionären Humanismus: Plädoyer für eine zeitgemäße Leitkultur*, Aschaffenburg: Alibri, 2005.

Schmidt-Salomon, Michael, "Säkularismus ist die Lösung! Über Religion und Gewalt". Vortrag auf der Internationalen Konferenz *Give Peace A Chance: Säkularismus und globale Konflikte*, Köln, 22.–24.5.2015.

Schmidt-Salomon, Michael und Nyncke, Helge, *Wo bitte geht's zu Gott? fragte das kleine Ferkel: Ein Buch für alle, die sich nichts vormachen lassen*, Aschaffenburg: Alibri, 2007.

Schmitz, Hermann, *Atmosphären*, Freiburg i.Br.: Alber, 2014.

Schneider, Norbert, *Autonomie und Transparenz: Privatsphäre und öffentlicher Raum in Zeiten der Digitalisierung*, Berlin: Vistas, 2012.

Schnettler, Bernt, "Thomas Luckmann: Kultur zwischen Konstitution, Konstruktion und Kommunikation". In *Kultur: Theorien der Gegenwart*, hg. v. Stephan Moebius und Dirk Quadflieg, Wiesbaden: VS Verlag für Sozialwissenschaften, 2006, 179–184.

Schönbach, Klaus, de Waal, Ester und Lauf, Edmund, "Online and Print Newspapers: Their Impact on the Extent of the Perceived Public Agenda". *European Journal of Communication* 20 (2005), 245–258.

Schönhagen, Philomen, *Die Mitarbeit der Leser: Ein erfolgreiches Zeitungskonzept des 19. Jahrhunderts*, München: Fischer, 1995.

Scholl, Armin, "Vom Dissens zur Dissidenz: Die Bedeutung alternativer Gegenöffentlichkeiten für die Gesellschaft". In *Konstruktion von Kommunikation in der Mediengesellschaft*, hg. v. Klaus Merten, Wiesbaden: VS Verlag für Sozialwissenschaften, 2009, 83–95.

Schroer, Markus, "Selbstthematisierung: Von der (Er-) Findung des Selbst und der Suche nach Aufmerksamkeit". In *Die Ausweitung der Bekenntniskultur – neue Formen der Selbstthematisierung?*, hg. v. Günter Burkart, Wiesbaden: VS Verlag für Sozialwissenschaften, 2006, 13–42.

Schröer, Henning, Art. "Kirche IX. Praktisch-theologisch". In *Theologische Realenzyklopädie*, Bd. 18, Berlin u. a.: de Gruyter, 1989, 334–344.

Schrupp, Antje, "Bloggen über den Glauben?". *Deutsches Pfarrerblatt* 113 (2013), 414–417.

Schüßler, Michael, *Mit Gott neu beginnen: Die Zeitdimensionen von Theologie und Kirche in ereignisbasierter Gesellschaft*, Stuttgart: Kohlhammer, 2013.

Schütz, Alfred, *Der sinnhafte Aufbau der sozialen Welt: Eine Einleitung in die verstehende Soziologie*, Alfred Schütz Werkausgabe II, hg. v. Martin Endreß und Joachim Renn, Konstanz: UVK, 2004.

Schütz, Alfred, "Das Problem der Relevanz". In: *Relevanz und Handeln 1. Zur Phänomenologie des Alltagswissens*, Alfred Schütz Werkausgabe VI.1, hg. v. Elisabeth List, Konstanz: UVK, 2004, 65–222.

Schütz, Alfred und Luckmann, Thomas, *Strukturen der Lebenswelt*, Konstanz: UVK, 2003.

Schulz, Anne und Rössler, Patrick, *Schweigespirale Online: Die Theorie der öffentlichen Meinung und das Internet*, Baden-Baden: Nomos, 2013.

Schulz, Claudia, "Seelsorge auf dem Weg in die Netzwerkgesellschaft: Rahmenbedingungen und Herausforderungen für das seelsorgliche Handeln der Kirche angesichts sozialer Wandlungsprozesse im Computerzeitalter". *Pastoraltheologie* 101 (2012), 341–358.

Schulz, Iren, „Mediatisierte Kommunikationskultur und der Wandel von Beziehungsnetzen im Jugendalter: Die Bedeutung des Mobiltelefons für Beziehungen, Identität und Alltag". In *Kultur und mediale Kommunikation in sozialen Netzwerken*, hg. v. Jan Fuhse und Christian Stegbauer, Wiesbaden: VS Verlag für Sozialwissenschaften, 2011, 149–166.
Schulz, Martin, „Vorwort". In *Technologischer Totalitarismus: Eine Debatte*, hg. v. Frank Schirrmacher, Berlin: Suhrkamp, 2015, 9–13.
Schulz, Martin, „Warum wir jetzt kämpfen müssen". In *Technologischer Totalitarismus: Eine Debatte*, hg. v. Frank Schirrmacher, Berlin: Suhrkamp, 2015, 15–22.
Schulz, Winfried, *Politische Kommunikation: Theoretische Ansätze und Ergebnisse empirischer Forschung zur Rolle der Massenmedien in der Politik*, Opladen: Westdeutscher Verlag, 1997.
Schumpeter, Joseph A., *Capitalism, Socialism and Democracy*, New York/NY: Harper, 1950.
Schwöbel, Christoph, „Kirche als Communio". In *Marburger Jahrbuch Theologie*, Bd. 8, hg. v. Wilfried Härle und Reiner Preul, Marburg: Elwert, 1996, 11–46.
Schwöbel, Christoph, Art. „Pluralismus, II: Systematisch-theologisch". In *Theologische Realenzyklopädie*, Bd. 26, Berlin: de Gruyter, 1996, 724–739.
Seale, Clive, *The Quality of Qualitative Research*, London u. a.: Sage, 1999.
Seale, Clive, „Quality in Qualitative Research". *Qualitative Inquiry* 5 (1999), 465–478.
Seibert, Horst, „Das Bild der Diakonie und diakonische Öffentlichkeitsarbeit: Problemanzeigen, Spannungsfelder und eine theologiegestützte Theorie diakonischer Öffentlichkeitsarbeit". In *Öffentlichkeitsarbeit der Kirche*, hg. v. Holger Tremel, Stuttgart: Steinkopf und Frankfurt a. M.: Gemeinschaftswerk der Evangelischen Publizistik, ²1990, 85–96.
Sekretariat der Deutschen Bischofskonferenz, Hg., *Virtualität und Inszenierung: Unterwegs in der digitalen Mediengesellschaft. Ein medienethisches Impulspapier*, Bonn: Sekretariat der Deutschen Bischofskonferenz, 2011.
Sekretariat der Deutschen Bischofskonferenz und Kirchenamt der Evangelischen Kirche in Deutschland, Hg., *Ökumenischer Bericht zur Religionsfreiheit von Christen weltweit 2013*, Bonn/Hannover: Sekretariat der Dt. Bischofskonferenz/Kirchenamt der Evangelischen Kirche in Deutschland, 2013.
Sennett, Richard, *Verfall und Ende des öffentlichen Lebens: Die Tyrannei der Intimität*, übers. v. Reinhard Kaiser, Berlin: Berliner Taschenbuch Verlag, 2008.
Sieber, Peter, *Parlando in Texten: Zur Veränderung kommunikativer Grundmuster in der Schriftlichkeit*, Tübingen: Niemeyer, 1998.
Simanowski, Roberto, *Textmaschinen – kinetische Poesie – interaktive Installation: Zum Verstehen von Kunst in digitalen Medien*, Bielefeld: transcript, 2012.
Simmel, Georg, *Soziologie: Untersuchungen über die Formen der Vergesellschaftung*, Gesamtausgabe, Bd. 11, hg. v. Otthein Rammstedt, Frankfurt a. M.: Suhrkamp, 1992 (1. Aufl. 1908).
Simon, Bernd, „Einstellungen zur Homosexualität: Ausprägungen und psychologische Korrelate bei Jugendlichen mit und ohne Migrationshintergrund (ehemalige UdSSR und Türkei)". *Zeitschrift für Entwicklungspsychologie und Pädagogische Psychologie* 40 (2009), 87–99.
Singer, Peter, *Praktische Ethik*, übers. v. Oscar Bischoff, Jean-Claude Wolf und Dietrich Klose, Stuttgart: Reclam, 3., revid. u. erw. Aufl., 2013.

Shapiro, Andrew L., *The Control Revolution: How the Internet is Putting Individuals in Charge and Changing the World We Know*, New York/NY: Public Affairs, 1999.
Shaw, Eugene F., „The Agenda-Setting Hypothesis Reconsidered: Interpersonal Factors". *Gazette* 23 (1977), 230–240.
Shaw, Donald L., McCombs, Maxwell, Weaver, David H. und Hamm, Bradley J., „Individuals, Groups, and Agenda Melding: A Theory of Social Dissonance". *International Journal of Public Opinion Research* 11 (1999), 2–24.
Skarics, Marianne, *Popularkino als Ersatzkirche? Das Erfolgsprinzip aktueller Blockbuster*, Münster u. a.: Lit, 2004.
Smit, Dirk J., „Das Paradigma Öffentlicher Theologie: Entstehung und Entwicklung". In *Grundtexte Öffentliche Theologie*, hg. v. Florian Höhne und Frederike van Oorschot, Leipzig: Evangelische Verlagsanstalt, 2015, 127–141.
Snow, David A. und Benford, Robert D., „Ideology, Frame Resonance and Participant Mobilization". *International Social Movement Research* 1, hg. v. Bert Klandermans, Hanspeter Kriesi und Sidney Tarrow (1988), 197–218.
Sombart, Werner, *Der moderne Kapitalismus: historisch-systematische Darstellung des gesamteuropäischen Wirtschaftslebens von seinen Anfängen bis zur Gegenwart*, München: Duncker und Humblot, 1919.
Sperber, Dan und Wilson, Deidre, *Relevance: Communication and Cognition*, Oxford/UK u. a.: Blackwell, ²1995.
Stalder, Felix. *Kultur der Digitalität*. Berlin: Suhrkamp, 2016.
Steck, Wolfgang, *Praktische Theologie: Horizonte der Religion – Konturen des neuzeitlichen Christentums – Strukturen der religiösen Lebenswelt*, Bd. I, Stuttgart u. a.: Kohlhammer, 2000.
Steck, Wolfgang, „Alltagsdogmatik: Ein unvollendetes Projekt". *Pastoraltheologie* 94 (2005).
Stegbauer, Christian, „Gemeinde, Netzwerk, Kultur: Die Bedeutung von kirchlichen und kirchennahen Institutionen". *Pastoraltheologie* 107 (2018), 70–81.
Stegbauer, Christian und Rausch, Alexander, *Strukturalistische Internetforschung: Netzwerkanalysen internetbasierter Kommunikationsräume*, Wiesbaden: VS Verlag für Sozialwissenschaften, 2006.
Stegbauer, Christian, Grubauer, Franz und Weyel, Birgit, „Gemeinde in netzwerkanalytischer Perspektive: Drei Beispielauswertungen". In *Vernetzte Vielfalt: Kirche angesichts von Individualisierung und Säkularisierung: Die fünfte EKD-Erhebung über Kirchenmitgliedschaft*, hg. v. Heinrich Bedford-Strohm und Volker Jung, Gütersloh: Gütersloher Verlagshaus, 2015, 400–434.
Steinke, Ines, *Kriterien qualitativer Forschung: Ansätze zur Bewertung qualitativ-empirischer Sozialforschung*, Weinheim u. a.: Juventa, 1999.
Stöber, Rudolf, „What Media Evolution Is: A Theoretical Approach to the History of New Media". *European Journal of Communication* 19 (2004), 483–505.
Stöss, Richard, *Rechtsextremismus im Wandel*, Berlin: Friedrich-Ebert-Stiftung, 3., aktual. Aufl., 2010.
Stolpmann, Markus, *Überwacht: Warum die NSA-Aktivitäten nur die Spitze des Eisbergs sind und was Sie als Bürger, Konsument & Arbeitnehmer jetzt wissen müssen*, Wien: Kamaco, 2013.

Stolz, Jörg, Könemann, Judith, Schneuwly Purdie, Mallory, Engelberger, Thomas und Krüggeler, Michael, *Religion und Spiritualität in der Ich-Gesellschaft: Vier Gestalten des (Un-) Glaubens*, Zürich: TVZ, 2014.

Storrer, Angelika, „Was ist „hyper" am Hypertext?". In *Sprache und neue Medien*, Institut für Deutsche Sprache, Jahrbuch 1999, hg. v. Werner Kallmeyer, Berlin u. a.: de Gruyter, 2000, 222–249.

Storrer, Angelika, „Getippte Gespräche oder dialogische Texte? Zur kommunikationstheoretischen Einordnung der Chat-Kommunikation". In *Sprache im Alltag: Beiträge zur neuen Perspektive der Linguistik*, hg. v. Andrea Lehr, Berlin u. a.: de Gruyter, 2001, 439–465.

Storrer, Angelika, „Hypertextlinguistik". In *Textlinguistik: 15 Einführungen*, hg. v. Nina Janich, Tübingen: Narr, 2008, 315–331.

Storrer, Angelika, „Rhetorisch-stilistische Eigenschaften der Sprache des Internets". In *Rhetorik und Stilistik: Ein interdisziplinäres Handbuch historischer und systematischer Forschung*, Bd. 2, hg. v. Ulla Fix, Andreas Gardt und Joachim Knape, Berlin u. a.: de Gruyter, 2009, 2211–2226.

Storrer, Angelika, „Über die Auswirkungen des Internets auf unsere Sprache". In *2020 – Gedanken zur Zukunft des Internets*, hg. v. Hubert Burda, Mathias Döpfner, Bodo Hombach und Jürgen Rüttgers, Essen: Klartext, 2010, 219–224.

Storrer, Angelika, „Sprachverfall durch internetbasierte Kommunikation? Linguistische Erklärungsansätze – empirische Befunde". In *Sprachverfall? Dynamik – Wandel – Variation*, Jahrbuch für Deutsche Sprache 2013, hg. v. Albrecht Plewnia und Andreas Witt, Berlin u. a.: de Gruyter, 2014, 171–196.

Storrer, Angelika, „Neue Text- und Schreibformen im Internet: Das Beispiel Wikipedia". In *Textkompetenzen in der Sekundarstufe II*, hg. v. Helmuth Feilke, Juliane Köster und Michael Steinmetz, Stuttgart: Fillibach bei Klett, 2013, 277–306.

Strathoff, Pepe und Lutz, Christoph, „Gemeinschaft schlägt Gesellschaft – Die vermeintliche Paradoxie des Privaten". In *Digitale Öffentlichkeit(en)*, hg. v. Oliver Hahn, Ralf Hohlfeld und Thomas Knieper, Konstanz: UVK, 2015, 203–216.

Strube, Sonja Angelika, Hg., *Rechtsextremismus als Herausforderung für die Theologie*, Freiburg i.Br.: Herder, 2015.

Strube, Sonja Angelika, „Problemanzeige: Rechtsextreme Tendenzen in sich christlich verstehenden Medien". In *Rechtsextremismus als Herausforderung für die Theologie*, hg. v. ders., Freiburg i.Br.: Herder, 2015, 18–33.

Strube, Sonja Angelika, Hg., *Das Fremde akzeptieren: Gruppenbezogener Menschenfeindlichkeit entgegenwirken – Theologische Ansätze*, Freiburg i.Br.: Herder, 2017.

Strum, Arthur, „Öffentlichkeit von der Moderne zur Postmoderne: 1960–1999". In *Öffentlichkeit: Geschichte eines kritischen Begriffs*, hg. v. Peter Uwe Hohendahl, Stuttgart u. a.: Metzler, 2000, 92–123.

Stuckrad, Kocku von, „Die Rede vom ‚Christlichen Abendland': Hintergründe und Einfluss einer Meistererzählung". In *Religiöser Pluralismus und Toleranz in Europa*, hg. v. Christian Augustin, Johannes Wienand und Christiane Winkler, Wiesbaden: VS Verlag für Sozialwissenschaften, 2006, 235–247.

Sunstein, Cass R., „Democracy and Filtering". *Communications of the ACM* 47 (2004), Nr. 12, 57–59.

Sunstein, Cass R., *Republic.com 2.0*, Princeton/NJ: Princeton University Press, 2007.
Sutor, Bernhard, *Politik: Ein Studienbuch zur politischen Bildung*, Paderborn: Schoeningh, 1994.
Swidler, Ann, „Culture in Action: Symbols and Strategies". *American Sociological Review* 51 (1986), 273–286.
Taddicken, Monika, „The ‚Privacy Paradox' in the Social Web: The Impact of Privacy Concerns, Individual Characteristics, and the Perceived Social Relevance on Different Forms of Self-Disclosure". *Journal of Computer-Mediated Communication* 19 (2014), 248–273.
Taddicken, Monika und Bund, Kerstin, „Ich kommentiere, also bin ich: Community Research am Beispiel des Diskussionsforums der ZEIT online". In *Die Online-Inhaltsanalyse: Forschungsobjekt Internet*, hg.v. Martin Welker und Carsten Wünsch, Köln: Herbert von Halem, 2010, 167–190.
Taylor, Charles, *Das Unbehagen an der Moderne*, übers. v. Joachim Schulte, Frankfurt a.M.: Suhrkamp, 1995.
Taylor, Charles, *Quellen des Selbst: Die Entstehung der neuzeitlichen Identität*, übers. v. Joachim Schulte, Frankfurt a.M.: Suhrkamp, 1996.
Taylor, Charles, *Ein säkulares Zeitalter*, übers. v. Joachim Schulte, Frankfurt a.M.: Suhrkamp, 2009.
Taylor, Charles, „Für eine grundlegende Neubestimmung des Säkularismus". In *Religion und Öffentlichkeit*, hg.v. Eduardo Mendieta und Jonathan VanAntwerpen, übers. v. Michael Adrian, Berlin: Suhrkamp, 2012, 53–88.
Teuffel, Jochen, „Protestantische Selbstsäkularisierung". *Christ in der Gegenwart* 68 (2016). https://www.herder.de/cig/geistesleben/2015/07-12-2015/protestantismus-heute-protestantische-selbstsaekularisierung/ (01.03.2018).
Tillich, Paul, *Systematische Theologie*, Bd. I/II, Berlin u.a.: de Gruyter, [8]1987.
Thaler, Richard H. und Sunstein, Cass R., *Nudge: Improving Decisions about Health, Wealth and Happiness*, New York /NY u.a.: Penguin, 2., überarb. u. erw. Aufl., 2009.
Thiede, Werner, „Die ‚Digitalisierung aller Dinge' als totalitäre Gefahr. Wird die digitale Revolution zur weltanschaulichen Herausforderung?". *Materialdienst der Evangelischen Zentralstelle für Weltanschauungsfragen* 77 (2014), 125–135.
Thimm, Caja, „Einführung: Soziales im Netz – (Neue) Kommunikationskulturen und gelebte Sozialität". In *Soziales im Netz: Sprache, Beziehungen und Kommunikationskulturen im Internet*, hg.v. ders., Opladen u.a.: Westdeutscher Verlag, 2000, 7–17.
Thimm, Caja, „Medienkultur und Privatheit: Privatheit und Öffentlichkeit im medialen Diskurs". In *Medienwissenschaft: Eine Herausforderung für die Geisteswissenschaft*, hg.v. Winfried Lenders, Frankfurt a.M. u.a.: Lang, 2004, 51–68.
Thimm, Caja, „Ökosystem Internet – Zur Theorie digitaler Sozialität". In *Social Media: Theorie und Praxis digitaler Sozialität*, hg.v. ders. und Mario Anastasiadis, Frankfurt a.M. u.a.: Lang, 2011, 21–42.
Thimm, Caja, Anastasiadis, Mario und Einspänner-Pflock, Jessica, „Deliberation im Netz – Formen und Funktionen des digitalen Diskurses am Beispiel des Microbloggingsystems Twitter". In *Mediatisierung als Metaprozess: Transformationen, Formen der Entwicklung und die Generierung von Neuem*, Wiesbaden: Springer VS, 2017, 259–280.
Tönnies, Ferdinand, *Gemeinschaft und Gesellschaft: Grundbegriffe der reinen Soziologie*, Nachdr. der 8. Aufl. (1. Aufl. Leipzig, 1935), Darmstadt: Wissenschaftliche Buchgesellschaft, 2010 (1. Aufl. 1887).

Trabant, Jürgen, *Die Sprache*, München: Beck, 2009.
Trammel, Kaye, Tarkowski, Alex, Hofmokl, Justyna und Sapp, Amanda, „Rzeczpospolita blogów [Republic of Blog]: Examining Polish Bloggers Through Content Analysis". *Journal of Computer-Mediated Communication* 11 (2006), 702–722. http://onlinelibrary.wiley.com/enhanced/doi/10.1111/j.1083–6101.2006.00032.x/ (01.03.2018).
Tremel, Holger, Art. „Öffentlichkeitsarbeit". in *Theologische Realenzyklopädie*, Bd. 25, Berlin, New York: de Gruyter, 1995, 26–29.
Trepte, Sabine und Reinecke, Leonard, Hg., *Privacy online: Perspectives on Privacy and Self-Disclosure in the Social Web*, Berlin u.a.: Springer, 2011.
Trevarthen, Colwyn, „Communication and Cooperation in Early Infancy: A Description of Primary Intersubjectivity". In *Before Speech: The Beginning of Interpersonal Communication*, hg.v. Margaret Bullowa, Cambridge/UK u.a.: Cambridge University Press, 1979, 321–347.
Uden, Ronald, „Zwischen Theologie und Medienwelt: Christliche Publizistik als interdisziplinäre Wissenschaft". In *Kompendium Christliche Publizistik*, hg.v. Johanna Haberer und Friedrich Kraft, Erlangen: CPV, 2014, 305–324.
Uhrig, Christian, *Die Darstellung von Christentum und Islam in der Wochenzeitung Junge Freiheit*. http://www.remid.de/blog/2012/11/studie-ueber-junge-freiheit-christentum-und-islamfeindlichkeit-statt-heidentum/ (01.03.2018).
Ullrich, Peter, *Deutsche, Linke und der Nahostkonflikt: Politik im Antisemitismus- und Erinnerungsdiskurs*, Göttingen: Wallstein, 2013.
Van Dijk, Teun A., Hg., *Handbook of Discourse Analysis*, 4 Bände, London: Academic Press, 1985.
Vauseweh, Ramona, *Onlineseelsorge: Zur Präsentation von Seelsorge- und Beratungsangeboten im World Wide Web*, Erlangen: CPV, 2007.
Vocelka, Karl, *Frühe Neuzeit 1500–1800*, Konstanz u.a.: UVK, 2013.
Vögele, Wolfgang, *Zivilreligion in der Bundesrepublik Deutschland*, Gütersloh: Kaiser, 1994.
Wabel, Thomas, *Die nahe ferne Kirche: Studien zu einer protestantischen Ekklesiologie in kulturhermeneutischer Perspektive*, Tübingen: Mohr Siebeck, 2010.
Ward, Pete, *Liquid Church*, Eugene/OR: Wipf & Stock, [2]2013.
Weber, Max, „Geschäftsberichte und Diskussionsreden auf den deutschen soziologischen Tagungen (1910, 1912): Rede auf dem ersten Deutschen Soziologentage in Frankfurt 1910". In *Gesammelte Aufsätze zur Soziologie und Sozialpolitik*, hg.v. Marianne Weber, Tübingen: Mohr, [2]1988, 431–449.
Weber, Max, *Wirtschaft und Gesellschaft*, Tübingen: Mohr, 1980 (Tübingen 1921/22).
Weber, Max, *Die protestantische Ethik I: Eine Aufsatzsammlung*, hg.v. Johannes Winckelmann, Gütersloh: Gütersloher Verlagshaus Mohn, [9]2000.
Wehler, Hans-Ulrich, *Deutsche Gesellschaftsgeschichte*, Bd. 1, München: Beck, 1987.
Weinberger, David, *Das Ende der Schublade: Die Macht der neuen digitalen Unordnung*, übers. v. Ingrid Proß-Gill, München: Hanser, 2008.
Welker, Martin, Wünsch, Carsten, Böcking, Saskia u.a., „Die Online-Inhaltsanalyse: methodische Herausforderung, aber ohne Alternative". In *Die Online-Inhaltsanalyse: Forschungsobjekt Internet*, hg.v. Martin Welker und Carsten Wünsch, Köln: Herbert von Halem, 2010, 9–30.

Wellman, Barry und Gulia, Milena, „Virtual Communities as Communities: Net Surfers Don't Ride Alone". In *Communities in Cyberspace*, hg. v. Marc Smith und Peter Kollock, London u. a.: Routledge, 1999, 167–194.
Wendel, Saskia, „Religiös motiviert – autonom legitimiert – politisch engagiert: Zur Zukunftsfähigkeit Politischer Theologie angesichts der Debatte um den öffentlichen Status religiöser Überzeugungen". In *Religion – Öffentlichkeit – Moderne: Transdisziplinäre Perspektiven*, hg. v. ders. und Judith Könemann, Bielefeld: transcript, 2016, 289–306.
Wengeler, Martin, *Topos und Diskurs: Begründung einer argumentationsanalytischen Methode und ihre Anwendung auf den Migrationsdiskurs (1960–1985)*, Tübingen: Niemeyer, 2003.
Wengeler, Martin, *Erklärung der Rubrik ‚Argumentationsmuster' bzw. ‚Topoi'*. http://www.philfak.uni-duesseldorf.de/germ1/migration/toposdef.html (01. 03. 2018).
Werkner, Ines-Jaqueline und Hidalgo, Oliver, Hg., *Religionen – Global Player in der internationalen Politik?*, Wiesbaden: Springer VS, 2014.
Werner, Mechthild und Reimann, Ralf Peter, *Social Media in der Gemeinde*, Düsseldorf: Medienverb. der Evang. Kirche im Rheinland, 2013.
Weyel, Birgit, „Konfirmation und Jugendweihe: Eine Verhältnisbestimmung aus praktisch-theologischer Perspektive". *Zeitschrift für Theologie und Kirche* 102 (2005), 488–503.
Weyel, Birgit, „Den Sinn ausdrücklich machen: Skizzen zum unabschließbaren Projekt der Alltagsdogmatik". In *Der verborgene Sinn: Religiöse Dimensionen des Alltags*, hg. v. Dietrich Korsch und Lars Charbonnier, Göttingen: Vandenhoeck & Ruprecht, 2008, 399–405.
Weyel, Birgit, „Gibt es eine Wiederkehr der Religion? Überlegungen zur Kirche als Kommunikationsraum". In *Zum Glauben reizen: Mission und Glaubensvermittlung in der postsäkularen Gesellschaft*, hg. v. Tim Unger, Hannover: LVH, 2011, 11–26.
Weyel, Birgit, „Netzwerkanalyse – ein empirisches Paradigma zur Konzeptionalisierung von religiöser Sozialität? Überlegungen zur wechselseitigen Erhellung von empirischen Methoden und praktisch-theologischen Konzepten". In *Praktische Theologie und empirische Religionsforschung*, hg. v. ders., Wilhelm Gräb und Hans-Günter Heimbrock, Leipzig: Evangelische Verlagsanstalt, 2013, 157–169.
Weyel, Birgit, „Einführende Hinweise zur Lektüre des Kapitels zur Netzwerkerhebung". In *Vernetzte Vielfalt: Kirche angesichts von Individualisierung und Säkularisierung: Die fünfte EKD-Erhebung über Kirchenmitgliedschaft*, hg. v. Heinrich Bedford-Strohm und Volker Jung, Gütersloh: Gütersloher Verlagshaus, 2015, 339–343.
Weyel, Birgit, „Kirchenmitgliedschaft". In *Handbuch für Kirchen- und Gemeindeentwicklung*, hg. v. Ralph Kunz und Thomas Schlag, Neukirchen-Vluyn: Neukirchener Verlagsgesellschaft, 2014, 101–108.
Weyel, Birgit, „Fehlschlüsse vermeiden!" In *Kommunikation des Evangeliums in der digitalen Gesellschaft. Lesebuch zur Tagung der EKD-Synode 2014 in Dresden*, hg. v. Kirchenamt der Evangelischen Kirche in Deutschland, Frankfurt a.M.: Gemeinschaftswerk der Evangelischen Publizistik, 2., korr. Aufl., 2015, 20–21.
Weyel, Birgit, Art. „Volkskirche". in *Evangelisches Soziallexikon*, Stuttgart: Kohlhammer, 9., überarb. Aufl., 2016, 1656–1658.
Weyel, Birgit, „Kirchenmitgliedschaft als soziale Praxis: Die V. EKD-Kirchenmitgliedschaftsuntersuchung in kirchentheoretischer Perspektive". In *Kirche*

und Gesellschaft: Kommunikation – Institution – Organisation, hg. v. Christof Landmesser und Enno Edzard Popkes, Leipzig: Evangelische Verlagsanstalt, 2016, 13–26.

Weyel, Birgit, „Reflektierte Praxis dynamischer Selbststeuerung: Kirche als Organisation". In *Reflektierte Kirche: Beiträge zur Kirchentheorie*, hg. v. Konrad Merzyn, Ricarda Schnelle und Christian Stäblein, Leipzig: Evangelische Verlagsanstalt, 2018, 15–29.

Weyel, Birgit, Gräb, Wilhelm und Heimbrock, Hans-Günter, Hg., *Praktische Theologie und empirische Religionsforschung*, Leipzig: Evangelische Verlagsanstalt, 2013.

Weyel, Birgit und Kretzschmar, Gerald, „Medien". In *Engagement und Indifferenz: Kirchenmitgliedschaft als soziale Praxis. V. Erhebung über Kirchenmitgliedschaft*, hg. v. der Evangelischen Kirche in Deutschland, Hannover: EKD, 2014, 50–51.

Weyel, Birgit, Hermelink, Jan und Grubauer, Franz, „Kirchentheoretische Konsequenzen der Netzwerkforschung". In: *Vernetzte Vielfalt: Kirche angesichts von Individualisierung und Säkularisierung: Die fünfte EKD-Erhebung über Kirchenmitgliedschaft*, hg. v. Heinrich Bedford-Strohm und Volker Jung, Gütersloh: Gütersloher Verlagshaus, 2015, 435–437.

Williams, Raymond, *Television: Technology and Cultural Form*, London u. a.: Fontana/Collins, 1990.

Wimmer, Jeffrey, *(Gegen-)Öffentlichkeit in der Mediengesellschaft: Analyse eines medialen Spannungsverhältnisses*, Wiesbaden: VS Verlag für Sozialwissenschaften, 2007.

Wimmer, Jeffrey, „Ebenen der Partizipation in Auflösung? Das Drei-Ebenen-Modell und Ansätze partizipatorischer Öffentlichkeit im digitalen Zeitalter". In *Öffentlichkeiten und gesellschaftliche Aushandlungsprozesse: Theoretische Perspektiven und empirische Befunde*, hg. v. Elisabeth Klaus und Ricarda Drüeke, Bielefeld: transcript, 2017, 197–216.

Wimmer, Jeffrey, Wallner, Cornelia, Winter, Rainer und Oelsner, Karoline, Hg., *(Mis)Understanding Political Participation: Digital Practices, New Forms of Participation and the Renewal of Democracy*, New York/NY: Routlegde, 2018.

Wohlrab-Sahr, Monika, „Religionslosigkeit als Thema der Religionssoziologie". *Pastoraltheologie* 90 (2001), 152–167.

Wohlrab-Sahr, Monika, „Art. Religionssoziologie". In *Handbuch Praktische Theologie*, hg. v. Wilhelm Gräb und Birgit Weyel, Gütersloh: Gütersloher Verlagshaus, 2007, 796–807.

Wohlrab-Sahr, Monika und Benthaus-Apel, Friederike, „Weltsichten". In *Kirche in der Vielfalt der Lebensbezüge: die vierte EKD-Erhebung über Kirchenmitgliedschaft*, hg. v. Johannes Friedrich, Wolfgang Huber und Peter Steinacker, Gütersloh: Gütersloher Verlagshaus, 2006, 281–329.

Zeilinger, Thomas, *netz.macht.kirche: Möglichkeiten institutioneller Kommunikation des Glaubens im Internet*, Erlangen: CPV, 2011.

Zeilinger, Thomas, „Gemeinschaft online: Ethische und ekklesiologische Perspektiven zu Social Media". In *Kompendium Christliche Publizistik*, hg. v. Johanna Haberer und Friedrich Kraft, Erlangen: CPV, 2014, 213–228.

Zeilinger, Thomas und Feldrapp, Margitta, „Vom weltweiten Netz und Menschenfischern: Die Kirche und das Internet". In *Kompendium Christliche Publizistik*, hg. v. Johanna Haberer und Friedrich Kraft, Erlangen: CPV, 2014, 229–239.

Zick, Andreas, Küpper, Beate und Hövermann, Andreas, *Die Abwertung der Anderen: Eine europäische Zustandsbeschreibung zu Intoleranz, Vorurteilen und Diskriminierung*, Berlin: Friedrich-Ebert-Stiftung, 2011.

Zick, Andreas und Klein, Anna, *Fragile Mitte – Feindselige Zustände: Rechtsextreme Einstellungen in Deutschland 2014*, hg. für die Friedrich-Ebert-Stiftung von Ralf Melzer, Bonn: Dietz, 2014.
Zick, Andreas, Küpper, Beate und Krause, Daniela, *Gespaltene Mitte – Feindselige Zustände: Rechtsextreme Einstellungen in Deutschland 2016*, hg. für die Friedrich-Ebert-Stiftung von Ralf Melzer, Bonn: Dietz, 2016.
Zimmer, Michael, „The Externalities of Search 2.0: The Emerging Privacy Threats when the Drive for the Perfect Search Engine meets Web 2.0". *First Monday* 13 (2008). http://firstmonday.org/article/view/2136/1944 (01.03.2018).
Zimmermann, Harro, „Kommunikationsmedien und Öffentlichkeit: Strukturen und Wandel". In *Medien- und Kommunikationssoziologie: Eine Einführung in zentrale Begriffe und Theorien*, hg. v. Klaus Neumann-Braun und Stefan Müller-Doohm, Weinheim u. a.: Juventa, 2000, 41–54.
Zimmermann, Tobias, *Digitale Diskussionen: Über politische Partizipation mittels Online-Leserkommentaren*, Bielefeld: transcript, 2017.

Weitere URL-Angaben

m.aerzteblatt.de, *Debatte zur Suizidbeihilfe geht weiter*, 10.11.2014. http://m.aerzteblatt.de/news/60810.htm
aerzteblatt.de, *Vor der Sterbehilfedebatte: Fünf Positionspapiere zur Diskussion*, 12.11.2014. http://www.aerzteblatt.de/nachrichten/60843/Vor-der-Sterbehilfedebatte-Fuenf-Positionspapiere-zur-Diskussion
Atheist Media Blog. https://blasphemieblog2.wordpress.com/
Baureithel, Ulrike, *Die Zeit ist knapper. Interview mit Hartmut Rosa*, Der Freitag, 03.02.2016. https://www.freitag.de/autoren/ulrike-baureithel/die-zeit-ist-knapper
Beiboot Petri, *Das Ausmaß der weltweiten Christenverfolgung: zensiert ... die World-Watch-List veröffentlicht die neuesten Zahlen.* http://beiboot-petri.blogspot.de/2016/01/das-ausma-der-weltweiten.html
Biermann, Kai, *Was Vorratsdaten über uns verraten*, Zeit Online, 24.02.2011. http://www.zeit.de/digital/datenschutz/2011-02/vorratsdaten-malte-spitz
beziehungs*weise* ... weiter*denken*: forum für philosophie und politik. http://www.bzw-weiterdenken.de/
Böss, Gideon, *Freitod ist ein Menschenrecht*, Die Achse des Guten, 22.10.2014. http://www.achgut.com/dadgdx/index.php/dadgd/article/freitod_ist_ein_menschenrecht
Brauer, Angelika, *„Wir müssen uns selbst aufklären": Interview mit Hartmut Rosa*, Der Tagesspiegel, 05.04.2014. http://www.tagesspiegel.de/kultur/interview-mit-hartmut-rosa-wir-muessen-uns-selbst-aufklaeren/9713910.html
Bundesministerium des Innern, *Der Schutz des Rechts auf informationelle Selbstbestimmung.* http://www.bmi.bund.de/DE/Themen/Gesellschaft-Verfassung/Datenschutz/Informationelle-Selbstbestimmung/informationelle-selbstbestimmung_node.html (15.09.2016; Beitrag mittlerweile entfernt: 01.03.2018).
Christenverfolgung und Terror. https://christenverfolgung.blogspot.de/
Christliche Blogger Community. http://christlblogger.com/

Dachwitz, Ingo, *Privacy Shield: Neue Grundlage für transatlantischen Datenverkehr gilt jetzt – noch*, netzpolitik.org, 12.07.2016. https://netzpolitik.org/2016/privacy-shield-neue-grundlage-fuer-transatlantischen-datenverkehr-gilt-jetzt-noch/

Deckers, Daniel, „Gebt uns die Sterbenden": Kardinal Reinhard Marx im Gespräch, Frankfurter Allgemeine Zeitung Online, 05.09.2014. http://www.faz.net/aktuell/politik/inland/im-interview-spricht-kardinal-marx-ueber-die-sterbehilfe-13135655.html

Deutsche Gesellschaft für Online-Forschung e.V., *Standesregeln & Co.*. http://www.dgof.de/standesregeln/

Deutscher Bundestag, Web- und Textarchiv, *Emotionale Debatte über Sterbehilfe im Bundestag*, 13.12.2014. http://www.bundestag.de/dokumente/textarchiv/2014/kw46_de_sterbebegleitung/339436

Die Evangelische Allianz in Deutschland, Evangelische Allianz will sich nicht in rechte Ecke drängen lassen, 23.07.2013, http://www.ead.de/index.php?id=36&tx_ttnews[tt_news]=13948&cHash=3c2fb0f9e588808f933c86c2525aa767 (15.09.2016)

Die Evangelische Allianz in Deutschland, Deutschland: Junge Aramäisch Union besorgt, 20.02.2011. https://akref.production.b13.de/akref-nachrichten/nachrichten-akref/2011/februar/19022011-deutschland-junge-aramaeisch-union-besorgt/

Die Evangelische Allianz in Deutschland, Europa: Intoleranz gegen Christen wächst, 17.10.2011. http://www.ead.de/nachrichten/nachrichten/einzelansicht/article/europa-intoleranz-gegen-christen-waechst.html (15.09.2016)

Die Evangelische Allianz in Deutschland, *Stellungnahme der Deutschen Evangelischen Allianz*, Interkulturelle Woche, 08.08.2013. http://www.interkulturellewoche.de/content/stellungnahme-der-deutschen-evangelischen-allianz

domradio.de, *Die Gesinnung lebt weiter*, 04.07.2014. http://www.domradio.de/nachrichten/2014-07-04/katholische-kirche-befasst-sich-mit-rechtsextremistischen-raeumen

Es gibt eine ewige Hölle. http://www.es-gibt-eine-ewige-hoelle.de/

European Commission, *Restoring Trust in Transatlantic Data Flows through Strong Safeguards: European Commission Presents EU-U.S. Privacy Shield*, 29.02.2016. http://europa.eu/rapid/press-release_IP-16-433_en.htm

Evangelisch, Meine #Krippe ist die Schönste, 27.12.2015. https://www.facebook.com/Evangelisch/posts/1106375709373895

evangelisch.de, *Bedford-Strohm: Kein Rechtfertigungsdruck durch Sterbehilfe*, 24.11.2014. http://aktuell.evangelisch.de/artikel/111314/bedford-strohm-kein-rechtfertigungsdruck-durch-sterbehilfe

Evangelische Kirche in Deutschland, *EKD-Ratsvorsitzender: Gute Pflege verhindert Todeswunsch*. https://www.ekd.de/aktuell_presse/news_2014_12_29_1_pflege.html

Evangelische Kirche in Deutschland, Erklärung der katholischen und evangelischen Kirche zur Entscheidung im Deutschen Bundestag. https://www.ekd.de/presse/pm208_2015_erklaerung_sterben_in_wuerde.html

Evangelische Kirche von Westfalen, *Grenzfälle dürfen nicht zum Normalfall werden*. http://oldnews.ekvw.net/presse/ansicht/artikel/grenzfaelle-duerfen-nicht-zum-normalfall-werden.html

Facebook investor relations. https://investor.fb.com/home/default.aspx

Gardiner, Becky, Mansfield, Mahana, Anderson, Ian, Holder, Josh, Louter, Daan und Ulmanu, Monica, *The Web We Want: The Dark Side of Guardian Comments*, The Guardian,

12.04.2016. https://www.theguardian.com/technology/2016/apr/12/the-dark-side-of-guardian-comments

Gemeinsam für Gott. http://www.gemeinsamfuergott.de/

Gromov, Gregory, *Roads and Crossroads of the Internet History*, Netvalley. http://www.netvalley.com/cgi-bin/intval/net_history.pl

The Guardian, The Counted. https://www.theguardian.com/us-news/ng-interactive/2015/jun/01/the-counted-police-killings-us-database

Habermas, Jürgen, *Keine Demokratie kann sich das leisten*, Süddeutsche Zeitung, 19.05.2010. http://www.sueddeutsche.de/kultur/juergen-habermas-keine-demokratie-kann-sich-das-leisten-1.892340

Honekamp, Felix, Christenverfolgung in Deutschland: Asyl für Verfolger?, Papsttreuerblog, 02.10.2015. http://papsttreuerblog.de/2015/10/02/christenverfolgung-in-deutschland-asyl-fuer-verfolger/

Internationaler Bund der Konfessionslosen und Atheisten e.V., *FAQ Kirchenaustritt*. https://www.ibka.org/infos/FAQKA.html

Infratest dimap, *Mehrheit für ärztliche Sterbehilfe*. http://www.infratest-dimap.de/umfragen-analysen/bundesweit/umfragen/aktuell/mehrheit-fuer-aerztlich-unterstuetzte-sterbehilfe/?cHash=03c6b9849b2dbb627e82473edfc59dab

IRights.info. Urheberrecht und kreatives Schaffen in der digitalen Welt. https://irights.info/

Jarvis, Jeff, „My Cyberspace Bill of Rights". In *The Guardian*, 29.03.2010, https://www.theguardian.com/commentisfree/2010/mar/29/internet-censorship-cyberspace-bill-of-rights

jesuszeit. http://jesuszeit.de/

Keller, Claudia, *EKD-Chef facht Debatte über Sterbehilfe an*, Der Tagesspiegel, 17.07.2016. http://www.tagesspiegel.de/politik/entscheidung-ueber-leben-und-tod-ekd-chef-facht-debatte-ueber-sterbehilfe-an/10217212.html

Ketzer 2.0. Der Podcast für gottlose Gedanken zum Leben. https://ketzerpodcast.wordpress.com/

Kopten ohne Grenzen. https://koptisch.wordpress.com

Kübler, Felizitas, *Evangelikal-ökumenischer Kongreß ruft zum Widerstand gegen den Genderismus auf*, Christliches Forum, 05.09.2015. https://charismatismus.wordpress.com/tag/pastor-ulrich-rus/

Kübler, Felizitas, *Erfolgsgeschichte: die JUNGE FREIHEIT erscheint zum tausendsten Mal*, Christliches Forum, 10.10.2012. https://charismatismus.wordpress.com/2012/10/10/konservative-erfolgsgeschichte-die-junge-freiheit-erscheint-jetzt-zum-tausendsten-mal/

Lobo, Sascha, *Schafft den Authentizitätswahn im Internet ab!*, Spiegel Online, 28.08.2012. http://www.spiegel.de/netzwelt/web/sascha-lobo-schafft-den-authentizitaetswahn-im-internet-ab-a-852453.html

Lobo, Sascha, *Rede zur Lage der Nation*, re:publica 2014. https://www.youtube.com/watch?v=3hbEWOTI5MI

Lobo, Sascha, *The Age of Trotzdem*, re:publica 2016. https://www.youtube.com/watch?v=bkvhUDAQQ3U

London Internet Church. http://londoninternetchurch.org.uk/

Maas, Heiko, *Unsere digitalen Grundrechte*, Zeit Online, 10.12.2015. http://www.zeit.de/2015/50/internet-charta-grundrechte-datensicherheit

Mansfield, Mahana, *How We Analysed 70 m Comments on the Guardian Website*, The Guardian, 12.04.2016, https://www.theguardian.com/technology/2016/apr/12/how-we-analysed-70 m-comments-guardian-website

Melzer, Uwe, *Weltweite Christenverfolgung und Tötung durch Islamisten*, Ichthys Consulting, 03.11.2012. http://ichthys-consulting.de/blog/?p=1581

Nazarewska, Barbara, Sterbehilfe-Debatte: „Ich bestimme bis zum Schluss über meine Leben", Merkur.de, 07.11.2016. http://www.merkur.de/leben/gesundheit/sterbehilfe-debatte-ich-bestimme-schluss-ueber-mein-leben-5790499.html#idAnchComments

OpenDoors Deutschland e.V., *Weltverfolgungsindex*. https://www.opendoors.de/christenverfolgung/weltverfolgungsindex

OpenDoors Deutschland e.V., *Wie wird der Index erstellt? Methodik zum Weltverfolgungsindex.* https://www.opendoors.de/christenverfolgung/weltverfolgungsindex/wie-wird-der-index-erstellt

P. O. Schenker Blog, https://poschenker.wordpress.com/2014/08/11/allgemeine-diskussion/

Reimann, Ralf Peter, *~o~ heißt: „Friede sei mit dir" – Gottesdienste im Internet.* http://theonet.de/2012/12/13/gottesdienste-im-internet

Reimann, Ralf Peter, *Abendmahl online? Wollen wir das?* https://theonet.de/2012/09/07/abendmahl-online-wollen-wir-das/

Reimann, Ralf Peter und Brok, Tom O., *Gottesdienst und Gemeinde im Internet?* https://www.ekd.de/internet/vortraege/070610_brok_reimann.html

Schmoll, Heike, *„Der Tod als Dienstleistung?" Debatte über Sterbehilfe*, Frankfurter Allgemeine Zeitung Online, 13.11.2014. http://www.faz.net/aktuell/politik/inland/debatte-ueber-sterbehilfe-im-bundestag-13264357.html

Schrupp, Antje, *Die Gewalt von Köln und was jetzt zu tun ist*, fisch+fleisch, 05.01.2016. https://www.fischundfleisch.com/anje-schrupp/die-gewalt-von-koeln-und-was-jetzt-zu-tun-ist-14437

Schüßler, Michael, *Resonanz ... Unterbrechungen.* http://www.feinschwarz.net/resonanz-unterbrechungen/

Schwering, Markus, *Im Sog der Gedanken: Interview mit Jürgen Habermas*, Frankfurter Rundschau, 13.06.2014. http://www.fr-online.de/kultur/juergen-habermas-im-sog-der-gedanken,1472786,27478968.html

Skydaddy's Blog, *Von Stosch vs. Dawkins (1): Der Mottengott*, 16.10.2015. https://skydaddy.wordpress.com

soulsaver.de, *Abdul – Christenverfolgung durch den Islam.* http://www.ohnegottistallessinnlos.de/blog/2014/09/abdul-christenverfolgung-durch-den-islam-isis/

Stöcker, Christian, *Twitter bitte erst ab Vierzehn*, Spiegel Online, 21.12.2012. http://www.spiegel.de/netzwelt/netzpolitik/rechtschreibrats-chef-zehetmair-kritisiert-twitter-ipad-whatsapp-a-874335.html

Straße der Besten. Der Onlinefriedhof. https://www.strassederbesten.de/

The brights. http://www.the-brights.net/

Steeb, Hartmut, *Revolution von oben*, The European, 15.01.2014. http://www.theeuropean.de/hartmut-steeb/7866-aufruhr-im-laendle

TheoBlog. http://theoblog.de/tag/christenverfolgung/

Dittmar, Volker, *Was die Religionskritik soll.* http://www.dittmar-online.net/ziele.html

Viner, Katharine, *How Technology Disrupted The Truth*, The Guardian, 12.06.2016. https://www.theguardian.com/media/2016/jul/12/how-technology-disrupted-the-truth

Wieselberg, Lukas, *Migration führt zu ‚hybrider' Gesellschaft: Interview mit Homi K. Bhabha*, science.ORF.at, 09.11.2007. http://sciencev1.orf.at/news/149988.html

ZDF Frontal21, *Manuskript des Beitrags: Bestellter Tod – Der Streit um Sterbehilfe*, 07.10.2014. http://docplayer.org/10617219-Beitrag-bestellter-tod-der-streit-um-sterbehilfe.html

Sachregister

Adhocracy 422
Advanced Research Projects Agency 97
Agenda-Setting 71, 75 ff., 401
Agenda-Setting-Effekt 75 f., 78 ff.
Agenda-Setting-Forschung 75 ff.
Akronyme 104, 147
Akteurpräsentationen 160, 310, 312, 316 ff., 333 ff.
Algorithmen 108 f., 160 ff., 306, 404
Algorithmizität 152, 160
Alltag 4 ff., 24, 138, 152, 172, 182, 243, 353, 406 ff.
Alltagsdogmatik 411 f.
Alltagsgespräch 148, 242, 246 f.
Alltagsöffentlichkeit, medieninitiierte *siehe* Öffentlichkeit
Alltagspraxis, kommunikative 5, 54, 80, 202 f., 257 f. (*siehe auch* Praxis, kommunikative)
Alltagswissen 224, 243, 252, 254 (*siehe auch* Wissensvorrat)
Anerkennung, wechselseitige 160, 212, 216 f., 424, 434 f.
Anonymität 197 ff.
Anschlusskommunikation 61, 71, 75 ff., 80 f., 115, 220, 389 f., 437
Arena 54 ff., 59, 70 ff., 115 f.
Argumentation, öffentliche 45 f., 54, 225, 263 ff., 277, 430
Assoziationswesen 56
Audience Engagement 402
Aufmerksamkeit 36, 58, 63 f., 70 ff., 78, 104, 116, 121, 160, 383, 400
Authentizität 159 f., 187, 390, 396
Autonomie 10, 128, 133, 174, 181, 186, 276, 286, 292, 357 ff., 413
Autorität 26, 95, 156, 177, 194, 202 f.

Back-End-Bereich 110
Begleitung, palliative 264 f.
Beschleunigung 153, 204 ff., 374, 432
Beziehungsmanagement 103 ff., 126, 128
Blogosphäre 101 f., 118, 330, 353, 377, 419

Blogs 98, 101 f., 198, 255, 330 ff., 355 ff.
Böckenförde-Diktum 426 f.

Chat 7 f., 113, 117, 140, 142, 254, 397
Cluetrain-PR *siehe* Public Relations
Commons 161 ff.
Community-Building 397 ff.
Community-Management 397 ff.
Confessio Augustana 415
Crowdsourcing 402

Datenschutz 126 ff., 338, 376 f., 403 ff., 423
Datensouveränität 403 ff.
Datensubjekt 128, 403 ff.
Deinstitutionalisierung 158 f., 164 f., 167, 171, 176 ff., 381 f.
Demokratie 34 ff., 54, 56, 262, 388, 422, 426 f.
– Liquid Democracy 422
Demokratietheorien 35 ff.
Deutungsmuster (konventionalisierte) 88, 251, 262 ff., 281, 285, 313
Digital divide 121, 376
Digital religion *siehe* Religion
Digitalisierung 1 ff., 9 ff., 96 ff., 136 ff., 236, 379 ff., 404 f.
Digitalität 1, 136, 143, 150 ff., 380
Diskurs 37, 108, 136, 146 ff., 242 ff., 309 f., 315, 378, 383, 399 f., 416, 418 ff., 421 ff.
– öffentlicher 31, 40, 45 f., 48, 50, 57, 129 ff., 430, 434 f.
Diskursfragmente 243, 247 ff., 309
Diskursräume 400, 416, 438

Echokammern 374 ff.
Ekstase 182, 191
Elitentheorien 36
Emoticons 104, 147
Emotionen 190, 194, 218, 364
Encounter-Öffentlichkeit *siehe* Öffentlichkeit
Engagement, zivilgesellschaftliches 11 f., 38, 74, 403, 419, 424 f., 439
Entfremdung 209, 211 f.

Entgrenzung (von Kommunikation)   140, 143, 188, 203
Entprivatisierung   203, 379
Erlebnis   122, 140, 142, 187 ff., 257, 259
Eventisierung   26, 189 ff.
Events   189 ff.
Exklusion, soziale   39 f., 45, 89, 92, 96, 121, 371 f.
Experten(kultur)   54, 71, 172, 174, 185, 203, 325 f.

Face-to-Face-Kommunikation *siehe* Kommunikation
Figurationen, kommunikative   12 f., 91
Filter bubble   107 f., 306, 357, 376
Filtern, soziales   107, 374 ff.
Flüchtigkeit   26 f., 145, 195, 212, 235, 354, 381 (*siehe auch* Kommunikation, passagere)
Forschungsethik   337
Fragmentierung (der Öffentlichkeit) *siehe* Öffentlichkeit
Framing   73 f., 79, 315
Freiheit   10, 46 f., 53, 124, 128, 167, 218 f., 274, 277, 348, 359, 404, 414, 426
Freiheitstechnologie   9, 84, 133

Galerie   70 ff., 115 f.
Ganzheitlichkeit   187, 190
Gatekeeper   71, 115, 118 f., 121, 158
Gatewatching   119 f.
Gegenöffentlichkeit *siehe* Öffentlichkeit
Gemeinschaft   19 f., 84, 154 f., 159, 180, 189 ff., 198 ff., 376 f., 397 ff., 423, 437
– Kommunikationsgemeinschaft   2 f., 24, 26, 106, 158, 188, 193 ff., 207, 220 ff., 351 ff., 382, 408 f., 415, 431, 437
– posttraditionale Gemeinschaften   191 ff.
Gemeinschaftlichkeit   152, 158 ff., 199
Gemeinwesen   36, 403, 418 f., 425, 427, 439
Gemeinwohl   25, 40, 47, 54, 110, 366, 389 f., 425 f., 434
Gesellschaft(en)   1 ff., 12, 26, 34, 69, 83, 91 ff., 134, 137, 164, 168, 193, 196, 376 ff., 394 f.
– bürgerliche   39 ff.
– informationelle   92 f.

– Mediengesellschaft   3, 31, 385
– Netzwerkgesellschaft   49, 91 ff., 153, 207
– Zivilgesellschaft   54 ff., 403, 406, 420 f., 438
Gesprächsanalyse   225, 249 ff.
Gottesdienst   30, 67, 114, 398, 400, 421
Grundrechte, digitale   403
Gruppenbezogene Menschenfeindlichkeit   370 f.
Gütekriterien qualitativer Forschung   224, 238 f.

Handeln, kommunikatives   13 f., 54 ff., 196, 314 (*siehe auch* Praxis)
Haushalt, kommunikativer   245 f., 309
Heiliger Kosmos   171 ff., 179, 357
Hybridität   131 ff., 141, 152 f., 155 f., 398, 404
– Kirche als Hybrid *siehe* Kirche
Hypertextualität   94, 102, 143, 146, 235 f., 292 f.

Identität   6, 87 f., 103 f., 138, 197, 210 f., 425
Identitätsmanagement   103 ff.
Identitätsräume   87 f.
Individualisierung   26, 163 ff., 166 ff., 202, 379
Inflektive   147
Informalisierungsschub   149 f.
Informationalismus   91 f.
Informationsgesellschaft   91 f., 153
Informationskapitalismus *siehe* Kapitalismus
Informationsmanagement   102 f., 106 f.
Informationszeitalter   91 ff.
Inhaltsanalyse, qualitative   226 ff.
– Inhaltlich strukturierende Inhaltsanalyse   233, 280 ff.
– Online-Inhaltsanalyse   235 ff.
– Typenbildende Inhaltsanalyse   233, 309 ff.
Inklusion   89, 96
Instant Messaging   102, 250
Institutionalisierung   61, 198, 205, 258 f.
Institution(en)   3, 13 f., 23, 28, 48 f., 71, 130, 140, 151, 164 f., 168 ff., 171 ff., 175, 177 f.,

180, 202f., 278, 314, 381f., 406, 411, 413
– intermediäre Institutionen 14, 107, 270, 421 (*siehe auch* Kirche)
Intentionalität 138f., 254
Interaktion 54, 61, 66f., 83ff., 98, 103, 113, 120, 145ff., 183f., 227, 240, 242, 248, 250ff., 260ff., 281, 283, 293ff., 308, 312, 314f., 400, 409, 430
Interaktionsraum *siehe* Raum
Internet 6ff., 30, 82ff., 96ff., 110ff., 131, 133, 136ff., 235ff., 391ff., 437ff.
Internetnutzung 6ff., 82ff., 136ff., 351ff., 379ff.
Interventionismus 47
Intimität 46, 122, 149
Issue (Agenda-Setting) 73ff.
Issue-attention-cycle 75

Journalismus 49, 71f., 113ff., 120f.

Kaffeehäuser 43ff., 66
Kapitalismus 47ff., 91f., 180, 187, 206
– Informationskapitalismus 403
Kirche 2f., 13f., 25, 28f., 30, 55, 120, 170f., 178, 204, 278, 379ff., 414ff.
– Kirche als Hybrid 2, 28, 406ff.
– Kirche als Institution 13f., 158, 170, 385ff., 406ff.
– Intermediarität der Kirche 420f.
– Kirche als Kommunikationsgemeinschaft 2f., 24, 381, 415, 437 (*siehe auch* Kommunikationsgemeinschaft)
– Liquid Church 423
– Kirche als Narrationsgemeinschaft 437
– Kirche als Netzwerk 28, 406ff.
– Öffentliche Kirche 30, 408, 420
– Kirche als Organisation 13f., 385ff., 406ff.
– Volkskirche 28, 384, 406ff., 413ff.
– Pluralität der Volkskirche 28, 391, 406ff., 415ff.
Kirchenmitgliedschaft 2, 165, 409ff., 415, 431
Kirchentag 59, 191
Körper 88, 155, 190, 206
Kohäsion, soziale 194, 421, 426f.

Konkurrenz 74f., 177, 185f., 207f, 400
Konnektivität 12, 89
Kommerzialisierung 49ff., 194, 299
Kommunikation 137ff., 141ff.
– digitale 8f., 104, 136ff., 141, 205ff.
– Face-to-Face-Kommunikation 98, 104, 123, 140, 243f.
– mediatisierte 16, 131, 197, 200ff., 393 (*siehe auch* digitale Kommunikation, *siehe auch* Online-Kommunikation)
– öffentliche 13, 25, 63, 70ff., 75f., 81ff., 95, 115, 127f., 365ff., 383, 389f., 402, 423ff.
– persönliche 122ff., 395f.
– Online-Kommunikation 136ff., 196, 204, 220ff., 237, 242ff., 379ff., 391ff., 411, 413
– passagere 26, 28, 145, 180, 197, 199, 207, 219, 352ff., 365ff., 379, 381, 393, 408f., 413, 422, 431
– religiöse 2, 8, 13, 26ff., 136ff., 200ff., 223, 255ff., 282, 302ff., 329, 353ff., 364, 379ff.
– resonanzsensible 27, 216f., 256, 362ff.
– transzendierungsoffene 27, 183f., 216, 256, 303, 308, 362f., 438
Kommunikationsgemeinschaft (*siehe* Gemeinschaft)
Konziliarität (Kirche) 407, 415f., 419, 422ff.
Kulturbegriff 1ff., 5, 88f., 150ff.
Kuratieren, digitales 400f.
Kybernetik 1ff., 28, 216, 385ff., 437

Laienkommunikation 63, 70, 116, 120f.
Laienpublikum 25f., 121, 383
Lebensschutz 342, 345, 372
Lebenswelt, alltägliche 6, 12, 25, 54ff., 59, 126, 145f., 175, 182f., 188, 190, 196, 207, 245, 403, 410f., 429, 433f.
Leitungshandeln, organisationales 1ff., 385ff., 413ff., 423ff.
LGBTQ-Bewegung 155
Liquid Feedback 422
Long Tail 116, 118, 120, 247f.

Macht   56, 62, 65, 72, 89, 91f., 95f., 108f., 129ff., 156, 176, 244f., 404f.
- mediale   38, 52f., 58, 71, 108f.
- ökonomische   38, 108f., 206
- politische   36, 38, 44
- Macht der Soziabilität   159
- symbolische   25, 95
Massenmedien   15, 33, 49ff., 60, 75ff., 112, 114, 158, 194, 307, 377f., 383, 391, 401
Mediatisierung   3ff., 26f., 88f., 91, 98f., 136f.
- von Religion und Religiosität   200ff., 220ff, 379ff.
Medien   2ff., 12, 21f.,71, 75ff., 88, 94, 99ff., 140, 143, 147, 169, 195, 200ff., 237, 249
- digitale   3f., 6ff, 24, 82ff., 91f, 99f., 119, 203, 211, 249, 262, 379ff.
Medienagenda   75ff., 80f.
Medienethik   19, 403ff.
Mediengesellschaft *siehe* Gesellschaft(en)
Medienkompetenz   127, 405
Medienkulturen   5f., 88f.
Mediennutzung   3f., 6ff, 24, 99, 141, 205, 337
Medienöffentlichkeit *siehe* Öffentlichkeit
Medienwandel   4ff., 12ff., 82f., 112, 136f., 403
Medienwirkung   4f., 75ff., 305
Meinung, öffentliche   37, 40, 43, 47, 51ff., 61f., 67ff., 134
Meinungsbildung   13, 36f., 55ff., 74, 115, 306, 416, 422
Meinungsführerschaft   70, 73, 81
Merkmalsraum   311f., 319, 328, 341, 351
Microblogging   101f., 122, 378
Moderation   399f., 420
Mündlichkeit   144, 146f., 250
Multimedialität   101f., 235, 237, 240
Multimodalität   94, 142, 146, 235, 240
Multi User Virtual Environments   101

Nachrichten   41f., 73, 79, 93, 118
Narzissmus   211
Neotribalismus   193ff.
Neue Soziale Bewegungen   37, 130, 154f.
Networking   103, 106, 385ff.

Netzpolitik   110, 403ff.
Netzwerk   28, 89ff., 98, 109, 112, 132f., 382, 409f., 422f., 431
- Kirche als Netzwerk *siehe* Kirche
- kommunikatives Netzwerk   12f., 25, 54, 70f., 90f., 132f, 145, 408f.
Netzwerkanalyse   90, 106, 118
Netzwerkforschung   89ff.
Netzwerkgesellschaft *siehe* Gesellschaft(en)
Netzwerköffentlichkeit *siehe* Öffentlichkeit

Öffentliche Religion   431
Öffentliche Theologie   29, 406, 423ff.
Öffentlichkeit   1, 12ff., 25, 30ff., 110ff., 141, 149f., 158, 379ff., 416ff.
- Alltagsöffentlichkeit, medieninitiiert   27, 246, 353ff.
- Öffentlichkeit als gesellschaftliches Beobachtungssystem   60f.
- bürgerliche Öffentlichkeit 40ff., 53f.
- Deliberationsfunktion von Öffentlichkeit   34, 37ff., 57, 121
- Öffentlichkeit als Diskurssystem   74
- Drei-Ebenen-Modell von Öffentlichkeit   27, 65ff.
- einfach strukturierte Öffentlichkeit   54f., 56, 64
- empirische Öffentlichkeit   27, 32ff., 39, 59, 62, 220ff.
- Encounter-Öffentlichkeit   27, 33, 65ff., 113f., 256ff., 375
- epistemologische Dimension von Öffentlichkeit   46f., 418
- Fragmentierung von Öffentlichkeit   26, 58, 116ff., 120, 132, 374ff.
- Gegenöffentlichkeit   31, 129ff., 432
- Integrationsfunktion von Öffentlichkeit   34
- integrierte Öffentlichkeit   116, 118
- Öffentlichkeit als intermediäre Kommunikationsstruktur   25, 32, 35, 58ff., 65ff., 421, 435
- Öffentlichkeit als Konkurrenzsystem   74
- Legitimationsfunktion von Öffentlichkeit   34f., 37, 45, 69
- literarische Öffentlichkeit   43f., 49, 418
- Medienöffentlichkeit   32f., 65ff., 113ff., 119, 246

- Netzwerkcharakter von Öffentlichkeit 25, 58
- Netzwerköffentlichkeit 25f., 114ff., 246, 383, 406ff., 411, 421, 431, 435, 406ff., 421f., 435f.
- persönliche Öffentlichkeit 103, 122ff.
- politische Öffentlichkeit 37, 44, 53, 55, 417
- Präsenzöffentlichkeit 59, 68f., 117
- Öffentlichkeit als (Selbstverständigungs-) Prozess 25f., 32f., 40ff., 61ff., 64
- Refeudalisierung von Öffentlichkeit 50f.
- repräsentative Öffentlichkeit 40f., 72
- resonanzfähige Öffentlichkeit 27, 56, 421
- Strukturwandel der Öffentlichkeit 1, 25, 30ff., 39ff., 58, 82ff., 115, 136
- Teilöffentlichkeiten 33, 55. 408, 411
- transnationale Öffentlichkeit 134f., 383
- Versammlungsöffentlichkeit 33, 65ff., 113f.

Öffentlichkeitsauftrag (der Kirche) 2, 25, 30, 406, 421, 437
Öffentlichkeitsbereitschaft 72
Ökonomisierung 185
Online-Forschung 24, 220, 240, 337, 438
Online-Inhaltsanalyse *siehe* Inhaltsanalyse
Online-Konversation 145, 188, 242ff., 248ff., 260ff., 280ff., 379ff.
Online-Monitoring 401f.
Ordnungen, soziale 196, 352f.
Online religion 398

Palliativmedizin 271f.
Partizipation 115f., 120, 162, 390 (*siehe auch* Teilhabe)
- interaktive 84, 115f., 383, 422
- Partizipation an öffentlicher Kommunikation 72, 115, 380, 383, 422
Partizipationsparadox 108
Partizipationstheorien 36f.
Performanzräume 192 (*siehe auch* Raum)
Personal publishing 101f.
Plattformen 100f., 108, 241
Pluralisierung 26, 176ff., 424f., 431
Pluralismus 36f., 56, 176, 419, 424
- reflexiv gestalteter Pluralismus 216, 406, 413ff., 419, 431f.

Pluralismustheorien 36f.
Popularisierung (von Religion) 26, 179ff., 202
Postdemokratie 161f.
Postkolonialismus 152f., 156
Post Privacy 123f.
Praktische Theologie 3, 15ff., 24
Praxis 48, 95, 127f., 202, 206, 430
- diskursive 242, 248, 309ff., 430
- kommunikative 25, 102, 142ff., 184, 268, 326, 374, 396
- soziale 2, 7, 98, 110, 137, 141f., 310, 409, 421, 439
Presse 42ff., 49ff., 76
Priming 79
Privacy Paradox 376f.
Privacy Shield 129
Privatheit/Privatisierung 12, 26, 30, 42, 54, 71f., 122ff., 141, 149f., 158, 169ff., 203, 208, 380
Prodsumer 86
Public Relations 28, 50f., 383f., 385ff.
- Cluetrain-PR 392ff.
Publikum 32f., 37, 41ff., 49ff., 67ff., 72, 75, 82, 115ff., 124ff., 419
Publikumsagenda 75ff., 80f.
Publicité 43
Publicity 43
Publizistik 52, 386
Publizität 14, 32, 36f., 43, 46f., 52, 60

Radio 7, 85, 116, 226
Räsonnement 42ff.
Raum (als Interaktionszusammenhang) 54ff., 83ff., 86ff., 113ff., 150, 159, 184, 189, 192, 380, 394, 397, 400, 418
- hybrider Raum 131ff.
- Raum der Ströme 95
Raumkonzept, dynamisches 87
Reaktivität 236
Realitätsverdopplung 98
Rechtsextremismus 369
Rechtspopulismus 369ff., 420
Referenzialität 152, 157, 160

Religion 1, 26f., 71, 95, 136ff., 163ff., 200ff., 211, 213ff., 256ff., 351, 379ff., 424, 426f., 429, 431
- Digital religion 398
- populäre 179ff, 204
- Online religion 398
- unsichtbare 164, 179
Religion-online 398
Religiosität 1ff., 28., 136ff., 163ff., 256ff., 371f., 381, 397f.
- praxeomorphe Religiosität 28, 381, 385, 413, 431
- religiöse Kommunikation *siehe* Kommunikation
Repräsentation (symbolische) 45, 72, 94f., 160, 172f.
Resonanz 105, 160, 191, 204ff., 362ff., 381, 397, 437f.
Resonanzachsen 207, 209ff.
Resonanzbedürfnis 211, 218f.
Resonanzbeziehung 211ff., 216f., 380, 433, 438
Resonanzoasen 191, 433
Resonanzräume 211, 397, 437
Resonanztheorie 27, 204ff.
Ressourcenoptimierung 208f.
Reversibilität 156, 381
Revolutionen, technologische 91f.
Reziprozität 106
Routinen 106, 197, 242, 254, 309f., 314, 377
Rückkanal 69, 72, 391ff.

Säkularisierungstheorie 163ff.
Säkularismus/Säkularisten 321, 361, 365ff.
Sakralisierung des Subjekts 171ff.
Salons 43ff., 66
Schreiben (digtales) 144ff., 242
Schriftlichkeit 144, 146f.
Schweigespirale 305f.
Selbst, exzentrisches 207
Selbstbestimmung 155, 175, 277, 285ff., 299ff., 308, 348, 357ff., 381ff., 412f., 431
- informationelle 126ff., 337
Selbsterkenntnis 380

Selbstinszenierung/-präsentation 101, 104f., 141, 150, 190, 318f., 396
Sender-Empfänger-Modell 85
Sinnarbeit, alltägliche 28, 138, 353, 409
Sinndeutungshandeln, symbolisches 28, 138, 221, 256ff., 309, 351
Social Media 100ff.
Social Web 100ff.
Spatial turn 86f.
Spiritualisierung 178ff.
Spiritualität 26, 175, 178
Sprache 142ff., 188, 276f., 314, 323, 427, 429
Staatlichkeit 32
Stabilisierung, dynamische 205ff.
Sterbehilfe 28, 221, 255ff., 263ff., 299f., 319ff., 332ff.
- aktive 263, 265f., 276f.
- indirekte 265f., 276
- passive 263, 265, 278
Steuerungsverlust 144, 382
Suizid, assistierter 263ff.
Synkretisierung 26, 176ff., 203, 379
Systemtheorie 60f.
Szene(n) 191ff., 354, 372

Teilhabe 39, 69, 108, 116, 262 (*siehe auch* Partizipation)
Teilöffentlichkeiten *siehe* Öffentlichkeit
Tischgesellschaften 43ff.
Topik, kommunikative 245f., 309ff., 314
Topos 313ff.
Tradition(en) 61, 95, 147, 177ff., 185, 194ff., 260, 284ff., 315, 340ff., 343ff., 394f., 425, 427f., 430, 437
Translokalität 12, 88f., 131, 203, 240, 248, 382
Transmedialität 12, 91,113, 200, 248f., 382
Transzendenz/Transzendierung 172, 181ff., 217, 257f., 364
- transzendierungsoffene Kommunikation *siehe* Kommunikation
Typik 309ff.
Typisierung 310f., 314

Verführung 194

Vergemeinschaftung   19, 84, 89, 145, 163, 189 ff., 193 ff., 375
Versammlungsöffentlichkeit *siehe* Öffentlichkeit
Verschwörungstheorien   359 ff.
Verständigung   32, 46, 53, 56, 138, 140, 142, 435
Verstehen   138 f., 224, 227 f., 311
Verszenung   189 ff.
Virtualität   83, 94 f.
Volkskirche *siehe* Kirche

Weltanschauung   180, 185, 284 f., 289, 302 ff., 321 ff., 338 ff., 365, 434
Weltansicht(en)   28, 172 ff., 221, 310, 351 f.
Weltbeziehung   204 ff., 284
Wissensvorrat, gesellschaftlicher   172, 185 f., 197 f., 227, 244 ff., 248 f., 251, 314, 316

Zeit   86, 95, 113, 123, 205 f.
Zivilgesellschaft *siehe* Gesellschaft(en)

Personenregister

Abmeier, Karlies 22, 374, 403, 411
Ackerman, Bruce 37
Adler, Anja 422
Adorno, Theodor W. 43
Ágel, Vilmos 146
Ahrens, Petra-Angela 279
Alberti, Manfred 413
Allport, Gordon W. 372
Althaus, Scott L. 79
Altman, Irwin 125
Altmeyer, Martin 105, 205, 207–211, 213 f., 218 f., 381
Anastasiadis, Mario 85, 98, 100, 378
Anderson, Chris 116
Anderson, Ian 400
Anderson, James A. 81
Androutsopoulos, Jannis 143–145, 147 f.
Anton, Andreas 359
Arato, Andrew 55, 58
Arendt, Hannah 39, 47, 416–419
Arens, Edmund 429, 434
Aristoteles 267
Attrodt, Ariane 383
Augustin, Christian 419
Axner, Marta 39, 201, 421

Bachmann-Medick, Doris 86
Back, Kurt W. 66
Baeumer, Max L. 313
Bahrdt, Hans Paul 314
Bajohr, Hannes 417 f.
Bandilla, Wolfgang 237
Barber, Benjamin 37, 116
Barck, Karlheinz 5
Barlow, John Perry 9, 84
Barnes, Susan B. 376
Barth, Karl 384
Barth, Ulrich 257
Bateman, John 237
Batinic, Bernad 237
Bauman, Zygmunt 158, 194 f., 423
Beck, Ulrich 166–170, 175, 358

Bedford-Strohm, Heinrich 90, 165, 221, 267, 269–271, 275–277, 279, 395, 410–412, 424, 426 f., 430, 433, 436
Beierwaltes, Andreas 36
Bell, Daniel 153
Bellah, Robert 181
Benford, Robert D. 73
Benhabib, Seyla 39, 416
Benkler, Yochai 112, 114, 118 f., 162
Bentele, Günter 33, 387–389, 391
Benthaus-Apel, Friederike 183
Benz, Brigitte 420
Berg, Matthias 6
Berger, Peter A. 165, 168, 192, 194
Berger, Peter L. 178, 180, 248, 421
Bernard, H. Russel 222
Bertuzzo, Eliza 133
Bieber, Christoph 38, 374–376, 422
Bieler, Andrea 369
Bieswanger, Markus 148
Binder, Jana 190
Binsack, Thomas 264
Birkner, Thomas 82
Blank, Grant 375,
Blanke, Eberhard 384, 386
Blum, Roger 31
Blumler, Jay G. 58
Bochinger, Christoph 175
Böckenförde, Ernst-Wolfgang 426 f.
Böcking, Saskia 234–237, 239 f.
Bödecker, Hans-Erich 42
Böhm, Thomas H. 16
Böhme, Gernot 215
Bohnsack, Ralf 225
Böking, Saskia 236
Bollier, David 162
Bolter, Jay D. 248
Bonfadelli, Heinz 31, 66, 69
Böntert, Stefan 19 f.
Borchard, Michael 411
Bosk, Charles L. 74
Böss, Gideon 368
Bowman, Shayne 121

Brecht, Bertolt 85
Brettschneider, Frank 78
Brinker, Klaus 250–254, 262
Bröckling, Ulrich 187
Brok, Tom O. 399
Brommer, Sarah 149
Brosius, Hans-Bernd 78, 82, 237
Bruns, Axel 119
Bruns, Oliver 418
Bubmann, Peter 407
Buchenau, Artur 46
Buckingham, David 104
Bulkow, Kristin 75, 80 f.
Bullowa, Margaret 209
Bund, Kerstin 261 f.
Burda, Hubert 148
Burkart, Günter 104
Butler, Judith 434

Calhoun, Craig 39
Calvert, Sandra 122
Campbell, Heidi A. 23, 103, 398
Carstensen, Tanja 104 f.
Casanova, José 203, 428
Cassirer, Ernst 6, 46
Castells, Manuel 25, 49, 91–97, 112, 131–134, 153, 398
Castro Varela, María do Mar 156
Charbonnier, Lars 87, 147, 411
Chatzikostas, Konstantinos 266
Cheong, Pauline H. 23
Cohen, Bernhard C. 76
Cohen, Jean L. 55, 57 f.
Cohen, Joshua 37
Constanza, Christina 21
Cook, James M. 376
Couldry, Nick 4
Cramer, Florian 152
Crouch, Colin 161
Crowley, David 112
Curtius, Ernst Robert 313

Dabrowski, Martin 22, 374, 403
Dachwitz, Ingo 129
De Waal, Ester 79
Dearing, James W. 81
Decker, Frank 369

Decker, Oliver 373, 374
DeFleur, Melvin L. 78
Degenhardt, Werner 81
Deisenberg, Anna Maria 305
Deppermann, Arnulf 190
Despotović, Cathrin 3
Detel, Hanne 64
Deterding, Sebastian 199 f.
Dhawan, Nikita 156
Diekmann, Andreas 231
Dingel, Irene 399
Dinter, Astrid 21
Dobel, Heiko 337
Dolata, Ulrich 408
Donges, Patrick 35, 66, 69
Döpfner, Mathias 148
Dorer, Johanna 388
Döring, Nicola 103, 106
Dornes, Martin 211
Downs, Anthony 36, 75
Dreher, Jochen 12
Drehsen, Volker 167, 178, 414–416, 434
Drüeke, Ricarda 1, 26 f., 34, 86–89, 115, 119, 222, 246, 261, 330, 356
Dubach, Alfred 338 f.
Dubois, Elizabeth 375
Duller, Nicole 105
Dünne, Jörg 87
Durkheim, Émile 180, 208
Dürscheid, Christa 138 f., 144 f., 149 f., 223
Dwyer, Maria 306

Ebel, Alexander 395, 397, 400, 405
Ebersbach, Anja 100
Echchaibi, Nabil 398
Eggers, Dave 10
Eichhorn, Wolfgang 237
Einspänner-Pflock, Jessica 378
Eisenstein, Elizabeth L. 157
Eisfeld, Rainer 369
Elias, Norbert 12, 149
Emcke, Carolin 396
Endreß, Martin 252
Engelberger, Thomas 163, 177
Engelbrecht, Martin 175
Englert, Rudolf 21
Ernst, Christina 21, 105, 150

Eskjær, Mikkel Fugl 135
Ess, Charles 23
Etzioni, Amitai 37
Everding, Gustava 264

Fahr, Andreas 75, 79, 82, 237
Faulstich, Werner 40
Fechtner, Kristian 20, 414, 420
Feilke, Helmuth 143
Feldrapp, Margitta 386
Filipović, Alexander 22
Fisch, Martin 123
Fischer, Johannes 435
Fischer-Nielsen, Peter 23
Fishkin, James S. 37
Fix, Ulla 142
Flick, Uwe 224
Forst, Rainer 434
Förster-Beuthan, Yvonne 210
Foucault, Michel 244 f., 248
Fraas, Claudia 113 f., 245, 248 f., 251
Fraenkel, Ernst 36
Fraser, Nancy 38 f., 83, 130, 134 f.
Frees, Beate 7 f., 123
Frey, Frederick W. 115
Frick, Karina 138, 144, 223
Friebertshäuser, Barbara 224
Friedrich, Johannes 183
Frieß, Michael 263–269, 271–275, 277
Fritz, Gerd 143
Fröhlich, Romy 387–391
Früh, Werner 229
Fuchs, Brigitte 338 f.
Fuchs, Dieter 36
Fuhs, Burkhard 21
Fuhse, Jan 90
Funkhouser, G. Ray 77
Fürst, Kornelius 15

Gabriel, Karl 423
Gantner, Eszter 133
García Leguizamón, Fernando Mauricio 38 f.
Gardiner, Becky 400
Gardt, Andreas 142
Garner, Stephen 23, 398
Gattwinkel, Hilmar 386 f.

Gebhardt, Winfried 164 f., 175, 178 f., 189–193, 198 f.
Gee, James P. 243
Gehring, Hans-Ulrich 16
Gelfgren, Stefan 23
Gerhards, Jürgen 25, 35, 39, 58–74, 113 f., 150, 307
Gerhardt, Volker 1, 10 f., 32, 38, 47, 122, 125, 380, 416, 418
Gessenharter, Wolfgang 369
Glaser, Markus 100
Gläser, Jochen 200, 229
Glock, Charles Y. 259 f.
Goffman, Erving 65
Görland, Albert 46
Götzelmann, Arnd 394 f.
Goya-Martinez, Mariana 122
Gräb, Wilhelm 16, 24, 90, 163, 227, 411, 433 f., 436
Graf, Friedrich Wilhelm 412
Gräf, Lorenz 237
Granholm, Kennet 39, 201, 421
Greenwald, Glenn 124
Greif, Hajo 382
Grenz, Tilo 10
Grethlein, Christian 10, 15–18, 407, 411
Grimm, Petra 125
Gromov, Gregory 97
Groß, Eva 370
Grötker, Ralf 124
Grözinger, Albrecht 176, 432
Grubauer, Franz 90, 410
Grumach, Ernst 267
Grunenberg, Antonia 418
Grunenberg, Heiko 238
Grunig, James E. 387, 392
Grusin, Richard 248
Gulia, Milena 200
Günzel, Stephan 87
Gurevitch, Michael 58

Haberer, Johanna 18, 386, 404 f.
Habermas, Jürgen 1, 25, 27, 30 f., 35, 37–60, 63, 66, 83 f., 86, 116–118, 120–122, 132, 135, 149, 179, 196, 245, 276, 427–429, 434 f., 438
Häder, Michael 231

Haese, Bernd-Michael 19 f., 399 f., 437
Hahn, Oliver 376
Halft, Stefan 375
Hamlin, Alan 37
Hamm, Bradley J. 81
Hammersley, Martyn 238
Hampton, Keith N. 306
Han, Byung-Chul 10, 187
Harckensee, Christine 418
Härle, Wilfried 415
Hasse, Raimund 107, 247
Hättenschwiler, Walter 66
Hauptmann, Elisabeth 85
Hauschildt, Eberhard 28, 260, 406–410
Hauschildt, Friedrich 420
Häußling, Roger 90, 106
Hautzer, Lena 235, 236, 239, 241
Heckscher, Eli F. 41
Heibach, Christiane 146
Heigl, Richard 100
Heimbrock, Hans-Günter 24, 90, 227
Heise, Nele 337, 383
Heitmeyer, Wilhelm 370
Helfrich, Silke 162
Helland, Christopher 397 f.
Heller, Christian 124
Henningsen, Bernd 369
Hepp, Andreas 3–6, 12 f., 88–91, 99, 125, 134, 151, 201 f., 204
Hermelink, Jan 90, 165, 221, 410
Hero, Markus 188 f.
Herring, Susan C. 148
Herrmann, Jörg 16
Heyl, Andreas von 90, 409
Hidalgo, Oliver 163
Hierseland, Andreas 244
Hiippala, Tuomo 237
Hilgartner, Stephen 74
Hinrichs, Ernst 42
Hipfl, Brigitte 87, 89
Hirst, Paul 37
Hitzler, Ronald 12, 168, 189–195, 198, 200
Hjarvard, Stig 23, 135, 151, 200–203
Hochschild, Michael 90
Hock, Klaus 165, 192, 194
Hofmeister, Andrea 42
Hofmokl, Justyna 122

Hofstetter, Yvonne 10
Hohendahl, Peter Uwe 31–33, 61
Hohlfeld, Ralf 376
Höhn, Marco 5
Höhne, Florian 423 f., 431
Holder, Josh 400
Hombach, Bodo 148
Honecker, Martin 426
Honekamp, Felix 369
Honer, Anne 192–196, 198, 200, 248
Honnacker, Anna 427, 429
Hoover, Stewart M. 23, 201, 203, 398
Horkheimer, Max 43
Horsfield, Peter 17
Huber, Stefan 260
Huber, Wolfgang 183, 423 f., 430 f.
Huffaker, David 122
Hügel, Rolf 81
Hunt, Todd 387, 392

Imhof, Kurt 31, 33 f., 38, 69–71, 83
Ingenfeld, Martin 427
Innis, Harold A. 5
Irlenborn, Bernd 429

Jäckel, Michael 75–79, 81 f., 117, 120, 196, 200
Jäckle, Monika 245
Jackob, Nikolaus 235 f., 237
Jaeckel, Yvonne 191
Jäger, Dieter 190
Jäger, Siegfried 244
Jakobsen, Kjetil 369
Jandura, Olaf 82, 237
Janich, Nina 146
Jansen, Daniel 132
Jarren, Otfried 31, 35, 66, 69, 82, 107, 114, 129, 387 f.
Jarvis, Jeff 9 f.
Jenkins, Henry 116
Jeserich, Florian 369
Joas, Hans 179
Johannes Paul II. 272, 274
Johnson, Thomas J. 81
Jones, Steve 122
Jucker, Andreas H. 138 f., 143
Jung, Volker 90, 165, 221, 410 f.

Jüngel, Eberhard 434
Junker-Kenny, Maureen 427, 429
Jüres, Ernst August 314

Kahl, Joachim 367
Kallmeyer, Werner 143
Kampf, Anne 399
Kamps, Klaus 31, 34, 66
Kant, Immanuel 46 f., 343, 417
Karcher, Tobias 163
Kardorff, Ernst von 224
Karle, Isolde 190
Kaschuba, Wolfgang 39, 133
Katzenbach, Christian 115, 119, 356
Keding, Ole 393
Kelle, Udo 222
Keller, Claudia 273
Keller, Reiner 186, 242 – 244, 247 f., 251, 315
Kemnitzer, Konstanze Evangelia 90, 409
Kepplinger, Hans Mathias 36, 80
Kern, Thomas 408
Kersting, Wolfgang 47
Kesting, Hanno 313 f.
Kiess, Johannes 373 f.
Kinnebrock, Susanne 82
Kirsner, Inge 16
Klandermans, Bert 73
Klaus, Elisabeth 1, 26 f., 33 f., 64 f., 87, 89, 115, 119, 246, 330, 356
Klein, Anna 370
Klein, Constantin 369
Klein, Jonas 383
Klie, Thomas 19, 165, 192, 194, 420
Kluge, Alexander 130
Knape, Joachim 142
Knatz, Birgit 19
Knaup, Bettina 82
Kneuer, Marianne 261 f.
Knieper, Thomas 376
Knoblauch, Hubert 26, 167, 171, 177, 179 – 188, 196 – 199, 201 – 204, 243, 245 – 247, 249, 257 – 259, 309, 312 – 316
Koch, Peter 146 – 148, 150
Koch, Wolfgang 7 f.
Kögel, Andreas 264
Koidl, Roman Maria 124

Kollock, Peter 200
Könemann, Judith 163, 177, 425, 427 – 430
Könneker, Carsten 118
Kopjar, Karsten 20
Korsch, Dietrich 411
Körtner, Ulrich H. J. 179, 269, 275
Köster, Juliane 143
Kracauer, Siegfried 226, 228
Kraft, Friedrich 18, 386, 404
Krah, Hans 375
Krämer, Nicole C. 104
Kranemann, Benedikt 420
Krause, Daniela 370
Krech, Volkhard 189, 257
Kretzschmar, Gerald 8, 16, 393
Kriesi, Hanspeter 73
Krönert, Veronika 202, 204
Krotz, Friedrich 3 f., 6, 13, 31, 98 f., 106, 112, 125, 129, 136 – 142, 151
Krüger, Oliver 17
Krüggeler, Michael 163, 177
Kruse, Jan 228
Kruse, Merle-Marie 3
Kuckartz, Udo 222, 224 f., 227 – 234, 238 f., 310 – 312
Kugler, Gudrun 368
Kuhlen, Rainer 128
Kuhlmann, Christoph 140
Kummer, Stefan 236
Kunz, Ralph 15, 90
Küpper, Beate 369 – 371
Kurschus, Annette 272, 420
Kurzweil, Raymond 404

Lampert, Claudia 21
Landmesser, Christof 409
Lange, Ernst 433
Langer, Antje 224
Lanier, Jaron 10
Laski, Harold J. 36
Latour, Bruno 3, 382
Laudel, Grit 229
Lauf, Edmund 79
Lefebvre, Henri 87
Lehmann, Kai 359
Lehnert, Gertrud 87
Lehr, Andrea 144

Lenders, Winfried 150
Lepsius, Mario Rainer 245
Lerg, Winfried B. 4
Levine, Rick 392
Lichtenberg, Judith 58
Liebert, Mary Ann 222
Lienau, Anna-Katharina 19f., 24
Lingenberg, Swantje 124
Lippmann, Walter 36, 76, 80
List, Elisabeth 252
Lobo, Sascha 11, 396
Locke, Christopher 392
Lojka, Klaus 388
Loosen, Wibke 383
Louter, Daan 400
Lövheim, Mia 23, 39, 103, 200f., 204, 421
Löw, Martina 87
Lowery, Shearon 77f.
Lu, Weixu 306
Lück, Anne-Kathrin 21
Luckmann, Thomas 12, 164, 170–175, 179, 181–183, 209, 245f., 248, 252, 257, 301, 310f., 357f., 421
Ludwig, Johannes 131
Ludwig, Otto 146
Ludz, Ursula 418
Luhmann, Niklas 60f., 63, 66, 120, 169, 181, 312, 315
Lundby, Knut 17, 23, 151, 200f.
Lünenbürger-Reidenbach, Wolfgang 395, 397, 400, 405
Lünich, Marco 235f., 239, 241
Luthe, Swantje 7, 19–21, 88
Lutz, Christoph 376f.

Maas, Heiko 404
Maccoby, Nathan 115
Machlup, Fritz 153
Mader, Matthias 87, 147
Madsen, Richard 181
Maffesoli, Michel 193
Mai, Manfred 120, 196, 200
Maj, Anna 124
Mansfield, Mahana 400
Maresch, Rudolf 31
Marotzki, Winfried 225
Marschall, Stefan 34

Martin, Verena 80
Marx, Reinhard 358, 412
Massey, Doreen 86f.
Mathias, Alexa 138, 149, 223
Matthes, Joachim 433
Maurer, Marcus 75, 77, 79
Mayring, Philipp 228, 232
McCombs, Maxwell E. 75–78, 81
McLuhan, Marshall 4f.
McNair, Brian 118
McPherson, Miller 376
McQuail, Denis 137
Meckenstock, Günter 2, 167, 214
Meier, Stefan 113f., 236, 239, 242, 245, 248f., 251
Meints, Waltraud 418
Melzer, Ralf 370
Mendieta, Eduardo 428, 434
Merle, Kristin 7, 14, 16, 87f., 90, 101, 103f., 138f., 147, 181, 212, 227f., 242, 252, 359, 381, 397, 409, 419
Merten, Klaus 80, 130, 137
Merzyn, Konrad 408
Metelmann, Jörg 16
Meuser, Michael 225
Meyrowitz, Joshua 5, 112
Miczek, Nadja 17, 222
Mikos, Lothar 223
Mikoski, Gordon S. 399
Millermaier, Sarah 122
Minc, Alain 153
Mitchell, David 112
Moberg, Marcus 39, 201, 421
Moebius, Stephan 172
Morgenthaler, Christoph 280
Mortensen, Mette 135
Müller, Ingo 369
Müller, Johannes 163
Müller-Doohm, Stefan 33
Münckler, Herfried 37
Münker, Stefan 39, 85, 98
Munsonius, Hendrik 426
Münst, Agnes Senganata 154
Mutz, Diana C. 305

Nash, Kate 38, 134
Nebel, Maxi 129

Neef, Karla 125
Negt, Oskar 130
Neidhardt, Friedhelm 25, 35, 39, 59 f., 62–74, 113 f., 150, 245, 307, 318
Nethöfel, Wolfgang 22
Neuberger, Christoph 26, 38, 57, 112–122, 383, 391, 400
Neumaier, Anna 17 f., 222, 397
Neumann-Braun, Klaus 33
Niekrenz, Yvonne 194 f.
Nieland, Jörg-Uwe 38
Niewöhner, Jörg 133
Nitschke, Peter 163
Noelle-Neumann, Elisabeth 305
Nollert, Michael 106
Nora, Simon 153
Nord, Ilona 7, 15, 19–21, 88, 90, 95, 407, 409
Nottmeier, Christian 16
Nuernbergk, Christian 57, 119, 383
Nyncke, Helge 367

Oelsner, Karoline 116
Oesterreicher, Wulf 146–148, 150
Oevermann, Heike 133
Ong, Walter J. 5
Oorschot, Frederike van 423
Ostrom, Elinor 162
Oswald, Hans 224

Paetau, Michael 107
Panzer, Lucie 396
Papacharissi, Zizi A. 121 f.
Pareto, Vilfredo F. 36
Pariser, Eli 108, 306, 357, 376
Parker, Edwin B. 115
Paulitz, Tanja 104 f.
Pêcheux, Michel 244
Pentzold, Christian 113 f., 236, 239, 245, 248 f., 251
Perkmann, Markus 96
Peters, Sonja B. 389 f.
Pettit, Philip 37
Pfadenhauer, Michaela 10, 12, 189–196, 198
Pfleiderer, Georg 432
Pflüger, Almut 337

Pickel, Gert 165, 191, 366
Pieck, Elke 373 f.
Pirner, Manfred L. 21
Plake, Klaus 132
Pleil, Thomas 391–393, 400–402
Plessner, Helmut 210
Plewnia, Albrecht 144
Plüss, David 280
Pohl-Patalong, Uta 28, 260, 406–408, 410
Polisar, Donna 66
Pollack, Detlef 366
Pool, Ithiel de Sola 115
Popitz, Heinrich 313 f.
Popkes, Enno Edzard 409
Pörksen, Bernhard 64
Postman, Neil 5, 84
Pöttker, Horst 31
Prengel, Annedore 224
Preul, Reiner 2 f., 14, 382, 385 f., 414 f., 420, 425
Preusse, Joachim 388 f.
Prinz, Wolfgang 123
Prommer, Elizabeth 131
Purcell, Kristen 306

Quader, Anne 383
Quadflieg, Dirk 172

Raab, Jürgen 12
Radde-Antweiler, Kerstin 17
Rainie, Lee 306
Rancière, Jacques 161
Rath, Matthias 21
Ratzinger, Joseph 427, 435
Rawls, John 427–429, 451
Reder, Michael 163, 428
Rehbein, Boike 228
Reichert, Ramón 108–110
Reimann, Ralf Peter 394 f., 397, 399 f., 405
Reimer, Julius 383
Reinecke, Leonard 125
Renn, Joachim 252
Rheingold, Howard 199 f.
Riepl, Wolfgang 4
Riesebrodt, Martin 179
Rischke, Melanie 57, 383
Ritter, Werner H. 412

Rogers, Everett M.   81, 115
Roitsch, Cindy   6
Roleder, Felix   90, 410
Ronneberger, Franz   388
Rorty, Richard   366
Rosa, Hartmut   27, 182, 191, 204–218, 432f., 437
Rosenbach, Marcel   124
Rosenstock, Roland   21
Roßnagel, Alexander   129
Ross, J. Michael   372
Rössler, Beate   124
Rössler, Dietrich   415f., 420
Rössler, Patrick   38, 82, 231, 235–241, 305f.
Röttger, Ulrike   387–389
Rucht, Dieter   307
Rüf, François   236
Rühl, Manfred   33, 388
Runkehl, Jens   138, 149, 223
Rusch, Gebhard   112
Rushkoff, Douglas   376
Rutigliano, Lou W.   120
Rüttgers, Jürgen   148
Ryan, Gery W.   222

Saalmann, Gernot   228
Sager, Sven F.   250–254, 262
Sapp, Amanda   122
Sarcinelli, Ulrich   31, 129
Sauter, Theresa   104
Saxer, Ulrich   31, 129
Schaar, Peter   124
Schachtner, Christina   105, 382
Schardien, Stefanie   269
Scharkow, Michael   236
Schatz, Heribert   38, 82
Scheer, Uta   87, 89
Scheich, Elvira   130
Schemer, Christian   79
Schenk, Michael   80f., 115
Schetsche, Michael   360
Schibilsky, Michael   14f.
Schieder, Rolf   411, 426
Schirren, Thomas   312
Schirrmacher, Frank   11

Schlag, Thomas   15, 30, 33f., 90, 395, 407, 411, 414, 420f., 432
Schlamelcher, Jens   189
Schleiermacher, Friedrich   2, 167, 214, 381, 414
Schmidt, Axel   190
Schmidt, Jan   100, 103f., 106–108, 110, 113, 122–128, 235f., 330, 337, 375, 383
Schmidt, Josef   428
Schmidt, Susanna   427
Schmidt, Thomas M.   429
Schmidt-Rost, Reinhard   2f., 14
Schmidt-Salomon, Michael   366f.
Schmitt, Jana   388f.
Schmitz, Hermann   215
Schneider, Nikolaus, 273, 308
Schneider, Norbert   124
Schneider, Werner   186, 244, 315
Schnelle, Ricarda   408
Schnettler, Bernt   12, 172
Schneuwly Purdie, Mallory   163, 177
Scholl, Armin   130
Schönbach, Klaus   79
Schönhagen, Philemon   121
Schramm, Wilbur   115
Schrape, Jan-Felix   408
Schröer, Henning   414
Schroer, Markus   104
Schrupp, Antje   382
Schuhmacher, Birgit   132
Schuler, Jessica   122
Schulz, Anne   305f.
Schulz, Claudia   90
Schulz, Iren   89
Schulz, Martin   11
Schulz, Peter   33
Schulz, Winfried   35, 81
Schumpeter, Joseph A.   36
Schüßler, Michael   213, 423
Schütz, Alfred   12, 182, 192, 252, 257, 310f.
Schwabe, Gerhard   123
Schwarzenegger, Christian   82
Schweiger, Wolfgang   75, 79–81
Schwöbel, Christoph   176, 415
Seale, Clive   224, 238
Searls, Doc   392
Seibert, Horst   384

Sennett, Richard 46
Shapiro, Andrew L. 112
Shaw, Donald L. 75–78, 81
Shaw, Eugene F. 81
Shin, Inyoung 306
Sieber, Peter 148
Siever, Torsten 138, 149, 223
Simanowski, Roberto 109
Simmel, Georg 105f.
Simon, Bernd 371
Singer, Peter 267f., 351
Sjö, Sofia 39, 201, 421
Skarics, Marianne 16
Smit, Dirk J. 423
Smith, Marc 200
Smith-Lovin, Lynn 376
Smolka-Koerdt, Gisela 245
Snow, David A. 73
Sombart, Werner 41
Sommer, Vivien 249, 251
Sperber, Dan 138f.
Stäblein, Christian 408
Stalder, Felix 1, 10, 136f., 150–162
Stark, Holger 124
Stark, Rodney 259f.
Steck, Wolfgang 165–167, 170, 176f., 411
Steeb, Hartmut 361
Stegbauer, Christian 90, 106, 120, 409–411
Stegmaier, Peter 12
Stein, Dieter 148
Steinacker, Peter 183
Steinke, Ines 224
Stöber, Rudolf 112
Stolpmann, Markus 124
Stolz, Jörg 163, 177
Storrer, Angelika 142–148
Stöss, Richard 369
Strathoff, Pepe 376f.
Streitz, Norbert 123
Strube, Sonja Angelika 345, 370, 372–374, 420
Strum, Arthur 61
Stuckrad, Kocku von 419
Sullivan, William M. 181
Sunstein, Cass R. 108, 117, 161, 375
Sutor, Bernhard 65

Swidler, Ann 181, 411
Szyszka, Peter 387–389, 391

Taddicken, Monika 235f., 261f., 337, 376
Take, Michael 47
Tarkowski, Alex 122
Tarrow, Sidney 73
Taylor, Charles 210, 428, 434
Teuffel, Jochen 367
Tewksbury, David 79
Thaler, Richard H. 161
Thiede, Werner 10
Thimm, Caja 85, 87, 98, 100, 144, 150, 378
Thorburn, David 116f.
Tillich, Paul 213, 325
Tipton, Steven M. 181
Tönnies, Ferdinand 196, 198f., 376f., 432
Trabant, Jürgen 146
Trammel, Kaye 122
Tremel, Holger 384
Trepte, Sabine 125
Trevarthen, Colwyn 209
Truschkat, Inga 248
Tyrell, Hartmann 257

Uden, Ronald 386
Ueding, Gert 312
Uhrig, Christian 372
Ullrich, Peter 244
Ulmanu, Monica 400
Unger, Tim 180, 415
Unland, Rainer 123

VanAntwerpen, Jonathan 428, 434
van Dijk, Teun A. 244
Vattimo, Gianni 366
Vauseweh, Ramona 19, 24
Viehöver, Willy 186, 244, 315
Viner, Katharine 118
Virtanen, Tuija 148
Vischer, Georg 432
Vocelka, Karl 42
Vögele, Wolfgang 424f., 430
Vogelgesang, Waldemar 202, 204
Vowe, Gerhard 131

Wabel, Thomas 2, 419, 428, 432

Wagner, Franc 149
Wallner, Cornelia 115
Walter, Michael K. 359 f.
Ward, Pete 423
Weaver, David H. 81
Weber, Max 180, 196, 198, 206, 226
Wedell, Michael 427
Wegener, Claudia 223
Wegner, Gerhard 279 f.
Wehler, Hans-Ulrich 44
Wehner, Josef 107
Weinberger, David 158, 392
Weiss, Hans-Jürgen 81
Welker, Martin 234–237, 239 f., 249, 261, 337
Wellman, Barry 200
Wendel, Saskia 425, 427–430, 434
Wendelin, Manuel 38, 122
Wengeler, Martin 315 f.
Werkner, Ines-Jacqueline 163
Werner, Andreas 237
Werner, Matthias 382
Werner, Mechthild 394
West, Cornel 434
Westrich, Angelika 264
Weyel, Birgit 8, 24, 87, 90, 147, 163, 165, 180, 221, 227, 366, 384, 407, 409–411, 415
Wienand, Johannes 419
Wildfeuer, Janina 237

Willems, Herbert 202
Williams, Raymond 4, 99
Willis, Chris 121
Wilson, Deidre 138 f.
Wimmer, Jeffrey 1, 5, 31–38, 59 f., 70, 112, 115 f., 125, 130 f.
Winckelmann, Johannes 206
Winkler, Christiane 419
Winter, Rainer 115
Winter, Stefan 104
Winterhoff-Spurk, Peter 78
Witt, Andreas 144
Wohlrab-Sahr, Monika 163, 183, 366
Wolf, Judith 22, 374, 403
Wrogemann, Henning 369
Wünsch, Carsten 234–237, 239 f., 249, 261

Yamane, David 398
Yendell, Alexander 191

Zeilinger, Thomas 20, 386, 404, 423
Zeindler, Matthias 280
Zerfaß, Ansgar 393
Zick, Andreas 369–371
Zimmer, Michael 128
Zimmermann, Harro 33
Zimmermann, Tobias 378
Zipernovszky, Hanna 21
Zöllner, Oliver 125
Zwingmann, Christian 369

www.ingramcontent.com/pod-product-compliance
Lightning Source LLC
Chambersburg PA
CBHW050523300426
44113CB00012B/1935